D1943397

Das Deutschbuch

mit Anwendungssituationen für die Fachhochschulreife

Herausgegeben von
Christoph Scheele, Helmut van Züren

Erarbeitet von
Cajetan Bittkau, Ralf Dettinger, Gabriele Harff-König, Sonja Hensel, Manfred Hilke, Petra Pascher, Carolin Werner, Christoph Scheele, Martina Schulz-Hamann und Helmut van Züren in Zusammenarbeit mit der Verlagsredaktion

Majella Kempf

Cornelsen

Vorwort

Liebe Schülerinnen, liebe Schüler,

Sie möchten die Fachhochschulreife erwerben. Das Fach Deutsch bildet dafür eine wichtige Grundlage: In Schule, Studium und Beruf wird es immer wichtiger, kommunikative Situationen richtig zu deuten und sie angemessen zu gestalten. Das erfordert Kompetenzen im Sprechen, im Schreiben und im Umgang mit Texten aller Medien. Dieses Buch bietet Ihnen dafür Hilfestellungen.

Die Kapitel in „Das Deutschbuch“ sind sieben großen Bereichen zugeordnet:

- **Sprechen und Zuhören,**
- **Lesen – mit Texten umgehen,**
- **Schreiben,**
- **Sich mit Sachtexten auseinandersetzen,**
- **Sich mit Texten und Medien auseinandersetzen,**
- **Sich mit unterschiedlichen Medienprodukten auseinandersetzen,**
- **Sprache und Sprachgebrauch reflektieren.**

Zu Beginn eines jeden Kapitels erfahren Sie, welche Inhalte Sie erwarten und welche Kompetenzen Sie erlangen werden. Das Lernen in Anwendungssituationen verschafft Ihnen einen ersten Einblick, wozu Sie diese Kompetenzen in Ihrem Alltag oder Ihrer beruflichen Zukunft nutzen können. An jede Anwendungssituation schließt sich ein Handlungsauftrag an; am Ende des Kapitels sollten Sie in der Lage sein, den Handlungsauftrag qualifiziert auszuführen.

Die Inhalte in den Kapiteln bauen aufeinander auf und führen Sie gezielt zu den notwendigen Qualifikationen für die Fachhochschulreife.
Am Ende des Buchs schließen sich Prüfungsseiten an, in denen die Themen aus den Kapiteln prüfungsrelevant aufbereitet werden. Hier können Sie exemplarische Aufgaben, wie sie in einer Prüfung gestellt werden können, bearbeiten.

Je nach Aufgabenstellung arbeiten Sie allein, mit Partnern oder in Gruppen.
Zusatzaufgaben sind mit einem Stern gekennzeichnet.

Viel Freude und Erfolg im Unterricht sowie auf Ihrem weiteren Ausbildungsweg wünschen Ihnen die Herausgeber, Autorinnen und Autoren sowie die Verlagsredaktion.

Inhaltsverzeichnis

1–4 Sprechen und Zuhören

5 Lesen – mit Texten umgehen

6–8 Schreiben

9–12 Sich mit Sachtexten auseinandersetzen

13 – 16 Sich mit fiktionalen Texten auseinandersetzen

17 Sich mit unterschiedlichen Medienprodukten auseinandersetzen

18–19

Sprache und Sprachgebrauch reflektieren

1 Kommunikation in Theorie und Praxis

Kommunikation bezeichnet den Austausch von Informationen zwischen zwei oder mehreren Personen. Sie ist als wichtigstes soziales Bindemittel elementar notwendig für die menschliche Existenz. Da Menschen, die sprachlich gewandt sind und sich auf unterschiedliche Kommunikationssituationen einlassen können, klare Vorteile haben, lernen Sie in diesem Kapitel verschiedene Kommunikationsmodelle kennen. Sie werden Ihre Kompetenzen so erweitern, dass Sie alltägliche Kommunikationssituationen besser einschätzen und beurteilen können und somit befähigt werden, zielgerichtet und situationsgerecht zu kommunizieren.

ANWENDUNGSSITUATION

Eine Kundin möchte ihre Überweisungen zukünftig per Online-Banking tätigen und hat von der Bank, in der Sie arbeiten, die Gebrauchsanleitung dafür angefordert. Nachdem mehrere Versuche der Kundin, das Online-Konto einzurichten, gescheitert sind, hat sie sich telefonisch an eine Ihrer Kolleginnen in der Beratungsstelle gewendet.
Sie verfolgen das Gespräch. Ihre Kollegin erläutert der Kundin wiederholt die Vorgehensweise. Dabei wirkt sie zunehmend angespannter. Sie runzelt die Stirn, verdreht die Augen und trommelt mit dem Bleistift auf den Tisch. Trotz der Hilfestellung scheitern drei weitere Versuche. Die Beraterin beschließt das dritte Scheitern mit der Bemerkung: „Dann darf ich Sie wohl persönlich in die Bank bitten. Neulich hatte ich hier eine neunzigjährige Dame am Telefon. Die hat das auch verstanden."
Sie wissen, dass sich ihre Kollegin privat momentan in einer belastenden Situation befindet. Ihr ist offenbar nicht aufgefallen, welche Wirkung ihre letzte Äußerung hatte. Sie sagen zu ihr: „Hoffentlich bekommen Sie keinen Ärger mit dem Chef, wenn die Kundin sich beschwert." – „Ärger, wieso Ärger?", entgegnet die Kundenberaterin aufgebracht. „Ich habe doch nichts Falsches gesagt." Sie wollen Ihre Kollegin beraten ...

Inhalt

Das ist Ihr Arbeitsauftrag:

1 *Erläutern Sie, warum Kommunikation kompliziert ist, was man falsch machen und wie man Fehler vermeiden kann.*

2 *Zeigen Sie auf, welchen Fehler die Kundenberaterin gemacht hat. Achten Sie dabei insbesondere auf*
- die verbalen Äußerungen und deren wahrscheinliche Wirkungsabsicht,
- die verbalen und nonverbalen Signale der Beteiligten,
- die unterschiedlichen Ebenen der Wahrnehmung,
- die nicht wahrnehmbaren Faktoren der Kommunikation,
- die angemessene Äußerung und Akzeptanz von Kritik.

Wenn Sie die folgenden Seiten dieses Kapitels erarbeitet haben, werden Sie in der Lage sein, den Arbeitsauftrag erfolgreich auszuführen.

Arbeitsschritte	Arbeitstechniken und Methoden	Kompetenzen
das Organon-Modell	szenische Darstellung	unterschiedliche linguistische und kommunikationstheoretische Modelle kennen, verstehen und anwenden
verbale und nonverbale Kommunikation unterscheiden	Mindmap	verbale und nonverbale Äußerungen unterscheiden und bewerten
Axiome der Kommunikation verstehen		zielgerichtet kommunizieren
analoges Kommunikationsverhalten untersuchen und anwenden	Rollenspiel Plankartenabfrage	Redeabsichten erkennen sowie angemessen und konstruktiv reagieren
Wahrnehmungen einordnen	Placemat	
das Kommunikationsmodell Schulz von Thuns verstehen		Empathie in Kommunikationssituationen zeigen
Verständnisprobleme in der Kommunikation erfassen		Rollenspiele planen, durchführen, analysieren und bewerten
Kritik äußern und Kritik annehmen	Rollenspiel	
kritische Situationen meistern		
asymmetrische und komplementäre Kommunikation verstehen		
Konflikte in der symmetrischen und komplementären Kommunikation erkennen und lösen		

1.1

Sprachfunktionen in der Kommunikation unterscheiden

Das Organon-Modell

Verbale Kommunikation ist immer zielgerichtet. Sie ist beabsichtigt und an Situationen gebunden. Allerdings wird nicht immer sofort deutlich, welche Absicht der Sender einer Mitteilung verfolgt.

Situation

A) Ihr iPhone wurde gestohlen. Sie melden den Diebstahl auf der Polizeiwache und sollen das Gerät beschreiben.

B) Sie haben ein tolles Wochenende erlebt, weil Sie u. a. ein Livekonzert Ihrer Lieblingsband besucht haben. Sie erzählen davon auf dem Pausenhof.

C) Sie haben Probleme in Mathematik und benötigen Nachhilfe vom Klassenbesten, der aber distanziert und arrogant erscheint. Sie wollen seine Unterstützung unbedingt gewinnen.

1 *Analysieren Sie die Gesprächssituationen.*

a) Schreiben Sie zu jeder Situation einen kurzen Text, in dem Sie das iPhone beschreiben, die Pausenhofgeschichte erzählen und den Klassenbesten zu überzeugen versuchen. Tauschen Sie die Ergebnisse aus.

b) Welche Absicht des Senders wird durch die jeweilige Äußerung erkennbar?

c) Ordnen Sie die Begriffe *Darstellung, Ausdruck, Appell* mithilfe des Basiswissens der jeweiligen Sprechabsicht zu.

Basiswissen — Das Organon-Modell (organon gr. Werkzeug)

Bereits 1934 stellte der Psychologe Karl Bühler (1879–1963) das Organon-Modell der Sprache vor. Es beschreibt Funktionen der Sprache und diente späteren Kommunikationsmodellen als Grundlage.

Ein **Sender** teilt einem **Empfänger** etwas über ein **Ereignis/Objekt** mit. Die Mitteilung erfolgt über ein Schallphänomen Z. In dieser Mitteilung (Sprachhandlung) sind immer die drei Aspekte **Darstellung**, **Ausdruck** und **Appell** enthalten, wobei einer dieser Aspekte überwiegt. Welcher Aspekt überwiegt, hängt von der Absicht des Senders ab.

- **Funktion Darstellung**: Der Schwerpunkt der Kommunikation ist auf die Objekte und Ereignisse bezogen (z. B. jemand, der einen Ablauf von etwas sachlich schildert).
- **Funktion Ausdruck**: Der Schwerpunkt der Kommunikation ist auf den Sender bezogen (z. B. jemand, der seine eigenen Gefühle ausdrückt).
- **Funktion Appell**: Der Schwerpunkt der Kommunikation ist auf den Empfänger bezogen (z. B. jemand, der eine Person zu etwas auffordert).

Während einer längeren Bahnfahrt fragt eine Frau ihren Mann: „Hast du Hunger?“ Er verneint. In der Folge verschlechtert sich ihre Stimmung, schließlich meint sie ärgerlich: „Ich esse jetzt aber etwas! Dich interessiert anscheinend nicht, wie es mir geht!“

2 *Erläutern Sie die Kommunikation während der Bahnfahrt auf der Basis des Organon-Modells.*

Das Organon-Modell

Der Linguist Jost Trier beschreibt das Zusammenwirken von Darstellung, Ausdruck und Appell:

Der Bauer sitzt am Sonntag hinterm Ofen und liest die Zeitung. Die Bäuerin kommt etwas heftig in die Tür, und indem sie die noch offene Tür an der Klinke festhält und im Türrahmen stehen bleibt, sagt sie: *„Ein Has ist im Garten und frisst den Kohl."* Dies sagt sie und nichts weiter. Sie schweigt, aber sie behält ihre Stellung in der geöffneten Tür bei, die Hand an der Klinke. –

Wir, die wir hier fern von Hasen und Kohlköpfen im Hörsaal sitzen und vielleicht auch zu Hause gar keinen Kohl bauen und mit Hasen wenig oder nichts zu tun haben, wir sind, wenn wir den Satz als Satz betrachten und die Gesamtszenerie und die Haltung der Personen vernachlässigen, zunächst geneigt, diesem Satz eine überwiegend darstellende Funktion zuzuschreiben. Schön, da ist also ein Hase, und der frisst den Kohl. Vortrefflich. Möge es ihm munden. Ein behagliches Winterbild. Übrigens ein korrekt dargestellter, objektiver Sachverhalt. An der Richtigkeit zu zweifeln, haben wir keinen Grund. Auch an der Wahrheit nicht. Bei weiterer Vertiefung merken selbst wir in unserer Ferne von der Gesamtlage, dass Emotionen mitschwingen, recht deutlich sogar mitschwingen.

Wir kommen darauf, dass möglicherweise das Ausdrucksmoment das Darstellungsmoment überwiegt, indem ja die Bäuerin ihrer Empörung über die Frechheit des Hasen und ihrer Sorge ob des schon eingetretenen und weiterhin zu erwartenden Schadens Ausdruck gibt. Der Ausdruck ist offenbar wichtiger als die Darstellung, obwohl der Satz als isoliertes sprachliches Gebilde und abgesehen von der Situation, in der er gesprochen wird, sich wie ein wesentlich darstellender Satz gebärdet. Indem wir zu dieser Einsicht vordringen, haben wir die Gesamtszenerie in die Betrachtung hineingezogen.

Wenn wir einmal so weit gegangen sind, so kann uns nicht entgehen, dass die Gesamtszenerie noch viel mehr sagt. Der Garten ist dicht beim Haus. Es kostet nur ein paar Schritte, hinauszugehen. Der Bauer hat gerade nichts Dringendes zu tun. Die Bäuerin ist in der Tür stehen geblieben. Sie erwartet etwas, offensichtlich. (...) Sie verharrt in der Haltung dessen, der vom Angesprochenen eine augenblickliche Reaktion verlangt. Sie hat eine Mitteilung gemacht, etwas dargestellt, aber nicht, um diese nur darzustellen, auch nicht nur, um ihrer Empörung zum Ausdruck zu verhelfen, sondern was sie eigentlich sagen will (...) *„So nimm doch schon deine Flinte und brenn ihm eins auf den Pelz."* Das aber sagt sie nicht, das lässt sie von der Lage sagen.

3 ***Untersuchen Sie die Sprachfunktionen hinsichtlich ihrer Bedeutung für die Kommunikation.***

a) Beschreiben Sie das Zusammenwirken von Ausdruck, Darstellung und Appell anhand der Textvorlage.

b) Nennen Sie Probleme, die sich in kommunikativen Situationen ergeben können.

c) Erörtern Sie Möglichkeiten, die Sprechabsicht korrekt zu erkennen.

Basiswissen — Die drei Funktionen einer sprachlichen Mitteilung

In der Kommunikation entstehen oft Missverständnisse, weil der Empfänger eine Mitteilung anders interpretiert, als der Sender es beabsichtigte. Das liegt vor allem daran, dass Menschen dazu neigen, nicht **direkt** das auszusprechen, was sie wollen, sondern ihre Absicht **indirekt** mitzuteilen.

Eine Äußerung kann folgende kommunikative Funktionen haben: die **Darstellung** eines Sachverhaltes, den **Ausdruck** eines Gefühlzustands und/oder den **Appell** bzw. die Aufforderung zur Handlung.

Der **Empfänger** muss herausfinden, welches der oben genannten kommunikativen Ziele der Sender verfolgt. Nur wenn er die Ebene korrekt interpretiert, kann er „richtig" reagieren und Konflikte vermeiden.

1.2

Kommunikation ist mehr als Sprechen

Verbale und nonverbale Kommunikation unterscheiden

Menschen kommunizieren verbal, das heißt, sie verwenden Sprache, um sich anderen mitzuteilen. Gleichzeitig benutzen sie auch nonverbale Signale.
Der folgende Textauszug ist dem Roman „Buddenbrooks" von Thomas Mann entnommen. Thomas Buddenbrook leidet unter entsetzlichen Zahnschmerzen und erhofft sich Abhilfe von Dr. Brecht, seinem Zahnarzt.

Thomas Mann: Buddenbrooks (Auszug)

(...) Ein schwerer Fall, dachte Herr Brecht und verfärbte sich ... Sie gingen beide rasch durch das helle Zimmer zu dem großen, verstellbaren Stuhl mit Kopfpolster und grünplüschenen Armlehnen, der vor einem der beiden Fenster stand. Während er sich niederließ, erklärte Thomas Buddenbrook kurz, um was es sich handelte, legte den Kopf zurück und schloss die Augen. Herr Brecht schrob ein wenig an dem Stuhle und machte sich dann mit einem Spiegelchen und einem Stahlstäbchen an dem Zahne zu schaffen. Seine Hand roch nach Mandelseife, sein Atem nach Beefsteak und Blumenkohl. „Wir müssen zur Extraktion schreiten", sagte er nach einer Weile und erblich noch mehr. „Schreiten Sie nur", sagte der Senator und schloss die Lider noch fester. (...) Es dauerte drei oder vier Sekunden. Herrn Brechts Kraftanstrengung teilte sich Thomas Buddenbrooks ganzem Körper mit, er wurde ein wenig auf seinem Sitz emporgezogen und hörte ein leise piepsendes Geräusch in der Kehle des Zahnarztes. Plötzlich gab es einen furchtbaren Stoß, eine Erschütterung, als würde ihm das Genick gebrochen, begleitet von einem kurzem Knacken und Krachen. Er öffnete hastig die Augen ... Der Druck war fort, aber sein Kopf dröhnte, der Schmerz tobte heiß in dem entzündeten und misshandelten Kiefer, und er fühlte deutlich, dass dies nicht das Bezweckte, nicht die wahre Lösung der Frage, sondern eine verfrühte Katastrophe sei, die die Sachlage nur verschlimmerte ... Herr Brecht war zurückgetreten. Er lehnte am Instrumentenschrank, sah aus wie der Tod und sagte: „Die Krone ... Ich dachte mir's."

1 *Untersuchen Sie die Interaktion zwischen Dr. Brecht und Thomas Buddenbrook.*

a) Schreiben Sie die sprachlichen und nichtsprachlichen Signale aus dem Text und beschreiben Sie ihre Wirkung.
b) Formulieren Sie Gedanken, die Dr. Brecht und Thomas Buddenbrook während der Behandlung durch den Kopf gehen könnten.
c) Vergleichen Sie die Gedanken mit dem sprachlichen und nichtsprachlichen Verhalten der beiden Personen.
d) Erläutern Sie, warum die beschriebene Szene komisch wirkt.

2 *Definieren Sie den Begriff „Kommunikation".*

a) Sammeln Sie in einem Brainstorming Assoziationen zum Thema „Kommunikation".
b) Legen Sie eine Mindmap an, um Ihre Ergebnisse zu strukturieren (➪ Mindmap, S. 402).
c) Formulieren Sie mithilfe Ihrer Aufzeichnungen eine Definition von Kommunikation.
d) Sammeln Sie Ihre Arbeitsergebnisse an der Tafel und vergleichen Sie die Definitionen.
e) Verfassen Sie auf der Grundlage Ihrer Vergleiche eine gemeinsame Definition.

Axiome der Kommunikation verstehen

Um Probleme des alltäglichen Lebens im zwischenmenschlichen Bereich besser erkennen, beurteilen und lösen zu können, formulierten die Kommunikationswissenschaftler Watzlawick, Beavin und Jackson im Jahre 1967 Grundsätze (Axiome) der Kommunikation. Im Folgenden werden zwei dieser Axiome vorgestellt.

Paul Watzlawik, Janet Beavin, Don Jackson: Menschliche Kommunikation

2. Kapitel: Pragmatische* Axiome – ein Definitionsversuch

2.2 Die Unmöglichkeit, nicht zu kommunizieren

(...)

Man kann sich nicht *nicht* verhalten. Wenn man also akzeptiert, dass alles Verhalten in einer zwischenpersönlichen Situation Mitteilungscharakter hat, d. h. Kommunikation ist, so folgt daraus, dass man, wie immer man es auch versuchen mag, nicht *nicht* kommunizieren kann. Handeln oder Nichthandeln, Worte oder Schweigen haben alle Mitteilungscharakter: Sie beeinflussen andere, und diese anderen können ihrerseits nicht *nicht* auf diese Kommunikation reagieren und kommunizieren selbst. (...)

2.24 Aus dem oben Gesagten ergibt sich ein metakommunikatives** Axiom: *Man kann nicht nicht kommunizieren.*

(...)

2.5 Digitale und analoge Kommunikation

(...)

Es gibt zwei grundsätzlich verschiedene Weisen, in denen Objekte dargestellt und damit zum Gegenstand von Kommunikation werden können. Sie lassen sich entweder durch eine Analogie*** (z. B. eine Zeichnung) ausdrücken oder durch einen Namen. (...) Der Unterschied zwischen digitaler und analoger Kommunikation wird vielleicht etwas klarer, wenn man sich vor Augen hält, dass bloßes Hören einer unbekannten Sprache, z. B. im Radio, niemals zum Verstehen dieser Sprache führen kann, während sich oft recht weitgehende Informationen relativ leicht aus der Beobachtung von Zeichensprachen und allgemeinen Ausdrucksgebärden ableiten lassen, selbst wenn die sie verwendende Person einer fremden Kultur angehört. Analoge Kommunikation hat ihre Wurzeln offensichtlich in viel archaischeren Entwicklungsperioden und besitzt daher eine weitaus allgemeinere Gültigkeit als die viel jüngere und abstraktere digitale Kommunikation. (...)

2.55 Zusammenfassend ergibt sich als viertes metakommunikatives Axiom: *Menschliche Kommunikation bedient sich digitaler und analoger Modalitäten.* (...)

*pragmatisch: anwendungs- bzw. handlungsbezogen

**Metakommunikation: Kommunikation über die Kommunikation selbst

***Analogie: Entsprechung, Ähnlichkeit

1 ***Untersuchen Sie die dargestellten Axiome hinsichtlich ihrer Bedeutung für Ihr Kommunikationsverhalten.***

a) Erklären Sie den Satz „Man kann sich nicht *nicht* verhalten".

b) Erläutern Sie, welche Konsequenzen die Feststellung „*Man kann nicht* nicht *kommunizieren*" für Ihr Kommunikationsverhalten hat.

c) Nennen Sie Situationen aus Ihrem Alltag, in denen die analogen Anteile in der Kommunikation überwiegen.

d) Welche Probleme können sich aus der Tatsache ergeben, dass der Mensch sowohl auf analoger als auch auf digitaler Ebene kommuniziert?

e) Beschreiben Sie solche Kommunikationsprobleme anhand konkreter Beispiele aus Ihrem Alltag.

1.2 Analoges Kommunikationsverhalten untersuchen und anwenden

Menschen vertrauen den Augen mehr als den Ohren. Deshalb sind analoge Signale oft viel bedeutsamer als das gesprochene Wort.

„Affiges Gehabe" kann ein Fußballspiel entscheiden

Wenn sich Primaten um den Ball streiten – erstmals haben Wissenschaftler Körpersprache beim Fußball erforscht. Paradebeispiel für dominantes Verhalten ist Portugals Stürmerstar Ronaldo.

von Tom Lucka

Es gehört nicht viel dazu, Christiano Ronaldo für einen eitlen Pfau zu halten, für einen selbstverliebten Fatzke oder einen gegelten Großkotz. Allein schon diese Pose beim Freistoß. Breitbeinig steht er da, drückt die Arme seitlich unten durch – er sieht aus, als hole er jede Sekunde einen Colt aus dem Halfter. Die Frisur sitzt – selbstverständlich, und zugleich spannt das Trikot über dem Oberkörper, damit auch ja jeder mitbekommt, wie perfekt durchgestylt die Brustmuskulatur ist.

Eine Studie besagt aber: Das „affige Gehabe", das Oliver Kahn Ronaldo unterstellt, ist in Wahrheit dominantes Verhalten, und damit ist es dem Erfolg zuträglich. Prof. Dr. Daniel Memmert, Dr. M. S. Dicks und Philip Furley haben erstmals den Einfluss von körpersprachlichen Signalen beim Fußball untersucht – und sie kommen zu beeindruckenden Ergebnissen. „Es ist tatsächlich so, dass es einen großen Unterschied macht, ob der Schütze die Brust rausstreckt und den Kopf sowie die Schulter hebt", sagt Memmert, „denn damit signalisiert der Spieler Stärke."

Diese dominante Ausstrahlung erzeugt unterwürfiges Verhalten beim Gegenüber. „Das ist ein unterbewusster, aber ein ganz starker Effekt", sagt Memmert.

Als Vorzeigeathlet der perfekten Haltung gilt Portugals Stürmerstar Christiano Ronaldo. Nach 60 Saison-Toren für Real Madrid herrscht bei den Torhütern stets erhöhte Alarmbereitschaft, wenn Ronaldo in Ballnähe kommt.

Dazu leistet auch Ronaldos spektakuläre Freistoß-Inszenierung à la John Wayne einen Beitrag. „Das Erstaunliche ist: Die Gegenüber wissen gar nicht, dass sie manipuliert werden," sagt Memmert, der zusammen mit seinen Kollegen die Studie „Nonverbales Verhalten im Fußball" durchführte. In zwei Experimenten schätzten Torhüter die Fähigkeiten von Feldspielern ein. Das Ergebnis offenbarte, dass dominante Schützen als treffsicherer bewertet werden. (...)

(Die Welt, 18.06.2012)

1 ***Analysieren Sie das analoge Kommunikationsverhalten im Sport.***

a) Stellen Sie dar, welche analogen Kommunikationssignale der Fußballer C. Ronaldo verwendet.

b) Erläutern Sie, welche kommunikativen Botschaften durch dieses Verhalten ausgedrückt werden sollen.

c) Begründen Sie, warum es sich bei der dargestellten Körpersprache um autoritäre Gesten handelt.

2 ***Untersuchen Sie analoges Kommunikationsverhalten in Ihrem Alltag.***

a) Schreiben Sie Beispiele für analoge Kommunikationssignale auf Plankarten. Ordnen Sie diese bestimmten Verhaltensweisen zu.

Verhaltensweise	analoge Kommunikationssignale
...	...

b) Ordnen Sie den genannten Verhaltensweisen typische Kommunikationssituationen zu.

★ *c)* Stellen Sie in einem Rollenspiel zum einen Kommunikationssituationen dar, in denen sich analoge und digitale Mitteilungen entsprechen, und zum anderen Situationen, in denen sie sich widersprechen.

Analoges Kommunikationsverhalten untersuchen und anwenden

Besonders im Bewerbungsgespräch lohnt es sich, auch auf analoge Signale zu achten.

So überzeugt man im Job

Eine Rede kann man sich ohne eine gute Körpersprache gleich sparen. Denn wie unsere Worte wahrgenommen werden, hängt nicht bloß von ihrem Inhalt, sondern auch von der Kommunikation des Körpers ab. (...)

Brust raus, Bauch rein! Wer so in eine wichtige Besprechung geht, hat häufig schon gewonnen. Denn die Körpersprache ist mindestens ebenso entscheidend wie die gesprochene Sprache. Außerdem falle einem mit der richtigen Körperhaltung das Reden auch viel leichter, sagen Experten.

„Früher hat man Leistung erbracht und wurde dafür befördert. Heute muss man nicht nur an seiner Fachkompetenz, sondern auch an seiner Wirkungskompetenz arbeiten", sagt Monika Matschnig, Körpersprache-Expertin aus Neufahm bei Freising. Und auch Karriereberaterin Claudia Enkelmann aus Königstein im Taunus findet: „Der Körper ist der größte Schwätzer aller Zeiten. Sie können mit der Zunge lügen, aber mit dem Körper nicht – der verrät einen immer."

Gerade bei Bewerbungsgesprächen oder einem wichtigen Treffen mit dem Chef sollte man sich deshalb nicht nur überlegen, was man sagen will – sondern auch, wie man mit dem Körper spricht. „Wenn jemand in den Raum kommt, macht man sich ein Bild von ihm, bevor er auch nur einen Mucks gesagt hat. Da ist die Körpersprache das primäre Kriterium", sagt Enkelmann. Die Füße, die Hände, der Gesichtsausdruck, die Haltung des Oberkörpers, die Blickrichtung – all das erzeuge unweigerlich einen ersten Eindruck.

Wer zu einem wichtigen Gespräch geht, sollte deshalb kurz innehalten, bevor er den Raum betritt. „Brustbein anheben, ein fröhliches Gesicht aufsetzten, die Augen sollten leicht mitlächeln. Dann mit selbstbewusstem Schritt in den Raum gehen, direkt Blickkontakt aufnehmen und den anderen mit einem angemessenen festen Händedruck begrüßen", rät Matschnig. Damit habe man meist schon einen positiven ersten Eindruck erzeugt.

„Wenn man sich dann hinsetzt, sollte man sich mittig auf den Stuhl setzen – nicht vorne auf die Kante, aber auch nicht ganz hinten", empfiehlt Carolin Lüdemann, Karriereberaterin in Stuttgart. Den Oberkörper lehnt man am besten leicht nach vorne, die Hände legt man auf den Tisch. „Die Hände müssen immer sichtbar sein. Sie in der Hosentasche oder unter den Tisch zu verstecken, erzeugt Misstrauen", mahnt die Expertin.

Im Gespräch selbst gehe es schließlich darum, mit Hilfe der Körpersprache zu zeigen, dass man selbst von seinen Ausführungen überzeugt ist. (...) Ruhige, aber bestimmte und raumgreifende Bewegungen hätten immer eine positive Wirkung. (...)

(Focus online, 06.02.2012)

3 ***Analysieren Sie den Text unter folgenden Gesichtspunkten:***

a) Arbeiten Sie die im Text genannten Kriterien für eine überzeugende Körpersprache heraus.

b) Erörtern Sie in diesem Zusammenhang die Behauptung: „Die Körpersprache muss authentisch sein."

★ **4** ***Spielen Sie eine der folgenden Gesprächssituationen in einem Rollenspiel nach: Prüfungsgespräch (Prüfer – Prüfling), Gehaltserhöhung (Vorgesetzter – Mitarbeiter), Reklamation (Kunde – Verkäufer).***

Achten Sie dabei besonders auf die Stimmigkeit der Körpersignale und entwickeln Sie gegebenenfalls Strategien, um den Gesamteindruck zu verbessern.

Wahrnehmungen einordnen

Jedes menschliche Individuum verfügt über subjektive Wahrnehmungsfilter. Diese erschweren die Einordnung einer wahrgenommenen Situation.

Wahrnehmung: Das unsichere Fundament unseres Handelns

von Winfried Berner

(…) Jede noch so banale Alltagssituation überschwemmt uns mit einer unglaublichen Flut an optischen, akustischen und sonstigen Reizen, die wir unmöglich vollständig aufnehmen, verarbeiten und speichern können. In einer unglaublichen Leistung konstruiert unser Gehirn daraus im Prozess der Wahrnehmung einfache, praktisch verwertbare Erkenntnisse. (…) Schon hier ist deutlich zu erkennen, dass unsere **Wahrnehmung** keine passive Abbildung der Realität ist, sondern ein aktives, gefiltertes Exzerpt aus der angebotenen Datenflut. Gut möglich, dass ein anderer Mensch die gleichen Reize völlig anders gefiltert hätte (…). Mit anderen Worten, wir nehmen die Realität nicht passiv auf, sondern erzeugen aus dem Rohmaterial, das die Realität uns anbietet, aktiv unsere eigene Welt.

Die **Bewertung** des Wahrgenommenen ist stark von unserer Persönlichkeit und unserer momentanen Verfassung geprägt. Klar, dass ein Mensch auf den Bekannten auf der anderen Straßenseite völlig unterschiedlich reagiert, je nachdem, ob er ein bisschen Zeit hat oder unter massivem Zeitdruck steht. Ebenso wichtig aber ist, ob er ihn selbstsicher wahrnimmt („Wie schön!"), defensiv („Und wenn er/sie mich gar nicht mehr erkennt?") oder skeptisch („Vielleicht verliere ich nur meine Zeit"). Aus unterschiedlichen Bewertungen resultieren zwangsläufig unterschiedliche **Gefühle**: mal Freude, mal Angst vor Ablehnung, mal Vorbehalte. Das ist eine extrem wichtige Feststellung, die große praktische Tragweite hat: Unsere **Emotionen** *sind keine direkte Reaktion* auf unsere Wahrnehmungen, sondern die Folge der Gedanken (= Bewertungen), die wir uns hierzu machen. Das heißt in der Konsequenz: Wenn wir die gleiche Situation anders bewerten würden, entwickeln wir zwangsläufig auch andere Gefühle. Oder, noch anders: Wenn wir eine Situation falsch bewerten, entwickeln wir zwangsläufig auch „falsche" Gefühle, das heißt, Gefühle, die uns in die falsche Richtung lenken.

Denn unterschiedliche Gefühle lösen ganz unterschiedliche „innere Reaktionen" und **Handlungsimpulse** aus.

(…)

Das **Handeln** wiederum, gleich wie mutig oder halbherzig es war, schafft eine **neue Realität**. Durch die eigene Aktion hat sich die Situation verändert – vielleicht nur geringfügig, vielleicht grundlegend. Diese neue Realität wird zum Ausgangspunkt sowohl für die Wahrnehmung, die Bewertungen und Gefühle unseres Gegenübers als auch für den eigenen. (…)

(www.umsetzungsberatung.de)

1 ***Erarbeiten Sie die folgenden Fragestellungen mithilfe des Textes:***

a) Wie wird der Begriff der Wahrnehmung definiert?

b) Warum nennt der Autor die Wahrnehmung „das unsichere Fundament unseres Handelns"?

c) In welchem Wechselverhältnis stehen Wahrnehmung und eigenes Handeln?

2 ***In der Regel nehmen Menschen digitales und analoges Verhalten gleichzeitig wahr. Beurteilen Sie, welche besondere Bedeutung dem analogen Verhalten bei der Wahrnehmung zukommt. Berücksichtigen Sie die Aussagen des Textes.***

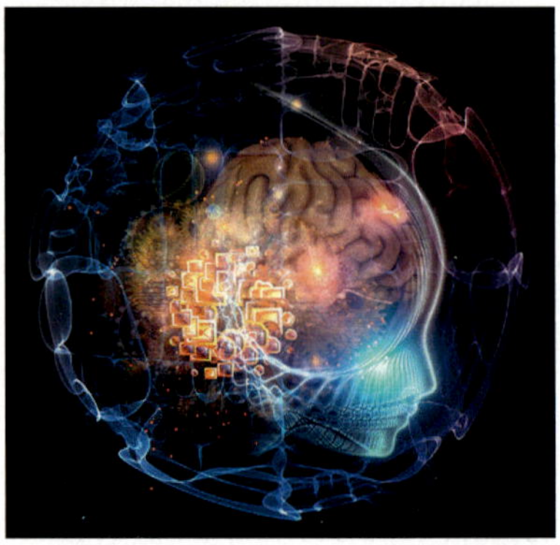

Wahrnehmungen einordnen

Basiswissen | Eisbergtheorie

Kommunikationssituationen werden immer von Wahrnehmungen bestimmt. Die Wahrnehmungen unterliegen Interpretationen des Gesehenen und Gehörten, die wiederum die Reaktion beeinflussen. Die Interpretation des Wahrgenommenen ist auch von zahlreichen Faktoren abhängig, die nicht unmittelbar mit der aktuellen Situation in Verbindung stehen.

Die Eisbergtheorie besagt, dass die Bewertung einer Kommunikationssituation nur zu einem sehr geringen Teil von den Faktoren abhängig ist, die oberflächlich bemerkbar sind und die aktuelle kommunikative Handlung beeinflussen.

Nicht wahrnehmbare Faktoren sind beispielsweise:

- Stimmungen und Befindlichkeiten
- die persönlichen Erfahrungen der Gesprächsteilnehmer, welche in diese Situation hineingetragen werden
- das Weltwissen, über das die Beteiligten verfügen
- die Vorgeschichte dieser Kommunikationssituation
- das Selbstkonzept der Kommunikationspartner

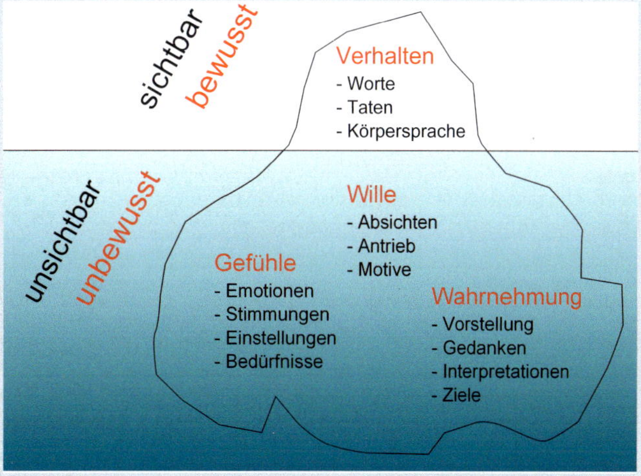

3 ***Untersuchen Sie die Karikatur in Kleingruppen.***

a) Notieren Sie mögliche Ursachen für die Reaktion der Sekretärin in ein Placemat (➪ S. 398).

b) Werten Sie Ihre Ergebnisse nach der Methode Placemat aus und präsentieren Sie Ihre Ergebnisse.

1.3

Kommunikation auf unterschiedlichen Ebenen wahrnehmen

Das Kommunikationsmodell Schulz von Thuns

„Manches kann schiefgehen, wenn wir miteinander reden", sagt der Kommunikationspsychologe Friedemann Schulz von Thun. Diesen Sachverhalt führt er auf die Tatsache zurück, dass mit jeder Mitteilung mehrere Botschaften zur gleichen Zeit übermittelt werden.

Friedemann Schulz von Thun: Die vier Seiten einer Nachricht

Schauen wir uns eine „Nachricht" genauer an. Für mich selbst war es eine faszinierende „Entdeckung", die ich in ihrer Tragweite erst nach und nach erkannt habe, dass ein und dieselbe Nachricht stets viele Botschaften gleichzeitig enthält. Dies ist eine Grundtatsache des Lebens, um die wir als Sender und Empfänger nicht herumkommen. Dass jede Nachricht ein ganzes Paket mit vielen Botschaften ist, macht den Vorgang der zwischenmenschlichen Kommunikation so kompliziert und störanfällig, aber auch so aufregend und spannend.

Um die Vielfalt der Botschaften, die in einer Nachricht stecken, ordnen zu können, möchte ich vier seelisch bedeutsame Seiten an ihr unterscheiden. Ein Alltagsbeispiel: Der Mann (= Sender) sagt zu seiner am Steuer sitzenden Frau (= Empfänger): „Du, da vorne ist Grün!" – Was steckt alles drin in dieser Nachricht, was hat der Sender (bewusst oder unbewusst) hineingesteckt, und was kann der Empfänger ihr entnehmen?

1. Sachinhalt
(oder: Worüber ich informiere)

Zunächst enthält die Nachricht eine Sachinformation. Im Beispiel erfahren wir etwas über den Zustand der Ampel – sie steht auf Grün. Immer wenn es „um die Sache" geht, steht diese Seite der Nachricht im Vordergrund – oder sollte es zumindest. (...)

2. Selbstoffenbarung
(oder: Was ich von mir selbst kundgebe)

In jeder Nachricht stecken nicht nur Informationen über die mitgeteilten Sachinhalte, sondern auch Informationen über die Person des Senders. Dem Beispiel können wir entnehmen, dass der Sender offenbar deutschsprachig und vermutlich farbtüchtig ist, überhaupt, dass er wach und innerlich dabei ist. Ferner: dass er es vielleicht eilig hat usw. Allgemein gesagt: In jeder Nachricht steckt ein Stück Selbstoffenbarung des Senders. Ich wähle den Begriff der Selbstoffenbarung, um damit sowohl die gewollte Selbstdarstellung als auch die unfreiwillige Selbstenthüllung einzuschließen. (...)

3. Beziehung
(oder: Was ich von dir halte und wie wir zueinander stehen)

Aus der Nachricht geht ferner hervor, wie der Sender zum Empfänger steht, was er von ihm hält. (...) Allgemein gesprochen: Eine Nachricht senden heißt auch immer, zu dem Angesprochenen eine bestimmte Art von Beziehung auszudrücken. Streng genommen ist dies natürlich ein spezieller Teil der Selbstoffenbarung. (...)

Genau genommen sind auf der Beziehungsseite der Nachricht zwei Arten von Botschaften versammelt. Zum einen solche, aus denen hervorgeht, was der Sender vom Empfänger hält, wie er ihn sieht. In dem Beispiel gibt der Mann zu erkennen, dass er seine Frau für hilfebedürftig hält. – Zum anderen enthält die Beziehungsseite aber auch eine Botschaft darüber, wie der Sender die Beziehung zwischen sich und dem Empfänger sieht („so stehen wir zueinander") (...)

4. Appell
(oder: Wozu ich dich veranlassen möchte)

Kaum etwas wird „nur so" gesagt – fast alle Nachrichten haben die Funktion, auf den Empfänger Einfluss zu nehmen. In unserem Beispiel lautet der Appell vielleicht: „Gib ein bisschen Gas, dann schaffen wir es noch bei Grün!"

Die Nachricht dient also (auch) dazu, den Empfänger zu veranlassen, bestimmte Dinge zu tun oder zu unterlassen, zu denken oder zu fühlen. Dieser Versuch, Einfluss zu nehmen, kann mehr oder minder offen oder versteckt sein – im letzteren Falle sprechen wir von Manipulation.

Das Kommunikationsmodell Schulz von Thuns

1 ***Erschließen Sie den Text mithilfe folgender Fragestellungen.***

a) Nennen Sie Beispiele für Kommunikationssituationen, in denen eindeutig der Sachinhalt zum Ausdruck kommt.

b) Erklären Sie, aus welchen Gründen es zu einer solchen unfreiwilligen Selbstenthüllung kommen kann. Beziehen Sie dabei auch das Vorwissen aus anderen Bereichen dieses Kapitels in Ihre Überlegungen ein.

c) Stellen Sie Parallelen und Unterschiede zwischen dem Sprachfunktionsmodell (➪ Bühler, S. 10) und der Theorie Schulz von Thuns dar.

2 ***Einem Angestellten wird folgender Sachinhalt mitgeteilt: „Wir sind mit Ihren Leistungen nicht zufrieden." Formulieren Sie drei unterschiedliche Sätze, die ein Vorgesetzter dabei wählen könnte. Legen Sie den Schwerpunkt der Aussage jeweils auf die Selbstoffenbarungs-, Beziehungs- oder Appellebene.***

Basiswissen | Die vier Seiten einer Nachricht

Jede Nachricht enthält vier Botschaften. Eine Botschaft dominiert und stellt das eigentliche Ziel der Sprechabsicht dar. Für den Empfänger der Mitteilung ist es allerdings oft schwierig, diese Seite zu erkennen, sodass es häufig zu Fehlinterpretationen kommen kann.

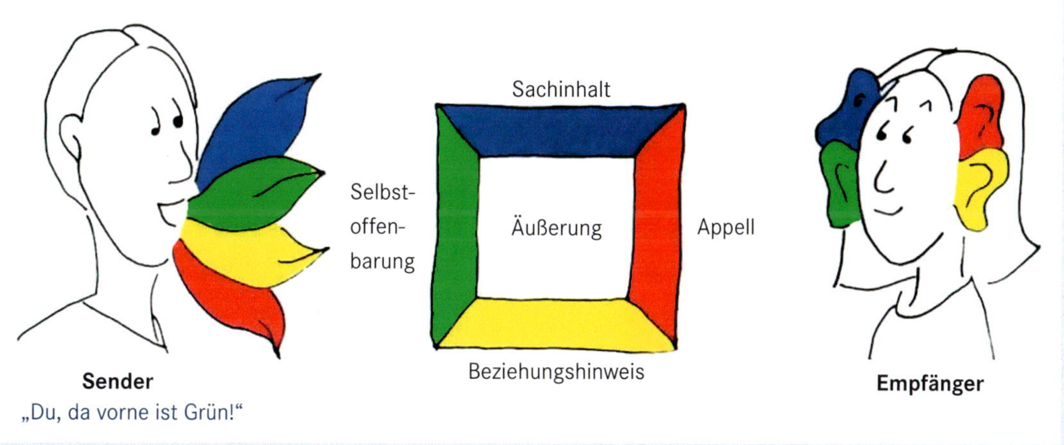

Sachebene
„Die Ampel steht auf Grün."

Appellebene
„Gib doch etwas Gas, damit wir die Ampel noch schaffen!"

Selbstoffenbarungsebene
„Wenn wir die Ampel nicht schaffen, werde ich mich verspäten. Das wäre mir peinlich."

Beziehungsebene
„Du weißt doch, wie unangenehm mir Verspätungen sind."

Sachebene
„Die Ampel steht auf Grün."

Appellebene
„Ich soll schneller fahren."

Selbstoffenbarungsebene
„Das ist mir zu hektisch. Ich habe Angst, einen Unfall zu verursachen."

Beziehungsebene
„Immer kann er alles besser. Schön, dass ich überhaupt ans Steuer durfte."

Verständnisprobleme in der Kommunikation erfassen

Eine sprachliche Mitteilung wird wie jede andere Wahrnehmung vom Empfänger interpretiert. Nicht immer kann der Empfänger die kommunikative Absicht des Senders korrekt einordnen, zumal sprachliche Äußerungen häufig indirekt formuliert werden.

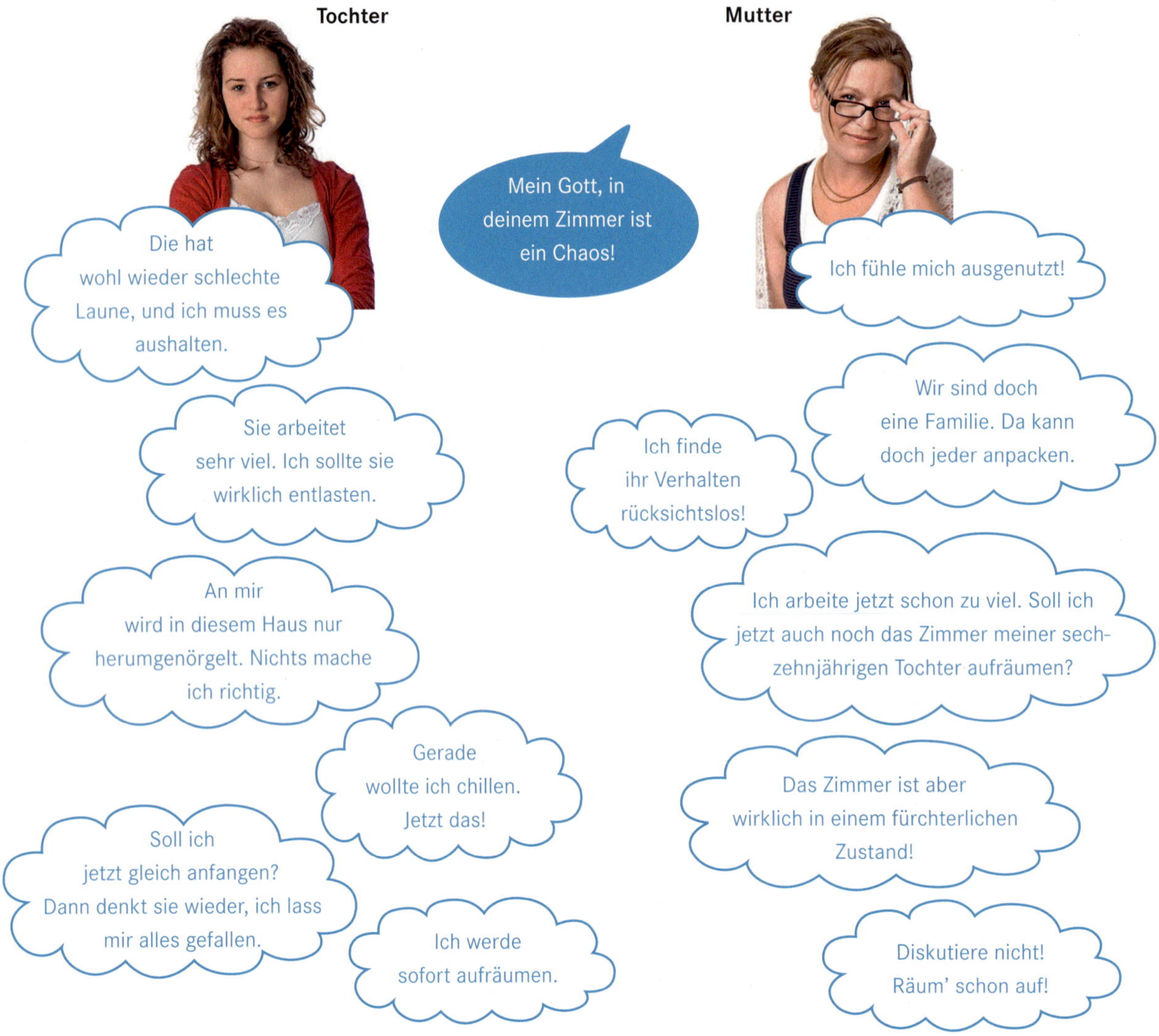

1 ***Setzen Sie sich mit den Gedanken von Mutter und Tochter auseinander.***

a) Welche Mitteilungsabsichten begleiten die Nachricht des Senders (Mutter)?
b) Wie interpretiert der Empfänger (Tochter) die Nachricht?
c) Begründen Sie, warum es sich bei der Aussage der Mutter um einen indirekten Sprechakt handelt.
d) Ordnen Sie die Gedanken von Mutter und Tochter den Kommunikationsebenen nach Schulz von Thun zu.

2 ***Erläutern Sie, was in den folgenden Äußerungen mit den „vier Ohren" zu hören sein könnte.***

- „Es ist 15:15 Uhr", sagt eine Teilnehmerin während einer Teamsitzung.
- „Der Drucker für die Kontoauszüge funktioniert nicht", sagt der Kunde zum Bankangestellten.
- „Hier ist schlechte Luft", sagt der Lehrer, der den Klassenraum betritt.

Im Berufsalltag kommunizieren

Kritik äußern und Kritik annehmen

Sowohl im Beruf als auch im Alltag werden Menschen kritisiert und kritisieren selbst wiederum andere Menschen. Kritik soll in der Regel zu Verhaltensänderungen führen. Ob dieses Ziel erreicht wird, hängt zu großen Teilen auch davon ab, wie die Kritik vorgetragen wird und ob der Kritisierte sie annehmen kann.

Wenn die Fetzen fliegen

von Petra Meyer

Die Wut auf Kollegen und den Chef hinunterzuschlucken, schadet der Gesundheit. Da sollte man besser Streit suchen – die Frage ist nur, wie.

Wer an Streit denkt, phantasiert oft hitzige Wortgefechte. Meist unterliegt dabei am Ende einer der Kontrahenten, fühlt sich bedroht oder gekränkt. Eine Erfahrung, die viele Menschen unangenehm finden und daher jedem Streit aus dem Weg gehen. „Schade“, sagt Angela Roethe. „Das Leben ist so viel facettenreicher, wenn man sich zu streiten traut.“

(…) Die Mediatorin Angela Roethe kennt die Zutaten eines eskalierenden Streits. In ihren Kursen spricht sie von typischen Streitkeulen, die das Gegenüber zielsicher treffen und schachmatt setzen sollen: Da wird gedroht, gespottet, besserwisserisch dahergeredet, moralisiert oder abgewiegelt. Wer sich dieser Keulen bedient, diskutiert nicht auf Augenhöhe. Die Botschaft heißt vielmehr: „Ich habe recht, und du musst was ändern.“ Was kaum jemand akzeptiert, der es nicht zuvor selbst eingesehen hat.

Auch kleine Wörter wie „immer, nie, jemals, selten“ haben eine faszinierend negative Wirkung, da sie den Anderen unausweichlich festschreiben. Ganz zu schweigen von den alltäglichen „Du-Botschaften“, die die eigene Verantwortung für das Geschehen leugnen. „Sie sind einfach inkompetent“, ist auch als Führungskraft viel einfacher zu sagen als „Ich frage mich, wie ich Sie in diesem Punkt unterstützen kann.“ (…)

In der Schule des Streits lernen die Teilnehmer (…) in vielen Rollenspielen, was der Amerikaner Marshall B. Rosenberg „gewaltfreie Kommunikation“ nennt.

Wird man hingegen mit dem Ärger einer anderen Person konfrontiert, ist einfühlsames Zuhören gefragt. Dann rät der Mediator, nicht auf die tatsächlich geäußerten Worte einzugehen, sondern möglichst das Gemeinte hinter dem Gesagten zu verstehen. (…)

Rosenbergs Zauberworte heißen daher: beobachten, fühlen, brauchen, bitten. Hört sich leicht an, ist aber ganz schön schwer. (…) Kein Wunder, denn im Alltag sind die meisten Menschen geübter darin, zu bewerten als zu beobachten. Auch sind sie nicht gewohnt, überhaupt ihre Gefühle zu benennen und dann auch noch zu erklären, welches Bedürfnis gerade verletzt wird. Und aus all dem eine Bitte – und nicht eine Forderung – positiv zu formulieren, überfordert viele schlicht.

(Süddeutsche Zeitung, 06.09.2009)

Basiswissen | **Destruktive und konstruktive Kritik**

Beschimpfungen sind **destruktiv**. Sie kennzeichnen ein Sozialverhalten, das auf Aggression beruht und in der Regel als Drohgebärde interpretiert wird. Häufig empfindet der Kritisierte die Beschimpfung als Ehrverlust. Es erscheint also nicht verwunderlich, dass Beschimpfungen ein Abwehrverhalten provozieren. Eine Konfliktsituation ist vorprogrammiert.

Natürlich muss ein Fehlverhalten kritisiert werden. Die Kritik muss aber konstruktiv sein. **Konstruktive** Kritik weist zwar auf das Fehlverhalten hin, bietet jedoch gleichzeitig auch Hilfestellungen zur Problemlösung an.

1.4

Kritik äußern und Kritik annehmen

Beschimpfungen und Vorwürfe, auch indirekt vorgetragene, erzeugen naturgemäß ein Abwehrverhalten, weil sie als Angriff gewertet werden und die beschimpfte Person sich schützen will, also unter Rechtfertigungsdruck gerät

1 *Übertragen Sie das folgende Muster in Ihr Heft und vervollständigen Sie es, indem Sie für die Kriterien in der linken Spalte Beispiele aus dem Text (➪ S. 21) und Ihrem Alltag finden.*

Wenn eine Person zum Opfer eines destruktiven Angriffsgesprächs wird, findet man:

DU-Botschaften	„Du verbreitest immer nur Chaos!“
allgemeine Vorwürfe	...
Ironie	...
persönliche Angriffe/Verletzungen	...
Kritik aus „zweiter Hand“	...
Kritik gegen die „ganze Person“	...
Machtdemonstration	...
...	...

In einem konstruktiven Kritikgespräch verwendet man hingegen:

ICH-Botschaften	„Ich finde, die Arbeitseinstellung ...“
konkrete Hinweise auf das fehlerhafte Verhalten	...
Äußerung subjektiver Kritik	...
das wirkliche Problem des fehlerhaften Verhaltens	...
partnerschaftliche Kritik	...
...	...

2 *Bereiten Sie in Arbeitsgruppen die szenische Darstellung einer Gesprächssituation vor, die eine Person zum Opfer eines destruktiven Angriffsgesprächs werden lässt. Überlegen Sie gemeinsam, welche inhaltlichen Äußerungen und welche Körpersignale den Kritisierenden und Kritisierten prägen sollen.*

3 *Wählen Sie zwei Mitschüler, die das Rollenspiel vortragen sollen. Der Rest der Klasse analysiert das Rollenspiel nach folgenden Gesichtspunkten: Was wird gesagt? Welche nonverbalen Verhaltensmuster sind zu erkennen?*

4 *Geben Sie den Spielern Ratschläge, wie sie ihr Kommunikationsverhalten ändern können, damit es zu einer positiven Verhaltensänderung kommt*

5 *Erarbeiten Sie in Arbeitsgruppen ein Rollenspiel, in dessen Verlauf konstruktive Kritik geäußert wird.*

Kritische Situationen meistern

Das Gelingen zwischenmenschlicher Kommunikation hängt davon ab, ob sich beide Kommunikationspartner als ebenbürtige Gesprächspartner verstehen oder nicht.

Kritische Situationen im Büroalltag meistern

Im Berufsleben sind Reibereien mit dem Chef oder den Kollegen an der Tagesordnung. Damit kritische Situationen nicht eskalieren und die Stimmung im Büro harmonisch bleibt, ist Krisenmanagement angesagt.

In Verhandlungen wie Verkaufsgesprächen sollten Berufstätige immer kompromissbereit sein. „Damit fährt man auf lange Sicht oft besser als mit einem harten Kurs“, sagt der Karriereberater Martin Däfler aus Heigenbrücken im Spessart. Denn nur wer kompromissbereit sei, schaffe es, einen Kunden auf Dauer an sich zu binden. „Wer entgegenkommend und freundlich ist, bekommt das in der Regel auch zurück.“ Dagegen sei die Kundenbeziehung meist schnell beendet, wenn man nur stur auf der eigenen Position verharre. (…)

Vorgesetzte nur durch die Blume kritisieren

Mitarbeiter sollten keine direkte Kritik an den Ausführungen des Vorgesetzten üben. „Das kommt meistens nicht gut an“, sagt die Karriereberaterin Carolin Lüdemann aus Flein bei Heilbronn. Richtig unbeliebt machten sich Mitarbeiter, wenn sie die Kritik dann auch noch vor Kollegen aussprechen. „Das kann kein Chef auf sich sitzen lassen, denn es untergräbt seine Autorität“, so Lüdemann. Sie empfiehlt daher, Kritik besser in einem Gespräch unter vier Augen und durch die Blume zu äußern. So könnten Mitarbeiter etwa sagen: „Mir kommt gerade die Idee, dass man das auch auf diese Art und Weise lösen könnte.“

Bei Ärger mit Kollegen eigenen Anteil am Konflikt reflektieren

Haben Arbeitnehmer Ärger mit einem Kollegen, sollten sie die Schuld nicht nur bei dem anderen suchen. Vielmehr solle man ehrlich mit sich selbst sein und sich fragen, welchen Anteil man selbst an dem Konflikt trägt, rät die Karriereberaterin Svenja Hofert in der Zeitschrift „Unicum Beruf“. Erst wenn man die Dinge für sich sortiert habe, sollte man dann versuchen, das persönliche Gespräch mit den Kollegen zu suchen.

Bringt das Gespräch unter vier Augen nichts, sollten Arbeitnehmer sich nicht scheuen, den Chef hinzuzuziehen. Dieser könne ein Gespräch zwischen den beiden streitenden Personen möglicherweise voranbringen, indem er es moderiert – ohne dabei Partei für eine der beiden Seiten zu ergreifen.

(Focus online, 18.05.2012)

1 ***Erarbeiten Sie den Text mithilfe der folgenden Fragestellungen.***

a) Warum erscheint es sinnvoll, Kunden nicht als Besserwisser zu begegnen und ihnen gegenüber kompromissbereit zu sein? Unterscheiden Sie besserwisserisches Verhalten von einer guten fachlichen Beratung.

b) Warum wird der kritisierende Chef akzeptiert, während die Kritik am Chef eher problematisch erscheint?

c) Warum ist es eine heikle Angelegenheit, wenn Mitarbeiter ihre Kollegen kritisieren?

d) Warum kann in dieser Situation eher der Chef eine moderierende Rolle übernehmen als ein anderer Kollege?

1.4

Symmetrische und komplementäre Kommunikation verstehen

Die Kommunikation zwischen zwei Gesprächspartnern kann man bezüglich der Anteile in der Gesprächsführung beschreiben.

Basiswissen | Symmetrische und komplementäre Kommunikation

Eine symmetrische Kommunikation liegt vor, wenn beide Gesprächspartner das Gespräch in gleichem Maße lenken und sich als ebenbürtige Gesprächspartner wahrnehmen.

Symmetrische Kommunikation (z. B. Arbeitskollegen):

- gleichrangige Position der Partner
- Streben nach Gleichheit, Partner sind ebenbürtig
- das Verhältnis ist ausgewogen

Komplementär ist eine Kommunikation dann, wenn zwei verschiedene Positionen vorliegen. Ein Partner besetzt dann die primäre Position, während der andere die sekundäre einnimmt. Das beinhaltet keine Wertung und ist keineswegs mit den Attributen „stark“ oder „schwach“ zu versehen. Es handelt sich um Beziehungsstrukturen, die in der beschriebenen Form auch akzeptiert werden.

Komplementäre Kommunikation (z. B. Mutter/Kind, Arzt/Patient, Lehrer/Schüler):

- Primär- und Sekundärposition
- Akzeptanz der Verschiedenheit
- Hierarchie (ungleiche Partner in Bezug auf Status, Wissen, Position etc.)

Konflikte in symmetrisch strukturierten Kommunikationssituationen entstehen, wenn ein Partner die gleichrangige Position verlässt und in einem Bereich einen Vorsprung vor dem anderen erlangen und demonstrieren will. Da die Kommunikationssituation symmetrisch angelegt ist, wird der andere wiederum danach streben, diesen Vorsprung aufzuholen. Man spricht in diesem Zusammenhang von einer **symmetrischen Eskalation.**

Auch in komplementär angelegten Kommunikationssituationen kann es zu Konflikten kommen. Ein Kommunikationsteilnehmer stellt die übergeordnete Position seines Gegenübers in Frage. Der andere wird wiederum danach streben, seine primäre Position zu behaupten.

1 *Nennen Sie Beispiele für Kommunikationssituationen, die symmetrisch angelegt sind.*

2 *Nennen Sie Beispiele für Kommunikationssituationen, die komplementär angelegt sind.*

3 *Formulieren Sie je einen symmetrisch und einen komplementär ausgerichteten Dialog auf der Basis des folgenden Sachverhalts:*
Person A wünscht, dass Person B eine Übersetzung bis zum nächsten Tag anfertigt. Person B hat einen vollen Terminkalender und müsste Überstunden machen.

4 *Vergleichen Sie Ihre Ergebnisse.*
Wie unterscheiden sich die beiden Versionen hinsichtlich der verwendeten sprachlichen Mittel?

Konflikte in der symmetrischen und komplementären Kommunikation erkennen und lösen

In symmetrisch angelegten Kommunikationssituationen kann es zu Konflikten kommen, wenn die Gesprächsteilnehmer ihre gleichrangige Position in Frage stellen.

Situation

Kollege A und Kollege B bekleiden die gleiche Position in einem großen Unternehmen. Sie arbeiten an einem gemeinsamen Projekt und sind gleichaltrig. Der neue Abteilungsleiter erkundigt sich nach dem Verlauf und den Fortschritten der Projektarbeit. Um seinen neuen Chef zu beeindrucken, möchte Kollege A die gleichrangige Position verlassen und einen Vorsprung vor Kollege B erlangen und demonstrieren. Dieser versucht, das Ungleichgewicht auszugleichen.

1 *Formulieren Sie das Gespräch zwischen dem Abteilungsleiter und den beiden Kollegen.*

2 *Vergleichen Sie Ihre Ergebnisse hinsichtlich der Gesprächsstrategien, die die Kollegen verwenden, um eine übergeordnete Position einzunehmen.*

Komplementäre Kommunikationen verlaufen dann konfliktfrei, wenn die am Kommunikationsprozess beteiligten Personen ihre Rollen akzeptieren. Werden diese nicht eingehalten, kommt es zu Spannungen. Der folgende Dialog ist dem Drama „Die Schattenlinie“ von Tankred Dorst entnommen. In dem Gespräch zwischen Vater (Malthus) und Sohn (Jens) möchte der Vater ein Problem mit seinem Sohn klären.

Tankred Dorst: Die Schattenlinie

MALTHUS Aber wenn Optimismus närrisch ist, dann bin ich lieber ein Narr. Ich ziehe meine Jacke verkehrt herum an, wenn du es willst. Ich hasse nur eins: das ist Resignation! Du kannst mich ruhig auslachen. Ich sage dir: Es ist nie zu spät, was Gutes anzufangen. Und was antwortest du mir darauf?

JENS *mit ganz unbewegter Miene:* Dass du ´n Blödmann bist.

MALTHUS *bricht in Gelächter aus:* Na bitte! Das hätte ich mir denken können! Wenn das deine Meinung ist, muss ich sie akzeptieren. Wenn ich immer Toleranz predige, muss ich ja selber auch tolerant sein. Bin ich auch.

JENS Bist du gar nicht.

MALTHUS Du weißt doch, dass mir nicht gefällt, wie du aussiehst mit der Glatze und so weiter, und die Stiefel. Und doch stehst du so in meinem Zimmer, und ich rede ganz zivil mit dir, oder nicht?

JENS Mir egal.

3 *Untersuchen Sie anhand der analogen Kommunikationssignale, wer von beiden Kommunikationspartnern die primäre und wer die sekundäre Position für sich beansprucht.*

4 *Untersuchen Sie anhand der digitalen Kommunikationssignale, wer von beiden Kommunikationspartnern die primäre und wer die sekundäre Position für sich beansprucht.*

5 *Erläutern Sie, welche Ziele Vater und Sohn mit ihren Gesprächsstrategien verfolgen.*

1.4 Konflikte in der symmetrischen und komplementären Kommunikation erkennen und lösen

Die folgende Szene ist dem Roman „Der Vater eines Mörders" von Alfred Andersch entnommen. In ihr wird der Dialog zwischen einem Lehrer (Kandlbinder) und einem Schüler (Konrad von Greiff) anlässlich einer Inspektion des Unterrichts durch den Schuldirektor dargestellt. Der Erzähler ist Greiffs Mitschüler Franz Kein. Es handelt sich um eine Unterrichtsstunde in einem Münchener Gymnasium in den Zwanzigerjahren des vorigen Jahrhunderts.

Alfred Andersch: Der Vater eines Mörders (Auszug)

Eins zu null für Konrad, dachte Franz. Das hat der Kandlbinder davon, dass er ihn aufgerufen hat, bloß weil Konrad im Griechischen fast noch besser ist als Werner Schröter; Kandlbinder ist ein Depp, er hat sich wohl eingebildet, der Konrad hält sich zurück, während der Rex* die Klasse inspiziert, aber da hat er sich geschnitten, gerade wie vor sechs Wochen, als Kandlbinder ihn zum ersten Mal aufgerufen hat. „‚Greiff'", hat er gesagt, nichtsahnend, und der Konrad ist aufgestanden, aber nicht so spöttisch wie heute, sondern hochfahrend, und er hat kalt und unverschämt zu Kandlbinder gesagt: „Von Greiff, wenn ich bitten darf!", der Kandlbinder ist außer sich gewesen, er ist käseweiß geworden im Gesicht, dann hat er gesagt: „Aber das ist doch unerhört."

* Rex = Direktor eines Gymnasiums

6 *Beurteilen Sie auf der Grundlage des Basiswissens (➪ S. 24), ob es sich in der dargestellten Kommunikationssituation um eine symmetrische oder komplementäre Interaktion handelt.*

7 *Erläutern Sie, wie der Konflikt zwischen den Gesprächspartnern zustande kommt.*

★ **8** *Setzen Sie den Dialog zwischen Kandlbinder und von Greiff fort.*

Fazit

1.1 Sprachfunktionen in der Kommunikation unterscheiden
- Darstellung
- Ausdruck
- Appell

1.2 Kommunikation ist mehr als Sprechen
- Axiome der Kommunikation
- analoge und digitale Kommunikation

1.3 Kommunikation auf unterschiedlichen Ebenen wahrnehmen
- Sachebene
- Selbstoffenbarungsebene
- Appellebene
- Beziehungsebene

1.4 Im Berufsalltag kommunizieren
- Kritikfähigkeit
- gleichrangige Position
- Primär- und Sekundärposition
- symmetrische Eskalation

Den Arbeitsauftrag umsetzen

1 *Übertragen Sie die folgende Übersicht in Ihr Heft und vervollständigen Sie diese auf der Grundlage des von Ihnen erworbenen Wissens über Kommunikation.*

verbale Äußerungen und Wirkungsabsicht	verbale und nonverbale Signale	unterschiedliche Wahrnehmungsebenen	nicht wahrnehmbare Faktoren der Kommunikation	angemessene Äußerung und Kritikakzeptanz	kommunikative Fehler der Kundenberaterin

Veröffentlichen Sie die Übersicht im Klassenraum.

2 *Erarbeiten Sie auf der Basis der Übersicht gemeinsam ein denkbares Beratungsgespräch mit Ihrer Kollegin (➪ vgl. S. 9).*
Präsentieren Sie das vorbereitete Beratungsgespräch als Rollenspiel.

Habe ich alle Inhalte verstanden und an alles gedacht?

- ☑ Man kann nicht nicht kommunizieren.
- ☑ Kommunikation besteht aus digitalen und analogen Anteilen.
- ☑ Sprachliche Äußerungen werden auf der Sach-, Darstellungs- und Appellebene getätigt und deshalb häufig indirekt formuliert.
- ☑ Kommunikation wird auf unterschiedlichen Ebenen praktiziert.
- ☑ Wahrnehmung wird immer subjektiv interpretiert.
- ☑ Jede Kommunikationssituation wird von Faktoren beeinflusst, die von den Gesprächspartnern aktuell nicht wahrgenommen werden können (Eisbergtheorie).
- ☑ Die Kommunikationssituation wird von komplementären und symmetrischen Strukturen beeinflusst.

2 Konflikte bewältigen

Kommunikative Konflikte gehören zum Alltag. Dennoch müssen sie gelöst werden, weil sie die Qualität zwischenmenschlicher Beziehungen in Beruf und Alltag sowie die Leistungsfähigkeit und Arbeitseffektivität im Berufsleben erheblich beeinträchtigen können.
In diesem Kapitel erweitern Sie Ihre Kompetenzen, sodass Sie Konflikte beschreiben, Konfliktursachen analysieren und ein erfolgreiches Konfliktmanagement betreiben können.

ANWENDUNGSSITUATION

... „Na ja, neulich telefonierte ich mit einer neunzigjährigen Dame. Bei der hat die Überweisung geklappt.“ Dieser Satz hat die Stimmung der Kundin deutlich verschlechtert. „Dann halten Sie mich vermutlich für einen hoffnungslosen Fall“, hatte sie der Kundenberaterin noch geantwortet und den Hörer aufgelegt, ohne eine weitere Antwort abzuwarten. Dennoch ließ ihr der Inhalt des Satzes keine Ruhe. Also telefonierte sie erneut mit der Bank, allerdings nunmehr in der Absicht, den Geschäftsstellenleiter zu sprechen.

Diesen unterrichtete sie über den Vorfall, zitierte den Satz, der sie so nachhaltig beschäftigte, und kritisierte das nach ihrer Auffassung unmögliche Kommunikationsverhalten der Kundenberaterin. Sie wolle, so die Kundin, den Vorfall auch keineswegs auf sich beruhen lassen, sondern ein persönliches und klärendes Gespräch mit dem Geschäftsstellenleiter und seiner Kollegin führen. Überhaupt überlege sie, ihre Konten bei der Bank aufzulösen. Auch lässt sie nicht unerwähnt, dass sie angesichts ihrer zahlreichen ehrenamtlichen Tätigkeiten in der Stadt über beste Beziehungen, u. a. auch zur Geschäftswelt, verfüge, ihr Wort also auch nicht ganz ohne Einfluss sei und dass sie sicherlich hier und dort über den unzureichenden Umgang des Personals dieser Bank mit ihren Kunden berichten werde.

Der Geschäftsstellenleiter entschuldigt sich für das Verhalten der Angestellten, verspricht Aufklärung und – nach Rücksprache mit der Kundenberaterin – die Festlegung eines Termins, an dem die beteiligten Personen das fragliche Problem besprechen und klären wollen.

„Also doch", denkt die Kundenberaterin, die sich sofort an die Bedenken der Kollegin erinnert. Sie verspürt aufkommende Wut.

Natürlich stimmt sie dem Wunsch des Geschäftsstellenleiters nach einem Gespräch zu, ergänzt diese Zustimmung allerdings mit dem Hinweis auf ihre enorme Arbeitsbelastung und den dadurch bedingten Zeitdruck, ausgelöst durch die permanente Telefonberatung. Sie fügt noch hinzu: „Das möchte ich schon noch sagen: Wenn ich so empfindlich wie die Kundin wäre, könnte ich gleich zu Hause bleiben."

Das ist Ihr Arbeitsauftrag:

Nehmen Sie an dem Gespräch teil und führen Sie es zu einem erfolgreichen Abschluss für alle Beteiligten.

1 *Erarbeiten Sie Rollenspiele, in denen das Gespräch zwischen dem Geschäftsstellenleiter, der Kundenberaterin sowie der Kundin stattfindet. Entwickeln Sie zwei Gesprächsvarianten, und zwar legt ...*

a) die Kundin die Gründe ihrer Kritik ausführlich dar, und es kommt zu einer Konflikteskalation.

b) die Kundin die Gründe ihrer Kritik ausführlich dar, und es kommt zu einer Konfliktentschärfung.

Wenn Sie die folgenden Seiten dieses Kapitels erarbeitet haben, werden Sie in der Lage sein, den Arbeitsauftrag erfolgreich auszuführen.

<table>
<tr><th>Arbeitsschritte</th><th>Arbeitstechniken und Methoden</th><th>Kompetenzen</th></tr>
<tr><td>Konfliktsituation in einem literarischen Text beschreiben</td><td></td><td rowspan="6">die Bedeutung komplementärer und symmetrischer Kommunikation für den Berufsalltag kennen, verstehen und anwenden

Kenntnisse aus der Kommunikationstheorie und Konflikttheorie im Berufsalltag gezielt anwenden

in Konfliktsituationen angemessen, höflich und mit Empathie reagieren</td></tr>
<tr><td>gestörte Kommunikation im Beruf analysieren</td><td></td></tr>
<tr><td>Konflikte definieren</td><td>Mindmap</td></tr>
<tr><td>Konflikteskalation beschreiben</td><td></td></tr>
<tr><td>Konflikte vermeiden</td><td></td></tr>
<tr><td>Konflikte lösen</td><td></td></tr>
</table>

2.1 Konfliktsituationen analysieren

Der folgende Dialog ist dem Roman „Der Turm“ von Uwe Tellkamp entnommen. Es handelt sich um eine Szene während einer Operation, an der u. a. der Professor und Chefarzt Richard und der junge Assistenzarzt Grefe beteiligt sind.

Uwe Tellkamp: Der Turm (2008; Auszug)

Richard wurde zornig. Dieser junge Mensch war so weit weg von ihnen, was Alter und Ausbildungsstand betraf, und gewiss musste man sich sachlich und kollegial verhalten, aber … es war nun einmal so, er konnte diesen Pflichtassistenten nicht leiden. Er wusste, dass das mit dem Umstand zu tun hatte, dass Grefe der Sohn von Müllers Schwester war und der Professor Richard in einem peinlich starren Gespräch darum „gebeten“ hatte, einen bereits eingestellten Pflichtassistenten in eine andere Klinik zu schicken. Freilich, Grefe konnte nichts für diese Machenschaften, wusste wahrscheinlich gar nichts davon; man musste objektiv zu bleiben versuchen. Und die mangelnde Fachkenntnis würde sich schon renken. (…) Trotzdem: „Pertrochantäre Oberschenkelfraktur – wodurch ist sie gekennzeichnet?“, brach der Hochschullehrer in ihm durch.

Wieder begann Grefe zu drucksen. „Ich … äh … bin erst seit zwei Tagen bei Ihnen …“

„Aber Sie haben doch ein Staatsexamen im Fach Chirurgie abgelegt, haben Sie denn da die Unfallchirurgie überschlagen?“ (…)

„… Haken her.“ Er nahm Grefe die Haken aus der Hand und befahl ihm mit knappem Nicken, auf seine Seite hinüberzuwechseln. „Aufpassen, dass Sie sich nicht am Bildverstärker unsteril machen. Lass ihn mal testen“, sagte er zu Wernstein, ihn unwillkürlich duzend.

„Tasten Sie den Bruch?“ Grefe stocherte in der Wunde herum.

„Die Bruchlinie befindet sich zwischen großem und kleinem Rollhügel, fast unmittelbar am Schenkelhals. Sie wissen, wo wir hier operieren?“

„Ja, jetzt hab ich’s. Im Grunde am Hüftgelenk, dachte ich?“

Wernstein war zurückgetreten und wartete mit erhobenen blutigen Händen.

„Gut. Wir wechseln wieder. – In welchem Winkel stehen Oberschenkelknochen und Schenkelhals beim Erwachsenen zueinander?“

Grefe, der wieder auf seiner Seite stand und die Haken anhob, nannte ein falsches Maß.

„Schenkelhalsbrüche – wie werden sie eingeteilt und warum?“ Seine Kenntnisse waren lückenhaft.

„Insgesamt fünf falsche Antworten auf meine Fragen, Herr Grefe. Wir haben hier eine Spielregel. Für jede falsche Antwort müssen vom Befragten einhundert Tupfer gedreht oder Kompressen gelegt werden. Macht fünfhundert Tupfer für Sie. Melden Sie sich nach Dienstschluss bei der diensthabenden OP-Schwester.“

1 ***Untersuchen Sie den Text nach den folgenden Gesichtspunkten.***

a) Beurteilen Sie, ob es sich bei dem Dialog zwischen Richard und Grefe um eine komplementäre oder eine symmetrische Kommunikationssituation handelt. Bedenken Sie in diesem Zusammenhang den Satz: „… und gewiss musste man sich sachlich und kollegial verhalten …“

b) Erläutern Sie die sich daraus ergebenden Konsequenzen für den Gesprächsverlauf.

c) Formulieren Sie Gedanken, die Grefe im Verlauf des Gesprächs durch den Kopf gehen könnten.

d) Begründen Sie, warum das Gespräch zwischen Richard und dem Assistenzarzt als destruktiv eingeordnet werden kann.

Gestörte Kommunikation im Beruf

Insbesondere im beruflichen Alltag können Konflikte fatale Folgen haben.

Was tun, wenn aus Kollegen Feinde werden?

Zoff im Büro ist keine Seltenheit: Kollegen arbeiten nicht kollegial zusammen, sondern bekämpfen sich. Wie aber lässt sich der Konflikt, der auch unbeteiligte Mitarbeiter belastet, lösen? Managementberater Rüdiger Klepsch gibt praktische Tipps gegen den Krieg an der Schreibtisch-Front.

Der Fall dürfte nicht nur Frauen bekannt vorkommen: Zwei Kolleginnen, die in einem Zimmer sitzen, streiten sich immer mehr. Der Berg aus Ordnern und Blumen, der beide Arbeitsplätze voneinander trennt, wächst. Bloß die andere nicht mehr sehen, lieber einen Schutzschirm aufbauen – so das Büro-Motto der Kontrahentinnen.

Die Ursachen für diese verfahrene Situation sind vielfältig. Neid, Missgunst, Inkompetenz, Angst vor Bedeutungsverlust, falsch verstandene Aussagen. Schließlich ist es nicht entscheidend, was die eine sagt, sondern was die andere versteht.

Konflikte zwischen Frauen können böse enden, keine Frage. Aber auch zwischen Männern oder zwischen den Geschlechtern sind solche Auseinandersetzungen nicht minder belastend.
Denn Konflikte:

- … wirken in ähnlicher Weise wie Schmerzen: Man konzentriert sich unwillkürlich immer mehr auf den Konflikt. Die übrigen Ereignisse verlieren ihre Bedeutung. Es kommt zu Pauschalisierungen, Generalisierungen oder Überzeichnungen.
- … verringern das Einfühlungsvermögen. Emotionen gewinnen ein Eigenleben. Wenn man verzerrt wahrnimmt, sind weitere Missverständnisse auf beiden Seiten die Folge.
- … belasten das Arbeitsklima, also auch die Kollegen, die nicht direkt davon betroffen sind. Speziell bei den direkt Betroffenen verursachen sie Leistungsabfälle. Manchmal führen sie zu psychischen Störungen, später kann es sogar zu körperlichen Störungen kommen.

Und es wird noch komplizierter:

Nicht jeder Konflikt ist gleich erkennbar. Aber es gibt Warnsignale: Aufmerksam werden sollten Sie, wenn der Umgangston von weniger herzlich auf formal schwenkt, Blickkontakt gemieden wird, sozialer Rückzug deutlich wird. Der wichtigste Gradmesser und das empfindlichste Instrument sind Sie selbst.

Um Möglichkeiten zur Lösung von Konflikten zu identifizieren, ist es erst einmal entscheidend, was man nicht tun sollte. Es bringt nichts, Konflikte auf Dauer unter den Teppich zu kehren, laut zu werden, das Gegenüber zu veralbern, vor lauter Sturheit nicht mehr zuzuhören oder sich mit der Schuldfrage aufzuhalten. (…)

(Spiegel online, 04.08.2010)

1 ***Untersuchen Sie den Text mithilfe folgender Fragestellungen:***

a) Erläutern Sie die Ursachen der Konfliktentstehung und deren Konsequenzen in Bezug auf den kollegialen Umgang.

b) Erläutern Sie die Konsequenzen, die sich aus der Konfliktpräsenz für die Effektivität des Arbeitsprozesses ergeben.

2 ***Analysieren Sie die oben aufgeführten Konfliktschilderungen mithilfe der Ihnen vorliegenden Kenntnisse aus der Kommunikationstheorie und entwerfen Sie auf dieser Grundlage Vorschläge zur Konfliktvermeidung.***

3 ***Beurteilen Sie in diesem Zusammenhang die Textaussage: „Schließlich ist es nicht entscheidend, was die eine sagt, sondern was die andere versteht."***

Konflikt definieren

Konflikte sind Bestandteil des Privatlebens und des beruflichen Alltags. Konflikte sind unvermeidbar. Dennoch sollte man überlegen, wie sie konstruktiv gelöst werden können.

Was ist ein Konflikt?

Wir definieren Konflikt als eine Eigenschaft eines Systems, in dem es miteinander unvereinbare Zielvorstellungen gibt, sodass das Erreichen des einen Zieles das Erreichen des anderen ausschließen würde.

(Berkel, 1999)

In der Psychologie, aber auch in den Sozialwissenschaften allgemein, spricht man von einem Konflikt dann, wenn zwei Elemente gegensätzlich oder unvereinbar sind.

(Galtung, 1972)

Konflikte sind so alt wie die Menschheit und auf allen Ebenen des menschlichen Zusammenwirkens anzutreffen. Oft werden Konflikte als Kampfsituationen wahrgenommen. Dann entwickeln sie häufig eine Eigendynamik, die eine konstruktive Regelung ausschließt. In diesem Falle dominiert die Auffassung, eigene Vorteile könnten nur durch die Niederlage des Gegners realisiert werden.

Wenn die Konfliktparteien darauf beharren, die eigene Position in keiner Weise hinterfragen zu wollen, sind konstruktive Lösungen ausgeschlossen. Die Fähigkeit zur Selbstkritik ist dann eingeschränkt, selbst wenn sich durch das strikte Beharren bereits Misserfolge abzeichnen. Problematisch ist, dass dieses Verhalten von einer fortschreitenden Einschränkung der Wahrnehmungs- und Entscheidungsfähigkeit begleitet wird.

Konflikte beeinträchtigen unsere Wahrnehmungsfähigkeit so sehr, dass wir im Lauf der Ereignisse die Dinge in uns und um uns herum nicht mehr richtig sehen. Es ist so, als würde sich unser Auge immer mehr trüben; unsere Sicht auf uns und die gegnerischen Menschen im Konflikt, auf die Probleme und Geschehnisse wird geschmälert, verzerrt und völlig einseitig. Unser Denk- und Vorstellungsleben folgt Zwängen, derer wir uns nicht hinreichend bewusst sind.

(Glasl, 1999)

1 *Entwickeln Sie auf der Grundlage dieser Texte und Ihrer Erfahrungen eine Mindmap zum Thema „Konflikt".*

2 *Erarbeiten Sie auf der Grundlage Ihrer Arbeitsergebnisse aus Aufgabe 1 eine gemeinsame Definition von Konflikt.*

3 *Erläutern Sie mithilfe des Textes und Ihrer eigenen Erfahrungen, warum vielen Konflikten eine Eigendynamik innewohnt.*

4 *Erläutern Sie den Zusammenhang zwischen der individuellen Wahrnehmung eines Konflikts und dem daraus resultierenden Kommunikationsverhalten. Beziehen Sie dabei den Auszug aus dem Roman „Der Turm" (➪ S. 30) in Ihre Überlegungen ein.*

Konflikteskalation

Konflikte sind bedrohlich, wenn sie sich verhärten oder eskalieren. Der Konfliktforscher Friedrich Glasl hat ein Stufenmodell entwickelt, das die Stadien dieses Prozesses veranschaulicht.

Die neun Stufen der Konflikteskalation

von Friedrich Glasl

Hauptphase I: Win-Win

1. Verhärtung: Die Standpunkte verhärten sich und prallen aufeinander. Das Bewusstsein bevorstehender Spannungen führt zu Verkrampfungen. Trotzdem besteht noch die Überzeugung, dass die Spannungen durch Gespräche lösbar sind. Noch keine starren Parteien oder Lager.

2. Debatte und Polemik: Es findet eine Polarisation im Denken, Fühlen und Wollen statt. Es entsteht ein Schwarz-Weiß-Denken und eine Sichtweise von Überlegenheit und Unterlegenheit.

3. Taten statt Worte: Die Überzeugung, dass „Reden nicht mehr hilft", gewinnt an Bedeutung und man verfolgt eine Strategie der vollendeten Tatsachen. Die Empathie mit dem „anderen" geht verloren, die Gefahr von Fehlinterpretationen wächst.

Hauptphase II: Win-Lose

4. Images/Koalitionen: Die „Gerüchte-Küche" kocht, Stereotypen und Klischees werden aufgebaut. Die Parteien manövrieren sich gegenseitig in negative Rollen und bekämpfen diese. Es findet eine Werbung um Anhänger statt.

5. Gesichtsverlust: Es kommt zu öffentlichen und direkten (verbotenen) Angriffen, die auf den Gesichtsverlust des Gegners abzielen und seine moralische Integrität in Abrede stellen. Der Gegner wird ausgestoßen.

6. Drohstrategien: Drohungen und Gegendrohungen nehmen zu. Durch das Aufstellen von Ultimaten wird die Konflikteskalation beschleunigt.

Hauptphase III: Lose-Lose

7. Begrenzte Vernichtungsschläge: Der Gegner wird nicht mehr als Mensch gesehen. Begrenzte Vernichtungsschläge werden als „passende" Antwort durchgeführt. Umkehrung der Werte: Ein relativ kleiner eigener Schaden wird bereits als Gewinn bewertet.

8. Zersplitterung: Die Zerstörung und Auflösung des feindlichen Systems wird als Ziel intensiv verfolgt.

9. Gemeinsam in den Abgrund: Es kommt zur totalen Konfrontation ohne einen Weg zurück. Die Vernichtung des Gegners zum Preis der Selbstvernichtung wird in Kauf genommen.

1 *Fassen Sie die verschiedenen Stufen der Konflikteskalation in eigenen Worten zusammen.*

2 *Überlegen Sie sich zu jeder Stufe einen Satz, den ein Beteiligter sagen könnte, oder eine Szene, die die Konfliktstufe veranschaulicht.*

Beispiel:

Konfliktstufe	Szene, Satz
2	*„Ich habe es ihm so oft erklärt, und jetzt ist Schluss. Entweder er macht, was ich sage, oder er bekommt eine Abmahnung."*

3 *Schreiben Sie ein kleines Drehbuch, in welchem sich die Konfliktstufen ableiten lassen. Dabei kann es um eine langjährige Freundschaft gehen, die in die Brüche geht, oder um einen Konflikt zwischen einem Lehrer und einem Schüler bzw. einer Klasse.*

2.2

Konfliktmanagement betreiben

Konflikte vermeiden

Konflikte entstehen nicht aus dem Nichts, sie bahnen sich an. Es ist wichtig, solche Signale zu verstehen, um einen Konflikt zu vermeiden. Häufig genügt es schon, Aussagen, die einen Angriff auf die Beziehungsebene beabsichtigen, umzuformulieren.

Astrid Heeper, Michael Schmidt: Formulierungen des Alltags

Aussagen mit Angriff auf der Beziehungsebene	Mögliche Interpretation des Gesprächspartners
„Falsch!“	Ich werde als blöd dargestellt.
„Damit ich mich nicht wiederholen muss …“	Sind wir hier in der Schule?
„Das habe ich nicht gemeint.“	Darauf wäre ich ja nie gekommen.
(…)	(…)
„Da haben Sie mich falsch verstanden.“	Bin ich ein Trottel?
„Da muss ich Sie korrigieren.“	Ach ja? Was habe ich denn falsch gemacht?
„Das ist doch logisch.“	Heißt das, dass ich unlogisch argumentiere?
„Ungeachtet dieser Tatsache …“	So ein Umstandskrämer.
„Das ist mir egal.“	Mir auch.
„In der Theorie haben Sie recht …“	Das sagt der mir als Praktiker?
„Das entspricht nicht den Tatsachen.“	Ich lüge?
„Ganz einfach.“	Meine Güte, bin ich dumm.
„Schon, aber …“	Jetzt soll ich für doof verkauft werden.

1 *Formulieren Sie die Aussagen so um, dass sie keinen Konflikt auslösen.*

Basiswissen – Konfliktmanagement

Konflikte können durch verstärkte Kommunikation und Kooperation vermieden werden. Erste Anzeichen sich anbahnender Konflikte sind sorgfältig zu prüfen. Gerade in diesen Situationen muss die Gesprächsintensität zunehmen, um Präventivmaßnahmen zur Konfliktvermeidung ergreifen zu können.

Bestehende Konflikte können ebenfalls nur durch Gespräche gelöst werden. Sind die Konfliktparteien nicht in der Lage, selbst zur Lösung ihrer Probleme beizutragen, ist Hilfe von außen erforderlich. Eine erfolgreiche Deeskalation ist allerdings nur möglich, wenn alle am Konflikt Beteiligten eine Bereitschaft zur friedlichen Streitlösung demonstrieren und auch wirklich wollen.

Ziel der Verhandlungen über die Konfliktlösung kann das Aushandeln eines Kompromisses sein. Konflikte am Arbeitsplatz sollten im Ergebnis zu einem Ausgleich zwischen den Konfliktparteien führen, der eine weitere Zusammenarbeit ermöglicht. Ein Neubeginn ist möglich, wenn die am Konflikt Beteiligten für ihr jeweiliges Handeln Verantwortung übernehmen und sich ggf. für ihr Verhalten entschuldigen bzw. einen Schadensausgleich anbieten.

2 *Beurteilen Sie die Konfliktsituation in dem von Ihnen dargestellten Konfliktablauf (➪ S. 33, Aufgabe 2) hinsichtlich der Möglichkeiten einer Konfliktreduzierung auf der Grundlage eines Konfliktmanagements.*

Konflikte lösen

Lassen sich Konflikte nicht vermeiden, müssen sie gelöst werden, da sie die Beziehungsstrukturen in allen Bereichen des menschlichen Zusammenlebens beeinträchtigen.

Wie Konflikte am Arbeitsplatz entstehen

von Nicole Splechna

Wie Konflikte am Arbeitsplatz entstehen
Aufgrund der Tatsache, dass Menschen verschiedener Herkunft, aus unterschiedlichen Generationen und mit anderen Kompetenzen und Erfahrungen zusammentreffen, gibt es verschiedene Perspektiven und Meinungen. Dies ist einerseits bereichernd und inspirierend, andererseits ist damit der Nährboden für Konflikte gegeben.

Wer Konflikte erkennt, kann sie auch lösen
Machen sich Spannungen und Differenzen bemerkbar, ist es hilfreich zu wissen, welche Konfliktarten es gibt und auf welcher Ebene sie stattfinden können. Denn so kann der Lösungsansatz schon ermittelt werden.
Nebst Beurteilungs- oder Wahrnehmungskonflikten gibt es Beziehungskonflikte, Rollenkonflikte sowie Verteilungs- und Zielkonflikte. Konflikte spielen sich auf der Sach- oder Beziehungsebene ab. Die Beziehungsebene spielt oft eine wesentliche Rolle im Konflikt; hier wird die Diskussion emotional geführt und ist daher schwieriger zu klären. Um Konflikte zu lösen, sollte der Vorgesetzte oder der Mediator versuchen, diese auf der Sachebene zu besprechen.

Konfliktlösung durch Vorgesetzten oder Mediator
Hiermit wird auch schon ein Konfliktlösungsszenario benannt: Ist das gemeinsame Vier-Augen-Gespräch unter den Konfliktpartnern nicht erfolgreich, sollte der Vorgesetzte informiert und einbezogen werden. Er oder ein neutraler Mediator, der zum Beispiel vom Betriebsrat oder der Personalbabteilung vorgeschlagen werden kann, sollte die Konfliktpartner in ihrem Gespräch begleiten und führen. (…)

Checkliste zur Konfliktlösung

- ☑ Konflikt erkennen und akzeptieren
- ☑ Distanz schaffen zur Selbstreflexion und Ist-Zustand erfassen
- ☑ Gespräch mit dem Konfliktpartner suchen; Ist- und Sollzustand abgleichen und Maßnahmen ableiten
- ☑ gegebenenfalls Vorgesetzten oder Mediator hinzunehmen
- ☑ Einigung anstreben und Konflikt als Chance zur Weiterentwicklung sehen
- ☑ generell: wertschätzender Umgang in angemessener Kommunikationsform wie bspw. in der Ich-Form sprechen

(karriere-journal.monster.de)

1 *Stellen Sie auf der Grundlage des Textes dar, welche Möglichkeiten zur Konfliktlösung bzw. zur Konfliktreduzierung bestehen.*

2 *Erörtern Sie Möglichkeiten und Grenzen der Konfliktlösung, indem Sie auch Ihre persönlichen Erfahrungen einbeziehen.*

3 *Beurteilen Sie die besondere Rolle des Kommunikationsverhaltens im Falle von Konfliktlösungen, indem Sie Ihr Wissen über Kommunikationstheorien einbeziehen (⇨ Kapitel 1.1 und 1.2).*

4 *Beurteilen Sie die Bedeutung von Konfliktlösungen hinsichtlich der Zufriedenheit am Arbeitsplatz und der damit verbundenen Arbeitseffektivität.*

Konflikte lösen

Eine besondere Form des Konfliktmanagements ist die Mediation. In einem Mediationsverfahren wird eine Konfliktlösung angestrebt, die bei allen Beteiligten auf Akzeptanz stößt.

Kampfzone Büro

von Miriam Hoffmeyer

Wenn Kollegen sich streiten, kann das für Unternehmen teuer werden. Bevor sie wichtige Mitarbeiter wegen interner Konflikte verlieren, holen sie Mediatoren ins Haus. Die arbeiten an einer Versöhnung – mit ihren eigenen Mitteln.

„Die Situation war unerträglich. Ich konnte kaum noch an etwas anderes denken, auch abends und am Wochenende nicht", sagt die 39 Jahre alte Kulturwissenschaftlerin. Durch ihr Team in einer kleinen, städtischen Kultureinrichtung ging seit drei Jahren ein tiefer Riss: auf der einen Seite sie und ein Kollege, auf der anderen die beiden anderen Angestellten. Angefangen hatte es damit, dass ein älterer Mitarbeiter jeden Vorschlag blockierte, den sie, „die Neue", machte. Nach einiger Zeit gingen sich beide Seiten nur noch aus dem Weg. „Jede Besprechung, bei der alle anwesend sein mussten, war so schrecklich, dass ich vorher schon Bauchschmerzen hatte. Ich war nahe daran zu kündigen", sagt die Frau. Ein Vorgesetzter bat schließlich einen Psychotherapeuten um Hilfe: Eine Mediation sollte das gespaltene Team wieder zusammenschweißen.

Konflikte, die derartig eskalieren, sind nicht nur ein Albtraum für die Beteiligten, sie kosten auch viel Geld. Wer in einen kraftraubenden Bürokrieg verwickelt ist, verliert Energie und Motivation – und wechselt vielleicht am Ende den Arbeitgeber. Daher sind viele Firmen dazu bereit, externe Mediatoren zu engagieren.

Die Psychologin Annette Krenovsky hat sich auf die Mediation betriebsinterner Konflikte spezialisiert. Eine Mediation wirke oft schon dadurch deeskalierend, sagt sie, weil sie ein Signal sei, dass die Firma ihre Mitarbeiter nicht allein lasse. (...)

(Süddeutsche Zeitung online, 15.08.2011)

5 ***Beschreiben Sie auf Basis der Textgrundlage und des Basiswissens den Unterschied zwischen einer Mediation und einer gerichtlichen Auseinandersetzung.***

6 ***Erläutern Sie die Vorteile, die die Konfliktparteien aus dem Mediationskonzept ziehen können.***

Basiswissen – Mediationstechnik

- **Spiegeln:** Dieses Prinzip entstammt der Humanistischen Psychologie. Einer der Konfliktpartner gibt in eigenen Worten wieder, was er vom anderen an Inhalten und Gefühlen aufgenommen hat.
- **Doppeln:** Das Doppeln kennzeichnet eine inhaltlich-verbale Vermittlungsstrategie, wobei der Mediator schwierige Inhalte von einem Konfliktpartner zum anderen transportiert. Die Aufgabe des Mediators besteht darin, die Aussagen so zu präsentieren, dass der Angesprochene sie nachvollziehen kann, der Gedoppelte sie aber auch als seine eigenen zu erkennen vermag.
- **Reframing:** Diese Methode beinhaltet eine Umdeutung, wobei einer Situation oder einem Geschehen eine andere Bedeutung oder ein anderer Sinn zugewiesen wird. Primär geht es darum, konfliktträchtige Inhalte in einen anderen Blickwinkel zu transportieren. Bekannt ist diese Methode aus der Familientherapie. So kann ein negatives Eltern-Kind-Verhältnis („Meine Eltern mischen sich immer ein.") in ein positives Empfinden umgedeutet werden („Die Eltern wollen nur helfen.").
- **Reflecting:** Diese Methode verfolgt das Ziel, einen gemeinsamen Prozess der Ratsuchenden, des Beratenden und der Beobachtenden zu initiieren. Mit den Ratsuchenden arbeitet ein komplettes therapeutisches Team, wobei ein Teil dieses Teams, nämlich der beobachtende, eine reflektierende Position einnimmt.

Fazit

2.1 Konflikte analysieren
- Definition Konflikt
- neun Stufen der Konflikteskalation

2.2 Konfliktmanagement betreiben
- Konflikte vermeiden
- Konflikte lösen

Den Arbeitsauftrag umsetzen

1 ***Bereiten Sie die Durchführung der Rollenspiele (➪ vgl. S. 29) vor.***

a) Erstellen Sie Beobachtungsbögen zu den folgenden Kriterien:

analoges/digitales Kommunikationsverhalten	Konfliktbeteiligte / Konfliktursachen	Ursachen einer Konflikteskalation / Konfliktdeeskalation	Strategien zur Konfliktentschärfung

b) Bilden Sie Gruppen, die jeweils eine der Gesprächsvarianten a) oder b) als Rollenspiele vorbereiten und einüben (➪ S. 29).

2 ***Präsentieren Sie die Rollenspiele vor der Klasse. Die Zuschauer werten das Verhalten der Teilnehmenden aus.***

- Füllen Sie die Beobachtungsbögen aus.
- Überprüfen Sie Ihre Beobachtungen mithilfe der Checkliste.
- Werten Sie Ihre Ergebnisse im Klassengespräch aus.

Habe ich alle Inhalte verstanden und an alles gedacht?

- ☑ Kritik kann konstruktiv oder destruktiv ausgerichtet sein.
- ☑ Werden die komplementären und symmetrischen Strukturen nicht beachtet, können Konflikte entstehen.
- ☑ Konflikte können die Wahrnehmung einseitig beeinflussen und Fehltentscheidungen oder die Entstehung neuer Konflikte begünstigen.
- ☑ Konflikte können, wenn sie rechtzeitig kommuniziert werden, noch auf der Basis einer Win-Win-Situation gelöst werden.
- ☑ Werden Konflikte nicht rechtzeitig thematisiert, können sie eskalieren und sind möglicherweise nicht mehr kontrollierbar.
- ☑ Es gibt unterschiedliche kommunikative Möglichkeiten, sinnvoll mit Konflikten umzugehen.

3 Diskutieren, referieren, Vorträge halten

Jakob Augstein (Publizist); Heide Simonis (SPD, ehemalige Ministerpräsidentin von Schleswig-Holstein); Günther Jauch (Moderation); Michael Degen (Schauspieler); Michael Wolffsohn (Historiker); Dirk Niebel (FDP, Bundesminister für wirtschaftliche Zusammenarbeit und Entwicklung) in der Talk-Show „GÜNTHER JAUCH" am 15.04.2012 in Berlin

Die Diskussion ist eine sehr lebensnahe dialogische Kommunikationsform. In ihr geht es darum, Ihren Standpunkt überzeugend zu vertreten und sich dabei gleichzeitig mit den Meinungen anderer Teilnehmer auseinanderzusetzen. Während in der Diskussion ein gegenseitiger Austausch von relativ kurzen Beiträgen zwischen Teilnehmern gefordert wird, ist das Referat eher ein einseitiger Kommunikationsakt – eine sogenannte monologische Kommunikationsform. Ziel des Referats ist es, die Zuhörer zu informieren und dabei ihre Aufmerksamkeit aufrechtzuerhalten, was eine optimale Vorbereitung erfordert.

ANWENDUNGSSITUATION

Sie sind in der Schülervertretung aktiv und engagieren sich für die Belange der Schülerinnen und Schüler. In diesem Zusammenhang werden Sie immer wieder zu Diskussionsrunden und Gesprächen eingeladen. Aktuell steht das schulpolitisch interessante Thema der „Ausbildungsreife von Jugendlichen" im Fokus. Die SV erhält die Anfrage, ob sie einen Schülervertreter zu einer öffentlichen Podiumsdiskussion zu diesem Thema entsenden möchte. Damit sich nicht die gesamte SV in das Thema einarbeiten muss, erhält eine kleine Gruppe den Auftrag, sich intensiv darauf vorzubereiten und ihre Kenntnisse später in Form eines Referats den anderen mitzuteilen.

Außerdem hat der Schulleiter angefragt, ob eine / einer der diesjährigen Absolventinnen / Absolventen bei der Abschlussfeier die Abschlussrede halten möchte. Daraus ergeben sich neben den täglichen Arbeiten folgende Aufgaben für die Schülervertretung:

***To-do-Liste** (Liste zu erledigender Aufgaben) der Schülervertretung*
- *Teilnahme an Diskussionsrunde zum Thema „Ausbildungsreife von Jugendlichen“*
  => Informationen recherchieren
- *interessierte Schüler über das Thema informieren*
  => Referat vorbereiten zum Thema „Ausbildungsreife von Jugendlichen“
- *Abschlussrede schreiben?!! WIE?*
  - *Auftritt? Wie präsentiere ich mich? Wie spreche ich? Was sage ich?*

  Termin Ende des Schuljahres! Ausarbeitung bis zwei Wochen vor Abschlussfeier

Das ist Ihr Arbeitsauftrag:

1 ***Ergänzen Sie die Liste mit eigenen Anmerkungen und Fragen.***

2 ***Erstellen Sie einen Arbeitsplan.***

a) Legen Sie Prioritäten fest und bestimmen Sie, in welcher Reihenfolge Sie die Arbeiten erledigen.

b) Verteilen Sie die Arbeiten innerhalb der Gruppe, sodass jeder nur zu einem Teilbereich Informationen zusammenträgt und im Anschluss der SV-Gruppe vorträgt.

Wenn Sie die folgenden Seiten dieses Kapitels erarbeitet haben, werden Sie in der Lage sein, den Arbeitsauftrag erfolgreich auszuführen.

Arbeitsschritte	Arbeitstechniken und Methoden	Kompetenzen
Diskussionen verfolgen und analysieren	Fünfsatz	unterschiedliche Kommunikationsformen gestalten und in unterschiedlichen Rollen situationsangemessen und adressatengerecht handeln zielorientiert handeln Beziehung zu Gesprächspartnern angemessen gestalten Einstellungen und Erwartungen der Zuhörer und Gesprächspartner berücksichtigen funktionale Medien auswählen in Diskussionen überzeugen Reden und Vorträge halten können
einen Diskussionsbeitrag formulieren	Argumentationstechniken	
angemessen auf Diskussionsteilnehmer reagieren		
den Ablauf planen		
einen Stichwortzettel erstellen	Stichwortzettel	
das Referat medienunterstützt vortragen		
Stellungnahme	Fünfsatz	

Diskutieren

Diskussionen verfolgen und analysieren

„Diskussion ist eine häufig lebhafte Auseinandersetzung über ein bestimmtes Thema, wobei das Diskussionsziel in hohem Maße die Diskussionsform, die Diskussionstechniken sowie die Anzahl und Zusammensetzung des Teilnehmerkreises bestimmt.“ (Rudolf Steiger)
Um in Diskussionen erfolgreich zu sein und zu überzeugen, ist es wichtig, das Diskussionsziel, die Diskussionsteilnehmer sowie die Diskussionsregeln und -strategien zu kennen.

Diskussionsrunde zum Thema: Eine Jugend ohne Engagement für den Beruf?

Die Gäste:
- Jonas Strauß*, Bundestagsabgeordneter für eine politisch rechts orientierte Partei, Spezialgebiet Arbeitsmarkt
- Kai Lehmann*, Bundestagsabgeordneter für eine politisch links orientierte Partei
- Maike Rupp*, Personalverantwortliche in einem großen Unternehmen
- Ivo Mann*, Vorstandsmitglied eines großen mittelständischen Unternehmens
- Alexander Faust*, erfahrener Ausbilder mit eigenem Gastronomie-Betrieb

Moderatorin: Herzlich willkommen zu unserer heutigen Gesprächsrunde.
In der Zeitung lesen wir, immer mehr Jugendliche seien unzureichend auf den Arbeitsmarkt vorbereitet. Sie engagieren sich zu wenig, sind lustlos und unmotiviert. In der Ausbildungszeit häufen sich die Fehlzeiten. Einige dürfen deswegen ihre Ausbildung nicht beenden. – Das mag nachvollziehbar sein, wenn man bedenkt, dass Berufsanfänger oft nicht fest eingestellt werden. Zeitarbeit und befristete Verträge sind keine Seltenheit. Was sind die Ursachen? Ignoriert der wirtschaftliche Aufschwung unsere Jugend oder ignoriert die Jugend den Aufschwung? Zu diesem Thema begrüße ich heute Alexander Faust, der Ausbilder spricht aus persönlicher Erfahrung. Er hat Leute ausgebildet, die aus dem sozialen Abseits kamen, und ist dabei schnell an Grenzen gestoßen. Zudem begrüße ich Kai Lehmann, Bundestagsabgeordneter, Jonas Strauß, ebenfalls Bundestagsabgeordneter, und Maike Rupp, Personalreferentin in einem großen deutschen Unternehmen. Frau Rupp beklagt, dass das Niveau der Schulabgänger, die sich bei ihr bewerben, immer schlechter wird.
Wir stellen unsere erste Frage an die Personalreferentin am Tisch. Frau Rupp, wenn Sie Bewerbungsmappen erhalten, reagieren Sie dann häufig ungehalten oder denken Sie, jeder findet irgendwo seinen Platz im Unternehmen?

umgangssprachlich

Rupp: Ich finde es einfach ganz wichtig, dass die Bewerber auch gut zum Unternehmen passen. Wir bekommen tatsächlich immer weniger Bewerbungen und leider auch immer schlechtere. Ich bin dann gezwungen, junge Menschen einzustellen, deren Noten nicht ganz so gut sind, von denen ich aber insgesamt denke, das könnte vielleicht doch passen. Ich lade diese Bewerber auch zum Vorstellungsgespräch ein. Zum Glück sind immer noch gute dabei. Bei einigen schlage ich wirklich die Hände über dem Kopf zusammen. Dann mache ich

* alle Namen sind frei erfunden

Diskussionen verfolgen und analysieren

ein kleines Spielchen und teste die Allgemeinbildung. Ich werfe Namen von Persönlichkeiten in den Raum, zum Beispiel Frau von der Leyen. Wenn ich dann merke, mein Gegenüber weiß nicht, was Frau von der Leyen macht, obwohl er ein Fachabitur besitzt oder so etwas, dann ist das halt echt nicht gut.

Moderatorin: Das klingt nachvollziehbar. Herr Faust, Sie haben es sich zur Aufgabe gemacht, sozial benachteiligten Jugendlichen die Arbeit schmackhaft zu machen. Dabei konnten Sie feststellen, dass das nicht immer einfach ist und teilweise auch scheitert. Hatten Sie das erwartet?

Faust: Ja und nein. Es ist grundsätzlich herausfordernd, mit jungen Leuten zu arbeiten und noch mehr mit Menschen, die bisher keine Chance hatten oder sie nicht genutzt haben. Man muss bei eigentlich selbstverständlichen Dingen anfangen wie Pünktlichkeit, Ausdauer, Umgangsformen und Höflichkeit. Diese Tugenden waren bei keinem vorhanden. Im Gegensatz zu Ihnen, Frau Rupp, schaue ich heutzutage überhaupt nicht mehr auf Zeugnisse, weil ich gemerkt habe, dass es zu wenig über die Bewerber aussagt.

Moderatorin: Aber können Sie den jungen Leuten in der Gastronomie denn wirklich etwas Attraktives bieten? Das ist eine oft schwere Arbeit zu schlechten Gehältern und mit langen Arbeitszeiten.

Faust: Ja genau. Sie sprechen die richtigen Probleme an. Wir müssen nicht den roten Teppich[1] für diese Jugendlichen ausrollen, aber wir müssen uns um sie kümmern und Verständnis für ihre Situation und Möglichkeiten aufbringen. Die Aufgabe von Unternehmern sollte es sein, nicht nur auszubilden, sondern auch zu bilden, weil die Schulpolitik diesbezüglich einfach versagt.

Moderatorin: Herr Lehmann, was denken Sie? Ist jede Arbeit besser als keine?

Lehmann: Jede Arbeit sei besser als keine, würde ich so nicht stehen lassen. Dann können Sie auch fragen: Welches Glas ist besser? Das volle oder das leere.

Moderatorin: So eine Frage würde ich nicht stellen.

Lehmann: Aber dies wäre derselbe Vergleich. Wir brauchen Arbeit, die gut ist und in der sich die Menschen, die dann diese Arbeit leisten, auch in irgendeiner Form verwirklichen können. Das hängt natürlich auch damit zusammen, was für den Job bezahlt wird und welche Arbeitszeiten angeboten werden. Ich weiß, dass gerade im Gastronomiebereich überdurchschnittlich viele Auszubildende ihre Ausbildung vorzeitig abbrechen. In dieser Branche wird mit am schlechtesten bezahlt. Leider ist es so, dass es auch Vorgesetzte gibt, die die Arbeitszeiten nicht einhalten. Junge Leute, teilweise unter achtzehn Jahren, arbeiten dann bis zu vierzehn Stunden am Tag. Die Fördermaßnahmen an den Schulen sind nicht so, dass jeder nach der Schule tatsächlich alles machen kann. Aber ich denke, es ist vollkommen falsch, diese Jugendlichen auszugrenzen und sich selbst zu überlassen.

Faust: Wir können natürlich nicht zu Beginn einer Lehre mit 2.000,00 EUR Einstiegsgehalt agieren. Das funktioniert nicht. Wir können aber auch nicht, wie es leider in vielen Branchen noch üblich ist, mit 380,00 EUR anfangen. Das heißt nicht, dass man die gebratenen Tauben durch die Luft fliegen lässt[2], nach denen man nur noch schnappen muss.

Moderatorin: Dazu möchte ich auch die Meinung von Herrn Strauß erfahren, der Arbeitsmarkt ist sein Spezialgebiet. Jeder achtzehnte Jugendliche verlässt die Schule ohne einen Schulabschluss (ca. 5,5 %, Stand 2012) und in der Gruppe der 15- bis 24-Jährigen liegt die Arbeitslosenquote bei ca. 8 % (Stand 2012). Sagen Sie, das ist die Schuld dieser jungen Leute, oder sagen Sie, das liegt tatsächlich auch an den Unternehmen, die bis dahin eine recht elitäre Personalpolitik betrieben haben.

Strauß: Ich finde, es geht hier nicht darum, Unternehmen und junge Leute gegeneinander auszuspielen. Natürlich haben Unternehmer eine Verantwortung für die Qualifikation, aber jeder hat auch eine

Relativierungstechnik

1 jemanden mit höchsten Ehren empfangen und wie einen König behandeln
2 Vorstellung des Lebens im Schlaraffenland, in dem man nicht arbeiten muss

Diskussionen verfolgen und analysieren

eigene Verantwortung, sich anzustrengen und sich einzubringen. Entscheidend ist, wie wir das jetzt verbessern können. Und da muss man eben auch sagen, zum Bild gehört noch etwas anderes. Nämlich, dass in Deutschland die Jugendarbeitslosigkeit mit die niedrigste Jugendarbeitslosigkeit in ganz Europa ist. Wir stehen insgesamt also sehr gut da. Das zeigt, den Jüngeren kann man nicht den Vorwurf machen, dass sie sich nicht einbringen würden. Im Gegenteil.

Moderatorin: Herr Mann, wir reden über nichts Geringeres als das, was wir in der Zukunft und momentan in Deutschland den jungen Menschen anbieten können. Ihre Firma liefert da ein ungewöhnliches Beispiel. Sie haben wahnsinnig früh angefangen, sich um Kids zu kümmern, die einfach keine Chance hatten. Haben Sie das Gefühl, dass sich etwas für diese Jugendlichen geändert hat, da wir alle im Aufschwung sind?

Mann: Für diejenigen, denen ich geholfen habe, hat sich etwas geändert. Ich sage meinen Jungs auch immer, „von nichts kommt nichts". Sie, Herr Strauß, haben vorhin gesagt, dass wir die geringste Jugendarbeitslosigkeit Europas hätten. Das interessiert diejenigen nicht, denen es schlecht geht.

Redefloskel

Strauß: Das ist jetzt eine Chance, allen weiterzuhelfen …

Mann: Die meisten, die bei mir sind, haben entweder Arbeit, gehen in die Schule oder machen irgendwas anderes, aber liegen nicht faul auf der Haut herum. Das finde ich wichtig. Du musst ihre Sprache sprechen, sonst funktioniert es nicht. Und vor allem, was ich nicht mache, ich bleibe nicht auf meiner Terrasse sitzen, sondern ich gehe zu ihnen hin. Auf Deutsch gesagt, sie brauchen Vorbilder und ich fühle mich wie ein Vorbild. Deshalb brauchen wir auch in der Wirtschaft und der Politik Vorbilder. Ich schimpfe nicht über Politiker, denn in einer Demokratie brauchen wir sie. Aber ich mache schon einen Unterschied zwischen guten und schlechten Politikern. Und deshalb …

Moderatorin: Wir fragen Sie ein bisschen später auch nach Ihren Lieblingspolitikern. Herr Mann, was bringen Sie den Jugendlichen genau bei?

Mann: Dass Kraft alleine im Leben nichts nützt. Ich sage ihnen, dass sie auch mit dem Kopf arbeiten müssen. Ich möchte, dass sie die Aggression, die sie jahrelang oder monatelang aufgestaut haben, bei mir loslassen. Wir müssen uns um die Jugend kümmern, denn sie ist unsere Zukunft. Wir sind ein Sozialstaat und jeder Jugendliche, der arbeitslos ist, gefährdet den Staat. Deshalb müssen sie in die Schule und ins Arbeitsleben. Dafür kämpfe ich.

Moderatorin: Sie wissen, dass die Realität anders aussieht. Eine halbe Million der jungen Leute haben keinen Schulabschluss, 1,3 Millionen haben keinen Beruf. Die haben sich aufgegeben. Wenn sie die befragen, sagen sie, sie seien chancenlos, sie seien Harz IV.

Mann: Ich habe das beste Beispiel: in meiner Firma haben wir vereinbart, dass von 100 Auszubildenden jedes Jahr mindestens 40 Prozent Hauptschüler sein müssen. Am Anfang war der Arbeitgeber nicht begeistert. Heute lobt er uns, weil wir sehr viel erreichen können.

Moderatorin: Ich verbinde dies noch einmal mit einer konkreten Frage: Wie viele Hauptschüler haben Sie unter Ihren Auszubildenden, Frau Rupp?

Rupp: Ich habe keinen Hauptschüler dabei. Wir sind ein relativ kleines Unternehmen im Lebensmittelhandel und sind deshalb extrem auf Dienstleistung und Service ausgerichtet. Wir entwickeln IT-Programme und deswegen brauchen wir Schüler mit einem Fachhochschulabschluss oder einem Abitur. Wie ich schon erwähnte, die Bewerbungen sind die letzten Jahre immer schlechter geworden und deswegen bemühe ich mich auch, nach anderen Talenten zu suchen. Ich habe schon Realschüler eingestellt und wollte auch Hauptschüler einstellen. Leider sind sie im zweiten Bewerbungsgespräch rausgefallen.

Moderatorin: Herr Lehmann, was ist das für ein System, das nach der Hauptschule Menschen offensichtlich in eine Berufswelt entlässt, die auf alles wartet, nur nicht auf diesen Auszubildenden?

Diskussionen verfolgen und analysieren

Lehmann: Das ist natürlich nicht in Ordnung. Unser Problem ist, dass Jugendliche oft in Berufe gedrängt werden, weil ein anderer Ausbildungsplatz gar nicht vorhanden ist. Zweitens haben wir nach wie vor zu wenige Ausbildungsplätze. Und ich möchte darauf hinweisen, dass ein Teil derer, die zurzeit einen Ausbildungsplatz suchen, schon ein oder zwei Jahre in Warteschleifen festsitzen. Meine Erfahrung ist, dass die Annahme, die Jugend zeige hier keinerlei Engagement, wirklich Quatsch ist. Es besteht leider die Situation, dass die Zahl und die Qualität der Ausbildungsplätze nicht immer so sind, wie wir uns das alle vorstellen. – Also kann es nicht nur um die Qualität der Jugend gehen, sondern es muss auch um die Qualität der Ausbildungsplätze gehen.

Faust: Herr Lehmann, das sind doch Allgemeinplätze[1]. Es gibt ganz viele Dinge, die hinderlich sind. Was wir realistisch tun können, ist, gute Bedingungen in den Ausbildungsbetrieben zu schaffen.

Lehmann: Das müssen Sie erklären.

Faust: Wir müssen die Ausbildung anders vergüten. Also ist zu überlegen, was wir denn zum Beispiel in der Gastronomie brauchen, damit der Auszubildende leben kann. Wir können uns zum Beispiel als gesunde Firma eine Betriebswohnung leisten, die wir für Auszubildende aus ganz Deutschland zur Verfügung stellen. Wir können auch sagen, man steigt ab 500,00 EUR ein. Wenn das ein Betrieb nicht leisten kann, ist er sowieso abgewirtschaftet. Dann darf er gar nicht ausbilden. Wir können nicht darauf warten, dass der Staat das wieder regelt.

Mann: Genau!

Rupp: Das ist richtig.

Faust: Das müssen wir selber in die Hand nehmen.

Rupp: Das stimmt …

Moderatorin: Gleich, Herr Mann ist dran und dann Frau Rupp.

Mann: Die Betroffenen wollen häufig keine Unterstützung durch den Staat haben. Die Jugendlichen, die ich kenne, wollen eigenständig ihr Geld verdienen. Ich höre seit dem Aufschwung immer wieder, wie viele neue Arbeitsplätze geschaffen worden sind. Aber das ist so nicht korrekt. Viele junge Menschen haben nur einen befristeten oder Leiharbeitsvertrag. Die können nicht einmal ihre eigene Familie gründen.

Bumerangtechnik

Rupp: Für das Unternehmen ist es wichtig, jemanden befristet anzustellen, um zunächst die Person kennenzulernen und zu sehen, ob das auch langfristig passt. In unserem Unternehmen und in vielen unserer Mitgliedsunternehmen der jungen Unternehmer ist es so, dass die meisten Mitarbeiter auch ins unbefristete Arbeitsverhältnis übernommen werden. Jedoch ist es für die Firmen auch wichtig, flexibel sein zu können, auch in der konjunkturellen Situation. Deswegen ist es für uns sehr wichtig, die Möglichkeit zu haben, sich von einem Menschen wieder trennen zu können.

Strauß: Da gebe ich Ihnen Recht. Es geht darum: Wenn ein befristeter Job der Einstieg ist, dann sollte es nicht dabei bleiben. Es ist zum Beispiel so, dass über die Hälfte derjenigen, die erst eine befristete Stelle haben, dann bei demselben Arbeitgeber irgendwann eine unbefristete Stelle bekommen.

Lehmann: Ein Drittel der jungen Menschen hat keinen vernünftigen Job …

Strauß: Herr Lehmann …

Lehmann: … um ihre Zukunft planen zu können.

Strauß: Herr Lehmann, also …

Lehmann: Das müssen wir doch ändern in der Politik.

Strauß: Ja aber …

Lehmann: Das können wir doch nicht so lassen.

Strauß: Herr Lehmann, Sie wollen, nein lassen Sie mich ganz kurz … Herr Lehmann … ich sage doch nur, die Lösung ist nicht, befristete Beschäftigung zu verbieten. Ich sage nur …

Mann: Genau was ich sagen wollte, ich komme aus der Praxis. Und ich erzähle Ihnen jetzt, wie es dort draußen aussieht. Da werden junge Menschen befristet. Nach 24 Monaten werden sie entlassen und kommen als Leiharbeiter wieder rein.

Lehmann: So ist es.

1 Aussage, die Selbstverständliches, Triviales ausdrückt

Diskussionen verfolgen und analysieren

Mann: Das ist möglich. Das ist die Wahrheit. Ich finde, ein Unternehmen muss flexibel sein und Produktivität bringen. Ein Arbeitgeber braucht Geld, das auch wieder für soziale Themen genutzt werden kann. Das ist doch ganz klar. Aber lügt uns doch nicht in die Tasche. Das ist in den letzten Jahren missbraucht worden.

Moderatorin: Herr Faust …

Rupp: Aber wir geben doch die Chance …

Moderatorin: Halt! Herr Faust ist an der Reihe, dann Frau Rupp.

Faust: Wir müssen auch mal mit dem Gejammer aufhören. Wir können feststellen, dass sowohl die Gewerkschaften als auch die Unternehmer und die Politiker in den letzten Jahren einen guten Job gemacht haben. Eines der großen Probleme sehe ich in der Leiharbeit. Diesbezüglich hat Herr Mann vollkommen Recht. Aber zur Ausbildung gehören immer zwei Leute. Ich sage, wir müssen die Kinder und Jugendlichen, egal wie alt sie sind, dort abholen, wo sie sind. Dafür brauchen wir Methoden, die uns …

Lehmann: Das hat mit dem Thema überhaupt nichts zu tun.

Faust: Natürlich …

Lehmann: Das Thema der befristet Beschäftigten, das Thema der Leiharbeit …

Moderatorin: Die Frage ist ...

Faust: Das können wir lösen, indem wir den Leiharbeitern einen gesetzlichen Mindestlohn anbieten.

Moderatorin: Kann man – um diesen Gedanken erneut aufzunehmen – junge Leute überhaupt damit motivieren, dass man ihnen sagt, deine Zukunft wird eine befristete Tätigkeit, wird eine Teilzeit, wird die Leiharbeit in der Firma XY sein. Ist das Motivation?

Faust: Nein, das ist nicht motivierend. Was motivierend ist, sind die Anerkennung und der Stolz, was Herr Mann gerade gesagt hat …

Mann: Ich kenne Leute, die haben in acht Jahren in vier unterschiedlichen Firmen gearbeitet, weil sie jedes Mal nach 24 Monaten rausgeschmissen wurden. Nächste Firma wieder rausgeschmissen …

Lehmann: Hm … so ist das …

Mann: Der kommt heulend zu mir und sagt, was ist das für eine Gesellschaft. Ich habe eine Freundin, möchte gerne heiraten, möchte gerne Kinder, wohne aber immer noch bei meinen Eltern. Leute, was ist das für ein Land, das so etwas zulässt? Flexibilität, ja – gar keine Diskussion. Wir müssen Produktivität bringen, gar keine Diskussion. Aber geben Sie doch unseren Kindern, wenn sie gut arbeiten, einen unbefristeten Arbeitsvertrag. Was spricht denn dagegen?

Rupp: Man gibt als Unternehmen den jungen Menschen, gerade wenn die auch keine guten Qualifikationen mitbringen, viel eher die Chance, eine Ausbildung zu machen oder einen Arbeitsplatz zu bekommen, wenn man weiß, dass man flexibel darauf reagieren kann. Und die meisten werden dann auch übernommen. Wir brauchen Flexibilität, das ist ganz wichtig.

Lehmann: Dazu möchte ich etwas sagen. Ich habe früher auch ein „normales" Arbeitsverhältnis gehabt. Dort war es vollkommen selbstverständlich, dass man nach der Ausbildung in ein unbefristetes Arbeitsverhältnis übernommen wurde. Die Firma existiert heute noch und der geht es ausgezeichnet. Es ist also nicht so, dass Sie, wenn Sie diese Flexibilität der Befristung nicht haben, am Abgrund mit ihrem Unternehmen sind …

Rupp: Nein, das habe ich auch nicht gesagt …

Lehmann: Die Gesetze haben sich verändert. Früher waren Befristungen in diesem Ausmaß überhaupt nicht möglich. Und ich trete maßgeblich dafür ein, dass wir Leiharbeit wieder gesetzlich begrenzen, indem wir sagen, dass ein Leiharbeitnehmer dasselbe verdient wie der, der sonst den Job macht. Und ich trete mit Nachdruck dafür ein, dass man bei einer Befristung nicht einfach sagt, wir befristen jetzt, nur um zu prüfen, wie der ist. Dafür gibt es immer noch die Möglichkeit, dass man eine Probezeit vereinbart. Und im Übrigen …

Rupp: Die ist aber zu kurz.

Lehmann: … selbst wenn Sie jemanden fest einstellen, werden sie ihn notfalls wieder los. Sie haben ihn ja nicht geheiratet. Sie können ihm ja auch kündigen. Der Unterschied ist, dass Sie dann den Betriebsrat fragen müssen und dass diese Kündigung sozial gerechtfertigt sein sollte. Auch Gesetze spielen eine Rolle. Befristungen haben nur den Sinn, dass sie den Kündigungsschutz umgehen. Und das finde ich nicht akzeptabel.

Rupp: Nein, sie haben den Sinn, dass Chancen ermöglicht werden …

Moderatorin: Herr Strauß, und trotzdem können wir uns noch einmal die Frage stellen, warum in Deutschland ein Leiharbeiter in dem Beruf, in dem er arbeitet, nicht wenigstens genauso bezahlt wird wie der Festangestellte. Die Briten zahlen sogar mehr.

Strauß: Die Frage stellen wir uns auch …

Lehmann: Gleicher Lohn für gleiche Arbeit. Das ist doch nicht Ihre Politik in der Bundesregierung.

Strauß: Wir sollten ein Vorbild für junge Leute sein. Dazu gehört, dass wir uns ausreden lassen. Sie haben gerade etwas zum Thema gesagt, jetzt lassen Sie mich auch etwas dazu sagen.

Lehmann: Ja gerne.

Strauß: Wir wollen keinen Missbrauch – weder von Befristung noch von Leiharbeitern. Wir sagen, für eine kurze Zeit ist es okay und fair, dass bei der Leiharbeit nach dem Tarifvertrag der Leiharbeitsfirma bezahlt wird. Wenn die Leiharbeiter länger bei demselben Unternehmen arbeiten, dann muss man sich fragen, warum. Wenn es darum geht, den Lohn des Unternehmens zu unterbieten, darf das nicht sein. Dann müssen andere Regelungen greifen.

Faust: Ich habe noch nie bei uns in 23 Jahren einen befristeten Vertrag gemacht. Unser Arbeitsrecht ist heute sehr flexibel. Jemand, der nicht passt, kann auch wieder entlassen werden.

Rupp: Es gilt doch der Kündigungsschutz. Sie können sich nicht einfach von jemandem trennen. Wie denn? Erklären Sie mir das bitte.

Lehmann: Sie können doch kündigen. Eine ganz normale Kündigung aussprechen.

Rupp: Es gilt der Kündigungsschutz.

Lehmann: Ja, das heißt doch nur, dass man gegen die Kündigung klagen kann und dass dann das Gericht möglicherweise entscheidet.

Mann: Könnte man Jugendliche nicht erst einmal einstellen, bevor man sie wieder kündigt?

Moderatorin: Wie sehr motivieren wir junge Menschen mit dem, was wir ihnen anbieten? Das ist meine Frage, die ich vor zehn Minuten gestellt habe. Und ich würde sie gerne noch einmal stellen und von Ihnen wissen wollen, Herr Mann, wie man heute in diesem Land jemandem tatsächlich Appetit auf eine Karriere machen kann?

Mann: Ich trete sehr oft in der Hauptschule auf und rede auch mit den Jugendlichen, weil mir das unheimlich wichtig ist. Auch um ihnen zu sagen, ihr

Diskussionen verfolgen und analysieren

seid keine Verlierer, ihr müsst motiviert rangehen. Ich finde, dass man heute schon in der Hauptschule eine Partnerschaft mit den Arbeitgebern eingehen kann. Arbeitgeber müssen viel mehr in die Schulen gehen, um auch die Kinder und Jugendlichen zu betreuen. Wir müssen langfristig planen, was wir brauchen. Wir brauchen aber auch Hauptschüler. Und warum müssen die Jugendlichen ausbaden, dass gewisse Leute den Hals nicht voll genug kriegen? Das ist doch die Frage, die man …

Faust: Herr Mann, ich bin eigentlich ein Fan Ihres Systems, jedoch die Polemik, die Sie jetzt einbringen, ist vollkommen daneben.

Mann: Ich habe „einige" Leute gesagt.

Faust: Wenn BMW, Lufthansa, Siemens und auch Porsche tolle Ausbildungen anbieten können, dann ist das nicht die Realität des kleinen Unternehmers. Dass Porsche, BMW oder Lufthansa das können, das ist großartig. Das hilft aber dem Malerbetrieb nicht, der den Lehrling sucht. Und wenn wir sagen, dass wir andere Modelle zulassen, dann sind wir einen großen Schritt weiter. Und als Unternehmer muss man in dieser Hinsicht gemeinschaftlich arbeiten …

Mann: Die Polemik gefällt mir auch nicht, doch dies ist die Realität. Tatsache ist, dass knapp die Hälfte aller Neueinstellungen befristet ist (Stand 2013). Der Anteil befristeter Neueinstellungen stieg zwischen 2001 und 2011 von 32 auf 45 Prozent. Dies ist sicherlich nicht entstanden, weil die jungen Menschen befristet sein wollten. Das liegt daran, dass die Bildungssituation nicht gerade die beste ist.

Moderatorin: Herr Faust, hat …

Mann: Ich bin heute hergekommen, um den Menschen die Augen zu öffnen. In welchem Land leben wir, dass unsere Zukunft, unsere Kinder immer noch in befristeten Verhältnissen weilen? Und ich sage Ihnen ganz offen, ich werde niemals einen Arbeitgeber beschimpfen. Aber ich werde sagen, wenn ihr nur noch Geld mit Aktien verdienen wollt, dann geht das nicht. Ich will wieder Arbeitgeber haben, die für uns da sind.

Moderatorin: Herr Faust, hat unsere Jugend im Aufschwung eine Chance?

Faust: Doch, die hat eine Chance. Die Jugendlichen müssen einfach auf der Matte stehen und die müssen dranbleiben. Und man kann leider nicht bei den ersten zwei Versuchen erwarten, dass es gleich klappt.

1 ***Analysieren Sie die Diskussion.***

a) Bestimmen Sie mithilfe des Basiswissens die vorliegende Diskussionsform.

b) Informieren Sie sich unter Zuhilfenahme der Arbeitstechnik (➪ S. 47) über die verschiedenen Argumentationstechniken. Nennen Sie neben den angefügten Beispielen noch weitere Stellen aus dem Text.

c) Beurteilen Sie das Sprachniveau der Diskussionsteilnehmer. Suchen Sie dazu Belege im Text (➪ Beispiel in Zeile 30 auf S. 40). Achten Sie dabei auch auf „Redefloskeln" (➪ Beispiel in Zeile 143 auf S. 42).

d) Beurteilen Sie die inhaltliche Überzeugungskraft der Diskussionsteilnehmer. Begründen Sie, welche Argumente besonders überzeugen (➪ Arbeitstechnik S. 47).

e) Analysieren Sie die Rolle der Diskussionsleiterin. Welche Aufgabe hat sie und wird sie ihr gerecht?

f) Beurteilen Sie den Verlauf der Diskussion im Hinblick auf den Themenbezug.

2 ***Erstellen Sie in Form einer Mindmap eine Zusammenfassung wichtiger Verhaltensregeln für die Diskussionsleitung und die Diskussionsteilnehmer/-innen.***

Diskussionen verfolgen und analysieren

Basiswissen – Diskussionsformen

Die Diskussion ist eine Sonderform des Gesprächs zwischen zwei oder mehreren Personen, in dem in geordneter Form verschiedene Auffassungen zu einem Thema oder mehreren bestimmten Themen erörtert werden. Die Teilnehmer vertreten ihre Standpunkte, üben Kritik und versuchen, andere für sich zu gewinnen oder zu überzeugen.

Bei der **Plenumsdiskussion** haben alle Anwesenden Rederecht (z. B. Unterrichtsdiskussionen). Ein Moderator lenkt die Beiträge.
In einer **Podiumsdiskussion** hingegen diskutiert nur eine bestimmte Personengruppe (z. B. Experten). In dem von einem Moderator/einer Moderatorin geleiteten Gespräch werden Gegensätze herausgearbeitet und Möglichkeiten der Annäherung gesucht. Die Zuhörer/-innen erhalten im Verlauf der Diskussion Gelegenheit, sich mit ihren Fragen und Anmerkungen in das Gespräch einzuschalten.
Die **Fishbowl-Diskussion** ist eine alternative Methode der Diskussionsführung, bei der eine kleinere Gruppe in einem Innenkreis diskutiert, während die übrigen Teilnehmer in einem Außenkreis sitzen und die Diskussion beobachten, ohne sich einzumischen. Ein Teilnehmender kann als Moderator fungieren, nachfragen und sicherstellen, dass alle Gesprächsteilnehmer die Möglichkeit bekommen, ihre Meinung zu äußern.

Arbeitstechnik – Techniken für eine gezielte Gegenargumentation

Es ist nicht nur wichtig, seinen eigenen Diskussionsbeitrag gegliedert und einprägsam zu formulieren, sondern auch angemessen auf Gegenargumente der Gesprächspartner zu reagieren.
Bumerangtechnik: Ein Argument des Diskussionspartners wird an diesen zurückgegeben und in Frage gestellt.
Beispiel: „Sind Sie wirklich davon überzeugt, dass …?“
Entwaffnungstechnik: Dem Diskussionspartner wird durch Zugeständnisse der Wind aus den Segeln genommen.
Beispiel: „Ich nehme Ihren Einwand ernst.“; „Vielen Dank für diesen Hinweis.“
Ja-aber-Technik: Dem Diskussionspartner wird zunächst zugestimmt. Nach dem Wendewort „aber“ wird die eigene abweichende Auffassung dargelegt.
Beispiel: „Was Sie da vorbringen, mag zwar richtig sein, jedoch …“; „Ich kann Sie sehr gut verstehen, allerdings …“
Relativierungstechnik: Der Einwand des Diskussionspartners wird eingeschränkt oder zergliedert.
Beispiel: „Es kommt immer auf die jeweiligen Umstände an …“; „Das ist von Fall zu Fall unterschiedlich.“
Verallgemeinerungstechnik: Das eigene Argument ist eingängig (plausibel), da es auf Verallgemeinerungen oder Selbstverständlichkeiten zurückgeht. Beispiel: „Jeder mit gesundem Menschenverstand …“
Vorwegnahmetechnik: Der mögliche Einwand oder die Beweisführung des Diskussionspartners wird selbst aufgegriffen und im Voraus schon entkräftet.
Beispiel: „Sie werden sicherlich noch einwenden, dass …“; „Oftmals wird behauptet, dass …“
Wendetechnik: Eine Aussage des Diskussionspartners wird umgedreht und für die eigene Argumentation genutzt.
Beispiel: „Es stimmt, dass die Kosten steigen. Gerade deshalb ist es wichtig, mit Maßnahmen zu beginnen.“
Wissenschaftstechnik: Man beruft sich auf bekannte Experten oder wissenschaftliche Untersuchungen.
Beispiel: „Nach einer Untersuchung des …“; „Meine Argumentation stützt sich auf …“
Autoritäts-Zitatentechnik: Statt Argumente werden Zitate bekannter Persönlichkeiten angeführt.
Beispiel: „Schon Goethe hat gesagt …“

3 *Formulieren Sie weitere Beispiele für eine in der Arbeitstechnik genannte Argumentationstechnik und lassen Sie sie von Ihrem Partner oder Ihrer Partnerin zuordnen.*

Einen Diskussionsbeitrag formulieren

Redebeiträge müssen je nach Diskussionssituation gestaltet sein. Ein Beitrag zu einer privaten Diskussionsrunde unter Schülerinnen und Schülern sieht anders aus als in einer offiziellen Konferenz oder öffentlichen Podiumsdiskussion.

Wirtschaft: Jeder Fünfte nicht ausbildungsreif

Berlin (dpa) – Die Wirtschaft hält jeden fünften Schulabgänger für nicht ausbildungsreif. Neben schlechten Kenntnissen in Deutsch und Mathematik kritisieren immer mehr Betriebe fehlende Disziplin und Belastbarkeit. Dies ist das Ergebnis einer Umfrage des Deutschen Industrie- und Handelskammertages (DIHK) bei 15.000 Unternehmen.

(nach Süddeutsche Zeitung online, 08.04.2010)

Die Schülervertretung der Höheren Berufsfachschule wurde zu einer Diskussionsrunde eingeladen, die sich mit dem Thema der mangelnden Ausbildungsreife von Jugendlichen befasst. Auch Lehrer sowie Vertreter aus Wirtschaft und Politik nehmen teil. Die Schülersprecher wollen die Jugendlichen verteidigen und sich für eine Relativierung des negativen Bildes einsetzen. Die weiteren Diskussionsmitglieder fordern, dass die Jugendlichen mehr Leistungen in der Schule erbringen müssen.

Bei einer Vorabbesprechung der Schülersprecher findet folgende Diskussion statt:

Katja:
Mich nervt, dass immer auf den Jugendlichen herumgehackt wird. Klar gibt's bestimmt einige, die eben nicht so gut in Mathe oder Deutsch sind, aber deshalb gleich alle Auszubildenden schlecht zu machen, das ist doch Quatsch. Es gibt auch viele andere, die sich wirklich bemühen und wo die Ausbildungsbetriebe vielleicht einfach übertriebene Vorstellungen haben.

Peter:
Da hast du recht. Ich finde auch, dass nicht alle Auszubildenden disziplinlos und nicht belastbar sind. Solche Anschuldigungen demotivieren uns doch nur.

Während der Diskussionsrunde äußert sich Katja jedoch folgendermaßen:

Ich bin als Schülersprecherin über die neuen Umfrageergebnisse genauso besorgt wie Sie. Mir liegt aber viel daran, dieses Ergebnis nicht zu stark zu verallgemeinern und hochzuspielen, da dieses Verhalten ja keinesfalls für alle Schüler zutreffend ist. Gerade die Schülerinnen und Schüler der höheren Berufsfachschulen lernen schnell, gut und diszipliniert. Mit einer Hysterie trifft man gerade aber auch die vernünftigen Schüler. Ich denke, wir sollten daher vor allem darüber reden, wie den 20 Prozent der Jugendlichen, die nicht ausbildungsreif sind, geholfen werden kann.

Einen Diskussionsbeitrag formulieren

1 ***Analysieren Sie Katjas Diskussionsbeitrag.***

a) Arbeiten Sie auch unter Berücksichtigung des Basiswissens „Diskussionsformen“ (S. 47) die Unterschiede zwischen den beiden Diskussionsbeiträgen heraus.

b) Nennen Sie alle vorgetragenen Argumente.

c) Bestimmen Sie die angewendeten Argumentationstechniken.

d) Formulieren Sie die genannten Argumente schriftlich aus. Halten Sie sich an den im Basiswissen abgebildeten typischen Aufbau für schriftliche Argumente.

Basiswissen – Typischer Aufbau eines schriftlichen Arguments

Struktur	Erklärung	Beispiel	Beispiel
Behauptung oder Meinung (These)	darf nicht als Frage formuliert werden	Das Alpine Skifahren sollte verboten werden,	Massentierhaltung sollte verboten werden,
Begründung	begründet die Behauptung / Meinung	weil es die Umwelt schädigt,	weil sie eine Gefahr für den Menschen darstellt.
Erläuterung (Beweis)	erläutert die Begründung	denn es zerstört die Vegetation in den Abfahrtsschneisen durch die Pistenraupen und die scharfen Stahlkanten der Ski.	Medikamente werden zur Vorbeugung von Krankheiten in großen Mengen an die Tiere verfüttert, gelangen so in das Fleisch und lagern sich dort ab. Die Menschen konsumieren das Fleisch und nehmen somit die Medikamente auf. Das kann zu einer Antibiotikaresistenz und zur Schädigung wichtiger Organe führen.
Beispiel	Belege verstärken die Wirkung des Arguments	Dies ist beispielsweise im Sommer an den kahlen Hängen in vielen Alpenregionen deutlich zu erkennen.	Food-Watch weist beispielsweise bei seinen Untersuchungen regelmäßig Rückstände von Antibiotika in Fleisch aus Massentierhaltung nach.
Rückführung oder Folgerung	kann zur Verdeutlichung angeführt werden	Um die Umwelt zu schonen, sollte daher das alpine Skifahren verboten werden.	Zum Schutz der Gesundheit der Menschen muss Massentierhaltung folglich verboten werden.

2 ***Formulieren Sie weitere Diskussionsbeiträge.***

a) Sammeln Sie Gründe für und gegen die Frage: Sind Jugendliche schlecht auf eine Ausbildung vorbereitet?

b) Tragen Sie in Kleingruppen Ihre Argumente mündlich nach der Fünfsatz-Methode vor (S. 50, Arbeitstechnik „Diskussionsbeiträge formulieren“).

Einen Diskussionsbeitrag formulieren

Arbeitstechnik | **Diskussionsbeiträge formulieren**

Bei einer Diskussion geht es darum, sich mit einer Sache, einem Thema auseinanderzusetzen, wobei verschiedene Zielsetzungen möglich sind, beispielsweise der bloße Meinungsaustausch, eine Lösung des Problems oder eine Entscheidungsfindung. Dabei ist es wichtig, anderen Diskussionsteilnehmern seinen eigenen Standpunkt überzeugend mitzuteilen, aber auch von anderen zu lernen und sich überzeugen zu lassen.

Mit dem sogenannten **Fünfsatz** können Diskussionsbeiträge zielgerichtet gegliedert und einprägsam gestaltet werden. Man spricht vom Fünfsatz, weil es in fünf aufeinanderfolgenden Denkschritten (fünf Sätzen) möglich wird, kurz, logisch und gegliedert zu argumentieren. Es gibt verschiedene Arten von Fünfsätzen, die sich jedoch immer wie folgt zusammensetzen:

1. Schritt: Die Aufmerksamkeit der Gesprächspartner wird auf den Diskussionsbeitrag gelenkt oder eine Verknüpfung mit anderen Meinungen/Vorrednern wird hergestellt.

2.–4. Schritt: Eigentliche Beweisführung, z. B. durch die Gegenüberstellung der Vor- und Nachteile bzw. der Pro- und Kontra-Argumente, welche die Grundlage für das eigene Urteil bilden.

5. Schritt: Der Kerngedanke wird in einem Ziel- oder Zwecksatz zugespitzt und einprägsam zusammengefasst.

Für einen Redebeitrag in einer Diskussion kann der Fünfsatz folgendermaßen aussehen:

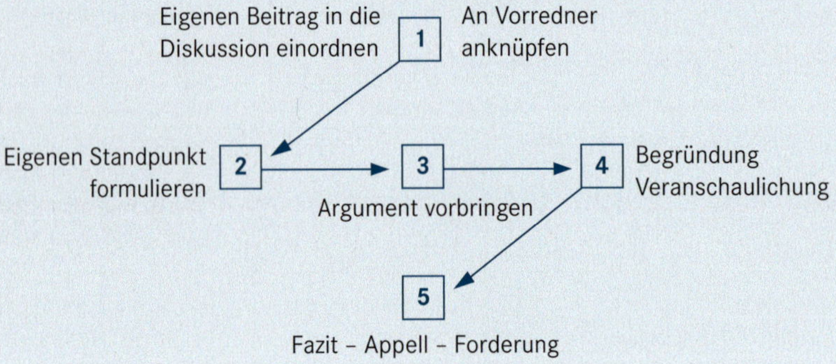

Situation

Völlig abgehetzt haben Sie gerade noch rechtzeitig den Flughafen und den Check-in-Schalter erreicht. Dort erfahren Sie, dass die Maschine, mit der Sie fliegen wollen, überbucht ist. Um einen der heißersehnten Plätze zu ergattern, müssen Sie die Stewardess am Flughafenschalter mit einem schlagkräftigen Argument überzeugen.

3 ***Überlegen Sie sich ein schlagkräftiges Argument (es kann auch lustig oder erfunden sein).***

a) Tragen Sie Ihr Argument nach der Fünfsatz-Methode vor und lassen Sie eine bestimmte Argumentationstechnik einfließen.

b) Entscheiden Sie als Zuhörer, welches der vorgetragenen Argumente am überzeugendsten war, und begründen Sie Ihre Entscheidung.

Angemessen auf Diskussionsteilnehmer reagieren

Zur Frage „Sind Jugendliche schlecht auf eine Ausbildung vorbereitet?" fand eine Diskussionsrunde mit Schülersprechern, Lehrern, Politikern und Ausbildern statt. Hier ein Mitschnitt aus der Diskussion:

Ausbilder: Das größte Problem bei der Besetzung von Lehrstellen ist die zunehmende mangelnde Ausbildungsreife der Schulabgänger. Besonders im mündlichen und schriftlichen Ausdrucksvermögen bestehen große Defizite, aber auch bei den elementaren Rechenfertigkeiten und der Leistungsbereitschaft gibt es Mängel.

Ausbildungsberater der Handwerkskammer: Also meiner Meinung nach hat sich großartig nichts geändert, denn die Aussage, die Auszubildenden werden immer schlechter und verhalten sich den Erwachsenen gegenüber nicht so, wie sie sollen, die ist 3.000 Jahre alt. Das ist eigentlich nichts Neues. Meiner Meinung nach müssen sich die Betriebe viel mehr darum kümmern, diese Defizite aufzuarbeiten, denn diese müssen über Motivation ihre Mitarbeiter und Azubis dazu bringen, dass sie die Arbeit gerne machen. Je höher die Motivation, desto höher ist auch das Engagement.

Ausbilder: Ich denke doch, dass Ihnen, um das beurteilen zu können, das Fachwissen und die Erfahrung fehlen.

Elternsprecher: Ich kann dem aber durchaus zustimmen. Ich habe eine Tochter, mittlerer Bildungsabschluss, die sich zurzeit sehr intensiv bewirbt, aber dennoch keinen Ausbildungsplatz findet. Eine Haupt- oder Realschülerin hat einfach keine Chance auf dem Ausbildungsmarkt.

Ausbilder: Das ist grundsätzlich richtig, aber für die vorliegende Situation nicht umsetzbar. Es ist natürlich schon so, dass wir als „Kunden" immer stärkere Anforderungen an unsere Unternehmen stellen. Es gibt also einen großen Druck auf die Unternehmen und somit auch auf die Mitarbeiter. Und daher ist es selbstverständlich, dass die Unternehmen sich nach Auszubildenden umsehen, die möglichst gut sind und möglichst großem Druck standhalten – getrieben vom Druck der Kunden. Das können aber nicht alleine die Betriebe kompensieren.

Schülersprecher: Ein wichtiger Punkt ist doch, dass den Jugendlichen oftmals dieses Verhalten von Erwachsenen vorgelebt wird. Viele Eltern geben ihre Kinder in der Schule ab und kümmern sich nicht mehr um das Lernen nach der Schule.

1 ***Analysieren Sie den Diskussionsmitschnitt.***

a) Informieren Sie sich mithilfe der Arbeitstechnik über das sogenannte Totschlagargument und erklären Sie den Begriff.

b) Untersuchen Sie den Text auf Totschlagargumente.

c) Bewerten Sie die jeweiligen Aussagen und erläutern Sie, welche Ziele die Diskussionsteilnehmer mit diesen Phrasen verfolgen.

2 ***Überlegen Sie sich zu den folgenden Totschlagargumenten Gegenfragen oder Antworten, mit denen auf die Einwände reagiert werden kann. Die Entgegnung soll eine konstruktive Fortführung der Diskussion ermöglichen.***

„Das haben wir noch nie so gemacht." – „Das hat man vor zehn Jahren vielleicht so gemacht." – „Das ist zu teuer." – „Das ist falsch." – „Das ist doch allgemein bekannt." – „Trau keiner Statistik, die du nicht selbst gefälscht hast."

3 ***Reagieren Sie auf folgende Aussagen mit einem seriösen Argument. Nehmen Sie dazu die Arbeitstechnik zu Hilfe.***

„Jeder Schüler sollte einen Laptop gestellt bekommen." – „Das Rauchverbot auf dem Schulgelände ist sinnvoll." – „Ampeln sollten abgeschafft werden."

Angemessen auf Diskussionsteilnehmer reagieren

Arbeitstechnik | **Auf Diskussionsbeiträge reagieren**

Neben den unter der Arbeitstechnik „Techniken für eine gezielte Gegenargumentation“ (➪ S. 47) aufgeführten seriösen, fairen Argumentationstechniken, gibt es auch unseriöse, unfaire Strategien, sogenannte Totschlagargumente, die die Aushebelung sachlich guter Argumente zum Ziel haben. Diese verfolgen nur den Zweck, einen Vorschlag abzuschmettern, ohne eine echte Alternative anzubieten. Sie tragen somit nicht konstruktiv zur Diskussion bei.

Solchen Phrasen begegnet man am besten so locker wie möglich und versucht, den inhaltsleeren Charakter der Phrase zu entlarven, um eine Eskalation zu vermeiden. Auch eine Gegenfrage oder eine schlagfertige Antwort ist eine mögliche Reaktion:

- Maßlos übertreiben
  Beispiele: „Ihre Krawatte ist krumm gebunden.“ – „Stimmt, ich wollt mich gerade aufhängen.“ oder „Sie haben unsere Kunden falsch beraten.“ – „Ja genau, jetzt benutzt er den Staubsauger als Haarföhn.“
- Rückfragetechniken: „Wäre Ihnen ... lieber?“-Strategie
  Beispiele: „Ihr Projekt dauert schon viel zu lange.“ – „Wäre Ihnen lieber, ich würde Ihnen einen fehlerhaften Schnellschuss liefern?“ oder „Komm doch nun endlich mal auf den Punkt.“ – „Wäre dir lieber, ich würde nur noch wie ein Fluglotse in Kurzform mit dir reden?“

4 *Sammeln Sie Argumente zum Thema „Mangelnde Ausbildungsreife von Jugendlichen“. Machen Sie sich Stichpunkte über Ihr Vorgehen und die Reihenfolge, in der Sie die Argumente in eine Diskussion einbringen wollen.*

5 *Sammeln Sie Kriterien für eine gelungene Diskussion und ergänzen Sie den Beobachtungsbogen.*

Muster: Bewertung von Diskussionen

Vorgabe durch den Lehrer

Sprecher ...	-1	-2	1	2
Sachliche Kompetenz				
argumentiert schlüssig				
führt geeignete Beispiele an				
...				
Sprachlich-rhetorische Kompetenz				
treffende Wortwahl				
spricht grammatikalisch richtig				
...				
Sozial-kommunikative Kompetenz				
geht auf Vorredner ein				
lässt andere ausreden				

Referieren

Den Ablauf planen

Nicht nur in der Schule, auch in Studium oder Beruf sind Referate und Präsentationen eine geeignete und übliche Form, um Informationen zu einem speziellen Thema in einer begrenzten Zeit einem Publikum zu vermitteln. Um die Zuhörer auch wirklich erreichen zu können, sollte der Vortrag gut vorbereitet sein, was – wie im folgenden Blogbeitrag zu erkennen ist – nicht immer leicht fällt.

Thommy93 Anmeldungsdatum: 18.05.2012 Beiträge: 32	Verfasst am: 08.10.2012, 21:22 Titel: Angst vor Referat Hallo, ich bin 19 und gehe zurzeit in die 11. Klasse. In zwei Wochen soll ich in Deutsch ein Referat über den Autor Franz Kafka halten. Mein Problem ist, dass ich riesengroße Angst davor habe, Referate zu halten. Immer wenn ich in der Schule ein Referat halten muss, bekomme ich sofort Panik. Das fängt schon bei der Vorbereitung an. Ich weiß gar nicht, wo und wie ich anfangen oder wie ich so ein Referat überhaupt aufbauen soll. Und wenn ich dann vor der Klasse stehe, werde ich so nervös, dass ich keinen Ton mehr herausbekomme. Was kann man dagegen machen??? Bitte helft mir!!

1 *Sammeln Sie Tipps, wie der Ratsuchende sicherer werden kann.*

2 *Erstellen Sie einen Arbeitsplan, indem Sie*

a) alle Arbeitsschritte, die für die Vorbereitung und Ausarbeitung eines Referats nötig sind, auf Karteikarten notieren. Nutzen Sie hierzu die Informationen aus dem Basiswissen.

b) dabei auch die Zeit notieren, die Sie für die einzelnen Schritte benötigen.

Basiswissen – Arbeitsschritte organisieren

Thema festlegen: Mit einem präzise angegebenen Thema legen Sie Gegenstand und Ziel Ihres Referats fest. Durch die Mitteilung Ihres Referatsthemas wecken Sie zugleich eine bestimmte Erwartungshaltung bei Ihrer Zuhörerschaft.

Zielgruppe bestimmen: Bei Ihren Überlegungen zu Ihren Zuhörern machen Sie sich bewusst, zu wem Sie sprechen werden. Es macht einen Unterschied, ob Sie z. B. Experten mit großem Vorwissen zum Thema vor sich haben oder ein Publikum, das erstmalig in das Thema eingeführt wird. Der Zielgruppe gemäß bereiten Sie Ihre Information für die Präsentation auf.

Informationen einholen: Zentral ist, wie und wo Sie sich Informationen z. B. durch Internet-, Bibliotheks- oder Archivrecherchen verschaffen können. Wichtige Informationsquellen sind Lexika, Primär- sowie Sekundärliteratur (Fachartikel, Fachzeitschriften, Fachbücher). Prüfen Sie die zu verwendenden Quellen auf ihre Zuverlässigkeit!

Informationen ordnen und auswerten: Die gefundenen Informationen werden dem Thema oder einzelnen Aspekten des Themas zugeordnet und in eine sinnvolle Reihenfolge gebracht. Um die Informationen, die das gefundene Material enthält, verarbeiten zu können, müssen sie schriftlich festgehalten und geordnet werden. Am Ende steht eine erste Grobgliederung, die Grundlage für die spätere Erarbeitung eines Stichwortzettels.

Vortragsart und Medien planen: Überlegen Sie im Vorfeld, wie Sie Ihr Referat vortragen wollen. Welche verbalen oder nonverbalen Mittel wollen Sie einsetzen? Mit welchem Präsentationsmedium können Sie Ihr Referatsthema am besten präsentieren?

Den Ablauf planen

Je klarer die gesammelten Informationen an Gegenstand und Ziel des Vortrags ausgerichtet sind, umso besser lässt sich das Referat strukturieren. Für die Zuhörer bedeutet eine klar erkennbare inhaltliche Struktur eine Art Leitfaden, der dabei hilft, dem Vortrag besser folgen zu können. Aber nicht nur die Inhaltsebene, auch die Beziehungsebene zur Zuhörerschaft spielt beim Referieren eine Rolle und sollte in Ihre Planung einbezogen werden.

3 *Verfassen Sie mithilfe des Basiswissens eine Gliederung für ein Kurzreferat über den Autor Franz Kafka.*

4 *Formulieren Sie in Gruppen jeweils einen ansprechenden Einstieg für das Kurzreferat über Franz Kafka.*

5 *Wählen Sie einen Sprecher oder eine Sprecherin, tragen Sie Ihre Ergebnisse im Plenum vor und diskutieren Sie die jeweilige Wirkung.*

Basiswissen — Aufbau eines Referats

Obwohl der Einstieg und der Schluss nur etwa ein Fünftel der gesamten Vortragszeit beanspruchen sollten, sind sie wichtige Teile, da sich sowohl der erste als auch der letzte Eindruck besonders gut beim Zuhörer einprägen.

Während des **Einstiegs** sollte Folgendes erreicht werden:

- Sympathie bei den Zuhörern wecken (Begrüßung, Vorstellung, persönlichen Bezug zu den Zuhören herstellen)
- Interesse und Aufmerksamkeit gewinnen (z. B. durch ein Zitat, Bild oder Video etc.)
- Einführung in das Thema oder Auswahl des Themas begründen
- Gliederung ankündigen und vorstellen; den „roten Faden" erklären
- klären, wann Fragen gestellt werden können

Im **Hauptteil** soll den Zuhörern das Thema (Fakten, Daten, Definitionen) strukturiert und verständlich dargelegt werden. Folgendes sollte beachtet werden:

- klar erkennbare und nachvollziehbare Struktur
- sachliche Richtigkeit
- verständliche Sprache

Um einen effektiven abrundenden **Schluss** zu erreichen, eignet sich Folgendes:

- wesentliche Inhalte zusammenfassen
- Schlussfolgerungen ziehen und Konsequenzen aufzeigen
- einen Ausblick in die Zukunft geben
- einen Bogen zum Anfang spannen

Einen Stichwortzettel erstellen

Vom Referattyp und den Fähigkeiten des Referenten oder der Referentin, frei zu sprechen, hängt es ab, inwieweit der Vortrag ausformuliert werden muss. Allgemein gilt: Je mehr Erfahrung man mit dem Referieren gesammelt hat, desto freier sollte man sprechen und nur noch einen Stichwortzettel nutzen. Der folgende Stichwortzettel wurde für ein Kurzreferat über den Autor Franz Kafka erstellt.

Muster

- *Gliederung: Wer war Franz Kafka? – Lebenslauf Kafkas – Kafkas Werke und deren Interpretation – Der Prozess: Kurzinformation*
- *[Bild von Kafka zeigen → Overhead-Projektor → Licht aus]*
  - *deutschsprachiger Schriftsteller*
  - *geboren am 3. Juli 1883 in Prag*
  - *gestorben am 3. Juni 1924 in Kierling/Österreich (Tuberkulose)*
- *[Overhead-Projektor aus → Licht an]*
- *Lebenslauf*
  - *Eltern: Herrmann Kafka (1852–1931), Julia Kafka geborene Löwy (1856–1934)*
  - *Geschwister: Georg + Heinrich → verstorben im Kindesalter; und drei Schwestern: Gabriele, Valerie, Ottilie*
  - *Er besuchte das Altstädter Deutsche Gymnasium → Abitur*
  - *Danach studierte er Jura und arbeitete nach seiner Promotion als Jurist und als Angestellter einer Versicherungsgesellschaft.*
  - *Er schrieb drei Romane/Romanfragmente und zahlreiche Erzählungen.*
  - *Die Veröffentlichung erfolgte aber erst nach seinem Tod.*
- *Interpretationsansätze*
  - *psychologisch, biografisch, soziologisch [→ wird anhand von „Der Prozess“ erläutert]*
  - *[Begriff „kafkaesk“ erklären]*
- *Der Prozess (1914–1915, postum erschienen)*
  - *[Inhalt kurz wiedergeben]*
  - *Form und Sprache: distanziert, ruhig, sachlich, in 3. Person erzählt*
  - *Interpretation: biografisch → Auflösung Verlobung (Schuldgefühle), Arbeitswelt Gericht*
    soziologisch → Kritik an undurchschaubarer Bürokratie
    psychologisch → Text als Ergebnis innerer Vorgänge, von Schuldgefühlen und Straffantasien

1 ***Beurteilen Sie das Muster.***

a) Bewerten Sie die Struktur und Übersichtlichkeit des Stichwortzettels (➪ Arbeitstechnik S. 56).

b) Erläutern Sie, welche Themen in dem Kurzreferat erwähnt werden.

c) Bewerten Sie den Inhalt des Stichwortzettels.

2 ***Überarbeiten Sie den Stichwortzettel unter Berücksichtigung der Hinweise in der Arbeitstechnik (➪ S. 56).***

★ **3** ***Halten Sie mithilfe Ihres überarbeiteten Stichwortzettels einen Kurzvortrag über den Autor Franz Kafka. Achten Sie dabei auch auf Ihre Körperhaltung, Gestik und Mimik sowie eine deutliche Aussprache.***

Einen Stichwortzettel erstellen

Arbeitstechnik | **Stichwortzettel erstellen**

Der Stichwortzettel (oder auch eine Mindmap) dient beim freien oder halbfreien Vortrag eines Referates als Wegweiser und Gedächtnisstütze. Er soll sowohl die wesentlichen Aussagen und Inhalte als auch den Ablauf des Kurzreferates enthalten. Oftmals bietet sich ein dreispaltiger Stichwortzettel an, in dessen Spalten die Inhalte je nach Relevanz notiert werden.

Hauptstichwörter	Nebenstichwörter	formaler Ablauf
Einleitung	evtl. ausformulierter Einstieg	Regieanweisungen
Hauptteil		
1. Oberpunkt **2. Oberpunkt** …	Stichwörter zum 1. Oberpunkt Stichwörter zum 2. Oberpunkt	Zeitplan
Schluss		zusätzliche Aktivierungen

Ein verbindliches Muster kann für einen Stichwortzettel nicht festgelegt werden, aber ein paar Tipps können hilfreich sein:

- starkes Papier beziehungsweise Karton verwenden
- Größe der Stichwortzettel maximal DIN A5
- Kärtchen durchnummerieren
- Blätter nur einseitig beschreiben
- Stichpunkte formulieren
- nicht zu viele Inhalte/Informationen auf eine Karte schreiben
- groß schreiben
- farbige Markierungen zur Strukturierung und zur Hervorhebung wichtiger Aspekte einsetzen
- Symbole, Pfeile oder Bilder als Gedankenstütze verwenden
- kein reines Ablesen des Ausformulierten, das Referat trotz Stichwortzettel frei vortragen
- Referat mithilfe der Kärtchen vorher durchsprechen und üben

4 *Begründen Sie, warum ein freier Vortrag mit Stichwortzettel in der Regel dem Vortrag eines ausformulierten Textes vorgezogen wird. Versetzen Sie sich zur Beantwortung dieser Frage in die Position der Zuhörer.*

5 *Formulieren Sie Sätze, die im freien Vortrag eingebaut werden könnten, um das Publikum direkt anzusprechen.*
Beispiel: Und wenn Sie, liebe Zuhörer, in Biografien zu Franz Kafka lesen, dass er über seine Einfälle häufig im Freundeskreis gelacht hat, werden Sie vielleicht ihr Bild vom düsteren, von Komplexen zerrütteten Kafka sehr rasch revidieren.

Das Referat medienunterstützt vortragen

Die folgenden Folien wurden bei einer Präsentation über Franz Kafka verwendet.

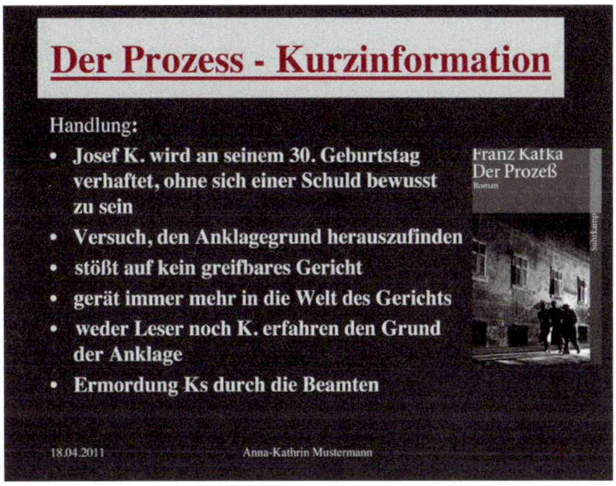

1 *Beurteilen Sie die Präsentationsfolien (➪ S. 71).*

2 *Sammeln Sie weitere Kriterien für eine gute Präsentation.*

Im Folgenden finden Sie eine Übersicht über weitere Präsentationsmedien. Jedes von ihnen hat den anderen gegenüber bestimmte Vorzüge, aber auch Nachteile.

Medium	Vorteile	Nachteile
Overhead-Projektor	– schrittweise Erarbeitung des Themas – in Schule immer vorhanden	– wenig Platz auf der Folie – Folien nicht/schwer veränderbar
Pinnwand	– Überblick für Zuhörer durch Karten – bewegliches Medium	– Schrift nur in der Nähe lesbar – für Kurzvortrag ungeeignet
Flipchart	– ermöglicht, Thema interaktiv mit Teilnehmern zu entwickeln	– Inhalte nicht veränderlich – Reihenfolge schwer änderbar
Tafel	– wichtige Stichpunkte festhaltbar – Fehler schnell korrigierbar	– kein Blickkontakt zur Klasse – Lesbarkeit der Schrift
Video, CD	– Abwechslung – Ansprechen mehrerer Sinne beim Zuhörer	– aufwendig – Technik funktioniert evtl. nicht
Anschauungsmaterial	– weckt Interesse der Zuhörer – ermöglicht, Abstraktes zu visualisieren	– Ablenkung vom Vortrag

3 *Vervollständigen Sie die Tabelle, indem Sie weitere Vor- und Nachteile für die angegebenen Medien formulieren.*

Das Referat medienunterstützt vortragen

4 ***Stellen Sie in Kleingruppen ein Kurzreferat zu einem literarischen Thema vor.***

a) Erarbeiten Sie für alle Sprecher in der Kleingruppe etwa gleichlange Redeanteile.

b) Halten Sie das Kurzreferat in Form einer PowerPoint-Präsentation vor der Klasse.

5 ***Bewerten Sie als Zuhörer die Kurzreferate.***

a) Machen Sie sich mithilfe des folgenden Bewertungsschemas Notizen
- zur Körperhaltung des Referenten/der Referentin,
- zu Gestik und Mimik des Referenten/der Referentin,
- zur Sprache des Referenten/der Referentin,
- zum Informationsgehalt des Referats.

b) Geben Sie im Anschluss ein Feedback. Übertragen Sie dazu die Tabelle in Ihre Unterlagen.

	+++	++	+	0	–	– –	– – –
Sprache	– deutlich – moduliert – verständlich – Sprachrichtigkeit						– monoton – zu leise / zu laut – zu schnell – zu starker Dialekt – falsche Wortwahl
Körperhaltung	– locker – sicher – natürlich						– angespannt – unsicher – starr, unbeweglich – zu locker
Gestik und Mimik	– unterstreichen die Aussagen – natürlich – freundlich – Blickkontakt						– steif – keine Gesten – übertrieben, unnatürlich – unbewegliches Gesicht – angespannt – unfreundlich – unnatürlich – verschlossen
Informations-gehalt	– informativ – prägnant – interessant						– überfrachtet – zu detailliert – zu viele Jahreszahlen – langweilig

Fazit

3.1 Diskutieren
- Diskussionsverhalten analysieren
- Argumentationstechniken anwenden
- Diskussionsbeiträge formulieren
- eine Diskussion bewerten

3.2 Referieren
- Referat vorbereiten
- Referat strukturieren und gliedern
- Stichwortzettel erstellen
- Referat mediengestützt präsentieren

Eine Rede vorbereiten und halten

Wer überzeugend und gut reden kann, strahlt nicht nur Selbstvertrauen aus. Ihm werden oft auch Sicherheit im Umgang mit Menschen und Führungseigenschaften zuerkannt.

Liebe Abiturientinnen und Abiturienten, liebe Eltern, Lehrer und Lehrerinnen,

Mahatma Gandhi sagte einmal: „Stärke stammt nicht aus physischem Vermögen. Sie kommt aus einem unbezwingbaren Willen.“ – Auch wir haben mit unserem unbezwingbaren Willen Stärke gezeigt und haben das geschafft, was wir erreichen wollten, nämlich das Abitur. Ich finde, wir alle können stolz darauf sein, denn es ist nicht leicht, nochmal neu anzufangen.

Mit einem starken Willen kamen wir vor zwei Jahren an die höhere Berufsfachschule, um einen für uns noch völlig neuen und unbekannten Weg einzuschlagen. Dieser Weg bedeutete für uns und für unser Umfeld, sowohl beruflich als auch privat, eine große Veränderung. (…)

Wir haben es geschafft! Bald zerfällt unser Puzzle und jedes Teil schlägt seine eigene Richtung ein. Doch ich hoffe sehr, dass wir alle unsere gemeinsame Zeit an dieser Schule in guter Erinnerung behalten und dass wir uns eines Tages alle einmal wiedersehen. Vielleicht kann unser Puzzle dann wieder zusammengesetzt werden.

1 *Analysieren Sie den Anfang und das Ende der Abitur-Abschlussrede.*

2 *Formulieren Sie mithilfe der Arbeitstechnik „Eine Rede vorbereiten und gliedern“ alternative Einleitungen. Vergleichen Sie deren Wirkung und Eignung.*

Loriot: Rede des Vampyrs

Meine Damen und Herren,
haben Sie sich schon einmal Gedanken darüber gemacht, daß es in unserem Wohlstandsstaat eine notleidende Bevölkerungsgruppe gibt, an der sogar die Reformpläne einer sozialistischen Regierung vorübergegangen sind?
Der Vampyr gehört in der Bundesrepublik zu einer Minderheit. (...) Was wird für alternde oder unverschuldet in Not geratene Vampyre getan? Nichts!
Im Gegenteil: wir werden unter Mißachtung des Grundgesetzes in der freien Ausübung unserer Lebensgewohnheiten vorsätzlich behindert. Es sind Fälle bekannt, in denen unbescholtene Vampyre öffentlicher Verfolgung ausgesetzt wurden, weil sie nächtlichen Straßenpassanten, in netter Form, Blut entnommen hatten. (…) Durch die ablehnende Haltung der Bevölkerung greifen schwere Depressionen und Ernährungsschäden gerade unter jugendlichen Vampyren in erschreckendem Maße um sich. Allein in Rheinland-Pfalz waren im Jahre 1970 mehr als 2.000 Vampyre zwei- bis dreihundert Jahre bettlägerig.
Was ist das für ein Staat, der in jedem Jahr Milliarden für die Rüstung ausgibt und keinen Tropfen Blut für seine Vampyre übrig hat. Da stimmt doch was nicht!
Es ist kurz vor 12. Wir wenden uns an die Öffentlichkeit. Wer spendet Blut, Särge, warme Decken und Zahnersatz? Wer nimmt junge Vampyre in den Ferien auf? Wer schnell hilft, hilft doppelt. Geldspenden erbeten auf Postscheckkonto Baden-Baden 22648. R

3 *Erstellen Sie einen Stichwortzettel zur Rede von Loriot (**➪ Arbeitstechnik S. 56**).*

4 *Entwerfen Sie im Stile Loriots eine kurze Bundestagsrede und üben Sie diese mithilfe eines Stichwortzettels vorzutragen.*

Tipp

Das Ablesen einer vorbereiteten Rede hat Nachteile. Denn Blickkontakt zum Publikum und spontane Reaktionen sind nur eingeschränkt möglich. Der Redner wirkt steif. Auch die völlig frei gehaltene Rede kann Nachteile haben. Sie birgt die Gefahr, dass Sie sich verzetteln und die Rede unstrukturiert wirkt. Hingegen ist die Verwendung eines Stichwortzettels geeignet, um eine Rede gut strukturiert und dennoch weitgehend frei zu halten.

Arbeitstechnik – Eine Rede vorbereiten und gliedern

Vorbereitung – Arbeitsstadien

Ideensammlung (inventio): Sammlung der wesentlichen Gedanken, Informationen und Argumente

Materialordnung und -gliederung (dispositio): bewusste Anordnung des gefundenen Materials

Sprachgestaltung (elocutio): Ausformulieren der Rede: schriftlich, mündlich oder in Form eines Stichwortzettels

Einprägen der Rede (memoria): Meist stützt sich der Redner auf eine Textvorlage oder einzelne Stichworte. Der Text sollte so gut eingeprägt werden, dass man die Rede überzeugend halten kann.

Probesprechen/Üben (actio): Beim Probesprechen werden Lautstärke, Betonung und Pausentechnik sowie Gestik, Mimik und Haltung geübt.

Gliederungsmöglichkeiten

Reden können je nach Ziel, Publikum oder Anlass ganz unterschiedlich gegliedert sein.

A
1. Erinnerung an die Vergangenheit (gestern)
2. Beschreibung der Gegenwart (heute)
3. Aufzeigen der Zukunft (morgen)

B
1. Beschreibung der Gegenwart (heute)
2. Erinnerung an die Vergangenheit (gestern)
3. Aufzeigen der Zukunft (morgen)

C
1. Ist-Zustand aufzeigen
2. Soll-Zustand aufzeigen
3. Weg vom Ist- zum Soll-Zustand darlegen

D
1. Darlegung des Sachverhalts
2. Beweisführung/Argumentation mit Beispielen

Besonders der Anfang einer Rede entscheidet häufig über den Erfolg. Es geht darum, die Aufmerksamkeit und das Wohlwollen des Publikums zu sichern.
Beispiele: Publikum um Aufmerksamkeit bitten, Begrüßung der Zuhörer, aktuellen Anlass erwähnen, auf Vorredner Bezug nehmen, ein Zitat anbringen, eine Frage stellen

Der Schlussteil der Rede bringt den Inhalt der Rede nochmals prägnant auf den Punkt. Auf Schlussfloskeln, wie „Ich danke für Ihre geschätzte Aufmerksamkeit“, sollte verzichtet werden.
Damit eine Rede das Publikum überzeugt und mitreißt, sollten Sie zudem rhetorische Mittel nutzen.

Fazit

3.3 Eine Rede vorbereiten und halten
- Anfang und Ende gestalten
- den Mittelteil entwerfen
- Gliederung einhalten

Den Arbeitsauftrag umsetzen

**Sie sind nun über Argumentationsstrategien und die dabei üblichen Gesprächsformen informiert und können die an Sie gestellten Anforderungen von S. 39 erfüllen.
An der Diskussionsrunde soll nur ein Vertreter der Schülervertretung teilnehmen. Auch die Abschlussrede und das Referat sollten nur von ein bis zwei Schülervertretern gehalten werden.
Finden Sie sich in Gruppen zusammen und übernehmen Sie eine der Arbeiten.**

Gruppe A: Eine Diskussionsrunde zum Thema „Mangelnde Ausbildungsreife von Jugendlichen?" vorbereiten und durchführen

a) Vier bis sechs Mitschüler sind Experten, einer ist der Moderator. Bereiten Sie sich anhand der gesammelten Informationen gut auf das Thema vor. Sammeln Sie vorab Pro- und Kontra-Argumente. Sie können auch festlegen, wer welche Rolle in der Diskussion übernehmen möchte: Lehrer, Vertreter aus Wirtschaft und Politik, Schülervertreter.
b) Diskutieren Sie das Thema vor der Klasse.
c) Die Zuhörer erstellen Notizen anhand des Bewertungsbogens (➪ S. 52). Beurteilen Sie mithilfe dieses Bewertungsbogens die Diskussionsteilnehmer.

Gruppe B: Ein Referat zum Thema „Mangelnde Ausbildungsreife von Jugendlichen?" vorbereiten und halten

a) Werten Sie Ihre gesammelten Informationen aus und erstellen Sie ein Referat.
b) Halten Sie das Referat vor der Klasse.
c) Die Zuhörer halten ihre Beobachtungen schriftlich fest und nutzen diese für ein konstruktives Feedback.

Gruppe C: Eine Abitur-Anschlussrede vorbereiten

a) Formulieren Sie den Hauptteil der Abschlussrede aus.
Üben Sie, die Rede zu halten. Erstellen Sie dazu bei Bedarf einen Stichwortzettel.
b) Halten Sie die Rede vor der Klasse inkl. Ihres erarbeiteten Einstiegs und Endes (➪ Aufgabe 1, S. 59).
c) Die Zuhörer halten ihre Beobachtungen schriftlich fest und nutzen diese für ein konstruktives Feedback.

Habe ich alle Inhalte verstanden und an alles gedacht?

- ☑ Die Diskussion ist eine Sonderform des Gesprächs.
- ☑ Es wird zwischen Plenums- und Podiumsdiskussion unterschieden.
- ☑ Schriftliche und mündliche Argumente können sich strukturell unterscheiden.
- ☑ Mündliche Argumente können mithilfe des Fünfsatzes strukturiert werden.
- ☑ Mit Argumentationsstrategien können Sie Gesprächspartner von Ihrem Standpunkt überzeugen.
- ☑ Ein Referat sollte im Hinblick auf Thema, Zielgruppe, Medien und Vortragsart intensiv vorbereitet werden.
- ☑ Eine Rede kann je nach Ziel, Publikum und Anlass unterschiedlich gegliedert sein.
- ☑ Eine gute Rede hat einen guten Anfang und ein gutes Ende.
- ☑ Ein Stichwortzettel hilft, ein Referat oder eine Rede relativ frei vorzutragen.
- ☑ Referate und Vorträge sollten durch Medien unterstützt werden.

4 In Projekten arbeiten und Ergebnisse präsentieren

Fächerübergreifende Qualifikationen wie Selbstständigkeit, Kommunikation und Teamfähigkeit sind in der modernen Berufswelt unverzichtbar. Selbstständig arbeitende Mitarbeiter sind von sich aus interessiert, denken mit, haben eigene Ideen und sind bereit, Verantwortung zu übernehmen. An teamfähigen Mitarbeitern schätzen die Vorgesetzten, dass sie andere unterstützen, Rücksicht nehmen oder sich um Dinge kümmern, die allen zugutekommen.
In handlungsorientierten Lernsituationen, so z. B. auch bei der Arbeit in Projekten, werden Soft Skills wie Teamfähigkeit oder Selbstständigkeit besonders geschult. Deshalb sind Projekte Bestandteil des Schulalltags. Dieses Kapitel stellt Ihnen Methoden vor, die Sie an drei wesentlichen Punkten Ihrer Projektarbeit unterstützen können: bei der Planung und Strukturierung von Projekten, bei der Entscheidungsfindung und bei der Präsentation Ihrer Projektarbeit. Dabei wird vorausgesetzt, dass Sie bereits erste Erfahrungen in der Projektarbeit erworben haben und in der Lage sind, ein Thema inhaltlich zu erschließen.

ANWENDUNGSSITUATION

An einer Schule ist die Teilnahme an einem Projekt verpflichtend. Die Themenwahl ist jedoch den Schülerinnen und Schülern überlassen. Das Projekt sollte möglichst fächerübergreifend bearbeitet werden. Am Ende der Projektarbeit müssen Ergebnisse vorliegen. Sie könnten z. B. eine Ausstellung oder einen Markt der Möglichkeiten organisieren, das Thema als Film- oder Audiobeitrag aufbereiten oder Ihre Arbeitsergebnisse im Rahmen einer Podiumsdiskussion präsentieren. Ein Abschlussbericht soll die erfolgreiche Projektarbeit dokumentieren.

Das ist Ihr Arbeitsauftrag:

Projektwoche!

Bergschule Seestadt

Liebe Schülerinnen und Schüler,

auch in diesem Jahr wird es wieder eine Projektwoche geben. Sie findet in der letzten Woche vor den Osterferien statt.
Damit wir die einzelnen Projekte koordinieren und die benötigten Räume bereitstellen können, ist es wichtig, dass jede Klasse bis zwei Wochen vor Beginn der Projektwoche ein Projektthema wählt und schriftlich beim Klassenlehrer einreicht.
Am Ende der Projektwoche, samstags, wollen wir dann alle Projekte der Öffentlichkeit vorstellen. Informieren Sie bitte Ihre Eltern und andere Interessierte, damit sie sich diesen Termin vormerken.
Ihr Projektbericht sollte drei Wochen nach Projektende schriftlich vorliegen. Er geht als Teilnote in die Note für das Fach Deutsch ein.

Wir wünschen uns und Ihnen eine spannende Projektwoche!

Ihre Schulleitung

Wenn Sie die folgenden Seiten des Kapitels erarbeitet haben, werden Sie in der Lage sein, den Arbeitsauftrag erfolgreich auszuführen.

Arbeitsschritte	Arbeitstechniken und Methoden	Kompetenzen
ein Projekt strukturieren	Arbeitspakete definieren Projektstrukturplan erstellen Meilensteindiagramm erstellen	in unterschiedlichen Rollen situationsadäquat handeln zielorientiert, respektvoll, konstruktiv handeln Kommunikationszusammenhänge zielorientiert planen monologische und dialogische Kommunikationsformen gestalten
das gewichtete PMI	PMI – Plus-Minus-Interesting	
die bewertete Entscheidungsmatrix	bewertete Entscheidungsmatrix	
die Moderationstechnik	Moderationstechnik	
Präsentieren mit PowerPoint		
Präsentieren mit Prezi		
eine Website gestalten		
ein Wiki erstellen		
Abschlussbericht		
Projektbewertung		

Projektmanagement

Ein Projekt strukturieren

Auch wenn Sie gerne sofort inhaltlich in Ihr Projekt einsteigen wollen, ist eine sorgfältige Planung und Kontrolle für den Erfolg Ihres Projekts unverzichtbar. In der Wirtschaft nennt man das Management. Das eigentliche Projektmanagement ist in der Regel Aufgabe des Projektleiters oder eines Leitungsteams. Die folgenden Arbeitschritte haben sich in Projekten bewährt.

Checkliste: Projekte strukturieren

I Das Projekt definieren

- ein Thema finden
- die Projektrahmenbedingungen formulieren
- die Projektorganisation planen

II Das Projekt planen

- Aufgaben in Arbeitspakete bündeln
- einen Projektstrukturplan aufstellen
- einen Projektablaufplan erstellen
- Meilensteine definieren
- Zuständigkeiten regeln

III Das Projekt durchführen

- Projektcontrolling, z. B. durch Zwischenberichte der Teams
- fortlaufende Projektdokumentation

IV Das Projekt abschließen

- Projektpräsentation
- Projektabschlussbericht
- Projektevaluation

Jedes Projektmanagement hat eine inhaltliche, eine personelle und eine zeitliche Dimension. Auf der **inhaltlichen** Ebene überlegen Sie, welche Teilaufgaben oder Arbeitsschritte nötig sind, um das gesetzte Ziel zu erreichen. Dazu eignen sich Kreativitätstechniken wie **Brainstorming**, **Brainwriting**, **Kartenabfrage** oder **Mindmapping**. Aufgaben, die zusammengehören, werden zu **Arbeitspaketen** gebündelt. Zu jedem Arbeitpaket, z. B. dem Arbeitspaket „Pressearbeit", lassen sich konkrete Handlungsanweisungen oder Teilschritte formulieren, z. B. einen Presseverteiler erstellen, Kontakte zu örtlichen Presseorganen herstellen, Pressetexte entwerfen etc.

1 ***Strukturieren Sie Ihr Projekt inhaltlich.***

a) Sammeln Sie mit einer Kreativitätstechnik Ihrer Wahl, z. B. der Kartenabfrage, alle Ideen und Überlegungen, die den Mitgliedern Ihrer Projektgruppe einfallen.
b) Ordnen Sie die Ergebnisse hinsichtlich ihrer Bedeutung für das Thema.
c) Ordnen und bündeln Sie alle Vorschläge zu Arbeitspaketen, die Sie durchnummerieren.
d) Stellen Sie fest, welche Arbeiten aufeinander aufbauen und welche Arbeiten zeitaufwändig sind.
e) Listen Sie auf, welche organisatorischen Voraussetzungen für einzelne Arbeitspakete notwendig sind und welche Materialien Sie benötigen.

Tipp

- Wichtig ist, dass zunächst kein Vorschlag kommentiert oder bewertet wird.
- Für das Ordnen der Ergebnisse kann jeder Teilnehmer drei Klebepunkte vergeben.

Auf der **personellen** Ebene geht es um die Bildung von Teams, die unterschiedliche Anforderungen bewältigen und möglichst viele Aufgabenbereiche abdecken können. Jedes Team ist für ein oder mehrere Arbeitspakete verantwortlich, die Zuständigkeiten sollten in einem Protokoll festgehalten werden. Jedes Team ernennt einen Teamleiter und/oder -sprecher.

Ein Projekt strukturieren

2 *Bilden Sie Teams. Ordnen Sie den Teams die Arbeitspakete aus Aufgabe 1 zu.*

Auf der **zeitlichen** Ebene überlegen Sie, in welcher Reihenfolge die Arbeitsschritte erledigt werden sollen. Dafür erstellen Sie einen **Projektstrukturplan** nach folgendem Schema:

Muster: Projektstrukturplan

I Vorbereitungs- und Sammelphase	II Planungsphase	III Durchführungsphase
Arbeitspaket 1: ...	**Arbeitspaket x: ...**	**Arbeitspaket y: ...**

Die konkrete Zeitplanung wird in einem **Projektablaufplan** festgehalten.

Muster: Projektablaufplan (Auszug)

	Termin	22. KW	23. KW	24. KW	25. KW	26. KW	27. KW	28. KW	**Verantwortliches Team**	**erledigt**
Arbeitspaket	**Beginn**									
1 - Zeitungen anschreiben	02.06.								Hannes	
2 - Internetrecherche	02.06.								Derja	

Als **Meilensteine** trägt man Termine ein, die für alle und den weiteren Ablauf wichtig und **verbindlich** sind. Zur Darstellung eignet sich ein **Meilensteindiagramm**.

Muster: Meilensteindiagramm

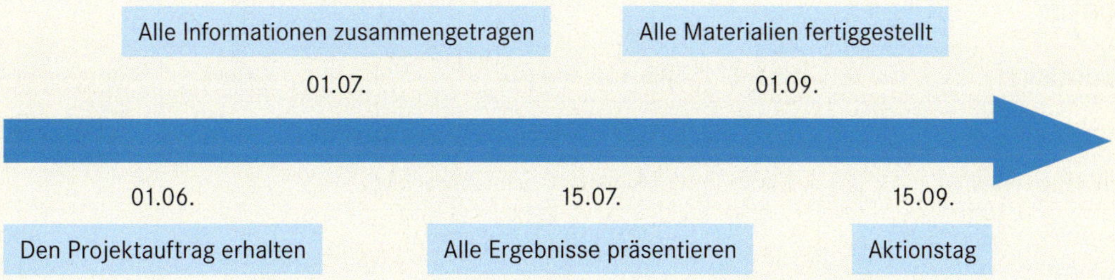

3 *Planen Sie den zeitlichen Ablauf Ihres Projekts.*

a) Erstellen Sie einen Projektstrukturplan.
b) Erstellen Sie am Computer einen vollständigen Ablaufplan für die Dauer des Projekts.
c) Übertragen Sie den Ablaufplan auf eine Wandzeitung.
d) Einigen Sie sich auf drei bis vier Meilensteine, die für den Erfolg Ihres Projekts wichtig sind.
e) Halten Sie für jeden Projektabschnitt die verantwortlichen Teams (➪ Aufgabe 2) schriftlich fest.

4.2

Entscheidungen treffen

Das gewichtete PMI

Projektarbeit bietet auf der einen Seite ein großes Maß an Freiheiten und Entscheidungsmöglichkeiten und fördert dadurch die Entwicklung von Selbstständigkeit und Teamfähigkeit, auf der anderen Seite können langwierige Entscheidungsprozesse und Unstimmigkeiten innerhalb einer Gruppe den Abschluss und Erfolg einer Arbeit gefährden. Auf den folgenden Seiten lernen Sie Arbeitsmethoden kennen, die Ideen und Vorschläge einer Gruppe zu ordnen und Entscheidungen zu treffen, die nicht emotional, sondern kriterienorientiert sind.

Wollen Sie nur eine einzelne Frage klären und eine klare Antwort erhalten, bietet sich die Methode des gewichteten PMI („Plus-Minus-Interesting") an.

Arbeitstechnik **PMI – Plus-Minus-Interesting**

- Sammeln Sie alleine, z. B. mithilfe der Brainstorming-Methode, oder in der Gruppe, z. B. durch Zuruf, möglichst viele negative und positive Aspekte einer anstehenden Entscheidung.
- Tragen Sie die gesammelten Aspekte in eine Tabelle ein (siehe Muster unten).
- Ordnen Sie die Aspekte, die weder eindeutig positiv noch negativ zu beurteilen sind, der Kategorie „Interessant" zu.
- Gewichten Sie die Aspekte, indem Sie jeden Aspekt nach seiner Wichtigkeit für das Gelingen des Projekts bewerten. Wählen Sie eine 6 für sehr wichtig und eine 1 für absolut unwichtig.
- Ziehen Sie die Punkte in jeder Kategorie zusammen und ermitteln Sie den Durchschnitt.
- Ziehen Sie den Durchschnittswert der Minuspunkte von dem der Pluspunkte ab. Wenn Sie ein Ergebnis größer null erhalten, lautet die Antwort „ja", ist das Ergebnis kleiner null, lautet die Antwort „nein". Ein Unentschieden ergibt sich bei dem Ergebnis null.

Die Schülerinnen und Schüler überlegen, ob sie als Schlusspräsentation einen Film drehen sollen.

Muster

Pluspunkte (+)	**Gew.**	**Minuspunkte (-)**	**Gew.**	**Interessant**
lässt sich gut zeigen	4	Schüler haben das noch nie gemacht	6	
bleibt lange erhalten	5	Produktion ist sehr aufwändig	5	
Herstellung macht Spaß	3	viel Material nötig (Kameras etc.)	5	
viele können mitmachen	4			
Durchschnitt	**4**	**Durchschnitt**	**5,33**	

1 *Untersuchen Sie die oben begonnene Tabelle und ergänzen Sie weitere Aspekte.*

2 *Überlegen Sie, welche Aspekte interessant sein könnten, aber weder eindeutig positiv noch negativ zu bewerten sind.*

3 *Beurteilen Sie, ob die Schülerinnen und Schüler den Film drehen sollten oder eher nicht.*

Die bewertete Entscheidungsmatrix

Für eine Vielzahl von Problemen oder Aufgaben gibt es alternative Lösungswege. Entsprechend schwer ist es, sich nach eindeutigen und nachvollziehbaren Kriterien für einen Weg zu entscheiden. Mit der Methode „bewertete Entscheidungsmatrix“ können Sie unterschiedliche Lösungswege miteinander vergleichen und Vor- und Nachteile der einzelnen Möglichkeiten abwägen. Am Ende erhält man ein klares Votum für einen bestimmten Weg.

Arbeitstechnik | Bewertete Entscheidungsmatrix

- Notieren Sie alle Lösungswege, die Ihnen zu Ihrem Problem oder Ihrer Aufgabe einfallen.
- Listen Sie dann alle Kriterien auf, die für Ihre Entscheidung von Bedeutung sein sollen. Beachten Sie dabei, dass die Kriterien positiv formuliert werden (also: je mehr davon, desto besser, z. B. *Spaßfaktor Publikum?*).
- Erstellen Sie anschließend eine Matrix (siehe Muster):
  - Teilen Sie die Zahl 100 durch die Anzahl der Kriterien. Das Ergebnis zeigt Ihnen, zu wie viel Prozent jedes Kriterium berücksichtigt wird, wenn alle Kriterien gleich gewichtet wären.
  - Vergleichen Sie anschließend die einzelnen Kriterien hinsichtlich ihrer Bedeutsamkeit und verändern Sie bei Bedarf die Prozentzahlen. Wichtig ist, dass die Summe immer 100 % ergibt.
  - Verteilen Sie Noten: eine 6, wenn das Kriterium besonders erfüllt ist, eine 1, wenn es kaum erfüllt ist.
  - Sie erhalten eine gewichtete Note, wenn Sie die Note mit der Bewertung multiplizieren und durch 100 teilen.
  - Die Summen aller gewichteten Noten zeigen, welcher Lösungsweg bevorzugt werden sollte.

Einige Schülerinnen und Schüler haben zu der Frage „Wie soll das Ergebnis des Projektes präsentiert werden?“ eine bewertete Entscheidungsmatrix angefertigt.

Muster

Lösungswege		**Film**		**Ausstellung**		**Broschüre**	
Kriterien	**Bewertung**	Note	gewichtete Note	Note	gewichtete Note	Note	gewichtete Note
Zeitaufwand überschaubar?	25 %	1	0,25	5	1,25		
Öffentlichkeitswirksam?	20 %	6	1,20	3	0,60		
Kosten gering?	15 %	3	0,45	5	0,75		
Spaßfaktor Herstellung hoch?	20 %	5	1,00	3	0,60		
Spaßfaktor Publikum?	20 %	5	1,00	4	0,80		
Summe	**100 %**		**3,9**		**4,0**		

1 *Bewerten und gewichten Sie die Kriterien für den Lösungsweg „Broschüre“.*

Die Moderationstechnik

Methoden der Entscheidungsfindung können Ihnen inhaltliche Entscheidungen nicht ersparen. Sie helfen Ihnen aber, diese transparent und damit nachvollziehbar zu machen. Das ist für die Evaluation Ihrer Arbeit am Ende des Projekts hilfreich, denn Sie können zurückverfolgen, warum Sie bestimmte Entscheidungen getroffen haben.

Arbeitstechnik | Moderationstechnik

Diese Methode eignet sich, um Ideen oder Probleme zu sammeln, zu strukturieren oder zu visualisieren.

1. Eine Schülerin oder ein Schüler übernimmt die Rolle des Moderators:
   Als methodischer Helfer unterstützt der Moderator eine Gruppe dabei, selbstverantwortlich zu handeln:
   Er fragt nach, fasst Äußerungen einer Gruppe zusammen, bringt die Dinge auf den Punkt, ohne selber die Vorschläge Einzelner zu bewerten oder seine eigene Meinung zu äußern. Ihm sollte ein Assistent zur Seite stehen, der das Schreiben oder Visualisieren übernimmt.
2. Ablauf:
   - Besorgen Sie Stellwände, die mit Packpapier bespannt sind, Karten in verschiedenen Größen und Formen, Filzstifte in verschiedenen Farben, Nadeln, Klebestifte und Klebepunkte.
   - Der Moderator schreibt zu Beginn eine Frage oder ein Thema in die Mitte der Stellwand.
   - Die Gruppe äußert der Reihe nach Ideen, Aspekte oder Meinungen, die der Assistent als Stichworte auf Karten notiert und an die Stellwand hängt.
   - Lesen Sie die Karten nach Abschluss der Ideensammlung vor und gruppieren Sie sie nach inhaltlicher Zusammengehörigkeit - das nennt man **clustern**. Hängen Sie Karten, die nicht zugeordnet werden können, an die Seite.
   - Suchen Sie für jede Gruppierung Oberbegriffe und schreiben Sie sie auf z. B. ovale Karten.
   - Ordnen Sie die einzelnen Gruppen dann weiter, z. B. nach ihrer Bedeutung für das Thema, nach zeitlichen Gesichtspunkten, nach arbeitstechnischen Gesichtspunkten (aufwändig/einfach, realistisch/utopisch, mehr/weniger personalintensiv).

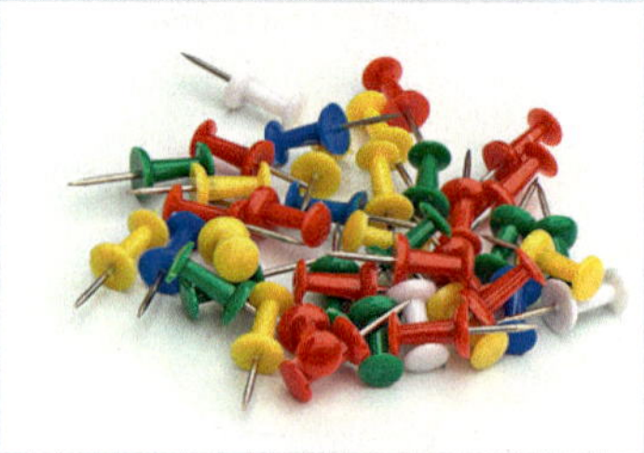

Projektergebnisse präsentieren

Projekte werden mit einer Präsentation abgeschlossen. Hier werden in der Regel Ergebnisse aus Untersuchungen oder Befragungen und vieles mehr präsentiert. Es eignet sich aber nicht jede Präsentationsform (➪ Präsentationsmedien S. 400) für jeden Inhalt. Für die Planung und Durchführung eines Projekts ist es deshalb notwendig, mögliche Präsentationsformen auf ihre Eignung hin zu überprüfen.

1 ***Ergänzen Sie weitere Präsentationsmöglichkeiten.***

2 ***Beurteilen Sie die Vor- und Nachteile der unterschiedlichen Präsentationsformen.***

a) Erstellen Sie mithilfe der Moderationstechnik eine Kriterienliste (Thema, Umfang, technische Anforderungen, finanzielle Anforderungen).

b) Untersuchen Sie anhand ihrer Kriterienliste die Eignung der unterschiedlichen Präsentationsformen für die Präsentation Ihres Projektthemas.

Muster

Kriterien / Präsentationsform	Thema	Umfang	technische Anforderungen	finanzielle Anforderungen
Referat	beliebig	bis mittlerer Umfang	gering	gering
Ausstellung	...	...	...	...

Präsentieren mit digitalen Programmen

Digitale Präsentationsprogramme sind weit verbreitet. Obwohl ihr Ziel immer gleich ist – sie sind ein Werkzeug, das beim Präsentieren von Inhalten helfen soll – unterscheiden sich die Programme in Anwendungsmöglichkeiten, Kosten und Komplexität.

Beliebt sind seitenorientierte Programme. Für die einzelnen Seiten (auch „Folien“ genannt) bestehen umfangreiche Gestaltungsmöglichkeiten. Diese reichen von der einfachen Textfolie über Folien mit Grafiken, Tabellen und Diagrammen bis hin zu Folien mit Multimedia-Inhalten. Grafiken können dabei sowohl im Programm selbst mit verschiedenen Zeichenwerkzeugen erstellt als auch in Form von Fotos eingebettet werden. Ebenso ist es möglich, Audio- und Videodateien zu integrieren.

In den letzten Jahren haben sich Präsentationen mithilfe von Videoprojektoren (Beamern) oder Smartboards an Schulen durchgesetzt, sodass auch Animationen möglich sind.

Als wichtigste Vorteile von digitalen Präsentationsprogrammen werden meist folgende genannt:

- Sie eignen sich perfekt zur Visualisierung.
- Die Einbindung von Layout, Bild, Ton und Animationen spricht unterschiedliche Sinne an.
- Sie ermöglichen durch das digitale Medium ein effizientes Arbeiten an und gegebenenfalls das Ändern von Texten.
- Sie erlauben mit vergleichsweise geringem Aufwand einen recht professionellen Auftritt.

Doch nicht alle sehen in Präsentationsprogrammen ein ausschließlich positives Werkzeug:

Macht PowerPoint blöd?

Weltweit sind ungefähr 400 Millionen Exemplare von Microsofts Präsentations-Software PowerPoint im Einsatz. Der US-Computerwissenschaftler Edward Tufte ist der Meinung, dass dieses Programm seine Nutzer potenziell verblödet. Er begründet das mit der komprimierten Art, in der Informationen in den .ppt-Dateien wiedergegeben werden. Diese erziehe die Menschen dazu, Texte zu überfliegen und Listen zu vertrauen, nicht mehr dem eigenen Menschenverstand.

Die New York Times stellt diese Kritik von Tufte nun sogar in einen Zusammenhang mit der Katastrophe um die Raumfähre Columbia. (...) [D]ie Untersuchungskommission [habe] auch kritisiert, dass komplexe Informationen an die Techniker in Form von PowerPoint-Präsentationen weitergegeben worden seien. Angeblich habe diese Form der Informationsweitergabe dazu führen können, dass Mitarbeiter nicht wahrgenommen hätten, dass es sich bei der Situation, in der sich die Astronauten befanden, um eine lebensbedrohliche handelte. (tol/c't)

(www.heise.de, 03.09.2008)

1 *Geben Sie die Hauptaussagen des Wissenschaftlers Edward Tufte wieder. Entspricht seine Aussage Ihren Erfahrungen mit digitalen Präsentationen?*

Die Gefahr, durch digitale Folien komplexe Sachverhalte auf unzulässige Weise zu vereinfachen, wird mittlerweile gesehen. Es gibt bereits Großunternehmen, die bestimmte Präsentationsformen aus ihren Firmen verbannt haben – oder es zumindest versucht haben. Letztlich ist jedes Programm ein Werkzeug: Gut gebraucht, erzeugt es gute Resultate; schlecht gebraucht, eben schlechte.

Präsentieren mit digitalen Programmen

Kritisiert wird an digitalen Präsentationsprogrammen vor allem, dass sie als Selbstzweck genutzt werden, bei dem der Inhalt in den Hintergrund tritt. Die digitale Präsentation eines Projekts bedingt demnach eine Fokussierung auf wesentliche Aspekte und zwingt zu einer logisch sinnvollen Zusammenstellung der Ergebnisse. Daher müssen einige wichtige Regeln beachtet werden, um eine überzeugende Präsentation zu erstellen.

Basiswissen – Regeln zum Erstellen einer digitalen Präsentation

- Denken Sie zuerst über die Inhalte nach und machen Sie sich dann erst Gedanken über deren Visualisierung.
- Gestalten Sie eigene, schlichte Vorlagen für Ihre Präsentation (die vom Programm bereitgestellten Vorlagen sind für die meisten Themen unangemessen).
- Reduzieren Sie die Anzahl der Aussagen auf einer Folie, sie sollten auf einen Blick erfasst werden können. Mehr als sieben Aussagen sind zu viel.
- Achten Sie auf einen ausreichenden Rand und großzügige Zeilenabstände.
- Auf Textfolien sollten maximal zehn Zeilen, in der Zeile höchstens zehn Wörter stehen. Mehr als zehn Folien sind für die meisten Präsentationen unangemessen.
- Arbeiten Sie mit einer gut lesbaren Schriftart, wechseln Sie die Schriftgröße nicht zu häufig und setzen Sie Hervorhebungen sparsam ein.
- Wählen Sie die richtige Schriftgröße: für Bildunterschriften 20 Punkt, 24 für den Fließtext, 28 Punkt fett für Zwischenüberschriften und 32 Punkt fett für die Hauptüberschrift.
- Setzen Sie Farben bewusst ein, sie dienen der Hervorhebung, Unterscheidung und Gliederung.
- Beschränken Sie Visualisierungen auf zentrale Aussagen.

Die folgende Präsentationsfolie ist aus einem schulischen Projekt über Friedrich Schiller entstanden:

2 *Beurteilen Sie die Folie.*

3 *Erstellen Sie mithilfe des Basiswissens eine eigene digitale Präsentation zu Ihrem Projektthema.*

Präsentieren mit digitalen Programmen

„Das Todesurteil für PowerPoint: prezi.com“: So lauten Überschriften von Artikeln, die auf eine neue Präsentationssoftware aufmerksam machen. Dabei ist es überhaupt nicht ausgeschlossen, dass unterschiedliche digitale Präsentationsformen nebeneinander existieren.

Beispiel zur Vorbereitung digitaler Präsentationen:

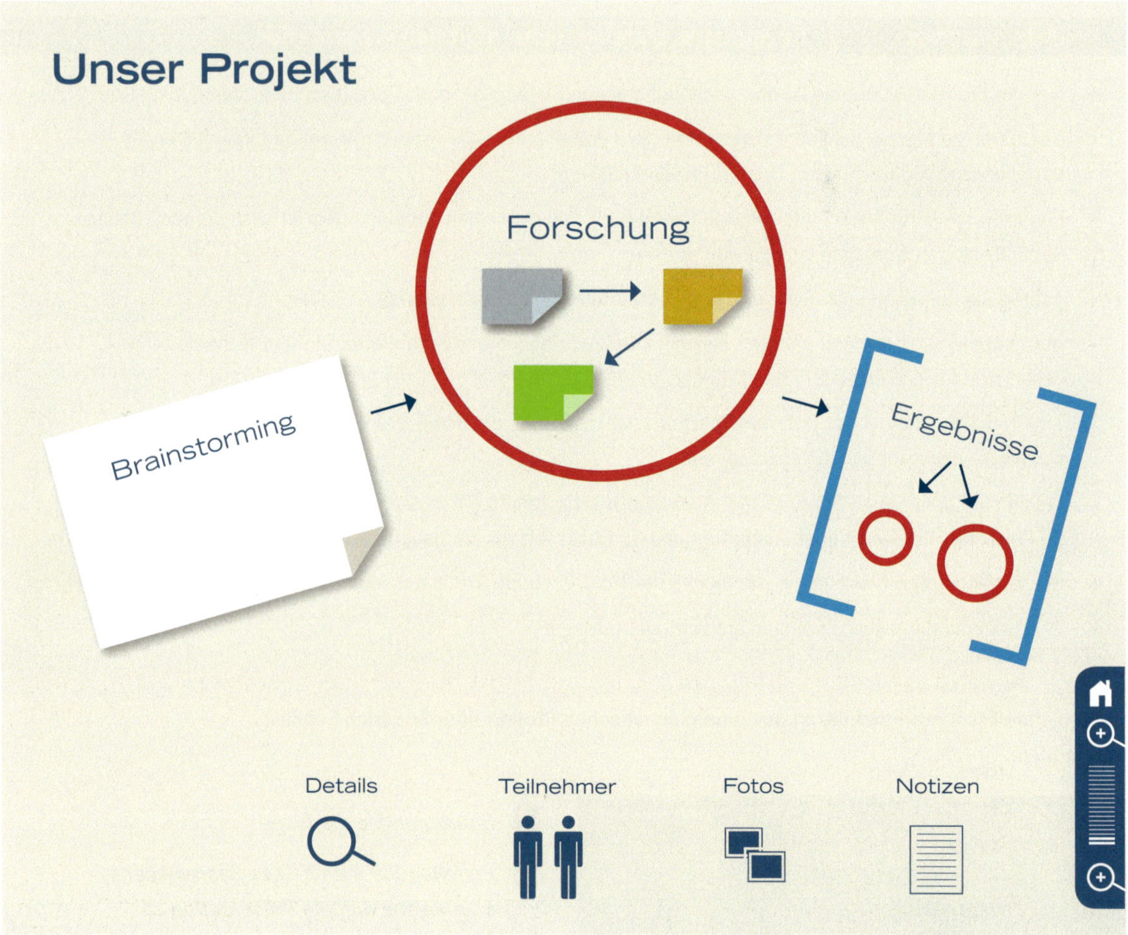

PowerPoint auf schöne Art: prezi.com

von Michael Küng

Fast jeder Schüler, Student und Schreibtischtäter kennt sie: endlose, öde PowerPoint-Präsentationen. PowerPoint, das ist das Programm, für das man beinahe Multimedia-Designer sein muss, um seine Zahlen und Fakten auf unterhaltsame Weise darstellen zu können. Dass das nicht so sein muss, beweist die Webseite Prezi. Das cloudbasierte Präsentationsprogramm kommt aus, wie könnte es anders sein, dem Silicon Valley. Dort, wo der Frühling noch Frühling ist und Frau Holle nur dann vorbeikommt, wenn sie sich verirrt hat.

Aber zurück zur Sache: Mit ein paar einfachen Klicks lassen sich auf Prezi hübsch animierte Prä-

Präsentieren mit digitalen Programmen

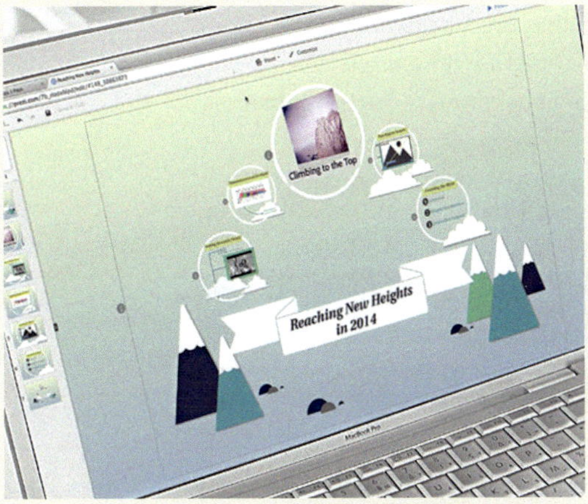

sentationen erstellen. Dazu wird dem Nutzer virtuell ein unendlich großes weißes Blatt Papier hingelegt, auf dem er seine Weisheiten nach Lust und Laune nebeneinander platzieren, drehen, vergrößern und verkleinern kann. Das funktioniert mit Text, Bild und Video. Über einfach zu erstellende Pfade wird dem Programm anschließend signalisiert, in welcher Reihenfolge die einzelnen Punkte gezeigt werden sollen. In der Präsentation führt das Programm dann durch Ein- und Auszoomen über das weiße Blatt von Punkt zu Punkt. Das sieht ziemlich cool aus und verleiht der eigentlich strikt linearen Abfolge den Touch einer kleinen Entdeckungsreise. Allerdings verleiten diese Möglichkeiten gerne mal zu Übertreibungen.

Prezi hat ein Freemium-Geschäftsmodell. Das bedeutet, dass es zwar grundsätzlich umsonst verfügbar ist, bezahlende Nutzer aber in den Genuss einiger zusätzlicher Features kommen und mehr Speicherplatz zur Verfügung haben. In der Gratisversion muss der Nutzer seine Präsentation zwar online erstellen, kann sie allerdings exportieren, um sie anschließend offline abspielen zu können.

Das Endresultat wie auch die Oberfläche zur Erstellung basieren auf Flash, doch wer seine Präsentation etwa auf einem iPad abspielen will, kann eine passende App herunterladen. Aber wer nicht bezahlt, kann nur öffentliche Präsentationen erstellen. Geheimnisse liegen nur für diejenigen drin, die wahlweise fünf oder gar zwölf Dollar pro Monat zu bezahlen bereit sind. Wer sich für das Luxuspaket entscheidet, darf mit Prezi auch offline arbeiten. Bestrebungen, ein ähnlich tolles – und vor allen Dingen frei verfügbares – Programm in HTML5 zu erstellen, gibt es zwar, sie sind aber noch nicht weit fortgeschritten.

(Die Welt kompakt, 28.03.2013)

1 ***Untersuchen Sie den Artikel.***

a) Geben Sie mit eigenen Worten den Inhalt des Artikels wieder.

b) Erläutern Sie mithilfe des Internets den Begriff „cloudbasiert“.

Basiswissen | **Regeln zur Vorbereitung digitaler Präsentationen**

- Stellen Sie sich vor, Sie sollten Ihren kompletten Vortrag als Plakat darstellen.
- Gestalten Sie dieses Plakat, indem Sie Bilder, Texte und bewegte Animationen auf dem Plakat platzieren.
- Planen Sie die Größe der einzelnen Objekte. Wichtige Dinge sollten größer, unwichtige kleiner dargestellt werden. Überlegen Sie, was Sie in den Blickpunkt rücken möchten.
- Planen Sie den virtuellen Weg über das Plakat wie den Gang durch eine Ausstellung: Durch die Zoom-Funktion können Sie auf dem Weg über das Plakat weitere Schwerpunkte setzen.
- Beurteilen Sie abschließend, ob Ihr Plakat übersichtlich und anschaulich ist – im Zweifel sollten Sie die Anzahl der Objekte weiter reduzieren.

2 ***Entwerfen Sie auf einem Blatt Papier ein Konzept für Ihr „Präsentationsplakat“.***

Eine Website gestalten

Projektergebnisse können auch auf einer Website präsentiert werden, die online gestellt einem größeren Publikumskreis zugänglich gemacht werden kann. Neben den technischen Voraussetzungen für eine solche Präsentation und Projektteilnehmern mit Kenntnissen auf diesem Gebiet erfordert eine Website eine besondere Herangehensweise. Die Besonderheit besteht darin, dass Begriffe auf einer Website durch eine netzartige Struktur zu einem Hypertext verknüpft werden. Diese Verknüpfung wird im World Wide Web mit sogenannten Hyperlinks realisiert.

1 *Benennen Sie die Unterschiede zwischen herkömmlichen linearen Texten und Hypertexten.*

2 *Überlegen Sie, wo man außerhalb des Internets solche dem Hypertext ähnliche Strukturen findet.*

3 *Erörtern Sie, inwiefern Hypertexte eher dem menschlichen Denken entsprechen als lineare Texte.*

Eine Website gestalten

Um die Hypertextstruktur einer Website herzustellen, muss man sich von der herkömmlichen Vorstellung einer hierarchischen Gliederung, wie sie sich typischerweise z. B. in einem Referat findet, lösen. Die Hypertextstruktur ist am ehesten mit der Struktur einer Mindmap (➪ S. 402) und deren Verknüpfungen zu vergleichen.

Eine Projektgruppe hat für ihr Projekt über Friedrich Schiller die folgende Gliederung erstellt:

1. Kindheit ohne Kindsein
- *protestantisches Ethos des Vaters*
- *Herzog Carl Eugen und seine Pflanzschule*
- *Geschichte: Absolutismus*

2. Jugendlicher Rückzug ins heimliche Schreiben
- *Freundschaftskult in der Karlsschule*
- *Vertrautwerden mit der Antike*
- *Literatur: Empfindsamkeit*
- *Beruf: Arzt beim Militär*

3. Freiheit im Schriftsteller-Sein
- *frühe Gedichte: Tyrannenhass und Männerwürde*
- *Verfassen von „Die Räuber"*
- *Flucht nach Mannheim*
- *Geschichte: politische Verhältnisse in Deutschland*
- *Literatur: Sturm und Drang*

4. Unstete Jahre in materieller Not, aber von großer Produktivität
- *Kabale und Liebe*
- *Literatur: bürgerliches Trauerspiel*
- *Geschichte: Frz. Revolution*
- *Geschichte: Aufstieg des Bürgertums*
- *Karte mit den Wohnorten*

5. Anerkannt, aber Geschichtsschreiber
- *Beschäftigung mit Dreißigjährigem Krieg*
- *Heirat (und andere Frauen)*
- *Geschichte: Adel und Mäzenatentum*
- *Wallenstein*
- *theoretische Schriften*

6. Kurze Jahre auf der Höhe des Schriftstellerruhms
- *Verbindung mit Goethe*
- *Balladen*
- *Wilhelm Tell*
- *Tod*
- *Literatur: Klassik*

Das Projekt soll nun auf der Schulhomepage veröffentlicht werden und deshalb eine Hypertextstruktur bekommen. Die Projektgruppe hat zur Vorbereitung eine Mindmap angefertigt.

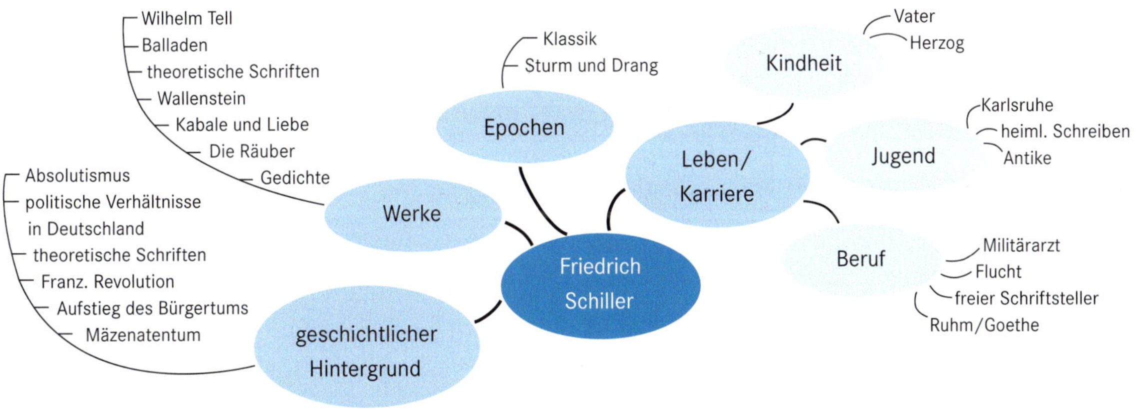

4 ***Beurteilen Sie die Vor- und Nachteile der beiden Darstellungsformen.***

Ein Wiki erstellen

Jeder kennt Wikipedia. Wikis sind dagegen weniger populär. Es handelt sich hierbei um Internetanwendungen (Content Management Systeme), mit deren Hilfe Inhalte schnell und zuverlässig bearbeitet und verwaltet werden können.

Über die Internetseiten *www.Schulwiki.org* oder *http://wiki.zum.de/Hauptseite* gelangen Sie zu einer kostenlosen Plattform, auf der Sie eigene Inhalte einbinden und präsentieren können.

Auch Lernplattformen wie moodle oder lo-net haben Wiki-Funktionen in ihr Angebot integriert.

Wikis eignen sich besonders für kooperative Arbeitsformen, denn sie bieten eine Vielzahl von Anwendungsmöglichkeiten:

- Texte können eingestellt, verändert oder kommentiert werden (vgl. auch www.youtube.com/watch?v=Kl87tJcB4Io).
- Erarbeitetes Wissen kann gesammelt und allen zugänglich gemacht werden.
- Ideen können entwickelt, modifiziert oder ausgetauscht werden.
- Projekte können dokumentiert, präsentiert und Projektergebnisse bewertet werden.

1 *Informieren Sie sich über Internetangebote zum Erstellen und Verwalten von Wikis.*

2 *Ergänzen Sie die obige Liste der Anwendungsmöglichkeiten, indem Sie prüfen, ob und in welcher Form Sie Wikis für die Präsentation Ihres Projekts nutzen können.*

Fazit

4.1 Projektmanagement
- ein Projekt inhaltlich, personell und zeitlich strukturieren

4.3 Projektergebnisse präsentieren
- PowerPoint und/oder Prezi: auf Übersichtlichkeit achten
- Website: Hypertexte verfassen, Wikis erstellen

4.2 Entscheidungen treffen
- gewichtete PMI: für eine einzelne Frage eine klare Antwort ermitteln
- bewertete Entscheidungsmatrix: einen bestimmten Lösungsweg finden
- Moderationstechnik: Ideen / Probleme sammeln, strukturieren, visualisieren

Den Arbeitsauftrag umsetzen

Zum Abschluss eines Projekts gehören neben der Präsentation auch eine Dokumentation in Form eines Projektabschlussberichts und eine Bewertung.

Der Projektabschlussbericht belegt Umfang und Qualität der geleisteten Arbeit. Er enthält:

1. Deckblatt	
2. Inhaltsverzeichnis	
3. Einleitung	Projektthema, -beschreibung und -ziel Aufgabe des Teams
4. Hauptteil	Beschreibung der Aufgaben und Arbeitspakete, des Projektablaufs Darstellung und Bewertung der Ergebnisse
5. Schluss	Bewertung der Arbeit Ausblick, Ideen für zukünftige Projekte
6. Anhang	wichtige Dokumente z. B. Protokolle, Fotos Literaturverzeichnis

1 *Erstellen Sie Ihren Projektabschlussbericht.*

Neben der Beurteilung der Projektarbeit durch Außenstehende sollte auch eine Bewertung der eigenen Arbeit durch die Projektgruppe erfolgen. Dazu werden Teamarbeit und Ergebnisse der Arbeit bewertet.

Bewertungskriterien können sein:

1. Bewertung der Dokumentation:	**1)** Vollständigkeit	**2)** Sorgfalt	**3)** Gestaltung
2. Bewertung des Produkts/der Präsentation:	**1)** Inhalt	**2)** Sorgfalt	**3)** Gestaltung
3. Bewertung des Arbeitsverhaltens:	**1)** Teamfähigkeit	**2)** Arbeitseinsatz	**3)** Ideen

2 *Ergänzen Sie die Bewertungskriterien und entwerfen Sie einen Beurteilungsbogen.*

3 *Bewerten Sie gegenseitig Ihre Projektarbeit.*

5 Informationen recherchieren und Texte verstehen

Lesen, also die Fähigkeit, geschriebene Texte unterschiedlicher Qualität zu erfassen, zu durchdringen und mit dem eigenen Vorwissen in Beziehung zu setzen, gehört zu den Kernkompetenzen mündiger Bürger. Im folgenden Kapitel lernen Sie, das Internet bei der Suche nach Informationen zielgerichtet zu nutzen, Texte mithilfe von Lesetechniken und Verfahren zum Erkennen von Aufbau und Struktur zu erschließen, diese Informationen zu prüfen und zu sichern und sich über die gewonnenen Erkenntnisse mit anderen auszutauschen. Als neue Methode können Sie Placemat ausprobieren.

ANWENDUNGSSITUATION

Die Fly Bike Werke GmbH plant eine Überarbeitung ihres Internetauftritts. Neben Produktinformationen soll es zukünftig auch einen Bereich geben, der sich speziell an gesundheitsbewusste Kundinnen und Kunden wendet und Zusatzinformationen anbietet. Geplant sind Informationen zu gesundheitlichen Fragen wie z. B. Ernährung. Da alle festen Mitarbeiter anderweitig eingebunden sind, bittet Sie die Marketingabteilung um Mithilfe.

Das ist Ihr Arbeitsauftrag:

Hausmitteilung

Absender	Vertrieb
Empfänger	Alle Praktikantinnen und Praktikanten
Betreff	Mit Bitte um Erledigung

Liebe Praktikantinnen und Praktikanten,

bitte erledigen Sie bis zum nächsten Meeting folgende Aufgaben:

- Informieren Sie sich und erstellen Sie ein Portfolio zum Thema „Ernährung für Sportbegeisterte".
- Stellen Sie fest, welche Dinge wir beachten müssen, wenn wir Informationen aus dem Netz auf unserer Website verwenden wollen.
- Präsentieren Sie uns Ihre Vorstellung vom Aufbau dieses Internetbereichs als Menustruktur/Sitemap.

Wenn Sie die folgenden Seiten dieses Kapitels erarbeitet haben, werden Sie in der Lage sein, den Arbeitsauftrag erfolgreich auszuführen.

Arbeitsschritte	Arbeitstechniken und Methoden	Kompetenzen
Informationen in Bibliotheken beschaffen		Qualität von Textinformationen und Textquellen prüfen und beurteilen Lesetechniken zielorientiert einsetzen Informationen verknüpfen hermeneutische Verfahren zielorientiert einsetzen Verständnisschwierigkeiten benennen sich mit anderen austauschen
Informationen im Internet suchen	Informationen mithilfe des Internets beschaffen	
Informationen bewerten	Brainstorming Placemat Kugellager die Qualität einer Internetseite bewerten	
einen Text bearbeiten	Fünf-Schritt-Lesetechnik	
den Inhalt eines Textes erfassen	Exzerpieren	
den Aufbau eines Textes erkennen		
einen Text visualisieren	Mindmap ein Strukturbild erstellen	
normierende Texte entschlüsseln		

Informationen recherchieren

Informationen in Bibliotheken beschaffen

Manchmal führt die Internetrecherche auch zu Buchempfehlungen, die bei der Informationsbeschaffung nützlicher sein können als so mancher Internet-Artikel. Aber nicht jedes Buch muss man kaufen. Viele lassen sich in öffentlichen Bibliotheken ausleihen. Die Kataloge der Bibliotheken sind auch über das Internet einsehbar. Der öffentliche Online-Katalog heißt OPAC (vom Englischen Open Public Access Catalogue). Man kann also von zu Hause aus recherchieren. Bei der Suche in diesem Katalog gelten die gleichen Grundregeln wie bei der Suche mithilfe einer Suchmaschine: Je konkreter die Stichworte, umso erfolgreicher ist das Ergebnis. Auch hier sollten Sie die erweiterte Suchfunktion nutzen.

Hier sehen Sie einen Teil des Online-Angebots der Stadtbibliothek Köln.

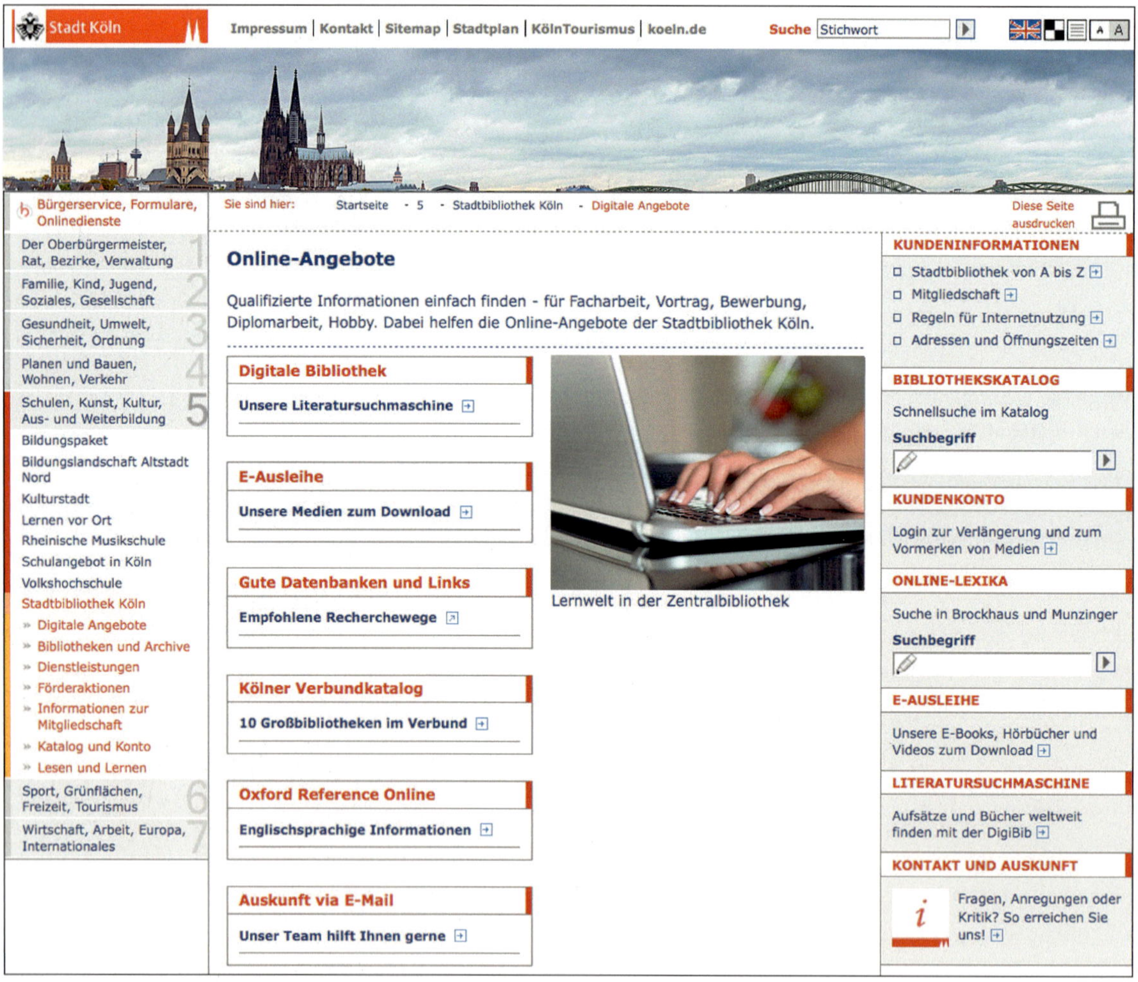

1 *Sammeln Sie im Internet Informationen über die für Sie nächstgelegene öffentliche Bibliothek.*

2 *Recherchieren Sie mithilfe des Online-Katalogs geeignete Informationen zu Ihrem Thema.*

Informationen im Internet suchen

Das Informationsangebot im Internet scheint unerschöpflich. Aber Quantität bedeutet hier nicht immer Qualität. Gutes vom Schlechten zu unterscheiden ist gar nicht so leicht.

1 *Bereiten Sie die Suche nach Informationen im Internet vor.*

a) Notieren Sie zunächst Stichwörter, die Ihnen spontan zum Thema einfallen (➪ Brainstorming).

b) Finden Sie mithilfe der Thesaurus-Funktion (s. u.) Synonyme und verwandte Wörter zum Thema.

c) Streichen Sie die Ihrer Meinung nach nicht zum Thema passenden Begriffe.

d) Ordnen Sie die Begriffe in Form einer Mindmap.

2 *Starten Sie erneut eine Internetrecherche. Orientieren Sie sich an der Arbeitstechnik.*

Arbeitstechnik – Informationen mithilfe des Internets beschaffen

Gehen Sie systematisch vor: Grenzen Sie die Frage- bzw. Themenstellung möglichst eng ein, nutzen Sie zum Brainstorming geeignete Methoden (z. B. Mindmap) und notieren Sie alle möglichen Stichwörter für eine Suche.

Nutzen Sie Online-Lexika, um Stichwörter für eine verfeinerte Suche zu erhalten und damit eine erfolgreichere Recherche mit einer Suchmaschine durchführen zu können. Die Thesaurus-Funktion z. B. von MS-Word hilft Ihnen ebenso, konkrete Begriffe bzw. Bezeichnungsalternativen zu erhalten.

Formulieren Sie konkrete Stichwortkombinationen (z. B. Sport+Ernährung).

Nutzen Sie verfeinerte Suchmöglichkeiten der Suchmaschinen („erweiterte Suche"), um die Vielfalt der Ergebnisse einzuschränken, z. B.:

- ein Plus (+) verknüpft die Begriffe miteinander, sodass nur die Seiten angezeigt werden, die beide Begriffe enthalten;
- ein Minus (-) schließt Begriffe aus; damit können z. B. Doppeldeutigkeiten vermieden werden (z. B. Werbeverhalten -Biologie -Tiere);
- Anführungszeichen verbinden mehrere Wörter zu einer Wortgruppe (z. B. „Der Einfluss der Ernährung auf sportliche Leistung"); es werden nur die Seiten angezeigt, die genau diese Wortfolge enthalten;
- Definitionen können gezielt mit dem Befehl define: [Stichwort ohne Leerzeichen] gesucht werden (z. B. define:Nahrungsergänzungsmittel);
- eine höhere Trefferwahrscheinlichkeit aussagekräftiger Seiten bringt auch die Suche in der URL mit dem Befehl inurl: [Stichwort ohne Leerzeichen] (z. B. inurl:Ernährung);
- Sie können außerdem nur auf deutschsprachigen Seiten suchen.

Suchen Sie mit verschiedenen Suchmaschinen. Stützen Sie Ihre Aussagen immer auf mehrere Quellen, d. h., vergleichen Sie die Informationen.

Suchen Sie auch auf den Seiten offizieller Verbände oder Unternehmen, z. B. www.vfed.de (Verband für Ernährung und Diätik e.V.). Diese haben oft gute Link-Sammlungen.

Sehen Sie sich nicht nur die ersten zehn Treffer an. Auch nicht so hochrangige Treffer können Ihnen weiterhelfen. Bewerten Sie die Qualität der Suchergebnisse kritisch (siehe Basiswissen).

Geben Sie Ihre Quellen korrekt an (➪ Zitieren S. 404).

3 *Tauschen Sie sich mit Ihren Mitschülerinnen und Mitschülern über das Ergebnis Ihrer Recherche mithilfe der Methode Placemat aus (➪ Placemat S. 398).*

5.1

Informationen bewerten

Sie haben bei Ihrer Recherche die Begriffskombination Sport+Ernährung+Leistung eingegeben und folgende Einträge erhalten:

Sporternährung - IST-Studieninstitut
www.ist.de - Fitness
Diese Lizenz bietet aber auch Sportlern selbst eine hervorragende Möglichkeit, ihre **Leistung** durch gezielte **Sporternährung** zu verbessern.

Sporternährung – Wikipedia
www.wikipedia.org/wiki/**Sporternährung**
Von der erlaubten leistungssteigernden **Sporternährung** abzugrenzen sind nicht-erlaubte Maßnahmen zur **Leistungssteigerung** (Doping).
Ziele der Sporternährung - Wissenschaft - Literatur - Weblinks

Sporternaehrung
www.msg-hannover.de/sportern.htm
Sporternährung. Dass eine vernünftige **Sporternährung** zu höherer **Leistung** beiträgt, hat sich inzwischen vom reinen Leistungssportler auch zum Freizeit- und ...

Sporternährung Fortbildung Seminar Ernährung
www.nordicfit.de - Seminar
Lernen Sie die Grundlagen der **Sporternährung** und beantworten Sie Fragen zu Gewichtsreduktion und **Leistungssteigerung**. Der Vorteil einer abgestimmten ...

[PDF]Ergogene Wirkstoffe im Sport
campus.uni-muenster.de/.../Ergogene_Wirkstoffe_im_Sport_Abgren...
Dateiformat: PDF/Adobe Acrobat - Schnellansicht
Sporternährung Groneuer SS2011. Page 2. Groneuer **Sporternährung** SS. 2011.
Wichtige Begriffe ... **Leistung** bleibt länger aufrechterhalten. – Erholungszeit ist ...

Wie Magnesium Ihre Leistungsfähigkeit verbessert ... - trainingsworld
www.trainingsworld.com - Ernährung - Gesund und Fit
Wie Magnesium Ihre Leistungsfähigkeit verbessert, **Leistungssteigerung**, Magnesiumversorgung, **Sporternährung**, ATP, Muskelkontraktion, Energiebedarf ...

Sporternährung: Grundlagen | Ernährungsstrategien ... - Amazon.de
www.amazon.de - Bücher - Ratgeber - Ernährung - Für Sportler
Sporternährung: Grundlagen | Ernährungsstrategien | Leistungsförderung: ... Optimale
Sporternährung: Grundlagen für **Leistung** und Fitness im Sport von ...

1 ***Analysieren Sie die zu den Suchbegriffen Sport+Ernährung+Leistung gefundenen Einträge.***

a) Welche Informationen sind in den Einträgen enthalten? Was bedeutet [PDF]? Was wurde fett hervorgehoben, was in Blau dargestellt?

b) Legen Sie fest, in welcher Reihenfolge Sie die Dokumente öffnen würden, und begründen Sie Ihre Entscheidung.

c) Speichern Sie wichtige Internet-Einträge nach einem selbstgewählten Ordnungssystem.

Informationen bewerten

Expertinnen und Experten, die über entsprechendes Fachwissen verfügen, können die Qualität einer Internetseite schnell beurteilen. Für einen „Laien" ist das ungleich schwerer. Die folgenden Kriterien können bei der Beurteilung einer Internetseite hilfreich sein.

Arbeitstechnik – Die Qualität einer Internetseite bewerten

Zur Beurteilung einer Internetseite oder eines Dokuments sollten Sie sich folgende Fragen beantworten:

- Wie aktuell ist die Seite?
- Wer hat die Informationen veröffentlicht (private Anbieter oder öffentliche Herausgeber)?
  Sind die Herausgeber glaubwürdig? Haben die Herausgeber politische, kommerzielle o. a. Interessen? Hinweise dazu können die URL oder das Impressum, das gesetzlich nicht fehlen darf (Name, Postanschrift, E-Mail-Adresse), geben.
- Sind die Informationen seriös aufbereitet? Wie ist die Seite aufgemacht?
  - seriös: sachlich, informativ, ohne schmückendes Beiwerk (z. B. ohne viele Animationen), Gütesiegel sind vorhanden
  - unseriös: reißerisch, es erscheinen Pop-ups, (viel) Werbung
- Werden die Informationen auf anderen Seiten oder in (Schul-)Büchern bestätigt?
- Achtung! Bei Hausaufgaben- oder Referate-Seiten: Zum einen können hier Dialer lauern, zum anderen kann jeder seine Werke einstellen und ungeprüft behaupten, eine gute Note dafür bekommen zu haben.

2 ***Recherchieren Sie im Internet, was unter „Blutzuckerspiegel" zu verstehen ist.***

a) Wenden Sie verschiedene Suchmöglichkeiten (➪ Arbeitstechnik S. 81) an. Werten Sie aus, wie Sie am schnellsten zu brauchbaren Informationen kommen.

b) Vergleichen Sie die unterschiedlichen Quellen und bewerten Sie die Informationen in Bezug auf Aktualität und Seriosität.

c) Erläutern Sie, welchen Zusammenhang es zwischen den Begriffen „Blutzuckerspiegel" und „glykämische Last" gibt.

3 ***Während der Recherchen zum Thema sind Sie auf die Seite eines Anbieters von Nahrungsergänzungsprodukten gestoßen. Die Seite ist toll aufgemacht und hat über 80.000 Follower bei Facebook. Sie sind sich allerdings nicht sicher, was Sie davon halten sollen.***

a) Suchen Sie im Netz Artikel (z. B. über die Suchmaschinen www.paperball.de oder www.paperazzi.de), die sich kritisch mit dem Thema auseinandersetzen, und sammeln Sie Argumente für und gegen den Einsatz von Nahrungsergänzungsmitteln.

b) Tauschen Sie die Informationen mithilfe der Methode Kugellager (➪ S. 395) aus: Die Person im Innenkreis nennt ein Pro-Argument, die Person im Außenkreis ein passendes Kontra-Argument.

c) Werten Sie die Ergebnisse im Plenum aus.

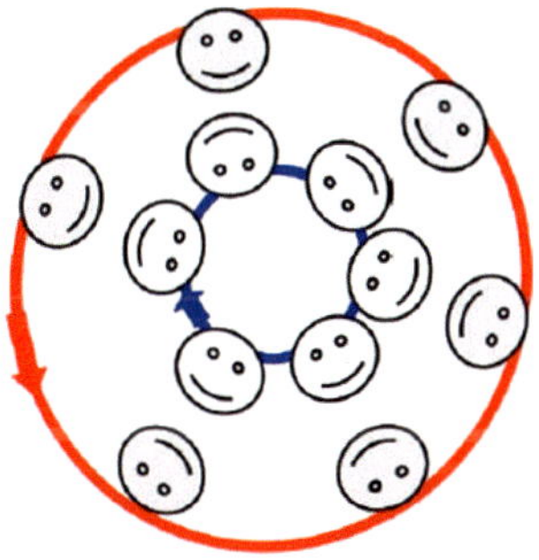

Innen- und Außenkreis im „Kugellager"

Texte verstehen

Einen Text bearbeiten

Bei Ihren Recherchen sind Sie auf eine Vielzahl von Texten gestoßen. Je länger die Texte und je komplizierter die Sachverhalte sind, umso wichtiger ist es, einen Text systematisch zu bearbeiten.

Übergewicht – Die falsche Botschaft des Body-Mass-Index

von Martina Lenzen-Schulte

Seit Jahren zittern übergewichtige Beamtenanwärter, wenn der Besuch beim Amtsarzt bevorsteht. In einschlägigen Foren im Internet wie www.referendar.de tauschen sie sich darüber aus, ob und wie ihr Body-Mass-Index zu Buche schlägt, wenn sie die lebenslange Verbeamtung anstreben. Der BMI – berechnet aus dem Körpergewicht in Kilogramm, dividiert durch die Körpergröße in Meter zum Quadrat – gilt derzeit als das Maß aller Dinge, wenn es um die Frage „zu dick oder nicht zu dick" geht. Ein BMI von über 25 macht einen zum Übergewichtigen, ab 30 gilt der Betroffene als adipös oder fettleibig. Etlichen Anwärtern verwehrten Amtsärzte schon das notwendige Gesundheitsattest, weil ihr BMI zu hoch war. Aus dem BMI wurde der „Beamten-Mass-Index", ein Nadelöhr, durch das hindurchmuss, wer Beamter auf Lebenszeit werden möchte. Allerdings wehrten sich nicht wenige in Berufungsverfahren dagegen, dass man ihnen allein aufgrund ihres Gewichtes diesen Status vorenthalten wollte. Gerade in jüngster Zeit haben etliche Oberverwaltungsgerichte, zuletzt der Verwaltungsgerichtshof in Bayern, den Klägern recht gegeben und die Ablehnungen aufgehoben. Denn den Juristen sind vage Kriterien bekanntlich ein Gräuel. Deshalb bezeugt nichts besser, dass der BMI an Glaubwürdigkeit verloren hat, als das Urteil der Richter, ein BMI über 30 rechtfertige keineswegs die Prognose, „dass ein Beamter vorzeitig dienstunfähig werde" (VGH Bayern vom 13.04.2012).

Die Juristen differenzieren, wo die Gesellschaft und auch die Medizin noch alle über einen Kamm scheren wollen: Jeder meint zu wissen, dass Dicke abnehmen müssen, wollen sie sich ihre Chancen auf ein Alter in Gesundheit nicht verscherzen. Nicht zuletzt sehen die Kostenträger, die gesetzlichen Krankenkassen, in jedem Übergewichtigen denjenigen, der absehbar für die Behandlung seiner Fettstoffwechselstörung, seines Diabetes, seines Hochdrucks, seines Herzinfarktes und schließlich seines Schlaganfalles viel zu viel kosten wird. Denn genau das sind angeblich die unausweichlichen Folgen des Überwichts. Außerdem wird damit automatisch jeder Dicke, der sich nicht endlich anstrengt und abnimmt, zum Schmarotzer des Gesundheitssystems. Kaum eine Arbeitsgruppe hat genau diese beiden immer häufiger und immer aggressiver vorgetragenen Behauptungen nachhaltiger als Trugschlüsse entlarvt als die Wissenschaftler um Hans-Ulrich Haering.

Immenser Stoff für Studien

Aus seiner Abteilung der Universitätsklinik in Tübingen, die nicht nur die Klinik für Innere Medizin IV, sondern zahlreiche Forschungsinstitutionen einschließt, stammt die auch international beachtete „Tulip"-Studie, das Tübinger Lebensstil-Interventions-Programm. Aus einer Gruppe von rund zweitausend Prädiabetikern, bei denen verschiedene Risiken, etwa Diabetes in der Familie, darauf hindeuteten, dass sie eher als andere zuckerkrank werden oder Herz- und Gefäßschäden entwickeln würden, unterwarfen sich rund 400 Probanden einer Änderung ihrer Lebensgewohnheiten. Ihre Ernährung wurde fettärmer, aber ballaststoffreicher, zusätzlich achteten sie darauf, sich deutlich mehr zu bewegen und Sport zu treiben. Seit Beginn der Tulip-Studie sind fast zehn Jahre vergangen und sie

Einen Text bearbeiten

hat immensen Stoff für wissenschaftliche Publikationen geliefert.

So konnte zum einen eine Gruppe von „happy obese"-Patienten definiert werden, jenen glücklichen Dicken, deren Stoffwechsel trotz ihres Übergewichtes gesund ist. Ihre Organe sprechen wie die von Gesunden gut auf Insulinsignale an. Ihre Adipositas ist so „gutartig", dass sie offenbar auch seltener als andere Übergewichtige mit schwerwiegenden Folgen wie Herzinfarkt und Schlaganfall rechnen müssen. Diese Gruppe machte rund 30 Prozent der Probanden aus. Kein Wunder, dass Juristen Übergewicht allein nicht mehr zwangsläufig als ungünstigen Prognosefaktor anerkennen.

Eine zweite Gruppe des Kollektivs kann sich weit weniger glücklich schätzen. Gut 25 Prozent der Untersuchten zählen zu jenen „Lifestyle-Nonrespondern", die nicht von einer Umstellung ihrer Lebensgewohnheiten profitierten. Ihr Zucker- und Fettstoffwechsel ist in vielfältiger Weise gestört, sie werden immer kränker. Es ist auch im Rahmen anderer Studien gezeigt worden, dass es ihnen keineswegs am guten Willen mangelt. Denn die ausbleibende Besserung des Stoffwechsels ist nicht darauf zurückzuführen, dass die Patienten nicht mitmachten, was ihnen gleichwohl häufig unterstellt wird. Denn selbst wenn man ihre Compliance, das Befolgen der Therapieregeln, überwacht oder nachweisen kann, dass beide Gruppen gleich stark Gewicht verlieren, bleibt festzustellen: Die einen werden gesünder, die anderen nicht oder weiter kränker.

(Frankfurter Allgemeine Zeitung online, 01.09.2012)

1 ***Bearbeiten Sie den Text nach der Fünf-Schritt-Lesetechnik.***

a) Überfliegen Sie den Text, achten Sie auf die Überschrift und die Zwischenüberschrift.
b) Formulieren Sie Fragen an den Text.
c) Lesen Sie gründlich, schlagen Sie unbekannte Begriffe nach, lesen Sie schwierige Sätze mehrmals.
d) Notieren Sie Schlüsselbegriffe und wichtige Aussagen zu Ihren Fragen.
e) Versuchen Sie, Ihre Fragen (siehe b) mit eigenen Worten zu beantworten.

Basiswissen **Sachtexte**

Texte werden von Autoren mit unterschiedlichen Absichten geschrieben. Einige sollen uns informieren, andere unterhalten oder uns im Sinne des Autors beeinflussen. Man unterscheidet u. a. die Sachtexttypen

informierend, z. B. Bericht, Lexikonartikel, Reportage.
→ Der Verfasser beabsichtigt eine sachbezogene Darstellung.
argumentierend, z. B. Kommentar, Rezension, Erörterung, Leserbrief.
→ Der Verfasser beabsichtigt eine sach- und adressatenbezogene Darstellung, in einigen Textsorten (z. B. Leserbrief) mit appellativer Funktion.
appellierend, z. B. Werbetexte, Wahlaufruf.
→ Der Verfasser beabsichtigt einen adressatenbezogenen Appell.
normierend, z. B. Gesetze, Hausordnung.
→ Der Verfasser beabsichtigt eine sach- und adressatenbezogene Darstellung und legt Regeln fest.
kreativ, z. B. Tagebuch.
→ Der Verfasser beabsichtigt eine ich- und adressatenbezogene Darstellung.

Um die Wirkungsabsicht eines Textes zu erkennen, ist es oft hilfreich, neben dem Inhalt den Aufbau und die Struktur des Textes zu erfassen (➪ S.153).

Den Inhalt eines Textes erfassen – Exzerpieren

Eine Inhaltsangabe zu einem Text ist notwendig, um die wichtigsten Informationen jederzeit abrufen zu können. Als Methode empfiehlt sich z. B. das Exzerpieren. Dazu gehört, unbekannte Begriffe zu klären, Inhalte knapp mit eigenen Worten zusammenzufassen und Fragen und Ergänzungen zu notieren. Der folgende Text führt das Thema der vorangegangenen beiden Seiten weiter. Eine Schülerin hat begonnen, ihr unbekannte Begriffe grün zu markieren, wichtige Informationen hat sie gelb markiert.

Die Leberverfettung ist der Schurke

von Martina Lenzen-Schulte

Das Organ, das hierfür offenbar die Weichen stellt, ist die Leber. Sind die Leberzellen bereits verfettet, ist das prognostisch äußerst ungünstig. Zusammen mit einer Beeinträchtigung der Insulinausscheidung in der Bauchspeicheldrüse und einem schlechten Ansprechen der Organe charakterisiert das denjenigen, der kaum auf eine Veränderung des Lebensstils anspricht. Besonders wichtig ist die Erkenntnis, dass nicht das Bauchfett allgemein, das derzeit als der Hauptschuldige für alle ungünstigen Folgen von Übergewicht angeprangert wird, der eigentliche Schurke ist, sondern die Leberverfettung. Diese kann, und das ist neu, auch ohne Bauchfett vorliegen – etwa bei Normalgewichtigen, die deshalb bei der Rasterfahndung nach Stoffwechselkranken nicht erfasst werden. Obwohl inzwischen zahlreiche Marker ausgemacht wurden, steht doch das Eiweiß Fetuin A im Mittelpunkt des Interesses. Es handelt sich um ein Hepatokin, einen Botenstoff, der in der Leber gebildet wird und dessen Wirkung seit langem bei Mäusen und inzwischen auch beim Menschen nachgewiesen wurde. Es hemmt die Signalübertragung durch Insulin und wird insbesondere in einer verfetteten Leber vermehrt gebildet.

Dass Fetuin A eine wichtige Stellschraube darstellt, konnten die Tübinger Diabetesexperten mithilfe einer weiteren Großstudie ihrer Kollegen am Deutschen Institut für Ernährungsforschung in Potsdam beweisen. Als Datenquelle diente die Studie „European Prospective Investigation into Cancer and Nutrition“ mit mehr als 27.000 Teilnehmern. Während eines siebenjährigen Beobachtungszeitraums wurde klar, dass ein sehr hoher Fetuin A-Gehalt – im Vergleich zu einem sehr niedrigen – das Risiko für einen Typ 2-Diabetes um 75 Prozent erhöht. Die Risiken, einen Herzinfarkt oder Schlaganfall zu erleiden, waren 3,3- respektive 3,8-fach erhöht, und zwar unabhängig von anderen Risikofaktoren wie Rauchen oder Bluthochdruck („Circulation“, Bd. 118 (24), S. 2555–2562). Anhand weiterer Untersuchungen konnte zudem ein genetisches Muster identifiziert werden, das die Anfälligkeit dafür erhöht, zu denen zu gehören, die eben nicht so einfach mittels Veränderungen des Lebensstils ihren Stoffwechsel wieder ins Lot bringen können.

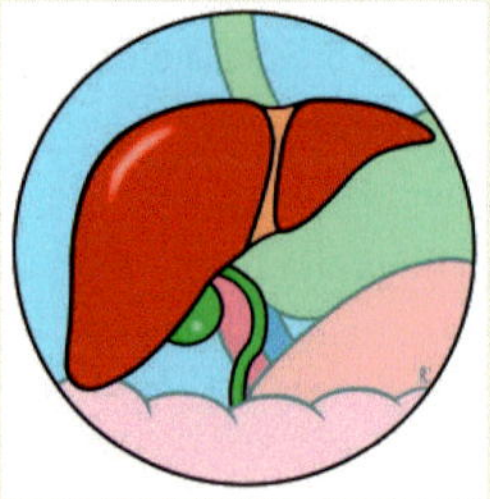

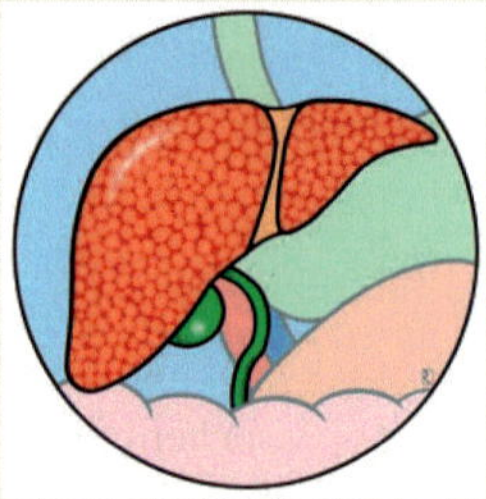

Es geht nur abwärts

Schließlich lassen die Veröffentlichungen aus Tübingen erkennen, dass diese Patienten noch in anderer Hinsicht benachteiligt sind. Bereits ihr Gehirn reagiert schwächer auf Insulinreize als das derjenigen, die sehr gut auf Interventionen ansprechen. Insulin bremst zum Beispiel nach einer Mahlzeit das Verlangen auf weiteres Essen. Wenn diese Insulinkoppelung einigermaßen funktioniert, triggert sie eine Art Lebensstilveränderungsaufwärtsschleife: Der Betroffene hat weniger Hunger, isst weniger, das Insulin im Gehirn wirkt noch besser. Ist die Rückkoppelung aber schwächer, bleibt die positive Wirkung initialer Verhaltensänderungen aus, es geht nur abwärts („Diabetologia“, Bd. 55, S. 175–182). Das gleiche Muster lässt sich für sportliche Betätigung nachweisen: Graduelle Unterschiede in der

Den Inhalt eines Textes erfassen – Exzerpieren

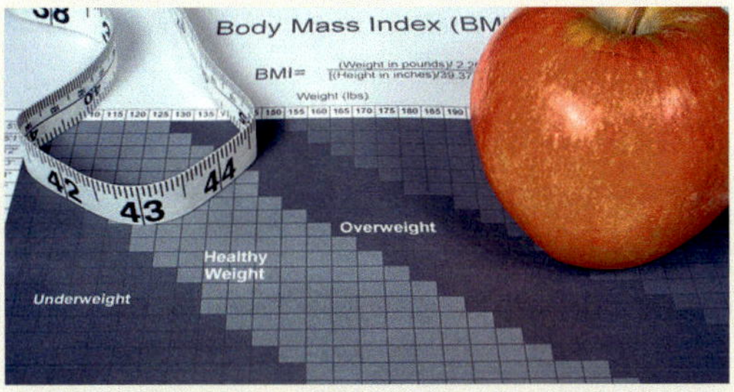

Insulinempfindlichkeit des Gehirns stellen früh die Weichen dafür, ob rasch überhaupt ein Nutzen spürbar wird oder nicht.

Die einzig gute Nachricht ist, dass diese anfänglichen Nachteile mittels gezielter Maßnahmen überwunden werden können. Die Empfindlichkeit des Gehirns für Insulin lässt sich wieder ankurbeln, der Aufwand ist indes höher, weil nachhaltigere Präventionsarbeit zu leisten ist. Der erste Schritt läge darin, die Kollektive, denen überhaupt zur Veränderung des Lebensstils geraten werden muss, von vornherein genauer zu charakterisieren, um gezieltere, individuell angepasste Maßnahmen auswählen zu können. Denn dass die Prävention von Diabetes und Herz-Kreislauf-Erkrankungen dringend auf solidere Füße gestellt werden muss, bekräftigt auch die soeben veröffentlichte Bewertung von Lifestyle-Studien durch das Institut für Qualität und Wirtschaftlichkeit im Gesundheitswesen (IQWiG) in Köln. Die Bilanz ist geradezu desaströs. Interventionen, die auf eine Veränderung des Lebensstils abzielen, haben ihren Nutzen bislang kaum oder gar nicht belegen können (www.iqwig.de/blutdruck-und-diabetes-grosse-wissensluecken.1477.html). Gerügt wurde insbesondere die schlechte Konzeption der Studien, ihre Methodik war so wenig ausgereift, dass ihre Ergebnisse zu keiner klaren Aussage taugen. Das wird nicht besser werden, wenn in künftigen klinischen Studien weiterhin alle Übergewichtigen und Adipösen in einen Topf geworfen werden.

(Frankfurter Allgemeine Zeitung online, 01.02.2012)

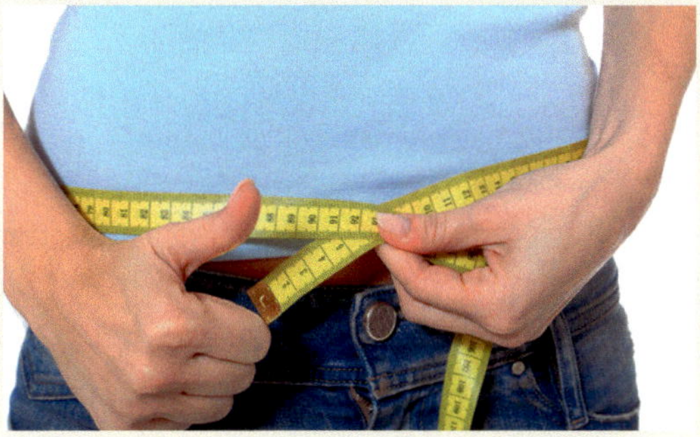

1 ***Exzerpieren Sie den vollständigen Text unter der Fragestellung: „Body-Maß-Index – Was sagt er über Gesundheitsrisiken aus?“***

a) Schlagen Sie grün markierte Begriffe nach.
b) Erstellen Sie Karteikarten mit entsprechenden Begriffen und Erläuterungen dazu.
c) Verfahren sie ebenso mit weiteren Begriffen, die Ihnen unbekannt sind.
d) Schreiben Sie gelb markierte sowie weitere Passagen aus dem Text heraus und ordnen Sie diese den Begriffen zu. (Bsp: Insulin → Insulinausschüttung bewirkt → „Der Betroffene hat weniger Hunger, isst weniger, das Insulin im Gehirn wirkt noch besser.“)
e) Fassen Sie die wichtigsten Aussagen des gesamten Textes zum Thema BMI mit eigenen Worten zusammen.

Arbeitstechnik **Exzerpieren**

Exzerpieren bedeutet, einen Text auszugsweise wiederzugeben. Sie können zwei Methoden anwenden:

- Lassen Sie unwichtige Textstellen weg. Formulieren Sie Stichworte und kurze Sätze.
- Verdichten Sie ausführlich dargelegte Informationen, um den Text übersichtlicher zu gestalten (z. B. einfache Sätze anstatt Schachtelsätze verwenden).

5.2 Den Aufbau eines Textes erkennen

Für das Erschließen eines Textes ist es wesentlich, seinen Aufbau zu erkennen. Hierbei können z. B. Teilschritte der Fünf-Schritt-Lesetechnik hilfreich sein: Abschnitte und ihre Funktion erkennen und Zwischenüberschriften formulieren. Im folgenden Text wurden die Abschnitte nicht folgerichtig angeordnet:

Diät-Mythen – Sport allein lässt keine Kilos purzeln

von Adelheid Müller-Lissner

ABSCHNITT A

Krafttrainings-Skeptiker dürfte dabei interessieren, was Ende April in der Fachzeitschrift *Applied Physiology, Nutrition, and Metabolism* zu lesen war: Training mit leichteren Gewichten, aber mehr Wiederholungen ist ebenso effektiv für den Aufbau von Muskelmasse wie das Training mit schwereren Gewichten.

Eine weitere gute Nachricht für alle, die fit und zugleich schlanker werden wollen, kommt von der Ernährungswissenschaftlerin Susanne Klaus vom Deutschen Institut für Ernährungsforschung (DIfE): „Sport geht nicht mit verstärktem Hunger einher." Allerdings könne kein Sport der Welt bewirken, dass die Pölsterchen nur an den vermeintlich falschen Stellen verschwinden, dämpft Froboese die Erwartungen ans Bauch-Beine-Po-Training.

ABSCHNITT B

Fazit: Wer sich viel bewegt, nimmt nicht automatisch ab. Das bewegte Leben ist aber nicht nur gesünder und macht es leichter, das Gewicht zu halten. Man sieht mit der Zeit wahrscheinlich auch besser aus: strafferes Gewebe, bessere Haltung, eleganterer Gang. Statt auf die Waage kann man dann ja öfter mal in den Spiegel schauen.

ABSCHNITT C

Erwiesen ist auch, dass es leichter ist, sein Gewicht zu halten, wenn man körperlich aktiv bleibt. „Wer mehr Muskelmasse hat, hat auch mehr Hubraum", sagt der Sportwissenschaftler Ingo Froboese von der Sporthochschule Köln, „der Energiebedarf ist dann rund um die Uhr erhöht". Mindestens die Energie, die diesem Grundumsatz entspricht, sollten sich seiner Ansicht nach auch diejenigen zuführen, die perspektivisch ein paar Kilo abnehmen wollen.

„Wir haben uns die zehn Kilo ja nicht in einer Woche angefuttert, da ist es vernünftig, sie auch wieder langsam abzunehmen." Dabei hilft neben dem Krafttraining, bei dem Muskeln aufgebaut werden, Ausdauertraining, für das die Muskelzellen zusätzliche Energie brauchen. Durch eine umsichtige Kombination von ausgewogener Ernährung und etwas Sport kann man folglich dem gefürchteten Jojo-Effekt ein Schnippchen schlagen.

ABSCHNITT D

Wer sich viel bewegt, kann nachweislich sein Leben verlängern. Doch hilft Bewegung auch gegen Übergewicht? Leider nicht wirklich. Die Wahrheit ist viel komplexer.

Den Aufbau eines Textes erkennen

Schön wär's, wenn es nur um Gesundheit und ein langes Leben ginge und nicht ums Abnehmen: Es gäbe lauter gute Nachrichten. Leichtes Joggen etwa, zwischen ein und zwei Stunden in der Woche, verlängert demnach das Leben von Männern um 6,2, das von Frauen um 5,6 Jahre. Das zeigt zumindest eine aktuelle Auswertung der Copenhagen City Heart Study, die seit 1976 mit über 20.000 Teilnehmern in der dänischen Hauptstadt läuft.

In der Fachwelt erregen solche Ergebnisse längst kein Erstaunen mehr, kommen doch unzählige Studien in den vergangenen Jahrzehnten zu ähnlichen Ergebnissen. So wusste schon der Amerikaner Ralf Paffenbarger, Epidemiologe und Marathonläufer, in den achtziger und neunziger Jahren, was Bewegung bringt. Damals veröffentlichte er Langzeitdaten Zehntausender von Absolventen der Unis in Harvard und Stanford. 2.000 Kilokalorien pro Woche „extra" beim Sport zu verbrennen, ist demnach optimal zur Steigerung der Lebenserwartung. In Deutschland konnte der Kardiologe und Sportmediziner Herbert Löllgen das im Jahr 2009 mit einer Metaanalyse von 38 Studien bestätigen.

ABSCHNITT E

Längeres Leben schön und gut, doch hilft Sport auch beim Abnehmen? Nur bedingt. „Gewicht abnehmen alleine durch Sport und körperliche Aktivität ist zeitraubend und mühsam", lautet das nüchterne Resümee der Deutschen Gesellschaft für Sportmedizin, deren Präsident Herbert Löllgen ist. Wer seinen Speiseplan kein Jota ändert, müsste jede Woche 56 Kilometer mehr als sonst stramm spazieren gehen, um ein halbes Kilo zu verlieren, rechnet die Fachgesellschaft vor.

Allerdings ist Bewegung der ideale Partner zur Ernährungsumstellung, wenn Abnehmen Erfolg haben soll. Eine Metaanalyse der Studien an krankhaft Übergewichtigen (für die sich Mediziner hierbei stets vorrangig interessieren), die 2009 in der Fachzeitschrift *Obesity Reviews* erschienen ist, belegt: Mit einem Bewegungsprogramm kombiniert haben die (insgesamt nicht berauschenden) Abspeckprogramme deutlich mehr Erfolg.

(Zeit online, 03.06.2012)

1 ***Analysieren Sie den Aufbau des Textes.***

a) Ordnen Sie die Textabschnitte. Notieren Sie die richtige Reihenfolge der Abschnitte A bis E (mit Ordnungszahlen 1. bis 5.) in Ihrem Heft.

b) Übertragen Sie die Tabelle in Ihr Heft.

c) Geben Sie den Abschnitten Zwischenüberschriften.

d) Bestimmen Sie die Funktion der einzelnen Abschnitte.

	Zwischenüberschrift	*Funktion*
1. Abschnitt	*Hilft Bewegung bei Übergewicht?*	*Problemaufriss*
...	...	...

Einen Text visualisieren

Sie können den Inhalt eines Sachtextes auch in Form einer Mindmap oder eines Strukturbildes darstellen. Ein Strukturbild lässt Ihnen bei der Visualisierung der in einem Text thematisierten Sachverhalte, Ereignisse oder Handlungen mehr Freiraum als eine Mindmap und eignet sich gut zur Präsentation während eines Referates. Vor dem Gestalten eines Strukturbildes müssen Sie sich intensiv mit dem Inhalt des Textes auseinandersetzen.

Lebensmittel für mehr Muskeln

Wer mehr Muskeln will, muss seine Ernährung umstellen. In diesem Beitrag zeige ich dir, welche Lebensmittel für eine Gewichtszunahme in Form eines Muskelaufbaus sorgen, der deinen Körper fitter und straffer aussehen lässt.

Muss man nun alle Lebensmittel wiegen und prüfen in Bezug auf Kalorien, Fett, Kohlenhydrate und Protein? Das ist nicht nötig. Die Freude am Essen verfliegt, wenn man sich die ganze Zeit nur noch mit Tabellen beschäftigt. Achte darauf, dich so ausgewogen wie möglich zu ernähren. Lege besonders großen Wert auf die richtige Zusammensetzung deiner Mahlzeiten.

Nutze dabei folgendes bewährtes Schema: **30 Prozent Eiweiß, 40 Prozent Kohlenhydrate und 30 Prozent Fett.**

Sogenannte „schlechte" Kohlenyhdrate wie z. B. alle Produkte aus Weißmehl, Süßigkeiten, Fertiggerichte, Fast Food etc. solltest Du aus deiner Ernährung streichen. Empfehlenswert sind hier Nahrungsmittel aus vollwertigen Kohlenhydraten wie Vollkornprodukte, Gemüse, Obst, Kartoffeln und Naturreis.

Nahrungsmittel aus komplexen Kohlenhydraten sind langanhaltende Energiespender. Gerade ab dem frühen Abend solltest Du versuchen auf Kohlenhydrate zu verzichten.

Eine regelmäßige Zufuhr von hochwertigem Eiweiß bzw. Protein ist unerlässlich für einen erfolgreichen Muskelaufbau. Hochwertige Quellen mit viel Eiweiß sind z. B. fettarmer Fisch, mageres Fleisch, fettarme Milchprodukte, Eiklar, Proteinpulver und Aminosäurenprodukte.

Verzichte weitestgehend auf Fette tierischer Herkunft. Achte besonders auf die sogenannten „versteckten Fette" in Wurst, Fertiggerichten, frittierten Gerichten. Nutze zum Kochen, Braten und Backen Öle und Fette wie **Leinöl, Rapsöl, Fischöl** oder **Walnüsse** für ein fettfreies Kochen.

Dein Körper benötigt ausreichend **Vitamine, Spurenelemente** sowie **Mineralstoffe** zur Erhaltung von Gesundheit und Leistungsfähigkeit. Ernähre dich deshalb ausgewogener mit viel **Gemüse, Obst** und **Vollkornprodukten**.

Notfalls ergänze deine Ernährung mit einem hochwertigen Vitamin- und Mineralstoff-Produkt, um deinen erhöhten Bedarf als Kraftsportler zu decken.

Nahrungsergänzungsmittel gelten nicht als Ersatz für eine abwechslungsreiche und gesunde Ernährung. Sie können dich aber dabei unterstützen, einen durch Sport erhöhten Bedarf an Nähr- und Vitalstoffen zu decken und somit einen Mangel an lebenswichtigen Stoffen auszugleichen. Sinnvoll angewendet, können sie deine Sportnahrung aber positiv hinsichtlich deiner Gesundheit und deines Wohlbefindens unterstützen.

Iss statt drei großer und schwerer Mahlzeiten besser fünf oder sechs kleine Mahlzeiten gleichmäßig über den Tag verteilt. Versuche, in jeder Mahlzeit **Eiweiß, Kohlenhydrate** und **„gute" Fette** zu kombinieren.

Durch diese Vorgehensweise ist eine optimale Eiweiß- und Kohlenhydratversorgung des Körpers während des ganzen Tages gesichert.

Verwende nur frische Zutaten und möglichst keine Konserven. Bereite die Speisen schonend zu, sodass die Vitalstoffe erhalten bleiben. Wenn du Muskulatur aufbauen bzw. Fett abbauen willst, greife auf bewährte Sportnahrung bekannter Hersteller zurück. Diese beinhalten alle wichtigen Aminosäuren, Vitamine und Spurenelemente.

(nach Tobias Fendt, www.muskel-guide.de, 05.03.2011)

Einen Text visualisieren

Ein Schüler hat anhand des Textes folgendes Strukturbild für ein Referat gestaltet:

1 *Übertragen Sie das Strukturbild auf ein DIN-A4-Blatt und ergänzen Sie es mit Informationen aus dem Text.*

2 *Stellen Sie das Strukturbild als Mindmap dar und vergleichen Sie die Darstellungsformen.*

3 *Überprüfen Sie die Ratschläge anhand weiterer Quellen und erweitern Sie bei Bedarf das Strukturbild.*

4 *Suchen Sie im Internet geeignete Bildelemente, um die Informationen des Strukturbildes zu veranschaulichen.*

5 *Präsentieren Sie Ihre Entwürfe an einer Stellwand und vergleichen Sie die Ergebnisse.*

Arbeitstechnik **Strukturbild**

Strukturbilder erleichtern es, Texte auf wenige zentrale Aussagen zu reduzieren und zu erfassen, wie diese Aussagen zusammenhängen.

- Schreiben Sie während des Lesens einzelne Wörter oder Aussagen aus dem Text auf ein Blatt Papier.
- Versuchen Sie, die Beziehungen zwischen den Aussagen festzustellen, und stellen Sie diese Beziehungen mit Pfeilen, Gegensatzpfeilen, Umkreisungen oder Barrieren dar. Probieren Sie aus.

Bei vielen Texten empfiehlt es sich, von einem zentralen Begriff in der Mitte auszugehen und die Aussagen darum herum anzuordnen. Bei komplexen Texten können mehrere Strukturbilder erstellt werden.

Normierende Texte entschlüsseln

Ein Teil Ihrer Aufgabe besteht ja darin, die rechtliche Seite von Veröffentlichungen im Internet zu klären. Dafür müssen Sie sich mit Gesetzestexten auseinandersetzen. Das folgende Beispiel zeigt, welche Schwierigkeiten dabei auftreten und wie Sie diese meistern können.

Auszug aus dem Urheberrechtsgesetz

Teil 1 – Urheberrecht (§§ 1–69g)

§ 1 Allgemeines

Die Urheber von Werken der Literatur, Wissenschaft und Kunst genießen für ihre Werke Schutz nach Maßgabe dieses Gesetzes.

§ 2 Geschützte Werke

(1) Zu den geschützten Werken der Literatur, Wissenschaft und Kunst gehören insbesondere:

1. Sprachwerke wie Schriftwerke, Reden und Computerprogramme;
2. Werke der Musik;
3. pantomimische Werke einschließlich der Werke der Tanzkunst;
4. Werke der bildenden Künste einschließlich der Werke der Baukunst und der angewandten Kunst und Entwürfe solcher Werke;
5. Lichtbildwerke einschließlich der Werke, die ähnlich wie Lichtbildwerke geschaffen werden;
6. Filmwerke einschließlich der Werke, die ähnlich wie Filmwerke geschaffen werden;
7. Darstellungen wissenschaftlicher oder technischer Art, wie Zeichnungen, Pläne, Karten, Skizzen, Tabellen und plastische Darstellungen.

(2) Werke im Sinne dieses Gesetzes sind nur persönliche geistige Schöpfungen.

§ 3 Bearbeitungen

Übersetzungen und andere Bearbeitungen eines Werkes, die persönliche geistige Schöpfungen des Bearbeiters sind, werden unbeschadet des Urheberrechts am bearbeiteten Werk wie selbständige Werke geschützt. (...)

§ 4 Sammelwerke und Datenbankwerke

(1) Sammlungen von Werken, Daten oder anderen unabhängigen Elementen, die aufgrund der Auswahl oder Anordnung der Elemente eine persönliche geistige Schöpfung sind (Sammelwerke), werden, unbeschadet eines an den einzelnen Elementen gegebenenfalls bestehenden Urheberrechts oder verwandten Schutzrechts, wie selbständige Werke geschützt.

(2) Datenbankwerk im Sinne dieses Gesetzes ist ein Sammelwerk, dessen Elemente systematisch oder methodisch angeordnet und einzeln mit Hilfe elektronischer Mittel oder auf andere Weise zugänglich sind. Ein zur Schaffung des Datenbankwerkes oder zur Ermöglichung des Zugangs zu dessen Elementen verwendetes Computerprogramm (§ 69a) ist nicht Bestandteil des Datenbankwerkes.

Abschnitt 6 – Schranken des Urheberrechts (§§ 44a–63a)

§ 51 Zitate

Zulässig ist die Vervielfältigung, Verbreitung und öffentliche Wiedergabe eines veröffentlichten Werkes zum Zweck des Zitats, sofern die Nutzung in ihrem Umfang durch den besonderen Zweck gerechtfertigt ist. Zulässig ist dies insbesondere, wenn

Normierende Texte entschlüsseln

1. einzelne Werke nach der Veröffentlichung in ein selbständiges wissenschaftliches Werk zur Erläuterung des Inhalts aufgenommen werden,
2. Stellen eines Werkes nach der Veröffentlichung in einem selbständigen Sprachwerk angeführt werden, (...)

1 *Lesen Sie den Text nach der Fünf-Schritt-Lesetechnik.*

2 *Erläutern Sie die Formulierung „unbeschadet" in § 4 (1).*

Basiswissen – Normierende Texte

Es handelt sich bei normierenden Texten um Texte, die eine **appellative Funktion** erfüllen, ohne typische appellative Signalwörter in Form des Imperativs zu verwenden. Sie sind beschreibend, verwenden dabei **Fachbegriffe** und – wenn es sich um Gesetzestexte handelt – häufig **Formulierungen aus dem Sprachgebrauch vergangener Zeit**. Zudem sind sie nicht immer eindeutig und bedürfen teils der Auslegung und Konkretisierung durch Verwaltungsbehörden oder Gerichte. Für ein besseres Textverständnis hilft es,

- Fachbegriffe zu klären,
- veraltete Wendungen zu erkennen und zu klären,
- auf Ungenauigkeiten und Unschärfen zu achten,
- Erläuterungen zu Gesetzestexten zu recherchieren.

3 *Erläutern Sie anhand des Basiswissens, ob es sich bei Gesetzestexten um normierende Texte handelt.*

4 *Nennen Sie mithilfe eines Brainstormings Beispiele von Internet-Angeboten, bei denen es zur Verletzung von Urheberrecht kommen kann.*

5 *Erstellen Sie auf der Basis einer Internetrecherche ein Thesenpapier zu der Frage, wie man Urheberrechtsverletzungen im Internet vermeidet.*

Fazit

5.1 Informationen recherchieren

- Informationen in Bibliotheken beschaffen
- Informationen im Internet suchen
- Informationen bewerten

5.2 Texte verstehen

- einen Text bearbeiten
- den Inhalt eines Textes erfassen – Exzerpieren
- den Aufbau eines Textes erkennen
- einen Text visualisieren
- normierende Texte entschlüsseln

Den Arbeitsauftrag umsetzen

Die Zeit drängt – in zwei Tagen findet das nächste Meeting statt. Sie haben sich inzwischen umfassend über die Thematik Ernährung für Sportler informiert. Und Sie wissen, wie man Urheberrechtsverletzungen im Internet vermeidet. Jetzt geht es darum, eine Sitemap für den Menupunkt Ernährung zu erstellen und die Präsentation vorzubereiten.

Basiswissen | Sitemap

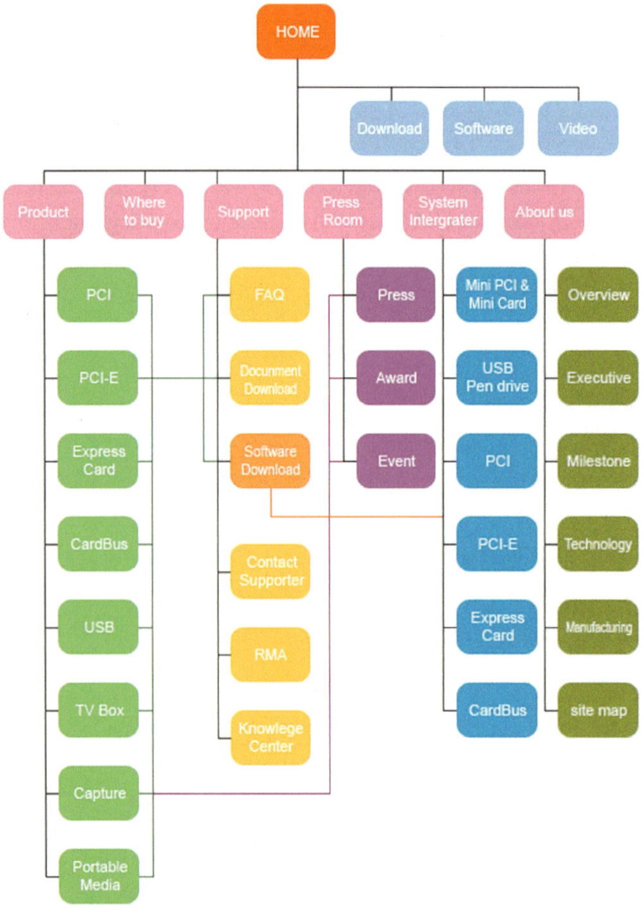

Als **Sitemap** rsp. **Site-Map**, seltener auch: **Seitenübersicht**, wird die vollständige hierarchisch strukturierte Darstellung aller Einzeldokumente (Webseiten) eines Internetauftritts bzw. einer Website bezeichnet (Seitenstruktur). Im Idealfall zeigt die Sitemap auch die hierarchischen Verknüpfungsstrukturen der Seiten an. Eine Sitemap wird von den Betreibern einer Website zur Verfügung gestellt, um den Besuchern einen Überblick zu geben, welchen Umfang und welche Struktur ein Webauftritt hat. (Quelle: Wikipedia)

1 *Ordnen Sie alle Dokumente und Informationen thematisch zu einzelnen Paketen und geben Sie jedem Paket einen Oberbegriff.*

2 *Bringen Sie alle Oberbegriffe in eine hierarchische Reihenfolge.*

3 *Bereiten Sie die Präsentation vor.*

a) Formulieren Sie, welche Ziele Sie mit der Präsentation verfolgen.
- Was wollen Sie für sich erreichen?
- Was sollen die Zuhörer denken oder tun?
- Welche Inhalte sind besonders wichtig?

b) Beurteilen Sie Ihre Zuhörer.
- Was verstehen die Zuhörer?
- Was denken die Zuhörer über Sie?
- Unter welchen Umständen treffen Sie auf die Zuhörer?

Arbeitstechnik – Klassischer Aufbau einer Präsentation

- Das **Start-Modul** hat die Funktion des „Icebreakers“ und soll innerhalb der ersten Sekunden die Aufmerksamkeit der Zuhörer wecken.
- Das **Einleitungs-Modul** gibt einen Überblick über das, was die Zuhörer erwartet.
- Das **Mittel-Modul** enthält in strukturierter Form die inhaltlichen Aussagen des Vortrags.
- Das **Abschluss-Modul** fasst die Präsentationsinhalte zusammen und gibt einen Ausblick auf mögliche Entwicklungen.
- Das **End-Modul** setzt einen Schlussakzent und entlässt die Zuhörer.

c) Bereiten Sie Moderationskarten vor.
- Mit welchen dramaturgischen Möglichkeiten gewinnen Sie gleich zu Beginn Ihre Zuhörer? (Musik, Licht, Anekdote, Dialog mit dem Publikum …?)
- Wie stimmen Sie die Zuhörer auf den Mittelteil ein?
- Welchen Aspekt stellen Sie beim Abschluss-Modul in den Vordergrund?
- Wie verabschieden Sie sich von den Zuhörern? Wollen Sie Fragen zulassen?

d) Halten Sie den Vortrag mehrmals vor Ihrer Kleingruppe. Achten Sie dabei auch auf Mimik, Gestik, Körpersprache und Ihre Stimme.

Mithilfe der folgenden Tabelle können Sie Ihre Präsentationsversuche selbst beurteilen.

Beurteilung einer Präsentation		– –	–	0	+	++	
Thematische Verlaufsstrukturen							
Zentrale Aussage	unklar						deutlich
Gliederung	nicht nachvollziehbar						klar
Einstieg/Ausstieg	langweilig						interessant
Struktur der Argumente	keine						angemessen
Präsentationsstil							
Zuhörerbezug	nicht vorhanden						angemessen
Abwechslung	nicht vorhanden						deutlich
Gestik	keine/zu viel						klar
Sprechtempo	zu langsam/zu schnell						angemessen
Haltung	deplatziert/verkrampft						angemessen

6 Schriftlich kommunizieren

Zahlreiche Situationen im Berufs- wie auch im Privatleben erfordern es, dass Sie Sachtexte selbstständig verfassen. Etliche Sachtextarten müssen dabei auch formalen Ansprüchen genügen. Dazu gehören beispielsweise Protokolle; denn Protokolle dürfen nicht anfechtbar sein, wenn sie als Beleg für Abstimmungen oder Absprachen dienen. Andere Sachtexte, wie z. B. Pressemitteilungen, haben eine besondere Form, damit sie vom Empfänger beachtet und besser wahrgenommen werden. Und auch im Brief- und Mailverkehr müssen formale Ansprüche erfüllt sein. So sorgt die DIN 5008 beim kaufmännischen Schriftverkehr dafür, dass der Empfänger einen Brief schnell und effizient bearbeiten kann. Und Sie geben, indem Sie diese Regeln anwenden, Ihrem Gegenüber das Gefühl, dass er es mit einem kompetenten Geschäftspartner zu tun hat.
In diesem Kapitel lernen Sie, diese Texte zu planen, zu verfassen und zu überarbeiten.

ANWENDUNGSSITUATION

Öffentlichkeitsarbeit ist für Schulen wichtig. Durch eine erfolgreiche Öffentlichkeitsarbeit erreichen Schulen, dass ihre Arbeit wertschätzend wahrgenommen wird, dass die Schule für potenzielle Mitarbeiter oder Lehramtsanwärter attraktiv ist und auch, dass Unternehmen sich für die Arbeit einer Schule interessieren und diese ggf. durch Spenden unterstützen.
An Ihrer Schule soll ein Schulfest stattfinden. Auf der Schulkonferenz wurde beschlossen, dass Unternehmen aus dem Umfeld der Schule gebeten werden, das Fest durch Geld- oder Sachmittel zu unterstützen. Die Sachspenden sollen in eine Tombola eingehen, mit deren Hilfe wichtige technische Geräte angeschafft werden sollen. Die SV will über eine Briefaktion die Suche nach Sponsoren unterstützen.

Inhalt

Außerdem hat sich die SV bereit erklärt, die Bewirtung der Besucher zu übernehmen und ggf. eine Abendveranstaltung (Konzert, Disko) zu organisieren. Die genauen Details müssen noch auf einer Sitzung abgesprochen werden. Eine Hälfte des erwirtschafteten Gewinns soll dem Förderverein der Schule zufließen, die andere Hälfte der SV.

Das ist Ihr Arbeitsauftrag:

1 *Formulieren Sie eine Anfrage an Getränkevertriebe Ihrer Region, in der Sie sich nach Preisen für die Getränke und die Ausstattung (Zapfanlage, Kühlwagen etc.) erkundigen.*

2 *Entwerfen Sie einen Brief an Unternehmen der Umgebung, in dem Sie*
- auf die erfolgreiche Arbeit der Schule verweisen,
- das Schulfest ankündigen und
- um Spenden bitten.

Wenn Sie die folgenden Seiten des Kapitels erarbeitet haben, werden Sie in der Lage sein, den Arbeitsauftrag erfolgreich auszuführen.

Arbeitsschritte	Arbeitstechniken und Methoden	Kompetenzen
Verlaufsprotokoll	Paraphrasieren	Texte nach Vorlagen um- oder weiterschreiben
Ergebnisprotokoll		
eine Pressemitteilung schreiben	eine Pressemitteilung schreiben	Texte hinsichtlich inhaltlicher, formaler und stilistischer Kriterien überarbeiten
Texte überarbeiten	Strukturbild Placemat Schreibkonferenz	eigene Texte für unterschiedliche Medien gestalten
Aufbau einer Anfrage DIN 5008		verschiedene Textsorten stilistisch angemessen gestalten

6.1 Protokolle erstellen

Protokolle sind ein unverzichtbares Instrument, um Ergebnisse von Besprechungen oder Abstimmungen verbindlich festzuhalten und darüber zu informieren. Die Verbindlichkeit wird dadurch erzielt, dass ein Protokoll auf einer Folgekonferenz von einer beschlussfähigen Mehrheit genehmigt wird. Protokolle gibt es beispielsweise von Schulkonferenzen, Elternabenden, Mitgliederversammlungen, SV-Sitzungen oder einzelnen Schulstunden.

Muster Verlaufsprotokoll

Protokoll der SV-Sitzung vom 03. April 2013

Beginn: *11:30 Uhr* ***Ende:*** *13:00 Uhr*

Teilnehmer: *Vergleiche Anwesenheitsliste.*

Ort, Zeit und Tagesordnung sind den Mitgliedern und Teilnahmeberechtigten ordnungsgemäß bekannt gegeben worden.

Tagesordnung:

1. *Schulfest zum Schuljahresende*
2. *Kostenpflichtige Nutzung der Schultoiletten*

TOP 1

Steffi (Schülersprecherin) stellt die Überlegungen der Schulverwaltung zu einem Schulfest am Schuljahresende vor. Die SV habe die Möglichkeit, am Abend eine eigene Veranstaltung zu organisieren. Klaus schlägt vor, dass eine Bühne aufgebaut werden soll, auf der zwei Bands kostenlos spielen können. Gregor findet Konzerte unattraktiv und ist dafür, eine Disko zu organisieren. Anne meint, das Schülercafe könne die Bewirtung und den Verkauf der Getränke organisieren. Es könne ein Eintrittsgeld von 10 Euro erhoben werden, darin sei ein Getränkebon von 5 Euro enthalten. Frau Wölfel (SV Verbindungslehrerin) weist darauf hin, dass sich die Schule in einem Wohngebiet befinde – da sei sicherlich mit Problemen der Anwohner zu rechnen. Elli schildert das Beispiel des Elly Heuss Knapp Gymnasiums, dessen Fete in einer riesigen Schlägerei geendet habe. Klaus schlägt vor, einen Ordnungsdienst anzuheuern. Anne meint, das sei zu teuer. Steffi betont noch einmal, dass solch ein Fest für alle Schüler ein toller Abschluss des Schuljahres sei. Alle sind eigentlich für die Disko. Das zeigt auch das Ergebnis der anschließenden Abstimmung – einstimmig!! Auf Vorschlag von Frau Wölfel wird eine Kommission von 4 Schülern das Thema mit der Schulleitung und dem Ordnungsamt der Stadt diskutieren. Die Schüler Steffi, Klaus, Anne und Gregor werden in diese Kommission gewählt.

TOP 2

Der Hausmeister zeigt Fotos von verschmutzten Toiletten. Alle sind erschrocken über das Ausmaß der Verschmutzung und den Grad der Zerstörungen in den Toiletten. Der Hausmeister berichtet über Erfahrungen an anderen Schulen mit der Einführung eines Entgelts für die Nutzung der Schultoiletten. Mit dem Geld könne eine zusätzliche Reinigungskraft eingestellt werden. Als Entgelt könnten 30 Cent reichen. Justine empört sich über diesen Vorschlag. So müssten alle für das Fehlverhalten einiger weniger Chaoten geradestehen. Klaus findet, dass man bei einem Preis von 30 Cent Probleme mit dem Wechselgeld bekommen würde. Kasu meint, dass für einige Schüler 30 Cent schon eine erhebliche finanzielle Belastung darstellen würde – im Monat sind das etwa 6 Euro zusätzlich. Frau Wölfel schlägt vor, dass das Thema in den einzelnen Klassen abgestimmt werden solle. Das finden alle in Ordnung. Frau Wölfel wird zusammen mit dem Hausmeister und der SV innerhalb der nächsten 14 Tage einen Fragebogen für die Schülerbefragung erstellen. Über den Vorschlag wird abgestimmt, alle stimmen zu.

Berlin, 3. April 20… Thomas Berger (Protokollant)

Basiswissen | **Ergebnisprotokoll und Verlaufsprotokoll**

Das **Ergebnisprotokoll** hält Resultate fest. Es dient der knappen Wiedergabe von Anträgen, Abstimmungsergebnissen oder Absprachen, etwa über die Verteilung von Aufgaben, und enthält daher keine Informationen über den Verlauf von Diskussionen oder Beratungen. Eine chronologische Reihenfolge ist nicht zwingend.

- Protokollkopf mit Anlass, Termin, Ort, Beginn, Ende, Teilnehmern, evtl. Tagesordnung
- Orientierung an der Tagesordnung
- genaue Wiedergabe der Anträge, Abstimmungen und Ergebnisse
- am Ende zeichnet der Protokollführer

Das **Verlaufsprotokoll** gibt Abläufe wieder. Es ist umfangreicher als ein Ergebnisprotokoll und orientiert sich am chronologischen Ablauf. Redebeiträge werden entweder in indirekter Rede („Herr Muster führt aus, er sei enttäuscht über ...") oder in der Form des Redeberichts („Herr Muster äußert sich enttäuscht über ...") wiedergegeben. Anträge werden wörtlich festgehalten.

- Protokollkopf mit Anlass, Termin, Ort, Beginn, Ende, Teilnehmern, evtl. Tagesordnung
- möglichst vollständige Wiedergabe des Verlaufs der Versammlung und der wesentlichen Redebeiträge
- Anträge wörtlich zitieren, das Abstimmungsergebnis detailliert aufführen
- am Ende zeichnet der Protokollführer

Protokolle werden im Präsens formuliert. Indirekt wiedergegebene Zitate werden im Konjuntiv notiert (➲ S. 162).

1 ***Erstellen Sie je ein Ergebnis- und ein Verlaufsprotokoll einer Unterrichtsstunde.***

Sprache und Stil: Paraphrasen

Unter einer Paraphrase versteht man die sinngemäße Übernahme von Ausschnitten aus einem anderen Text oder einer Rede. Während Zitate Ausschnitte aus einer wörtlichen Rede wiedergeben, kann man Paraphrasen als Zusammenfassungen der indirekten Rede auffassen.

2 ***Geben Sie die folgenden Zitate zunächst als indirekte Rede und danach in Form einer Paraphrase wieder.***

Beispiel: Herr Schulz: „Ich habe einen Fehler gemacht." → Herr Schulz räumte ein, dass er einen Fehler gemacht habe. (indirekte Rede) → Herr Schulz räumte seinen Fehler ein. (Paraphrase)

a) Herr Schulz: *„Ich habe Ihnen jetzt schon zum wiederholten Mal gesagt, dass ich Ihren Vorschlag rundherum ablehne."*

b) Herr Schulz: *„Vielleicht wäre es – auch angesichts der späten Stunde – möglich, dass Sie mir noch einmal Ihre geschätzte Aufmerksamkeit schenken."*

c) Herr Schulz: *„Ich bin wirklich erstaunt darüber, dass Sie den Sinn unserer Arbeit immer noch nicht begriffen haben."*

3 ***Bilden Sie in Anlehnung an Aufgabe 3 weitere Beispiele.***

4 ***Überarbeiten Sie Ihre Protokolle aus Aufgabe 2 (➲ Tipps S. 173): Inhalt, Stil, Form, Sprache.***

Eine Pressemitteilung verfassen

Eine Pressemitteilung schreiben

Ohne einen guten Kontakt zu den örtlichen Medien funktioniert keine Öffentlichkeitsarbeit an Schulen. Interessant sind für die Medien beispielsweise wichtige Projekte und Veranstaltungen, Protestaktionen, Reformen, Feste und Jubiläen sowie Aktionen mit anderen Partnern. Ist die Mitteilung stilistisch gut formuliert und sind bestimmte Richtlinien eingehalten, steigt die Chance, dass die Aufmerksamkeit der Redakteure geweckt wird und sie einen Artikel veröffentlichen.

Muster

August-Müller-Berufskolleg

PRESSEMITTEILUNG

Bewerbungstraining mit Spaßfaktor

Motivationstrainer Vonn zu Gast am August-Müller-Berufskolleg

Bonn. So einen Andrang bekommt die Aula des August-Müller-Berufskollegs selten zu sehen: ganze sieben Klassen, allesamt ein Jahr vor der Fachhochschulreife, werden zusammenkommen, um sich von einem Profi auf kommende Bewerbungsgespräche vorbereiten zu lassen. Und dieser, Paul Gerhard Vonn, Kommunikationsexperte und Motivationstrainer in einem, räumte im vergangenen Jahr erst einmal auf mit veralteten Denkweisen. Ja, das Zeugnis sei schon wichtig, um die erste Bewerbungshürde zu meistern. Danach aber komme es auf eine Vielzahl ganz anderer Dinge an. Was er damit meinte, wird sofort klar, wenn Vonn den jungen Leuten beispielsweise die „schlaffe Hand" reicht, die bei jedem einen unangenehmen Eindruck hinterlässt.
Der ganze Vormittag besteht aus einer bunten Mischung von Vortrag und praktischen Beispielen. Gerade die Beispiele lösen bei den Schülern wahlweise Betroffenheit oder Gelächter aus. Wenn Vonn einen Schüler mal freundlich, mal aggressiv oder gelangweilt auffordert, seine Frage zu wiederholen, und wenn er dabei auch noch unterschiedliche Körperhaltungen einnimmt, dann wird Kommunikationstheorie auf einmal ganz konkret. Und genau das ist auch das Ziel der verantwortlichen Lehrerin, Frau Ellen Fritz, die am August- Müller-Berufskolleg zudem noch Studien- und Berufsberaterin ist. „Viele Schülerinnen und Schüler wollen in Bewerbungsgesprächen nur keine „Fehler" machen. Vielleicht werden sie so erkennen, worauf der Personalchef zuerst achtet."
Schon wenige Tage später, am 27. Juni 2013, können Schülerinnen und Schüler ihr erworbenes Wissen in der Praxis umsetzen. Dann nämlich findet am Berufskolleg der Tag der Bewerbung statt: 33 Unternehmen der Region stehen für Bewerbungsgespräche zur Verfügung. Da zählt dann schon der erste Händedruck.

Termin:	**30. Mai 2013**	**Tel:**	0228 – 45767100
Uhrzeit:	8:15 – 10:15 und 11:15 – 13:15 Uhr	**E-Mail :**	info@amb-bonn.de
Pressetermin:	**10:00 Uhr**	**Im Netz:**	www.amb-bonn.de
Ort:	August-Müller-Berufskolleg Oberländer Str. 48 53470 Bonn	**Schulleiter :**	Erwin List, OSTD
		Pressekontakt:	Klaus Beuth, priv.: 0157-6687103

1 *Erläutern Sie, wer eine Pressemitteilung zuerst liest und welches Interesse diese Zielgruppe verfolgt.*

2 *Untersuchen Sie das Muster und stellen Sie fest, welche Informationen aktuell und welche allgemeiner Natur sind.*

Eine Pressemitteilung schreiben

3 *Überprüfen Sie, ob alle Anforderungen an eine gute Pressemitteilung (→ Arbeitstechnik) erfüllt sind.*

4 *Informieren Sie sich, welche regionalen Zeitungen, kostenlosen Anzeigenblätter mit redaktionellem Teil, lokalen Radio- und Fernsehsender im Einzugsgebiet Ihrer Schule aktiv sind. Erstellen Sie einen Presseverteiler mit folgenden Informationen: Name, Straße, Ort, Ansprechpartner mit Telefon- (Durchwahl) und Faxnummer, E-Mail-Adresse, Redaktionsschluss (bei Wochenzeitungen).*

5 *Nennen Sie Gründe, die für eine regelmäßige Pressearbeit von Schulen sprechen.*

Arbeitstechnik — Eine Pressemitteilung schreiben

- Informationen, die von „allgemeinem" Interesse sind, auswählen
- sich kurz fassen
- sechs W-Fragen beantworten (wer?, was?, wann?, wo?, warum?, mit welchen Folgen?)
- Fakten und Zahlen nennen
- lokalen Bezug herstellen
- alle Namen korrekt und vollständig mit Titel angeben
- Ansprechpartner und Kontaktdaten nennen
- Veranstaltungen frühzeitig ankündigen und telefonisch nachhaken

6 *Entwerfen Sie entsprechend dem nebenstehenden Muster eine Vorlage für Pressemitteilungen Ihrer Schule, in der sämtliche allgemeinen Informationen enthalten sind. Hinweis: Als Pressetext sollten Sie in der Vorlage Blindtext (sinnentleerten Text) verwenden.*

7 *Welche der Abbildungen wäre als Foto für eine Presseveröffentlichung geeignet? Begründen Sie Ihre Entscheidung.*

8 *Formulieren Sie Tipps für die Auswahl von Fotos.*

Texte überarbeiten

Bei der Überarbeitung eines Textes kontrollieren, reflektieren und optimieren Sie das Geschriebene, indem Sie Änderungen vornehmen, bis Sie das bestmögliche Schreibergebnis erzielt haben. Das folgende Muster ist ein Artikel, den zwei Schüler gemeinsam verfasst haben. Eine Besonderheit am August-Müller-Berufskolleg ist die Kooperation mit einer Fachhochschule in Haslach. Über diese Kooperation soll in der örtlichen Tageszeitung berichtet werden. Anlass ist die Übergabe der ersten „Scheine" an zwei Schüler des AMB.

Muster

Die Zukunft: Fachhochschule für Schüler

Seit 2007 bietet das August-Müller-Berufskolleg in Bonn für Schüler/-innen einen Bachelor-Lehrgang an. Darunter versteht man den Unterricht der zweijährigen Höheren Berufsfachschule, der am AMB selbst stattfindet inklusive Vorlesungsteilnahme an der Fachhochschule in Haslach. So wird Schüler/-innen, die in der Bachelorklasse sind, die Möglichkeit gegeben, erste Einblicke in ein Studium zu sammeln. Diese Maßnahme trägt zur Entscheidung des weiteren Werdegangs von Schüler/-innen nach Erreichen der Fachhochschulreife bei, denn die meisten wissen nicht, ob nun ein Studium oder eine Ausbildung die richtige Entscheidung ist. Außerdem können durch die Teilnahme und bestandene Prüfung Creditpoints gesammelt werden, die dann bei einem späteren Studienbeginn angerechnet werden können.

2012 wurde das Projekt nun erweitert. Das AMB schloss mit der Fachhochschule einen Kooperationsvertrag ab. Hier soll Schülerinnen und Schülern aus allen Oberstufenklassen die Möglichkeit gegeben werden, an einem Schnupperkurs in Wirtschafts- und Computermathematik teilzunehmen. Da die Teilnehmeranzahl begrenzt ist, müssen Schüler/-innen mindestens ein „gut" in Mathematik auf dem Zeugnis erreichen. Zwei Schüler/-innen berichten von ihren Erfahrungen:

Das Projekt startete im Wintersemester 2012/2013 mit ca. acht Schüler/-innen vom AMB. Frau Krause hielt die Vorlesung in Wirtschafts- und Computermathematik. Die Fachhochschule Haslach stellte den Schüler/-innen sowie allen Studierenden das Arbeitsmaterial wie Computer und ein Skript zur Verfügung. Damit eine Mitarbeit gewährleistet war, erhielt jede/-r Schüler/-in einen eigenen Computeraccount. Es wurde sichergestellt, dass wir Schüler/-innen keinerlei Benachteiligungen erhielten. Mit Frau Krause vereinbarten wir, dass wir uns außerhalb der Vorlesung über E-Mail verständigen. Wir fühlten uns demnach von Frau Krause sehr gut aufgenommen. Auch die Studierenden nahmen uns freundlich auf. Wir fühlten uns quasi dazugehörig. Die Vorlesung beinhaltete das Arbeiten mit den Programmen Excel und Matlab. Leider beendeten einige Schüler/-innen bis auf zwei das Projekt, nachdem wir anfingen mit dem Programm Matlab zu arbeiten. Anfangs schreckte uns das Programm alle etwas ab. Denn wir besaßen nicht alle notwendigen Mathematikkenntnisse wie die Studierenden. Außerdem war das Programm neu für uns. Doch Frau Krause bemühte sich sehr und ging diesbezüglich immer auf uns ein, so dass wir uns der Herausforderung stellen wollten. Nachdem wir im Januar die Prüfung geschrieben hatten, erhielten wir schon kurz darauf die positive Nachricht, bestanden zu haben. Der Direktor Prof. Dr. Klaus Schneider überreichte uns dann gestern zusammen mit Herrn Mohn (Schulleiter) die beiden Scheine.

1 *Beantworten Sie anhand des Textes die sechs W-Fragen (wer?, was?, wann?, wo?, warum?, mit welchen Folgen?).*

2 *Notieren Sie offene Fragen.*

3 *Erfassen Sie den Aufbau des Textes in einem Strukturbild (➪ S. 402).*

Texte überarbeiten

Arbeitstechnik | Einen Text überarbeiten

Sie prüfen immer **Inhalt** (Vollständigkeit, Logik), **Stil** (angepasst an Schreibanlass und Adressat), **Form** (formale Kriterien wie DIN-Vorgaben) und **Sprache** (Rechtschreibung, Zeichensetzung, Grammatik).

1. Textarbeit einzeln, meist am eigenen Text

- Haben Sie die richtige Textsorte gewählt? (Bericht, Kommentar ...)
- Verwenden Sie für einzelne Elemente die richtige Zeitstufe?
- Ist eine Gliederung erkennbar und für Außenstehende nachvollziehbar?
- Ist Ihre Sprache dem Thema angemessen, abwechslungsreich und präzise?
- Haben Sie bei den Satzanfängen Wiederholungen vermieden und sinnvolle Verknüpfungen gewählt?
- Entspricht Ihr Text den Regeln der Rechtschreibung und Zeichensetzung? Besonders häufig sind Fehler beim *s/ß, das/dass* und bei der Groß- und Kleinschreibung.

2. Überarbeitung eines Textes in Kleingruppen

Schreibkonferenz

In einer Schreibkonferenz wird ein Text zunächst vorgelesen. So findet man heraus, ob ein Text „flüssig" geschrieben ist. Anschließend äußern sich die Gruppenmitglieder, der Vorleser notiert, was unklar ist oder verbessert werden soll. In einem nächsten Schritt werden Verbesserungen am Detail vorgenommen, bis die Gruppe zufrieden ist.

Placemat

Sie arbeiten in Viererteams. Legen Sie ein Blatt von der Größe DIN A1 oder A2 so auf einen Tisch, dass jedes Gruppenmitglied an einer der vier Seiten des Blattes sitzen kann. Teilen Sie das Blatt mit einem Lineal wie folgt auf:

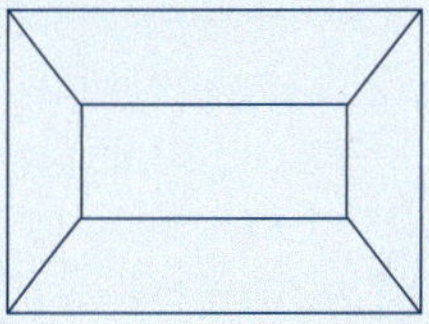

Jedes Teammitglied unterteilt das vor ihm liegende Trapez in drei gleiche Teile und bearbeitet den Text entsprechend für sich: gefällt mir / würde ich ändern / Vorschlag

Anschließend drehen Sie das Blatt und schreiben Kommentare und Ergänzungen zu den Beiträgen der anderen. Drehen Sie das Blatt so lange, bis Ihr Feld wieder vor Ihnen liegt. Notieren Sie in der Mitte des Blattes das Ergebnis, auf das Sie sich einigen konnten. Wenn Sie sich nicht einigen konnten, dokumentieren Sie dies.

Formulierungen von Schülern

A Damit eine Mitarbeit gewährleistet war, erhielt jede/-r Schüler/-in einen eigenen Account.

B Außerdem können durch die Teilnahme und vorausgesetzt bestandene Prüfung Creditpoints gesammelt werden, die dann bei einem späteren Studienbeginn angerechnet werden können.

C Es wurde sichergestellt, dass wir Schüler/-innen keinerlei Benachteiligungen erhielten.

D Wir fühlten uns demnach von Frau Krause sehr gut aufgenommen. Auch die Studierenden namen uns freundlich auf. Wir fühlten uns quasi dazugehörig.

4 *Sprache und Stil: Verbessern Sie die farbig gekennzeichneten Passagen aus dem Entwurf.*

5 *Überarbeiten Sie die Pressemitteilung (➪ S. 102) zuerst in Einzelarbeit und dann in Kleingruppen. Beziehen Sie auch die Überschrift in Ihre Überlegungen mit ein.*

6 *Schreiben Sie eine Pressemitteilung zu einem aktuellen Ereignis an Ihrer Schule und überarbeiten Sie diese nach einem der vorgestellten Verfahren.*

6.3

Einen Geschäftsbrief schreiben

Aufbau einer Anfrage

Geschäftsbriefe werden nüchtern und sachlich gehalten, auf Ausschmückungen wird verzichtet. Sie müssen klar formuliert und höflich geschrieben sein.

Situation

Um das Catering am Veranstaltungstag zu organisieren, benötigen Sie ein Unternehmen, das Ihnen Getränke und Equipment zur Verfügung stellt. Sie müssen also Kontakt zu Gastronomen oder Getränkevertrieben aufnehmen und Angebote einholen. Deshalb formulieren Sie eine Anfrage. Und damit Sie als Geschäftspartner ernst genommen werden, soll Ihr Brief auch die formalen Anforderungen an einen Geschäftsbrief erfüllen.

1 *Erstellen Sie eine Liste mit Dingen, die Sie Ihrer Meinung nach für ein Fest dieser Art benötigen.*

2 *Erläutern Sie, warum es besser ist, schriftlich anzufragen als telefonisch.*

Basiswissen – **Aufbau einer Anfrage**

- Wie sind Sie auf den Adressaten aufmerksam geworden? Ihr Gegenüber interessiert sich dafür, ob es eine Empfehlung gab, ob Sie durch eine Werbemaßnahme aufmerksam geworden oder evtl. Altkunde sind.
- Wer sind Sie? Ihr Gegenüber möchte Sie einschätzen und einordnen können.
- Was ist Ihr Anliegen? Sie formulieren Ihre Wünsche oder beschreiben die gewünschte Ware möglichst genau.
- Gibt es Dinge, die Ihnen besonders wichtig sind, oder Sonderwünsche, die berücksichtigt werden sollen?
- Bis wann benötigen Sie ein Angebot? Wenn Sie Angebote von verschiedenen Unternehmen einholen, erreichen Sie durch eine Fristsetzung, dass zu einem Zeitpunkt x alle Angebote eingetroffen sind.
- Grußformel

Die Aufgabe des Deutschen Instituts für Normung e. V. (DIN) ist es, in Zusammenarbeit mit Herstellern, Verbrauchern und Behörden allgemeingültige Normen zu erarbeiten.

3 *Listen Sie alle Produkte auf, für die Sie eine DIN-Norm kennen, und notieren Sie zu jedem Produkt, welche Vorteile der Verbraucher durch die DIN-Norm hat.*

4 *Formulieren Sie in zwei oder mehr Sätzen, welche Gründe es geben könnte, eine DIN-Norm für den kaufmännischen Briefverkehr zu entwickeln.*

5 *Informieren Sie sich über die neueste Version der DIN 5008 und stellen Sie fest, ob und welche Veränderungen gegenüber dem Muster (➪ S. 105) vorgenommen wurden.*

6 *Formulieren Sie Ihre Anfrage mithilfe des Basiswissens.*

7 *Untersuchen Sie das Muster auf der nebenstehenden Seite.*

a) Beurteilen Sie es unter formalen Gesichtspunkten (DIN 5008).

b) Versetzen Sie sich in die Rolle der Firma „Alles Klar“ und listen Sie auf, welche weiteren Informationen Sie benötigen, um ein Angebot zu erstellen.

DIN 5008

Für Geschäftsbriefe gilt die DIN-Norm.

Muster DIN 5008

27 – 45 mm

25 mm

Steffi Meyer, Dürener Str. 325, 50013 Köln

Anschrift des Absenders in einem Fensterbriefumschlag sichtbar

•
•
•

Zeile 1 – 3 Zusatz und Vermerkzone

Alles Klar	*(Name bzw. Firma)*
Mietservice	*(Namenszusatz oder Straße, Hausnummer/Postfach)*
Postfach 5008	*(Straße und Hausnummer/Postfach oder PLZ/Ort)*
51427 Bergisch Gladbach	*(PLZ/Ort oder Länderangabe)*
	(Länderangabe bzw. leer)
	(leer)

Zeile 4 – 9 Anschriftenzone

Ihr Zeichen, Ihre Nachricht vom	*Unser Zeichen, unsere Nachricht vom*	*Telefon, Name*	*Datum*
ch-Se 2013-02-10	*ba-kr 2013-01-15*	*0221 - 45 767 021 (Frau Meyer)*	*17. Februar 2013*

Bezugszeichenzeile

•
•

Anfrage

Betreff

•
•

Sehr geehrte Damen und Herren,

Anrede

•

in den Gelben Seiten sind wir auf Ihre Firma aufmerksam geworden.
Das August-Müller-Berufskolleg wird am ... ein Schulfest aus Anlass des 75-jährigen Bestehens durchführen. Wir, die SV des Berufskollegs, organisieren das Catering für das Schulfest sowie abends eine Discoveranstaltung für 600 bis 800 Schülerinnen und Schüler. Deshalb sind wir auf der Suche nach einem zuverlässigen Partner für die Bewirtung.
Bitte machen Sie uns ein Angebot.

Brieftext

•

Wir danken Ihnen für die zuverlässige Zusammenarbeit.

•

Mit freundlichen Grüßen

Grußformel

•

Steffi Meyer

•

Anlage

Anlagevermerk

Brieffuß

August-Müller-Berufskolleg, Oberländer Str. 48 53478 Bonn	*Telefax 0228 45 767 200*	*E-Mail meyerc@Koeln.de*	*Sparkasse Bonn 147920 141 (BLZ 38650000)*

1 ***Schreiben Sie einen verbesserten Anfragebrief.***

2 ***Häufig ist es sinnvoller, einen Veranstalter zu suchen, der die komplette Durchführung einer Veranstaltung übernimmt. Listen Sie auf, welche Vorteile eine „Lösung aus einer Hand" für Sie als Kunden hat.***

DIN 5008

Basiswissen – Einen Geschäftsbrief schreiben

Zusatz und Vermerkzone: In der Zusatz- und Vermerkzone dürfen Vorausverfügungen, Produktbezeichnungen oder elektronische Freimachungsvermerke aufgeführt werden.

Vorausverfügungen sind Regelungen wie: „Wenn unzustellbar, zurück!" oder „Nicht nachsenden".

Produktbezeichnungen sind z. B. „Einschreiben" oder „Büchersendung".

Anschriftenzone: Die Anschriftenzone hat sechs Zeilen. Auf die Bezeichnung „Firma" wird verzichtet, wenn dies aufgrund des Namens zu erkennen ist. Eine Berufs- oder Amtsbezeichnung (Notar, Direktor) steht neben „Frau" oder „Herrn", ein akademischer Titel (Prof. oder Dr.) dagegen vor dem Namen.

Beispiel: Nicht nachsenden!
Einschreiben
Herrn
Dr. Michael Büsch
Auf der Höhe 5
53340 Meckenheim

Bezugszeichenzeile: Hier unterscheidet man die numerische und die alphanumerische Schreibweise.

numerisch: 2013 – 02 – 17 oder 17.02.2013
alphanumerisch: 17. Februar 2011

Betreffzeile: Hier geben Sie stichwortartig den Anlass oder den Inhalt des Briefes wieder.

Beispiel: Anfrage, 2. Mahnung, Einladung zur Geschäftseröffnung, Beanstandung der gelieferten Kugelschreiber, Ihr Schreiben vom ...

Anrede: Haben Sie keinen Ansprechpartner, heißt es: „Sehr geehrte Damen und Herren,". Sonst reden Sie Ihren Ansprechpartner mit Namen an: „Sehr geehrte Frau Müller,".

Besonderheiten: Der Vorname entfällt.
Die Berufs- oder Amtsbezeichnung entfällt.
Der akademische Titel wird genannt.

Briefschluss: Ein Gruß ist üblich, allerdings gibt es auch hier Unterschiede.

Beispiele: Mit freundlichen Grüßen, Mit freundlichem Gruß, ...

Anlagen: Es ist nicht mehr üblich, die Anlagen einzeln aufzuführen. Hinweise auf Anlagen sollten sonst in den Brieftext eingebaut werden.

Brieffuß: Feld für Geschäftsangaben.

3 *Recherchieren Sie DIN-Anforderungen an eine E-Mail, und gestalten Sie die Anfrage aus Aufgabe 1 als E-Mail.*

Fazit

6.1 Protokolle erstellen
- Ergebnisprotokoll
- Verlaufsprotokoll

6.3 Einen Geschäftsbrief schreiben
- inhaltlichen Aufbau beachten
- formalen Aufbau beachten: DIN 5008

6.2 Eine Pressemitteilung verfassen
- Informationen auswählen, Zielgruppe berücksichtigen
- kurz fassen, W-Fragen, Fakten
- Text überarbeiten: Inhalt, Stil, Form, Sprache

Den Arbeitsauftrag umsetzen

Nachdem Sie die DIN 5008 kennengelernt und einen Anfragebrief formuliert haben, geht es jetzt darum, Sponsoren für die Veranstaltung zu finden und um Spenden zu bitten.

1 *Nennen Sie Gründe, warum Unternehmen als Sponsoren von Veranstaltungen auftreten.*
Welche Vorteile haben die Sponsoren von ihrem Engagement?

Obwohl der Brief, den Sie schreiben wollen, wie eine Anfrage aufgebaut sein kann, ist er doch kein normaler Geschäftsbrief, sondern eher eine Mischform zwischen Geschäftsbrief und Werbebrief. Sprachlich muss er deshalb auch nicht unbedingt nüchtern und sachlich gehalten sein. Orientieren Sie sich besser an der Sprache von Werbebriefen (➪ Kapitel 9.2).

2 *Erstellen Sie eine Liste von Unternehmen, die Sie anschreiben wollen.*
- Geeignet sind Unternehmen mit einem Bezug zu Ihrer Schule oder aus der Nachbarschaft.
- Eine gute Informationsquelle für Adressen und Telefonlisten sind die Infoblätter der IHK zu Ausbildungsbetrieben der Region.

3 *Formulieren Sie eine ansprechende Betreffzeile.*

4 *Schreiben Sie einen Brief, in dem Sie das Unternehmen von der Attraktivität Ihrer Veranstaltung überzeugen und zu Sach- oder Geldspenden auffordern. Achten Sie besonders auf einen gewinnenden Einstieg.*

5 *Schreibkonferenz: Bilden Sie überschaubare Gruppen und lesen Sie sich Ihre Briefe gegenseitig vor. Bearbeiten Sie anschließend den Entwurf, der Ihnen am besten gefällt, so lange, bis alle Mängel beseitigt sind.*

6 *Vergleichen Sie die Briefe und stellen Sie fest, welches Schreiben Sie besonders überzeugt.*
- Hängen Sie die fertig gestalteten und ausformulierten Briefe aus.
- Ihr Voting können Sie z. B. mithilfe von Klebepunkten vornehmen.

Auch die Presse und örtliche Medien sollten frühzeitig (etwa zwei bis drei Wochen vorher) über Ihre Veranstaltung informiert und eingeladen werden. Dazu können Sie auf den von Ihnen erstellten Presseverteiler sowie Ihre Vorlage für eine Pressemitteilung zurückgreifen.

7 *Verfassen Sie eine Pressemitteilung.*
a) Entwerfen Sie den Text.
b) Überarbeiten Sie den Text in einer Schreibkonferenz (siehe Aufgabe 5).
c) Entscheiden Sie, welches Schreiben am überzeugendsten ist. Gehen Sie vor wie in Aufgabe 6. Achten Sie dabei besonders darauf, dass alle W-Fragen beantwortet werden.

★ **8** *Erstellen Sie Pressemappen für die Medienvertreter.*
Machen Sie sich Gedanken darüber, welche Hintergrundinformationen über Ihre Schule für Medienvertreter interessant sein könnten. Sammeln Sie solche Materialien und erstellen Sie daraus die Pressemappe.

7 Sich bewerben

Bewerben heißt, für sich werben. Dies hört sich einfach an, aber Sie werden merken, sobald Sie sich an die konkrete Bewerbung setzen, tauchen Fragen auf wie z. B.: Gibt es eine bestimmte Form, die einzuhalten ist? Wie kann ich in einem Schreiben oder in einem Vorstellungsgespräch wirklich für mich werben? Was kann ich eigentlich alles? In diesem Kapitel lernen Sie sowohl schriftlich als auch mündlich so für sich zu werben, dass Sie bei Ihrer nächsten Bewerbungsrunde viel selbstsicherer auftreten können.

ANWENDUNGSSITUATION

Sie haben von einer Ihrer Freundinnen gehört, dass die Fly Bike Werke GmbH Auszubildende sucht und dass die GmbH ein guter Ausbildungsplatz ist.
Das Bewerbungsverfahren der Fly Bike Werke GmbH besteht neben den üblichen Bewerbungsunterlagen aus einem Vorstellungsgespräch, einem Einstellungstest sowie aus einem Assessment-Center.
Bevor Sie sich jedoch an eine Bewerbung wagen, möchten Sie sich darüber klar werden, was Sie eigentlich wollen und können. Außerdem wissen Sie noch nicht, wie eine korrekte Bewerbung zu verfassen ist und was sich hinter den einzelnen Bestandteilen eines Bewerbungsverfahrens konkret verbirgt.

Inhalt

Auf der Hompepage der Fly Bike Werke GmbH haben Sie diese Ausschreibung entdeckt.

Wer sind wir?
Wir sind ein modernes, innovatives, ökologisch orientiertes Unternehmen, dessen Gegenstand die Herstellung und der Handel mit Fahrrädern, Fahrradteilen, Fahrradzubehör und Dienstleistungen im Fahrradmarkt ist. Wir beliefern sowohl den Groß- als auch den Einzelhandel. Zudem sind wir auch europaweit tätig.

Fly Bike Werke GmbH

Was wollen wir?
Wir sehen unsere Aufgabe auch darin, jungen engagierten Menschen eine Zukunftsperspektive zu geben.

Wen suchen wir?
Zum 1. August 20__ suchen wir je eine Auszubildende oder einen Auszubildenden für die folgenden Berufe:

- Industriekauffrau/-mann
- Kauffrau/-mann für Marketingkommunikation
- Fachkraft für Lagerlogistik
- Zweiradmechaniker/innen

Senden Sie Ihre aussagekräftige Bewerbung an unsere Personalbeauftragte Frau Veruschka Linden, Rostocker Str. 334, 26121 Oldenburg.

Das ist Ihr Arbeitsauftrag:

1 *Bewerben Sie sich auf eine der ausgeschriebenen Stellen und bereiten Sie sich auf alle Elemente des Bewerbungsverfahrens der Fly Bike Werke vor. Simulieren Sie diese.*

Wenn Sie die folgenden Seiten dieses Kapitels erarbeitet haben, werden Sie in der Lage sein, den Arbeitsauftrag erfolgreich auszuführen.

Arbeitsschritte	Arbeitstechniken und Methoden	Kompetenzen
ein Persönlichkeitsprofil erstellen	Checkliste erstellen	Texten selbstständig Informationen entnehmen und für sich selbst nutzen können
Anforderungsprofile für Ausbildungsberufe ermitteln	Informationsrecherche	
das Bewerbungsschreiben erstellen		Bewerbungsschreiben zielorientiert, form- und adressatengerecht gestalten
eine Online-Bewerbung verfassen	Online-Bewerbung verfassen Bewerbungsunterlagen zusammenstellen	
ein Vorstellungsgespräch simulieren	sich auf das Vorstellungsgespräch vorbereiten Rollenspiel/Simulation und Analyse	Texte hinsichtlich inhaltlicher, funktionaler, stilistischer sowie orthografischer Kriterien neu schreiben bzw. eigene Texte überarbeiten
sich für ein Assessment-Center vorbereiten	Informationsrecherche	
sich auf Einstellungstests vorbereiten		Rollenspiele planen, durchführen, analysieren und bewerten

7.1 Ein Persönlichkeitsprofil und Anforderungsprofile ermitteln

Ein Persönlichkeitsprofil erstellen

Da die Fly Bike Werke GmbH ein angesehenes Unternehmen ist, bewerben sich viele Jugendliche auf die zur Verfügung stehenden Ausbildungsplätze. Die Konkurrenz ist also groß. Ihnen ist klar, dass Sie über positive Standardeigenschaften wie „freundlich" oder „teamfähig" hinaus Ihre Persönlichkeit differenzierter darstellen müssen, wenn Sie für sich erfolgreich werben und Ihre Bewerbungschancen erhöhen wollen. Die folgenden Aufgaben helfen Ihnen, sich kritisch und sachlich zu charakterisieren.

1 ***Schätzen Sie sich zunächst selbst ein.***

a) Stellen Sie eine Liste mit positiven und negativen Persönlichkeitsmerkmalen zusammen (Eigenschaften, Fähigkeiten, Verhaltensweisen). Denken Sie dabei an Personen, die Sie kennen, und an sich selbst.

b) Fertigen Sie am Computer eine Checkliste mit den von Ihnen ermittelten Persönlichkeitsmerkmalen nach folgendem Muster an:

Persönlichkeitsmerkmale	stark ausgeprägt	normal ausgeprägt	gar nicht ausgeprägt
ausdauernd			

c) Drucken Sie die Liste mehrmals aus. Füllen Sie die Checkliste zuerst für sich selbst aus.

2 ***Bitten Sie Freunde, Eltern, Geschwister und Lehrer, Sie mithilfe der Checkliste einzuschätzen.***

3 ***Vergleichen Sie die Ergebnisse der Aufgaben 1c und 2.***

a) Überwiegen die gleichen Bewertungen oder fallen Selbsteinschätzung und Fremdeinschätzung auseinander?

b) Begründen Sie die Abweichungen von Selbst- und Fremdeinschätzung.

4 ***Erstellen Sie Ihr persönliches Profil.***

a) Stellen Sie Ihre positivsten und Ihre negativsten Eigenschaften gegenüber (vgl. Aufgabe 1 und 2).

meine positivsten Eigenschaften	meine negativsten Eigenschaften
ausdauernd ▸ Beleg: ...	

b) Persönlichkeitsmerkmale müssen Sie in einem Bewerbungsschreiben oder in einem Vorstellungsgespräch belegen können. Stellen Sie Belege für Ihre hervorstechenden positiven Eigenschaften zusammen und tragen Sie sie in die linke Spalte Ihrer Tabelle ein.

Beispiel: *ausdauernd* ▸ *Beleg: Ich jogge regelmäßig.*

Anforderungsprofile für Ausbildungsberufe ermitteln

Sie haben eine Vorstellung von dem Beruf, den Sie einmal ausüben möchten. Aber nicht immer stimmen die Anforderungen des „Traumberufes“ mit Ihren eigenen Fähigkeiten überein. Damit Sie den passenden Ausbildungsberuf finden, sollten Sie Informationen recherchieren. Zwei zentrale Fragen sind bei dieser Suche zu beantworten:

- Welche Ausbildungsberufe eignen sich für Absolventen mit Fachhochschulreife?
- Welche anderen Anforderungen – wie z. B. Eigenschaften, Verhalten, Kenntnisse, Fähigkeiten – werden in diesen Ausbildungsberufen an die Auszubildenden gestellt?

1 *Sammeln Sie Informationen über Ihren Traumberuf und vergleichen Sie die Anforderungen mit Ihrem eigenen Profil (➪ S. 110).*

Sie haben z. B. folgende Möglichkeiten, sich über Ausbildungsberufe zu informieren:

- Berufsinformationszentrum (BIZ)
- Internetauftritte: *www.ihk-lehrstellenboerse.de, www.arbeitsagentur.de, www.ausbildung-plus.de, www.bibb.de (Bundesinstitut für Berufsbildung), www.bmwi.de/BMWi/Navigation/Ausbildung-und-Beruf/ausbildungsberufe.html*
- Broschüren (Bundesagentur für Arbeit, Industrie-, Handels- oder Handwerkskammer)
- Lehrstellenatlas
- Ausbildungsmesse
- Auszubildende in der Schule
- Freunde und Bekannte, die einen für Sie interessanten Beruf ausüben

2 *Informieren Sie sich über andere Ausbildungsberufe. Suchen Sie sich mindestens drei weitere Ausbildungsberufe aus, die zu Ihrem Persönlichkeitsprofil passen.*

3 *Versuchen Sie, zu Ihnen passende Alternativen zu den gängigen Ausbildungsberufen zu finden, z. B. unter den so genannten „neuen Ausbildungsberufen“.*

4 *Systematisieren Sie die gesammelten Informationen über Ausbildungsberufe mithilfe einer Tabelle. Sie können das folgende Muster verwenden:*

Ausbildungsberuf	Anforderungsprofil des Ausbildungsberufes	Übereinstimmungen mit meinem Persönlichkeitsprofil

5 *Recherchieren Sie, welche Firmen in Ihrer Umgebung in den für Sie interessanten Berufen Ausbildungsplätze anbieten. Folgende Quellen können Sie nutzen:*

- Internet u. a. unter den folgenden Adressen:
  - berufenet.arbeitsagentur.de/berufe/
  - www.ihk-lehrstellenboerse.de
  - www.meinestadt.de/deutschland/lehrstellen
  - www.handwerkskammer.de
  - www.aubi-plus.de
- Wochenendausgabe der lokalen Tageszeitung
- Aushänge in der Schule

7.2

Sich schriftlich bewerben

Das Bewerbungsschreiben erstellen

Das Bewerbungsschreiben ist in der Regel der erste Eindruck, den ein möglicher Arbeitgeber von Ihnen erhält. Entsprechend sorgfältig sollten Sie das Schreiben verfassen. Die Inhalte sollten möglichst individuell formuliert sein; die Form ist an Regeln gebunden:

Muster – Bewerbungsanschreiben in Anlehnung an DIN 5008

•
•
•
•
Vornamen und Name des Absenders — Ort, Datum
Straße und Hausnummer
PLZ Ort
Telefonnummer (Beispiele: *01234 56789, +49 1234 56789*)
•
•
•
•
•
•
•
Firma
evtl. Ansprechpartner/-in
Straße und Hausnummer
PLZ Ort
•
•
•
•
Betreff (Hier wird kurz der Inhalt des Schreibens genannt.)
•
•
Anrede (*Sehr geehrte Damen und Herren* oder *Sehr geehrte/-r Frau/Herr*),
•
im ersten Satz bezieht man sich auf Empfehlungen, vorherige telefonische Anfragen, auf einen Besuch bei der Berufsberatung der Agentur für Arbeit, eine Zeitungsanzeige, ein Internetportal o. Ä. und erklärt sein Anliegen sowie sein besonderes Interesse an der ausgeschriebenen Stelle.
•
Anschließend macht man einige Angaben zur Person (Schulbesuch, Abschluss).
•
Danach sollte man auf die geforderten fachlichen Fähigkeiten (Anforderungen des Berufs) eingehen und die besondere persönliche Eignung für diesen Beruf anführen. Eine insgesamt positive Darstellung ist wichtig.
•
Im Briefschluss wählt man Formulierungen, die sich bereits auf eine Einladung zum Vorstellungsgespräch beziehen.
•
Grußformel (*Mit freundlichen Grüßen*)
•
• Unterschrift mit vollem Namen
•
Anlagen
Lebenslauf mit Foto
Zeugniskopien

Tipp: Ort und Datum werden nur durch Komma verbunden.

Tipp: Die Telefonnummer wird nicht gegliedert. Nach der Vorwahl steht ein Leerzeichen.

Tipp: Es steht keine Leerzeile vor PLZ und Ort.

Tipp: Der Betreff wird durch Fettdruck hervorgehoben. Das Wort „Betreff“ wird nicht geschrieben.

Tipp: Wird im Anschriftenfeld ein/-e Ansprechpartner/-in genannt, muss diese/-r bei der Anrede persönlich angesprochen werden.

Tipp: Auf Konjunktive sollte im ganzen Brief verzichtet werden – auch im letzten Satz.

Tipp: Das Wort „Anlagen“ darf durch Fettdruck, aber nicht durch Unterstreichung hervorgehoben werden. Es steht kein Doppelpunkt hinter „Anlagen“.

Eine Online-Bewerbung verfassen

Insbesondere große Unternehmen gehen dazu über, Online-Bewerbungen anzubieten oder zu fordern. Dieses Verfahren erspart den Unternehmen viel Arbeit und scheint vor allem für jugendliche Computernutzer attraktiver zu sein. Aber auch bei dieser neuen Form der Bewerbung lauern Fehler und es sind Regeln zu beachten.

Arbeitstechnik | Online-Bewerbungen verfassen

Bewerben Sie sich nur online, wenn das Unternehmen dies ausdrücklich anbietet. Dann nutzen Sie diese Möglichkeit aber unbedingt.

- Wenn Formulare vorgesehen sind, sollten Sie diese auch nutzen:
  - Füllen Sie so viele Felder wie möglich aus.
  - Bleiben Sie bei der Wahrheit, auch wenn z. B. die Eingabe der Zeugnisnoten dazu verleitet, bessere Noten einzutragen, als Sie eigentlich haben. Spätestens mit dem Einreichen des Zeugnisses fällt ein Betrug auf und Sie scheiden sofort aus dem Bewerbungsverfahren aus.
- Wenn keine Formulare vorgesehen sind, gehen Sie so vor:
  - Strukturieren Sie Ihr Anschreiben wie ein Bewerbungsschreiben, das per Post versandt wird.
  - Nennen Sie neben Ihrer E-Mail-Adresse auch Ihre Postanschrift mit Telefonnummer. Sie gehören in den Briefkopf des Anschreibens und in den Lebenslauf bzw. in das Anschriftenfeld bei Formularen.
  - Achten Sie auf Aktualität. Das Datum des Anschreibens und des Lebenslaufs müssen mit dem Sendedatum der E-Mail übereinstimmen.
  - Achten Sie auch darauf, dass die Bewerbung vollständig ist.
- Überprüfen Sie Ihre E-Mail-Adresse auf Seriosität. Adressen wie z. B. *dragonheart@...* oder *sternchen97@...* sind unpassend. Richten Sie sich im Zweifel eine neue Adresse ein, die am besten aus Ihrem Vor- und Nachnamen besteht, z. B. *Sandra.Meier@...*
- Formulieren Sie Ihre Online-Bewerbung genauso sorgfältig wie jede andere Bewerbung. Auch wenn es sich um eine E-Mail oder eine Kurzmitteilung handelt, bei der man sonst zwangloser formuliert, sollten Sie keine umgangssprachlichen Wendungen, keine Emoticons, keine Abkürzungen, keinen SMS- oder Chat-Stil verwenden. Bilden Sie stattdessen vollständige Sätze und halten Sie sich an die Regeln normaler Bewerbungen.
- Beschriften Sie alle Anhänge eindeutig, z. B. *Lebenslauf Sandra Meier.doc*, *Zeugnisse Ralf Willms.pdf*. Verwenden Sie außerdem möglichst gängige Dateiformate – es besteht sonst die Gefahr, dass Ihr Empfänger die Dateien nicht öffnen kann.
- Halten Sie die Dateigrößen möglichst klein.
- Überprüfen Sie alle Angaben auf Richtigkeit und kontrollieren Sie überall Rechtschreibung und Zeichensetzung.

Situation

Sonja Müller, Schülerin einer Höheren Berufsfachschule, möchte Zweiradmechanikerin werden. Neben der Fly Bike Werke GmbH bildet auch die *Fahr-Rad OHG* in Aachen in diesem Bereich aus. Die Schülerin schickt ihre Bewerbung per E-Mail am 5. Mai ab.

Eine Online-Bewerbung verfassen

1 ***Vorsicht, Fehler: Bewerten und korrigieren Sie die Online-Bewerbung.***

a) Benennen Sie, was die Verfasserin richtig und was sie falsch gemacht hat.

b) Verbessern Sie die Online-Bewerbung von Sonja Müller.

An: mail@flybike.de
Cc: fahr-rad@provider.de
Betreff: Bewerbung

Sonja Müller 20__-05-02
Rosenstraße 1
52525 Heinsberg
01234 56789
Handy: 0178 123456789

Bewerbung um einen Ausbildungsplatz

Sehr geehrte Damen und Herren,

ich bewerbe mich bei Ihnen um die auf Ihrer Homepage gezeigte Ausbildungsstelle.
Mein angestrebter Beruf ist Zweiradmechanikerin, da ich im April in einer ähnlichen Firma ein Praktikum absolviert habe.

Ich hoffe, ich habe Sie auch als Frau überzeugt ;) und werde zu einem Vorstellungsgespräch eingeladen.

Liebe Grüße
Sonja Müller

Lebenslauf.doc (19.0 KB)

Arbeitstechnik — Bewerbungsunterlagen zusammenstellen

- Ermitteln Sie die Adresse eines geeigneten Ausbildungsbetriebes.
- Erstellen Sie den Inhalt des Bewerbungsschreibens. Achten Sie besonders auf individuelle Formulierungen.
- Verfassen Sie das Anschreiben unter Beachtung der Formvorschriften.
- Schreiben Sie den Lebenslauf und achten Sie auf das aktuelle Datum.
- Lassen Sie das Anschreiben und den Lebenslauf Korrektur lesen.
- Fügen Sie alle notwendigen Unterlagen zeitlich geordnet und als Kopien hinzu.
- Füllen Sie bei Online-Bewerbungen mit Formularvorlage alle Felder wahrheitsgemäß und vollständig aus. Wenn kein Formular vorgesehen ist, strukturieren Sie Ihr Anschreiben wie ein Bewerbungsschreiben, das per Post versandt wird. Achten Sie auf eine angemessene Wortwahl und auf Fehlerfreiheit.

Situation

Recherchieren Sie, welche Ausbildungsbetriebe in Ihrer Umgebung Ausbildungsplätze anbieten, und suchen Sie sich einen davon aus. Bewerben Sie sich auf eine der Stellen.

2 ***Verfassen Sie das vollständige Bewerbungsschreiben.***

3 ***Tauschen Sie Ihre Bewerbungsschreiben aus und korrigieren Sie das Schreiben Ihres Mitschülers. Beachten Sie dabei die Checkliste (➪ S. 119).***

Sich in einem Unternehmen präsentieren

Ein Vorstellungsgespräch simulieren

In einem Vorstellungsgespräch treten Sie zum ersten Mal in direkten Kontakt mit einem möglichen Ausbilder. Jetzt müssen Sie sich selbst präsentieren. Je besser Sie sich darauf vorbereiten, desto größer sind Ihre Chancen, den Ausbildungsplatz zu erhalten. Denn es geht nur noch um die Frage: „Warum sollten wir gerade Sie nehmen?"

Arbeitstechnik – Sich auf das Vorstellungsgespräch vorbereiten

Die **inhaltliche Vorbereitung** ist der erste Schritt zur Selbstsicherheit:

- Informieren Sie sich über das Unternehmen, die Branche und den Ausbildungsberuf. Sehen Sie sich den Internetauftritt des Unternehmens an und machen Sie sich mit Produkten, Dienstleistungen, Filialen etc. vertraut.
- Lernen Sie Ihre eigenen Daten auswendig (Lebenslauf, Hobbys, Name Ihrer Schule).
- Bereiten Sie sich auf mögliche Fragen vor, auch auf unangenehme, z. B. nach schlechten Noten.
- Überlegen Sie, welche Fragen Sie stellen könnten. Erstellen Sie eine Liste, die Sie zum Vorstellungsgespräch mitnehmen können. So vermeiden Sie, wichtige Fragen zu vergessen.
- Erstellen Sie Ihr Persönlichkeitsprofil. Benennen Sie Stärken und Schwächen und begründen Sie Ihre Eignung möglichst konkret.
- Vermeiden Sie allgemeine Aussagen.

Das **richtige Auftreten** ist der zweite Schritt zur Selbstsicherheit:

- Das Vorstellungsgespräch beginnt bereits, wenn Sie das Firmengelände betreten. Gehen Sie davon aus, dass Sie dort schon beobachtet werden.
- Seien Sie pünktlich und kleiden Sie sich dem Anlass entsprechend.
- Stellen Sie sich mit Vor- und Nachnamen vor.
- Sprechen Sie in ganzen Sätzen. „Einwort-Sätze" wirken desinteressiert und unvorbereitet.
- Sprechen Sie Hochdeutsch, nicht Dialekt oder Umgangssprache.
- Bleiben Sie freundlich.
- Achten Sie auf eine angemessene Körper- und Sitzhaltung.
- Versuchen Sie, glaubwürdig, bescheiden, kompetent und zielstrebig zu wirken.

1 ***Sie sind aufgrund Ihrer Bewerbung in die engere Wahl gekommen und wurden zu einem Vorstellungsgespräch eingeladen. Simulieren Sie dieses Vorstellungsgespräch.***

a) Wählen Sie für die Simulation eine Person Ihres Vertrauens, die in einem Rollenspiel den Personalchef darstellt und die sich über die Rahmendaten informiert.

b) Spielen Sie mit verteilten Rollen die verschiedenen Phasen eines Vorstellungsgespräches: Begrüßung, Selbstdarstellung des Bewerbers (inkl. Eignung für den Beruf und das Unternehmen), Schulbildung, Interessen und Hobbys, Fragen des Bewerbers.
Bereiten Sie sich auf mögliche Fragen vor. Versuchen Sie, konkrete Antworten zu finden.

c) Nehmen Sie das Vorstellungsgespräch mit einer Videokamera auf und analysieren Sie es anschließend aus der Sicht eines Personalchefs. Überlegen Sie, ob Sie sich selbst einstellen würden.

d) Erstellen Sie eine Liste mit Verhaltensweisen, an denen Sie noch arbeiten müssen.

7.3

Sich für ein Assessment-Center vorbereiten

Die letzte Hürde zum ersehnten Ausbildungsplatz stellt in vielen Unternehmen das so genannte Assessment-Center dar. Der Begriff kommt aus dem Englischen von „to assess“ – und bedeutet so viel wie beurteilen, einschätzen.

Basiswissen **Assessment-Center**

Bei einem Assessment-Center werden die Bewerber auf ihre Eignung für den Ausbildungsberuf beurteilt. Als Grundlage dazu dienen verschiedene praktische Tests, denen sich die Bewerber stellen müssen. Gängige Methoden in diesem Auswahlverfahren sind:

- Gruppendiskussionen
- Rollenspiele
- Konstruktionsaufgaben
- organisatorische Aufgaben
- Kurzpräsentationen

Das Auswahlverfahren in einem Assessment-Center kann von mehreren Stunden bis zu mehreren Tagen dauern. Stellen Sie sich darauf ein, dass Sie nicht nur während der Tests, sondern auch während des ganzen Tages beobachtet werden.

In **Gruppendiskussionen** werden soziale, politische oder wirtschaftliche Fragen thematisiert. Mögliche Themen könnten neben tagesaktuellen z. B. sein:
Gibt es einen Werteverfall in der heutigen Gesellschaft? Lässt das Internet die Menschen seelisch verkümmern? Sollten die Öffnungszeiten in unseren Filialen verändert werden? Wie stehen Sie zum arbeitsfreien Sonntag?

Bei diesen Diskussionen werden Sie u. a. hinsichtlich folgender Punkte bewertet:
Haben Sie eine eigene Meinung, die Sie überzeugend vertreten? Haben Sie Hintergrund- und Allgemeinwissen? Sind Sie dominant oder eher zurückhaltend? Halten Sie die Gesprächsregeln ein?

Bereiten Sie sich auf Gruppendiskussionen vor: Sehen Sie Nachrichtensendungen, lesen Sie die Tageszeitung und wiederholen Sie die Gesprächsregeln.

Kundengespräche oder Mitarbeitergespräche könnten Themen für **Rollenspiele** sein.

Konstruktions- bzw. **Organisationsaufgaben** könnten z. B. das Herstellen einer Mitarbeiterzeitung oder das Erstellen der Homepage für das Unternehmen sein. Sie sollten aber auch mit Aufgaben rechnen, die thematisch nichts mit dem angestrebten Ausbildungsberuf zu tun haben, z. B. die Organisation eines Fußball- oder Sommerfests.

Als **Kurzpräsentation** könnten Sie die Ergebnisse Ihrer Konstruktions- bzw. Organisationsaufgabe vortragen. Aber auch Ihr eigener Lebenslauf könnte das Thema sein. Die Regeln für gelungene Präsentationen sollten Sie anwenden können. Rechnen Sie aber auch hier mit artfremden Aufgaben. Es könnte z. B. sein, dass Sie sich um die Ausbildungsstelle zur IT-Systemelektronikerin oder zum Bankkaufmann beworben haben und nun die Aufgabe erhalten, einen Staubsauger zu verkaufen.

★ **1** ***Informieren Sie sich bei Freunden und Bekannten, die schon einmal ein Assessment-Center durchlaufen haben. Stellen Sie z. B. folgende Fragen:***

- Welche Diskussionsthemen wurden vorgegeben?
- Welche Rollenspiele mussten für welche Ausbildungsberufe durchgeführt werden?
- Was musste konstruiert bzw. organisiert werden?
- Zu welchen Themen sollten Kurzpräsentationen erstellt werden?

Sich auf Einstellungstests vorbereiten

Viele größere Unternehmen führen Einstellungstests durch, um die Fähigkeiten und Kenntnisse Ihrer Bewerber zu prüfen und um aus der großen Anzahl von Bewerbern auswählen zu können. Unvorbereitet sollten Sie auf keinen Fall in diese Tests gehen, dafür sind sie viel zu wichtig.

Viele Teile des Tests sind so angelegt, dass Sie die Aufgaben nicht in der vorgegebenen Zeit lösen können. Hierbei soll getestet werden, wie Sie unter Zeitdruck und Stress arbeiten. Deshalb üben Sie möglichst viel und investieren Sie in eins der zahlreichen Trainingsbücher für Einstellungstests. Denn nur wer mit dem Aufbau, der Durchführung und den Inhalten der Tests vertraut ist, hat gute Chancen, diese zu bestehen. Und auch wenn Sie nach dem ersten Einstellungstest eine Absage erhalten, sehen Sie es positiv: Sie haben für den nächsten Test viel gelernt und Routine erworben, die Ihnen beim nächsten Mal helfen wird.

In einem solchen Einstellungstest werden Ihre Kenntnisse und Fähigkeiten in verschiedenen Bereichen getestet. Solche Bereiche können z. B. die folgenden sein: Allgemeinwissen, Ausdrucksfähigkeit, Rechtschreib- und Grammatikkenntnisse, Mathematik, Logik, Konzentrationsvermögen, visuelles Denkvermögen, Persönlichkeitstests, Merkfähigkeit. Je nach Beruf wählt der Ausbildungsbetrieb aus diesem Fundus gezielt bestimmte Aufgaben aus und erstellt so einen maßgeschneiderten Einstellungstest, der genau auf das jeweilige Anforderungsprofil abgestimmt ist. Die folgenden Aufgaben geben einen kleinen Einblick:

Konzentrationsaufgaben

Bei den Buchstabenreihen müssen alle „d“, die durch zwei Striche gekennzeichnet sind, markiert werden, egal wo sich die Striche befinden. Alle anderen Buchstaben und alle anderen „d“ dürfen nicht markiert werden.

	'	'	'	'	''		''		''	'	''		''						'						'
1.	d	b	q	d	q	b	b	q	q	d	q	b	d	b	b	q	d	b	q	q	d	b	q	b	d
	'	'	'	'	'			'		'		'		'		'	'			''	''	''	''	''	'

	'	'	''			'		''		'	'	''	'		'	'		''		'		'	''	'	'
2.	b	d	q	q	b	d	d	q	d	b	q	d	b	d	q	b	d	q	q	d	b	b	d	q	b
		'		'	'	'	''	'	'	'	'		'	''	'	'	'	'	''	'	''	'		'	'

	''			'		'		'	'	''			''	'		'	'			'		'		'	''
3.	d	d	b	q	q	b	d	q	b	d	d	q	b	q	b	d	b	q	b	d	q	d	d	b	q
		'			''	'	''	'	'		'	'		'		''	'		''	'	'	'	''	'	

	'	''	'	'	'	'	''	'	'	''	''	'	'	'	'	''	'		'	'	''	'	'		'
4.	b	d	b	q	d	b	d	q	d	q	d	d	b	q	d	q	d	b	q	b	d	d	q	b	d
	'		'	'	'	'		'	'	'	'	'	'	'		'	''	''	''	'	'	'	'	''	''

	'	''	'	'	''				'	'		'	''		''		'	'	''		''	''	'		''
5.	d	b	b	d	d	d	q	b	b	d	d	b	d	d	q	q	q	b	d	d	q	q	b	q	b
	'		'	''		''	'	'	''	'	''	'		'	'	''	'	'		'	'	'		'	

Rechenschätzaufgaben

Hierbei sind die Ergebnisse innerhalb kürzester Zeit zu schätzen, nicht auszurechnen.

A 25302 : 2,25 =
- a) 12651,058
- b) 11245,333
- c) 11000,869
- d) 12238,343

B 684 x 39838 =
- a) 25886732
- b) 23362776
- c) 27249192
- d) 28292395

C 17,2 x 4^3 =
- a) 1100,8
- b) 1264,0
- c) 1025,5
- d) 1125,8

Sich auf Einstellungstests vorbereiten

Sprache

Hierbei sind Sprichwörter mit ähnlicher Bedeutung zu erkennen, z. B.

A Kleinvieh macht auch Mist.
a) Kommt Zeit, kommt Rat.
b) Wer A sagt, muss auch B sagen.
c) Steter Tropfen höhlt den Stein.
d) Rom ist nicht an einem Tag erbaut worden.

B Sorge dich nicht um die Wiege, ehe dein Kind geboren ist.
a) Ein ungelegtes Ei ist ein ungewisses Huhn.
b) Ein blindes Huhn findet auch ein Korn.
c) Frisch gewagt ist halb gewonnen.
d) Ehrlichkeit währt am längsten.

C Was ein Häkchen werden will, krümmt sich beizeiten.
a) Altes Holz brennt am besten.
b) Es ist noch kein Meister vom Himmel gefallen.
c) Was Hänschen nicht lernt, lernt Hans nimmermehr.
d) Gut Ding will Weile haben.

D Ein Unglück kommt selten allein.
a) Glück und Glas, wie schnell zerbricht das.
b) Unglück kennt keine Moral.
c) Wenn Unglück dir geschadet, denk nicht, es sei nun satt.
d) Jeder ist seines Unglückes Schmied.

1 *Überlegen Sie, wie Sie sich optimal auf einen Einstellungstest vorbereiten können. Beziehen Sie wenn möglich eigene Erfahrungen in Ihre Überlegungen mit ein.*
Beispiel: – die wichtigsten Rechtschreib- und Grammatikregeln wiederholen.

★ **2** *Recherchieren Sie, welche Trainingsbücher für Einstellungstests im Handel erhältlich sind. Stellen Sie eine Liste mit Trainingsbüchern zusammen, die für Sie geeignet sind.*

Fazit

7.1 Ein Persönlichkeitsprofil erstellen
- Persönlichkeitsmerkmale ermitteln (Selbst- und Fremdeinschätzung)
- positive Merkmale mit Beispielen belegen

7.1 Anforderungsprofile für Ausbildungsberufe ermitteln
- Informationen über Ausbildungsberufe zusammentragen
- Anforderungen ermitteln
- Anforderungsprofil mit eigenem Persönlichkeitsprofil vergleichen, Gemeinsamkeiten zusammenfassen

7.2 Sich schriftlich bewerben
- Bewerbungsschreiben individuell formulieren, Formvorschriften beachten
- Lebenslauf schreiben
- notwendige Unterlagen als Kopien hinzufügen
- Online-Bewerbungen:
  - als Formular: alle Felder wahrheitsgemäß und vollständig ausfüllen
  - ohne Formular: wie bei schriftlicher Bewerbung verfahren

7.3 Sich in einem Unternehmen präsentieren
- Vorstellungsgespräche
- Assessment-Center
- Einstellungstests

Den Arbeitsauftrag umsetzen

1 *Bewerben Sie sich auf eine der von der Fly Bike Werke GmbH ausgeschriebenen Stellen (➪ S. 109), indem Sie ein formgerechtes und vollständiges Bewerbungsschreiben erstellen.*

2 *Kontrollieren Sie Ihre Schreiben gegenseitig.*

3 *Sie haben mit Ihrer Bewerbung bei der Fly Bike Werke GmbH einen guten Eindruck hinterlassen und werden zu einem Vorstellungsgespräch eingeladen. Bereiten Sie sich auf das Vorstellungsgespräch vor.*
Simulieren Sie dieses Vorstellungsgespräch auf der Basis Ihrer Bewerbung.

4 *Sie sind eine Runde weiter ins Assessment-Center gekommen. Bilden Sie Gruppen entsprechend Ihrer Berufswahl und diskutieren Sie ein aktuelles gesellschaftlich relevantes Thema.*

5 *Werten Sie abschließend Ihre Erfahrungen im Plenum aus.*

Habe ich alle Inhalte verstanden und an alles gedacht?

formal:

- ☑ Ist alles richtig geschrieben?
  - ☑ eigene Adresse, Telefon
  - ☑ Adresse des Betriebes
  - ☑ Name des Ansprechpartners, wenn bekannt
  - ☑ keine Tippfehler im Text
- ☑ Ist die Anredeform richtig gewählt?
- ☑ Ist der Betreff vorhanden mit richtiger Bezeichnung des Ausbildungsberufs?
- ☑ Ist das Anschreiben mit vollständigem Namen unterschrieben?
- ☑ Ist der Anlagenvermerk erstellt?
- ☑ Stimmen das Datum des Anschreibens und das Datum des Lebenslaufs überein?
- ☑ Stimmen die Adresse des Betriebes auf dem Anschreiben und auf dem Briefumschlag überein?
- ☑ Sind alle Anlagen in richtiger Reihenfolge beigefügt?
- ☑ Sind die Unterlagen alle sauber, nicht geknickt?
- ☑ Ist der Brief ausreichend frankiert?

inhaltlich:

- ☑ Steht im Betreff die korrekte Bezeichnung des Ausbildungsberufes?
- ☑ Ist die Informationsquelle genannt?
- ☑ Sind Angaben zur Person und zur Schulbildung enthalten?
- ☑ Sind die besuchten Schulen mit dem offiziellen Namen bezeichnet?
- ☑ Sind das Interesse am und die mögliche Eignung für den Beruf überzeugend und individuell dargelegt?
- ☑ Sind die persönlichen Stärken genannt?
- ☑ Sind die genannten Stärken auch berufsbezogen?
- ☑ Sind erklärbare Schwächen erklärt? (z. B. hohe Fehlzeiten wegen längerer Krankheit)
- ☑ Ist der Abschlusssatz vorhanden?
- ☑ Ist der Lebenslauf lückenlos?

8 Richtig schreiben

Sie verfassen einen Text und es wird von Ihnen erwartet, dass Sie die geltenden Regeln in Bezug auf Rechtschreibung, Grammatik und Zeichensetzung beachten. Als lästige Pflicht sind Ihnen diese Anforderungen seit der Grundschule vertraut. Mit dem Eintritt in das Berufsleben gewinnt die Fähigkeit, fehlerfrei Protokolle, Briefe und E-Mails zu schreiben, einen neuen Stellenwert.

In diesem Kapitel lernen Sie, warum es sinnvoll ist, dass sich alle beim Schreiben an die gleichen Regeln halten. Sie setzen sich mit der Bedeutung einer angemessenen Rechtschreibung, Grammatik und Zeichensetzung für Ihren Alltag und zukünftigen Beruf auseinander. Sie lernen Ihre Fehlerschwerpunkte kennen und können anschließend effektiv die Lücken schließen, die bei Ihnen eventuell vorhanden sind.

ANWENDUNGSSITUATION

Ihre Freundin ist verzweifelt: Einen ganzen Stapel Bewerbungen hat sie schon abgeschickt. Trotz guter Schulnoten hat sie nur Absagen bekommen. Sie klagt Ihnen ihr Leid und bittet um Hilfe: „Bei dir hat es doch auch geklappt! Warum nicht bei mir?“ Sie helfen gerne und antworten: „Zeig mal deine Unterlagen. Vielleicht hast du irgendetwas falsch gemacht?“ Verunsichert gibt Ihre Freundin Ihnen eine der Mappen. „Kein Wunder!“, rufen Sie. „Bei den Rechtschreibfehlern! Schon im Anschreiben! Ich würde dich auch nicht einladen!“ Ihre Freundin erschrickt: „Rechtschreibfehler? Kann gar nicht sein! Wo denn?“ Sie zeigen sie ihr: „Das Wort muss z. B. großgeschrieben werden und das auch. Und dann fehlen noch mindestens drei Kommas.“ „Solche Kleinigkeiten!“, regt sich Ihre Freundin auf. „Darauf kommt es doch gar nicht an. Die sollen sich lieber meine Zeugnisse anschauen und die Beurteilungen aus den Praktika! Da zeigt sich, was ich kann!“

Das ist Ihr Arbeitsauftrag:

Absender	Maike
Empfänger	…
Betreff	Hilf mir

Hi,
du hast gesagt, du bist fit in Rechtschreibung. Dann zeig mal, was du kannst ☺!
Mein Anschreiben findest du im Anhang.
Ich bin gespannt!

Vielen Dank!
Maike

1 *Helfen Sie Ihrer Freundin, ihr Anschreiben zu überarbeiten. Dazu müssen Sie sich zuerst darüber klar werden, wie es mit Ihrer Fähigkeit, fehlerlos zu schreiben, bestellt ist. Erweitern Sie Ihre Fähigkeiten, sodass Sie kompetent Rat geben können.*

Wenn Sie die folgenden Seiten des Kapitels erarbeitet haben, werden Sie in der Lage sein, den Arbeitsauftrag erfolgreich auszuführen

Arbeitsschritte	Arbeitstechniken und Methoden	Kompetenzen
den Sinn sprachlicher Normen verstehen	Diskussionsbeiträge formulieren	den Sinn sprachlicher Normierung erkennen Rechtschreibkompetenz verbessern Texte unter Beachtung der Textkonventionen orthografisch korrekt gestalten Texte hinsichtlich der orthografischen Korrektheit überarbeiten
individuelle Fehlerschwerpunkte erkennen		
ein Wörterbuch gebrauchen	Rechtschreibhelfer	
s-Laute richtig schreiben		
die richtigen Wörter großschreiben		
das Komma an die richtige Stelle setzen – Satzstrukturen erkennen		
„dass" als Einleitung für einen Nebensatz verwenden		
Getrennt- und Zusammenschreibung		
die Rechtschreibung mit dem Computer prüfen		
Texte überarbeiten		

- **Grundwissen Rechtschreibung (➪S. 139 bis 141)**
- **Grundwissen Grammatik (➪S. 142 bis 149)**

8.1

Voraussetzungen für die Rechtschreibung

Den Sinn sprachlicher Normen verstehen

Achtung! Der folgende Artikel ist sehr verwirrend!
Im Interesse Deiner Gesundheit bitten wir Dich, den Artikel möglichst ohne jedes Nachdenken zu lesen. Die Missachtung dieses Hinweises kann permanente Schäden in deinem neuralkomplexen Nervensystem (????) hervorrufen und zu einer Einweisung in die Klapsmühle führen. **Denk an Deine Zukunft!**

STUPIDEDIA
Die sinnfreie Enzyklopädie

Die **Lehgastäni** isd eine seid der noien rechdschraip Reform legahlisirte relikjohn, dih sich auf den Analfabeetißmus beruhfft. die **Legasthenikasäggte** glaupt an den ein Got des frein schbrechens und an den Toifl in geschtald der Rektschreibunk der imer wider fersuhcht die Mänschen am frein schbrechen zu hinntern.

Gäschichte der Leggastenie

Die Legasteni und die Seckte endstandenn im früen Mittl Alta in Köln, da manche mendschen naach dem üpermäsigen Gehnus von 10 litter Kölltsch nich mehr richtich reden und schrieben konnden. Um nich wegen Unfhäigkeid auf dem scheida Haufn ferbrant zu werdn, gründtn diese mennschen eine neue Rehligjohn und wurden deshalp wegen Käzerai auf den Haufn verrbrant. seidem ferbraitet sich di Legastheni in gans Dojtschlant (sihe Kahte).

Die Etik der Leghastenie

Hir sint alle äthischen ansichtn der Legasthenika auf gelisstet:

- Jeda Mensch ist glaich, egal wie gut er schraiben kan.
- Wer adnern aine Gruhbe gräpt solte nischt mit Stainen wärffn.
- Wer im Glahhaus sitst, fellt selpst hinein.
- Die Rechschreipreorm is supa!

Die Rihtn der Seckte

Die Legasstenikrseckte hat file rieten die alle ajne wichdige Bedäutung habn. So wird stadt Waihnachtn zum beispihl **Die auf erstehhung der Sparchfreiheid** gefeierd, im Gedencken an die verbrännnung der Religjohnsnsgrünndner **Hitzfratzfried der Dume** und **Willhelm der Dümere**. Die untaschidlichen Riten sind so filzälig und prewers, dass die Nenunng aller übaflüssich ist.

Legastheni hoite

Die Legasdenie ist hoite die an schnellsden waxende Religjon der Wällt was an der neun Rechdschriebreform liekt die auch den vromsten Krissten, zum Legasthenika werden läst. Der Wattikahn cann nix dagegn tun, da die todes schtrafe wegen Käzterei nichd meer lehgal isst. laut insaydah berichden wird dagegn aba mit Lehrweile vorgegangn.

Siehe auch

- Rechtschreibfeler
- Frohe nuees jahrm esk kannn asein , dasss reichtscribefejhhelr dabei saindm, aber trotzdem, ichg wünschen euch glüvkliches neues jahr!

(www.stupidedia.org)

1 *Notieren Sie erste Eindrücke zu dieser satirischen Internet-Enzyklopädie.*

2 *Lesen Sie sich schwierige Passagen gegenseitig vor und tauschen Sie sich darüber aus, wann ein Verständnis des Gemeinten schwerfällt.*

3 *Formulieren Sie in Kleingruppen erste Hypothesen, warum es Rechtschreibregeln gibt.*

Den Sinn sprachlicher Normen verstehen

Wissenschaftler, die sich mit Inhalten des Deutschunterrichts beschäftigen, beschreiben die Funktion der Rechtschreibung folgendermaßen:

Seit 1902 ist unsere deutsche Orthografie, die „richtige Schreibung“, in einem amtlichen Regelwerk (…) schriftlich fixiert, d. h. kodifiziert (…). Veränderungen in der Kodifizierung gab es jeweils durch die Vorlage einer veränderten Fassung des Dudens und (…) durch das Regelwerk im Rahmen der Rechtschreibreform ([...]1996). Das amtliche Regelwerk, als sogenannte explizite kodifizierte Norm, regelt die Rechtschreibung innerhalb derjenigen Institutionen (Schule, Verwaltung), für die der Staat Regelkompetenzen hat. Außerhalb dieses Bereichs kann jeder schreiben, wie er will. Und doch geschieht dies selten. Aufgrund der Schlüsselqualifikation schriftsprachlicher Bildung in unserer Gesellschaft besteht allgemeiner Konsens darüber, dass wir nicht nur schreiben, sondern auch richtig schreiben können. (...) Der hohe gesellschaftliche Stellenwert der Orthografie [hat] zwei Seiten, die man unbedingt auseinanderhalten sollte (…).

Einerseits geht es um die Rolle des orthografisch korrekten Schreibens als sogenannter Sekundärtugend. (…) Auf diesem Hintergrund wird deutlich, dass sich die Wertschätzung der eigenen Sprache auf das Engste mit den geltenden orthografischen Normen verknüpft. Das geschriebene Wort ist in seiner festgelegten Form Bestandteil eines Kulturguts, das es zu bewahren gilt. (…) Dies kann dazu führen, dass man die, die nicht richtig schreiben, als undiszipliniert und nicht gebildet einschätzt. (…) Sprüche wie „Wer nämlich mit h schreibt, ist dämlich“ sind weit mehr als Merksätze (…).

Auf der anderen Seite soll uns der häufig zu beobachtende unangemessene Umgang mit der Orthografie (…) nicht dazu verleiten, die richtige Schreibung als unwichtig einzustufen. Sie ist grundsätzlich sinnvoll, weil „die sprachliche Einheitlichkeit mehr durch das geschriebene als durch das gesprochene Deutsch gesichert ist“ (Eisenberg und Butt 1996, S. 4). Wie die Schriftsprachlichkeitsforschung belegt, gab es schon Mitte des 18. Jahrhunderts größere Gruppen von Schreibern, die fast genauso geschrieben haben wie heute. Die zunehmende Vereinheitlichung vollzog sich im Wesentlichen ohne staatliche Normierung durch den Sprachgebrauch, weil sie für eine unbeeinträchtigte Erfassung geschriebener Texte funktional war. (…) Richtiges Schreiben ist vor allem Verantwortung gegenüber dem Leser. Und da wir alle vielhundertmal mehr lesen als schreiben, sind Schreibende aufgerufen, ihrer Verantwortung nachzukommen (…).

(Gabriele Hinney, Wolfgang Menzel)

„Schriftlichkeit bedeutet Objektivierung: Das Geschriebene tritt dem Schreiber objektiv gegenüber und ist damit der Selbstüberprüfung und Fremdkontrolle zugänglich. Demgegenüber bleibt Mündlichkeit mit dem Sprechersubjekt in Sprache, Artikulation, Sprechausdruck und Körpersprache verbunden. Mit der Objektivation geht einher, dass der Schreiber das Auszudrückende fixiert: Schriftlichkeit bedeutet Festlegung. Geschriebenes kann wiederholt gelesen werden, ist diskutierbar und interpretierbar. Mündliches dagegen ist flüchtig (…). Schriftlichkeit zwingt zur verstehbaren Verbalisierung: Alles, was vermittelt werden soll, muss eine sprachlich verstehbare Form erhalten, sonst wird es nicht verstanden.“

(Thomas Kopfermann)

4 ***Arbeiten Sie heraus, worin nach Meinung der Autoren der Sinn der Rechtschreibung liegt.***

a) Erklären Sie den Satz „Richtiges Schreiben ist vor allem Verantwortung gegenüber dem Leser“.

b) Vergleichen Sie Ihre Ergebnisse und ergänzen Sie diese, falls erforderlich.

c) Vergleichen Sie Ihre Stichpunkte mit den Hypothesen aus Aufgabe 3 (➪ S. 122).

5 ***Diskutieren Sie im Plenum: Ist es berechtigt, dass das Erlernen der Rechtschreibung in der Schule so eine große Bedeutung hat? (➪ Kapitel 3.1)***

Individuelle Fehlerschwerpunkte erkennen

Wer die Rechtschreibung gut beherrschen will, muss seine Fehlerquellen kennen.

„Richtig schreiben – meine Stärken und meine Schwächen“

1. Spontane Bewertung meiner Fähigkeiten

Meine Fähigkeit, richtig zu schreiben, bewerte ich mit der Note ______________________

Richtig gut kann ich dabei ______________________

Besser werden muss ich in ______________________

2. Auswertung meiner Fehler in den letzten drei Klassenarbeiten

Fehlerart	genauere Bezeichnung	Anzahl KA 1	Anzahl KA 2	Anzahl KA 3	durchschnittliche Fehlerzahl KA 1–3
R	s-Laute (s-ss-ß)				
	Groß- / Kleinschreibung				
	Getrennt- / Zusammen-schreibung				
	andere R-Fehler				
Z	falsche Kommasetzung				
	andere Zeichensetzung				
Gr	dass / das				
…	…	…	…	…	…

3. Schlussfolgerung

Meine spontane Beurteilung stimmt mit der Fehleranalyse

☐ vollkommen ☐ weitgehend ☐ nur wenig überein

Wenig Fehler mache ich in den Bereichen ______________________

Verbessern muss ich mich bei ______________________

1 ***Übernehmen Sie das Formblatt in Ihr Arbeitsheft oder kopieren Sie es und füllen Sie es aus.***

a) Zu 1: Hier geht es um Ihre spontane Einschätzung. Worin sind Sie gut, was müssten Sie verbessern?

b) Zu 2: Sehen Sie sich Ihre letzten drei Deutscharbeiten an. Zählen Sie die Fehler der jeweiligen Fehlerart und beraten Sie sich, wenn Sie sich bei der Einordnung bestimmter Fehler nicht sicher sind. Verwenden Sie zusätzlich ein Rechtschreibwörterbuch.

Meistens werden die Fehler in Klassenarbeiten wie folgt gekennzeichnet:

R = Rechtschreibfehler

T = Tempusfehler, falscher Gebrauch einer Zeitform

St = falsche Satzstellung

W = Wortfehler, falsche Wortwahl

Z = Fehler in der Zeichensetzung

Sb = Fehler im Satzbau

Gr = andere Grammatikfehler

A = Ausdrucksfehler (mehrere Wörter betroffen)

c) Zu 3: Stellen Sie fest, wo Sie den meisten Verbesserungsbedarf haben. Gemessen an den Ansprüchen, die später im Beruf an Sie gestellt werden, können Sie mit Ihrer Leistung zufrieden sein, wenn Sie in einer Zeile durchschnittlich unter drei Fehlern liegen.

Ein Wörterbuch benutzen

Kann der Zweifelsfall durch das eigene Vorwissen oder die Anwendung von bekannten Regeln nicht gelöst werden, hilft nur der Griff zum Nachschlagewerk.

Prak|ti|kum, das; -s, ...ka (praktische Übung an der Hochschule; im Rahmen einer Ausbildung außerhalb der Hochschule abzuleistende praktische Tätigkeit)

wider (*meist geh.* für [ent]gegen); Präp. *mit Akk.*: das war wider meinen ausdrücklichen Wunsch; wider [alles] Erwarten; wider Willen; *vgl.* aber wieder

Tipp

Achten Sie darauf, was fett und was kursiv gedruckt ist. Die Abkürzung „geh." steht für „gehoben".

1 *Untersuchen Sie Einträge aus einem Wörterbuch.*

a) Fassen Sie die Informationen zu den Wörtern *Praktikum* und *wider* mit eigenen Worten zusammen.

b) Vergleichen Sie Ihre Ergebnisse (➩ Arbeitstechnik „Wörterbuch benutzen", S. 403).

c) Einigen Sie sich gemeinsam auf zwei weitere Wörter, die Sie nachschlagen möchten. Schreiben Sie die Einträge heraus und klären Sie, welche Informationen enthalten sind.

d) Stellen Sie Ihre Wörter in der Kleingruppe vor.
- Begründen Sie, warum Sie diese Wörter nachgeschlagen haben.
- Machen Sie Notizen zu den Vorstellungen der anderen.

Etwas nachzuschlagen ist kein Zeichen mangelnder Rechtschreibfähigkeit, sondern ein Merkmal fortgeschrittener Rechtschreiber!
Im Wörterbuch finden Sie auch Regeln für die Großschreibung oder Kommasetzung. Im Rechtschreibduden steht beispielsweise:

K 116 Infinitivgruppen kann man durch Komma[s] abtrennen ...

2 *Wenden Sie diese Regel auf eigene Sätze an.*

a) Bilden Sie fünf Beispielsätze. Überprüfen Sie anschließend Ihre Sätze gegenseitig.

b) Schlagen Sie die Regel 117 nach. Bilden Sie fünf Beispielsätze zu dieser Regel.

Arbeitstechnik **Rechtschreibhelfer**

Hilfreich ist es, Wörter, die man nachgeschlagen hat, in der richtigen Schreibweise zu notieren. Denn oft sind es immer die gleichen Wörter, bei denen man unsicher ist. Halten Sie wichtige Inhalte, die Sie öfter wiederholen wollen, übersichtlich und gut strukturiert fest.

Dazu eignet sich z. B. ein Buddy-Book. Sie können es aus einem DIN-A3-Bogen leicht selbst herstellen (siehe z. B. Anleitung auf der Website www.kooperatives-lernen.de in der Rubrik „Klassenraum"). Das Buddy-Book soll Sie durch die Inhalte dieses Rechtschreibkapitels begleiten. Geben Sie ihm den Titel „Mein Rechtschreibhelfer".

3 *Haben Sie auf dieser Seite etwas gefunden, das Sie sich merken wollen (z. B. Praktika als Plural von Praktikum)? Notieren Sie es gleich.*

8.2 Wichtige Rechtschreibregeln kennen und anwenden

s-Laute (s, ss oder ß) richtig schreiben

Bei der s-Schreibung werden häufig Fehler gemacht, obwohl es für diesen Bereich klare Regeln gibt. Durch die Anwendung bestimmter Lautregeln lässt sich der größte Teil der betreffenden Wörter problemlos richtig schreiben.

1 *Notieren Sie alle Regeln, die Ihnen zur s-Schreibung einfallen. Sie können auch anhand eines beliebigen längeren Textes versuchen, Regeln selbst abzuleiten.*

2 *Vergleichen Sie Ihre Ergebnisse.*

3 *Tauschen Sie sich über Ihre Ergebnisse in Ihrer Arbeitsgruppe aus. Halten Sie Ihre Ergebnisse auf einer Folie oder dem Flipchart fest.*

Tipp
Lautes Aussprechen der Wörter hilft, Regelmäßigkeiten zu erkennen.

4 *Sortieren Sie die unten stehenden Wörter nach den in ihnen vorkommenden s-Lauten.*

weich gesprochener S-Laut	scharf gesprochener s-Laut		
Schreibung mit s	Schreibung mit s	Schreibung mit ss	Schreibung mit ß
Vase			

Frust, Maße, Fluss, Maske, essen, Straße, außerdem, Mast, Vase, sausen, müssen, Fuß, Kosten, Dose, heißen, Gläser, These, Lust, passen, Kuss, Fest

5 *Formulieren Sie selbstständig eine Regel für die Schreibung von s-Lauten im Wortinneren. Vergleichen Sie anschließend Ihr Ergebnis mit der Formulierung im Regelteil (➪ S. 139).*

6 *Ergänzen Sie in jeder Tabellenspalte mindestens fünf weitere Beispiele.*

Basiswissen – s oder ss – keine Regel ohne Ausnahmen!

Einige Fälle muss man sich besonders gut merken:

A In einigen Wörtern wird ein scharfer s-Laut als einfaches „s" geschrieben, weil er in den anderen Formen des Wortes weich gesprochen wird.

Beispiele: **sie liest** vgl. **lesen**
das **Glas** vgl. die **Gläser**

Herausfinden kann man diese Wörter durch Ableiten anderer Formen des gleichen Wortes.

B Substantive, die auf die Silbe „-nis" enden, schreiben sich mit einem einfachen „s" im Singular. Im Plural wird dagegen ein doppeltes „s" geschrieben.

Beispiel: das **Geheimnis** die **Geheimnisse**

C Einige sehr kurze Wörter und auch Fremdwörter enden auf „-s", obwohl der s-Laut scharf gesprochen wird und der Konsonant davor kurz ist. Diese Ausnahmen muss man sich einprägen:

die **Ananas** (und andere Wörter auf „-as") der **Globus** (und andere Wörter auf „-us")
das **Rhinozeros** (und andere Wörter auf „-os") der **Bus**
bis, als, das, was, es

s-Laute (s, ss oder ß) richtig schreiben

7 *Suchen Sie zu jeder Kategorie der Ausnahmen A, B, C fünf weitere Beispiele.*

8 *Schreiben Sie nachstehenden Text in Ihr Heft und füllen Sie die Lücken mit den richtigen Buchstaben aus.*

a) Vergleichen Sie Ihre Lösung zu zweit.

b) Besprechen Sie Zweifelsfälle anschließend in der Kleingruppe.

Bewerbung = Werbung für sich selbst

Personalchefs le_en sich häufig durch gro_e Stapel von Bewerbungen – für sie eine lä_tige Pflicht. Was also tun, um sich von dieser Ma_e abzuheben? Ist eine kla_ische Bewerbung mit Anschreiben, Lebenslauf und Zeugni_en überhaupt noch zeitgemä_ und sinnvoll?

Wer es mit seiner Bewerbung in die Vorstellungsrunde schafft, sollte sich auf heikle Fragen gefa_t machen und nicht zu lä_ig an die Sache herangehen. Im Gespräch prüfen Personalverantwortliche nicht nur Qualifikation und Intere_e, sondern auch, wa_ für eine Persönlichkeit sich hinter der Papierform verbirgt. Pa_t der Bewerber ins Team? Was sagt das Zeugni_ über ihn aus?

Klappt es trotz aller Bemühungen nicht, hei_t es: Nicht enttäuscht sein, sondern herausfinden, woran e_ lag und nicht in den Bemühungen nachla_en!

9 *Wiederholen Sie den gesamten Inhalt dieser Lerneinheit. Klären Sie untereinander offene Fragen.*

10 *Verbessern Sie die Fehler in der s-Schreibung aus Ihrer letzten Klassenarbeit.*

a) Wenden Sie bei jedem Fehler die Ihnen nun bekannten Regeln an, um zur richtigen Schreibweise zu kommen.

b) Schlagen Sie unklare Fälle im Wörterbuch nach.

c) Tauschen Sie sich über Zweifelsfälle aus.

11 *Schreiben Sie eine Zusammenfassung zum Thema „Schreibung von s-Lauten" in Ihren Rechtschreibhelfer (⇨ Arbeitstechnik S. 125).*

Die richtigen Wörter großschreiben

Im Gegensatz zu fast allen anderen europäischen Sprachen wird im Deutschen nicht nur großgeschrieben, um einen Satzanfang zu markieren, jemanden höflich anzusprechen oder einen Eigennamen besonders herauszuheben. Um den Lesenden eine schnelle Informationsentnahme zu erleichtern, schreibt man darüber hinaus eine große Gruppe anderer Wörter groß. Welche das sind, folgt einer einfachen Regel. Dass der Bereich der Großschreibung trotzdem besonders fehlerträchtig ist, liegt daran, dass nicht nur das einzelne Wort, sondern auch seine Umgebung betrachtet werden muss.

1 *Der Einführungstext enthält einige Hinweise, welche Wörter groß geschrieben werden. Halten Sie Ihr Vorwissen in Form von Hypothesen fest wie z. B.: Wörter am Satzanfang schreibt man groß.*

2 *Vergleichen Sie Ihre Ergebnisse zuerst zu zweit und anschließend in der Kleingruppe. Halten Sie alle gefundenen Regeln auf einer Folie oder dem Flipchart fest.*

3 *Betätigen Sie sich als Sprachdetektiv: Kommen Sie dem Prinzip auf die Spur, wie aus Sicht von Sprachwissenschaftlern die Großschreibung systematisch beschrieben werden kann.*

a) Übertragen Sie die unten stehende Tabelle in Ihr Heft.

b) Tragen Sie alle großgeschriebenen Wörter aus den fünf Beispielsätzen ein.
- Für das lange Stehen im Einzelhandel brauchen die Verkäufer bequeme Schuhe.
- Im Ganzen spielt Geld in dieser Ausbildung eine wichtige Rolle.
- Die freundliche Abteilungsleiterin begrüßt jeden nervösen Bewerber persönlich.
- Das Schreiben von Bewerbungen ist von großer Bedeutung für junge Erwachsene.
- Im Allgemeinen habe ich keine Probleme mit dem Korrigieren von Texten.

c) Bestimmen Sie, welche Wörter abhängige Ergänzungen vor dem groß geschriebenen Wort sind. Übertragen Sie diese Wörter ebenfalls in die Tabelle (s. Beispiel). Achtung: Nicht zu jedem großgeschriebenen Wort können alle Spalten ausgefüllt werden!

d) Vergleichen Sie Ihre Ergebnisse in der Kleingruppe und diskutieren Sie Zweifelsfälle.

Nominalgruppen			
Ergänzung			Kern der Nominalgruppe
Präposition	Artikel/Pronomen	Adjektiv	
für	das	lange	Stehen
…	…	…	…

Basiswissen **Nominalgruppen**

Jeder Satz setzt sich im Deutschen aus einem Prädikat und einer Reihe von anderen Satzgliedern zusammen. Die meisten dieser Satzglieder sind sogenannte Nominalgruppen. Sie bestehen immer

- aus einem Kern (oft ein Substantiv), den man großschreibt,
- und aus Ergänzungen, die den Kern näher bestimmen.

Die richtigen Wörter großschreiben

4 *Formulieren Sie gemeinsam eine allgemeingültige Vorgehensweise, wie man herausfindet, ob ein Wort großgeschrieben wird.*

Tipp
Es sind 15 Fehler.

Im folgenden einige wertvolle tipps zur computersicherheit: Das betriebssystem sollte immer auf dem neuesten stand sein, damit keine großen sicherheitslücken entstehen. Daher ist es notwendig, regelmäßig updates zu installieren oder diese installieren zu lassen. Ähnlich verhält es sich mit programmen gegen viren: durch updaten wird gewährleistet, dass das programm auch die neuesten viren erkennen und unschädlich machen kann. Gut ist es, arbeiten wie diese immer zur gleichen zeit zu machen (beispielsweise mittags oder jeden freitag), um sie nicht zu vergessen.

5 *Erproben Sie Ihre selbst aufgestellte Regel aus Aufgabe 4.*

a) Übertragen Sie alle Nominalgruppen aus dem Text in die Tabelle aus Aufgabe 3. Schreiben Sie das von Ihnen als Kern der Nominalgruppe identifizierte Wort jeweils groß.

b) Vergleichen Sie Ihre Lösungen in der Gruppe und klären Sie Zweifelsfälle.
- Erörtern Sie die Frage, welche Fälle besonders schwierig waren und woran das liegen könnte.
- Kontrollieren Sie, ob Sie mithilfe Ihrer Regel alle Fälle richtig schreiben konnten. Wenn nicht, überarbeiten Sie die Regel.

6 *Notieren Sie in Ihrem Rechtschreibhelfer eine umfassende Regel, welche Wörter innerhalb eines Satzes großgeschrieben werden. Sparen Sie dabei nicht an Beispielen und Hilfestellungen. Tragen Sie auch die nachstehenden Sonderfälle ein.*

Basiswissen — Sonderfälle der Kleinschreibung

Zwar wird der Kern einer Nominalgruppe großgeschrieben, doch kann dies in einigen wenigen Fällen zu Falschschreibungen führen. Deshalb muss man sich Folgendes merken:

1. Superlative mit „am“, nach denen man mit „wie“ fragen kann, schreibt man klein, z. B.
   ein Ausbildungsplatz im Großhandel ist am **schwierigsten** zu bekommen.
   Als Probe kann hier dienen, dass „am“ nicht in „an dem“ aufgelöst werden kann.
2. Kleingeschrieben werden auch

- der eine/der andere

und alle übrigen Zusammensetzungen mit „andere“ wie unter anderem, zum anderen

- viel/viele, wenig/wenige, die meisten, ein bisschen, ein paar (im Sinne von „wenige“).

7 *Recherchieren und diskutieren Sie:*

Bei der Rechtschreibreform im Jahre 1997 gab es eine gar nicht kleine Gruppe von Sprachwissenschaftlern, die die Großschreibung abschaffen wollte. Informieren Sie sich im Internet über die Argumente, die für und gegen die satzinterne Großschreibung im Deutschen zu finden sind. Bilden Sie sich eine eigene Meinung und vertreten Sie diese in einer Kurzrede (➪ Arbeitstechnik S. 60).

Das Komma an die richtige Stelle setzen – Satzstrukturen erkennen

„Kommas? Setze ich nach Gefühl!" – Solche Antworten hört man häufig, wenn es um die Kommasetzung geht. Dabei ist das alles andere als eine emotionale Entscheidung, denn es sind analytische Fähigkeiten gefragt ... Diesen fehlerhaften Text hat eine Auszubildende zur Reiseverkehrsfrau über ihre Erfahrungen geschrieben:

Muster

Reisen gefällt vielen Jugendlichen. Mich hat es schon immer fasziniert. Deswegen finde ich dass es eine gute Idee war in dieser Branche mein Geld zu verdienen. Ich wollte lernen andere gut zu beraten damit auch sie einen schönen Urlaub machen können. Als ich meine Bewerbung schrieb habe ich mich gewundert dass man nicht nur im Reisebüro eine Ausbildung machen kann. Ich war überrascht weil es auch Ausbildungsplätze in Fremdenverkehrsämtern und in Verwaltungen gibt.

1 ***Überlegen Sie, wo Sie im Text Kommas setzen würden.***

a) Notieren Sie, woran Sie sich bei Ihren Entscheidungen orientieren.

b) Leiten Sie daraus Ihre persönlichen Kommaregeln ab.

2 ***Tauschen Sie sich zu zweit darüber aus, an welchen Stellen Sie Kommas setzen würden.***

a) Begründen Sie Ihre Entscheidung.

b) Diskutieren Sie Zweifelsfälle und einigen Sie sich auf gemeinsame vorläufige Regeln.

3 ***Tauschen Sie sich in der Gruppe aus und halten Sie Ihre Arbeitsergebnisse auf einer Folie oder dem Flipchart fest.***

4 ***Ergänzen bzw. ändern Sie Ihre persönlichen Kommaregeln, indem Sie Ihr Grundlagenwissen über Satzstrukturen mithilfe des Basiswissens auffrischen.***

Basiswissen – Grundlagen – Satzstrukturen

Das einfachste Beispiel für einen Satz ist ein Hauptsatz. Er besteht mindestens aus einem Subjekt und einem Prädikat, meist kommt noch ein Objekt dazu:

Reisen	*gefällt*	*vielen Jugendlichen.*
Subjekt	*Prädikat*	*Objekt*

Die einzelnen Bausteine können fast beliebig erweitert werden: die Kerne der Nominalgruppen (großgeschriebene Wörter im Subjekt und Objekt) durch Attribute, das Prädikat durch Adverbien. Dazu können noch andere Objekte und adverbiale Bestimmungen kommen.

Langes Reisen	*in exotische Länder*	*gefällt*	*vielen türkischen Jugendlichen*	*gut.*
Subjekt mit Attribut	*adverbiale Bestimmung*	*Prädikat*	*Objekt mit Attribut*	*Adverb*

Egal wie lang ein Satz ist, wenn es sich dabei um einen Hauptsatz mit einem Subjekt und einem Prädikat handelt, muss kein Komma gesetzt werden, um Teilsätze voneinander zu trennen.

5 ***Verlängern Sie nach oben stehendem Muster die folgenden Sätze (➪ S. 131).***

a) Schreiben Sie die Sätze in Ihr Heft und kennzeichnen Sie jeweils Subjekt, Prädikat und Objekt.

b) Überprüfen Sie sorgfältig, ob es sich wirklich um einen Hauptsatz handelt.

Das Komma an die richtige Stelle setzen – Satzstrukturen erkennen

Schüler schreiben Bewerbungen.
Lehrer unterstützen Schülerinnen.
Jugendliche suchen Ausbildungsplätze.
Personalchefinnen laden Bewerber ein.
Eltern helfen ihren Kindern.
Unternehmen brauchen Auszubildende.

Den wichtigsten Hinweis darauf, wann ein Komma in einem komplexeren Satz gesetzt werden muss, gibt die Anzahl der Subjekte und Prädikate. Enthält ein Satz nur ein Subjekt und ein Prädikat, liegt auch nur ein Hauptsatz vor. Finden sich jedoch mehrere Subjekte und Prädikate, handelt es sich entweder um Aufzählungen oder um Nebensätze, die durch Kommas voneinander getrennt werden.

Basiswissen – Satzverbindung – Satzreihe

Werden zwei oder auch mehrere vollständige Hauptsätze miteinander verbunden, nennt man dies eine Satzreihe.

Die beiden Sätze

Reisen gefällt vielen Jugendlichen. Mich hat es schon immer fasziniert.
können durch ein Komma miteinander verbunden werden:
Reisen gefällt vielen Jugendlichen, mich hat es schon immer fasziniert.

An die Stelle des Kommas kann auch ein „und“, „sowie“, „oder“ u. Ä. treten:

Reisen gefällt vielen Jugendlichen[,] und mich hat es schon immer fasziniert.
In diesem Fall muss kein Komma gesetzt werden, aber man kann es setzen, um die Gliederung deutlich zu machen.

6 *Verbinden Sie die Sätze aus Aufgabe 5 zu sinnvollen Satzreihen. Vergleichen Sie Ihr Ergebnis.*

Basiswissen – Satzgefüge

Nicht nur Hauptsätze können miteinander verbunden werden, sondern auch Haupt- und Nebensätze. Dies nennt man Satzgefüge.

Ich war überrascht, weil es auch Ausbildungsplätze in Fremdenverkehrsämtern und in Verwaltungen gibt.
Hauptsatz — Nebensatz

Als ich meine Bewerbung schrieb, habe ich mich gewundert, dass nicht nur Reisebüros ausbilden.
Nebensatz 1 — Hauptsatz — Nebensatz 2

7 *Untersuchen Sie die beiden Sätze aus dem Basiswissen.*

a) Schreiben Sie die Sätze in Ihr Heft und markieren Sie in allen Teilsätzen das Subjekt und das Prädikat. Was fällt Ihnen bei der Position des Prädikats auf?

b) Kreisen Sie das Wort (Konjunktion) ein, das den Nebensatz einleitet.

c) Erstellen Sie eine Liste mit 15 weiteren Konjunktionen. Sie können dazu auf andere Texte dieses Lehrbuchs zurückgreifen.

d) Vergleichen Sie Ihre Ergebnisse.
- Ergänzen Sie die Liste mit Konjunktionen.
- Schlagen Sie Zweifelsfälle im Wörterbuch nach.

8.2

Das Komma an die richtige Stelle setzen – Satzstrukturen erkennen

8 ***Bilden Sie aus Ihren verbundenen Hauptsätzen (Aufgabe 5) sinnvolle Satzgefüge.***

9 ***Verfassen Sie einen Text über Ihren Prozess der Berufswahlentscheidung.***

a) Verwenden Sie mindestens zwei einfache Hauptsätze, zwei Satzreihen und vier Satzgefüge mit jeweils unterschiedlichen Konjunktionen.

b) Tauschen Sie die Texte aus und markieren Sie die verschiedenen Satztypen im Text des anderen. Überprüfen Sie die Kommasetzung und klären Sie Zweifelsfälle in der Kleingruppe.

Worauf achten Unternehmen bei einer Bewerbung?
Sie haben sich auf eine attraktive Stelle beworben. Da die ausgeschriebene Stelle auch für andere reizvoll ist, gehen entsprechend viele Bewerbungen im Unternehmen ein.
Damit dieses eine Vorauswahl treffen kann, achtet es auf folgende Kriterien:

- Eine tadellose äußere Form und die Vollständigkeit der Unterlagen wird als Hinweis interpretiert ob die Motivation und die Anstrengungsbereitschaft des Bewerbers stimmen.
- Das Anschreiben ist der Türöffner weil hier Fehler oder mangelnde Individualität zum Ausscheiden führen.
- Obwohl der vollständige Lebenslauf wichtig ist müssen Sie eine sinnvolle Auswahl treffen. Wenn Sie zu viele Punkte angeben die für Ihre berufliche Qualifikation nicht interessant sind kann leicht ein schiefes Bild entstehen.
- Die Bedeutung der Zeugnisse wird oft überschätzt denn die Unternehmen wissen dass Noten sehr unterschiedlich ausfallen können. Gerade bei großen Unternehmen stellen sie meist die erste Hürde dar.

10 ***Übertragen Sie den Text in Ihr Heft und unterstreichen Sie Haupt- und Nebensätze unterschiedlich.***

a) Markieren Sie in allen Teilsätzen jeweils das Subjekt und das Prädikat.

b) Kreisen Sie jeweils das Wort (meist eine Konjunktion) ein, das den Nebensatz einleitet.

c) Setzen Sie die fehlenden Kommas.

d) Klären Sie Zweifelsfälle in der Kleingruppe mithilfe Ihrer Analyse der Satzstrukturen.

11 ***Formulieren Sie eine Zusammenfassung der Kommasetzung. Tragen Sie dafür neue und bereits bekannte Informationen zusammen.***

12 ***Präsentieren Sie Ihren Entwurf in der Kleingruppe. Diskutieren Sie Strittiges und tragen Sie eine überarbeitete Fassung in Ihren Rechtschreibhelfer ein.***

Tipp

In welche Einheiten lässt sich ein Satz zerlegen? Wie werden diese Strukturen durch Kommas verdeutlicht?

Basiswissen – Spezialfälle: Kommas innerhalb eines Teilsatzes

In einigen Fällen kann auch innerhalb eines Teilsatzes ein Komma stehen.
Das betrifft vor allem Aufzählungen: *Er empfand Freude, Erleichterung und Stolz.*
Hier steht das Komma auch, wenn sich in der Aufzählung die Konjunktionen „aber“, „sondern“, „einerseits“/„andererseits“ befinden: *Er empfand Freude, <u>aber auch</u> Erleichterung und Stolz.*

Ein Komma wird gesetzt, wenn ein Datum in einen Satz eingeschoben wird: *Wir erwarten Sie zum Vorstellungsgespräch am Montag, dem 12.12.*

„dass“ als Einleitung für einen Nebensatz verwenden

Hat man einmal verstanden, welche Art von Satz ein „dass“ einleitet und welche Wörter als Signalwörter gelten, sind Fehler leicht zu vermeiden.

1 *Schreiben Sie möglichst detailliert und mit Beispielen auf, wonach Sie bislang entschieden haben, wann Sie ein „dass“ einsetzen.*

2 *Vergleichen Sie Ihre Ergebnisse und halten Sie Übereinstimmungen und Widersprüche fest.*

3 *Tauschen Sie sich in Ihrer Arbeitsgruppe aus und halten Sie Ihre Ergebnisse fest.*

4 *Analysieren Sie die unten stehenden Sätze.*

a) Welches Wort erklärt der Nebensatz mit „dass“ näher?
b) Welche Gemeinsamkeiten haben die Verben, die jeweils den Nebensatz mit „dass“ einleiten?
c) Ergibt der Satz noch einen Sinn, wenn im Hauptsatz alle Wörter außer dem Subjekt und dem Prädikat gestrichen werden?
d) Was genau verändert sich, wenn der mit „dass“ eingeleitete Nebensatz weggelassen wird?

- Viele Jugendliche, die kurz vor dem Schulabschluss stehen, denken, dass man heutzutage nur schwer einen Ausbildungsplatz bekommt.
- Viele Ausbilder sind schon lange der Meinung, dass Jugendliche nicht mehr so viel in der Schule lernen wie früher.
- In den Medien, insbesondere in der Boulevardpresse, liest man deshalb oft, dass es den Jugendlichen an Ausbildungsreife fehle.
- Experten aus verschiedenen Universitäten aber halten dagegen, dass die Ansprüche im Berufsleben extrem gestiegen seien.

5 *Formulieren Sie gemeinsam eine Regel, wann im Nebensatz ein „dass“ stehen muss. Vergleichen Sie diese mit der Erklärung im Regelteil (**⇨ S. 141**).*

6 *Übertragen Sie folgenden Text in Ihr Heft und wenden Sie Ihre Regeln an.*
Vergleichen Sie die Ergebnisse und diskutieren Sie Zweifelsfälle.

Der Nationale Pakt für Ausbildung und Fachkräftenachwuchs in Deutschland hat einen Kriterienkatalog erstellt, der Schulen und Fachkräften wie z. B. den Berufsberatern der Agenturen für Arbeit zur Beurteilung der Ausbildungsreife behilflich sein soll. Darin wird festgehalten, das? Bewerber schulische Basiskenntnisse besitzen müssen. Dazu gehört z. B. das? Lesen, das? als Schlüsselkompetenz gilt. Des Weiteren wird definiert, das? sie bestimmte psychologische Leistungsmerkmale mitbringen müssen. So ist beispielsweise das? logische Denken, das? für alle Berufe wichtig ist, unabdingbar. Außerdem wird beschrieben, das? Auszubildende über gewisse physische und psychologische Merkmale verfügen müssen. Das? man z. B. selbstständig arbeiten kann oder kompetent kommunizieren kann, gilt heutzutage als Basiskompetenz. Zuletzt wird noch gefordert, das? eine Berufswahlreife vorliegt.

7 *Notieren Sie die Regelung zur Konjunktion „dass“ mit eigenen Worten in Ihren Rechtschreibhelfer.*
Vergleichen Sie Ihre Eintragungen und korrigieren Sie diese gegebenenfalls.

8.2

Getrennt- und Zusammenschreibung

Im Unterschied zu den vorausgehenden sprachlichen Bereichen ist die Frage, ob ein Ausdruck in einem Wort oder in mehreren Wörtern zu schreiben ist, nicht so einfach zu beantworten.

Schreibprobleme oder Zweifelsfälle kann es bei der Getrennt- und Zusammenschreibung aus unterschiedlichen Gründen geben. So kommt es vor, dass zwei häufig nebeneinander stehende Wortformen zu einer zusammenwachsen (Univerbierung). Das Adverb „zweifelsohne" etwa ist aus der Fügung „Zweifels ohne" entstanden, die dann selbst verschwunden ist. Zum Zweiten gehen Wörter aus Inkorporationen[1] hervor. In „ölfördernd" ist das Objekt „Öl" in die Form des Partizip I „fördernd" inkorporiert. Wir haben das Wort „ölfördernd" neben der auch möglichen Schreibweise „Öl fördernd", beide Schreibungen müssen erlaubt sein. Zum Dritten können zusammengeschriebene Wörter durch Prozesse wie Rückbildung entstehen und dann neben einem auseinandergeschriebenen Ausdruck mit gleicher Bedeutung stehen: Wenn „Bäcker" von „backen" abgeleitet ist, dann kann umgekehrt „holzfällen" von „Holzfäller" rückgebildet sein und wieder gibt es das Wort neben der auch möglichen Schreibweise „Holz fällen". (...) Das wichtige Ergebnis in Hinsicht auf orthografische Regelungen: Eine normative Festlegung auf Getrenntschreibung oder Zusammenschreibung kann in vielen Fällen nicht vorgenommen werden.

(gekürzt nach Peter Eisenberg)

1 Inkorporation: Wortbildungsart, bei der ein Nomen mit einem Verb kombiniert wird, wobei das Nomen seine Selbstständigkeit verliert.

1 ***Notieren Sie in eigenen Worten, welche drei Entwicklungsprozesse im Bereich der Getrennt- und Zusammenschreibung von der Sprachwissenschaft beschrieben werden.***

- Tauschen Sie sich über Ihr Verständnis aus.
- Suchen Sie anschließend gemeinsam weitere Beispiele, in denen beide Schreibweisen erlaubt sind.

2 ***Präsentieren Sie die von Ihnen gefundenen Wörter in der Kleingruppe. Begründen Sie, warum man diese sowohl getrennt als auch zusammenschreiben kann.***

Basiswissen – Getrennt- und Zusammenschreibung

Einige wenige Bereiche sind fest und einheitlich geregelt. So z. B.:

- die Zusammenfügung einer Präposition oder anderer „kleiner" Wörter mit einem Verb (Beispiele 1)
- die Zusammensetzung eines Adjektivs und eines Verbs (Beispiele 2)

Beispiele 1	*überlaufen*	*über sein*	Beispiele 2	*blaumachen*	*grün streichen*
	dabeihaben	*dabei sein*		*richtigstellen*	*falsch machen*
	weggehen	*weg sein*		*schwarzsehen*	*schwarz färben*
	dalassen	*da sein*		*jmdn. freihalten*	*etw. frei halten*

3 ***Formulieren Sie eine eindeutige Regel, in welchen Fällen Präposition und Verb bzw. Adjektiv und Verb getrennt- und in welchen sie zusammengeschrieben werden. Finden Sie drei weitere Beispiele.***

4 ***Notieren Sie das Wichtigste in Ihrem Rechtschreibhelfer.***

Tipp

Die Getrennt- und Zusammenschreibung ist der Bereich der Rechtschreibung, den selbst Profis immer wieder nachschlagen müssen. Nehmen auch Sie lieber einmal zu viel als zu wenig das Wörterbuch zur Hand!

Texte überarbeiten

Ist der Punkt hinter dem letzten Satz gesetzt, ist für viele die Arbeit beendet. Dabei ist mit dem inhaltlichen Fertigstellen eines Textes nur ein Teil der Arbeit getan, denn an das Schreiben schließt sich eine weitere wichtige Phase an: das inhaltliche und sprachliche Überarbeiten. Die Vielzahl von Fehlern, die dabei übersehen wird, macht deutlich, dass es oft an einer Strategie fehlt, die eigenen Fehler zu entdecken und zu beheben.

„Rechtschreibung braucht man nicht mehr zu können! Das macht doch alles der Computer!“ – Haben Sie so etwas schon häufiger gehört oder sogar selbst gedacht? Dann werden Sie auch festgestellt haben, dass dies nur eine Wunschvorstellung ist. Die Rechtschreibhilfen der Textverarbeitungsprogramme sind keineswegs unfehlbar: Weder können Sie sicher sein, dass ein als falsch angezeigtes Wort wirklich einen Fehler enthält, noch, dass ein nicht markiertes Wort auch wirklich richtig ist. Eine Verringerung der Fehlerzahl ist durch diese Hilfen trotzdem möglich. Zudem erhalten Sie viele Einsichten in die Prinzipien der Rechtschreibung und die Arbeitsweise von Computerprogrammen.

In diesem Beginn eines Anschreibens für eine Bewerbung hat das Textverarbeitungsprogramm einiges als fehlerhaft markiert:

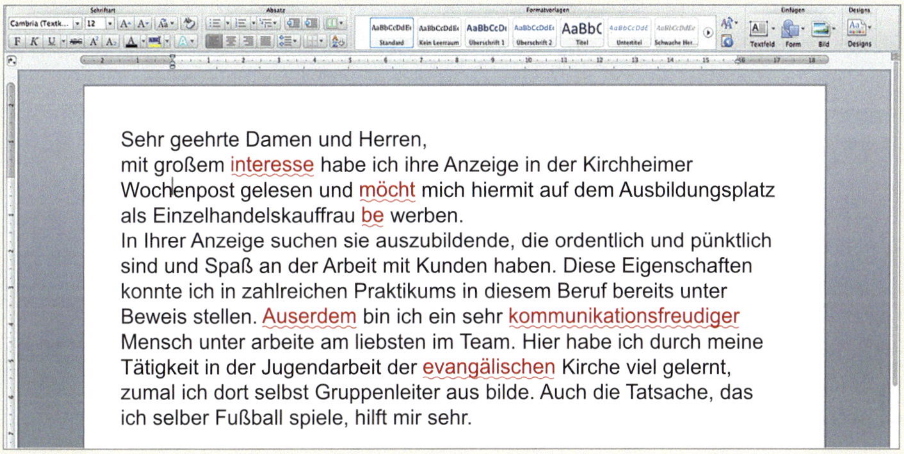

Sehr geehrte Damen und Herren,
mit großem interesse habe ich ihre Anzeige in der Kirchheimer Wochenpost gelesen und möcht mich hiermit auf dem Ausbildungsplatz als Einzelhandelskauffrau be werben.
In Ihrer Anzeige suchen sie auszubildende, die ordentlich und pünktlich sind und Spaß an der Arbeit mit Kunden haben. Diese Eigenschaften konnte ich in zahlreichen Praktikums in diesem Beruf bereits unter Beweis stellen. Auserdem bin ich ein sehr kommunikationsfreudiger Mensch unter arbeite am liebsten im Team. Hier habe ich durch meine Tätigkeit in der Jugendarbeit der evangälischen Kirche viel gelernt, zumal ich dort selbst Gruppenleiter aus bilde. Auch die Tatsache, das ich selber Fußball spiele, hilft mir sehr.

1 ***Analysieren Sie die rot markierten Wörter.***

Sind alle markierten Wörter tatsächlich falsch geschrieben? Schlagen Sie im Zweifelsfall im Wörterbuch nach. Notieren Sie die richtige Schreibweise.

2 ***Suchen Sie weitere Fehler.***

a) Im Text finden Sie acht weitere Fehler, die vom Textverarbeitungsprogramm nicht bemerkt wurden. Schreiben Sie diese heraus und notieren Sie die richtige Schreibweise.

b) Vergleichen Sie Ihr Ergebnis zuerst zu zweit und klären Sie Zweifelsfälle anschließend in der Kleingruppe.

3 ***Verschaffen Sie sich einen Überblick über die Möglichkeiten und Grenzen der Rechtschreibhilfe.***

a) Übertragen Sie die nachstehende Tabelle in Ihr Heft. Ordnen Sie die im Text vorhandenen zwölf Fehler jeweils einer Fehlerart zu und tragen Sie diese in die Tabelle ein.

Fehlerart	Beispiel aus dem Text	richtige Schreibweise/ Form	markiert	nicht markiert
Großschreibung				
Zusammenschreibung				
Grammatik				
falsche Buchstaben				
falsches Wort				

b) Analysieren Sie anhand der Verteilung, welche Fehler das Textverarbeitungsprogramm erkennt und welche nicht.
- Welche Rückschlüsse können Sie daraus auf die grundsätzliche Funktionsweise der Rechtschreibhilfe ziehen?
- Formulieren Sie drei Hypothesen.

c) Schreiben Sie selbst einen Text auf dem Computer. Bauen Sie Fehler ein, um Ihre aufgestellten Hypothesen zu testen.

d) Wenn Sie von der Richtigkeit Ihrer Hypothesen überzeugt sind, stellen Sie sie sich gegenseitig vor. Verwenden Sie dabei die Beispiele, die Sie selbst überprüft haben. Einigen Sie sich auf drei Hypothesen.

e) Tauschen Sie Ihre Hypothesen mit einem anderen Lernpaar aus. Überprüfen Sie die Hypothesen, indem Sie entsprechende Fehler am Computer einbauen.

f) Ziehen Sie in der Gruppe ein gemeinsames Fazit:
- Was kann die Rechtschreibhilfe am Computer leisten?
- Auf welche Fehlerarten muss man achten, wenn man einen Text am Computer geschrieben hat?

4 ***Halten Sie die wichtigsten Ergebnisse in Ihrem Rechtschreibhelfer fest, sodass Sie ihn als Checkliste für Texte nutzen können, die Sie am Computer schreiben.***

Dort könnte z. B. stehen: „Aufpassen bei der Schreibung des Anredepronomens *Sie*. Eine Kleinschreibung wird von der Rechtschreibhilfe nicht erkannt."

Tipps zum Überarbeiten eigener Texte

1. Planen Sie Ihre Arbeitszeit
Überlegen Sie, bevor Sie mit der Arbeit beginnen, wie viel Zeit Ihnen zur Verfügung steht. Teilen Sie diese den drei Phasen des Schreibprozesses zu:

1. Planung/Konzeption, 2. Niederschrift und 3. Überarbeitung

Je nach Textsorte können die einzelnen Phasen unterschiedlich viel Zeit benötigen; ein Fünftel der Arbeitszeit sollte aber für die Überarbeitung reserviert werden. Überlegen Sie sich Hilfsmittel, wie Sie diese Zeitplanung einhalten: Notieren Sie, um wie viel Uhr Sie mit der Überarbeitung anfangen müssen. Bitten Sie Ihren Lehrer/Ihre Lehrerin den Beginn der Überarbeitungsphase laut anzusagen etc.

2. Korrigieren Sie Ihren Text in mehreren Durchgängen
Um zu vermeiden, dass Sie bei der Korrektur die Übersicht verlieren, arbeiten Sie in mehreren Arbeitsschritten. Dabei kann das Buddy-Book eine wertvolle Hilfe sein. Darin haben Sie Ihre Fehlerschwerpunkte, und was es bei diesen zu beachten gilt, vermerkt. Versuchen Sie am Schluss des Buches auf einer Seite zusammenzufassen, worauf Sie bei der Überarbeitung besonders achten müssen (z.B. Großschreibung und „dass") und welche Hinweise Ihnen bei diesen Phänomenen helfen, die richtige Schreibweise zu finden. Gehen Sie dann den von Ihnen geschriebenen Text mehrmals durch, wobei Sie Ihre Aufmerksamkeit jeweils auf ein Rechtschreibphänomen richten (z.B. erst Großschreibung, dann „dass"-Schreibung).

3. Keine Korrektur ohne Wörterbuch
Zum Rechtschreibprofi gehört ein Wörterbuch. Was zum Standardwerkzeug jedes Deutschlehrers und jeder Deutschlehrerin gehört, darf auch an Ihrem Arbeitsplatz nicht fehlen. Schlagen Sie Zweifelsfälle nach und notieren Sie schwierige Wörter in Ihrem Buddy-Book. Wichtig ist, dass in Ihrem Klassenraum ein Nachschlagewerk zur Verfügung steht, sodass es auch in anderen Fächern genutzt werden kann.
Damit Ihnen das Verfassen und Überarbeiten leichterfällt, hier zwei grundsätzliche Tipps zur Verbesserung Ihrer Fähigkeiten:

4. Üben Sie die normgerechte Schreibweise so oft wie möglich
Schreiben lernt man durch Schreiben. Ein großer Teil der Prozesse beim Rechtschreiben läuft unbewusst ab, ähnlich den Bewegungsabläufen beim Sport. Sie brauchen viel Übung, um Ihre Rechtschreibung zu verbessern. Das einfachste Mittel: Nutzen Sie jedes Schreiben als Übungsmöglichkeit zum korrekten Schreiben. Halten Sie sich auch in SMS und anderen Formen elektronischer Kommunikation an die normgerechte Großschreibung. Achten Sie in allen Texten auf richtig gesetzte Kommas. Schlagen Sie Wörter nach, wenn Sie unsicher sind.

5. Korrigieren Sie Texte von anderen und lassen Sie Ihre Texte korrigieren
In Texten anderer findet man leichter Fehler als in den eigenen. Üben Sie deshalb das Korrigieren auch an fremden Texten. Das schult Ihre Aufmerksamkeit. Geben Sie umgekehrt möglichst häufig Ihre eigenen Texte anderen zur Korrektur. Bitten Sie auch die Lehrerinnen und Lehrer anderer Fächer, Ihre sprachlichen Fehler anzustreichen, damit Sie sehen, wo noch Verbesserungsbedarf besteht. Analysieren Sie immer wieder, welche Art von Fehlern Sie machen, damit Sie auf diese gezielt einwirken können.

5 *Entscheiden Sie: Welche drei Tipps sind für Sie am hilfreichsten? Halten Sie diese Tipps fest.*

Den Arbeitsauftrag umsetzen

Sie haben ein Heft angelegt mit Hilfen und Regeln zu Ihren persönlichen Fehlerschwerpunkten sowie Hinweisen, wie man einen Text überarbeitet. Jetzt können Sie sich an das Anschreiben Ihrer Freundin wagen:

Muster

Sehr geehrte Frau Hahn,
ihre Stellenanzeige stösst bei mir auf großes interesse. Im nächsten Jahr werde ich die Höhere Handelsschule am Berufskolleg in Achtkirchen verlaßen und suche daher eine Ausbildungsstelle die meinen Fähigkeiten und Interessen entspricht.
Zurzeit erwerbe ich an dem Berufskolleg in Zehnhausen kaufmännische Grundkenntnisse. Ich lerne dort den Umgang mit dem Computer, wie z. B. anfragen Angebote oder Reklamationen in Word zu erstellen oder Kalkulationen in Excel. Außerdem erlerne ich das 10-Finger-Schreiben. Zu meiner Schulausbildung gehört auch, das ich Grundkenntnisse in der Betriebswirtschaftslehre und im Rechnungswesen habe.
In Ihrer Anzeige suchen Sie eine Auszubildende, die in der Lage ist, sich schnell in neue aufgaben ein zu arbeiten. Das trifft auf mich zu denn bei meiner Aushilfstätigkeit im Örtlichen Supermarkt, werde ich immer gelobt, weil ich neues schnell lerne. Auch die Eigenschaft Teamfähigkeit bringe ich mit, was ich als Kapitänin eine Fussballmanschaft unter Beweiß stelle. Die Team Arbeit liegt mir weil ich in einer solchen Gruppe, meine Ideen einbringen kann. Wenn Aufgaben schwierig sind, habe ich den Ehrgeiz diesen gerecht zu werden. Wenn mir ein Sachverhalt unklar ist, frage ich noch einmal nach, um meine Arbeit korrekt aus führen zu können.
Auf eine Einladung zu einem persöhnlichen Gespräch in Ihrem Hause, freue ich mich sehr.

1 ***Legen Sie in Ihrem Heft eine Tabelle nach folgendem Muster an. Tragen Sie unter „Fehlerart" einen der Fehlerschwerpunkte ein, die in diesem Kapitel behandelt wurden.***

Zeile	Falschschreibung oder Beschreibung des Fehlers	Fehlerart	richtige Schreibweise
2	ihre	Großschreibung	

2 ***Schreiben Sie den Text korrekt in Ihr Heft. Benutzen Sie dazu Ihren Rechtschreibhelfer.***

3 ***Tauschen Sie Ihren Text mit Ihrem Lernpartner/Ihrer Lernpartnerin und korrigieren Sie wechselseitig deutlich mit einer anderen Farbe. Beachten Sie dabei den Leitfaden zum Korrigieren, den Sie für sich verfasst haben.***

4 ***Stellen Sie sich wechselseitig das Ergebnis Ihrer Korrektur vor und begründen Sie Ihre Markierungen. Klären Sie Zweifelsfälle, indem Sie auf Ihren Rechtschreibhelfer und den Regelteil zurückgreifen. Verbessern Sie jeweils Ihre Fehler.***

5 ***Treten Sie mit einem anderen Lernpaar in einen Wettbewerb, bei dem es darum geht, welchem Paar es gelungen ist, einen fehlerfreien Text zu produzieren.***

Zusatzmaterial: Grundwissen Rechtschreibung

Basiswissen | **s-Schreibung**

Im Zentrum stehen jeweils die Fragen, wie der Vokal vor dem s-Laut ausgesprochen wird (kurz oder lang?) und wie der s-Laut klingt (scharf oder weich?).

Regel 1

Nach kurz gesprochenem, betontem Vokal steht ss. Folgt allerdings auf den s-Laut ein weiterer Konsonant, steht s.

Beispiele:

die Masse *die Maske*

der Fluss *das Fest*

Regel 2

Nach lang gesprochenem, betontem Vokal steht ß (bei scharfem s-Laut), sonst einfaches s.

Beispiele:

das Maß *die Vase*

der Fuß *die Dose*

Merke:
Auch Diphthonge wie ei, eu, ai, au, äu gelten als lang gesprochene Vokale. Nach ihnen kann bei scharfen s-Lauten immer nur ein ß stehen. Beispiele: heißen, reißen, außerdem

Basiswissen | **Großschreibung**

Im Deutschen schreibt man alle Wörter klein, es sei denn, das Wort

a) ist ein Eigenname, — Ich sehe **Peter**.

b) steht am Satzanfang, — **Er** sieht Max.

c) ist ein Anredepronomina in der Höflichkeitsform, — Ich bitte **Sie** um **Ihre** Hilfe.

d) bildet den Kern einer Nominalgruppe.

Sie erwartet das baldige Eintreffen ihrer ganzen Familie.

Nominalgruppe Nominalgruppe

Kern der Nominalgruppe Kern der Nominalgruppe

Während die ersten drei Fälle unproblematisch sind, führt der letzte oft zu Fehlern. Denn Kerne von Nominalgruppen werden nicht nur aus Substantiven gebildet, die ohnehin immer großgeschrieben werden (Beispiel Familie), sondern auch aus anderen Wortarten. Übernehmen diese Wortarten im Satz die Funktion eines Nominalgruppen-Kerns, werden auch sie großgeschrieben (z. B. das Eintreffen).

Um herauszufinden, ob ein Wort als Kern einer Nominalgruppe fungiert,

- können Sie darauf achten, ob das Wort Begleiter hat; das können Artikel, Adjektive o. Ä. sein:

  das baldige *Eintreffen*

- ohne Begleiter können Sie ausprobieren, ob Begleiter ergänzt werden könnten. Ist das der Fall, handelt es sich um den Kern einer Nominalgruppe und das Wort muss großgeschrieben werden:

  Sie trinkt W/wasser und vollbringt dabei G/großes → *Sie trinkt* ***kaltes*** *Wasser und vollbringt dabei* ***viel*** *Großes.*

Mit dieser Regel lässt sich übrigens auch die Schreibung von Zeitangaben sicher bewerkstelligen:

Am frühen ***Morgen*** *fuhr sie los. Sie wird morgen* ***Mittag*** *ankommen.*

Achtung Sonderfälle! Siehe dazu Basiswissen auf S. 129.

Basiswissen – Kommas an die richtige Stelle setzen

a) Innerhalb eines einfachen Hauptsatzes wird i. d. R. kein Komma gesetzt (Ausnahmen s. u.). Dieser besteht mindestens aus einem Subjekt und einem Prädikat, meist kommt noch ein Objekt dazu:

Reisen	*gefällt*	*vielen Jugendlichen.*
Subjekt	*Prädikat*	*Objekt*

Die einzelnen Bausteine können fast beliebig erweitert werden: die Kerne der Nominalgruppen (großgeschriebene Wörter im Subjekt und Objekt) durch Attribute, das Prädikat durch Adverbien. Dazu können noch andere Objekte und adverbiale Bestimmungen kommen.

Langes Reisen	*in exotische Länder*	*gefällt*	*vielen türkischen Jugendlichen*	*gut.*
Subjekt mit Attribut	*adverbiale Bestimmung*	*Prädikat*	*Objekt mit Attribut*	*Adverb*

Egal wie lang der Satz ist: Wenn es sich um einen Hauptsatz mit einem Subjekt und einem Prädikat handelt, muss kein Komma gesetzt werden.

b) Werden zwei oder auch mehrere Hauptsätze miteinander zu einer Satzreihe verbunden, werden diese durch Kommas voneinander abgetrennt.

Reisen gefällt vielen Jugendlichen, mich hat es schon immer fasziniert.

An die Stelle des Kommas kann auch ein „und“, „sowie“, „oder“ u. Ä. treten.

Reisen gefällt vielen Jugendlichen und mich hat es schon immer fasziniert.

c) Werden Haupt- und Nebensätze zu einem Satzgefüge verbunden, werden die Teilsätze durch Kommas voneinander abgetrennt.

Ich war überrascht, weil es auch Ausbildungsplätze in Fremdenverkehrsämtern und in Verwaltungen gibt.
Hauptsatz — Nebensatz

Als ich meine Bewerbung schrieb, habe ich mich gewundert, dass man nicht nur im Reisebüro eine Ausbildung machen kann.
Nebensatz 1 — Hauptsatz — Nebensatz 2

d) Kommas werden gesetzt, wenn Glieder einer Aufzählung voneinander abgetrennt werden oder etwas, z. B. ein Datum, in den Satz eingeschoben wird.

- Aufzählungen: Er empfand Freude, Erleichterung und Stolz.

Hier steht das Komma auch, wenn sich in der Aufzählung die Konjunktionen „aber“, „sondern“, „einerseits“/ „andererseits“ finden: Er empfand Freude, aber auch Erleichterung und Stolz.

- Ein Komma steht auch, wenn ein Datum in einen Satz eingeschoben wird: Wir erwarten Sie zum Vorstellungsgespräch am Montag, dem 12.12.

Den wichtigsten Hinweis darauf, wann ein Komma in einem komplexeren Satz gesetzt werden muss, gibt die Anzahl der Subjekte und Prädikate: Gibt es nur ein Subjekt und ein Prädikat, liegt nur ein Hauptsatz vor. Es müssen also keine Teilsätze voneinander getrennt werden. Finden wir mehrere, ist das ein Hinweis darauf, dass ein Komma nötig ist.

Basiswissen – „dass“ als Einleitung für einen Nebensatz

„Dass“ ist eine Konjunktion, ein Wort, das einen Nebensatz einleitet. Steht ein Nebensatz in einem Hauptsatz, gilt er als eingeschoben und wird durch zwei Kommas begrenzt. Der Hauptsatz ergibt ohne diesen Nebensatz keinen oder einen ganz anderen Sinn.

Ich glaube, dass die Bewerberin gute Chancen hat.
Dass die Bewerberin gute Chancen hat, glaube ich.

Hilfe:
Die Verben im Hauptsatz, auf die ein Nebensatz mit „dass“ folgt, bedeuten häufig etwas Ähnliches wie sagen, glauben oder meinen.

Basiswissen – Getrennt- und Zusammenschreibung

a) Beide Schreibweisen sind möglich bei

- Verbindungen von Verb und Verb,

  → kennen lernen oder kennenlernen
- Verbindungen, die aus einem Adjektiv und einem Verb bestehen.

  → klein schneiden oder kleinschneiden

b) Immer getrennt geschrieben werden

- Verbindungen mit dem Verb „sein“.

  → da sein, aus sein

c) Verbindungen anderer Verben mit Präpositionen und mit anderen „kleinen“ Wörtern werden zusammengeschrieben.

→ dalassen, ausgehen

d) Immer zusammengeschrieben werden

- Verbindungen, in denen ein Adjektiv und ein Verb zusammen eine neue, übertragene Bedeutung annehmen.

  → schwarzsehen, satthaben

Tipp: Bei Zweifelsfällen lieber einmal zu viel als einmal zu wenig im Wörterbuch nachschlagen!

8.5

Zusatzmaterial: Grundwissen Grammatik

Wortarten

Das Wissen über die Zuordnung eines Wortes zu einer Wortart ist in vielerlei Hinsicht eine Erleichterung für Sie. So können Sie z. B. mit der Bestimmung der Wortart die Schreibung eines Wortes ableiten (z. B. Groß- oder Kleinschreibung). Außerdem können Sie Ihr Wissen über Wortarten anwenden, um Ihren Stil zu verbessern (z. B. den Nominalstil vermeiden) und um sich abwechslungsreicher auszudrücken (z. B. Wörter durch Synonyme ersetzen). Auch beim Erlernen einer Fremdsprache sind diese Kenntnisse hilfreich, wenn Sie beispielsweise spanische Pronomen kennen lernen oder englische Adverbien bilden sollen.

Basiswissen **Überblick über die Wortarten**

Die meisten Wörter im Deutschen sind flektierbar (veränderbar). Man unterscheidet dabei die konjugierbaren (Verben) und die deklinierbaren Wörter (Nomen/Substantive, Adjektive, Numerale, Artikel, Pronomen). Zu den nicht flektierbaren Wörtern gehören die Adverbien, Präpositionen, Konjunktionen und Interjektionen.

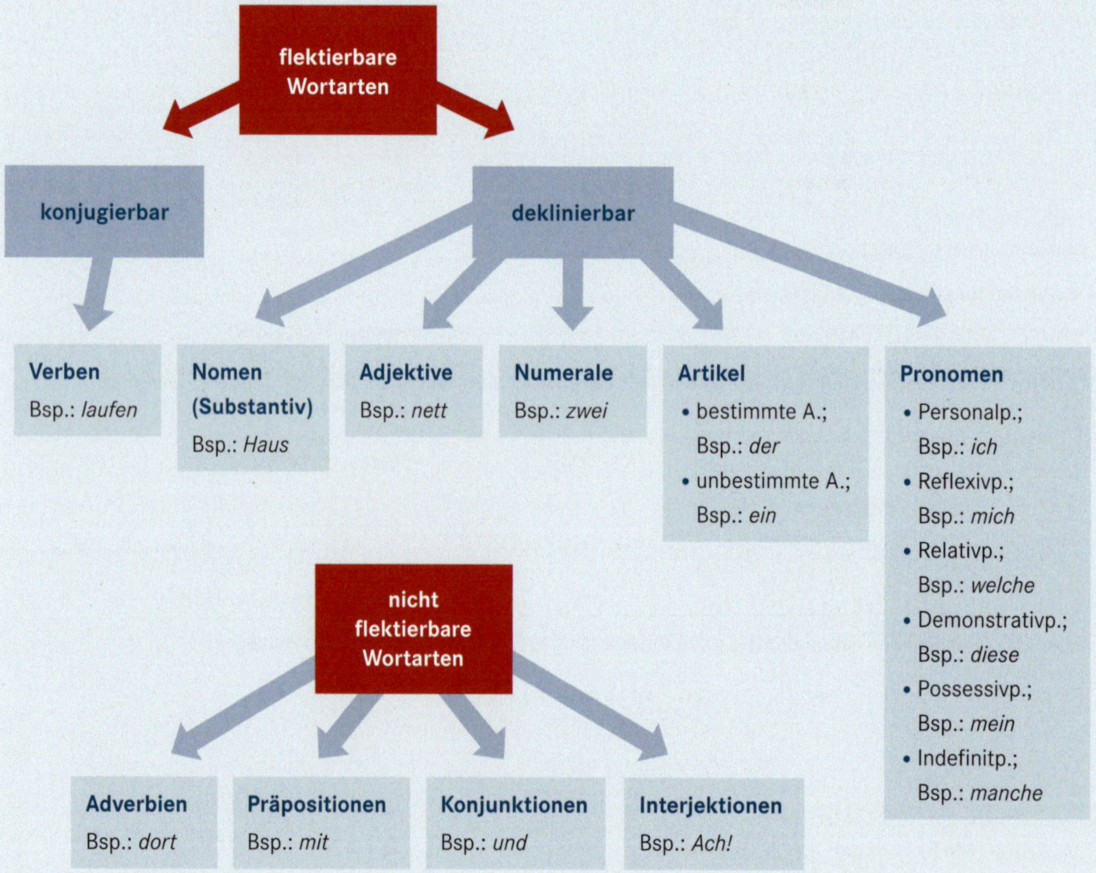

1 *Übernehmen Sie die Grafik in Ihr Heft und ergänzen Sie weitere Beispiele zu den Wortarten.*

Nomen

Nomen bezeichnen Personen, Lebewesen, Gegenstände und abstrakte Begriffe. Etwa 60 Prozent aller deutschen Wörter sind Nomen; sie bilden damit die am häufigsten auftretende Wortart.

Basiswissen – Das Nomen (Substantiv)

Das Nomen (Pl. Nomen oder Nomina) wird immer großgeschrieben. Es wird bestimmt durch **Genus** (grammatisches Geschlecht), **Numerus** (grammatische Zahl) und **Kasus** (grammatischer Fall).

Das **Genus** (Pl. Genera) eines Nomens erkennt man an dem Artikel:

- **Femininum** – z. B. *die/eine Nase*; **Maskulinum** – z. B. *der/ein Baum*; **Neutrum** – z. B. *das/ein Haus*

Nomen (Substantive) haben in der Regel einen **Numerus** (Pl. Numeri):

- **Singular** – z. B. *die Nase, der Baum, das Haus*; **Plural** – z. B. *die Nasen, die Bäume, die Häuser*

In der deutschen Sprache gibt es vier **Kasus** (Sg. Kasus), die man durch Fragen ermitteln kann:

- **Nominativ** – Wer? oder Was? z. B.: *Wer hat ein Handy gefunden? – **Der Junge** hat es gefunden.*
- **Genitiv** – Wessen? z. B.: *Wessen Handy hat er gefunden? – Er hat das Handy **des Lehrers** gefunden.*
- **Dativ** – Wem? z. B.: *Wem gehört das Handy? – Es gehört **dem Lehrer**.*
- **Akkusativ** – Wen? oder Was? z. B.: *Wen hat der Lehrer belohnt? – Er hat **den Jungen** belohnt.*

Viele junge Leute wünschen sich eine eigene Wohnung. Doch es ist gar nicht so leicht, ein geeignetes Domizil zu finden. Bei der einen Wohnung ist der Mietpreis zu hoch, bei einer anderen gibt es nur einen Kohleofen und die nächste Wohnung befindet sich im sechsten Stock in einem Haus ohne Fahrstuhl.

Hat man dann endlich etwas gefunden, gehen die Strapazen erst richtig los. Es müssen ein Umzugsauto und Helfer organisiert werden. Die Anmeldung der Strom- und ggf. Gas-, Telefon- und Internetversorgung muss rechtzeitig erledigt werden. Die neue Adresse muss der Krankenkasse, der Bank, den Versicherungen, dem Handyanbieter, dem Einwohnermeldeamt, dem Arbeitgeber und bzw. oder der Schule mitgeteilt werden. Die Nerven liegen schließlich blank. Doch alle Kosten und Mühen sind dann spätestens bei einer Einweihungsparty vergessen.

1 ***Schreiben Sie die Nomen (Substantive) aus dem Text heraus. Bestimmen Sie deren Genus, Numerus und Kasus.***

Das Schreiben eines Briefes ist für viele Jugendliche ein Problem. Die Kommunikation unter den Jugendlichen findet meistens unter Verwendung ihrer Mobiltelefone statt. Für ältere Leute ist die Handhabung eines Mobiltelefons oft mit Schwierigkeiten behaftet. Schon die Inbetriebnahme ist für sie ein Hindernis.

2 ***Der kurze Text ist im Nominalstil verfasst. Wie wirken diese Sätze auf Sie? Schreiben Sie die Sätze um, indem Sie einige Nomen (Substantive) durch andere Wörter ersetzen.***
Beispiel: *Einen Brief zu schreiben ist für viele Jugendliche problematisch.*

Adjektive

Mit Adjektiven drückt man aus, wie jemand oder etwas ist, wie etwas vor sich geht oder geschieht. Mit den passenden Adjektiven kann man in einem Text Anschaulichkeit vermitteln.

Basiswissen **Das Adjektiv**

Die meisten Adjektive lassen sich – wie Nomen – nach **Kasus, Numerus** und **Genus** verändern.
- z. B. *die neue Hose, die neuen Pullover, des neuen Hemdes*

Adjektive können – bis auf einige Ausnahmen wie *tot* – gesteigert werden. Das nennt man **Komparation.**
- **Positiv (Grundstufe):** *Toni ist jung.* **Komparativ:** *Anne ist jünger als Toni.* **Superlativ:** *Ben ist am jüngsten.*

Ausnahmen: Bei einigen Adjektiven wird für die Bildung des Komparativs und des Superlativs ein anderer Wortstamm als für die Grundstufe gebraucht, z. B. *viel – mehr – am meisten; gut – besser – am besten.*

Einige Schüler haben sich im Rahmen eines Schreibwettbewerbs Geschichten ausgedacht.

(A) Für mein Date mit Daniel hatte ich mir meine neue Hose angezogen und mir einen neuen Haarschnitt verpassen lassen. Ich sah gut aus und drehte mich vor der Scheibe des neuen Comicbuchladens, vor dem wir uns treffen wollten. Daniel war cool und sah gut aus. Er hatte ein neues Auto und einen guten Job. Doch leider wusste er nur zu gut, dass er gut aussah …

1 *Welche Adjektive würden Sie in dem Textauszug ersetzen? Schreiben Sie den Auszug um.*

(B) Alle sahen hinab in das dunkle Erdloch, in dem der Sarg langsam verschwand. Über die Wangen der Trauernden liefen dicke Tränen, ein lautes Schluchzen war zu hören. Tim trug noch immer die Schlinge um seinen Arm, ein großes Pflaster prangte auf seiner Stirn. „Warum nur hat sich Alex auf dieses waghalsige Wettrennen eingelassen?“, dachte er verzweifelt …

2 *Lesen Sie den Text mit und ohne die Adjektive. Beschreiben Sie die unterschiedliche Wirkung.*

(C) Er sah aufgeregt und beunruhigt aus. Eigentlich war er bei Überwachungseinsätzen ruhig und ausgeglichen, doch heute war er durcheinander und verwirrt. Er rieb sich seine müden, erschöpften Augen und schaute in die dunkle Nacht hinaus. Heute musste er diese gewissen- und rücksichtslosen Diebe erwischen! Plötzlich hörte er ein seltsames, fremdes Geräusch …

3 *Untersuchen Sie den Textauszug und benennen Sie die Adjektive. Was fällt Ihnen hier auf?*

„[Adjektive] sind schlecht, wenn sie dicht beieinanderstehen. Sie sind stark, stehen sie weit auseinander. Die Angewohnheit, Adjektive zu setzen oder wortreich, diffus und blumig zu schreiben, wird man so schwer los wie jedes andere Laster.“ *(Mark Twain in einem Brief)*

4 *Was meint Twain mit seiner Aussage über Adjektive? Erklären Sie sie anhand des Auszugs (C).*

Adverbien, Präpositionen, Konjunktionen

Mit Adverbien können Sie nähere Angaben zu einem Geschehen machen.

Basiswissen | Das Adverb

Adverbien (Umstandswörter) charakterisieren oft Verben, aber auch Nomen oder Adjektive näher. Nach ihrer Bedeutung kann man sie unterscheiden in **lokale** (z. B. *hier, dort, fort*), **temporale** (z. B. *jetzt, heute, oft, bald, nie*), **modale** (z. B. *gern, sehr, umsonst*) und **kausale** (z. B. *deshalb, darum, folglich*) Adverbien.

1 *Bestimmen Sie alle Adverbien in den folgenden Sätzen.*

(1) Der junge Mann dort sieht sehr angespannt aus. (2) In der Schule hat er sehr viel Stress. (3) Zugleich muss er zu Hause arbeiten. (4) Er hat deswegen in dieser Woche wenig geschlafen. (5) Er hat auch kaum gegessen. (6) Ich hoffe für ihn, dass die Situation bald besser wird.

Mit Präpositionen und Konjunktionen drücken Sie Verhältnisse aus bzw. verbinden Wörter, Wortgruppen und Sätze.

Basiswissen | Die Präposition

Präpositionen (Verhältniswörter) drücken **lokale** (z. B. *vor dem Haus*), **temporale** (z. B. *nach einer Stunde*), **kausale** (z. B. *wegen Hitze*) oder **modale** (z. B. *mit Energie*) Verhältnisse aus.

Sie fordern einen bestimmten Kasus des nachfolgenden Wortes bzw. der nachfolgenden Wortgruppe, z. B. *trotz des Regens* (Genitiv), *mit Freunden* (Dativ), *durch Fleiß* (Akkusativ). Einige Präpositionen fordern verschiedene Kasus, z. B. *Er fliegt über der Stadt.* (Dativ) *Er geht über die Brücke.* (Akkusativ)

2 *Welche Verhältnisse werden durch die Präpositionen in den folgenden Sätzen ausgedrückt?*

(1) Die Kantine befindet sich außerhalb des Gebäudes. (2) Ich habe seit einem Tag nichts von ihm gehört. (3) Er fühlt sich ohne seinen Computer hilflos. (4) Wegen des plötzlichen Regens gab es viele Unfälle. (5) Wir werden uns vor dem Kino treffen. (6) Infolge seiner Erkrankung konnte er nicht an dem Treffen teilnehmen.

Basiswissen | Die Konjunktion

Konjunktionen (Bindewörter) kann man unterscheiden in:

- nebenordnende Konjunktionen: Sie verbinden Wörter, Wortgruppen, Teilsätze oder Sätze, die grammatisch gleichrangig nebeneinanderstehen, z. B. *und, oder*;
- unterordnende Konjunktionen: Sie leiten Nebensätze ein, z. B. *weil, dass*.

Konjunktionen können einen **konditionalen** (z. B. *falls*), **temporalen** (z. B. *als*), **kausalen** (z. B. *weil*) oder **modalen** (z. B. *indem*) Zusammenhang bezeichnen. Sie können mehrteilig sein, z. B. *sowohl ... als auch, je ..., desto*.

3 *Schreiben Sie die Sätze ab und ersetzen Sie die falschen Konjunktionen durch geeignete.*

(1) Entweder gehen wir heute ins Kino und wir bleiben zu Hause. (2) Indem ich ihn sehe, kriege ich weiche Knie. (3) Sie machten ein Feuer im Kamin, sodass ihnen kalt war. (4) In der Grundschule lernt man lesen oder schreiben. (5) Nachdem ich einen kleinen Bruder habe, bin ich viel verantwortungsbewusster. (6) Weil du den Ausbildungsplatz bekommst, musst du dich bewerben.

Verben – Funktion der Tempusformen

Wenn Sie Sachtexte verfassen, sollten Sie auf die Verwendung der Zeitformen achten. Bei literarischen Texten können Sie verschiedene Zeitformen als erzählerisches Mittel einsetzen.

Basiswissen **Wesentliche Merkmale des Erzählens**

Zeitform	Funktion	Beispiele
Präsens	Mit dem **Präsens** drückt man aus, dass etwas gerade geschieht oder dass etwas generell gilt. Der Verfasser eines Textes nutzt das Präsens, um die Spannung zu steigern oder um auf Allgemeingültiges zu verweisen. Zum Beispiel werden Inhaltsangaben im Präsens verfasst.	*In jenen Tagen, in denen diese Geschichte ihren Lauf **nimmt**, ...* * (* Beispiele aus: Antonio Skármeta: Mit brennender Geduld. München, Zürich: Piper 2005)
Präteritum	Mit dem **Präteritum** drückt man etwas Vergangenes aus, das abgeschlossen ist. Es ist die am häufigsten gebrauchte Zeitform: Der Verfasser eines Textes berichtet und schildert im Präteritum.	*In den feuchten Redaktionsräumen **welkten** Nacht für Nacht meine Illusionen, Schriftsteller werden zu können.* *
Perfekt	Das **Perfekt** wird verwendet, um etwas Vergangenes ausdrücken, das bis in die Gegenwart hineinreicht. Es findet vor allem im mündlichen Sprachgebrauch Verwendung, selten im schriftlichen.	*[Der Postbeamte sagte:] „Der Briefträger [...] **ist** buckelig wie ein Dromedar in Rente **gegangen**.“* *
Plusquamperfekt	Mit dem **Plusquamperfekt** verweist der Verfasser eines Textes von der Zeitform Präteritum aus auf einen zurückliegenden Vorgang.	*... nachdem er den Wunsch des Briefträgers **erfüllt hatte**, verabschiedete er sich ...* *
Futur I	Voraussagen, Vermutungen oder Absichten formuliert der Verfasser eines Textes mithilfe des **Futur I**.	*Aber in fünfzig Jahren **wird** sie alt **sein**.* *
Futur II	In der Zukunft abgeschlossene Handlungen werden mit dem **Futur II** ausgedrückt.	*Am Freitag **werde** ich den Roman von Skármeta **gelesen haben**.*

1 ***Erklären Sie, welche Funktionen die verwendeten Zeitformen in den Textauszügen übernehmen.***

Es gibt oft Dinge und Beziehungen in dem menschlichen Leben, die uns nicht sogleich klar sind und deren Grund wir nicht in Schnelligkeit hervorzuziehen vermögen.
(Adalbert Stifter „Brigitta“)

Den 20. Jänner ging Lenz durchs Gebirg. Die Gipfel und hohen Bergflächen im Schnee, die Täler hinunter graues Gestein, grüne Flächen, Felsen und Tannen. Es war nasskalt, das Wasser rieselte die Felsen hinunter und sprang über den Weg. *(Georg Büchner „Lenz“)*

Es war um zwölf Jahre später. – Ich hatte nach der Rechenmeisterschule, wie es damals manche Handwerkersöhne zu tun pflegten, auch noch die Quarta unserer Gelehrtenschule durchgemacht und war dann bei meinem Vater in die Lehre getreten.
(Theodor Storm „Pole Poppenspäler“)

Verben – Passivformen verwenden

Das Passiv übernimmt wichtige Funktionen in der deutschen Sprache: Es wird z. B. verwendet, wenn man einen Handelnden ungenannt lassen (wie beispielsweise in einem wissenschaftlichen Text oder in einer Gebrauchsanleitung) oder wenn man abwechslungsreicher formulieren möchte. Da man den Handlungsträger aussparen kann, hilft das Passiv außerdem, sprachökonomischer zu formulieren.

Basiswissen – Aktiv und Passiv

Das Aktiv wird verwendet, wenn der Urheber einer Handlung im Vordergrund steht und erwähnt werden soll. Beispiel: *Der Schüler schließt die Tür.*

Das Passiv drückt aus, was mit einem Lebewesen oder einer Sache geschieht. Dabei steht der Ablauf der Handlung oder des Geschehens im Vordergrund. Der Urheber der Handlung ist weniger wichtig und bleibt somit unerwähnt. Das Passiv wird verwendet, um Vorgänge oder Arbeitsabläufe zu beschreiben.

Man unterscheidet zwischen dem Vorgangs- und dem Zustandspassiv:

- Das **Vorgangspassiv** kennzeichnet den Ablauf einer Handlung und wird mit einer Form von *werden* in der entsprechenden Personalform + Partizip II gebildet, z. B.: *Die Tür wird (von dem Schüler) geschlossen.*
- Das **Zustandspassiv** kennzeichnet das Ergebnis eines Vorgangs und wird mit einer Form von *sein* in der entsprechenden Personalform + Partizip II gebildet, z. B.: *Die Tür ist geschlossen.*

1 *Übernehmen Sie die Tabelle in Ihr Heft und füllen Sie sie aus.*

Zeitform	Aktiv	Vorgangspassiv	Zustandspassiv
Futur II			
Futur I			
Präsens	*Max schmückt den Raum.*	*Der Raum wird geschmückt.*	*Der Raum …*
Perfekt			
Präteritum			
Plusquamperfekt			

American Pancake

Schlagen Sie das Eiweiß von vier Eiern mit 50 Gramm Zucker steif. Mischen Sie in einer zweiten Schüssel das Eigelb von vier Eiern und 150 Gramm saure Sahne. Geben Sie 100 Gramm Mehl und eine Prise Salz hinzu und rühren Sie den Teig glatt. Heben Sie den Eischnee langsam unter. Zerlassen Sie etwas Butter in der Pfanne. Backen Sie aus jeweils zwei bis drei Esslöffeln Teig einen Pfannkuchen. Wenden Sie den Pfannkuchen, sobald der Teig fest ist.

2 *Schreiben Sie das Rezept um, indem Sie die Aktivsätze in Passivsätze umformen.*

3 *Schreiben Sie selbst ein Rezept für ein einfaches Gericht auf. Verwenden Sie Passivsätze.*

8.5

Satzglieder: Subjekt, Prädikat, Objekt und Adverbial

Beim Schreiben oder Überarbeiten von Texten ist es wichtig, die Satzglieder zu kennen, denn nur so können Sie sie in einem Satz umstellen oder auch austauschen, um abwechslungsreich und stilsicher zu formulieren.

Basiswissen – Subjekt, Prädikat, Objekt, Adverbial

In der Regel unterscheidet man vier Arten von Satzgliedern: Subjekt, Prädikat, Objekt und Adverbial.

Ein Subjekt (Satzgegenstand) gibt es in fast jedem Satz. Es bezeichnet oft den Verursacher, aber auch den Empfänger einer Handlung. Das Subjekt steht im Nominativ und stimmt in Person und Numerus mit dem Prädikat überein. Beispiele: *Die Polizei verhaftet**e** den Dieb. Die Polizisten verhaftet**en** den Dieb.*

Ein Prädikat (Satzaussage) enthält immer eine finite Verbform und bezieht sich auf Handlungen, Vorgänge und Zustände. Ein Prädikat kann einteilig oder mehrteilig sein. Bei einem reflexiven Verb wird das Reflexivpronomen als Teil des Prädikats verstanden.
Beispiele: *Die Polizei **verhaftet** den Dieb. Die Polizei **hat** den Bürgern **geholfen**. Sie **gaben sich** Mühe.*

Das Prädikat fordert **ein Objekt**. Man unterscheidet im Deutschen Genitiv-, Dativ-, Akkusativ- und Präpositionalobjekte.
Mithilfe der Frageprobe kann man ermitteln, welche Art des Objekts vorliegt.

Genitivobjekt	*Wessen?* (wird selten gebraucht)	***Wessen** wurde er angeklagt?* *Er wurde **des Diebstahls** angeklagt.*
Dativobjekt	*Wem?*	***Wem** hilft die Polizei?* *Die Polizei hilft **den Bürgern**.*
Akkusativobjekt	*Wen?* oder *Was?*	***Wen** verhaftet die Polizei?* *Sie verhaftet **den Dieb**.*
Präpositionalobjekt	*Über was?; Auf was?; Wofür?* usw.	***Wofür** bedankten sich die Bürger?* *Sie bedankten sich **für die Hilfe**.*

Ein Adverbial (adverbiale Bestimmung oder Umstandsbestimmung) liefert zusätzliche Informationen über Ort, Zeit, Grund und die Art und Weise eines Geschehens.
Bei der Bestimmung von Adverbialen hilft die Frageprobe.

Lokaladverbiale	*Wo?*	***Wo** verhaftete die Polizei den Dieb?* *Die Polizei verhaftete ihn **in seiner Wohnung**.*
Temporaladverbiale	*Wann?*	***Wann** verhaftete die Polizei den Dieb?* *Die Polizei verhaftete ihn **am Abend**.*
Kausaladverbiale	*Warum?*	***Warum** hat die Polizei ihn nicht früher verhaftet?* *Die Polizei hat ihn **mangels Beweisen** nicht früher verhaftet.*
Modaladverbiale	*Wie?*	***Wie** hat der Dieb auf die Verhaftung reagiert?* *Der Dieb hat **bestürzt** auf seine Verhaftung reagiert.*

Satzglieder: Subjekt, Prädikat, Objekt und Adverbial

1 ***Bestimmen Sie die Satzglieder der folgenden Sätze.***

(1) Luisa kaufte sich im Sportladen ein Trikot für das **Fußballspiel**. (2) Ihr Freund spielte seit **Jahren** in einer Fußballmannschaft. (3) Sie hatte **Geld** von ihrer Oma bekommen. (4) Sie hatte ihrer **Oma** beim Einkauf geholfen. (5) Das Fußballspiel fand am **Samstag** bei der gegnerischen Mannschaft statt. (6) Es regnete an diesem **Tag**. (7) Das Spiel fand trotz des **Regens** statt. (8) Luisa feuerte die Mannschaft in ihrem **Trikot** an. (9) Nach dem Spiel umarmte Luisa ihren **Freund**.

2 ***Satzglieder können an den Satzanfang gestellt werden, um sie hervorzuheben. Stellen Sie die Sätze von Aufg. 1 so um, dass die hervorgehobenen Wörter betont werden.***

Beispiel: *Für das Fußballspiel kaufte sich Luisa im Sportladen ein Trikot.*

Beim Schreiben von Texten können Sie Attribute verwenden, um Satzglieder näher zu bestimmen und zu erweitern. Auf diese Weise können Sie Ihre Texte inhaltlich präzisieren.

Basiswissen | Das Attribut als Satzgliedteil

Attribute (Beifügungen) sind Teile von Satzgliedern, keine eigenständigen Satzglieder. Sie stehen vor oder hinter ihren Bezugswörtern, auch wenn man den Satz umstellt. Attribute können Sie mit der Frage „Was für eine/einer/ein ...?“ ermitteln. Sie kommen u. a. vor als:

Adjektivattribut	*Der **clevere** Azubi arbeitet fleißig.* (Adjektiv) *Der **leitende** Angestellte ist nett.* (adjektivisch gebrauchtes Partizip)
Genitivattribut	*Der Chef **des Autohauses** stellt Azubis ein.* (Substantiv im Genitiv)
Präpositionales Attribut	*Die Freude **über den Ausbildungsvertrag** war riesig.*
Infinitivattribut	*Seine Freiräume **zu entscheiden** sind begrenzt.*
Apposition	*Kai, **der andere Azubi**, arbeitet in meiner Abteilung.*
Adverbien	*Der Azubi **hier** arbeitet gut im Team.*
Pronomen	*Wir sind alle zufrieden in **unserer** Firma.*
Numerale	*Der Chef ist **drei** Wochen verreist.*

3 ***Bestimmen Sie in den folgenden Sätzen die Satzglieder. Benennen Sie die Attribute.***

(1) Herr Mayer, ein neuer Lehrer, unternahm am vergangenen Freitag mit der Klasse 12 einen Ausflug nach München. (2) Die Klasse wollte die neue Ausstellung des Technikmuseums besuchen. (3) Die zwanzig Schüler betrachteten die außergewöhnlichen Kunstwerke in den Vitrinen. (4) Die Begeisterung über die Ausstellung wurde jedoch getrübt. (5) Ein Schüler der Klasse hatte seine Geldbörse verloren. (6) Die Chance, sie wiederzufinden, war gering. (7) Außerdem beschuldigte der Schaffner die müde Klasse auf dem Nachhauseweg des Schwarzfahrens.

4 ***Ergänzen Sie die Sätze aus Aufgabe 1 durch passende Attribute.***

Beispiel: *(1) Luisa kaufte sich im **teuren** Sportladen ein **neues** Trikot für das Fußballspiel **ihres Freundes**.*

9 Sachtexte analysieren

Sachtexte werden mit unterschiedlichen Absichten geschrieben. Einige Texte sollen uns informieren, andere sollen uns überzeugen und wieder andere zu einer Handlung auffordern. Appellative Texte wie Kommentare, Glossen oder Werbetexte können den Leser unbewusst beeinflussen, wenn die Absicht des Autors nicht erkannt und hinterfragt wird. In diesem Kapitel erschließen Sie die Aussageabsicht eines Textes durch seine inhaltliche, strukturelle und sprachliche Untersuchung. Außerdem erfahren Sie, wie Sie Ihre Analyseergebnisse in schriftlicher Form darlegen und auf einen Artikel schriftlich reagieren können, beispielsweise in einem Blog oder Leserbrief.

ANWENDUNGSSITUATION

Sie erhalten die Information, dass die Anmeldefrist für die Fachhochschulen bald ausläuft. Sie wissen jedoch nicht genau, was Sie zukünftig machen wollen: An der FH studieren? Eine Ausbildung in einem Betrieb beginnen? Für den Fall, dass Sie zu einer Berufsausbildung tendieren: Welcher Beruf könnte Sie interessieren?

Sie wollen sich informieren und besuchen einen Informationstag zu Studium und Beruf. Dort erhalten Sie umfangreiches Material. Sie nehmen die Unterlagen mit nach Hause und breiten sie auf Ihrem Schreibtisch aus.

Inhalt

Was fangen Sie nun mit der Flut an Informationen an? Welche sind für Sie wirklich interessant?

Das ist Ihr Arbeitsauftrag:

1 *Gestalten Sie einen „Markt der Möglichkeiten" (➪ S. 396) zum Thema „Berufliche Perspektiven".*

Wenn Sie die folgenden Seiten dieses Kapitels erarbeitet haben, werden Sie in der Lage sein, den Arbeitsauftrag erfolgreich auszuführen.

Arbeitsschritte	Arbeitstechniken und Methoden	Kompetenzen
Aufbau und Aussageabsicht untersuchen		Textsorten benennen Inhalte wiedergeben zentrale Aussagen erfassen und erläutern Strukturmerkmale, Aufbau und sprachliche Gestaltungsmittel analysieren Argumentationsstruktur, Zielsetzungen und Wirkungsmöglichkeiten unterschiedlicher Textsorten erkennen
die sprachlichen Mittel untersuchen		
einen Leserbrief verfassen	Verfassen von Leserbriefen	
die Argumentationsstruktur und -strategie untersuchen	die Argumentationsstrategie erläutern	
die Argumentation bewerten		
sprachliche Besonderheiten in Werbebriefen erkennen		
eine Werbeanzeige analysieren	Kurzvortrag verfassen	
eine Sachtextanalyse verfassen		

9.1

Informative und expressive Sachtexte analysieren

Aufbau und Aussageabsicht untersuchen

Für das Erschließen eines Textes ist es wesentlich, seinen Aufbau zu erkennen. Hierbei können z. B. Teilschritte der Fünf-Schritt-Lesetechnik (➪ S. 396) hilfreich sein.

Vom Concierge bis zum Eventmanager – Karriere im Hotel

Arbeiten an Traumstränden oder in Weltstädten: Wer von einer Karriere im Hotel träumt, will meist in die weite Welt hinaus. Doch anderen den perfekten Urlaub zu ermöglichen, ist nicht immer glamourös. Wer im Hotel anfängt, muss anpacken können.

Arbeiten in einem Hotel: Das klingt nach großer weiter Welt, nach Abenteuer und exotischen Orten. Doch die Jobs im Hospitality Management – wie diese Branche weltweit heißt – sind anstrengend. Wer sich für die Branche entscheidet, arbeitet auch am Abend und an den Wochenenden. Dazu müssen Angestellte den Gästen gegenüber immer freundlich und zuvorkommend sein. Lange stehen und viel laufen: Auch das gehört zum Job. Egal, ob Säle eingedeckt, Tische verrückt oder Koffer getragen werden müssen – junge Leute, die im Hotel arbeiten wollen, sollten auch körperliche Kraft mitbringen.

Die Berufsbilder sind ausgesprochen vielfältig: Da sind die Liftboys und der Concierge, der den Gästen mit Rat und Tat zur Seite steht. In der Küche gibt es Köche und Konditoren, hinzu kommen vom Fitnesstrainer bis zum Ernährungsberater Berufe im Sport- und Wellness-Bereich. Dann gibt es Jobs in der Buchhaltung, es braucht Abteilungsleiter und den Hoteldirektor.

Lange Zeit habe das Thema Ausbildung in der Branche nur eine untergeordnete Rolle gespielt, sagt Guido Zeitler von der Gewerkschaft Nahrung Genuss Gaststätten (NGG) in Berlin. Auszubildende galten häufig als billige Arbeitskräfte. Zwar gebe es vor dem Hintergrund des Fachkräftemangels erste Anzeichen für ein Umdenken in der Branche. Eine breite Bewegung sei das aber noch nicht.

Zu den Berufen, die mit einem Haupt- oder Realschulabschluss zu erreichen sind, gehören Hotelfachleute, Hotelkaufleute, Fachkräfte für Systemgastronomie, Köche, Restaurantfachleute oder Veranstaltungskaufleute. Dafür lernen Schulabgänger in einem Betrieb und einer Berufsschule.

Ein anderer Weg, direkt in den oberen Etagen eines Hotels zu beginnen, ist das Studium an einer Fachhochschule oder Universität. Die Studiengänge heißen „Hospitality Management“, „Business Management Hotel“, „Tourismusmanagement“ oder „Hotelmanagement“. Allerdings sei die Zahl von Akademikern in der Hotellerie sehr gering, gibt Zeitler zu bedenken. Die meisten Angestellten hätten eine der Disziplinen im Gastgewerbe gelernt.

Doch egal, ob Ausbildung oder Studium – über eine Eigenschaft sollten Schulabgänger auf jeden Fall verfügen: „Wir brauchen Personen mit Ausstrahlung, die jeden Gast freundlich behandeln“, sagt Reto Wittwer, Vorstand der Kempinski-Gruppe, zu der mehr als 100 Luxushotels in Europa, Asien und Afrika gehören. „Ein junger Mensch braucht eine gute Einstellung zum Service und dazu, wie man den Gästen den Aufenthalt in einem Hotel so angenehm wie möglich macht.“

Daneben sind Sprachtalent und interkulturelle Kompetenz gefragt. „Man muss die Leute verstehen und wissen, wie sie ticken“, sagt Wittwer, der selbst acht Sprachen spricht. Außerdem verlange eine Karriere im Hotel viel Flexibilität. „Man muss bereit sein, das Hotel in regelmäßigen Abständen zu wechseln, um vorwärtszukommen“, ergänzt Michel Gehrig von der Abteilung Talent Management bei Kempinski.

Sowohl Kempinski als auch andere Hotelgruppen haben jedenfalls erkannt, dass sie etwas tun müssen, um guten Nachwuchs an sich zu binden. Kempinski hat eine eigene Abteilung „Talent Management“ am Standort in Genf. Die Hotelgruppe Accor, zur der etwa die Hotelkette Ibis gehört, bietet mit der Académie Accor ein unternehmenseigenes Fort- und Weiterbildungsprogramm, in dem eine Vielzahl von Trainings angeboten werden. Auch die Steigenberger-Gruppe hat eine Akademie, in der

Aufbau und Aussageabsicht untersuchen

verschiedene Aus- und Weiterbildungen auf dem Programm stehen.

Abu Dhabi, Singapur, Sankt Moritz – die Welt der Kempinski-Hotels ist sicher eine spezielle. In die Kategorie Luxushotellerie schafft es nicht jeder, der sich um eine Stelle im Hotel bewirbt. Doch das sollten Schulabgänger nicht tragisch nehmen: „Es ist nicht gesagt, dass man grundsätzlich in einem Fünf-Sterne-Hotel mehr lernt", sagt NGG-Fachmann Zeitler. „Es gibt auch eine Reihe von kleinen Hotels, die sehr gut ausbilden."

Allerdings: Die Branche hat keinen allzu guten Ruf. Das geht zum Beispiel aus dem Ausbildungsreport des Deutschen Gewerkschaftsbundes hervor. Schwere Arbeit, wenig Geld, viele Überstunden und befristete Verträge gehören immer noch zur Tagesordnung. Betriebsräte und Tarifverträge gibt es dagegen kaum. Daher wechselten viele Mitarbeiter nach einigen Jahren in andere Branchen, so Zeitler. Das sollten Schulabgänger bedenken, bevor sie sich für die Branche entscheiden. Dennoch: Das Gewerbe ist krisenfest, meint Reto Wittwer – und es expandiert, vor allem im Luxusbereich. „Das ist eine wachsende und vor allem sehr personalintensive Industrie", sagt er. „Da werden gute Leute immer gebraucht."

(dpa, 12.06.2013)

1 ***Analysieren Sie den Aufbau des Textes.***
Gliedern Sie den Text in sinnvolle Abschnitte und geben Sie den Abschnitten Zwischenüberschriften.

2 ***Schreiben Sie mithilfe der Ergebnisse aus Aufgabe 1 die Analyse des Aufbaus.***

3 ***Nennen Sie den möglichen Adressatenkreis dieses Textes.***

4 ***Analysieren Sie mithilfe des Basiswissens die Aussageabsicht des Textes, indem Sie***
a) die informativen Passagen in eigenen Worten knapp zusammenfassen.
b) die Position des Verfassers deutlich machen und an geeigneten Textstellen belegen.
c) zuordnen, ob der Text eher argumentativ-informativ oder eher expressiv gestaltet ist.

Basiswissen – Sachtexte und ihre Aussageabsicht

Beim Verfassen eines Sachtextes verfolgt der Autor eine bestimmte Absicht: Er möchte beispielsweise informieren, belehren, dokumentieren, überzeugen, beeinflussen oder auffordern. In den meisten Fällen kommt es zur Vermischung dieser Absichten, jedoch bleibt in der Regel ein Schwerpunkt erkennbar. Dementsprechend bewegen sich Sachtexte je nach ihrem Aussagegehalt zwischen den folgenden Hauptintentionen:

Die jeweils vorherrschende Aussageabsicht wird durch den Inhalt der Aussagen, aber auch durch die Wahl der sprachlichen Mittel erkennbar.

Da mit ihnen ein bestimmter Zweck verbunden wird, nennt man diese Texte auch „Gebrauchstexte" oder „pragmatische Texte".

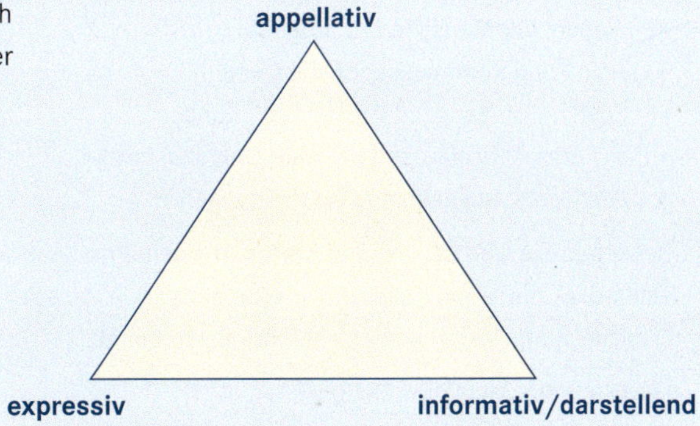

Aufbau und Aussageabsicht untersuchen

Ausbildung bei Maritim Hotels

Hissen Sie die Segel für Ihre Zukunft und starten Sie Ihre berufliche Entwicklung mit einer Ausbildung in den Maritim Hotels. Als inhabergeführtes Familienunternehmen mit über 40 Jahren Tradition sind wir uns vielleicht mehr als viele andere der Tatsache bewusst, dass der Erfolg des Unternehmens ganz wesentlich von unseren Mitarbeiterinnen und Mitarbeitern beeinflusst wird. Maritim ist sehr auf die Qualifikation und Förderung seiner Mitarbeiter einerseits und auf ihre Arbeitszufriedenheit andererseits bedacht. Und das zahlt sich aus: Auszubildende der Maritim Hotels stehen nicht nur regelmäßig bei Wettbewerben auf dem Siegertreppchen, sondern nehmen auch in den Abschlussprüfungen vielfach die vorderen Ränge ein. Anschließend bleiben sie der Maritim Familie gerne treu, entwickeln sich mit Unterstützung der internen Weiterbildung durch die Maritim Akademie zu ausgezeichneten Nachwuchskräften und übernehmen oft schon nach kurzer Zeit Führungspositionen.

So abwechslungsreich wie unsere Hotels, sind auch unsere Ausbildungsberufe. Wir bilden folgende Berufe aus: Koch/Köchin, Restaurantfachleute, Hotelfachleute, Fachkraft im Gastgewerbe, Hotelkaufleute, Veranstaltungskaufleute, Fachkraft für Veranstaltungstechnik, Personaldienstleistungskaufleute, Konditoren, Bürokaufleute, Sport-/Fitnesskaufleute, Elektroniker für Gebäude- und Infrastruktursystem (...)

Informationen zu den gastronomischen Ausbildungsinhalten finden Sie unter www.dehoga-bundesverband.de.

Wir bieten

- Internationales Umfeld
- Regelmäßigen Abteilungswechsel
- Eigenverantwortliches Arbeiten
- Durchführung umfangreicher On-the-Job-Trainings
- Konzernwettbewerb der besten Auszubildenden
- Auszubildenden-Meetings
- Planung und Durchführung von Auszubildenden-Projekten
- Gute Einstiegs- und Aufstiegsmöglichkeiten in einem unserer Hotels
- Karriereplanung
- Prüfungsvorbereitungen für jedes Berufsbild

Wir erwarten

- Schulabschluss lt. Stellenausschreibung
- Bereitschaft zu Schichtdienst und Wochenendarbeit
- gute Sprachkenntnisse/jede Fremdsprache ist von Vorteil
- Freude, mit Menschen zu arbeiten
- Team- und Kommunikationsfähigkeit
- Spaß im Umgang mit Gästen bzw. Kunden
- sicheres Auftreten und perfekte Umgangsformen
- gepflegtes, angenehmes Erscheinungsbild

Bewerben Sie sich bei uns und werfen in einem Praktikum einen Blick hinter die Kulissen – in eine ganz neue Welt der Dienstleistung. Wir freuen uns auf Ihre Bewerbung!

(www.maritim.de, 12.06.2013)

Aufbau und Aussageabsicht untersuchen

5 *Erklären Sie mithilfe des Basiswissens, um welche journalistische Textsorte es sich bei den Texten „Vom Concierge bis zum Eventmanager – Karriere im Hotel" und „Ausbildung bei Maritim Hotels" handelt.*

Basiswissen – Wichtige journalistische Textsorten

Meldung

Eine Meldung ist eine Mitteilung über ein aktuelles, öffentlichkeitsrelevantes Ereignis, die in knappster Form Antworten auf die Fragen *Wer?, Was?, Wann?, Wo?* gibt. Oft reicht ein Aussagesatz, um diese zentralen Informationen zu übermitteln.

Nachricht

Häufig entspricht der erste Satz einer Nachricht (Lead) der Meldung. Diese zentrale Aussage der Nachricht wird dann durch Mitteilungen zu den näheren Umständen eines Geschehens erweitert.

Bericht

Beim journalistischen Bericht werden den Grundinformationen einer Nachricht weitere Hintergründe, interessante Einzelheiten, Meinungen von Beteiligten, Erklärungen und Ursachen beigefügt, ohne dass explizit eine Stellungnahme vorgenommen wird. Er ist die redaktionelle Bearbeitung der Nachricht, gleichsam ihre Langform.

Reportage

Auch die Reportage übermittelt Tatsachen und Beobachtungen, sie lässt jedoch Spielräume für subjektive Beobachtungen. Zumeist wird hier Persönliches in den Vordergrund gestellt, um das Geschehen anschaulicher zu gestalten und den Leser unmittelbarer teilhaben zu lassen. Hier ist der Stil abwechslungsreich: Erlebnisbericht, Schilderung, Dialog, Tempuswechsel, Montage, Konkretisierung und Verallgemeinerung kennzeichnen ihn. Dennoch hat eine Reportage vornehmlich informierenden Charakter.

Interview

Im Interview wird ein Gespräch mit einem Prominenten oder Experten aufgezeichnet und wiedergegeben. Es ist damit sowohl eine Methode der Recherche als auch eine eigene journalistische Textsorte.

Kommentar

Der Kommentar stellt zwar auch einen Sachverhalt dar, aber das Hauptgewicht liegt auf dessen Problematisierung und Bewertung und den daraus folgenden Lösungsangeboten und Handlungsaufforderungen des Kommentators.

Glosse

Ebenso wie beim Kommentar wird auch in der Glosse die Meinung des Autors einbezogen. Allerdings unterscheidet sie sich von diesem durch den ironischen und satirischen Stil. Der Aufbau ist offener, die Argumentation weniger streng. Oft weist die Glosse eine Pointe auf. In inhaltlicher Hinsicht hat sie einen großen Spielraum, häufig werden Nebenaspekte des politischen, gesellschaftlichen oder kulturellen Lebens thematisiert.

6 *Übertragen Sie das Dreieck aus dem Basiswissen auf S. 153 in Ihr Heft und ordnen Sie die im Basiswissen genannten Textsorten den drei Hauptaussageabsichten zu.*

9.1

Die sprachlichen Mittel untersuchen

Um die jeweils vorherrschende Aussageabsicht des Textes, also seine expressive, appellative oder informative Ausrichtung zu erfassen, eignen sich neben der Untersuchung des Inhalts und des Aufbaus auch die Analyse der verwendeten sprachlichen Mittel.

„Es ist, als ob jemand den Stecker herausgezogen hätte“

Überschrift reizt zum Weiterlesen

Über Jungs mit Abitur, aber ohne Energie.

überraschende Gegenüberstellung

von Harald Martenstein

Verhalten von Jungs nach dem Abi

Ich traf einen Kollegen, der einen Sohn hat. Sein Sohn ist im gleichen Alter wie mein Sohn. Der andere Sohn hat ebenfalls kürzlich Abitur gemacht. Der Kollege sagte, sein Sohn schlafe meist bis zum frühen Nachmittag. Danach dusche er und setze sich an den Computer. Dort spiele er und chatte. Manchmal gehe er aus. Aber meistens sei er zu Hause. Er steht auf, er spielt, er isst, dann legt er sich wieder schlafen. Manchmal geht er arbeiten, das stimmt, er hat einen Job. Er arbeitet genau so viel, wie unbedingt erforderlich ist, keine Sekunde länger. Zukunftspläne sind vorhanden, werden aber mit extremer Gelassenheit und in aufreizend langsamem Tempo verfolgt. Sein Zimmer befinde sich in einem sehr, sehr traurigen Zustand. Ungeziefer gibt es dort nicht, dem Ungeziefer ist das Zimmer offenbar nicht behaglich genug. Die Mitarbeit des Sohnes im elterlichen Haushalt aber sei ein Thema, das zu schmerzhaft ist, um überhaupt darüber reden zu können. Das hätte ich an seiner Stelle alles, Wort für Wort, ebenfalls berichtet.

Anapher

Wiederholung, Metapher, Hyperbel

Die Mädchen aus der Abi-Klasse, sagte der Kollege, studieren inzwischen alle. Die sind alle auf der Autobahn Richtung Topjuristin, Chefärztin oder Konzernvorstand. Die Jungs dagegen, ach, es ist furchtbar, es ist traurig. Sie hängen rum. Eine *lost generation*. Ich sagte, dass mein Sohn sich eine neue Badehose kaufen möchte. Das Projekt, sich eine Badehose zu kaufen, verfolgt er seit nunmehr acht Wochen. Er hat keine Zeit. Nein, er hat keine Energie. Es ist, als ob jemand den Stecker herausgezogen hätte aus dieser Generation von Jungs. Das wird sich alles auswachsen, sagte ich, das kann ja nicht ewig so weitergehen. Eines Tages wird er sich eine Badehose kaufen. Er wird morgens um neun vor mir stehen, frisch geduscht, und er wird sagen, dass er jetzt zu Karstadt geht und sich die Badehose kauft. Jeden Morgen warte ich darauf. Dann gehe ich ins Büro, er schläft noch, und wenn ich vom Büro heimkomme, ist er gerade aufgestanden, die Cornflakes-Schüssel steht herum, und er macht sich fertig fürs Joggen.

Übertreibung, Pauschalaussage

Vergleich Mädchen und Jungs

Correctio

Hyperbel

Vergleich

Jungs von heute: eine lost generation

Die sprachlichen Mittel untersuchen

Eine Jogginghose hat er ja. Der Kollege sagte: „Es ist überall das Gleiche. Das tröstet dann doch irgendwie." Wir haben durchgecheckt, woran es liegen könnte. Ich glaube nicht, dass es an der Erfindung des Computers liegt. Die Mädchen besitzen ebenfalls Computer. Ich glaube auch nicht, dass der Feminismus schuld ist. Gewiss, diese Generation von Jungs wird sich vermutlich extrem schwer damit tun, Spitzenpositionen zu erobern, solche Jobs werden in den nächsten Jahrtausenden hauptsächlich mit Frauen besetzt sein. Aber das kümmert die Jungs nicht, nein, es ist ihnen sogar recht. Unsere Jungs sind begeisterte Feministen. Wenn jemand unseren Jungs die Position eines Bundeskanzlers oder Bankchefs anbieten würde, dann würden unsere Jungs langsam aufstehen, ihre Chipstüte nehmen und in ihr Zimmer schlurfen, um dort in Ruhe Musik zu hören. Waren unsere Erziehungsmethoden zu lasch? Waren wir schlechte Vorbilder? Ist die Schule schuld, zu viel Gruppenarbeit, zu wenig Leistungsdenken, alle Lehrer immer krank?

Jungs sind begeisterte Feministen

Rhetorische Frage

»Es liegt an der Abschaffung der Wehrpflicht«, sagte der Kollege. Das hat mir sofort eingeleuchtet. Ich habe ja nach dem Abi Zivildienst gemacht, aber das bedeutete ebenfalls eineinhalb Jahre frühes Aufstehen, heftige Maloche, Hierarchie, Erwachsenenleben. Danach warst du eingenordet. Danach wusstest du Bescheid. Mein Gott. Wie ich rede.

Trotzdem. Einer Bürgerinitiative »Väter von Jungs für die Wiedereinführung der Wehrpflicht« würde ich beitreten.

(ZEITmagazin, 27.09.2012)

Eltern diskutieren die Gründe und vergleichen sie mit sich damals

1 *Beschreiben Sie Ihren ersten Leseeindruck.*

2 *Geben Sie den Inhalt des Textes mit eigenen Worten wieder.*

3 *Übertragen Sie die Tabelle in Ihr Heft und notieren Sie weitere sprachliche Mittel (➪ Kapitel 13.2, S. 228 f.), die Intention des Autors und die Wirkung auf den Leser.*

Textstelle	sprachliche Mittel	Intention	Wirkung
Z. 5	Anapher	...	...

4 *Erklären Sie die Aussageabsicht des Textes aufgrund Ihres Ergebnisses aus Aufgabe 3 (➪ Basiswissen S. 153).*

5 *Erläutern Sie, um welche journalistische Textsorte es sich bei diesem Text handelt (➪ Basiswissen S. 155).*

9.1

Einen Leserbrief verfassen

Leserbriefe sind in allen Zeitungsredaktionen sehr willkommen, denn sie ermöglichen eine Art der Kommunikation zwischen Zeitung und Leser. Besonders kontroverse Meinungen werden gerne publiziert. Große Tageszeitungen haben in der Regel auch eine Online-Ausgabe, in der Artikel veröffentlicht werden. Oft werden Artikel für die Online-Ausgabe bearbeitet. Das hat damit zu tun, dass der User im Netz weniger Zeit aufwendet als der Zeitungsleser. Eine besondere Form der Veröffentlichung im Netz ist ein Weblog, kurz Blog genannt. Der Herausgeber (Blogger) stellt einen Text ins Netz, Leser veröffentlichen ihre Meinung dazu. Zu dem Text „Es ist, als ob jemand den Stecker herausgezogen hätte" von Harald Martenstein finden sich im Netz folgende Kommentare.

Leserbrief 1

DanielaKayB (27.09.2012 um 13:55 Uhr)

Ihr Filius kriegt den Hintern nicht hoch?

Wessen Aufgabe wäre es denn gewesen, ihn mit einem Mindestmaß an Ehrgeiz auszustatten und ihm die Werkzeuge in die Hand zu geben, die er nutzen kann, um sich nach der Schule ein eigenes Leben aufzubauen? Den mit dem Sofa verwachsenen Sohn anzusehen und zu lamentieren, dass diesem die starke Hand eines Ausbilders fehlt? Das ist dieselbe Erziehungsphilosophie, die sich mit den Worten „Jetzt kommt er in die Schule, jetzt wird er endlich erzogen" auf die Einschulung freut. Suchen Sie nicht die Schuld bei anderen, wenn Sie es nicht geschafft haben, Ihrem Sohn zu vermitteln, dass der Schulabschluss – insbesondere das Abitur – ein Sprungbrett in einen neuen Lebensabschnitt ist!

Leserbrief 2

H_Krebs (28.09.2012 um 8:14 Uhr)

„Mathe ist ein Mädchenfach"

Als wir diese Meinung unserer damals zwölfjährigen Jungen hörten, waren meine Frau und ich sehr verblüfft. Als Vater und Grundschullehrer beobachte ich, wie sich Jungen aus immer mehr Interessensgebieten verabschieden, während Mädchen für sich neue erschließen. Spätestens in den vierten Klassen legen Mädchen sich richtig ins Zeug und konkurrieren Jungen gnadenlos nieder. Das hält auf den weiterführenden Schulen für Jahre an. Ich bin nicht der Meinung einiger Kommentatoren, dass sich das mit der Zeit gibt. In meiner eigenen Schulzeit (60er-Jahre) waren wir Jungen das eindeutig dominantere Geschlecht. Es handelt sich eben nicht um Einzelfälle. Mädchen und ihre Mütter erobern sich neue gesellschaftliche Positionen, ohne alte Machtbereiche abzutreten. Jungen und Männer ziehen sich in die Verantwortungslosigkeit zurück. Nebenbei bemerkt, wir kennen nicht wenige durchaus attraktive und liebenswerte dreißigjährige Frauen, die keine Männer finden, die bereit sind, eine Familiengründung mitzutragen. (...)

Einen Leserbrief verfassen

Leserbrief 3

E. Prendick (29.09.2012 um 0:37 Uhr)

Die Jungs haben den Durchblick

Sehr geehrter Herr Martenstein,

die Jungs haben echt den Durchblick und reagieren angemessen auf den Wahnsinn um sie herum. Dafür sind sie zu beneiden.

In einer Gesellschaft, in der Leistung mehr oder weniger ein Schimpfwort ist, brauche ich mich auch nicht anzustrengen. Bringe ich es, bin ich ein Streber, bringe ich es nicht, ist es auch nicht schlimm, ist eh eine No-Win-Situation. Da schlafen die lieber aus, amüsieren sich in virtuellen Welten und zeigen zumindest mental den Stinkefinger. Und auch bei den Frauen ist kein Blumentopf zu gewinnen, und eh die sich als minderwertige Wesen beschimpfen lassen, ziehen sie sich zurück und genießen das Leben. Die Jungs sind eben heller als die Alten.

Leserbrief 4

Mc-Noise (29.09.2012 um 12:48 Uhr)

Der Artikel ist doch ironisch zu verstehen, oder?!

(...) ansonsten ist es doch nichts Neues, dass Jungs faul sind und Mädchen schon immer strebsamer. Das gab es vor 10, 20, 30 Jahren genauso. (...) umso trauriger, dass sich ein gebildeter Mann wie der Autor an so etwas nicht zu erinnern scheint. Und noch trauriger erscheint es mir, dass hier nicht einmal an den eigenen väterlichen Qualitäten in punkto Erziehung gezweifelt wird, sondern nur an den Zeichen der Zeit – an der jungen Generation.

Ein ganz schön verstaubtes Urteil, das der Autor sich bildet, das im letzten Satz sogar noch richtig rückschrittlich dumm wird. Ein überflüssiger Artikel (...), und wenn man ihn ironisch verstehen möchte, dann ist er einfach nicht überspitzt genug (...) Zeitverschwendung der Leser.

1 ***Vergleichen Sie die vier Leserbriefe.***

a) Auf welche Aussagen des Artikels beziehen sich die Autoren?

b) Welche Absicht verfolgen die Kommentatoren mit ihren Beiträgen?

c) Schließen sich die Kommentatoren den Schlussfolgerungen des Artikels an, modifizieren sie diese oder grenzen sie sich von ihnen ab?

2 ***Schreiben Sie einen eigenen Leserbrief zum Artikel.***

Arbeitstechnik – Leserbriefe verfassen

Schreiben Sie den Leserbrief möglichst **zeitnah** zum Erscheinen des Artikels.

- Nennen Sie den Artikel, auf den sich Ihr Beitrag bezieht.
- Fassen Sie sich **kurz**. Beschränken Sie sich auf zwei bis drei Punkte, zu denen Sie Stellung nehmen wollen.
- Bringen Sie Ihre Aussage **„auf den Punkt“**, vermeiden Sie Abschweifungen.
- Formulieren Sie Ihre **Argumente verständlich**, vermeiden Sie Schachtelsätze.
- Nennen Sie immer Ihren Namen, Ihre Anschrift und Telefonnummer.

9.1

Die Argumentationsstruktur und -strategie untersuchen

Bei der Beschäftigung mit meinungsbildenden Texten ist es wichtig, die Position des Verfassers zu ermitteln. Dazu muss man den Aufbau einer Argumentation erkennen und die These, Argumente und Argumentationsbelege prüfen. Die Argumentationskette gibt Aufschluss über die Strategie des Verfassers, seine Leser zu überzeugen.

Keine faulen Lehrlinge

von Stefan Sauer

Dass im Jahr 2011 fast jeder vierte Ausbildungsvertrag vorzeitig aufgelöst wurde, liegt nicht an der Arbeitsscheu der jungen Leute, sondern am großen Angebot auf dem Arbeitsmarkt.

Für Stammtische ist die Meldung des Bundesinstituts für Berufsbildung ein gefundenes Fressen: Fast ein Viertel aller Ausbildungsverträge wurden im Jahr 2011 vorzeitig gelöst. Da sieht man's mal wieder, sind zu bequem, packen nicht ordentlich an, junge Faulenzer, Weicheier, Nichtsnutze. Zu unserer Zeit hat's das nicht gege…

Stopp, falsch, hat es immer. Auch vor 20 und 30 Jahren haben junge Leute ihre Lehre nicht beendet. Weil Betriebe schließen mussten, aus gesundheitlichen Gründen, wegen eines Konflikts mit dem Vorgesetzten oder um einer anderen Berufsausbildung willen. Diese und andere Gründe gab es damals, und es gibt sie heute. Richtig allerdings ist: Im Jahr 2011 wurden 24,8 Prozent der Ausbildungsverträge vorzeitig aufgekündigt, in Zahlen 149.760. Und damit mehr als in jedem anderen Jahr seit Anfang der 90er.

Dies hat jedoch nichts mit grassierender Arbeitsscheu nachwachsender Generationen zu tun, sondern ganz einfach mit der im Vergleich zu früheren Jahren arbeitnehmerfreundlichen Arbeitsmarktlage. Seit einiger Zeit schon gibt es mehr offene Lehrstellen als Bewerber. Die jungen Leute haben eine größere Auswahl. Die Auflösung eines Lehrvertrags bedeutet nicht automatisch Arbeitslosigkeit, sie bedingt keineswegs, dass man lebenslang sein Dasein als ungelernte Hilfskraft fristen muss. (…)

Dies war zwar auch früher schon nicht zwangsläufig der Fall: Studien aus dem Jahr 2002 belegen, dass rund die Hälfte derjenigen, die ihre Ausbildung abbrachen, direkt im Anschluss eine andere Lehre begannen. Mittlerweile aber dürfte sich die Zahl der Wechsler noch deutlich erhöht haben. Die relativ große Auswahl an Lehrstellen führt dazu, dass manche Bewerber gleich mehrere Verträge unterschreiben, um sich am Schluss den für sie besten auszusuchen.

Bei Bewerbern, die mehrere Verträge unterschrieben haben, landen die nicht angetretenen Lehrstellen nicht in der Abbruchstatistik. Bei Abiturienten, die zunächst ein bisschen in die Lehre gehen und dann abbrechen, weil sie einen Studienplatz bekommen haben, ist das anders: Die abgebrochene Ausbildung geht in die Statistik ein. Einen ähnlichen Effekt haben die doppelten Abiturjahrgänge in vielen Bundesländern: Wer nicht weiß, ob er seinen Wunschstudienplatz erhält, schließt vorsichtshalber noch einen Ausbildungsvertrag ab – der gegebenenfalls wieder gelöst wird.

Ausbildungsmesse „jobfactory" in Rostock

Die Argumentationsstruktur und -strategie untersuchen

In großen Städten mit vielen kleinen Ausbildungsbetrieben wie Berlin kommt ein weiteres Phänomen hinzu, das Daniel Jander, Pressesprecher der ansässigen Handwerkskammer, anhand des Friseurhandwerks erläutert: „Wenn am Prenzlauer Berg ein cooler Szenefriseur aufmacht, dann kündigen manche ihren Vertrag, nur um da in die Lehre zu gehen." Von wegen faul. Außerdem: Die Abbruchquote unter Studenten ist viel höher: Bei Bachelor-Studiengängen beenden 28 Prozent das Studium vorzeitig ohne Abschluss – und zwar – anders als die Azubis, die ja meist woanders weitermachen – endgültig.

(Frankfurter Rundschau online, 25.01.2013)

Basiswissen – Aufbau einer Argumentation

Bei einer These handelt es sich um eine Behauptung in Form einer Meinungsäußerung oder eines Werturteils. Das dann folgende Argument begründet die These. Das Argument wiederum wird durch sogenannte Argumentationsbelege gestützt. Diese können aus Beispielen, Erläuterungen oder Zitaten bestehen, auch das Aufzeigen von Konsequenzen ist als Argumentationsbeleg denkbar.

These:
Jugendliche interessieren sich wenig für Politik und Gesellschaft.

Begründung:
Denn sie sehen wenig Möglichkeiten, etwas zu verändern.

Beleg:
Das belegen Umfragen unter Studenten der Generation unter dreißig.

(Weitere Beispiele finden Sie in Kapitel 3.1, S. 49 im Basiswissen „Typischer Aufbau eines schriftlichen Arguments".)

1 *Formulieren Sie das Thema, mit dem sich der Text beschäftigt. Worauf nimmt der Autor Bezug?*

2 *Setzen Sie sich mit dem Aufbau der Argumentation des Textes „Keine faulen Lehrlinge" auseinander, indem Sie These und Argumente sowie Argumentationsbelege ausfindig machen.*

3 *Stellen Sie den Argumentationsaufbau mithilfe einer grafischen Umsetzung dar.*

4 *Geben Sie mithilfe des Basiswissens (➪ S. 162) die folgenden Aussagen im Konjunktiv wieder. Leiten Sie die Aussagen mit Sätzen wie „Der Autor meint, …", „Der Autor führt aus, …" oder „Er klagt an, …" ein.*

- Auch vor 20 und 30 Jahren haben junge Leute ihre Lehre nicht beendet. Dies hat jedoch nichts mit grassierender Arbeitsscheu nachwachsender Generationen zu tun (…).
- Die Auflösung eines Lehrvertrags bedeutet nicht automatisch Arbeitslosigkeit (…).
- Die relativ große Auswahl an Lehrstellen führt dazu, dass manche Bewerber gleich mehrere Verträge unterschreiben (…).

9.1

Die Argumentationsstruktur und -strategie untersuchen

Sprache und Stil

Basiswissen – Indirekte Rede

Wenn Sie die Meinung des Autors oder der Autorin wiedergeben, zitieren Sie üblicherweise in der indirekten Rede. Oft verändern sich Personal- und Possessivpronomen bei der Wiedergabe in der indirekten Rede und damit verbunden die Personalform des Verbs.

Beispiele:

Ich bin nicht mehr bereit, die Disziplinlosigkeit meiner Praktikanten hinzunehmen.

Der Autor sagt, er sei nicht mehr bereit, die Disziplinlosigkeit seiner Praktikanten hinzunehmen.

Das Verb, das Sie in der indirekten Rede verwenden, steht in der Regel im **Konjunktiv I**. Dieser wird mit dem Verbstamm, dem Vokal „e" sowie der entsprechenden Endung gebildet.

Verbstamm	Konjunktiv I
schreib*(en)*	*er/sie/es* ***schreibe***

Wenn Sie den Satz mit der Konjunktion „dass" einleiten, darf das Verb im Indikativ stehen.

Wenn die Form des Konjunktivs I mit der des Präsens Indikativ übereinstimmt, nutzt man den Konjunktiv II.

Der **Konjunktiv II** wird vom Präteritum Indikativ gebildet. Dabei wird oft ein Umlaut eingefügt, z. B. von „a" zu „ä" gewechselt.

Infinitiv	Präteritum	Konjunktiv II
*n**e**hmen*	*er/sie/es n**a**hm*	*er/sie/es n**ä**hme*

Wenn Sie einen Satz wiedergeben, dessen Prädikat im Präteritum steht, gehen Sie folgendermaßen vor: Sie bilden zunächst in Gedanken das Perfekt und setzen dann das Hilfsverb in den Konjunktiv I.

Beispiele:
Er las leidenschaftlich gerne. (Perfekt: *Er hat leidenschaftlich gerne gelesen.*)
Konjunktiv I: *Er habe leidenschaftlich gerne gelesen.*

Er ging nicht auf diese Diskussion ein. (Perfekt: *Er ist nicht auf diese Diskussion eingegangen.*)
Konjunktiv I: *Er sei nicht auf diese Diskussion eingegangen.*

Falls der Konjunktiv II mit der Form des Präteritums Indikativ identisch ist, umschreibt man mit einer Form von „würden".

Die Umschreibung empfiehlt sich ebenfalls, wenn die Form des Konjunktivs II ungebräuchlich oder veraltet wirkt. Auch wird diese Form häufig im mündlichen Sprachgebrauch verwendet.

- Übereinstimmung:
  Die Autoren betonen, sie (nehmen) die Ergebnisse der aktuellen Umfragen als Grundlage für ihre Berichte.
- Konjunktiv II:
  Die Autoren betonen, sie nähmen die Ergebnisse der aktuellen Umfragen als Grundlage für ihre Berichte.
- Umschreibung mit „würden":
  Die Autoren betonen, sie würden die Ergebnisse der aktuellen Umfragen als Grundlage für ihre Berichte nehmen.

Die Argumentationsstruktur und -strategie untersuchen

Basiswissen | Entfaltung eines Arguments – Argumenttypen

Das Gewicht einer These hängt von der Qualität der Argumente ab. Folgende Argumenttypen kommen vor:

Faktenargument
Angabe von Fakten (Zahlen, Statistiken, wissenschaftliche Untersuchungen etc.):
Das Ergebnis der Forsa-Umfrage zeigt, dass sich immer weniger Menschen ehrenamtlich engagieren.

Normatives Argument
Verweise auf allgemein anerkannte Werte (Verfassung, Menschenrechte etc.):
Im Grundgesetz ist das Recht auf freie Meinungsäußerung fest verankert.

Erfahrungsargument
Rückgriff auf Erfahrungen (basieren auf allgemeingültigen oder eigenen Erfahrungen):
Es ist bekannt, dass Geld allein nicht glücklich macht.

Autoritätsargument
Berufung auf Autoritäten (Zitate von Experten oder Persönlichkeiten):
So hat schon der griechische Philosoph Aristoteles gesagt, die Jugend sei unerträglich und unverantwortlich.

Analogisierendes Argument
Bildung von Analogien (Rückschlüsse aus erwiesenen Tatsachen, die auf andere Bereiche übertragen werden): *Das Kaufen und Besitzen von Dingen macht das Glück vieler Menschen in unserer Zeit aus. So ist es nicht verwunderlich, dass man auch seine Mitmenschen unter diesen Aspekten betrachtet. Zwischenmenschliche Beziehungen vollziehen sich mehr denn je nach den Prinzipien des Marktes.*

Indirektes Argument
Gegenposition wird aufgegriffen und entkräftet: *Die Gegner des Projektes behaupten, dass die Lärmbelästigung sehr hoch sei. Bei ähnlichen Projekten ergibt sich jedoch ein anderes Bild.*

5 *Beschreiben Sie, welche Argumenttypen im Text „Keine faulen Lehrlinge" vorliegen.*

6 *Stützen Sie die folgenden Thesen durch sinnvolle Argumenttypen.*
- Die Lebensläufe von Jugendlichen heute sind durch Bequemlichkeit und Faulheit gekennzeichnet.
- Die Ausbildungsmöglichkeiten sind heute größer, aber damit auch unübersichtlicher geworden.
- Man sollte eine Ausbildung rechtzeitig wechseln, wenn man erkennt, dass es nicht die „richtige" Ausbildung ist.

7 *Analysieren Sie die Argumentationsstrategie des Textes.*

Arbeitstechnik | Die Argumentationsstrategie erläutern

Überprüfen Sie, wie die Argumentation des Textes aufgebaut ist, ob sie durch den Gebrauch bestimmter Argumenttypen in sich schlüssig ist, Lücken oder eventuell Fehler aufweist. Sie sollten hinterfragen, ob der Autor auf Gegenpositionen eingeht oder ein einseitiges Bild zeichnet. Auch sprachliche und stilistische Mittel lassen Rückschlüsse auf die Position eines Autors zu. Überprüfen Sie genau, welche Intention der Autor verfolgt.

Die Argumentation bewerten

Die Hochschulen vergessen ihr Kerngeschäft

Groß waren die Erwartungen an die Studienreform 2002. Aber die Einführung der Bachelor- und Masterabschlüsse hat die Unternehmen nicht zufriedener gemacht. Im Interview mit tagesschau.de erklärt Kevin Heidenreich vom DIHK, was sich an deutschen Hochschulen ändern müsste.

tagesschau.de: Zehn Jahre Bachelor und Master – haben sich Ihrer Meinung nach der Aufwand und die Anstrengung der Umstellung gelohnt?

Heidenreich: Grundsätzlich sind wir mit der Einführung des Bologna-Prozesses sehr zufrieden. Es war eine gute Entscheidung, international vergleichbare Abschlüsse einzuführen und die Beschäftigungsfähigkeit sowie die Mobilität der Studierenden zu erhöhen. Auch die Zweistufigkeit macht Sinn: Wer will, kann direkt nach dem Bachelor anfangen zu arbeiten und Berufserfahrung sammeln und später vielleicht noch seinen Master machen. Es gibt aber auch die Möglichkeit, direkt weiter zu studieren. Die Unternehmen brauchen sowohl Bachelor- als auch Masterabsolventen.

tagesschau.de: Dennoch reißt die Kritik am Bologna-Prozess ja nicht ab …

Heidenreich: Die großen Probleme vieler Hochschulen – schlechte Ausstattung, mangelhafte Lehre – haben mit dem eigentlichen Bologna-Prozess nichts zu tun. Solche Probleme gab es auch schon vor Bologna. Und wenn sich die Studierenden über zu viele Prüfungen beklagen: Dies liegt einzig und allein in der Verantwortung der Hochschulen. Die Erklärung von Bologna schreibt nicht vor, wie groß Module sein müssen. Also müssten die Hochschulen anpacken und die Lehre entrümpeln.

tagesschau.de: Die Unternehmen sind mit den Absolventen der Diplom- und Magisterstudiengänge ähnlich zufrieden wie jetzt mit denen nach Bachelor und Master. Das jedenfalls sagt eine Ihrer Umfragen. Warum ließ sich durch den Bologna-Prozess keine größere Zufriedenheit erzielen?

Heidenreich: Die Umsetzung des Prozesses bleibt problematisch. So hat sich die Qualität der Lehre und der Absolventen nicht oder nur kaum verbessert. Die Professoren und die Studieninhalte sind vielerorts gleich geblieben. Da hat man sich eine Riesenchance entgehen lassen. Die Unternehmen beklagen vor allem mangelnde Praxistauglichkeit. Viele Absolventen sind fachlich sehr gut vorbereitet und verfügen über das nötige theoretische Hintergrundwissen. Aber oft genug können sie dieses Wissen nicht anwenden. Die Studiengänge orientieren sich zu wenig an den Erfordernissen des späteren Berufslebens. Deshalb fordern wir, die Studiengänge durch Planspiele und Praktika unternehmensnah auszurichten.

tagesschau.de: Ist die Hochschule dafür der richtige Ort?

Heidenreich: Absolut. Wissenschaftliches, analytisches Denken und Berufsbefähigung schließen sich nicht aus. Die Unternehmen erwarten keine perfekte Ausbildung, aber sie erwarten einen deutlichen Berufsbezug. Schließlich bleiben die wenigsten Absolventen an der Hochschule. Manche Hochschule nimmt darauf bereits Rücksicht. An der Leuphana Universität in Lüneburg zum Beispiel lernen alle Bachelor-Studierenden im ersten Semester wissenschaftliche Methoden kennen und arbeiten dazu in Projekten. Erst ab dem zweiten Semester werden Fachinhalte gelehrt. Dadurch werden die Studierenden auf wissenschaftliches Arbeiten vorbereitet und können sich orientieren, bevor es dann in die eigentlichen Inhalte von Jura, BWL oder Ingenieurwesen geht.

tagesschau.de: Welche Rolle spielt das Alter der Absolventen?

Heidenreich: Es war richtig, die Ausbildung in Deutschland zu verkürzen. So lag die Regelstudienzeit bei neun bis zehn Semestern, die durchschnittliche Studienzeit sogar bei zwölf Semestern. Da stellte sich schon die Frage, ob man diese Zeit effizienter nutzen kann. Das war vor allem ein Wunsch der Politik und nicht der Unternehmen. Das Alter der Absolventen spielte bei dieser Überlegung eine eher untergeordnete Rolle. Ob jemand 23 oder 25 Jahre alt ist, macht keinen Unterschied, wenn er

Die Argumentation bewerten

oder sie gut ist. Klar ist aber: Im Durchschnitt hat ein Bachelor-Absolvent weniger gelernt als einer, der einen Master hat. Da sind die Unternehmen mehr gefordert. Die steigende Zahl von Trainee-Programmen in Unternehmen spricht schon eine deutliche Sprache. Die Unternehmen reagieren aber damit auch auf den wachsenden Fachkräftemangel oder auf höhere Anforderungen, was zum Beispiel soziale Kompetenzen angeht.

tagesschau.de: Der Bologna-Prozess hatte unter anderem zum Ziel, eine größere internationale Vergleichbarkeit zu erreichen und Auslandsaufenthalte möglich zu machen. Wurde diese Erwartung erfüllt?

Heidenreich: Innerhalb des Bachelors ist es schwieriger geworden, ins Ausland zu gehen. Oft fällt das geplante Auslandssemester in die Zeit kurz vorm Abschluss. Wir sind aber davon überzeugt, dass die Mobilität langfristig zunehmen wird, weil der Master eben auch im Ausland gemacht werden kann. An vielen Hochschulen steuert man auch nach, um Auslandsaufenthalte möglich zu machen, indem man versucht, die Studiengänge zu entrümpeln und zu entzerren. Auf der anderen Seite hat etwas mehr Ordnung gerade auch den Geisteswissenschaften gut getan.

tagesschau.de: Was würden Sie nachbessern wollen?

Heidenreich: Bisher wurden die Studiengänge aus Sicht der Lehrenden konzipiert. Diese Konzepte orientierten sich an den Professoren, ihren Inhalten und Vorlesungen. Das kann es nicht sein. Ein Studium zu konzipieren bedeutet, die Sache vom Ende her zu durchdenken: Was müssen die Absolventen später können? In wissenschaftlichen Karrieren? In beruflichen Karrieren? Die Hochschulen vergessen ihr Kerngeschäft: die Ausbildung junger Menschen. Wünschenswert wäre außerdem ein Mix aus klassischen Vorlesungen und neuen praktischen und motivierenden Lehrformen. Die Uni Maastricht verfolgt konsequent das Konzept des „problem-based-learning". Die Studierenden lernen, indem sie konkreten Fällen und Problemen ausgesetzt werden. Das ist übrigens nicht teurer als die klassische Lehre, da sich die Studierenden viel selber und in Gruppen aneignen. Die Professoren nehmen mehr eine moderierende und unterstützende Rolle ein.

(www.tagesschau.de, 14.08.2012)

1 *Stellen Sie die Argumente von Kevin Heidenreich in einer Übersicht dar.*

2 *Prüfen Sie die Argumentation mithilfe der Arbeitstechnik.*

Arbeitstechnik – Argumentation prüfen

Folgende Fragestellungen können Ihnen dabei helfen, die Argumentation eines Textes zu überprüfen:

- Ist die Argumentation folgerichtig aufgebaut?
- Sind die Argumente überzeugend?
- Weist die Argumentation Lücken auf? Wo ist sie fehlerhaft?
- Werden auch gegensätzliche Positionen berücksichtigt?
- Ist die Argumentation ausgewogen?
- Was ist die Absicht des Autors?

9.2

Appellative Sachtexte analysieren

Sprachliche Besonderheiten in Werbebriefen erkennen

HfM Hochschule für MANAGEMENT

Klaus Mustermann
Musterstr. 321
12345 Musterstadt

15. Februar 20..

Ihr Schritt zum Erfolg

Sehr geehrter Herr Mustermann,

in wenigen Monaten haben Sie Ihre Schullaufbahn beendet und mit der allgemeinen Fachhochschulreife eine Studienberechtigung erworben.

Wissen Sie schon, welche hervorragende Chance Sie damit in Ihren Händen halten???

Sollten Sie sich wirtschaftswissenschaftlich orientieren, ist der Weg zur HFM der richtige für Sie! Hier können Sie Ihrer Karriere den entscheidenden Schub geben.
Starten Sie durch!!!

Wir sind eine international ausgerichtete private Hochschule und legen Wert auf eine besonders praxisorientierte Lehre, flexible Studienzeitmodelle und eine ausgezeichnete Studienorganisation.

In nur sechs Semestern können Sie sich **Bachelor of Arts (B. A.)** in den Fächern **Business Administration**, **International Management** oder **International Business** nennen. Durch vielfältige Praxisanteile kommen Sie schnell in Kontakt mit interessanten Unternehmen, bei denen unsere Absolventen gern gesehene Einsteiger in eine berufliche Karriere sind.
Melden Sie sich schnell bei uns, um sich einen unserer begehrten Studienplätze zu sichern!

Unter karrierestart@hfm.de können Sie sich für unseren Informationstag am 17. April 20.. registrieren.

Wir wünschen Ihnen einen guten Start in den Erfolg!

Ihre
Hochschule für Management

1 *Beschreiben Sie Inhalt und Gestaltung des Werbebriefes.*

a) Notieren Sie alles, was Ihnen beim ersten Überfliegen des Werbebriefes auffällt.
b) Formulieren Sie in einem Satz das Anliegen des Briefes.
c) Lesen Sie den Brief ein weiteres Mal und ergänzen Sie Ihre Beobachtungen. Achten Sie besonders auf sprachliche Besonderheiten.
d) Listen Sie auf, welche Elemente des Briefes Sie ansprechen und welche nicht.

Sprachliche Besonderheiten in Werbebriefen erkennen

Viele Werber beachten bei der Konzeption einer Werbemaßnahme Gestaltungsprinzipien.

Basiswissen | **Gestaltungsprinzipien in der Werbung**

Die von Werbern angewendeten Gestaltungsprinzipien basieren auf Erkenntnissen der Psychologie und der Kommunikationswissenschaften sowie auf Erfahrungen aus ca. 150 Jahren Werbung. Grundlegende Prinzipien sind z. B.:

AIDA-Formel:

A = ATTENTION – die Aufmerksamkeit des Lesers/Betrachters gewinnen

I = INTEREST – das Interesse des Lesers am Produkt wecken

D = DESIRE – den Wunsch nach dem Besitz des Produkts erzeugen

A = ACTION – aktiv werden, das Produkt kaufen

IF-THEN-SO-Technik:

IF – „Wenn etwas so oder so ist“: Ein Problem wird aufgezeigt.

THEN – „dann sollte das oder das passieren“: Eine Lösung des Problems wird vorgestellt.

SO – „Deshalb sollten Sie sich so oder so verhalten“: Eine Entscheidung wird nahegelegt.

Wichtig ist die genaue Kenntnis der **Zielgruppe**, d. h. Alter, Interessen, Verhaltensweisen, Kaufkraft der Personengruppe, die mit der Werbung angesprochen werden soll.

2 ***Erläutern Sie am Beispiel des Werbebriefes wichtige Gestaltungsprinzipien.***
a) Mit welchen Mitteln wird die Aufmerksamkeit des Lesers geweckt?
b) Wie wird das Interesse des Lesers am Produkt gesteigert?

3 ***Stellen Sie dar, warum das Produkt für den Kunden wünschenswert sein könnte.***

4 ***Untersuchen Sie, an welchen Stellen des Briefes der Leser zum Handeln aufgefordert wird.***

5 ***Setzen Sie sich mit der im Werbebrief angesprochenen Zielgruppe auseinander.***
a) Nennen Sie Bedürfnisse von Schulabsolventen, die angesprochen werden sollen.
b) Welche weiteren Bedürfnisse haben Schulabsolventen? Ergänzen Sie die Auflistung.
c) Formulieren Sie mit der IF-THEN-SO-Technik, bezogen auf die Zielgruppe „18-jährige Jugendliche“, einen zusammenhängenden Satz. Beginnen Sie mit: „Wenn der Jugendliche ...“

6 ***Formulieren Sie einen Werbebrief, in dem Sie ein Produkt Ihrer Wahl anbieten.***

9.2 Sprachliche Besonderheiten in Werbebriefen erkennen

Die Umsetzung der Gestaltungsprinzipien in Werbebriefen erfordert den Einsatz besonders wirksamer sprachlicher Mittel. Im Folgenden werden einige wichtige Mittel vorgestellt.

Kundenwünsche, Werbetrends und Werbesprache

Der erste Satz (der Einstieg) eines Werbebriefes ist besonders wichtig. Häufig wird als Einstieg eine (rhetorische) Frage gestellt, z. B.: Wollten Sie sich nicht schon lange diesen Reisewunsch erfüllen?

Mit dem sogenannten „Sie-Stil" soll die Leserin/der Leser direkt angesprochen werden. Deshalb stehen Fügungen mit „ich", „wir" oder „unser" nicht im Zentrum eines Satzes, z. B.: Bestellen Sie die neuen Arbeitsmaterialien sofort, damit Sie von den Verbesserungen profitieren können; statt: Wir empfehlen Ihnen, die verbesserten Arbeitsmaterialien sofort zu bestellen.

Als Schlüsselbegriffe werden in Werbetexten besonders Wörter verwendet, die für die meisten Menschen eine positive Bedeutung haben, z. B. das Wort „Glück" oder „Genuss". Wenn es gelingt, dass Kunden ein Produkt „automatisch" mit einem Schlüsselbegriff in Verbindung bringen, dann „strahlt" das Positive dieses Begriffs auf das beworbene Produkt ab, z. B. „Reiseglück", „Fahrgenuss".

Doch gerade bei der Wahl geeigneter Schlüsselbegriffe gilt es, auf Änderungen von Verbraucherwünschen und gesellschaftlichen Trends zu achten: Nachdem etwa 10 Jahre lang das „Sparen" (Slogan: „Geiz ist geil") die dominierende Werbeaussage war, wird die Werbesprache seit 2007 dem Bedürfnis einer wachsenden Kundschaft nach hochwertigen Angeboten und dem zunehmenden „grünen Bewusstsein" (Studie des Hamburger Trendbüros 2007) der Verbraucher angepasst. Deshalb müssen die Werbetexter nach Schlüsselbegriffen suchen, die die Verbraucher mit ökonomischen oder ökologischen Vorteilen verbinden.

Eine besondere Bedeutung kommt in Werbebriefen gut gewählten Adjektiven zu, denn sie unterstreichen die Eigenschaft der beworbenen Ware oder Dienstleistung. Besonders aussagekräftig sind zusammengesetzte Adjektive, z. B. „vitaminreich", weil hier Zusammengehöriges verstärkt wird, aber auch scheinbare Widersprüche hervorgehoben werden können. Gelegentlich erfinden Werber Adjektive, um den Kunden von der Qualität einer Ware zu überzeugen. So entstand vor Jahren das Adjektiv „knackfrisch", um die Besonderheit bestimmter Chips möglichst anschaulich zu beschreiben.

7 *Notieren Sie die wichtigsten Aussagen des Textes in Stichworten.*

8 *Erläutern Sie, weshalb der Einstieg in einen Werbebrief besonders wirkungsvoll sein muss. Formulieren Sie den Einstieg des Werbebriefes (→ S. 166) in Form einer Frage um.*

9 *Erstellen Sie eine Liste mit werbewirksamen Schlüsselbegriffen.*

a) Notieren Sie werbewirksame Schlüsselbegriffe, die Ihnen spontan einfallen.

b) Finden Sie in aktuellen Werbekampagnen Beispiele, bei denen Schlüsselbegriffe mit einem bestimmten Produkt in Verbindung gebracht werden. Erläutern Sie die Verbindung.

c) Listen Sie in zwei Spalten Schlüsselbegriffe auf, die zu hochwertigen Produkten bzw. zu „grünem Bewusstsein" passen.

10 *Fassen Sie zusammen, welche Aspekte bei der Analyse eines Werbebriefes unbedingt berücksichtigt werden sollten.*

Eine Werbeanzeige analysieren

Gegenüber dem Werbebrief lebt die Werbeanzeige besonders von der Aussagekraft ihrer Bilder und Motive. Plakate sollen auf den ersten Blick oder im Vorbeigehen erfasst werden, Anzeigen in Printmedien beim Durchblättern auffallen. Dabei kommt es besonders auf das Zusammenspiel von Bild und Text an.

Werbeanzeigen können unterschiedliche Ziele verfolgen: Sie können ein neues Unternehmen oder ein neues Produkt bekannt machen und Kunden überzeugen, dass ein Produkt oder eine Dienstleistung begehrenswert ist. Auch wenn Unternehmen gute Mitarbeiter suchen, schalten sie Anzeigen. Sie werben damit gleichzeitig für ihr Unternehmen.

Eine Schülerin hat sich für die Analyse der folgenden Anzeige Notizen gemacht:

schwarz-weiß-blaue
Anzeige = cool
Blau = einzige Farbe

Fingerabdruck, in der
Mitte ein Auto

Vordergrund:
weißer Balken mit
Slogan, Logo und
Textfeld

Ansprache vermittelt
...

1 ***Untersuchen Sie Inhalt, Absicht, Sprache und Gestaltung der Werbeanzeige.***

a) Ergänzen Sie auf einem Blatt Papier die Beobachtungen der Schülerin.

b) Erläutern Sie in Anlehnung an die im Vorspann (oben) genannten Möglichkeiten, welches Ziel die Werbeanzeige verfolgt.

c) Formulieren Sie die Werbeaussage analog zur IF-THEN-SO-Technik.

d) Beschreiben Sie, wodurch der Slogan seine Wirkung erzielt.

e) Notieren Sie sprachliche Auffälligkeiten des Textes im Textfeld der Anzeige.

Eine Werbeanzeige analysieren

Basiswissen – Fachbegriffe zur Analyse von Anzeigen

Headline	Schlagzeile, dient als Anreiz zum Weiterlesen
Slogan	kürzeste Form der Werbung, soll im Gedächtnis hängen bleiben
Logo	Markenzeichen mit hohem Wiedererkennungswert
Eyecatcher	Blickfang, auffallendes Element einer Anzeige
Bildmotiv	Leitgedanke, Idee einer bildlichen Darstellung
Layout	Zusammenspiel von Text- und Bildgestaltung
Zielgruppe	Personenkreis mit vergleichbaren Merkmalen, auf den die Werbung abzielt
Werbebotschaft	zentrale Aussage einer Werbeanzeige
Werbeträger	Medium (Zeitung, Fernsehen, Mailing), über das die Werbebotschaft verbreitet wird

2 *Beschreiben Sie die Werbeanzeige mithilfe der Fachbegriffe aus dem Basiswissen (oben).*

a) Welche Hauptaussagen werden getroffen?

b) Welcher Zweck kann mit dieser Art der Darstellung verfolgt werden?

3 *Planen Sie das Schreiben Ihrer Analyse. Gliedern Sie Ihre Arbeitsergebnisse aus den Aufgaben 1 und 2. Orientieren Sie sich am Basiswissen (unten).*

Basiswissen – Elemente der Analyse einer (Werbe-)Anzeige

Elemente	Analyseaspekte
Einleitung	Welches Produkt welcher Firma wird beworben? Werbeträger, Zeitpunkt?
Hauptteil	(Die Reihenfolge der Analyse von Text/Bild ist nicht festgelegt.)
I Layout	Anteile von Bild und Text, Vordergrund/Hintergrund
II Bild	Gesamtschau des Bildes
a) Beschreibung	a) Welche Gegenstände, Personen, Situationen sind zu sehen? Welche Farben dominieren?
b) Wirkung	b) Mit welchen Mitteln wird die Wirkung erzielt?
III Text	
a) Wiedergabe (Inhalt)	a) Welche Bedürfnisse des Kunden, welche Vorzüge des Produkts werden herausgestellt? Welche Aufgaben erfüllen Slogan und Headline?
b) Sprachliche Gestaltung Satzbau, sprachliche Mittel	b) Ist die Sprache auf eine bestimmte Zielgruppe bezogen? Werden sprachliche Bilder verwendet? Welche rhetorischen Mittel fallen auf?
c) Wirkung	c) Mit welchen sprachlichen Mitteln wird welche Wirkung erzielt?
IV Zusammenspiel von Text und Bild	Wie beeinflusst das Zusammenspiel von Text und Bild die Werbebotschaft?
Schluss	Fazit und kritische Bewertung der (Werbe-)Anzeige

Eine Werbeanzeige analysieren

4 ***Schreiben Sie eine vollständige Analyse zu der Werbeanzeige auf Seite 169.***

a) Formulieren Sie anhand Ihrer Gliederung einen zusammenhängenden Text. Sie können die Formulierungshilfen unter „Sprache und Stil“ dazu nutzen.

b) Benennen Sie in einer Randspalte die einzelnen Gliederungselemente Ihrer Textanalyse.

Sprache und Stil

Folgende Formulierungen können Ihnen beim Schreiben Ihrer Analyse helfen:

Die oberen zwei Drittel der Anzeige … Während die äußeren Linien etwas verwischt dargestellt sind, … Die Hintergrund-Farbe verläuft von … Rechts unten … Die Anzeige soll beim Betrachter das Gefühl wecken, dass jeder Mensch … In der Textüberschrift wird das …
Die Ausdrucksweise soll den … Eindruck unterstreichen … Der Inhalt vermittelt den Eindruck von … ist dabei aber gleichzeitig wenig aussagekräftig … Die AIDA-Formel kann nachvollziehbar angewendet werden: Attention wird erreicht durch … Die vorliegende Anzeige bewirbt kein Produkt, sondern … Sie gehört in den Bereich der Image-Werbung.

Werbung knüpft an die Bedürfnisse der Menschen an und bedient sich dabei auch der Täuschung.

5 ***Setzen Sie sich mit aktuellen Beispielen von Werbeanzeigen auseinander.***

a) Nennen Sie Beispiele, in denen mit einem der unten aufgeführten „Tricks“ gearbeitet wird.

b) Beschreiben Sie, auf welche Bedürfnisse oder Wünsche eines Verbrauchers die von Ihnen genannte Anzeige eingeht und wie das beworbene Produkt diese Bedürfnisse befriedigen will.

Basiswissen – Manipulation durch Werbung

Mittel der Manipulation in Werbemaßnahmen können z. B. sein:

- „Versteckte Kosten“: Das Gerät/Angebot ist verlockend günstig, die notwendigen Zusatzartikel aber nicht. Und man braucht sie, solange man das Gerät/Angebot nutzt.
- „Bewusste Untertreibung“: Der Verbraucher soll z. B. glauben, bäuerlicher Käse werde noch in der Sennerei auf der Alm hergestellt („grünes Bewusstsein“).
- „Gutes tun“: Eine Firma engagiert sich und wirbt mit der guten Tat. So denken wir, auch das Produkt sei gut.
- „Geltungstrieb“: Jeder Mensch möchte beachtet werden. Werbung lässt uns glauben, dass wir durch den Kauf bestimmter Produkte Aufmerksamkeit auf uns ziehen.
- „Vergleichsloser Komparativ“: In der Regel vergleicht man eine Sache mit einer anderen. In der Werbung wird die eine Seite des Vergleichs oft weggelassen. (Beispiel: Besser Superkauf)

6 ***Erarbeiten Sie auf der Basis einer Internetrecherche (➪ Kapitel 5) einen Kurzvortrag zu dem Thema: „Der Einfluss der Werbung auf die Bedürfnisbefriedigung als Motor menschlichen Handelns“.***

9.3 Eine Sachtextanalyse verfassen

Sachtexte sind oft erst dann richtig zu verstehen, wenn man die zeitgeschichtlichen Bedingungen ihrer Entstehung mit berücksichtigt. Es kann z. B. wichtig sein, ob ein Text Bezug auf ein konkretes Ereignis nimmt, ob die Meinung einer Interessengruppe oder Partei zuzuordnen ist, ob das Thema gerade im Zentrum öffentlicher Diskussionen stand oder steht oder das zugrunde liegende Material in der Kritik ist. Das heißt, Sie benötigen für eine gute Textanalyse tagespolitisches wie auch allgemeines Wissen.

Warum Deutschland soziale Aufsteiger braucht

Seit den 50er-Jahren ist der soziale Aufstieg schwerer geworden. Nur noch jeder vierte Deutsche unter 30 Jahren ist überzeugt, dass sich Anstrengung lohnt. Dabei werden Aufsteiger gebraucht.

von Inga Michler

Für Michael Hüther fing der Erfolg mit dem eigenen Schreibtisch an. „Den hatte ich schon vor der Grundschule“, erinnert sich der Ökonom. „Und ich war sehr stolz darauf.“ Der eigene Tisch zum Malen und Basteln war für den Jungen Rückzugsraum – und er war ein Zeichen: „Ich merkte, dass meine Ausbildung für meine Eltern einen hohen Stellenwert hatte. Der Tisch gab dem Lernen Struktur.“ Im Jahr 1981 machte Michael Hüther Abitur – als erster überhaupt in seiner Familie.

Michael Hüther ist ein klassischer Bildungsaufsteiger. Sein Großvater war Arbeiter bei Krupp, sein Vater machte eine technische Ausbildung. Hüther leitet heute das bekannte Institut der deutschen Wirtschaft (IW) in Köln und kann erklären, warum wir Aufsteiger in unserem Land so dringend brauchen.

„Sie sind die Lebensversicherung für unsere Marktwirtschaft.“ Aufsteiger seien Vorbild für viele und damit Motor des Wirtschaftswachstums. „Denn Wachstum entsteht nicht nur durch technische Neuerungen“, weiß Hüther. „Dazu brauchen wir die Dynamik des Einzelnen.“

Um die Motivation jedes Einzelnen zur Leistung zu beflügeln, braucht es allerdings zweierlei: Die faktische Möglichkeit, den Aufstieg – ob durch Bildung, gute Ideen oder harte Arbeit – tatsächlich zu schaffen. Und den Glauben daran, dass sich die eigene Anstrengung auch wirklich lohnt. Um beide Komponenten allerdings ist es in Deutschland derzeit nicht allzu gut bestellt.

Der soziale Aufstieg ist hierzulande in den vergangenen Jahrzehnten immer beschwerlicher geworden. Einer Studie des Wissenschaftszentrums Berlin für Sozialforschung im Auftrag der Vodafone Stiftung zufolge schafften knapp 37 Prozent der 1950 Geborenen den Wechsel in eine höhere soziale Schicht als ihre Eltern.

Im Jahrgang 1980 waren es nur noch 30 Prozent. Gleichzeitig stieg das Risiko des sozialen Abstiegs – von unter 20 auf rund 26 Prozent. „Seit den 50er-, 60er- und 70er-Jahren sind uns Mobilität, Dynamik und Aufstiegsperspektiven verloren gegangen“, hat auch Hüther beobachtet.

Problematisch ist zudem, dass immer weniger Menschen an den Aufstieg durch Leistung glauben. Einer Umfrage des Instituts für Demoskopie Allensbach im Herbst 2012 zufolge ist lediglich jeder vierte Deutsche unter 30 Jahren überzeugt, dass sich Anstrengung in der Regel lohnt.

In Schweden dagegen waren es 70 Prozent. In bildungsfernen Schichten macht sich gar Resignation breit. Dort meinen 55 Prozent der unter 30-Jährigen, dass in Deutschland der Aufstieg unmöglich sei, egal wie sehr man sich anstrengt.

„Leistung lohnt sich!“ Das hat Ga-Lem Ng in ihrer Kindheit oft gehört. Bis sie viereinhalb war, hat sie zu Hause in Berlin nur Kantonesisch gesprochen. Mit Bilderkarten auf dem Schoß der Mutter lernte sie neue Worte. Rechnen lernte die Tochter zweier Einwanderer aus Hongkong schon vor der Schule. Da habe sich die Mutter immer lustige Spiele ausgedacht. „Finger abzählen galt nicht“, erzählt Ga-Lem. „Aber das war ein Spaß, keine Last.“

Der Vater, Koch in einem China-Restaurant, gab Ga-Lem und den beiden Brüdern zusätzlichen Ansporn: „Papa arbeitet hart für euch, damit ihr später nicht so schuften müsst wie ich“, sagte er. Es hat geholfen. Ga-Lem bereitet sich an der Berliner Charité gerade auf ihr zweites medizinisches Staatsexamen vor.

Unterstützung durch die Eltern ist in Deutschland Gold wert. Hierzulande müssen Kinder aus bildungsfernen Familien besonders hohe Hürden überwinden, wie eine Reihe von Studien belegt. Der Nachteil, ungebildete Eltern zu haben, wiegt deutlich schwerer als in den USA, England, Frankreich, Kanada, Schweden oder Australien, attestierten jüngst Wissenschaftler der britischen Stiftung Sutton Trust, die sich für mehr Chancengerechtigkeit in der Bildung einsetzt.

Immerhin gibt es auch bei uns angesichts steigender Abiturientenquoten deutlich mehr Bildungsaufsteiger als -absteiger. Wie das IW in einer aktuellen Studie herausfand, besitzt rund ein Drittel der 35- bis 45-Jährigen einen höheren Bildungsabschluss als ihr Vater; ein knappes Fünftel hat einen niedrigeren. Nimmt man das Bildungsniveau der Mutter zum Maßstab, sind sogar 40 Prozent Bildungsaufsteiger – und nur jeder Elfte ist ein Absteiger.

Dennoch hat die Bundesregierung in ihrem Bildungsbericht 2012 einen harten Kern von „Bildungsverlierern“ ausgemacht. Bis zu 20 Prozent in der nachwachsenden Generation umfasst diese Gruppe – einen von fünf jungen Menschen im Land. Die Betroffenen Kinder und Jugendlichen können nicht richtig lesen oder Texte verstehen, brechen die Schule oder ihre Ausbildung vorzeitig ab, nehmen nicht an Weiterbildungen teil und sind auf dem Arbeitsmarkt praktisch chancenlos.

Gründe für diese Sackgasse gibt es viele. Schon zur Einschulung sind Kinder aus bildungsfernen Familien in der Regel weniger sprachgewandt als ihre Klassenkameraden mit Akademiker-Eltern. In Deutschland sorgen Kindergärten weniger als anderswo für Ausgleich, weil die Gruppen größer und die Erzieher weniger gut ausgebildet sind. Und auch den Schulen gelingt es nicht, die Startunterschiede auszugleichen.

Das muss sich ändern, keine Frage. Kinder aus einfachen Verhältnissen brauchen bessere Chancen aufzusteigen. Vom Tellerwäscher zum Millionär – das darf kein Märchen sein. „Das Versprechen, es aus eigener Kraft schaffen zu können, ist ein zentraler Motor unserer Gesellschaft“, sagt der Freiburger Ökonom Lars Feld, der als einer der fünf Wirtschaftsweisen die Bundesregierung berät. Er treibe Menschen an zu Fleiß und außergewöhnlichen Ideen.

Feld hat Hoffnung, dass sich auch viele Hartz-IV-Familien aus dem Teufelskreis keine Bildung, keine Arbeit befreien können. „Von bildungsfernen Schichten hat in den 60er- und 70er-Jahren noch niemand gesprochen“, sagt Feld. „Damals galt: Auch ein Arbeiterkind kann es schaffen.“

In den 80er-Jahren dann seien durch falsche Politik ganze Gruppen aus dem Arbeitsmarkt ausgegrenzt worden. „Viele Sozialhilfeempfänger versanken in der Apathie, über Generationen.“ Erst die Hartz-Reformen hätten ihnen Hilfestellungen gegeben und Anreize zur Leistung gesetzt. „So können wir den Zyklus der Apathie durchbrechen“, davon ist Feld überzeugt. „Aber das braucht einen langen Atem.“

(www.welt.de, 22.03.2013)

1 ***Bearbeiten Sie den Text nach der Fünf-Schritt-Lesetechnik (➪ S. 396).***

2 ***Analysieren Sie den Text mithilfe folgender Fragen und Aufgaben.***

a) Was ist der Anlass für den Artikel? Mit welcher Intention wurde er verfasst?

b) Welche Bedingungen für sozialen Aufstieg werden genannt?

c) Wie werden diese Gegebenheiten in Deutschland beurteilt?

3 ***Untersuchen Sie die sprachlichen Mittel in Hinblick auf ihre Aussageabsicht.***

4 ***Nehmen Sie zu der im letzten Absatz formulierten Aussage persönlich Stellung.***

5 *Ordnen Sie Ihre Analyseergebnisse (➪ Aufgaben 2 und 3) den Elementen der Textanalyse (Basiswissen) zu. Ergänzen Sie Ihre Analyse zu noch nicht berücksichtigten Aspekten.*

Basiswissen – Elemente einer Textanalyse

Elemente	Fragestellungen/Analyseaspekte	Worauf ist zu achten?
Einleitung	1. Autor, Titel, Erscheinungsort, Erscheinungsdatum 2. Anlass, Textsorte, Thema, Autorenintention	- Titel kann Hinweise geben - Art des Mediums und Textsorte können auf Adressaten verweisen
Hauptteil 1. Inhalt und Aufbau	3. Welche Informationen/Aussagen sind enthalten? 4. Wie ist der gedankliche (logische) Aufbau? (Thesen, Argumente) 5. Welche Quellen und Belege werden genannt? 6. Kommen Personen direkt zu Wort?	- Schlüsselwörter finden - Absätze, Zwischenüberschriften - Übergänge zwischen Abschnitten - Hinweise auf Personen, Medien, Institutionen, Studien usw. - wörtliche Rede/indirekte Rede
2. Sprache u. a. Gestaltungsmittel	7. Welche sprachlichen Mittel werden eingesetzt? 8. Welche Sprachebene(n) wird/werden verwendet? (Fachsprache, Hochsprache, Umgangssprache) 9. Ergänzen Bilder, Diagramme u. a. den Text?	- Sprachbilder, rhetorische Figuren - Wortwahl (z. B. Fremdwörter, umgangssprachliche Ausdrücke) - Kombination von Text und Bild
3. Absicht und Wirkung	10. Was soll mit dem Text erreicht werden? (Information, Aufforderung zum Handeln, Kritik, Unterhaltung, Meinungsbildung, Manipulation) 11. Wie wirkt der Text auf Sie?	- Grundstimmung/sprachliche Gestaltung (z. B. sachlich-informativ, heiter-ironisch, provozierend, auffordernd)
Schluss	12. Fazit, Bewertung	- persönlicher Nutzen (z. B. Wissenszuwachs, Meinungsbildung)

Fazit

9.1 Informative und expressive Sachtexte analysieren
- den Inhalt erfassen
- Aufbau und Aussageabsicht untersuchen
- sprachliche Mittel untersuchen

9.2 Appellative Sachtexte analysieren
- Anlass, Zielgruppe, Zweck, Produkt, Firma, Werbeträger benennen
- Kombination von Text- und Bildaussagen, Gestaltungsprinzipien, Layout, sprachliche Mittel beschreiben

9.3 Eine Sachtextanalyse verfassen
- Einleitung; Hauptteil: Inhalt, Aufbau, Sprache, Form, Absicht, Wirkung; Schluss

Den Arbeitsauftrag umsetzen

Nimmt der Markt der Möglichkeiten zum Thema „Berufliche Perspektiven“ inzwischen Formen an?
Fühlen Sie sich gut informiert?

1 *Bilden Sie Kleingruppen und tragen Sie möglichst viele Informationen zum Thema zusammen.*

2 *Treffen Sie eine Auswahl geeigneter Texte. Legen Sie zuvor Kriterien für Ihre Auswahl fest.*

3 *Wählen Sie aus den favorisierten Texten einen aus und analysieren Sie diesen Text. Überprüfen Sie mithilfe des Basiswissens „Elemente einer Textanalyse“ (➪ S. 174), ob Ihnen die Analyse des Sachtextes gelungen ist.*

4 *Bereiten Sie Ihren Text so auf, dass Sie ihn Ihren Mitschülerinnen und Mitschülern vorstellen und auf dem „Markt der Möglichkeiten“ ausstellen können. Dafür können Sie die Texte umgestalten, mit anderen Materialien ergänzen oder mittels anderer Medien präsentieren.*

5 *Bereiten Sie den „Markt der Möglichkeiten“ vor.*
Tragen Sie das gesamte Material in Ihren Kleingruppen zusammen und präsentieren Sie es auf Stellwänden. Orientieren Sie sich an der Arbeitstechnik „Metaplantechnik“ (➪ S. 397).

Habe ich alle Inhalte verstanden und an alles gedacht?

Überblicksinformation/Einleitung

- ☑ Enthält die Einleitung Angaben zu Verfasser, Titel, Textsorte, Textart, Quelle und Thema?
- ☑ Wird auf Anlass und Hintergrund eingegangen?
- ☑ Wird konsequent auf Zitate verzichtet?

Inhalt und Aufbau

- ☑ Sind die wichtigsten Informationen/Aussagen genannt?
- ☑ Wird der gedankliche Aufbau des Textes verständlich dargestellt?
- ☑ Sind Quellen und Belege enthalten?

Sprachanalyse

- ☑ Wird eine Hinführung zur Sprachanalyse formuliert?
- ☑ Sind die sprachlichen Mittel und rhetorischen Figuren bestimmt und ihre Wirkung/Funktion erklärt?
- ☑ Ist die Sprachanalyse abgerundet formuliert?

Absicht und Wirkung

- ☑ Wird die Intention des Textes dargestellt?
- ☑ Wird die Wirkung des Textes auf mich persönlich klar?

Sprachliche Gestaltung und Form

- ☑ Sind die einzelnen Teilaufgaben im Präsens geschrieben?
- ☑ Ist der Ausdruck klar verständlich und angemessen?
- ☑ Wird korrekt zitiert und sind die Zitate in die Sätze eingebaut?
- ☑ Wird, wenn nötig, der Konjunktiv verwendet?
- ☑ Sind Rechtschreibung und sprachlicher Ausdruck überprüft und korrigiert?

10 Schaubilder analysieren und gestalten

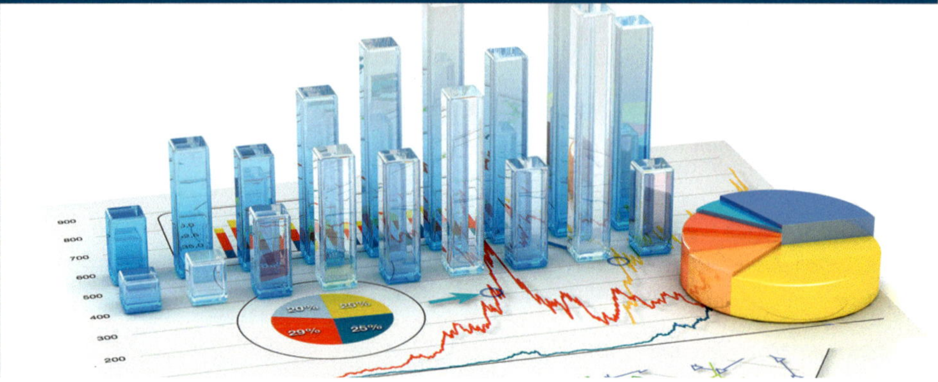

Es gibt Sachinformationen, die nicht in einem fortlaufenden Text vermittelt werden, sondern über Schaubilder oder Grafiken. Diese Texte bezeichnet man als diskontinuierliche Texte. Sie dienen dazu, Sachverhalte zu veranschaulichen und komplexe Zusammenhänge verständlich zu machen. Informationen bleiben auf diese Art länger präsent und sind leichter wieder abrufbar. Wie andere Textarten müssen auch sie kritisch untersucht werden. Denn man kann Informationen in Schaubildern leicht manipulieren: Sachverhalte werden vernachlässigt, andere wiederum besonders hervorgehoben. Hier gilt es, sich zu fragen, warum eine bestimmte Darstellung gewählt wurde. In diesem Kapitel lernen Sie, Schaubilder zu analysieren.

ANWENDUNGSSITUATION

Das Ende der Schulzeit ist in Sicht und alle überlegen, wohin der berufliche Weg führen soll und was man später einmal tun möchte. Vielleicht erscheint es verfrüht, sich Gedanken über die Situation nach der Ausbildung oder dem Studium zu machen – oder gar darüber, was in 10, 20 oder 50 Jahren sein könnte. Doch so abwegig ist das gar nicht.
Man liest vom demografischen Wandel, von Menschen, die Probleme haben, mit einem einzigen Verdienst ihren Lebensalltag zu bestreiten. Es ist sinnvoll, sich gut zu überlegen, in welcher Branche man einmal tätig sein möchte und welche Aspekte einem bei der Arbeit wichtig sind. Die positive Bindung an ein Unternehmen trägt einiges zum eigenen Wohlbefinden bei. Wer will schon nach kurzer Zeit innerlich kündigen?
All dies sind Aspekte, die es zu bedenken gilt.
Die Informationen der vorgestellten Grafiken und Schaubilder sollen Ihnen helfen, langfristig Perspektiven zu entwickeln.

Inhalt

Das ist Ihr Arbeitsauftrag:

1 *Setzen Sie sich mit den grafisch vermittelten Informationen auseinander und lernen Sie diese zu analysieren.*

2 *Sie haben für den Markt der Möglichkeiten in Kapitel 9 Sachtexte zusammengetragen. Erweitern Sie die Ausstellung um eine Auswahl diskontinuierlicher Texte.*

- Wählen Sie aus der Vielzahl der vorgestellten Schaubilder eines aus *, das für Sie und Ihre beruflichen Planungen am wichtigsten erscheint.
- Stellen Sie Ihr Schaubild im Markt der Möglichkeiten aus. Begründen Sie dazu auf Metaplankarten (Metaplantechnik S. 397), warum Sie sich für dieses Schaubild entschieden haben.

* außer „Innerlich gekündigt"

Wenn Sie die folgenden Seiten dieses Kapitels erarbeitet haben, werden Sie in der Lage sein, den Arbeitsauftrag erfolgreich auszuführen.

Arbeitsschritte	Arbeitstechniken und Methoden	Kompetenzen
einen Text und ein Schaubild bearbeiten	Think-Pair-Share	die Funktion von nicht-linearen Texten erkennen den Inhalt wiedergeben sowie zentrale Aussagen erläutern den Bezug zwischen der Wahl der Darstellungsform sowie dem Inhalt erkennen grafische Darstellungen kritisch hinterfragen die Analyse eines Schaubildes schriftlich festhalten Diagramme gestalten
verschiedene Diagrammarten analysieren: – Balkendiagramm – Kurven-/Liniendiagramm – Kreisdiagramm – Organigramm		
Manipulation durch die grafische Darstellungsform erkennen		
ein Schaubild analysieren		
eine Schaubildanalyse untersuchen		
Analyseergebnisse formulieren		
eine vollständige Analyse verfassen	ein Schaubild analysieren und beurteilen eine Schaubildanalyse schreiben	
Diagramme gestalten		

10.1 Das Zusammenspiel von Text und Schaubild erkennen

Schaubilder setzen sich aus Symbolen, Textelementen, Bildern und Diagrammen zusammen und bieten den Vorteil, dass sie intuitiv erfasst werden können. Dies birgt gleichzeitig die Gefahr der Manipulation. Für Ihre Analyse ist es daher wichtig, stets eine kritische Distanz einzunehmen.

Altenheim Europas

„Lebenserwartung in Deutschland steigt weiter"

In Deutschland ist die Lebenserwartung weiter gestiegen. Für neugeborene Mädchen liegt sie bei 82 Jahren und 9 Monaten, für Jungen bei 77 Jahren und 9 Monaten. Der Anteil Jugendlicher an der Bevölkerung ist in Deutschland verglichen mit anderen EU-Ländern am niedrigsten.

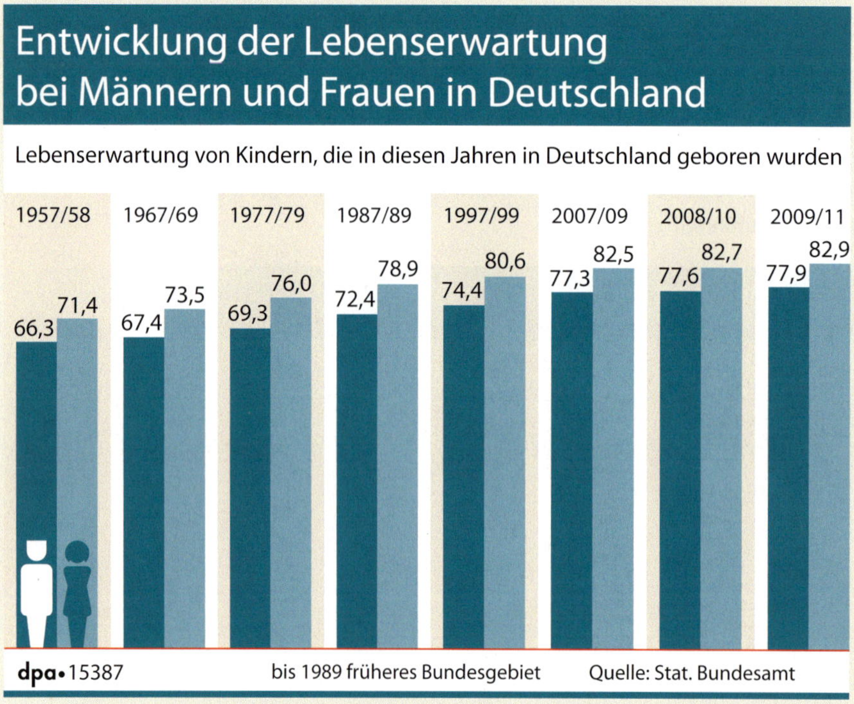

Die Lebenserwartung in Deutschland ist erneut gestiegen. Kinder, die jetzt zur Welt kommen, werden zwei bis drei Monate älter werden als Kinder, die zwei Jahre früher geboren wurden. Neugeborene Jungen werden nach Angaben des Statistischen Bundesamtes durchschnittlich 77 Jahre und 9 Monate alt. Neugeborene Mädchen können damit rechnen, 82 Jahre und 9 Monate lang zu leben.

Die Statistiker beziehen sich auf die sogenannten Periodensterbetafeln. Sie basieren auf den Daten über die Gestorbenen und die Durchschnittsbevölkerung der jeweils letzten drei Jahre. Für die am Dienstag in Wiesbaden veröffentlichte Statistik hat das Bundesamt die Sterbetafel der Jahre 2008/2010 mit der von 2009/2011 verglichen.

Daraus lässt sich auch ablesen, dass statistisch gesehen jeder zweite Mann in Deutschland wenigstens 80 Jahre alt wird und jede zweite Frau ihren 85. Geburtstag erlebt. Denn auch für ältere Menschen hat die verbleibende Lebenserwartung weiter zugenommen: 65 Jahre alten Männern bleiben durchschnittlich weitere 17 Jahre und 6 Monate. Frauen können zu Beginn des Rentenalters damit rechnen, noch 20 Jahre und 8 Monate zu leben. Im Vergleich zur vorherigen Sterbetafel werden ältere Frauen statistisch gesehen zwei Monate und Männer einen Monat älter.

„Wenn sich die Entwicklung der Lebenserwartung zukünftig so fortsetzt wie in der Vergangenheit, ist damit zu rechnen, dass die Lebenserwartung für beide Geschlechter weiter beträchtlich ansteigen wird", sagte Destatis-Mitarbeiter Dieter Emmerling am Dienstag.

In den kommenden 50 Jahren wird die durchschnittliche Lebenserwartung in den Industrienationen um weitere sieben Jahre steigen, schätzt die Organisation für wirtschaftliche Zusammenarbeit und Entwicklung (OECD). Seit 1960 hat sich die Lebenserwartung laut OECD um eine Dekade verlängert. Die Zahl der hundertjährigen Deutschen ist heute etwa fünfmal so hoch wie vor 30 Jahren.

Die Bundesrepublik ist bereits heute das „Altersheim Europas". Im Jahrbuch 2011 des Europäischen Statistikamtes führt Deutschland gleich zwei Tabellen an: als Land mit dem geringsten Anteil an Jugendlichen und dem höchsten Anteil an Rentnern aller 27 Staaten.

(Frankfurter Allgemeine Zeitung online, 02.10.2012)

1 ***Bearbeiten Sie zuerst den Text. Arbeiten Sie nach der Methode Think-Pair-Share (→ S. 401).***

a) Formulieren Sie die Hauptaussagen.

b) Erläutern Sie den Unterschied zwischen der Lebenserwartung der weiblichen Bevölkerung und der männlichen.

c) Recherchieren Sie die durchschnittliche Lebenserwartung in unterschiedlichen Ländern. Vergleichen Sie die Industrienationen mit anderen Ländern.

Land	Lebenserwartung in Jahren (Stand 2011)
Bangladesch	70,06
China	74,84
Großbritannien	...
Kongo	55,27
...	...

2 ***Analysieren Sie das Schaubild unter folgenden Fragestellungen.***

a) Welche Informationen enthält es?

b) Welche Funktion erfüllt es?

3 ***Zeitungsartikel und Infografik sind zusammen erschienen. Untersuchen Sie ihre Wechselwirkung, indem Sie erläutern, welche Funktion diese Kombination hat und wie diese auf Sie wirkt.***

Fazit

10.1 Das Zusammenspiel von Text und Schaubild erkennen

- Hauptaussagen erkennen
- Wechselwirkung von Text und Grafik untersuchen

10.2 Diagramme – Möglichkeiten und Grenzen erkennen

Je nach Aussage- und Wirkungsabsicht lassen sich Inhalte vielfältig grafisch darstellen.

Würden Sie an einer Tortengrafik teilnehmen?

Von Hans Zippert

99,8 Prozent aller Deutschen wurden schon einmal statistisch erfasst, 97,9 Prozent davon sogar mehrmals. Das sind erschreckende Zahlen, die Amnesty International gerne verschweigt, aber in Deutschland sind Millionen das Opfer statistischer Erhebungen. Wer schon einmal in einem Koordinatenkreuz aufgewacht ist oder unter einem Säulendiagramm lag, weiß, was das heißt. Täglich sind im ganzen Land Hunderte von Statistikern (= 0,04 Prozent der Bevölkerung) unterwegs und fragen ahnungslose Passanten, ob sie unverbindlich an einer Tortengrafik teilnehmen oder mal in einer Tabelle mitarbeiten möchten.

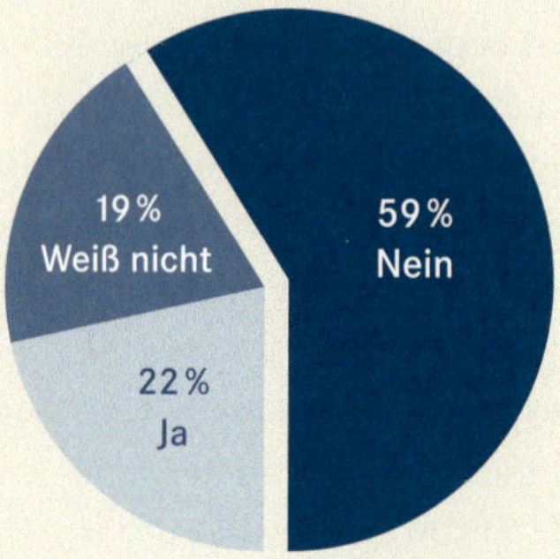

(Bäckerei Dingwerth, 04.04.2002)

1 ***Analysieren Sie den Text und das Diagramm.***

a) Worauf macht Hans Zippert mit seinem Text und dem Diagramm aufmerksam?

b) Welche Funktion erfüllen der Titel und die Quellenangabe?

c) Mit welchen sprachlichen Mitteln verstärkt der Autor seine Aussageabsicht?

Säulendiagramm

2 ***Untersuchen Sie die Säulendiagramme.***

a) Auf welche Fragen geben diese Diagramme Auskunft?

b) Formulieren Sie die wichtigsten Aussagen.

c) Beurteilen Sie, ob Fragestellungen zu der dargestellten Thematik offen bleiben.

d) Erörtern Sie, warum sich die Herausgeber für die vorliegende Diagrammart entschieden haben.

3 ***Stellen Sie Bezüge zum Text „Lebenserwartung in Deutschland steigt weiter" her (➪ S. 178).***

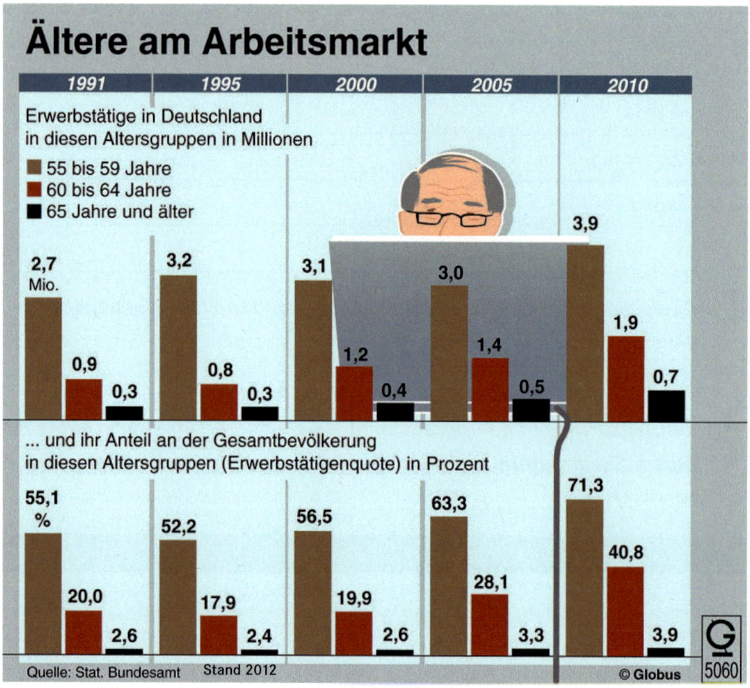

Balkendiagramm

4 ***Analysieren Sie das Balkendiagramm.***

a) Formulieren Sie in wenigen Sätzen, mit welcher Thematik sich das Diagramm auseinandersetzt.

b) Listen Sie in einer Tabelle die Bereiche auf, in denen ein Zuwachs bzw. Rückgang der Beschäftigtenzahlen zu erwarten ist.

c) Berechnen Sie den Anstieg bzw. Rückgang in Prozent.

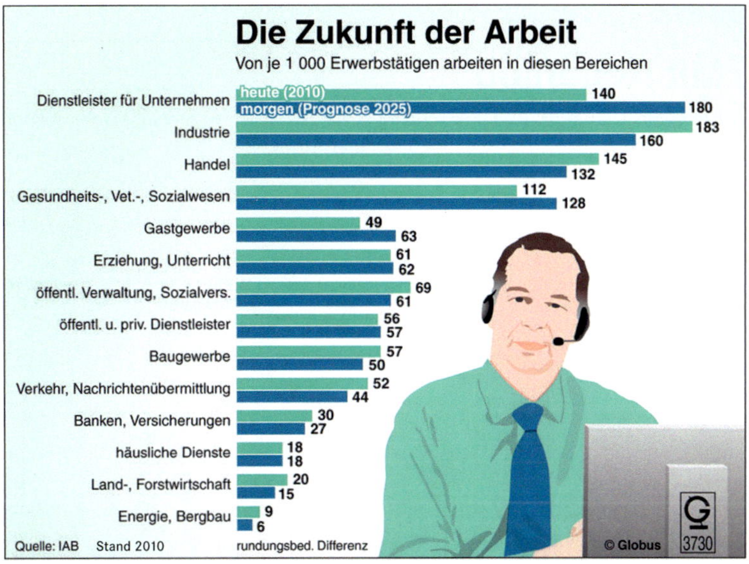

Sonn- und Feiertagsarbeit – So viele Erwerbstätige arbeiten regelmäßig an Sonn- und / oder Feiertagen, in 1.000

		in Prozent aller Beschäftigten dieser Branchen
öffentliche und private Dienstleistungen (ohne öffentliche Verwaltung)	1.752	13,6
Bergbau und verarbeitendes Gewerbe	647	9,8
Handel, Kfz, Gastgewerbe	530	13,4
Verkehr, Lagerei, Kommunikation	339	12,9
öffentliche Verwaltung	263	12,1
Grundstücks- / Wohnungswesen, wirtschaftliche Dienstleistungen	199	11,5
Energie und Wasser, Abfallentsorgung	48	12,9
Land- und Forstwirtschaft, Fischerei	41	17,7
Baugewerbe	30	7,1
Finanz- und Versicherungsdienstleistungen	11	5,3

Quelle: Statistisches Bundesamt Stand 2011

5 ***Setzen Sie sich mit dem Diagramm auseinander.***

a) Formulieren Sie Fragen, die durch das Balkendiagramm beantwortet werden.

b) Nennen Sie die drei Bereiche, in denen prozentual gesehen am meisten an Sonn- und Feiertagen gearbeitet wird.

c) Welche Prognosen haben diese Branchen? Nutzen Sie dazu das Schaubild „Die Zukunft der Arbeit".

★ *d)* Ab 2013 dürfen in Nordrhein-Westfalen höchstens 13 verkaufsoffene Sonntage pro Jahr angeboten werden. Erörtern Sie Vor- und Nachteile von Sonn- und Feiertagsarbeit.

★ *e)* Recherchieren Sie, wie oft in anderen Ländern Europas sonn- und feiertags gearbeitet wird. Vergleichen Sie.

Kurven-/Liniendiagramm

6 *Analysieren Sie das Schaubild.*

a) Wie entwickelt sich die Zahl der sozialversicherungspflichtig Beschäftigten mit Nebenjob?

b) Stellen Sie Vermutungen darüber an, warum deren Zahl im 3. Quartal eines Jahres steigt.

c) Vergleichen Sie die Zahlenangaben der beiden Diagramme. Welcher Art sind die Zahlen, die jeweils zugrunde gelegt werden?

d) Beurteilen Sie die Wirkung des Linien- bzw. Säulendiagramms.

e) Stellen Sie Vermutungen darüber an, warum sich der Herausgeber für die Kombination dieser Diagramme entschieden hat.

f) Beschreiben und bewerten Sie die optische Gestaltung des Schaubildes.

★ **7** *Erörtern Sie, warum die Zahl der sozialversicherungspflichtig Beschäftigten, die einen Nebenjob annehmen, gestiegen ist.*

Kreisdiagramm

8 *Untersuchen Sie das Kreisdiagramm.*

a) Wie vielen Haushalten stehen mehr bzw. weniger als 2.600 EUR monatlich zur Verfügung?

b) Erörtern Sie, ob Fragestellungen offen bleiben.

★ *c)* Nennen Sie Kosten, die von einem Nettoeinkommen zu bestreiten sind.

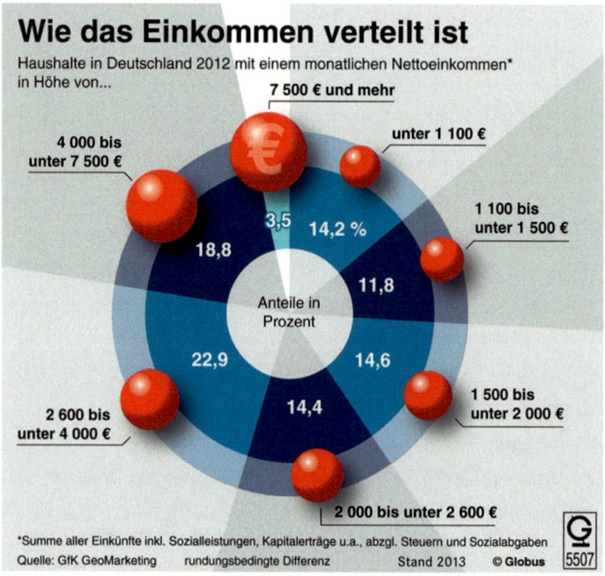

Organigramm

Mithilfe eines Organigramms lässt sich sehr gut die Struktur bzw. der Aufbau eines Unternehmens darstellen.

Tipp
Zur Vorbereitung eines Bewerbungsgespräches kann es sehr hilfreich sein, sich das Organigramm der jeweiligen Firma anzuschauen.

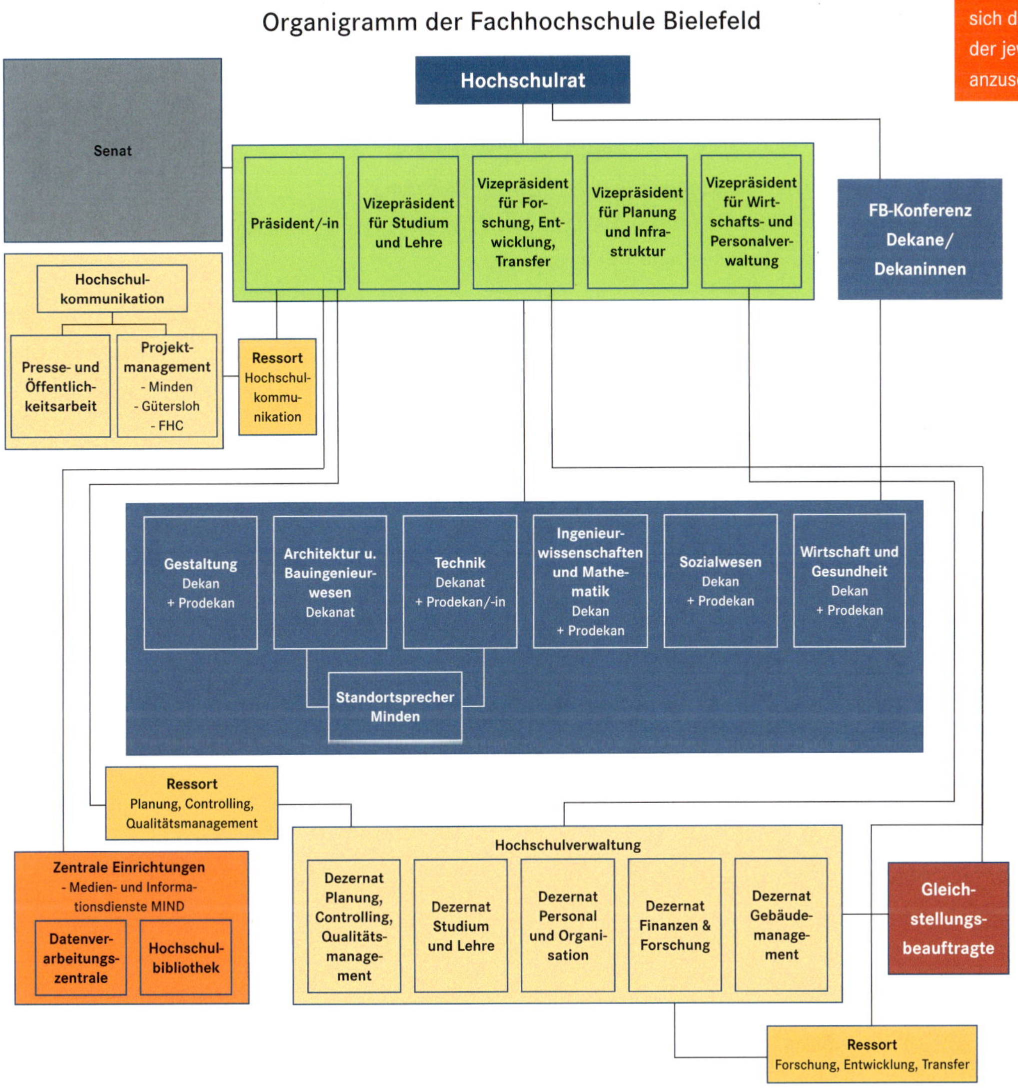

(Fachhochschule Bielefeld, 30.01.2013)

9 ***Untersuchen Sie das Organigramm der Fachhochschule Bielefeld.***

a) Welche wichtigen Informationen enthält es?

b) Überprüfen Sie seine Aktualität.

c) Warum wurde diese Art des Diagramms gewählt?

★ **10** ***Gestalten Sie ein Organigramm für die Struktur Ihrer Schule.***

10.2

Manipulation durch die grafische Darstellungsform erkennen

Drei Firmen vergleichen ihre Umsatzentwicklung.

Firma Müller
Mill. Euro

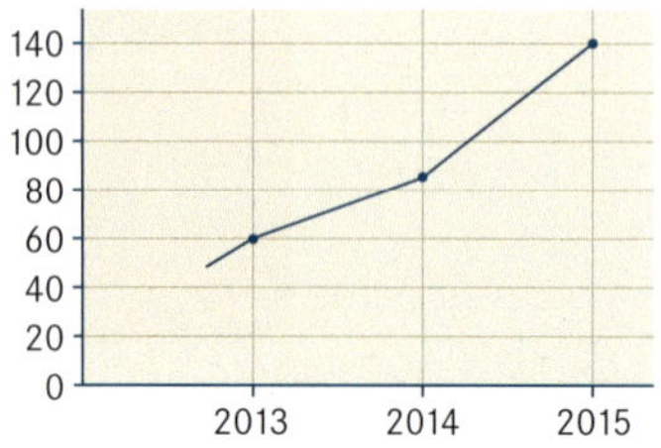

Firma Cornell
Mill. Euro

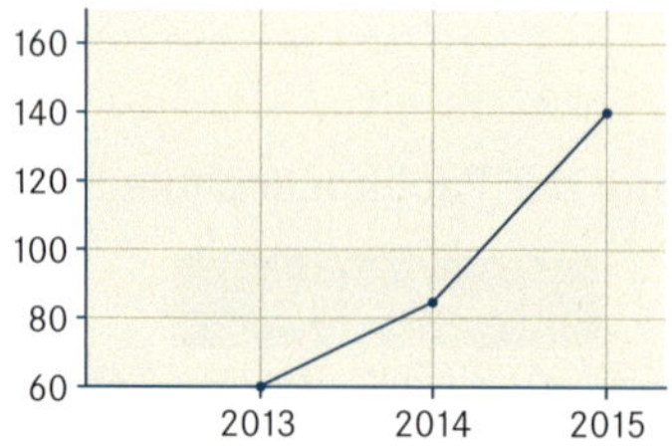

Firma Beierlein
Mill. Euro

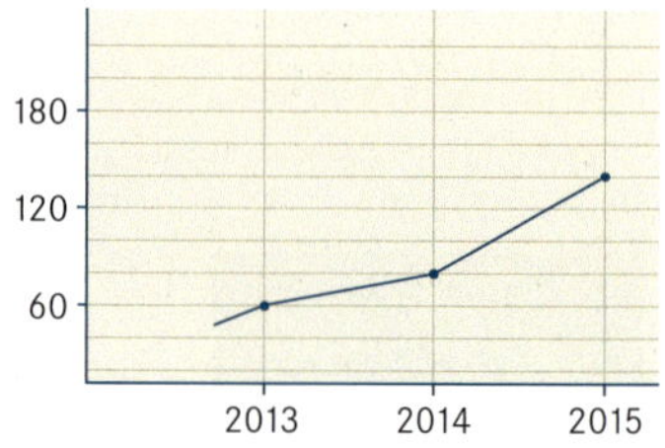

1 ***Untersuchen Sie die grafischen Darstellungen zur Umsatzentwicklung.***

a) Vergleichen Sie: Welche Firma hat den höchsten Umsatz erzielt, welcher Eindruck entsteht?

b) Notieren Sie Ursachen für die unterschiedliche Wirkung.

Die folgenden grafischen Darstellungen basieren auf denselben Informationen.

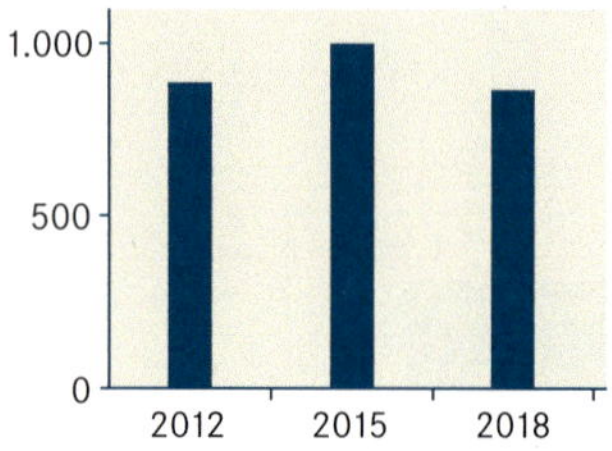

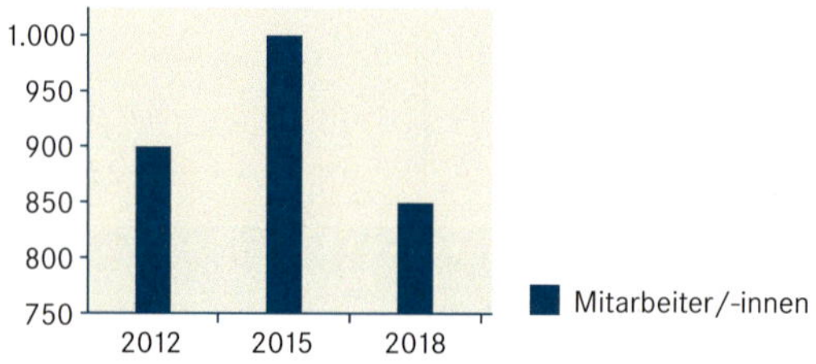

2 ***Vergleichen Sie die beiden Säulendiagramme. Notieren Sie, wie der jeweils gewählte Maßstab – die Skalierung der Achsen – die Aussage beeinflusst.***

Basiswissen — Informationen in Form von Schaubildern und Diagrammen

Schaubilder sind grafisch gestaltete Informationen zu einem Sachverhalt. Sie können Bilder, Symbole, Diagramme und Textelemente enthalten, wobei die Wahl der Darstellung von der Aussageabsicht abhängig ist. Diagramme sind eine spezielle Form von Schaubildern:

- **Kreisdiagramm:** Es vermittelt Anteilsverhältnisse einer Gesamtheit; es wird unübersichtlich, wenn zu viele Aspekte visualisiert werden.
- **Säulen-/Balkendiagramm:** Es vermittelt einen Eindruck von Größenverhältnissen, die im Vergleich dargestellt werden. Im Balkendiagramm werden Daten durch waagerecht liegende, im Säulendiagramm durch senkrecht stehende Balken dargestellt.
- **Kurven-/Liniendiagramm:** Es zeigt Entwicklungsverläufe in einem zeitlichen Rahmen.
- **Organigramm:** Es stellt Strukturen dar; organisatorische Einheiten sowie deren Aufgabenverteilung und Kommunikationsbeziehungen werden ersichtlich.

Schaubilder/Diagramme sind immer auch kritisch zu betrachten. So können Zahlen und Größenunterschiede durch die Wahl der Maßeinheiten unterschiedlich wirken. Auch der gewählte Maßstab – die Skalierung der Achsen – ist zu beachten sowie die Aussagekraft der Daten: Handelt es sich um genaue oder geschätzte Zahlen?

Eine Schaubildanalyse schreiben

Ein Schaubild analysieren

Schaubilder enthalten oft mehrere, unterschiedlich dargestellte Aussagen und verschiedene grafische Elemente zu einem Thema.

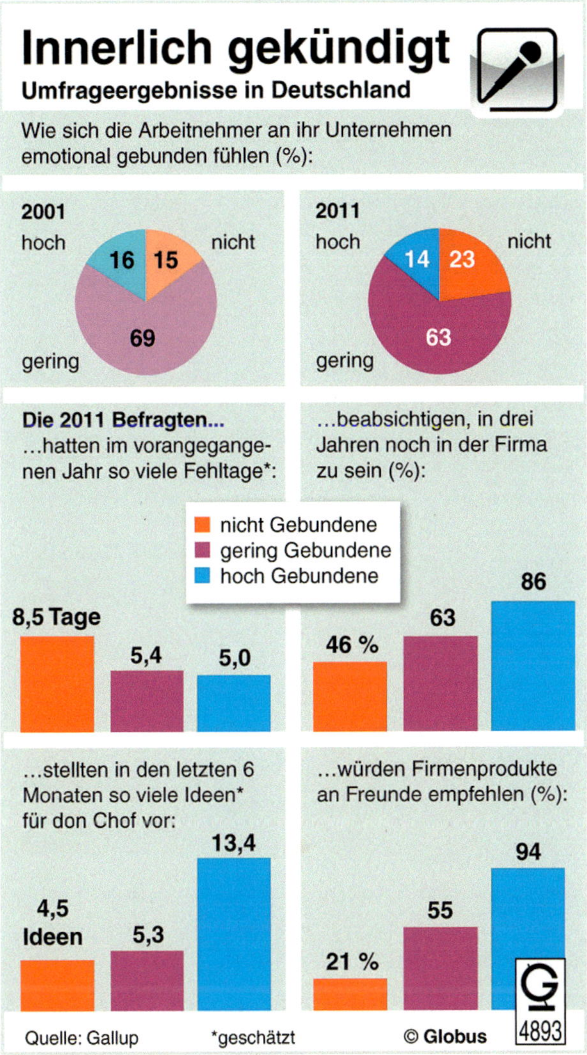

1 *Untersuchen Sie das Schaubild.*

a) Notieren Sie Stichworte bzw. Daten zu folgenden Punkten:

- Quelle des Schaubildes
- Herausgeber
- Erscheinungsdatum
- Titel, Untertitel
- Thema
- Art des Zahlenmaterials (absolute Zahlen/Prozentzahlen/Schätzungen)
- gewählte Diagrammform/-en
- Symbole
- Bilder (schwarz-weiß, farbig)
- Farbwahl
- Vordergrund
- Hintergrund

b) Formulieren Sie die Hauptaussagen in ganzen Sätzen.

Eine Schaubildanalyse untersuchen

Muster

Das Schaubild „Innerlich gekündigt" präsentiert Umfrageergebnisse der Agentur Gallup, die vom Globus-Grafikdienst herausgegeben wurden. Es zeigt, wie viel Prozent der Arbeitnehmer in Deutschland sich emotional an ihren Betrieb gebunden fühlen und wie dies konkret an vier Beispielen zum Tragen kommt.

Der Veranschaulichung dienen mehrere Diagramme: Es liegen Kreis- und Säulendiagramme vor. Oben rechts im Schaubild ist ein Mikrofon abgebildet, dieses steht symbolisch für die Befragungen, die 2001 und 2011 stattfanden. Durch die Farben wird verdeutlicht, wie sich die Arbeitnehmer an ihr Unternehmen gebunden fühlen, bzw. wie die jeweilige Gruppe (blau: stark gebunden, violett: gering gebunden sowie orange: nicht gebunden) die jeweilige Frage beantwortet.

Im oberen Drittel des Schaubildes werden die Umfrageergebnisse zur emotionalen Bindung von 2001 denen von 2011 gegenübergestellt. Die Angaben sind in Prozent und füllen zwei Kreisdiagramme. Deutlich ist zu erkennen, dass die Zahl derer, die sich nur wenig gebunden fühlen, von 69 auf 63 Prozent zurückgegangen ist. Dies bringt aber auch eine Verschiebung zur Gruppe derjenigen mit sich, die sich nicht gebunden fühlen. Hier ist ein Anstieg um acht Prozent (auf 23 %) erkennbar. 2011 fühlen sich zwei Prozent weniger Personen als 2001 sehr stark an das Unternehmen gebunden, in dem sie arbeiten.

Der größte Teil des Schaubildes wird von vier Säulendiagrammen bestimmt, die aus je drei Säulen bestehen. Die Aussagen beziehen sich hier immer auf das Jahr 2011. Zwei der Werte sind geschätzt (Fehltage und Ideen für den Chef), die beiden anderen Umfrageergebnisse liegen in konkreten Prozentzahlen vor.

Die Zahl der Fehltage fällt bei denen deutlich geringer aus, die sich mit ihrem Unternehmen verbunden fühlen, sei es wenig oder gar stark. Während die Personen, die sich nicht gebunden fühlen, geschätzte 8,5 Fehltage hatten, sank die Zahl um über drei Tage auf 5,4 bzw. 5,0 Tage bei den hoch gebundenen Arbeitnehmern. In drei Jahren möchte weniger als die Hälfte der Arbeitnehmer (46 %), die sich nicht gebunden fühlt, noch in ihrer Firma beschäftigt sein. D. h. 54 Prozent möchten sich beruflich anderweitig orientieren. Demgegenüber stehen 63 Prozent der gering Gebundenen bzw. 86 Prozent der stark emotional Gebundenen.

Bei der Umfrage wurde des Weiteren gefragt, wie viele Ideen ein Arbeitnehmer in den letzten sechs Monaten für seinen Chef vorgestellt hat. Arbeitnehmer, die keine Bindung haben, stellten 4,5 Ideen vor, das sind 8,9 Ideen weniger als von Arbeitnehmern, die eine hohe Bindung zum Unternehmen hatten. Die gering Gebundenen lagen hier zahlenmäßig näher an den nicht Gebundenen und stellten geschätzte 5,3 Ideen für ihren Chef vor.

Die letzte Frage thematisiert, ob die Mitarbeiter Firmenprodukte an Freunde empfehlen würden. Fast alle (94 %) würden dies tun, wenn sie sich sehr mit dem Betrieb verbunden fühlen, etwas mehr als die Hälfte (55 %) derjenigen, die wenig verbunden sind, aber nur noch jeder Fünfte (21 %) der nicht Gebundenen.

Zusammenfassend kann man sagen, dass sich die Arbeitnehmer im Jahr 2001 mit ihrem Betrieb mehr verbunden fühlten als im Jahre 2011. Ca. jeder vierte Arbeitnehmer hat innerlich gekündigt. Dies zeigt sich auch bei den Antworten auf verschiedene Fragen, die den Arbeitnehmern gestellt wurden. Emotional gebundene Arbeitnehmer sind weniger krank, wollen länger im Unternehmen bleiben und sind engagierter. All dies bleibt nicht ohne Folgen für den Einzelnen, aber nicht zuletzt auch für das Unternehmen. Alles in allem wäre es interessant gewesen, zu erfahren, warum so viele Personen schon innerlich gekündigt haben.

1 ***Vergleichen Sie Ihre Stichworte mit den Aussagen des Musters und beurteilen Sie die Schaubildanalyse.***

Analyseergebnisse formulieren

Sprache und Stil

Beim Verfassen einer Schaubildanalyse kommt es – wie bei Sachtextanalysen auch – darauf an, aussagekräftig und verständlich zu formulieren und die Gliederung des Textes durch eine entsprechende sprachliche Gestaltung sichtbar zu machen.

1 ***Erläutern Sie, welche der folgenden Sätze sich eignen für:***

a) die Angabe der Quelle oder des Herausgebers,
b) die Formulierung des Themas oder
c) die Schlussfolgerung.

> das Schaubild gibt Auskunft über ...; als weiteres Beispiel wird angeführt ...; letztlich geht aus dem Schaubild hervor, dass ...; das Schaubild ist ... entnommen; die Symbole verdeutlichen ...; zusammenfassend lässt sich sagen, ...; die Zahlen legte ... vor

d) Notieren Sie Formulierungen, die in der Musteranalyse (➜ S. 186) für die unter 1 a–c genannten Aspekte verwendet wurden, und ergänzen Sie weitere.

2 ***Erweitern Sie Ihre Ausdrucksmöglichkeiten, um Wiederholungen zu vermeiden.***

a) Notieren Sie möglichst viele Verbindungen mit Verben, in denen die folgenden häufig auftretenden Nomen vorkommen. Halten Sie Ihre Ergebnisse tabellarisch fest.

> In vielen Schaubildern werden Probleme benannt, Fragen aufgeworfen, Sachverhalte in Beziehung gesetzt, Zusammenhänge aufgezeigt, Schlussfolgerungen gezogen ...

b) Suchen Sie Synonyme für die Nomen. Arbeiten Sie auch mit dem Wörterbuch.

Nomen	Verb-Nomen-Verbindung	Synonyme
Problem	sich eines Problems bewusst sein/werden, sich mit einem Problem auseinandersetzen	Schwierigkeit, Streitfrage
Frage	...	...
...	...	...

3 ***Formulieren Sie die folgenden Vergleiche grammatikalisch richtig. Schreiben Sie die Sätze ab und setzen Sie „als“ oder „wie“ richtig ein.***

- 23 Prozent der Arbeitnehmerinnen und Arbeitnehmer würden Firmenprodukte an Freunde empfehlen. Das sind acht Prozent mehr ____ zehn Jahre zuvor.
- Viele fühlen sich heute mit dem Unternehmen, in dem sie arbeiten, weniger emotional verbunden ____ vor einigen Jahren.
- Psychische Erkrankungen sind ebenso die Folge ____ physische Beeinträchtigungen.
- Die Schäden, die Unternehmen dadurch entstehen, sind größer ____ gedacht.

4 ***Entscheiden Sie sich bewusst für die Verwendung des Aktivs oder Passivs in Ihrer Analyse.***

Beispiel: *Das Schaubild **zeigt** ... In dem Schaubild **wird dargestellt** ...* (➜ Kapitel 8.5, S. 147).

Eine vollständige Analyse verfassen

Sie erhalten die Aufgabe, zu dem folgenden Schaubild eine Analyse zu schreiben. Die folgenden Schritte helfen Ihnen beim Verfassen der Analyse.

1 *Betrachten Sie das Schaubild und notieren Sie Stichpunkte bzw. Daten zu allen wichtigen Elementen (➪ Checkliste S. 191).*

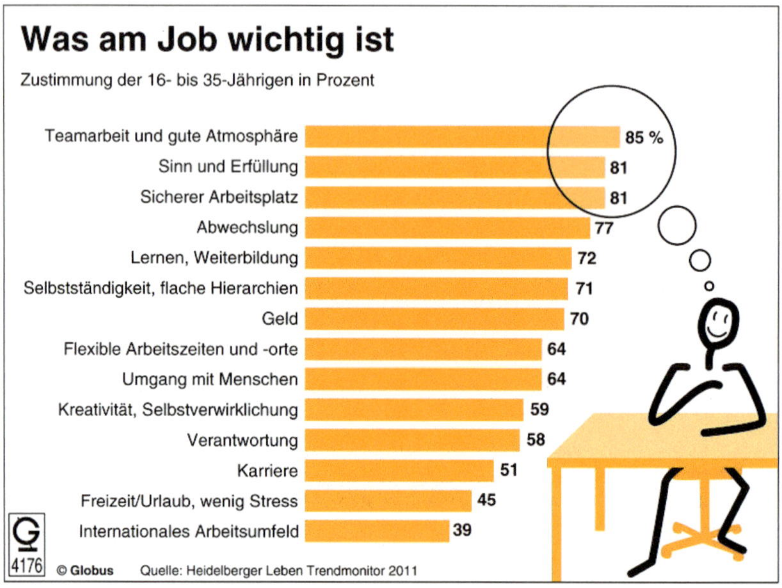

2 *Analysieren Sie die inhaltlichen Aspekte des Schaubildes.*

a) Was wird dargestellt? Werden Entwicklungen, Vergleiche, Strukturen oder Anteilsverhältnisse einer Gesamtheit aufgezeigt?

b) Welche Aussagen können formuliert werden? Versuchen Sie Aspekte zu bündeln.

c) Welche Schlussfolgerungen lassen sich ziehen?

d) Überlegen Sie, ob Informationen fehlen, die die Aussagekraft des Schaubildes erhöhen könnten.

3 *Beurteilen Sie die Gesamtwirkung des Schaubildes.*

a) Notieren Sie Ihre positiven sowie negativen Eindrücke und begründen Sie Ihre Sichtweise. Übertragen Sie dazu die folgende Tabelle in Ihr Heft und ergänzen Sie diese entsprechend.

b) Welche Wirkung geht vom Zusammenspiel der inhaltlichen Aussagen und der grafischen Gestaltung aus?

Schaubild	Eindrücke	Begründung
Gestaltung	+ -	... ...
ausgewählte Diagrammart/-en	+ -	
Aussagegehalt	+ -	
Zusammenspiel von Text, Grafik und Bild	+ -	

c) Formulieren Sie die Ergebnisse Ihrer Beurteilung in ganzen Sätzen.

Eine vollständige Analyse verfassen

Sprache und Stil

Bei der sprachlichen Formulierung Ihrer Schaubildanalyse kommt es darauf an, jeweils genau zu benennen, welches Element, welche Aussage oder welchen formalen Aspekt Sie gerade beurteilen. Folgende Sätze sind beim Formulieren einer Beurteilung hilfreich:

- Es lässt sich sagen, dass das Schaubild sowohl in gestalterischer Hinsicht als auch in Bezug auf seine inhaltliche Aussage gut (schlecht ...) gelungen ist.
- Die Diagrammart ist gut (schlecht ...) gewählt, weil ...
- Die Aussagen des Diagramms werden durch ein Bild (Foto ...) grafisch gut (schlecht, unzureichend, zufriedenstellend ...) unterstützt.
- Der Aussagegehalt des Schaubilds ist gut (ausreichend, unbefriedigend ...), weil ...
- Im Hinblick auf die Aussage zu ... wäre es ... wünschenswert gewesen ...

Arbeitstechnik **Ein Schaubild analysieren und beurteilen**

Bei der Beurteilung eines Schaubildes sollten Sie vor allem auf folgende Aspekte eingehen:

- Gestaltung (Vordergrund, Hintergrund, Bilder, Symbole, Farben, Übersichtlichkeit)
- Zweckmäßigkeit der ausgewählten Diagrammart/-en in Bezug auf die Aussageabsicht
- Aussagegehalt der einzelnen Teile sowie des Zusammenspiels der Teile
- Zusammenspiel von Text, Grafik und Bild

4 *Gliedern Sie nun Ihre Notizen zu dem Schaubild „Was am Job wichtig ist" und schreiben Sie eine vollständige Analyse.*

Arbeitstechnik **Eine Schaubildanalyse schreiben**

Die Analyse eines Schaubildes besteht aus drei Teilen:

Die **Einleitung** sollte folgende Informationen enthalten, sofern sie gegeben sind: die Verfasserin/den Verfasser, den Erscheinungsort, den Titel des Schaubildes, das Erscheinungsdatum, die Benennung des Themas und die Art der grafischen Gestaltung.

Der **Hauptteil** enthält eine genaue Beschreibung des Schaubildes:

- Es ist sinnvoll, zunächst mit der optischen Darstellung zu beginnen: scharz-weiß/farbig – Farbwahl/ausgewählte Bilder und Symbole, Wahl der Diagrammart.
- Bei der anschließenden inhaltlichen Analyse werden die Hauptaussagen des Themas wiedergegeben. Achten Sie besonders auf das Zahlenmaterial: absolute Zahlen, Prozentzahlen, Schätzungen.
- Danach sollten Sie das Zusammenspiel von inhaltlichen Aussagen und grafischer Gestaltung beurteilen – welche Intention (Aussageabsicht) wird mit dem Schaubild verfolgt (informell, appellativ), wie wirkt das Schaubild auf Sie?

Der **Schluss** rundet die Analyse ab. Weiterführende Überlegungen können Fragestellungen nach Themenschwerpunkten sein, die eventuell im Schaubild nicht erwähnt wurden oder zu kurz kamen.

10.4

Informationen visualisieren

Diagramme gestalten

Oftmals liegen Ihnen interessante Daten in Tabellenform vor.

Studierende insgesamt, nach angestrebten Prüfungsgruppen, Bachelor, Master und übrige nach Geschlecht

Studierende		insgesamt	davon		
			Bachelor	Master	Übrige*
insgesamt		2.380.974	1.285.250	253.863	841.861
davon	männlich	1.255.372	724.687	136.678	394.007
	in Prozent	52,7	56,4	53,8	46,8
	weiblich	1.125.602	560.563	117.185	447.854
	in Prozent	47,3	43,6	46,2	53,2

*Übrige einschließlich Lehramt-BA und Lehramt-MA

Quelle: Statistisches Bundesamt, Studierende an Hochschulen, WiSe 2011/2012; eigene Berechnungen

Arbeitnehmerinnen und Arbeitnehmer nach ausgewählten Arbeitsbedingungen

Arbeitsbedingungen	Arbeitnehmerquote in Prozent			
	2010	2009	2008	2007
Teilzeit[1]	26,7	26,5	26,3	26,3
Männer	9,3	9,2	9,0	8,9
Frauen	45,9	45,8	46,0	46,2
Land- und Forstwirtschaft, Fischerei	23,5	21,9	24,9	23,7
produzierendes Gewerbe ohne Baugewerbe	10,7	10,7	12,0	12,1
Baugewerbe	11,8	11,5	10,7	10,1
Handel, Gastgewerbe und Verkehr	32,5	32,7	33,2	33,1
Finanzierung, Vermietung und Unternehmensdienstleister	30,8	30,8	28,0	28,9
öffentliche und private Dienstleistungen	35,2	35,0	34,9	34,8
Art des Arbeitsvertrages[2]				
befristet	10,7	10,5	10,6	10,3
unbefristet	89,0	89,3	89,1	89,5
Arbeit zu Hause[3]				
hauptsächlich	1,5	1,6	2,1	1,6
manchmal	7,3	7,2	7,6	7,1
nie	91,1	91,1	90,2	91,2

1 Teilzeitbeschäftigte in Prozent der abhängig Beschäftigten einschließlich Auszubildende. Teilzeit = weniger als 32 Stunden

2 Arbeitnehmerinnen/Arbeitnehmer mit befristet bzw. unbefristeten Arbeitsverträgen in Prozent der abhängig Beschäftigten ohne Auszubildende

3 Arbeitnehmerinnen/Arbeitnehmer, die zeitweise zu Hause arbeiten in Prozent der abhängig Beschäftigten ohne Auszubildende

Quelle: Statistisches Bundesamt, Stand 2010

1 *Untersuchen Sie die Tabellen.*

a) Beurteilen Sie die Wirkung der tabellarischen Darstellung.

b) Fassen Sie die Aussagen der beiden Tabellen in wenigen Sätzen zusammen.

c) Visualisieren Sie die Informationen.

Fazit

10.2 Diagramme – Möglichkeiten und Grenzen erkennen
- Aussageabsicht
- die Zweckmäßigkeit der Darstellungsform
- das Zusammenspiel von Text und Schaubild
- Manipulationen erkennen

10.4 Informationen visualisieren
- Diagramme gestalten

10.3 Eine Schaubildanalyse schreiben
- das Schaubild analysieren und beurteilen: Aussagegehalt; grafische Gestaltung; Aussageabsicht; Zusammenspiel von Text, Diagramm, Bild
- die Analyse gliedern und schreiben
  - Einleitung: Verfasser, Quelle, Titel, Thema, Gestaltung
  - Hauptteil: genaue Beschreibung aller Teile, Beurteilung der Aussagen, Intention und Wirkung
  - Schluss: weiterführende Überlegungen, offene Fragen

Den Arbeitsauftrag umsetzen

1 ***Fühlen Sie sich gut informiert über Ihre beruflichen Perspektiven?***
- Überprüfen Sie mithilfe der Checkliste, ob Ihnen die kritische Analyse der Schaubilder gelungen ist.
- Sammeln Sie bei Bedarf weiteres Informationsmaterial für Ihren „Markt der Möglichkeiten“ zum Thema Berufsperspektiven. Werten Sie es auf die gleiche Weise aus.

2 ***Bereiten Sie den „Markt der Möglichkeiten“ vor und führen Sie ihn durch.***
- Tragen Sie das gesamte Material in Ihren Kleingruppen zusammen und präsentieren Sie es auf Stellwänden. Orientieren Sie sich an der Arbeitstechnik „Metaplantechnik“ (➪ S. 398).
- Jede Kleingruppe ist Experte für ihre aufbereiteten Materialien aus Kapitel 9 und 10. Tauschen Sie Ihr Expertenwissen untereinander aus. Orientieren Sie sich dabei an der Arbeitstechnik „Markt der Möglichkeiten“ (➪ S. 397).

Habe ich alle Inhalte verstanden und an alles gedacht?

Inhalt
- ☑ Sind Titel (ggf. Untertitel), Herausgeber und Quelle sowie Erscheinungsjahr angegeben?
- ☑ Sind Thema und Aussage(n) des Schaubildes herausgearbeitet?
- ☑ Sind die Diagrammart und die Art des Zahlenmaterials benannt?
- ☑ Ist das Zusammenspiel von Grafik, Text und Bild dargestellt worden?

Aufbau
- ☑ Sind die einzelnen Bestandteile sinnvoll zusammengefügt?
- ☑ Ist die Arbeit gegliedert?
- ☑ Wurde sinnvoll zum Hauptteil hingeführt und mit einem Schlussteil abgerundet?

11 Sachtexte erörtern

Ein großer Teil der informierenden Texte versucht seine Leserinnen und Leser von einer bestimmten Meinung zu überzeugen. Um dieses Ziel zu erreichen, werden argumentative Strategien und bestimmte sprachliche Mittel eingesetzt – einige haben Sie in Kapitel 9 bereits kennengelernt. Wichtig ist, diese kritisch zu prüfen und zu bewerten, um eine Basis zu haben, auf der Sie sich eine eigene Meinung bilden können.
Im folgenden Kapitel lernen Sie, Ihre eigene Haltung zu einem Sachverhalt überzeugend darzustellen. Je kenntnisreicher Sie die Textposition deuten, desto überzeugender wirkt Ihr persönliches Urteil. Sie legen die Argumentationsstruktur und die Argumentationsstrategien des Textes offen, setzen sich mit seinem Inhalt argumentativ auseinander und begründen mit eigenen Argumenten Ihren Standpunkt zum Thema.

ANWENDUNGSSITUATION

In Ihrer Schule gibt es bislang keine Möglichkeit, sich in den Pausen in eine Cafeteria o. Ä. zu setzen, um etwas zu essen und zu trinken. Man muss dazu das Schulgelände verlassen, aber auch außerhalb ist das Angebot nicht besonders verlockend. Die SV Ihrer Schule, in der Sie Mitglied sind, möchte deshalb mit einigen engagierten Lehrerinnen und Lehrern ein kleines Unternehmen gründen, um eine Cafeteria zu betreiben. Diese soll von einer Genossenschaft geführt werden, das Kapital wollen die Mitglieder zur Verfügung stellen. Es werden Arbeitsgruppen gebildet, die sich um verschiedene Bereiche des neuen Unternehmens kümmern. Sie gehören der Arbeitsgruppe „Einkauf" an, die sich Gedanken darüber macht, welche Produkte verkauft werden sollen. Damit das Unternehmen nicht nur Ihrer Schule nützt, überlegen Sie, es als „Fair Café" zu führen, in dem möglichst viele Produkte aus fairem Handel stammen.

Inhalte

- die Argumentation analysieren
- die Argumentation prüfen und bewerten
- eine Stellungnahme verfassen
- eine vollständige Erörterung schreiben

Das ist Ihr Arbeitsauftrag:

Ihre Arbeitsgruppe ist überzeugt davon, dass Fair Trade unterstützenswert ist. Allerdings erwarten Sie, dass die Frage, ob in der Cafeteria fair gehandelte Waren angeboten werden, von den Gründungsmitgliedern der Genossenschaft hart diskutiert werden wird. Schließlich sind fair gehandelte Waren teurer als Waren, bei denen Umwelt- und Sozialstandards nicht im Vordergrund stehen. Das könnte den Gewinn des Unternehmens geringer ausfallen lassen.

1 *Informieren Sie sich ausführlich über fair gehandelte Produkte. Sammeln Sie Argumente, die für und gegen fair gehandelte Waren sprechen.*

2 *Erarbeiten Sie für die nächste Sitzung der Arbeitsgruppen ein Papier, das Ihre Position untermauert.*

- Nehmen Sie mögliche Gegenargumente vorweg und entkräften Sie sie.
- Überzeugen Sie die anderen von Ihrem Anliegen.

Wenn Sie die folgenden Seiten dieses Kapitels erarbeitet haben, werden Sie in der Lage sein, den Arbeitsauftrag erfolgreich auszuführen.

Arbeitsschritte	Arbeitstechniken und Methoden	Kompetenzen
den Standpunkt eines Autors / einer Autorin erfassen	Lesetechniken	Strukturmerkmale, Aufbau, Argumentationsstruktur und Zielsetzungen argumentativer Texte analysieren
die Argumentationsstruktur im Überblick darstellen	die Argumentationsstruktur visualisieren	
die Argumentationsstruktur schriftlich analysieren	eine Einleitung formulieren Schreibkonferenz	zu Positionen in argumentativen Texten begründet Stellung nehmen
die Argumente untersuchen		andere von der eigenen Position überzeugen
die Argumentation bewerten	Argumente bewerten	
sich eine eigene Meinung bilden		
die eigene Meinung schriftlich äußern		
eine vollständige Erörterung schreiben	Arbeitsplan textgebundene Erörterung	

11.1 Die Argumentation analysieren

Den Standpunkt eines Autors/ einer Autorin erfassen

Bei der Beschäftigung mit meinungsbildenden Texten ist es zunächst wichtig herauszufinden, wovon uns der Text überzeugen möchte. Hat man die Hauptthese herausgearbeitet, bildet sie den Ausgangspunkt für die Analyse der Argumentation.

1 *„Fair-machen statt fair-sagen!" – Stellen Sie Vermutungen darüber an, um welche Inhalte es in einem Artikel mit dieser Überschrift gehen könnte.*

Fair-machen statt fair-sagen!

von Tanja Busse

Fair Trade ist gut, daran gibt es nichts zu rütteln. Ein einfaches Logo, eine klare Botschaft: Wir zahlen hier etwas mehr, damit die Leute, die anderswo für uns arbeiten, besser bezahlt werden. Damit Plantagenarbeiter und Kleinbauern halbwegs in Würde arbeiten können. Mit Planungssicherheit und Perspektive.

Auch wenn es Kritik daran gibt, dass die Fair-Trade-Prämie zu gering sei im Vergleich zu den guten Preisen, die sich damit bei den Konsumenten erzielen lassen: Es gibt guten Grund, in der Fairen Woche, die jährlich im September stattfindet, den fairen Handel und seine enormen Zuwachsraten zu preisen: Der Fair-Trade-Weltverband FLO meldet 47 Prozent Zuwachs von 2006 auf 2007 (Anm. Red.: 12 Prozent Zuwachs von 2010 auf 2011). Weltweit haben die Konsumenten im Jahr 2007 2,3 Milliarden Euro (Anm. Red.: im Jahr 2011 4,9 Milliarden Euro) für Fair-Trade-gelabelte Waren ausgegeben.

Das ist gut – aber zu wenig: Denn der Marktanteil der Fair-Trade-Produkte dürfte in den meisten Ländern noch immer unter zehn Prozent liegen. Und das heißt: Neun von zehn Menschen, die ihren Lebensunterhalt mit Bananen, Kaffee, Orangen und Kakao bestreiten, können von Glück reden, wenn sie für ihre Arbeit so viel Geld bekommen, dass sie ihre Familien halbwegs ernähren können. Theoretisch haben sie ein Recht auf ausreichende Ernährung, auf eine gute Schulbildung, überhaupt auf ein menschenwürdiges Leben, doch praktisch sind sie abhängig von der Willkür der großen Plantagenbesitzer und der Gnadenlosigkeit der Weltmarktpreise. Wer kümmert sich darum?

Den Standpunkt eines Autors/ einer Autorin erfassen

Und: Wenn eine private Initiative wie der Fair-Trade-Weltverband bewiesen hat, dass man etwas gegen die Ausbeutung dieser Menschen tun kann und dass sogar viele Menschen bereit sind, dabei zu helfen – warum gelingt das den politischen Institutionen nicht?

Es ist völlig unverständlich, warum die Politik auf nationaler und internationaler Ebene versagt. Die Welthandelsorganisation WTO hat der ganzen Welt die Regeln des freien Handels aufgezwungen, wenn ein Land dagegen verstößt, wird es verklagt. Ebenso gibt es verbindliche soziale Mindeststandards für Arbeiter, aufgestellt von der Weltarbeitsorganisation ILO, unterzeichnet von fast allen Ländern der Welt. Bloß: Wenn ein Plantagenbesitzer oder ein Handelsunternehmen dagegen verstößt, wie es tagtäglich in fast allen armen und sehr armen Ländern geschieht – passiert gar nichts. Die sozialen Mindeststandards kann man nirgends einklagen. Wir müssen das einfordern. Wir müssen die politischen Versäumnisse kritisieren, die diesen privat organisierten Fairen Handel überhaupt erst nötig gemacht haben. Und dabei geht es nicht nur um böse Dritt-Welt-Diktatoren, sondern auch um die Rolle deutscher Politiker bei der WTO und bei der ILO und der UNO und um die EU-Handelsrichtlinien und nicht zuletzt um die Profiteure dieser Richtlinien im Import und im Lebensmitteleinzelhandel.

Und wir müssen dafür sorgen, dass immer mehr Produkte fair gehandelt werden – indem wir die Produzenten durch unseren Konsum unterstützen und signalisieren: Ihr seid uns nicht egal.

(www.utopia.de, 25.09.2008)

Beim **Fairen Handel** (englisch Fair Trade) wird den Erzeugern für ihre Produkte ein festgelegter Mindestpreis bezahlt, welcher über dem jeweiligen Weltmarktpreis liegt. Den Erzeugern wird auf diese Weise nicht nur ein höheres, sondern auch ein längerfristig verlässliches Einkommen zugesichert. In diesem Rahmen unterstützt „Fair Trade" auch soziale Projekte vor Ort. Fairer Handel umfasst inzwischen viele landwirtschaftliche Erzeugnisse wie Kaffee, Kakao oder Tee, handwerkliche und industrielle Produkte. Die Waren werden zertifiziert und erhalten das Fair-Trade-Label, mit dem sie in speziellen Läden – und zunehmend auch in Supermärkten – verkauft werden.

2 *Teilen Sie den Text in Abschnitte ein und halten Sie den Inhalt jedes Abschnitts in einem Satz fest.*

3 *Geben Sie die Hauptthese mit eigenen Worten wieder.*

4 *Folgende Formulierungsversuche stammen aus Schüleraufsätzen. Diskutieren Sie, welcher Ihrer Meinung nach Tanja Busses Hauptthese am besten wiedergibt.*

- Ihre These ist, dass Politik und Unternehmer bei der Unterstützung für ausgebeutete Produzenten in der Um- und Durchsetzung von Hilfsmaßnahmen zu wenig unternehmen.
- Sie stellt die These auf, dass die Bürger den fairen Handel unterstützen sollten, damit die Produzenten ein menschenwürdiges Leben führen können.

5 *Vergleichen Sie Ihre Ergebnisse der Aufgaben 2 und 3 mit Ihren Vermutungen nach dem Lesen der Überschrift. Lagen Sie richtig?*

Tipp

Nach dem Lesen der Überschrift kurz innezuhalten, ist eine gute Möglichkeit, um das eigene Textverständnis zu verbessern. Wenn Sie sich darüber bewusst werden, mit welchem Vorverständnis und welchen Erwartungen Sie einen Text lesen, ist Ihre Aufmerksamkeit fokussierter und Sie finden leichter Anknüpfungspunkte zu Ihren eigenen Erfahrungen. Darüber hinaus sagt bei argumentativen Texten die Überschrift häufig schon etwas über die im Text vertretene Meinung aus.

11.1

Die Argumentationsstruktur im Überblick darstellen

Bevor Sie eine Erörterung schreiben, verschaffen Sie sich einen Überblick über die Argumentationsstruktur. Eine Übersicht hilft Ihnen, sich auf die wesentlichen Aussagen des Textes zu konzentrieren, und es gelingt Ihnen eher, sich von der Sprache des Textes zu lösen.

Muster

Es gibt verschiedene Möglichkeiten, die Struktur zu visualisieren:

Beispiel 1	Beispiel 2
These: *Der faire Handel muss gefördert werden, um die Lebensbedingungen in Entwicklungsländern zu verbessern.* ↓ **Hinführung:** *Fairer Handel ist gut, weil er Lebensbedingungen verbessert.* ↓ **Einschränkung:** *Die Fair-Trade-Prämie ist zu gering.* ↓ **Information:** *Erfolg von fair gehandelten Waren* ↓ **Argument 1:** *Viele Menschen werden von Fair Trade noch nicht erreicht (Beispiele).* ↓ **Argument 2:** *Politik ist untätig (Beispiele).* ↓ **Forderung:** *Menschen in den Industrieländern müssen Politiker zum Handeln bringen.* ↓ **Schlussfolgerung:** *Konsumenten müssen sich für fairen Handel einsetzen und sich um Menschen in Entwicklungsländern kümmern.*	**These:** *Der faire Handel muss gefördert werden, um die Lebensbedingungen in Entwicklungsländern zu verbessern.* ↓ **Pro-Argument 1:** *Fairer Handel ist eine gute Sache.* ↘ **Kontra-Argument 1:** *Die Fair-Trade-Prämie ist zu gering.* ↓ **Kontra-Argument 2:** *Der Markt für Fair-Trade-Produkte wächst.* ↙ **Pro-Argument 2:** *Anteil fair gehandelter Produkte ist immer noch sehr gering.* ↓ **Pro-Argument 3:** *Die Politik ist untätig.* ↘ **Schlussfolgerung:** *Die Konsumenten müssen die Politik zum Handeln bringen und fair gehandelte Waren einfordern.*

1 *Vergleichen Sie die Beispiele in Partnerarbeit.*

2 *Erstellen Sie eine eigene Darstellung der Argumentationsstruktur. Gehen Sie dabei von Ihrer eigenen Thesenformulierung aus.*

Arbeitstechnik – Analyse der Argumentationsstruktur

Nachdem das grundlegende Textverständnis gesichert wurde, beginnt die Argumentationsanalyse immer mit der Frage: Wovon möchte der Autor/die Autorin uns überzeugen? Die Antwort auf diese Frage stellt die Hauptthese des Textes dar. Danach machen Sie sich den Aufbau der Argumentation klar. Hilfreich ist dabei die Leitfrage:

- Welche Argumente und anderen Textelemente enthält der Text? In welcher Reihenfolge werden sie angeführt?

Für die Sicherung des Analyseergebnisses eignet sich besonders gut eine grafische Darstellung, z. B.

- am Aufbau des Textes orientiert (Beispiel 1),
- der inneren Logik des Textes folgend (Beispiel 2).

Die Argumentationsstruktur schriftlich analysieren

Für einen Erörterungsaufsatz fassen Sie das Ergebnis der Textanalyse und der Untersuchung der Argumentationsstruktur schriftlich zusammen.

Arbeitstechnik Eine Einleitung für die Erörterung formulieren

Formulieren Sie zuerst einen treffenden Einleitungssatz. Er muss folgende Informationen enthalten: Textsorte (z. B. Kommentar), Autor/Autorin, Erscheinungsdatum und -ort (Zeitung oder Zeitschrift), Anlass des Erscheinens (neues Gesetz, Jubiläum etc.). Zentral ist außerdem die Benennung des Themas, also die Antwort auf die Frage: Worum geht es überhaupt in dem Text? Die Wiedergabe der Hauptthese kann die Einleitung abschließen oder den darauffolgenden Hauptteil einleiten.

1 *Vergleichen Sie die nachstehenden Beispiele aus Schülerarbeiten. Was müsste jeweils verbessert werden?*

- Der Kommentar „Fair-machen statt fair-sagen!“ von Tanja Busse vom 25.09.2008 aus dem Onlineportal „www.utopia.de“ thematisiert die Probleme von Fair-Trade-Produkten. Ihre These ist, dass Politik und Unternehmer zu wenig für ausgebeutete Produzenten in Entwicklungsländern tun.
- In dem Kommentar „Fair-machen statt fair-sagen!“ aus dem Internetportal „Utopia.de“ geht es darum, dass die Bürger den fairen Handel unterstützen sollten, damit die Produzenten ein menschenwürdiges Leben führen können.

2 *Verfassen Sie eine Einleitung zum Text auf S. 194 f.*

3 *Schreibkonferenz: Setzen Sie sich in einer Vierergruppe zusammen und werten Sie die Texte untereinander aus (➪ S. 401).*

Sprache und Stil

Um das Ergebnis der eigenen Analyse möglichst treffend wiederzugeben, ist ein Repertoire an geeigneten Wörtern hilfreich; dabei sind insbesondere die Verben wichtig, denn sie gliedern die Analyse und verdeutlichen den Zusammenhang zwischen den einzelnen Teilen.

4 *Ergänzen Sie die folgende Liste strukturierender Verben.*

behaupten, begründen, anführen, widersprechen, postulieren, den Schluss ziehen

5 *Jedes der Verben eignet sich zur Wiedergabe eines bestimmten Argumentationsschrittes. Übertragen Sie die Tabelle in Ihr Heft. Ordnen Sie die Verben aus Aufgabe 4 jeweils einem Schritt zu.*

These	Argument	Gegenargument	Forderung	Schlussfolgerung
behaupten …	anführen begründen …	widersprechen …	postulieren …	den Schluss ziehen …

Die Argumentationsanalyse verfassen

6 *Formulieren Sie im Anschluss an den Einleitungssatz (➪ Aufgabe 2) das Ergebnis Ihrer Argumentationsanalyse. Orientieren Sie sich dabei an der Überblicksdarstellung (➪ S. 196, Aufgabe 2) und nehmen Sie die strukturierenden Verben zu Hilfe.*

11.2

Die Argumentation prüfen und bewerten

Die Argumente untersuchen

Im nun folgenden Schritt geht es darum, die Argumente einzeln zu prüfen. Dabei ist es gar nicht so einfach zu erkennen, ob tatsächlich echte Argumente angeführt werden oder ob es sich lediglich um Behauptungen handelt.

Muster

Es sollten gerechtere Handelsbedingungen für Entwicklungsländer geschaffen werden, weil	
Stützung der These durch	
– nachprüfbare Tatsachen	*die Entwicklungsländer sonst gegen die Marktmacht der entwickelten Staaten keine Chance haben.*
– gesetzliche Vorschriften	*die Welthandelsorganisation den Abbau von Zöllen zum Ziel hat und die Abschottung der Märkte der Industrieländer gegen Produkte aus Entwicklungsländern dem widerspricht.*
– Ergebnisse der Forschung, Verweis auf Autoritäten	*eine Studie ergab, dass sich durch fairen Handel die Lebensbedingungen in den Entwicklungsländern verbessern (www.fairtrade-deutschland.de).*
– verallgemeinerte Erfahrungen	*man gesehen hat, dass die Freigabe der Kaffeepreise seit 1989 zu extremen Preisschwankungen geführt hat.*
– Sachverhalte, die gesellschaftlicher Konsens sind	*Gerechtigkeit ein Grundpfeiler menschlichen Zusammenlebens ist.*

1 *Sammeln Sie Argumente für die These „In jeder Schulcafeteria sollten fair gehandelte Produkte verkauft werden“. Übertragen Sie dazu oben stehende Tabelle in Ihr Heft und finden Sie für jede der Kategorien ein Argument. Ziehen Sie dazu auch zusätzliche Informationsquellen heran.*

2 *Überprüfen Sie mithilfe des unten stehenden Basiswissens die einzelnen Argumente des Textes „Fair-machen statt fair-sagen“. Ordnen Sie die Argumente, die Sie gefunden haben, einer der oben genannten Kategorien zu.*

3 *Untersuchen Sie mithilfe des Basiswissens „Eine Argumentation prüfen“ (➪ Kapitel 9, S. 165) die gesamte Argumentation inklusive ihres Aufbaus.*

4 *Fassen Sie das Ergebnis Ihrer Untersuchung (➪ Aufgaben 2 und 3) schriftlich zusammen.*

Basiswissen – Die Überzeugungskraft einzelner Argumente prüfen

Um zu prüfen, ob ein Autor/eine Autorin sachlich und gut argumentiert, untersuchen Sie seine/ihre Begründungen. Denn diese sollen seine/ihre These stützen. Um echte Argumente handelt es sich nur dann, wenn die Begründungen einer der folgenden Kategorien entstammen:

- nachprüfbare Tatsachen
- gesetzliche Vorschriften
- Ergebnisse der Forschung, Verweis auf Autoritäten
- verallgemeinerte Erfahrungen
- Sachverhalte, die gesellschaftlicher Konsens sind

Die Argumentation bewerten

Als letzter Schritt in der Auseinandersetzung mit einem argumentativen Text bewerten Sie die Argumente: Sind die einzelnen Argumente überzeugend? Darauf aufbauend beginnen Sie mit Ihrer eigenen Stellungnahme, dem zweiten, umfangreicheren Teil der Texterörterung.

Bei der kritischen Betrachtung sind folgende Gesichtspunkte hilfreich:

Stützung des Belegs durch	Ansatz zur Widerlegung
– nachprüfbare Tatsachen	*Nachweis, dass Inhalte falsch oder verkürzt wiedergegeben wurden*
– gesetzliche Vorschriften	*überprüfen, ob die Vorschrift wirklich zum konkreten Fall passt bzw. in diesem Fall Gültigkeit hat*
– Ergebnisse der Forschung, Verweis auf Autoritäten	*Nachweis, dass die Statistik veraltet ist* *Nachweis, dass der Forscher/die Forscherin umstritten ist oder gar nicht fachkompetent ist*
– verallgemeinerte Erfahrungen	*Verweis auf unzulässige Verallgemeinerung von Einzelbeispielen*
– Sachverhalte, die gesellschaftlicher Konsens sind	*untersuchen, ob es sich nicht nur um eine Einzelmeinung handelt*

1 ***Vergleichen Sie die folgenden Beispiele aus Schüleraufsätzen mit der Tabelle. Begründen Sie, welche Bewertungen gelungen sind und welche nicht.***

- Zu Beginn legt Tanja Busse das Faktenargument dar, dass Fair Trade gut sei, denn es ermögliche den Produzenten ein menschenwürdiges Leben. Es ist stichhaltig, da sie sich damit auf das allgemein akzeptierte Fairness-Gebot in zwischenmenschlichen Beziehungen beruft.
- In ihrem letzten Argument macht Frau Busse deutlich, dass die politischen Rahmenbedingungen unzulänglich seien. Es ist überzeugend, weil Politiker immer ihre Interessen vertreten und keinen großen Wert darauf legen, dass die sozialen Mindeststandards für Arbeiter gewährleistet sind.
- Die Erwähnung der Marktanteile der Fair-Trade-Produkte ist zwar inhaltlich nachvollziehbar, trägt aber nicht zur Überzeugung der Leserinnen und Leser bei. Der Ausdruck „... der Marktanteil dürfte ... noch immer unter 10 Prozent liegen“ zeugt nicht von Aktualität und Sicherheit gegenüber diesen Zahlen. Außerdem erwähnt sie keine Quelle, sodass die Angaben schwer überprüfbar sind.

2 ***Bewerten Sie schriftlich die Argumente des Textes „Fair-machen statt fair-sagen“.***

3 ***Schließen Sie Ihre Bewertung ab, indem Sie Ihren Standpunkt zu der im Text vertretenen Meinung verdeutlichen. Entscheiden Sie sich für eine der im Basiswissen vorgestellten Möglichkeiten, sich zu positionieren.***

Arbeitstechnik **Argumente bewerten**

Bei der Auseinandersetzung mit den Argumenten eines Autors sollten Sie die eigene Position begründen. Im Falle einer Zustimmung sollten Sie auch eigene Belege und Beispiele geben. Im Falle einer Ablehnung der dargestellten Meinung sollten Sie Gegenargumente anführen. Es gibt unterschiedliche Arten, Argumente zu bewerten:

Sie stimmen einem Argument zu. / Sie stimmen einem Argument teilweise zu. / Sie stimmen einem Argument zu und ergänzen es um neue Aspekte. / Sie widersprechen einem Argument.

11.3

Eine Stellungnahme verfassen

Sich eine eigene Meinung bilden und die eigene Meinung äußern

Ziel der Texterörterung ist es letztlich, Ihren eigenen Standpunkt darzulegen. Dazu müssen Sie sich zuvor darüber klar werden, wie Sie zu der im Text vertretenen Ansicht stehen.

Nur ein Tropfen auf den heißen Stein

Gastbeitrag von Wolfgang Kessler (Chefredakteur der christlichen Zeitschrift Publik-Forum)

Die Bilanz ist glänzend: Jahr für Jahr werden in Eine-Welt-Läden, Supermärkten und Discountshops mehr fair gehandelte Waren verkauft, die die Lebensbedingungen der Kleinbauern in der Dritten Welt verbessern helfen. Allein 2010 erwirtschaftete der faire Handel in Deutschland einen Umsatz von 413 Millionen Euro. „In diesem Jahr wollen wir die halbe Milliarde knacken", sagt Dieter Overath, der Geschäftsführer von Trans Fair, jener Organisation, die das Siegel Fair Trade vergibt. Doch bei aller berechtigten Freude über gerechte Preise und humanere Arbeitsbedingungen für Millionen Produzenten darf man nicht ignorieren, dass der faire Handel ein Tropfen auf den heißen Stein ist. Von dem Boom profitiert eine kleine Minderheit der Kleinbauern.

Dabei kann das Bündnis aus Kirchen und Entwicklungsorganisationen, das den fairen Handel seit 20 Jahren betreibt, Erfolge nachweisen: In Tausenden von Dörfern in der Dritten Welt gibt es stabile Häuser, Schulen und Gesundheitszentren nur, weil ihnen der faire Handel gerechtere Abnahmepreise, Prämien für eine ökologische Produktion und Unterstützung für soziale Gemeinschaftsprojekte bezahlt. „Die Fair-Trade-Bewegung zeigt, dass ein anderes Wirtschaften möglich ist und Globalisierung nicht auf dem Rücken der Armen ausgetragen werden muss", sagt der frühere Umweltminister Klaus Töpfer. Er freue sich über „die Verbraucher, die durch den Kauf von fairen Produkten Verantwortung übernehmen".

Sicherlich beweist der faire Handel, dass ein anderes Wirtschaften möglich ist. Allerdings stößt er an enge Grenzen. Selbst beim Vorzeigeprodukt Kaffee liegt der Marktanteil in Deutschland gerade mal bei zwei Prozent. Tee, Biobananen, Zucker oder Kakao kommen kaum auf ein Prozent.

Und dies, obwohl die Fair-Trade-Bewegung auf dem Weg zu Rekordumsätzen immer mehr Kompromisse mit dem konventionellen Handel macht. Rund die Hälfte der fair gehandelten Waren gehen in Supermärkten, vor allem aber bei den Discountern, über die Ladentheke. Für Brigitte Binder vom Evangelischen Entwicklungsdienst bieten die Discounter eine große Chance: „Der Großteil der deutschen Bevölkerung kauft in Discountern ein. Deshalb sollten auch dort Eine-Welt-Produkte erhältlich sein. Nur so können möglichst viele Menschen vom Kauf überzeugt werden." Gleichzeitig erhält das Wort vom fairen Handel in Discountern einen faden Beigeschmack. Während die Kleinbauern im Süden von zusätzlichem Absatz bei Lidl und Co. profitieren, werden ihre Waren von Menschen angeboten, die oft selbst höchst unfair behandelt werden.

Hinzu kommt: Viele traditionelle Eine-Welt-Läden mögen altmodisch erscheinen. Doch sie können mit ihren ehrenamtlichen Aktivisten garantieren, dass der Mehrpreis im fairen Handel zu einem großen Teil an die Produzenten im Süden weitergegeben wird. Konventionelle Handelshäuser, die unter vielen Produkten auch fair gehandelte Waren führen, geben oft nur einen kleinen Teil des Aufpreises im Laden an die Produzenten weiter. So verkaufte eine britische Kaffeehauskette Fair-Trade-Kaffee für einen Aufpreis von zehn

Sich eine eigene Meinung bilden und die eigene Meinung äußern

Pence pro Tasse, während die Mehrkosten lediglich 0,5 Pence betrugen. Die Differenz behielt die Kaffeehauskette ein und machte sich selbst zur Mitgewinnerin des fairen Handels.

Doch selbst diese umstrittenen Kompromisse mit dem konventionellen Handel trieben die Marktanteile fair gehandelter Waren nicht über zwei Prozent. Das Bemühen um möglichst viel Umsatz kostete die Fair-Trade-Bewegung jedoch so viel Kraft, dass sie auf der politischen Bühne kaum mehr eine Rolle spielt. Ursprünglich war der faire Handel ein Vehikel, um das Ziel des gerechten Welthandels in die Politik zu tragen. Von diesem Ziel sind die Fair-Händler weit entfernt. Und dies hat Folgen. Sie bilden keine Gegenlobby, wenn hoch subventionierte Billigexporte aus der EU im Süden mehr kaputt machen, als der faire Handel gut machen kann. Und es gibt keine starke politische Kraft, die die Politik der Welthandelsorganisation für einen möglichst freien Welthandel herausfordert.

Doch nur wenn die Grundsätze des fairen Handels – gerechte Preise, soziale Auflagen für die Produzenten, ökologische Auflagen für die Produktion – zu Zielen der Welthandelspolitik werden, können sie global wirksam werden. Zwar ist es wichtig, dass die Verbraucher so viele fair gehandelte Waren wie möglich kaufen. Doch solange die Ziele eines fairen Welthandels nicht die Politik bestimmen, werden 99 Prozent der Kleinbauern unter ungerechten Strukturen leiden.

(Badische Zeitung, 21.01.2012)

1 *Analysieren Sie den Text.*

a) Fassen Sie abschnittsweise den Inhalt zusammen.
b) Formulieren Sie die Hauptthese in eigenen Worten.
c) Halten Sie die Argumentationsstruktur in einer Übersichtsdarstellung fest.
d) Ordnen Sie die einzelnen Argumente des Textes den verschiedenen Argumenttypen zu (→ Kapitel 9.3, S. 163).
e) Prüfen und bewerten Sie die Argumente und die Überzeugungskraft des Textes insgesamt.

2 *Folgende Formulierungen können Ihnen helfen, Ihre eigene Meinung auszudrücken. Sammeln Sie weitere Vorschläge.*

- Zuerst möchte ich feststellen, dass ...
- Man muss bedenken, dass ...
- Ich kann die Meinung des Autors nicht unterstützen, da ...
- Die These des Autors ist grundsätzlich falsch, weil ...
- Der Autor geht gar nicht darauf ein, dass ...
- Grundsätzlich bin ich der Meinung ...
- Es ist zu einfach, wenn ...
- Weiterhin muss man bedenken, dass ...
- Zusammenfassend muss ich sagen, ...
- Abschließend möchte ich festhalten, dass...

Bis jetzt haben Sie sich mit einem fremden Text auseinandergesetzt und ihn bewertet. Der zweite Bestandteil der Erörterung besteht darin, den eigenen Standpunkt ausführlich darzulegen und überzeugend zu begründen. Dieser Teil ist umfangreicher und bildet den Schwerpunkt Ihrer Erörterung.

3 *Halten Sie in sieben Sätzen fest, wie Sie zur These des Autors stehen.*

4 *Stellen Sie fest, welchem der drei grundsätzlichen Ansätze im Basiswissen (→ S. 202) Ihre sieben Sätze am ehesten entsprechen. Überarbeiten Sie Ihren Text nach den im Basiswissen genannten Kriterien.*

Sich eine eigene Meinung bilden und die eigene Meinung äußern

Arbeitstechnik | **Ansätze für die Erörterung**

A Textposition zurückweisen und eine Gegenargumentation entwickeln

- These aus der Textgrundlage durch Gegenargumente und Gegenbeispiele anzweifeln
- formal-logische Überprüfung, ob Belege oder Beispiele plausibel sind
- ein Argument in einen bestimmten sozialen, weltanschaulichen, persönlichen Kontext einordnen und ihm so allgemeine Gültigkeit absprechen

B Textposition zustimmen

Bei Zustimmung zur Textposition fällt die kritische Auseinandersetzung mit dem Text am schwersten. Die folgenden Vorgehensweisen können dabei hilfreich sein:

- These des Autors mit eigenen Erfahrungen und Erkenntnissen stützen
- mögliche Gegenpositionen entkräften
- formal-logische Überprüfung der Argumentationsstruktur und positive Bewertung ihrer Schlüssigkeit
- Geltung einer These grundsätzlich zustimmen, aber den Rahmen der Geltung einschränken

C Urteil durch Abwägen suchen

Um sich eine umfassende Meinung zu einem Problem bilden zu können, sollten alle gegensätzlichen Positionen ausgeleuchtet werden. Besonders wirksame Möglichkeiten der „Einerseits-andererseits-Abwägung“ sind:

- das Gewicht der eigenen Argumente prüfen
- Argumenten plausibel zustimmen oder sie ablehnen

5 *Tauschen Sie mit Ihrem Partner / Ihrer Partnerin die Texte aus.*

a) Analysieren Sie, nach welcher Möglichkeit der/die andere vorgegangen ist.

b) Geben Sie ein Feedback zum Text. Orientieren Sie sich dabei am Basiswissen.

c) Überarbeiten Sie jeweils Ihre eigenen Texte gemäß dem Feedback.

6 *Sie haben sich mit zwei Texten auseinandergesetzt, die sich mit Aspekten des fairen Handels beschäftigen. In beiden Texten finden sich Argumente zu der These „Der faire Handel hilft, die Probleme in den Entwicklungsländern zu lösen. Jede/r sollte deshalb helfen, ihn auszubauen.“*

a) Legen Sie eine Tabelle nach folgendem Muster an. Sammeln Sie in ihr alle Argumente, die Sie in den Texten finden können.

Pro-Argumente	Kontra-Argumente
Durch einen höheren Preis für ihre Produkte haben die Menschen bessere Lebensbedingungen.	Die Industrieländer haben kein Interesse an wirklich fairen Handelsbedingungen und blockieren deshalb Veränderungen.
...	...

b) Ergänzen Sie die Tabelle durch eigene Argumente. Hilfreich kann es dabei sein, zu vorhandenen Argumenten jeweils ein Gegenargument zu suchen. Nutzen Sie auch verschiedene Informationsquellen zur Recherche weiterführender Informationen.

7 *Verfassen Sie zu dem Text „Nur ein Tropfen auf den heißen Stein“ eine Stellungnahme. Nutzen Sie dabei die Argumente, die Sie in Aufgabe 6 gefunden haben. Orientieren Sie sich an den Gliederungsschemata im Basiswissen (**➪ S. 203**).*

Sich eine eigene Meinung bilden und die eigene Meinung äußern

Basiswissen – Gliederungsschemata für eine textgebundene Erörterung

Wird in einer Klausur eine textgebundene Erörterung verlangt, so sind verschiedene Aufgabenformulierungen möglich, wie z. B.:

„Verfassen Sie eine textgebundene Erörterung" oder
„Geben Sie die Hauptgedanken des Textes wieder und analysieren Sie die Argumentationsstruktur. Erörtern Sie anschließend die Position der Verfasserin."

Egal, wie die Formulierung lautet, wichtig sind bei diesem Aufgabentyp folgende Aspekte:

1. Der Schwerpunkt liegt auf der eigenen Stellungnahme.
2. Die textgebundene Erörterung enthält fünf Hauptelemente:
    1. eine Einleitung (➪ Arbeitstechnik S. 197)
    2. die Darstellung der Argumentationsstruktur
    3. das kritische Prüfen und Bewerten der Argumentation
    4. die eigene weiterführende Stellungnahme zur These des Textes
    5. ein Fazit (Zusammenfassung)

Für den Aufbau des Aufsatzes gibt es zwei Möglichkeiten: die Auseinandersetzung mit der Argumentation des Textes und die eigene Stellungnahme können entweder nacheinander erfolgen (Blockprinzip) oder miteinander verzahnt werden (Reißverschlussprinzip).

Reißverschlussprinzip

Einleitungssatz
↓
Darstellung der Argumentationsstruktur
↓
Argument der Autorin 1 → eigene Stellungnahme 1
↙
Argument der Autorin 2 → eigene Stellungnahme 2
↙
Argument der Autorin ... → eigene Stellungnahme ...
↙
Fazit

Beim Aufbau nach dem Reißverschlussprinzip folgen Sie dem eigenen Zugriff auf den Text. Und deswegen entwickeln Sie eine eigene Systematik, die Sie dem Leser/der Leserin vermitteln. Dieser Aufbau ist interessanter zu lesen, aber auch anspruchsvoller, weil die Gefahr besteht, dass man den roten Faden verliert oder dass die eigene Stellungnahme zu kurz gerät.

Blockprinzip

Einleitung
↓
Darstellung der Argumentationsstruktur
↓
kritisches Prüfen und Bewerten der Argumentation
↓
eigene weiterführende Stellungnahme
↓
Fazit

Wenn Sie dem Blockprinzip folgen, analysieren Sie zuerst die gesamte Argumentation und nehmen im Anschluss daran Stellung dazu. Für den Leser/die Leserin ist das zwar weniger interessant, dafür ist das Vorgehen beim Schreiben sehr systematisch und Sie können sich bei der eigenen Stellungnahme besser vom Text lösen und weiterführende Gedanken entwickeln.

11.4 Eine vollständige Erörterung schreiben

Sie haben nun alle Elemente einer textgebundenen Erörterung kennengelernt. Anhand des folgenden Textes erproben Sie Ihre erworbenen Fähigkeiten. Nehmen Sie den Arbeitsplan „Textgebundene Erörterung“ zu Hilfe, um keinen Aspekt zu vernachlässigen.

Fair Trade: Zu schön, um fair zu sein

von Steffen Hentrich

Fairer Handel gilt für viele Zeitgenossen als Wunderwaffe gegen die vermeintlich negativen Auswirkungen der Globalisierung. Niedriglöhne sollen damit bekämpft, Arbeitsbedingungen verbessert und obendrein die Produktqualität angehoben werden. All das klingt attraktiv und den einen oder anderen Euro mehr für ein zertifiziertes Produkt wert. Doch hinter dem plausiblen Schein des Fair-Trade-Konzepts verbirgt sich ein untauglicher Ansatz zur Verbesserung der Lebensbedingungen der Masse der Produzenten in den Entwicklungsländern.

Marc Sidwell hat in seinem beim britischen Adam Smith Institute erschienenen Aufsatz „Unfair Trade“ einen guten Überblick über die Ecken und Kanten des Fair-Trade-Konzepts gegeben. Nach seiner Ansicht handelt es sich bei der Fair-Trade-Zertifizierung um nicht viel mehr als eine Marketingmaßnahme, mit der die Fair-Trade-Organisationen (…) um ein Alleinstellungsmerkmal kämpfen. Dabei gelingt es den Zertifizierern, nur einen Bruchteil der Anbieter unter Vertrag zu nehmen. Diese erhalten zwar für ihr Angebot einen über dem Marktpreis liegenden Festpreis, doch der Rest der prinzipiell nicht weniger bedürftigen Anbieter geht leer aus und bleibt im Billig-Segment stecken. Da Fair-Trade-Produkte für Einzelhändler eine geeignete Gelegenheit darstellen, den Markt für relativ homogene Produkte wie Kaffee, Tee o. Ä. zu segmentieren, auf dem man die Zahlungsbereitschaft wohlhabender Konsumenten mit einem „sozialen Gewissen“ abschöpft, wird sich dauerhaft ein Niedrig- und ein Hochlohnsegment ergeben. (…) Fair-Trade hilft nur einem Teil der Anbieter und kann allen anderen Anbietern sogar schaden. Vor allem dann, wenn, wie Sidwell es beschreibt, der Großteil der begünstigten Kaffeebauern aus relativ wohlhabenden Anbaugebieten in Mexiko stammt, wohingegen in besonders armen Ländern wie Burundi, Ruanda oder Äthiopien nur sehr wenige Produzenten über zertifizierte Produzentenorganisationen anbieten.

Das Fair-Trade-Konzept versagt als wirtschaftliches Entwicklungsmodell, da es die Anbieter nicht bei der strukturellen Anpassung an veränderte Marktbedingungen unterstützt, sondern sie dafür bezahlt, an einem wenig profitablen Geschäftsmodell festzuhalten. Wettbewerbsintensive Märkte erlauben nur geringe Profitmargen, was unproduktiven Anbietern den Marktaustritt nahelegt. Fair-Trade-Label binden dagegen die Anbieter an diese Märkte, ohne den Anbietern neue Marktoptionen zu eröffnen. (…) So konzentrieren sich die meisten Kaffeebauern auf den Kaffeeanbau, statt in der wesentlich profitableren Kaffeeverarbeitung Fuß zu fassen. Gegen den Protektionismus der Kaffeeimporteure, der durch differenzierte Zölle für die wertschöpfungsintensive Verarbeitung in den Importländern sorgt, können Fair-Trade-Konzepte nichts ausrichten. Fair-Trade-Produkte haben ein Qualitätsproblem, da die Zahlung von Festpreisen den Anreiz gibt, Produkte hoher Qualität zu Prämiumpreisen am regulären Markt abzusetzen, Fabrikate mit niedriger Qualität dagegen als Fair-Trade-Produkte zu vermarkten. Dies führt auch dazu, dass etwa im Kaffeesektor landwirtschaftliche Flächen von sehr geringer Qualität mit in die Produktion einbezogen werden und dort erzielte Erträge niedriger Qualität am Ende beim Kunden nur schwer absetzbar sind.

Fair-Trade-Zertifizierer konzentrieren ihre Unterstützung vornehmlich auf kleine Landeigentümer, helfen dagegen landlosen Tagelöhnern wenig. Das Regelwerk fordert beispielsweise von zertifizierten Produzenten, auf festangestellte Arbeitskräfte zu verzichten. Bei der Beschäftigung von Saisonarbeitskräften können jedoch ein geringes Lohnniveau und schlechte Arbeitsbedingungen mangels externer Kontrolle erst recht nicht verhindert werden.

Nur ein vergleichsweise geringer Teil der Premiumpreise für Fair-Trade-Produkte kommt tatsächlich den bedürftigen Produzenten zugute. So ist beim Kaffeemarkt davon auszugehen, dass lediglich zehn Prozent der Preisaufschläge den Produzenten erreichen. Der Rest verteilt sich über die Wertschöpfungskette, wobei vor allem der Einzelhandel das Fair-Trade-Label als profitable Gelegenheit zur Preisdiskriminierung einsetzt. Eine direkte Spende an die zu begünstigenden Produzenten wäre aus dieser Perspektive wesentlich wirksamer, hieße dies doch, nicht auch noch die Ansprüche einer langen Kette von Trittbrettfahrern der Nächstenliebe befriedigen zu müssen.

Konsumenten haben wesentlich wirksamere Möglichkeiten, zur Verbesserung der Situation einkommensschwacher Produzenten in den Entwicklungsländern beizutragen. An ihnen ist es, als Wähler für eine Öffnung des internationalen Handels einzutreten und sich über interne und externe Entwicklungshemmnisse der Armen in unterentwickelten Regionen zu informieren. Direkte Spenden oder finanzielle Hilfen in Form von Kleinkrediten sind wesentlich wirksamer als der indirekte, kaum kontrollierbare und korruptionsanfällige Weg über den Kauf von Fair-Trade-Produkten zweifelhafter Qualität. (...) Letztlich können jedoch nur freie Märkte und geeignete institutionelle Entwicklungsbedingungen den Ausweg aus der Armut weisen. Da sich die Menschen aus der entwickelten Welt gern in der Rolle als Vorreiter gefallen, sollten sie auch mit dem Abriss der Handelsschranken und einer Verbesserung der institutionellen Gegebenheiten für den wirtschaftlichen Erfolg der Armen beginnen. Dazu zählen nicht nur eine liberale Handelspolitik, sondern auch eine Öffnung der Volkswirtschaft für Menschen, die in ihrer eigenen Heimat wenig Entwicklungsperspektiven sehen. Diese Art von Vorbildwirkung hat mit Sicherheit mehr Ausstrahlungskraft als ein Paket Transfair-Kaffee.

(Blog der Friedrich-Naumann-Stiftung, 02.01.2010)

1 *Geben Sie die Hauptgedanken des Textes wieder und analysieren Sie die Argumentationsstruktur. Erörtern Sie anschließend die Position des Verfassers.*

Arbeitstechnik — Arbeitsplan „Textgebundene Erörterung"

Arbeitsschritte	Ziele	Vorgehensweisen
1. Text analysieren	Inhalt und Reichweite der Hauptthese erfassen, Hauptthesen erkennen	• Schlüsselbegriffe heraussuchen und klären • strukturierende Verben zuordnen • Argumentationsstruktur darstellen
2. Stoff sammeln	Gedanken und Argumente als Antworten auf die Themenfrage sammeln	• Mindmap
3. Stoff ordnen und Erörterungsansätze finden	eigene und kritische Argumentation entwickeln	• sprachliche Auffälligkeiten analysieren • Haltung zur Themenfrage überprüfen
4. Gliederung erstellen	Aufbau des Aufsatzes bestimmen, Argumentationsstrategie festlegen, Zielrichtung der Stellungnahme beachten	• nach Blockprinzip gliedern • nach Reißverschlussprinzip gliedern
5. Textgebundene Erörterung verfassen	den Aufsatz sprachlich-stilistisch gestalten	• lesergerecht formulieren • Textverknüpfungen herstellen

Sprache und Stil

Die unten aufgeführten Punkte können Ihnen helfen, die Folgerichtigkeit Ihrer Erörterungsschritte zu prüfen und unübersichtliche Reihungen von Argumenten zu vermeiden. Verwenden Sie deshalb beim Verfassen der Erörterung

- **sprachliche Hinweise auf den Textaufbau,**
- **Signalwörter und Schlüsselbegriffe,**
- **strukturierende und wertende Verben,**
- **kommentierende Einschübe,**
- **Verknüpfungswörter.**

Wichtig sind deutliche Textverknüpfungen an den Naht- bzw. Übergangsstellen. Sie bringen den Zusammenhang zwischen den verschiedenen Gedankengängen zum Ausdruck.

Funktion im Textzusammenhang	sprachliches Mittel
Verknüpfung von Gedanken	Ein weiterer Aspekt ist ... Hinzu kommt, dass ... Außerdem spielt noch ... eine Rolle ...
Antithese	Auf der anderen Seite ... ...
Hervorhebung	Nicht übersehen werden darf ... Besonders wichtig ist dabei ... Die folgenden Gesichtspunkte haben besonderes Gewicht ... Besondere Aufmerksamkeit verdient ... Im Besonderen ... Weitaus wichtiger aber ist noch ... ...
Einräumung	Wenn man berücksichtigt, dass ... An dieser Stelle ließe sich einwenden ... Allerdings muss man auch sehen, dass ... Dies kann aber nur unter der Bedingung gesagt werden, dass ... Einschränkend dazu muss aber betont werden, dass ... ...
Schluss	Nach genauer Prüfung aller vorgetragenen Gesichtspunkte ... Abschließend betrachtet, ...

2 *Finden Sie für jede Funktion zwei weitere sprachliche Mittel.*

3 *Überarbeiten Sie Ihren Erörterungsaufsatz aus Aufgabe 1.*

Fazit

11.1 Die Argumentation analysieren
- eine Überblicksdarstellung erstellen
- eine schriftliche Analyse verfassen

11.2 Die Argumentation prüfen und bewerten
- Argumente von Behauptungen unterscheiden
- die Argumentation bezüglich Logik und Wahrheitsgehalt bewerten

11.3 Eine Stellungnahme verfassen
- sich über die eigene Position klar werden
- eigene Argumente suchen
- die eigene Meinung begründet darlegen

11.4 Eine vollständige Erörterung schreiben

Den Arbeitsauftrag umsetzen

Sie sind nun fit in der Auseinandersetzung mit argumentativen Texten. Sie erkennen, wovon Sie der Autor oder die Autorin überzeugen möchte und wie die Argumentation aufgebaut ist. Auch die Qualität der Argumente können Sie beurteilen. Diese Einsichten nutzen Sie nun, um selber überzeugend zu argumentieren: Sie bewegen die Mitglieder des Cafeteria-Teams dazu, faire Waren ins Sortiment aufzunehmen. Aus diesem Kapitel brauchen Sie dafür:

1. **Argumente für und gegen einen Ausbau des fairen Handels,**
2. **das Wissen darum, was stichhaltige Argumente ausmacht.**

1 ***Verfassen Sie einen Text, mit dem Sie die anderen Gründungsmitglieder der Schulcafeteria davon überzeugen, Tee, Kaffee und Schokolade grundsätzlich nur aus fairem Handel zu beziehen. Dieser Text soll allen vor der nächsten Versammlung zugehen.***

a) Ergänzen Sie die Aufstellung der Pro- und Kontra-Argumente, die Sie bereits erstellt haben (➪ S. 198 Aufgabe 1) um die neuen Aspekte aus dem Text „Zu schön, um fair zu sein“.

b) Finden Sie zu jedem Kontra-Argument ein Pro-Argument.

c) Ordnen Sie die Pro-Argumente ihrer Stärke nach. Geben Sie dem Argument, das für Sie das schwächste ist, die Nummer 1 und so weiter.

d) Entscheiden Sie sich, ob Sie Ihren Text nach dem Blockprinzip (erst alle Kontra-Argumente, dann Ihre eigenen) oder dem Reißverschlussprinzip (immer abwechselnd ein Kontra- und dann das dieses entkräftende Pro-Argument) aufbauen (➪ S. 203).

e) Legen Sie die Reihenfolge der Argumente fest. Heben Sie sich Ihr bestes Argument bis zum Schluss auf.

f) Schreiben Sie eine Einleitung. Der Schreibanlass und Ihre These sollen darin deutlich werden. Lassen Sie dann den Hauptteil mit den Argumenten folgen und schließen Sie mit einem Fazit, in dem Ihre Forderung auf den Punkt gebracht wird.

★ **2** ***Erstellen Sie eine PowerPoint-Präsentation analog zu Ihrem Text, um Ihren Vortrag auf der nächsten Planungssitzung visuell unterstützen zu können.***

Zusatzmaterial: Textpool Sachtexte

Auf Grundlage der folgenden Texte können Sie weitere Sachtextanalysen und Erörterungen erstellen.

Weil Frauen es wert sind

von Alexandra Borchardt

Es ist seit Jahren ungefähr die gleiche Zahl, und jedes Mal verpufft sie: Die Löhne und Gehälter von Frauen liegen in Deutschland im Durchschnitt um 22 Prozent unter denen von Männern. (…)

In den anonymen Weiten des Internets können Frauen (…) nachlesen, woran das liegt. Selbst schuld seien sie, die Mädels und Damen, heißt es dort. Wollen sie doch unbedingt Erzieherin statt Mechatronikerin werden, oder Führungskraft in der Touristik statt bei Siemens. Gehen sie doch sofort auf Teilzeit, sobald das erste Kind da und der Ehemann zahlungskräftig ist. Und dann knicken sie bei Gehaltsverhandlungen gleich beim ersten Stirnrunzeln des Chefs ein. Sie haben es also nicht anders verdient. Oder doch?

Doch, das haben sie; obwohl die Argumente nicht aus der Luft gegriffen sind. Frauen wählen Ausbildungsplatz oder Studienfach seltener als Männer nach Karriere- und Einkommensperspektiven. Sie beschäftigen sich beruflich häufiger mit Menschen als mit Technik. Damit landen sie in der Dienstleistungswirtschaft, wo finanziell weniger zu holen ist als in der Industrie. Oder sie arbeiten im öffentlichen Dienst, der in finanziell hoch belasteten Sozialsystemen wenig spendabel sein kann.

Frauen nehmen Mini- oder Teilzeitjobs an, weil das mit Familienpflichten besser vereinbar ist, sie verdienen „hinzu“. Sie schaffen es seltener in Führungspositionen. Sie pausieren nach Geburten und verpassen oder vertagen auf diese Weise Karrieresprünge. Und, ja, bei Gehaltsverhandlungen soll der eine oder andere männliche Kollege seine Verdienste um das Wohl der Firma schon deutlicher präsentiert haben. Dies alles erklärt einiges, aber nicht alles.

Es erklärt nur zum Teil, warum der Gesellschaft die sogenannten Frauenberufe so wenig wert sind, obwohl sie ohne all die Krankenpflegerinnen oder Erzieherinnen kollabieren würde. Es erklärt nicht, warum die Gehälter in Berufen regelmäßig verfallen, sobald dort der Frauenanteil steigt. War der Grundschullehrer früher ein respektierter und respektabel bezahlter Mann, leisten sich diesen Job heute fast nur noch Frauen. Und kaum ziehen mehr Oberärztinnen in die Kliniken ein, gehen die Herren Doktoren in die Schweiz oder in die Pharmaindustrie.

Es erklärt nicht, warum die Lücke zwischen Männer- und Frauengehältern auch dann um die zehn Prozent beträgt, wenn identische Vollzeit-Tätigkeiten verglichen werden, oder warum zum Beispiel Physiker 24 Prozent mehr verdienen als Physikerinnen. Und es erklärt auch nicht, warum Deutschland mit den 22 Prozent Gehaltsunterschied in Europa Tabellenführer ist, wie die OECD ermittelt hat; ein Wert, der fast doppelt so hoch ist wie der aus Italien.

Dieses Problem anzupacken, ist nicht nur eine Frage der Gerechtigkeit. Deutschland wird sich schlecht entlohnte Frauen auf Dauer nicht leisten können. Kinderarmut kommt besonders häufig vor, wenn die Mutter eine miserabel verdienende Alleinerziehende ist. Und die ist dann oft eine Kandidatin für Altersarmut. So bekommen Rentnerinnen im Westen der Republik nur 40 Prozent dessen, was Rentnern überwiesen wird; dies hat das Wissenschaftszentrum Berlin berechnet. (…)

Firmen, Politiker, Tarifpartner, Eltern, Lehrer und die Frauen selbst – alle können etwas tun, um von den 22 Prozent herunterzukommen. So sollten sich Firmen um gerechte Gehaltssysteme, Aufstiegschancen für Frauen und familiengerechte Arbeitszeitmodelle bemühen; nebenbei macht das Mitarbeiter zufriedener und damit produktiver. Die Gewerkschaften sollten sich für Tariferhöhungen in Frauenberufen extra ins Zeug legen. Die Politik könnte Mindestlöhne etablieren, das Steuerrecht familienfreundlicher und – vorübergehend – Frauenquoten zur Pflicht machen. Gleichzeitig sollte der Staat in Kinderbetreuung investieren und Anreize für Frauen abbauen, der Kleinen wegen allzu lange zu pausieren. Die Verdienstlücke zu den Männern, die Frauen in ihren Jahren mit Babys entsteht, begleitet sie meist lebenslang.

In der Gesellschaft muss es eine Debatte darüber geben, was Dienstleistung wert sein sollte, besonders die Arbeit mit Menschen. (…) Und viele Frauen müssen lernen, dass Geld auch die Währung der Wertschätzung ist. Sie sind es wert.

(leicht gekürzt, Süddeutsche Zeitung, 23. März 2012)

Bitte recht freundlich!

Drückt die Arbeitslast, verschärft sich der Ton. Höflichkeit wird zum raren Gut. (…)

von Ursula Kals

Eigentlich ist die erste Recherche für diesen Artikel leicht. Einfach die Augen aufhalten: Den letzten freien Stellplatz schnappt der dreiste Kombifahrer weg, der sich zuvor in halsbrecherischer Aktion auf dem Firmenparkplatz vorgedrängelt hat. Ärgerlich setzt sich der Auswärtstermin fort. In der Eingangshalle schließt sich die Aufzugtür, keiner drinnen kommt auch nur auf die Idee, den Halteknopf zu drücken. Ungeachtet der abgehetzten Besucherin entschweben die Mitarbeiter. (…)

„Höflicher Umgang ist ein entscheidendes Kriterium für gute Zusammenarbeit und hat etwas mit Respekt zu tun. Aber der geht verloren“, bestätigt Coach Doris Brenner. Woran liegt das? An Arbeitsverdichtung und Hektik. „Das hängt mit dem Thema Schnelligkeit und wachsendem Druck zusammen“, sagt die Karriereexpertin und verweist auch auf die zunehmend rüde Korrespondenz in elektronischen Medien.

„Der Umgang ist insgesamt unhöflicher, das kann ich bescheinigen. Wir verrohen ein bisschen“, bestätigt Susanne Helbach-Grosser aus Schwäbisch Gmünd, die das Unternehmen „Takt und Stil“ führt. In manchen Kreisen sei es zum Beispiel völlig normal, auf Einladungen unverbindlich zu reagieren: Habe ich spontan Lust, kommen interessante Leute, dann komme ich auch. Sonst eher nicht. Oder doch, vielleicht. Die aus Hannover stammende Geschäftsfrau bedauert, dass Freundlichkeit im Berufsleben keineswegs ein gutes Image anhaftet. „Freundlich, nett sein, das hat unter erwachsenen Menschen einen faden Beigeschmack. Als wäre man nicht tough, unreif, infantil, eine liebenswerte Person, na ja, die wird sich nicht durchsetzen können.“ Völlig falsch, sagt sie. „Wer wirkliche Freundlichkeit in sich hat, der pflegt keine Fassade. Das ist gelebte Ethik und hat viel mit Wertschätzung zu tun, den Begriff finde ich wichtig in unserer Zeit.“ Sie ist überzeugt: „Ich kann mit meiner Freundlichkeit nur gewinnen. Wie es in den Wald hineinruft, so schallt es heraus. Das ist ein wichtiger Satz, auch wenn er abgedroschen klingt.“ Unhöflichkeit hingegen enttäuscht, frustriert, bremst Einsatzfreude aus. „Wenn ich von einem Menschen höflich behandelt werde, freue ich mich auf die Zusammenarbeit, gleich ob Kollegen, Kunden oder Lieferanten“, sagt Doris Brenner.

Besonders unangenehm treten diejenigen auf, die Regeln der Höflichkeit durchaus beherrschen, sie aber nur anwenden, wenn sie sich davon einen Nutzen versprechen. „Diese Menschen führen vor: Man ist an mir als Person nicht interessiert, sondern an seinem Vorteil“, sagt Personalentwicklerin Brenner. Als brillante Vertreter der Rüpelrepublik erweisen sich Aufstiegswillige, die die Putzfrau durch völlige Nichtbeachtung demütigen, dem Praktikanten frech die Mappe auf den Schreibtisch knallen, zugleich aber die Chefsekretärin hofieren und ihre antrainierten Artigkeiten abspulen – denn diese Dame sitzt im Vorzimmer der Macht.

Dabei sind es keineswegs die unerzogenen Nachwuchskräfte, die eine gute Kinderstube vermissen lassen. „Natürlich ist der Umgangston bei Jüngeren insgesamt nachlässiger, laxer. Aber ob jemand höflich oder nicht höflich ist, das ist eine Frage des Grundcharakters", mutmaßt ein Personalberater aus Berlin. „Was glauben Sie, was ich flegelhafte Geschäftsführer erlebt habe, die sich regelrecht an Kunden schleimen, aber in ekelerregender Weise loslästern, sobald diese den Raum verlassen haben." (…)

„Leider stirbt die Generation der Gentlemen-Unternehmer, die ein starkes Leitbild verkörpert haben, aus", sagt ein Vertriebschef aus Hamburg. Der 38 Jahre alte Betriebswirt beobachtet, dass die bis Vierzigjährigen oft einen angenehmen, gepflegten Umgang leben. „Komplizierter ist die erste, zweite Führungsebene ab Ende 40. Die sind ruppig, führen Mitarbeiter und ihre Fehler auch vor Externen vor. Motto: Du bist der Lakai, ich bin der Boss." Führungskräfte, die Mitarbeiter vor anderen herunterputzen, versagen nicht nur als Vorbild, sie sind auch schädlich fürs Unternehmen. „Sie lösen einen Selbstverteidigungsreflex aus, die anderen solidarisieren sich mit dem öffentlich Gescholtenen", erklärt Susanne Helbach-Grosser. Wie begegnet man solchen Rüpeln? „Bewahren Sie Ihre persönliche Integrität. Kontern Sie Bosheit nicht mit Bosheit. Empören Sie sich nicht, legen Sie sich eine gewisse Ironie und Standardsätze zu: „Soso, war das ein Witz?" „Ach was" oder „Wie meinen?" Je nach Tonlage können Sie jede Situation damit entschärfen. Hauptsache, derjenige, der sich verbal an einem austobt, wird auf die Sachebene geführt und ihm wird klargemacht: Auf dem Niveau möchte ich nicht weiter mit Ihnen reden. Das lernen Dienstleister, um dem Wutrausch unzufriedener Kunden zu trotzen. Um verbalen Flegeln Grenzen zu setzen, rät Doris Brenner zu Ich-Aussagen: „Ich fühle mich gekränkt." „Ich fühle mich (…)" Diese Strategie habe meist Erfolg. „Konfrontiert man Polterer damit, dann denken sie darüber nach." In der Sache klar, im Ton freundlich, so sei kritisieren effizienter. „Darf ich Ihnen eine Rückmeldung geben, das wird anders aufgenommen, als wenn ich drauflos kritisiere. Ich hole mir die Erlaubnis ab, zu 95 Prozent wollen die Leute das dann", sagt Doris Brenner. (…)

Wer Höflichkeit ins zu vernachlässigende Feld sogenannter Softskills verweist, der hat möglicherweise keine Auslandserfahrung. „Interkulturell gelten wir Deutschen als schroff, kurz angebunden, sehr sachorientiert", sagt Brenner, die unter anderem eine Zeit in den Vereinigten Staaten verbracht hat. „Wir werden geschätzt als diejenigen, die Termine einhalten, gute Arbeit leisten. Aber nur inhaltlich zu argumentieren, das kann dazu führen, dass Geschäfte nicht zustande kommen. Verkauf ist letztendlich auch Beziehungsarbeit." Sich Zeit für einen geselligen Cocktail und Familienfotos-Gucken zu nehmen zahlt sich eben auch in barer Münze aus. Und der Ton macht die Musik. Rufen Sie mich zurück! klingt eben anders als die freundliche Floskel: Darf ich Sie um einen Rückruf bitten?

Doris Brenner nennt noch ein Argument, weshalb sich Höflichkeit bewährt: „Die langfristigen Kontakte basieren genau darauf. Wohlgemerkt, es geht nicht um die Anwendung formaler Höflichkeit, sondern darum, als Mensch wertgeschätzt zu werden. Das hat viel mit der eigenen Wertewelt zu tun." Höfliches Auftreten ist eben eine Frage der Haltung und Lebenseinstellung.

(leicht gekürzt, Frankfurter Allgemeine Zeitung, 16./17.02.2013)

Fressen mit Moral

von Marlies Uken

Sie boykottieren McDonald's, weil das Unternehmen keine Betriebsräte mag? Raunzen Ihren Supermarktchef an, weil er noch immer keinen Transfair-Kaffee führt? Dann haben Sie laut Faith Popcorn die Zeichen der Zeit erkannt. Nach Ansicht der New Yorker Trendforscherin nimmt die Zahl der „vigilant consumers" – der wachsamen Konsumenten – ständig zu. Mit dem Einkaufskorb stimmen sie über die Unternehmen ab: Wie gehen die Firmen mit ihren Arbeitnehmern um, achten sie auf Tierschutz und die Interessen der Entwicklungsländer?

Schon in den 80er Jahren bewiesen Verbraucherproteste ihre Macht. Damals riefen Kirchen zum Boykott von Obstimporteuren wie Cape oder Outspan auf, die mit dem Apartheid-Staat Südafrika Geschäfte machten. Schätzungsweise 200 Unternehmen zogen sich aus Angst um ihr Image vom Kap zurück. (...) Bereits mit wenigen Leuten kann man Markennamen stigmatisieren", sagt Corinna Hölzel vom Greenpeace-Einkaufsnetz.

Groß ist die Angst der Konzerne um ihr sorgfältig gepflegtes Image – besonders in der Lebensmittelbranche, wo alles vom Vertrauen der Kunden abhängt. „Negative Schlagzeilen sind für die Hersteller der GAU, der größte anzunehmende Unfall", sagt Ingo Schoenheit, Geschäftsführer des Instituts „Markt-Umwelt-Gesellschaft" (Imug). Vor allem, wenn Schlagworte wie Gentechnik oder Kinderarbeit die Marke in Verruf bringen.

Auf Anregung einer Organisation wie Greenpeace ein bestimmtes Produkt im Ladenregal liegen zu lassen, ist eine Sache; seinen gesamten Alltagsbedarf nach sozialen und ökologischen Kriterien zu kaufen, eine ganz andere. Ein wenig ratlos attestieren Experten dem Verbraucher „gebrochenes Konsumverhalten". „100 Prozent sind gegen Kinderarbeit, 100 Prozent sind aber auch für Schnäppchen", sagt Transfair-Chef Dieter Overath, dessen Kaffee bei einem Prozent Marktanteil dümpelt. Immerhin würden laut Emnid mehr als 42 Prozent der Befragten lieber bei verantwortungsvollen Firmen einkaufen – in der Theorie.

In der Praxis entpuppt sich der Verbraucher – vor allem bei angespannter Wirtschaftslage – oft als Discount-Fan. Zwar lässt jeder Lebensmittelskandal, jedes eklige Bild von Käfighühnern die Marktanteile von Ökolebensmitteln kurz in die Höhe schnellen, bald aber fallen die Kunden in ihre Routine zurück. Neben den Preisen ist der Mangel an Informationen ein zweiter Knackpunkt. Selbst Verbraucherzentralen oder der Zeitschrift Ökotest fällt es oft schwer, an systematische und unabhängige Daten zu kommen. (...)

Sie fordert ein Verbraucherinformationsgesetz, das Unternehmen zur Auskunft verpflichtet. Der erste Entwurf – bereits eine abgemilderte Fassung – scheiterte im Bundesrat an der Union.

Aktivisten in den USA, Großbritannien und Kanada demonstrieren derweil, wie man Menschen trotzdem Lust auf Politik mit dem Einkaufskorb macht. „Empowerment" heißt ihr Zauberwort – der Kunde soll sich seiner Macht bewusst werden. Und Spaß haben dabei. Deshalb rufen Verbraucherschützer zu Anti-MacDonald's-Tagen auf oder setzen den Styropor-Becher auf Platz 1 der Liste „Zehn Dinge, die man nie wieder kaufen sollte".

Auch deutsche Verbraucher können inzwischen auf Hilfestellungen für die ökologisch und sozial korrekte Shoppingtour zurückgreifen. So prangert seit Oktober die neue Organisation „Foodwatch" die Sünden der Nahrungsmittelindustrie an. Erste Aktion: Strafanzeige wegen Körperverletzung gegen eine Genossenschaft, die mit Nitrofen verseuchtes Getreide vertrieben haben soll. Der „Nachhaltige Warenkorb" hingegen ist ein Einkaufsführer, der sich an verschiedenen Sozial- und Ökogütezeichen orientiert, darunter das Transfair-Label für fair gehandelte Waren und das staatliche Biosiegel.

An das Engagement seiner 35.000 Mitglieder appelliert dagegen das Einkaufsnetz von Greenpeace. Regelmäßig werden die Mitglieder per Rundbrief informiert, in welchen Lebensmitteln sich Gen-Zutaten oder kritische Chemikalien finden. Passend dazu laufen Protestaktionen und Boykottaufrufe. So bewegten im Frühjahr 2002 tausende Protestpostkarten Deutschlands größten Handelskonzern Metro, italienische Puten, die mit Gen-Futtermitteln gemästet wurden, aus dem Sortiment zu nehmen.

Wer Informationen für den verantwortungsbewussten Einkauf sucht, wird also durchaus fündig. Ob Bert Brecht trotzdem Recht behält mit seiner Weisheit „Erst kommt das Fressen, dann die Moral", wird sich zeigen – beim nächsten Mal an der Supermarktkasse.

(leicht gekürzt, greenpeace magazin, 21.10.2012)

Sich mit fiktionalen Texten auseinandersetzen

Kapitel 13 bis 16

Fiktionale Texte können Ihnen helfen, Ihr Leben und das Leben anderer Menschen besser zu verstehen. Das Lesen stellt eine Kommunikationssituation dar: Der Text vermittelt Ihnen durch den Erzähler eine Nachricht. Um diese zu entschlüsseln, ist das Textverständnis grundlegende Voraussetzung. Das Charakterisieren der handelnden Figuren, die Darbietungsweise des Geschehens oder die Untersuchung besonderer sprachlicher Mittel tragen dazu bei, sich mit menschlichem Verhalten und seinen Folgen auseinanderzusetzen.

ANWENDUNGSSITUATION

Ihre Klasse trägt einen Literaturwettbewerb aus. Als Mitglied einer Jury begutachten Sie die eingereichten Texte nach zuvor festgelegten Kriterien. Sie sind aber auch Schriftsteller und können ein Gedicht, eine Kurzgeschichte oder ein kleines Theaterstück verfassen.

Das ist Ihr Arbeitsauftrag:

a) Sie sind Mitglied einer Jury im Rahmen eines Literaturwettbewerbes. Erstellen Sie in Ihrer Kleingruppe Checklisten, mit deren Hilfe Sie Kriterien zur Bewertung fiktionaler Texte der drei Gattungen (Epik, Lyrik, Dramatik) festlegen.

b) Sie verfassen in Ihren Gruppen einen oder mehrere fiktionale Texte. Entscheiden Sie dabei selbst, ob Ihr Schriftstück lyrischer, epischer oder dramatischer Art sein soll.

c) Reichen Sie Ihren Text bzw. Ihre Texte zu einem vereinbarten Zeitpunkt bei den Jurymitgliedern einer anderen Gruppe ein. Auch Sie fungieren nun als Jury und beurteilen die Texte anderer Schülergruppen.

Wenn Sie die folgenden drei Kapitel 13, 14 und 15 erarbeitet haben, werden Sie in der Lage sein, den Arbeitsauftrag erfolgreich auszuführen.

13 Sich mit fiktionalen Texten auseinandersetzen

In diesem Kapitel lernen Sie, wie man schrittweise eine Textinterpretation erarbeitet und verfasst. Im Mittelpunkt der Textbetrachtungen stehen der Aufbau eines Textes, die Figuren, die sprachliche Gestaltung sowie Erzähltechniken. Darüber hinaus lernen Sie, die Interpretation eines Textes durch Übertragung seiner Bedeutung auf Ihre Lebensverhältnisse (Transfer) zu vervollständigen und den Text zu beurteilen.

Inhalt	Arbeitsschritte	Arbeitstechniken und Methoden	Kompetenzen
Aufgabe und Funktion fiktionaler Texte	Wirkungsweise fiktionaler Texte untersuchen		Inhalt, Aufbau, gattungsspezifische Strukturmerkmale und sprachliche Gestaltung epischer Kurzformen und Romanauszüge analysieren
den Text analysieren	den Aufbau beschreiben		
	Figuren charakterisieren	literarische Figuren charakterisieren	
	die Bedeutung erschließen		Werthaltungen in den Texten herausarbeiten und auf die eigene Lebenswirklichkeit beziehen
	Merkmale des Erzählens unterscheiden		
	die Sprache analysieren		
	die Zeitgestaltung erkennen		sich über das eigene und fremde Textverständnis austauschen
	den Text beurteilen		
eine Textinterpretation zu einem Roman schreiben	eine Textstelle einordnen	Analyse und Interpretation eines Auszugs aus einer epischen Ganzschrift	soziale, politische, kulturelle und historische Bezüge zum Text herstellen
	erzähltechnische Mittel interpretieren		Empathie entwickeln und eigene Gestaltungsversuche fiktionaler Texte präsentieren
von der Interpretation zur Buchbesprechung	den Inhalt zusammenfassen		
	Kriterien der Beurteilung		

13.1

Aufgabe und Funktion fiktionaler Texte

Die folgende Rezension zum Buch von Jochen Hörisch gibt Aufschluss über die Wirkung von fiktionaler Literatur.

„Ich sehe was, was du nicht siehst“

Jochen Hörisch befreit das dissidente[1] „Wissen der Literatur“.

von Oliver Pfohlmann

Seit kurzem betätige ich mich als Schaumschläger. Das ist ganz wörtlich gemeint. Anfangs fiel der mit dem Milchschäumer erzeugte Schaum gleich wieder in sich zusammen. Bis ich in Peter Truschners Roman „Die Träumer“ über eine Passage stolperte, in der eine Figur die Kunst des Schaumschlagens erklärt: Die Milch muss eiskalt sein, ehe man sie erwärmt, weil sie dann mehr Luft aufnimmt. Jetzt klappt's.

Vielleicht wunderte ich mich deshalb zunächst über den Titel von Jochen Hörischs neuem Buch. Warum bitte schön soll Literatur kein Wissen enthalten? Aber so selbstverständlich ist das natürlich nicht. Der Tipp, den Truschner seiner Figur in den Mund legt, hätte ja auch purer Unsinn sein können. Schon Platon warnte davor, sich, sei es in medizinischen, sei es in kriegsstrategischen Fragen, an Homer statt an Fachleute zu wenden.

(...)

Für Jochen Hörisch macht Gernhardts Lyrik eines sinnfällig: Der Literatur ist die Wahrheit schlicht schnurz, ihr ist ein „guter“ Reim wichtiger. (...) Der wissenschaftliche Code lautet „richtig/falsch“, der literarisch-ästhetische „stimmig/nicht stimmig“. Dieser sorgt dafür, dass gelungene, stimmige Texte nicht einfach als inaktzeptabel oder unsinnig empfunden werden. Vielmehr offerieren sie dem Leser einen genuinen[2] Reiz, der daraus entspringt, dass die Worte „ein Rendezvous mit sich selbst haben“.

(...)

Freigestellt von der Verpflichtung, wahre Sätze anzustreben, konnten sich Kunst und Literatur darauf spezialisieren, die anerkannten Diskurse[3] mit *alternativen* Realitätsversionen zu konfrontieren. (...) Da die Dichtung keiner thematischen Begrenzung unterliegt, redet sie ungehemmt von praktisch allem. Und präsentiert dabei Sachprobleme in neuem, ungewohntem Licht. Sie spielt voller Lust an der Provokation das Spiel: Ich sehe was, was du nicht siehst.

(...)

Ebenso ist Literatur spezialisiert auf Metaphern. Während die vermeintlich „harten“ Naturwissenschaften mit ihrer Bildersprache nicht nur Forschungsgelder einstreichen, sondern handfeste Politik betreiben (...), bekennt sich allein die Literatur offensiv zur Metaphorik. Gerade weil sie weiß, „dass der entscheidende Brückenschlag zwischen Sein und Sinn nicht verlässlich gelingen kann“, ist die Dichtung für Hörisch „aufgeklärter“ als alle anderen Diskurse: „Dichter lügen, und sie wissen, dass sie lügen“, deshalb machen sie von ihrer Lizenz zum Lügen „aufrichtigen und insofern lügenlosen Gebrauch“. – Und manchmal, möchte man mit Blick auf Peter Truschner hinzufügen, schlagen sie sogar aus der Wahrheit noch eine Metapher.

(www.literaturkritik.de)

1 dissident: von einer offiziellen Meinung abweichend

2 genuin: echt

3 Diskurs: Gedankenaustausch; wissenschaftliche Diskussion

1 ***Untersuchen Sie die im Text dargelegte Aufgabe und Wirkung von fiktionalen Texten.***

a) Was kann Literatur nicht leisten?

b) Welche Möglichkeiten bietet die Literatur ihren Lesern?

c) Warum sind Metaphern ein wichtiger Bestandteil fiktionaler Texte?

2 ***Beschreiben Sie, welche erzählerischen Möglichkeiten ein Verfasser historischer Romane im Vergleich zu einem Historiker hat.***

Im Gegensatz zu nicht fiktionalen Texten, die auch pragmatische Texte genannt werden und Handlungsanweisungen oder Informationen für den Alltag bieten, stellen fiktionale Texte eine erdachte Welt dar.

Text 1:

Ilsebill salzte nach. Bevor gezeugt wurde, gab es Hammelschulter zu Bohnen und Birnen, weil Anfang Oktober. Beim Essen noch, mit vollem Mund, sagte sie: „Wollen wir nun gleich ins Bett oder willst du mir vorher erzählen, wie unsere Geschichte wann wo begann?“
Ich hatte die Hammelschulter mit halben Knoblauchzehen gespickt und gebettet. Auch wenn Ilsebill mit vollem Mund sagte, das könne prompt anschlagen oder klappen, weil sie, wie der Arzt ihr geraten habe, die Pillen ins Klo geschmissen hätte, hörte ich dennoch, dass das Bett zuerst recht haben sollte und die neolithische[1] Köchin danach.

(Günter Grass: Der Butt)

1 Neolithikum: Jungsteinzeit

Text 2:

Die Lammkeule waschen und trocken tupfen. Dann mit einem scharfen Messer unten und oben am Knochen entlang eine Tasche schneiden (ca. 6 cm tief). Danach gut verteilt je ca. 2 cm tiefe Löcher in das Fleisch schneiden und mit dem Finger „aufbohren“.

Nun Olivenöl, Salbei, Knoblauch und Rosmarin gut vermengen und zerstoßen, mit Salz und Pfeffer würzen. Diese Mischung in die Löcher füllen. Danach die Schinkenscheiben grob würfeln und auch in die Löcher füllen. Die Keule auf den Rost in den Backofen legen und ca. 1,5 Stunden braten. Fettpfanne darunterstellen, um den abtropfenden Saft aufzufangen.

(www.kochmeister.com)

3 ***Vergleichen Sie die Wirkungsweise fiktionaler und pragmatischer Texte.***

a) Halten Sie die Assoziationen, die Sie beim Lesen der beiden Texte haben, auf Metaplankarten fest. Benutzen Sie für die beiden Texte unterschiedlich farbige Karten.

b) Clustern Sie anschließend die Karten an einer Stellwand, damit Sie Überlappungen und Unterschiede herausstellen können.

c) Erarbeiten Sie in der Klasse mögliche Gründe für die unterschiedliche Wirkung dieser Texte.

Basiswissen – Autor – Text – Leser

Über den **Erzähler** kann der **Autor** epischer Texte Ihnen als **Leser** seine Mitteilungen näherbringen. Es handelt sich um einen bewusst ausgestalteten und mit bestimmten Wirkungsabsichten versehenen Erzählvorgang.

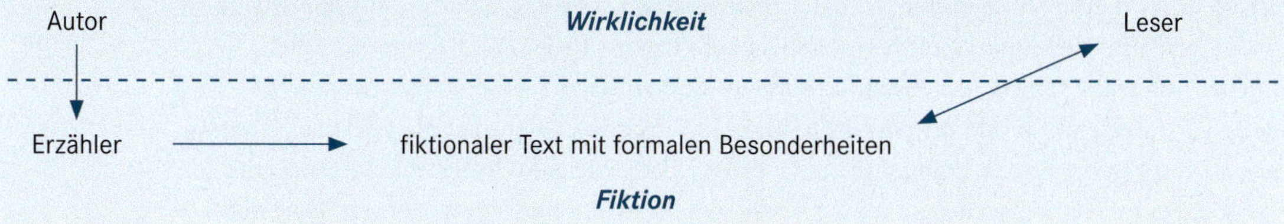

13.2

Den Text analysieren

Den Aufbau beschreiben

Die Interpretation eines literarischen Textes erfordert eine umfassende Auseinandersetzung mit seinem Inhalt und seiner Struktur. Die im Vorgang des Erzählens entstandene fiktive Geschichte kann in mehrere Teile gegliedert sein. Sie kann chronologisch, mit Zeitsprüngen oder vom Ende her erzählt werden. Sie hat vielleicht Höhepunkte und Wendepunkte. Die Beschreibung des Aufbaus kann für die Textinterpretation also von Bedeutung sein.

Doris Dörrie: Es gibt da eine kleine Ente ...

Die beiden Polizisten glotzten ihn an wie zwei Wolgakarpfen. „Ich würde mich gern im ‚Palmengarten' von jemandem verabschieden", brachte Arkardij nur stotternd heraus, als sei es ihm peinlich, „es gibt da eine kleine Ente. Ich habe sie gerettet. An meinem ersten Tag in Frankfurt. Sie war noch ein Küken und hatte einen gebrochenen Flügel. Unter meinem Mantel habe ich sie rausgeschmuggelt, mit Brot gefüttert und gepflegt, bis sie wieder gesund war. Und dann habe ich sie zurückgebracht. Sie heißt Durak ..."

Seine Augen fingen an zu glänzen. Dafür brauchte er nur die beiden Wörter „nie wieder" zu denken. Sie reichten aus, um ihm das Wasser in die Augen zu treiben. Nie wieder Marianne. Nie wieder Handkäs mit Musik. Nie wieder der warme Kaufhof an der Hauptwache im Winter. „0 Gott", stöhnte der Polizist, der fuhr. „Die verfluchte russische Seele", sagte der andere, „und außerdem hat der ‚Palmengarten' längst geschlossen." Arkardij spürte, wie das Wasser aus seinem linken Auge hervorquoll und in einer dicken Träne langsam die Wange hinunterrann. Er wandte sein Gesicht zum Fenster in den Neonschein der Straßenbeleuchtung wie Greta Garbo ins Scheinwerferlicht. Der Fahrer drehte sich nach ihm um. „Wo fährst du denn hin?", blökte der andere Polizist. „Mein Gott, es ist schließlich Weihnachten", erwiderte der Fahrer.

Es war stockdunkel im „Palmengarten". Der Polizist, der gefahren war, hielt Arkardij wie ein Kind fest an der Hand, während der andere laut vor sich hin schimpfte und damit drohte, eine Dienstaufsichtsbeschwerde einzulegen.

Auf dem runden Teich in der Mitte des Parks dümpelten ein paar Enten vor sich hin. „Durak, Durak", rief Arkardij und gab piepende Laute von sich. Die Enten sahen ihn gleichgültig an. „Und? Welche ist es?", fragte der Polizist, der Arkardijs Hand fest umklammert hielt, streng. Arkardij zeigte auf die nächstbeste. „Komm her, du blödes Vieh", murmelte er auf Russisch, „komm her und rette mich. Verdammt. Jetzt komm schon!" Die Ente legte den Kopf schief. „Du sollst deinen Entenarsch hierher bewegen!", flehte Arkardij. Die Ente rührte sich nicht. „Du lädst ewige Schuld auf dich", rief Arkardij wütend. „Du wirst als Weihnachtsente der Gojim enden!" Das hatte gesessen. Die Ente setzte sich in Bewegung, schwamm geradewegs auf Arkardij zu und wühlte ihren Schnabel in seine Hand. „Sie hat Hunger, die Arme", sagte er auf Deutsch, „hat einer von Ihnen vielleicht ein bisschen Brot dabei?" „Nur 'ne Apfeltasche", sagte der Polizist, ließ Arkardijs Hand los und wühlte in seiner Jacke. Arkardij federte ein-, zweimal auf den Zehenspitzen, bevor er losrannte. Quer über die Wiese, am Steingarten vorbei, dort hatte er Marianne an die Brust gefasst, sie dann hinter die Kastanie am Wegrand gezogen, dort weiter hinter die Hecke, wo sie sich ohne weitere Aufforderung auf

Den Aufbau beschreiben

den Rasen gelegt hatte. Die Hecke, die Hecke, da war sie. Ja, er war richtig, dort musste es sein, die kalte Luft stach in seine Lungen wie Stecknadeln, er hörte die beiden Polizisten hinter sich hecheln, mit den Händen riss er den Stacheldraht beiseite, zwängte sich durch das Loch, und erst als er den sicheren Asphalt der Straße unter den Füßen hatte, lachte er im Laufen laut auf. Durak, lachte er, das heißt auf Deutsch „Dummkopf".

1 ***Untersuchen Sie den Aufbau der Kurzgeschichte. Ordnen Sie die folgenden Funktionen den entsprechenden Textteilen zu.***

Entfaltung des Konflikts • Zuspitzung des Konflikts • Verzögerung der Handlung (retardierende Teile) als Spannungsmoment • Auflösung/Schluss

Beispiel:

Textbeschreibung: *Unvermittelter Einstieg in ein laufendes Geschehen (Z. 1–9)*

Funktion: *Hinführung zur zentralen Frage: Wird Arkardij die Polizisten überzeugen können?*

Basiswissen – Aufbau eines literarischen Textes

Mit dem Aufbau eines literarischen Textes beschreiben Sie seine **Gliederung**, d.h. die **Abfolge der äußeren und inneren Handlung**. So kann es

- Hinführungen zur zentralen Thematik,
- Rückblenden,
- Höhepunkte,
- überraschende Wendepunkte oder auch
- retardierende (verzögernde) Bauteile

innerhalb eines literarischen Textes geben. Die formale Beschreibung des Aufbaus ist vor allem dann sinnvoll, wenn die Struktur eines komplexen Handlungsverlaufs sichtbar gemacht wird oder wenn Sie ein besonderes Bauprinzip erkennen können, das für die Bestimmung der Gattung und die Interpretation des Textes wichtig sein kann.

Als das Einfamilienhaus fertig war, war ich mit der Familie fertig. Früher ging ich einfach ins Kino. Ich hatte Freunde. Aber das sind keine Lösungen. Auch eine Freundin ist keine Lösung. Mutter weinte manchmal. Vater schrie manchmal. Auch Mutter schrie manchmal. Aber Vater weinte nie. Als ich sah, wie Vater den Hut vom Kopf nahm, um seinen Feinden die Stirn zu zeigen, wurde ich erwachsen.

Freitags Fisch. Samstags Fußball. Sonntags Familie. Vater rauchte, als gehe es um sein Leben. Mutter legte eine Patience. Ich habe drei Brüder. Morgen ist Montag. Ich erzähle einen schlechten Witz. Vater kann nicht lachen, weil Fritz erst 16 ist. Mutter wird nicht rot. (...)

(Wolf Wondratschek „Früher begann der Tag mit einer Schusswunde")

2 ***Analysieren Sie, welche Aufbauprinzipien in dem kurzen Textauszug angewandt werden (➪ Basiswissen).***

Figuren charakterisieren

Die Charakterisierung von Figuren kann Aufschlüsse über die Intentionen des Autors geben.

Martin Suter: Männer unter Stress: Perrig

Ehrlich gesagt: Perrig braucht den Stress. Ohne Stress fehlt ihm das Gefühl zu arbeiten. Oder die Leistung zu erbringen, die er sich abverlangt: Höchstleistung. Wenn Perrig nicht immer, wenn er sich mit einer Sache befasst, in Gedanken schon bei der nächsten ist, fehlt ihm der Druck, der ihn zur richtigen Entscheidung treibt. (…) Einer, der immer vorneweg entscheiden muss, hält sich nicht mit Prioritäten auf.

Aber dass Perrig den Stress braucht, bedeutet nicht, dass er nicht unter ihm leidet. Im Gegenteil: Perrig leidet ganz schrecklich unter seinem Stress. Und mit ihm die ganze Abteilung. Wenn er als Letzter ins Büro kommt, noch Rasierschaum an den Ohrläppchen und einen Bissen Grahambrot im Mund, lässt er es die ganze Abteilung spüren, dass sie schon hier ist. Leute, die pünktlich bei der Arbeit sind, sind nicht ausgelastet. Es gibt eine höhere Form der Pflichterfüllung als die pünktliche: die aufopfernde. Die, die nicht unterscheidet zwischen Tag und Nacht, Geschäft und privat, Bürozeiten und Überstunden. Wenn Perrig ins Büro kommt, verlegt er lediglich den Schauplatz seiner totalen beruflichen Hingabe. Pünktlichkeit ist das Gegenteil von Engagement. Sie degradiert die Tätigkeit zu einer, der man nach einem bestimmten Stundenplan nachgehen kann. Nicht dass Perrig von seiner Abteilung nicht absolute Pünktlichkeit verlangen würde. Von Leuten, die durch die Pünktlichkeit, mit der sie ihrer Aufgabe nachgehen, beweisen, dass sie nicht mit Leidenschaft bei der Sache sind, ist Pünktlichkeit das mindeste, was man verlangen darf. Es ist die demonstrative Art, wie sie alle schon da sind, wenn er eintrifft, abgekämpft schon morgens um neun und ohne Hoffnung, den Rückstand auf den Tag jemals aufzuholen, die er ihnen vorwirft.

Sobald Perrig im Büro ist, macht er sich daran, Dinge, die die höchste Stufe der Überfälligkeit noch nicht erreicht haben, zu verschieben. Eine Arbeit, zu der er etwa drei Tassen starken Kaffee braucht. Danach gönnt er sich eine Kaffeepause, (…), zündet sich eine an und beginnt, eine Pendenzenliste[1] aufzustellen. Bis Mittag lässt er sich von der Aussichtslosigkeit lähmen, auch nur eine der anstehenden Aufgaben auch nur annähernd befriedigend lösen zu können. Dann geht er zum Lunch, wo er praktisch keinen Bissen runterkriegt und ein wenig überzieht mit Glogger, der auch ein Liedchen singen kann vom Stress.

Am Nachmittag kommt er zu nichts, weil alles auf ihn einstürzt. Alle wollen etwas von ihm, nichts geht ohne ihn. Was kann man anderes erwarten von Leuten, die nur darauf warten, bis es fünf Uhr ist und sie den Griffel fallen lassen können? Perrig läuft langsam zu seiner Hochform auf. Erledigt gleichzeitig drei Dinge nicht und trifft nebenbei noch ein paar wichtige Entscheidungen, die Vertagung einiger wichtiger Entscheidungen betreffend. Doch genau als er sich die Pendenzenliste vorknöpfen will, wird er von seiner Sekretärin an die Abteilungsleitersitzung erinnert, die vor zehn Minuten begonnen hat. Über eine

Martin Suter
wurde 1948 in Zürich (Schweiz) geboren. Er arbeitete u. a. als Werbetexter, Kolumnist und Drehbuchautor. 1997 erschien sein erster Roman. Einer der thematischen Schwerpunkte seines literarischen Schaffens ist die Welt des Managements und der Business Class, die er kritisch hinterleuchtet. Suter lebt mit seiner Familie in Spanien und Guatemala.

1 Pendenz: nicht abgeschlossene, in der Schwebe befindliche Sache, unerledigtes Geschäft

Figuren charakterisieren

Stunde verbringt er wie auf Nadeln mit Leuten, die offenbar nichts zu tun haben, als zu quasseln, (…)
Als er endlich wieder im Büro sitzt, ist schon die halbe Abteilung gegangen. Das hat den Vorteil, dass er in Ruhe seine Pendenzen aufarbeiten kann, aber den Nachteil, dass das dazu nötige Feedback nicht abrufbar ist, weil die zuständigen Apparatschiks[2] natürlich schon längst zu Hause auf dem Balkon in die Holzkohle pusten.
Es bleibt ihm nichts übrig, als das Ganze um eine schlaflose Nacht zu verschieben.

2 Apparatschiks: abwertende Bezeichnung für Angestellte, die bürokratisch arbeiten

1 ***Bereiten Sie eine Figurencharakteristik vor.***

a) Notieren Sie, welche Tätigkeiten Perrig an einem Arbeitstag ausführt.
b) Untersuchen Sie, wie er über seine Angestellten denkt. Notieren Sie Stichworte und Zeilenangaben.
c) Sammeln Sie Aussagen darüber, wie er sich selbst sieht.
d) Notieren Sie Eigenschaften und Verhaltensweisen von Perrig.

2 ***Schreiben Sie die Figurencharakteristik. Gehen Sie dabei sowohl auf Besonderheiten als auch auf Typisches im Verhalten der Figur Perrig ein.***

3 ***Schreiben Sie einen Beschwerdebrief eines Kollegen an Perrigs unmittelbaren Vorgesetzten.***

Arbeitstechnik – Literarische Figuren charakterisieren

Literarische Figuren sind die Handlungsträger in einem Text. Konzentrieren Sie sich deshalb bei der Charakterisierung einer Figur auf Textstellen, in denen sich der Erzähler direkt oder indirekt über die Figur äußert bzw. in denen die Figur selbst spricht (Figurenrede) und handelt.

Den ersten Eindruck erhalten Sie oft durch die Beschreibung des Äußeren (Gestalt, Gang, Frisur, Kleidung usw.), das verbale und nonverbale Verhalten sowie die Lebensumstände einer Figur. Innere Monologe und erlebte Rede können Hinweise auf Handlungsabsichten und Gefühle liefern. Durch das kommunikative Verhalten werden Beziehungen zu anderen Figuren deutlich. Oft ist auch der Name einer Figur ein wichtiger Hinweis für eine Charakterisierung. Der Name kann typisierend oder individualisierend sein.

Sprache und Stil: Stilmittel der Ironie

Von entscheidender Bedeutung für eine gute Textinterpretation ist die Analyse der sprachlichen Gestaltung. Mit ihrer Hilfe lässt sich z. B. ermitteln, wie eine Figur spricht (Sprachvarietäten), aber auch, welche Haltung der Erzähler zum Geschehen oder zu einer Figur einnimmt. So wird z. B. kritische Distanz oft mit Mitteln der Ironie ausgedrückt. Häufig lassen sich ironische Äußerungen aber nur aus dem situativen Kontext erschließen.
Beispiel: *Du bist ja wieder sehr zuvorkommend. (Kontext: Schüler schließt die Tür zum Klassenzimmer, obwohl der Lehrer noch draußen steht.)*

4 ***Untersuchen Sie die Satire „Männer unter Stress: Perrig" hinsichtlich des Einsatzes von Ironie.***

Die Bedeutung erschließen – Transfer

Literatur thematisiert häufig das Zusammenleben von Menschen in alltäglichen wie auch in extremen Situationen bzw. Verhältnissen. Eine Interpretation soll herausfinden, inwieweit das Typische der dargestellten Verhältnisse für die Wirklichkeit der Leser relevant ist.

Sybille Berg: RUTH langweilt sich (Auszug)

Es ist wirklich unangenehm langweilig.
Als ich jünger war, dachte ich, wenn ich viel daran denke, wie es ist, alt zu sein, dann kann mich nichts mehr überraschen. Ich dachte mir, es wäre wahrscheinlich ganz gut, alt zu sein. Ich habe mir vorgestellt, ich wäre so eine coole Alte, mit viel Schmuck und lila gefärbtem Haar. Und ich würde in einem Haus wohnen, in Nizza vielleicht, und das schwankte immer, die Idee, wo das Haus sein würde. Auf jeden Fall wäre das Haus immer voll mit wirklich verrückten Menschen, die echt verrückte Sachen machen würden. Auf Tischen tanzen und so was. Und ich könnte über alles lachen, weil ich weise wäre und es besser wüsste. (...) Ich dachte mir, es müsse wirklich ganz nett sein, alt zu werden. Und jetzt bin ich alt und weiß gar nicht, wie es so schnell dazu kommen konnte. Ich bin nicht reich, ich dachte immer, das käme schon noch, aber es kam halt nicht. Es kam auch kein reicher Mann. Oder sagen wir mal, überhaupt ein Mann, der blieb. Immer dachte ich, es käme da noch ein besserer, weil ich ja auch immer besser würde. Aber das stimmte auch nicht. Es kamen eher immer weniger und schlechtere. Und auf einmal war ich alt. Ohne mich irgendwie weise oder eben alt zu fühlen. Ich fühle mich nur gelangweilt. Ich wohne also nicht in einem Haus in Nizza, sondern in einem verfluchten Altersheim. Die anderen hier, die sind wirklich alt. Ich nicht. Wenn eines noch an Wunder glaubt, ist es nicht alt. (...) Wenn dem Menschen nichts mehr einfällt, glaubt er auf einmal, dass es einen Gott gibt. Hey, bitte, lieber Gott, mach, das noch etwas kommt. (...)

Ein Schüler schreibt zur Aktualität des Textes von Sybille Berg folgende Gedanken auf.

Muster

Die Schriftstellerin spricht über ihre Figur Ruth ein zentrales Thema an; denn es geht darum, auch dann noch einen Sinn im Leben zu finden, wenn man alt ist und nicht mehr weiß, wie man die Zeit nützlich und interessant verbringen soll. Noch schwieriger wird das Problem, wenn man wegen Pflegebedürftigkeit in einem Heim untergebracht ist und kaum Möglichkeiten hat, die Zeit kreativ zu gestalten. So steht Ruth exemplarisch für viele Menschen der älteren Generation, die nicht wissen, wie sie gegen die Langeweile am Ende ihres Lebens ankämpfen sollen.

1 *Bewerten Sie das Muster. Können Sie inhaltlich zustimmen?*

Verdammt, diese verdammte Sensationslust. Madengleich wimmeln sie an der Tür des Gerichtssaales. Kameraaugen glotzen mich an. Blut schießt in mein Gesicht. Ich trage keine Handschellen, kein Zeichen auf Stirn oder Brust, aber die Wartenden erkennen mich sofort, schießen mit einem vampiresken Zischen auf mich zu, reißen mir die Kleider in Fetzen, verbeißen sich in mein Fleisch.

(Dörte Herrmann „Urteilslos")

Die Bedeutung erschließen – Transfer

Das Zebra stützte sein Kinn auf die Knie und konzentrierte sich auf seine schwarzen Streifen. Nach langem Nachdenken kam es zu dem Schluss, dass es leider kein weißes Tier mit schwarzen Streifen, sondern ein schwarzes Tier mit weißen Streifen war. Dann ist es viel besser, ein gestreiftes Tier zu sein als nur ein schwarzes, sagte es sich. In diesem Augenblick hatte es seinen Seelenfrieden gefunden und trug nun seine weißen Streifen mit großer Lässigkeit.

(Luigi Malerba „Seelenfrieden")

2 ***Interpretieren Sie die Textauszüge von Dörte Herrmann und Luigi Malerba. Übertragen Sie deren Bedeutung auf Ihre Lebenswirklichkeit. Notieren Sie Ihre Ergebnisse.***

a) Prüfen Sie, ob sich das dargestellte Problem Ihrer Erfahrung nach verallgemeinern lässt.

b) Untersuchen Sie das Problem hinsichtlich seiner Aktualität und gesellschaftlichen Relevanz.

Basiswissen – Interpretation als Transferleistung der Leserin/des Lesers

Wenn Sie einen Text interpretieren, übertragen Sie im Transfer die Bedeutung des Textes auf unsere Wirklichkeit. Da jede/-r Interpretierende eine individuelle Sichtweise auf den Text gewinnt, gibt es auch nicht die einzig richtige Interpretation. Vor allem das Deuten von Sprachbildern zeigt, welche unterschiedlichen Vorstellungen Menschen mit ihnen verbinden. Wichtig ist, dass Sie Ihre Transferleistung durch Textbelege absichern.

Sprache und Stil: Die rhetorischen Figuren Metapher und Vergleich

Metaphern und Vergleiche (➪ S. 229) dienen der Veranschaulichung von Gefühlen oder auch abstrakten Begriffen, da sie dem Leser helfen, sich „ein Bild" zu machen.
Beispiele: Vergleich: *„weiß wie die Wand"*; Metapher: *„im Sumpf der Korruption"*

3 ***Schreiben Sie je zwei Vergleiche zu folgenden Adjektiven auf.***
verliebt, humorlos, langweilig, aufgeregt, nervös, ängstlich

4 ***Finden Sie je zwei Metaphern zu folgenden Nomen.***
Verliebtheit, Humorlosigkeit, Langeweile, Aufregung, Nervosität, Angst

Zwischenfazit

Den Aufbau beschreiben
- Ort und Zeit (Rückblenden, Vorausblicke)
- Entfaltung des Konfliktes, Wendepunkte, retardierende Momente
- Schluss

Literarische Figuren charakterisieren
- Verhalten, Sprache untersuchen
- Besonderes, Typisches herausarbeiten

Die Bedeutung eines Textes erschließen
- Aktualität des Textes untersuchen
- Bezug zur Wirklichkeit des Lesers herstellen

Merkmale des Erzählens unterscheiden

In epischen Texten setzt der Autor einen Erzähler ein, der dem Leser das Geschehen vermittelt. Dieser kann in der Er-/Sie-Form oder in der Ich-Form in Erscheinung treten.

Alfred Andersch: Der Vater eines Mörders (Auszug)

Warum erfand ich mir für fünf Geschichten, – die hier vorliegende ist die sechste –, in denen ich Zustände und Ereignisse meines Lebens beschreibe und erzähle, einen Menschen namens Franz Kien als Figur, die erlebt, was in ihnen beschrieben und erzählt wird? (...)
Gerade das Erzählen in der dritten Person erlaubt es dem Schriftsteller, so ehrlich zu sein wie nur möglich. Es verhilft ihm dazu, Hemmungen zu überwinden, von denen er sich kaum befreien kann, wenn er sagt: Ich. Daß irgendein Er (beispielsweise Franz Kien in *Alte Peripherie*) das seinen Freunden gegebene Wort gebrochen hat – das läßt sich eben doch um eine Spur leichter hinschreiben als das plumpe Eingeständnis: Ich habe meine Kameraden im Stich gelassen. So jedenfalls ist der Schriftsteller verführt zu denken. Daß er diskret sein möchte, gehört schließlich zu den besseren seiner Eigenschaften, die meisten seiner Leser teilen diesen Wunsch; von Autoren, die mit der Türe ins Haus fallen, haben sie genug, aber Autobiographie läßt nicht zu, daß ihr Verfasser sich verfremde, sie ist kein Versteckspiel, außerdem hülfe es mir nichts, niemand wird Franz Kien für Franz Kien halten. Eine Marotte, wird man sagen, verärgert oder verständnisvoll – sie rechtfertigt nicht, daß ihr Besitzer nicht von sich selber spricht.
Noch rätselhafter wird die Wahl dieser Erzählmethode für mich, wenn ich mich daran erinnere, daß ich für andere autobiographische Stücke ohne weiteres die Form des Berichts in der ersten Person Einzahl benützt habe. *Die Kirschen der Freiheit* und *Der Seesack* sind Memoiren. Andererseits habe ich einen Roman, *Efraim*, in der Ich-Form geschrieben, und im Gegensatz zu Franz Kien ist Efraim durchaus nicht mit mir identisch, sondern ein ganz anderer, als ich es bin – darauf muß ich bestehen. Übrigens schließt jenes Buch mit der Erwägung, vielleicht sei unter allen Masken das Ich die beste. So widersprüchlich geht es zu in der Werkstatt des Schreibens.

1 ***Erarbeiten Sie den Text mithilfe folgender Fragestellungen.***

a) Worin liegt laut Andersch der Unterschied zwischen der Verwendung der Ich-Form und der Er-Form beim autobiografischen Erzählen?

b) Was bedeutet die Aussage, dass „unter allen Masken das Ich die beste" (Z. 22) sei?

c) Welche Möglichkeiten und Grenzen ergeben sich für einen Autor durch die Festlegung der Erzählform?

Basiswissen — Erzählform

Er-/Sie-Form: Der Erzähler ist der Übermittler des Geschehens und tritt vornehmlich durch Kommentare zum Erzählten hervor. Als handelnde Figur tritt er gar nicht oder kaum in Erscheinung, sodass der Leser nichts oder wenig über sein Leben oder seinen Charakter erfährt.

Ich-Form: Der Erzähler tritt sowohl als erzählende als auch als handelnde Figur hervor. Er erzählt entweder unmittelbar aus dem dargestellten Geschehen heraus oder er berichtet rückblickend mit einigem zeitlichen Abstand über bestimmte Ereignisse.

Merkmale des Erzählens unterscheiden

Um das Geschehen zu übermitteln, werden unterschiedliche Erzähltechniken verwendet.

Robert Schneider: Schlafes Bruder (Auszug)

DAS ist die Geschichte des Musikers Johannes Elias Alder, der zweiundzwanzigjährig sein Leben zu Tode brachte, nachdem er beschlossen hatte, nicht mehr zu schlafen.
Denn er war in unsägliche und darum unglückliche Liebe zu seiner Cousine Elsbeth entbrannt und seit jener Zeit nicht länger willens, auch nur einen Augenblick lang zu ruhen, bis dass er das Geheimnis der Unmöglichkeit seines Liebens zugrunde geforscht hätte. Tapfer hielt er bis zu seinem unglaublichen Ende bei sich, dass die Zeit des Schlafs Verschwendung und folglich Sünde sei, ihm dereinst im Fegefeuer aufgerechnet werde, denn im Schlaf sei man tot, jedenfalls lebe man nicht wirklich. Nicht von ungefähr vergliche ein altes Wort Schlaf und Tod mit Brüdern. Wie, dachte er, könne ein Mann reinen Herzens behaupten, er liebe sein Weib ein Leben lang, tue dies aber nur des Tags und dann vielleicht nur über die Dauer eines Gedankens? Das könnte nicht von Wahrheit zeugen, denn wer schlafe, liebe nicht. So dachte Johannes Elias Alder, und sein spektakulärer Tod war der letzte Tribut dieser Liebe. Die Welt dieses Menschen und den Lauf seines elenden Lebens wollen wir beschreiben.

Sven Regener: Herr Lehmann (Auszug)

„Weg da, Scheißkerl!", sagte Herr Lehmann, aber jetzt, wo sich das hässliche Tier so vertrauensvoll und haltsuchend an ihn schmiegte, tat es ihm ein bisschen leid. Er trat ein wenig zurück, und der Hund kippte langsam nach, bis sein schwerer Leib auf Herrn Lehmanns Füßen lag. Herr Lehmann kam aus dem Gleichgewicht, ruderte mit den Armen und fiel über den Körper des Hundes hinweg auf den Boden, wobei er nur mühsam verhindern konnte, dass die Flasche zerbrach.
„Was machen Sie denn da?"
Herr Lehmann schaute hoch und sah über sich zwei Polizisten. Er hatte sie gar nicht kommen hören.

Thomas Mann: Bekenntnisse des Hochstaplers Felix Krull (Auszug)

Indem ich die Feder ergreife, um in völliger Muße und Zurückgezogenheit – gesund übrigens, wenn auch müde, sehr müde (sodass ich wohl nur in kleinen Etappen und unter häufigen Ausruhen werde vorwärtsschreiten können), indem ich mich also anschicke, meine Geständnisse in der sauberen und gefälligen Handschrift, die mir eigen ist, dem geduldigen Papier anzuvertrauen, beschleicht mich das flüchtige Bedenken, ob ich diesem geistigen Unternehmen nach Vorbildung und Schule denn auch gewachsen bin.

2 ***Vergleichen Sie die drei Textauszüge mithilfe des Basiswissens unter folgenden Gesichtspunkten.***

a) Nennen Sie die jeweilige Erzählperspektive.

b) Beschreiben Sie deren Wirkung auf den Leser.

Merkmale des Erzählens unterscheiden

Basiswissen | **Erzähltechniken**

Der **auktoriale Erzähler** steht außerhalb des Geschehens. Er weiß immer mehr als die Figuren und kennt ihre Gedanken. Aus diesem Grunde heißt er auch „allwissender Erzähler". Mit der **personalen Erzählperspektive** wird das Geschehen aus dem Blickwinkel einer Figur mitgeteilt. Das Mitgeteilte ist auf deren Erfahrungs- und Bewusstseinshorizont beschränkt. Dieser eingeschränkte Blickwinkel wird auch bei der **Ich-Erzählperspektive** beibehalten. Der Erzähler ist die Figur, die das Geschehen unmittelbar erlebt und in der Ich-Form übermittelt.

Erzählperspektive
→ auktoriale Erzählperspektive
→ personale Erzählperspektive
→ Ich-Erzählperspektive

In der **Übermittlung der Gedanken, Gefühle und Gespräche** der Figuren gibt es Abstufungen im Grad der Einmischung des Erzählers. Der Erzähler kann die Empfindungen seiner Figuren selber durch den **Gedanken- oder Gefühlsbericht** übermitteln. Bei der **erlebten Rede** werden die Gedanken und Gefühle einer Figur in der Er-/Sie-Form wiedergegeben. In der Form des **inneren Monologs** zieht sich der Erzähler gleichsam zurück und lässt Gedanken der Figur für sich sprechen. Erfolgt die Wiedergabe der inneren gedanklichen Vorgänge besonders unvermittelt, indem sich Gefühle, Erinnerungen und Eindrücke überlagern und zur Auflösung der grammatischen Korrektheit der Sätze oder zu einem Bruch in der chronologischen Abfolge führen, so spricht man vom **Bewusstseinsstrom**.

Der Erzähler erzählt
→ Erzählbericht
→ Gedanken- oder Gefühlsbericht

Die Figuren kommen zu Wort
→ Figurenrede
  → direkte Wiedergabe (szenisches Erzählen)
  → indirekte Wiedergabe (indirekte Rede)
→ Bewusstseinswiedergabe
  → Bewusstseinsstrom
  → innerer Monolog
  → erlebte Rede

In epischen Texten können Gedanken und Gefühle der Figuren auf unterschiedliche Weise übermittelt werden.

Friedrich Dürrenmatt: Der Richter und sein Henker (Auszug)

Es war ihm nämlich beim Vorbeischreiten gewesen, nachdem er flüchtig durch die trüben Scheiben des Wagens geblickt hatte, als sei der Fahrer auf das Steuer niedergesunken. Er glaubte, daß der Mann betrunken sei, denn als ordentlicher Mensch kam er auf das Nächstliegende. Er wollte daher dem Fremden nicht amtlich, sondern menschlich begegnen. R

Merkmale des Erzählens unterscheiden

Thomas Mann: Der Zauberberg (Auszug)

Wohligkeit erfüllte ihn bei dem Gedanken, dass mehrere Stunden zum Schweifen im Freien und Großartigen vor ihm lagen. Seine Lage war vergleichsweise behaglich. „So kann ich notfalls die ganze Nacht stehen“, dachte er, „wenn ich von Zeit zu Zeit das Bein wechsle, mich sozusagen auf die andere Seite lege und mir zwischendurch natürlich etwas Bewegung mache, was unerlässlich ist. Wenn auch außen verklammt, habe ich doch innerlich Wärme gesammelt bei der Bewegung, die ich gemacht, und so war die Exkursion doch nicht ganz nutzlos, wenn ich auch umgekommen bin und von der Hütte geschweift … ‚Umgekommen‘, was ist denn das für ein Ausdruck?“

James Joyce: Ulysses (Auszug)

(…) und Ronda[1] mit den alten Fenstern der posadas[2] hinterm Gitter zweier Augen Glanz für ihren Liebhaber dass er das Eisen küsst und die Weinhandlungen die immer halb offen hatten nachts und die Kastagnetten und an dem Abend wo wir das Fährschiff in Algeciras[3] verpasst hatten die Wächter wie er so heiter und alles in Ordnung herumging mit seiner Laterne und oh der reißend tiefe Strom und das Meer das Meer glührot manchmal wie Feuer und die herrlichen Sonnenuntergänge und die Feigenbäume in den Alamedagärten ja und die ganzen komischen Straßen und Gässchen und rosa und blauen und gelben Häuser und die Rosengärten und der Jasmin und die Geranien und Kakteen und Gibraltar als kleines Mädchen wo ich eine Blume des Berges war ja wie ich mir die Rose ins Haar gesteckt hab wie die andalusischen Mädchen immer machten oder soll ich eine rote tragen ja und wie er mich geküsst hat unter der maurischen Mauer und ich hab gedacht na schön er so gut wie jeder andere und hab ihn mit den Augen gebeten er soll doch noch mal fragen (…).

1 Ronda: Stadt in Andalusien

2 posada: Wirtshaus

3 Algeciras: Hafenstadt in Andalusien

3 ***Untersuchen Sie die drei Textauszüge mithilfe des Basiswissens unter folgenden Gesichtspunkten.***

a) Nennen Sie die hier verwendeten Mittel der Bewusstseinswiedergabe.

b) Analysieren Sie die sprachlichen Mittel, die dabei verwendet werden, im Hinblick auf die Wirkung beim Leser.

	Bewusstseinswiedergabe/ sprachliche Mittel	Wirkung
Friedrich Dürrenmatt: Der Richter und sein Henker		
Thomas Mann: Zauberberg		
James Joyce: Ulysses		

Die Sprache analysieren

Beim Interpretieren kommt es nicht nur darauf an zu deuten, was Figuren sagen und welche erzähltechnischen Mittel verwendet werden, sondern auch, wie etwas gesagt wird.

Gabriele Wohmann: Flitterwochen, dritter Tag

Reinhard am dritten Tag gegen fünf, auf der Bierkneipenterrasse: Du wirst deine Arbeit aufgeben. Du wirst einfach kündigen. Es war fast windstill, die Luft feucht. Ich kam aber nicht ganz dahinter, ob es mir richtig behagte. Ich starrte immer weiter den Mann mit der Warze an. Reinhard hob sein Glas, trank mir zu, mit irgendeinem Trinkspruch auf unsere Zukunft. Die Warze sah wie ein Polyp aus. Reinhard schlug vor, so wie jetzt an der See auch später regelmäßig spazieren zu gehen. Ja. Warum nicht? Schließlich: die Wohnung mit ihrer günstigen Lage. Unterm Hemd würde die Warze sich auch bemerkbar machen. Sie war mehr als einen Zentimeter lang. Seitlich vom Schlüsselbein stand sie senkrecht ab. Prost, Schatz, cheerio! Vielleicht, bei diesem Unmaß, hieß das nicht mehr Warze, was ich immer noch anstarrte. Liebling, he! Wir sind getraut! Du und ich, wir zwei – was man sich so zunuschelt kurz nach der Hochzeit. Reinhards Lieblingsgerichte, dann meine. Durch die Fangarme sah die Warze einer Narrenkappe ähnlich. Die Wohnung werden wir nach deinem Geschmack einrichten; der Garten – bloß Wildnis. Tee von Reinhards Teegroßhändler. Nett, so einig zu sein. Abwegiges Grau der See, und mein zweites Glas leer. Die Oberfläche der Warze war körnig, wie die Haut auf Hühnerbeinen. Reinhard hat noch zwei Stella Artois[1] bestellt, ich fühlte nun doch ziemlich genau, dass es mir zusagte, das Ganze, Bier, diese Witterung, dies bemerkenswerte Meer und unser Gerede über alles, zum Beispiel: Hauptsache, du bist dein blödes Büro los. Das schrundige Ding auf der Schulter, erstarrtes Feuerwerk, stand nicht zur Debatte. Reinhard schützte wieder mal ein Schiff vor und starrte durchs Fernglas runter auf den Strand. Gewitter stand unmittelbar bevor, unser Zusammenleben auch, auch Abendspaziergänge, Teebestellungen, Leibgerichte, die Warze war immer noch sichtbar nun unterm Hemd, das der Mann anzog. Antonio Gaudi[2] hätte sie geträumt haben können. Reinhard redete, und ich habe eine Zeitlang nicht zugehört, weil ich – ich hätte schon ganz gern gewusst, ob das nicht wehtat, wenn mehr als nur ein Hemd Druck auf die Warze ausübte. Organisation, Schatz, sagte Reinhard, und er ist nicht nur billiger bei diesem Großhändler, es ist einfach besserer Tee. Weitere Stella Artois, die Schwüle war mir recht, das Meer lieb und wert, egal Reinhards Seitensprünge durchs Fernglas. Die leicht bekleidete Krake, der vertrauliche Vielfuß, Verruca die Warze. Freust du dich, Schatz? Reinhard war mir jetzt näher. Auf alles, Schatz? Und was man so sagt. Er war nett.

Der Mann mit der neukatalanischen[3] Warze bezahlte. Dann verstaute er sein Fernglas in einem etwas abgeschabten Lederetui. Er stand auf. Da stand auch ich auf. Der Mann mit der Warze bahnte sich den besten Weg zwischen den Korbsesseln. Ich hinterher. Er brauchte nicht weiter auf mich zu warten, ich habe kaum gezögert, er wartete, wieder mir zugekehrt, die Warze, das Wappen, er wartete, Reinhard wartete, mein Mann mit der Warze.

1 Stella Artois, eine bekannte belgische Biersorte

2 Antonio Gaudi, spanischer Architekt (1852–1926), baute, von neugotischen Formen ausgehend, in bizarren Strukturen.

3 neukatalanisch, hier: auf den bizarren Baustil Gaudis bezogen

1 *Verfassen Sie eine Sprachanalyse. Gehen Sie wie folgt vor.*

a) Fassen Sie kurz zusammen, worum es in dem Text von Gabriele Wohmann geht.

b) Schreiben Sie alle Vergleiche und Metaphern heraus und interpretieren Sie diese.

c) Ziehen Sie aus dem Sprachgebrauch der Figuren Rückschlüsse auf deren Verhältnis zueinander.

d) Beschreiben Sie die Erzählperspektive sowie die Art und Weise der Vermittlung des Erzählstoffes.

Die Sprache analysieren

Das folgende Muster zeigt Ihnen, wie Sie Ergebnisse einer Sprachanalyse formulieren können.

Muster

Die Art und Weise, wie die Figuren miteinander sprechen, zeigt das veraltete Rollenverständnis, dem die beiden offensichtlich unterliegen. So spricht Reinhard mehrfach Befehle aus, wenn es um die Zukunft seiner Frau geht, ohne dass sie sich dagegen wehrt. Offensichtlich ist sie unschlüssig, ob sie sich dem fügen will. „Reinhard am dritten Tag gegen fünf, auf der Bierkneipenterrasse: Du wirst deine Arbeit aufgeben. Du wirst einfach kündigen. Es war fast windstill, die Luft feucht. Ich kam aber nicht ganz dahinter, ob es mir richtig behagte." (Z. 1–3)

Tipp

Arbeiten Sie immer wieder Zitate in Ihren Interpretationsaufsatz ein. Sie schließen dadurch aus, dass Sie sich zu weit vom Text entfernen und in eine Fehlinterpretation geraten. Hinweise zum Zitieren finden Sie auf S. 278.

Sprache und Stil: Die Stilmittel Ellipse und Hyperbel

Als **Ellipsen** bezeichnet man Satzfragmente, d. h., es fehlen Satzglieder, die für einen grammatikalisch vollständigen Satz notwendig wären. Häufig sollen sie zum Ausdruck bringen, dass ein Mensch keine Zeit oder keine Lust hat, sich ausführlicher zu äußern. Beispiel: *Kann sein.*

Als **Hyperbel** bezeichnet man eine starke Übertreibung. Sie ist ein wichtiges Stilmittel, wenn einer Aussage besonderes Gewicht verliehen werden soll.
Beispiele: *Das hat eine Ewigkeit gedauert. Ich kam nur eine Sekunde zu spät.*

2 *Beschreiben Sie die Wirkung der Ellipsen und Hyperbeln in Wohmanns Text.*

3 *Benennen Sie die in den folgenden sprachlichen Äußerungen jeweils verwendeten rhetorischen Figuren (Fachbegriffe ➪ S. 228–229) und beschreiben Sie deren Wirkung.*

A Wir haben uns wahnsinnig über das Geschenk gefreut.
B Bei dem erreichst du nichts, da rennst du gegen eine Wand.
C Oktober, Nebel, Depression.
D Sie klammert wie ein Krake.
E Ein Glück, dass du nur jeden zweiten Tag zu spät kommst.
F Wer ist schon perfekt?
G Manche meinen Mut, wenn sie von Leichtsinn reden.
H Du rennst bei mir offene Türen ein.
I Es ist nicht richtig, was du getan hast.
J Und wenn du tobst und schreist und schimpfst – ich gehe trotzdem.
K Deutsch, Englisch, Mathematik – was für ein langweiliger Tag wird das wieder.
L Ich habe schon eine Ewigkeit auf dich gewartet.
M Sie kam erst in der dunklen Nacht nach Hause.
N Der Vogel fliegt, der Fisch schwimmt, der Mensch läuft.

4 *Schreiben Sie einen kleinen Werbetext zu einem Gegenstand, der Ihnen besonders am Herzen liegt (Fahrrad, Handy, Motorroller). Arbeiten Sie möglichst viele Stilfiguren in Ihren Text ein.*

Die Sprache analysieren

Basiswissen | **Sprachliche Mittel und Ihre Wirkung**

Wenn Sie einen Text in Bezug auf seine sprachliche Gestaltung untersuchen, dann achten Sie auf sprachliche Besonderheiten/Auffälligkeiten. Das können sein:

- die **Sprachvarietäten**, z. B. Umgangssprache, Standardsprache, Fachsprache, Jugendsprache, Dialekt;
- die **Wortwahl:** besondere Häufungen von Adjektiven (auch Superlativen), Nomen (Nominalstil), Verben (auch in Form von Imperativen oder Konjunktiven); seltene Wörter, Zusammensetzungen, Wortspiele, Aufzählungen, Wiederholungen, Redensarten; sprachliche Bilder, wie z. B.: Metaphern, Vergleiche, Personifikationen; laut- bzw. klangmalerische Wörter, Wortgruppen zur Veranschaulichung von Geräuschen, z. B.: knattern, quiecken; Kuckuck, Matsch;
- der **Satzbau:** kurze, lange oder unvollständige Sätze.

Als **rhetorische Figuren** bezeichnet man Stilmittel, bei denen bestimmte Satzformen, Wiederholungen, Aufzählungen, Gegensätze, Verkürzungen meist schon seit der Antike bekannt und festgelegt sind und die eine besondere Wirkung hervorrufen sollen. Solche Wirkungen können z. B. sein: mehr Anschaulichkeit, Eindringlichkeit, Betonung, Aufforderung, Einbeziehung des Adressaten, Spannung, Distanz.

Rhetorische Figuren werden besonders in der Lyrik, in öffentlichen Reden und in der Werbung eingesetzt.

Wenn Sie die für einen Text charakteristischen sprachlichen Auffälligkeiten herausgefunden haben, deuten Sie deren Wirkung in Verbindung mit den inhaltlichen Aussagen; oft werden auch literarische Figuren durch den Gebrauch einer bestimmten Sprachebene oder sprachlicher Besonderheiten charakterisiert.

Im Folgenden erhalten Sie eine Übersicht über die wichtigsten **rhetorischen Figuren:**

Rhetorische Figur	Definition	Beispiel
Alliteration	mehrere Wörter beginnen mit dem gleichen Buchstaben	*Man muss Marmelade mögen.*
Anapher	mehrere Sätze oder Satzteile beginnen mit dem gleichen Wort	*Milch ist ein Nahrungsmittel. Milch ist ein Genussmittel. Milch ist Leben.*
Antithese	Gegensatzpaare	*Er liebt das Schöne, doch verabscheut alles Hässliche.*
Chiasmus	Überkreuzstellung von syntaktisch (Satzbau) oder semantisch (Bedeutung) entsprechenden Satzteilen	*Ich bin groß, klein bist du.* *Max kehrt zurück, zurück kehrt auch Anna.*
Correctio	Korrektur eines Ausdrucks	*Ich mag ihn, nein – ich verehre ihn.*
Ellipse	Satzfragment (unvollständiger Satz: Auslassung eines Satzteils/Wortes)	*Der Rest – Schweigen.*
Epipher	Wiederholung eines Wortes oder einer Wortgruppe am Ende mehrerer Sätze oder Satzteile (Gegensatz: Anapher)	*Er will alles, kann alles, tut alles.*
Euphemismus	beschönigende Umschreibung	*entschlafen (statt sterben)*

Die Sprache analysieren

Rhetorische Figur	Definition	Beispiel
Hyperbel	(starke) Übertreibung	*Er isst wie ein Mähdrescher.*
Inversion	Umstellung von Satzgliedern oder gewöhnlichen Wortfolgen, um sie hervorzuheben	*Ekel ist das Gefühl, das mich ergreift. Röslein rot (statt rotes Röslein)*
Ironie	das Gesagte hat die entgegengesetzte Bedeutung des Gemeinten	*Wenn man Freunde wie dich hat, braucht man keine Feinde.*
Klimax	Steigerung	*Er schimpfte, er fluchte, er tobte.*
Litotes	ein negativer Begriff wird durch einen positiven mit Negation ersetzt	*Du bist nicht gerade die Schnellste (statt: du bist langsam).*
Metapher	verkürzter Vergleich, der ohne das Vergleichswort „wie" gebraucht wird	*Sumpf der Aggressionen; es regnet Bindfäden*
Oxymoron	direkte Verbindung von zwei Wörtern, deren Bedeutung gegensätzlich ist	*dunkle Helligkeit, bittersüß*
Parallelismus	Wiederholung gleicher syntaktischer Fügungen	*Das Schiffchen fliegt, der Webstuhl kracht.*
Parenthese	Einschub eines Wortes, Satzes, einer Wortgruppe in einen Satz zur Unterbrechung des Gedankenablaufs	*Wir werden ganz sicher – aber erst muss ich nachdenken – das Rätsel lösen.*
Personifikation	einem Gegenstand werden menschliche Eigenschaften zugeordnet	*Ein Auto, das mitdenkt! Vater Staat*
Pleonasmus	überflüssige Wiederholung eines Bedeutungsmerkmals des Bezugswortes	*nasser Regen, weißer Schimmel*
Rhetorische Frage	Scheinfrage, auf die keine Antwort erwartet wird	*Glauben Sie etwa, ich hätte nichts zu tun?*
Synekdoche	statt eines Teils wird das Ganze oder statt des Ganzen ein Teil bezeichnet	*Der Arzt sah nach der Blinddarmentzündung auf Zimmer 12.*
Trias	Dreierfigur	*Sonne, Strand und gute Laune*
Vergleich	Verknüpfung zweier Bedeutungsbereiche durch Hervorhebung des Gemeinsamen	*Sie hat Geld wie Heu. Er ist stark wie ein Bär.*
Wiederholung	mehrfache Nennung eines Wortes	*Kaufen Sie dieses Buch, denn dieses Buch wird Ihnen Unterhaltung bieten, und dieses Buch ist zudem günstig wie nie zuvor.*

13.2

Die Sprache analysieren

Wolfgang Hilbig: Grünes grünes Grab (Auszug)

(…) Draußen vor dem Abteilfenster war es seit langem undurchdringlich dunkel, eine Nacht, fest wie Metall, durch die sich der Schnellzug schleppend bewegte; in manchen Augenblicken ruckartig, als müsse er Widerstände durchbrechen, und es schien, als zerteile sich die Finsternis jenseits des Fensters in Scheiben, die blechern lärmend umfielen: Hinter jedem dieser Segmente erwartete er die Öffnung des Tages, zumindest einen Dämmeranflug, und das Zurücksinken der Finsternis nach jener Richtung, die der Zug verließ. Der Zug fuhr nach Osten, und dennoch schob er sich in immer dichtere Schwärze hinein. C. fand es erstaunlich, wie lange das Licht auf sich warten ließ in diesen Morgenstunden des frühen Herbsttages; es war ein allzu deutliches Indiz dafür, dass der Sommer endgültig vergangen war.
(…) Wenn man den Blick aus diesem Himmel herabsenkte, war das Gras in dem mitlaufenden Nebengleis schwarz – (…) Schwarz … schwarz … schwarz, zählte C. die hart monoton heraufklingenden Schienenstöße, die Stirn brennend vor Ermüdung und an die rhythmisch erschütterte Glasscheibe gelehnt. Und er schlief wieder ein, im Schlaf, den er mehr als einen Schlaf träumte, die Schienenschläge zählend, die sich bis hinter seine Stirn fortsetzten: Schwarzes Gras … schwarzes schwarzes Gras … schwarzes schwarzes schwarzes Gras … drinnen saß ein Has … drinnen saß ein toter Has und fraß das Gras … schwarzer Has … fraß das schwarze schwarze Gras … schwarzes Gras …

5 *Beschreiben Sie auffallende sprachliche Besonderheiten des Textausschnittes. Benennen Sie rhetorische Figuren. Wie wirkt der Text auf Sie? Welche Stimmung vermittelt er?*

Zwischenfazit

Merkmale des Erzählens unterscheiden

- Erzählperspektive: auktorial, personal, Ich-Erzähler
- Verhältnis des Erzählers zum Erzählstoff: z. B. sachlich-objektiv oder distanziert
- Darbietungsformen des Erzählens: z. B.: Erzählbericht, erlebte Rede, innerer Monolog, szenisches Erzählen

Sprache analysieren

Auffälligkeiten und ihre Wirkung, z. B.:
- Metapher
- Vergleich
- Ironie
- Hyperbel
- Ellipse

Die Zeitgestaltung erkennen

Der Erzähler hat die Möglichkeit, auch den zeitlichen Ablauf des Geschehens zu gestalten.

Thomas Mann: Buddenbrooks (Auszug)

Krieg und Kriegsgeschrei, Einquartierung und Geschäftigkeit! Preußische Offiziere bewegen sich in der parkettierten Zimmerflucht der Beletage von Senator Buddenbrooks neuem Hause, küssen der Hausdame die Hände und werden von Christian, der von Oeynhausen zurückgekehrt ist, in den Klub eingeführt, während im Mengstraßenhause Mamsell Severin, Riekchen Severin, der Konsulin neue Jungfer, zusammen mit den Mädchen eine Menge Matratzen in das „Portal", das alte Gartenhaus, schleppt, das voll von Soldaten ist.
Gewimmel, Verstörung und Spannung überall! Die Mannschaften ziehen zum Tore hinaus, neue rücken ein, überfluten die Stadt, essen, schlafen, erfüllen die Ohren der Bürger mit Trommelwirbeln, Trompetensignalen und Kommandorufen und marschieren wieder ab. Königliche Prinzen werden begrüßt; Durchmarsch folgt auf Durchmarsch. Dann Stille und Erwartung.
Im Spätherbst und Winter kehren die Truppen siegreich zurück, werden wiederum einquartiert und ziehen unter den Hochrufen der aufatmenden Bürger nach Hause. – Friede. Der kurze, ereignisschwangere Friede von 65.

1 *Untersuchen Sie mithilfe des Basiswissens den Textauszug hinsichtlich der Zeitgestaltung.*
a) Welche Erzählperspektive wird verwendet?
b) Wie wird das Geschehen übermittelt, sodass eine Zeitraffung entsteht?
c) Welche Erzähltechniken könnten eingesetzt werden, damit eine Zeitdeckung erzielt wird (➪ Basiswissen S. 224)?
d) Welche Erzähltechniken könnten eingesetzt werden, damit eine Zeitdehnung entsteht?

2 *Untersuchen Sie mithilfe des Basiswissens die Zeitgestaltung in dem Textauszug „Schlafes Bruder" von Robert Schneider (➪ S. 223).*

Basiswissen — Zeitgestaltung

Die **Zeitgestaltung** spielt in zweifacher Hinsicht eine Rolle: Das Dargestellte erstreckt sich auf den Zeitraum, der durch den Anfang und das Ende der Geschichte markiert ist **(erzählte Zeit)**, und die Zeitdauer, in der die Geschichte gelesen bzw. erzählt wird **(Erzählzeit)**. Es kann zu **Vorausdeutungen** in die Zukunft kommen, zu einer **Rückblende**, zur **Zeitraffung** (ein lange währender Vorgang wird zusammengefasst) oder zur **Zeitdehnung** (verzögernde Momente werden eingesetzt). Eine **Zeitdeckung** liegt vor, wenn erzählte Zeit und Erzählzeit identisch sind.

Zeitgestaltung → erzählte Zeit | Erzählzeit

Behandlung der Zeit im epischen Text → Vorausdeutung | Rückblende | Zeitraffung | Zeitdehnung | Zeitdeckung

Den Text beurteilen

Im Schlussteil einer Textinterpretation ist es Ihnen erlaubt, zu einem literarischen Text, also zu seinem Inhalt und seiner sprachlichen Gestaltung, wertend Stellung zu nehmen.

Das folgende Muster ist ein Beispiel für eine Schlussformulierung zu Gabriele Wohmanns Kurzgeschichte „Flitterwochen, dritter Tag“.

Muster

G. Wohmann gelingt es in ihrer Kurzgeschichte, einen äußerst kritischen Blick auf die Institution Ehe zu werfen und sie als Zweckgemeinschaft jenseits von Liebe und Romantik darzustellen. Das spricht den Leser an, reizt aber auch zu Widerspruch, denn die von ihr geschaffenen Protagonisten sind so voller Defizite, dass man ihnen eigentlich jede Reife, eine dauerhafte Beziehung einzugehen, absprechen muss.
Ein Gegengewicht zu der ernsten Thematik erfährt die Kurzgeschichte durch die sprachliche Gestaltung. Die Autorin schafft es, ein wahres Feuerwerk an Metaphern und Vergleichen abzubrennen, um dem kleinen körperlichen Manko einer Warze eine Dimension zu verleihen, die ins Groteske tendiert. Dies kann im Leser ein Lächeln, aber auch das Gefühl des Ekels hervorrufen. Gelungen ist die Kurzgeschichte im einen wie im anderen Fall.

Beurteilung der literarischen Bewältigung des Themas

Beurteilung der Figuren

Beurteilung der Sprache

mögliche Reaktionen der Leser

Schlussbeurteilung

1 ***Beurteilen Sie den Mustertext. An welchen Stellen wird deutlich, dass es sich um eine subjektive Einschätzung der Kurzgeschichte handelt?***

Basiswissen – Beurteilung eines literarischen Textes

Der Schlussteil eines Interpretationsaufsatzes ist gleichzeitig der subjektivste Teil Ihrer Textinterpretation.
Hier können Sie
- zur Aktualität des Erzählstoffes (Transfer),
- zur Qualität seiner erzähltechnischen sowie sprachlichen Gestaltung Stellung nehmen.

Auch die Beschreibung Ihrer persönlichen Leseerfahrung kann hier Eingang finden. Die Beurteilung der Qualität des Textes sowie Ihr subjektiver Bezug dazu gelingen umso überzeugender, je nachvollziehbarer Ihre Begründungen sind.

In der folgenden Schlussbeurteilung sind die Textteile durcheinandergeraten.

A *Sicher provoziert Wohmann ganz bewusst die Abwehrhaltung der Leser – und dies ist ihr auch hier gelungen. „Flitterwochen, dritter Tag“ ist meines Erachtens nicht mehr als ein zynischer, verbitterter Blick auf die Ehe; das sagt weit mehr über die Autorin als über die Ehe an sich aus.*

B *Gerade an der Ich-Erzählerin lässt sich ein weiteres Defizit der Kurzgeschichte feststellen: Wer so umfassend unsensibel ist und emotional so verkümmert ist, wird sich kaum einer solchen Sprache bedienen, wie sie Wohmann in der erlebten Rede und im inneren Monolog präsentiert.*

C *Die Art und Weise, wie sie den gemeinsamen Tag der Ich-Erzählerin mit ihrem Ehemann schildert, frustriert und demoralisiert den Leser.*

D *Immer wieder drängt sich die Frage auf, weshalb die beiden Protagonisten überhaupt geheiratet haben.*

Den Text beurteilen

E *Das ist auch die zentrale Schwäche in der Anlage der Figuren: Sie sind so holzschnittartig entworfen, dass ihnen jede Glaubwürdigkeit fehlt.*

F *Man kann und muss Gabriele Wohmann vorwerfen, dass ihre Einstellung zu Liebe, Romantik und Zweierbeziehung doch sehr eingeschränkt und desillusioniert wirkt. Dies wird einmal mehr an der Kurzgeschichte „Flitterwochen" deutlich.*

2 ***Ordnen Sie die Textteile entsprechend der Gliederung des Musters (➪ S. 232 oben, rechte Spalte).***

3 ***Vergleichen Sie die Schlussformulierungen (das Muster sowie die in Aufgabe 2 geordneten Textteile) und beurteilen Sie beide. Begründen Sie, warum Ihnen die erste oder die zweite Schlussformulierung mehr zusagt.***

Tipp: Formulieren Sie Ihre Beurteilung durchaus kritisch, aber angemessen, d. h., begegnen Sie der kreativen Leistung einer Autorin oder eines Autors mit Respekt. Unterscheiden Sie zwischen einer Qualitätsbeurteilung, die an Kriterien gebunden ist und durchaus allgemeingültige Aussagekraft besitzen kann, und einer Meinungsäußerung, in der Sie Ihren subjektiven Geschmack zum Ausdruck bringen.

4 ***Schreiben Sie die zweite Schlussformulierung so, dass Sie die Kritik an Wohmanns Text in abgeschwächter (angemessener) Form präsentieren.***

Beispiel: Schlussformulierung siehe Aufgabe 2: *Man kann und muss Gabriele Wohmann vorwerfen, dass ihre Einstellung zu Liebe, Romantik und Zweierbeziehung doch sehr eingeschränkt und desillusioniert wirkt.*

Abgeschwächte Form: *Als Leser muss man sich fragen, ob Wohmanns Einstellung zu Liebe, Romantik und Zweierbeziehung nicht zu eingeschränkt und desillusioniert ist.*

5 ***Schreiben Sie eine Schlussformulierung zu Martin Suters Satire „Männer unter Stress: Perrig" (➪ S. 218). Berücksichtigen Sie hierfür auch das Basiswissen auf S. 232.***

Fazit

13.1 Aufgabe und Funktion fiktionaler Texte
- fiktionale versus pragmatische Texte

13.2 Den Text analysieren
- den Aufbau beschreiben
- Figuren charakterisieren
- die Bedeutung erschließen
- Merkmale des Erzählens unterscheiden
- die Sprache analysieren
- den Text beurteilen

13.3

Eine Textinterpretation zu einem Roman schreiben

Eine Textstelle einordnen

Das Interpretieren einer literarischen Ganzschrift erfordert eine umfassende Auseinandersetzung mit Inhalt und Form eines Textes. Am Beispiel von Peter Stamms Roman „Agnes" erarbeiten Sie das schrittweise Vorgehen beim Schreiben der Textinterpretation. In einem ersten Aufgabenteil ordnen Sie einen Textauszug in den Gesamtzusammenhang des Romans ein. Dazu ist es notwendig, sich die Handlung des ganzen Romans zu vergegenwärtigen.

Inhaltliche Zusammenfassung des Romans „Agnes" von Peter Stamm

Peter Stamm, 2013

Der Ich-Erzähler, ein Schriftsteller aus der Schweiz, lebt für eine befristete Zeit in Chicago, wo er als Vorbereitung für ein neues Buch über Luxuszüge in den USA recherchiert. In der Bibliothek lernt er die wesentlich jüngere Agnes kennen, die an ihrer Doktorarbeit in Physik schreibt, und verliebt sich in sie. Nach mehreren Wochen der Freundschaft bittet Agnes den Ich-Erzähler, ein literarisches Porträt von ihr in Form eines kurzen Romans zu schreiben. Die Arbeit an dieser Geschichte beansprucht den Ich-Erzähler so, dass er selbst die Recherchen für sein geplantes Buch vernachlässigt. Erleichtert wird das Schreiben durch die Tatsache, dass Agnes bei ihm eingezogen ist. Eine erste wirkliche Verstimmung zwischen den beiden Liebenden gibt es, als Agnes mit ihm zu einer Halloween-Party möchte, was er jedoch ablehnt. Stattdessen folgt er einer geschäftlichen Einladung und lernt die attraktive und selbstbewusste Louise kennen, die sich schnell für ihn interessiert. Diese Begegnung bleibt zunächst ohne Folgen, da sich der Ich-Erzähler früh verabschiedet und doch noch auf der Party nach Agnes sucht, sie aber nicht findet. Eine schwere Belastungsprobe erfährt die Beziehung, als Agnes von ihrer Schwangerschaft berichtet und der Ich-Erzähler zu einer Abtreibung rät. Völlig enttäuscht packt Agnes ihre Sachen und verlässt ihren Freund, der zunächst auch nichts tut, um diese zurückzugewinnen. Erst als ihm eine Bekannte von Agnes berichtet, dass diese erkrankt sei und es ihr schlecht gehe, überwindet sich der Ich-Erzähler zu einem Besuch. Er erfährt, dass Agnes ihr gemeinsames Kind verloren hat. Obwohl beide wieder zusammenziehen und sich versöhnen, erholt sich Agnes nicht mehr vollständig. Der vom Ich-Erzähler geschriebene Roman, der sich immer weiter entfaltet, bekommt mehr und mehr Bedeutung für Agnes; Realität und Fiktion scheinen zu verschwimmen, als sie zum Beispiel für das Kind, das nur in der Romanwirklichkeit existiert, Kleidung und Spielsachen kauft. Der Ich-Erzähler will die Arbeit an der fiktionalen Geschichte zu Ende bringen und arbeitet sehr intensiv an der Schlusspassage. Er schreibt zwei Varianten: In der einen stirbt Agnes, in der anderen gibt es ein glückliches Ende in Ehe und Familie. An Silvester geht der Ich-Erzähler alleine zu einer Party, trifft dort Louise und betrügt Agnes mit ihr. Als er nach Hause kommt, stellt er fest, dass Agnes den Schluss der Geschichte, der mit ihrem Tod endet, am PC gelesen hat. Wie er es dort beschrieben hat, fehlt der Mantel von Agnes und sie ist verschwunden.

1 *Benennen Sie auf der Grundlage Ihrer Lektüre des Romans und mithilfe der inhaltlichen Zusammenfassung Thema, Ort und Zeit der Handlung sowie die zentralen Figuren.*

2 *Formulieren Sie in Vorbereitung auf die schriftliche Interpretation Ihren ersten Leseeindruck.*

3 *Nennen Sie – wenn bekannt – literarische Texte, in denen das Verknüpfen von „realer Welt" der Figuren und einer fiktionalen Geschichte (sozusagen in der Geschichte) thematisiert wird bzw. eine wichtige Rolle spielt.*

Eine Textstelle einordnen

Die Prüfungsaufgabe zur Interpretation einer epischen Ganzschrift könnte so formuliert sein.

Musteraufgabe

Ordnen Sie die Textstelle in den Gesamtzusammenhang des Romans ein.

Interpretieren Sie den Textauszug unter besonderer Berücksichtigung der sprachlichen und erzähltechnischen Gestaltung.

Peter Stamm: Agnes

(…) Dann sagte Agnes: „Ich bin schwanger … Ich kriege ein Kind", sagte sie. „Freust du dich?"

Ich stand auf und ging in die Küche, um mir ein Bier zu holen. Als ich zurückkam, saß Agnes auf meinem Schreibtisch und spielte mit einem Kugelschreiber. Ich setzte mich neben sie, ohne sie zu berühren. Sie nahm mir die Flasche aus der Hand und trank einen Schluck.

„Schwangere Frauen sollten keinen Alkohol trinken", sagte ich und lachte verkrampft.

Sie boxte mich in die Schulter. „Und?", fragte sie. „Was sagst du?"

„Nicht gerade, was ich mir vorgestellt habe. Warum? Hast du die Pille vergessen?"

„Der Arzt sagt, es kann auch mit der Pille passieren. Ein Prozent oder so der Frauen, die die Pille nehmen …"

Ich schüttelte den Kopf und sagte nichts. Agnes begann, leise zu weinen.

„Agnes wird nicht schwanger", sagte ich. „Das war nicht … Du liebst mich nicht. Nicht wirklich."

„Warum sagst du das? Es ist nicht wahr. Ich habe nie … nie habe ich das gesagt."

„Ich kenne dich. Ich kenne dich vielleicht besser als du dich selbst."

„Das ist nicht wahr."

Als müsste ich mich selbst überzeugen, sagte ich nur: „Sie ist nicht schwanger."

Agnes rannte ins Schlafzimmer. Ich hörte, wie sie sich aufs Bett warf und laut schluchzte.

Ich folgte ihr und blieb in der Tür stehen. Sie sagte etwas, das ich nicht verstand.

„Was sagst du?"

„Es ist dein Kind."

„Ich will kein Kind. Ich kann kein Kind gebrauchen." „Was soll ich tun? Was willst du denn, dass ich tue? Ich kann es nicht ändern."

Ich setzte mich aufs Bett und legte die Hand auf ihre Schulter.

„Ich brauche kein Kind."

„Ich brauche auch kein Kind. Aber ich bekomme eins."

„Man kann das ändern", sagte ich leise.

Agnes sprang auf und schaute mich an mit einer Mischung aus Ekel und Wut. „Du willst, dass ich abtreibe?" „Ich liebe dich. Wir müssen reden." „Immer sagst du, wir müssen reden. Aber du redest nie."

„Jetzt rede ich." „Geh, geh weg. Lass mich. Du widerst mich an mit deiner Geschichte."

Ich verließ das Zimmer. Ich zog mich warm an und ging nach draußen.

4 *Lösen Sie den ersten Teil der Musteraufgabe. Orientieren Sie sich dazu auf S. 237.*

5 *Formulieren Sie eine Interpretationshypothese. Analysieren Sie den Textauszug.*

Erzähltechnische Mittel interpretieren

Muster für eine Textarbeit

Dialog	Dann sagte Agnes: „Ich bin schwanger ... Ich kriege ein Kind“, sagte sie. „Freust du dich?“	sehr distanzierte Reaktion
Erzählerbericht	Ich stand auf und ging in die Küche, um mir ein Bier zu holen. Als ich zurückkam, saß Agnes	
	auf meinem Schreibtisch und spielte mit einem Kugelschreiber. Ich setzte mich neben sie,	
	ohne sie zu berühren. Sie nahm mir die Flasche aus der Hand und trank einen Schluck.	
	„Schwangere Frauen sollten keinen Alkohol trinken“, sagte ich und lachte verkrampft.	Ablenkung
Frage	Sie boxte mich in die Schulter. „Und?“, fragte sie. „Was sagst du?“	unehrlich
Gegenfrage als Ablenkungsmanöver	„Nicht gerade, was ich mir vorgestellt habe. Warum? Hast du die Pille vergessen?“	Vorwurf
	„Der Arzt sagt, es kann auch mit der Pille passieren. Ein Prozent oder so der Frauen, die die	
	Pille nehmen ...“ Verteidigung, Rechtfertigung Ellipse	
Rede in der 3. Person	Ich schüttelte den Kopf und sagte nichts. Agnes begann, leise zu weinen.	Enttäuschung
	„Agnes wird nicht schwanger“, sagte ich. „Das war nicht ... Du liebst mich nicht. Nicht	Ellipse
	wirklich.“ → Hinweis auf Fiktion im Roman	
	„Warum sagst du das? Es ist nicht wahr. Ich habe nie ... nie habe ich das gesagt.“	Inversion
Anapher	„Ich kenne dich. Ich kenne dich vielleicht besser als du dich selbst.“	Anmaßung
	„Das ist nicht wahr.“ erneut Hinweis auf Fiktion im Roman	
Ansatz vom inneren Monolog	Als müsste ich mich selbst überzeugen, sagte ich nur: „Sie ist nicht schwanger.“	erneut 3. Person
	Agnes rannte ins Schlafzimmer. Ich hörte, wie sie sich aufs Bett warf und laut schluchzte. Ich	
	folgte ihr und blieb in der Tür stehen. Sie sagte etwas, das ich nicht verstand.	gekränkt
	„Was sagst du?“	
	„Es ist dein Kind.“ Dialog Zuspitzung der Auseinandersetzung	
Anapher	„Ich will kein Kind. Ich kann kein Kind gebrauchen.“ „Was soll ich tun? Was willst du denn,	
	dass ich tue? Ich kann es nicht ändern.“ Fragen ≙ Unsicherheit	
	Ich setzte mich aufs Bett und legte die Hand auf ihre Schulter. Beschwichtigung	
Wiederholung	„Ich brauche kein Kind.“ egozentrisch Dialog	
	„Ich brauche auch kein Kind. Aber ich bekomme eins.“	
Euphemismus	„Man kann das ändern“, sagte ich leise. Manipulationsversuch → körperl. Reaktion: Entsetzen	
	Agnes sprang auf und schaute mich an mit einer Mischung aus Ekel und Wut. „Du willst, dass	
	ich abtreibe?“ „Ich liebe dich. Wir müssen reden.“ „Immer sagst du, wir müssen reden. Aber	
	du redest nie.“	
Imperativ	„Jetzt rede ich.“ „Geh, geh weg. Lass mich. Du widerst mich an mit deiner Geschichte.“ Ich	
	verließ das Zimmer. Ich zog mich warm an und ging nach draußen.	Ekel / Flucht vor dem Konflikt

1 *Beurteilen Sie die Textarbeit des Schülers auf der Grundlage Ihrer Kenntnisse über die Interpretation fiktionaler Texte. Wofür wurden die verschiedenen Farben verwendet?*

Erzähltechnische Mittel interpretieren

2 ***Interpretieren Sie den Textauszug mithilfe der Analyseergebnisse der Schülerarbeit auf S. 236.***

a) Stellen Sie den eskalierenden Konflikt grafisch als Spannungsbogen dar.

b) Deuten Sie das Verhalten des Ich-Erzählers hinsichtlich der Beziehung zu Agnes. Welche sprachlichen Mittel erzeugen welche Wirkung?

c) Erläutern Sie, wie sich das Fehlen einer erlebten Rede oder eines inneren Monologs auf die Zuspitzung der Szene auswirkt. Weshalb könnte der Autor darauf verzichtet haben?

Arbeitstechnik – Analyse und Interpretation eines Auszugs aus einer epischen Ganzschrift

Bei der Interpretation eines Auszugs aus einer Ganzschrift (z. B. Roman) analysieren und deuten Sie nur einen Teil; dabei sollte aber immer der Gesamtzusammenhang berücksichtigt werden. Deshalb ordnen Sie in einem ersten Schritt den Auszug in den Gesamtzusammenhang ein und formulieren eine Interpretationshypothese.

Im nächsten Schritt analysieren und beschreiben Sie den Textauszug, z. B. die handelnden Figuren, den Spannungsverlauf der Szene, sprachliche und erzähltechnische Besonderheiten.

Bei der Deutung des Auszugs sollten die in der Aufgabenstellung vorgegebenen Aspekte im Mittelpunkt stehen. Anhand Ihrer Analyseergebnisse begründen Sie Ihre Interpretationshypothese oder überarbeiten diese. Aussagen zum Zusammenwirken von Inhalt, sprachlichen und erzähltechnischen Mitteln bilden den Schwerpunkt der Interpretation sowie die Grundlage für eine Wertung des Textauszugs. Beispiel:

Interpretationshypothese	*Der Ich-Erzähler erweist sich in diesem Gespräch als äußerst unsensibel.*
Sprachanalyse	*So reagiert er auf die ernst gemeinten Fragen seiner Freundin mit Gegenfragen und Ablenkungen. Die wiederholte Verwendung von Anaphern (...) unterstreicht ...*
Analyse der Erzähltechnik	*Das unsensible Verhalten wird auch daran deutlich, dass das Gespräch mehr aus Monologen statt aus Dialogen besteht, es ist ein Scheingespräch ...*

3 ***Suchen Sie zu den folgenden Interpretationshypothesen Belege aus Erzähltechnik- und Sprachanalyse. Verfassen Sie im Anschluss eine Interpretation des Romanauszugs.***

- *Man muss auch sagen, dass der Ich-Erzähler sehr ichbezogen, ja fast egozentrisch auf die doch eigentlich erfreuliche Nachricht reagiert.*
- *Agnes wird mit wachsender Enttäuschung immer aggressiver und kann es kaum fassen, wie ihr Geliebter auf sie reagiert.*
- *Er zwingt Agnes in eine Rechtfertigungshaltung, obwohl zu einer Schwangerschaft ja zwei Menschen gehören.*

Fazit

13.3 Eine Textinterpretation zu einem Roman schreiben
- Einordnung einer Textstelle in den Gesamtzusammenhang
- Interpretation: Deutung inhaltlicher Aussagen in Verbindung mit der Analyse der sprachlichen und erzähltechnischen Mittel

13.4

Von der Interpretation zur Buchbesprechung

Den Inhalt zusammenfassen

Eine Sonderform der Textinterpretation ist die Buchbesprechung, die im Schulalltag eine häufig gewählte Variante zum Referat darstellt. Sie bietet die Möglichkeit, dem Forum der Klasse eine Ganzschrift zu präsentieren. Dabei gilt es, wichtige Standards kennen zu lernen und umzusetzen.

Von Liebe und Kälte – Buchbesprechung zu Peter Stamms Roman „Agnes“

von Stephan Kockmann

Gleich zu Beginn erfährt der Leser den Ausgang der Geschichte: „Agnes ist tot. Eine Geschichte hat sie getötet.“ Wie es dazu gekommen ist und was es mit der Geschichte auf sich hat, das schildert Peter Stamm mit der Kühle und Klarheit eines eisigen Gebirgsbachs auf 150 Seiten. Erzählt wird die Beziehung zwischen Agnes, einer Cello spielenden, sensibel-verletzlichen Physik-Studentin, und dem aus der Schweiz kommenden Ich-Erzähler, der in den Staaten über Luxus-Eisenbahnwagen recherchiert. Die beiden begegnen sich in der Chicago Public Library und verbringen später eine kurze Zeit gemeinsam in der 27. Etage eines Hochhauses, in dessen Umgebung sich ein wesentlicher Teil der Geschichte abspielt.

Irgendwann bittet Agnes: „Schreib eine Geschichte über mich, damit ich weiß, was du von mir hältst.“ Und so beginnt der Ich-Erzähler ein Porträt über Agnes zu schreiben. Vom Erzählfluss mitgerissen überholt die Geschichte schließlich die Gegenwart und die erfundene Realität, wird zwanghaft-bestimmend für Agnes' Liebe und ihr Leben.

(http://blog.datenstrand.de)

1 *Untersuchen Sie, in welchen Passagen der Text von einer „klassischen“ Inhaltsangabe abweicht. Begründen Sie das Vorgehen, indem Sie auf den Zweck einer Buchvorstellung eingehen.*

2 *Arbeiten Sie heraus, zu welchen Aspekten sich der Verfasser der Buchbesprechung äußert.*

3 *Fassen Sie nach dem obigen Muster eine Ganzschrift Ihrer Wahl (Drama oder Roman) zusammen.*

Basiswissen | **Buchbesprechung**

In einer Buchbesprechung geht es nicht um eine ausführliche Inhaltsangabe, wie man sie in Literaturlexika oder Lektürehilfen findet, sondern um die wesentlichen Aspekte der Handlung. Die Kurzinformationen sollen den Lesern einen Eindruck vermitteln, worum es in dem Buch geht, was das Thema und die zentralen Motive sind. Sie sollten die Ganzschrift aber in größere Zusammenhänge einordnen. Dieser sogenannte gesellschaftliche, historische oder thematische Kontext, in welchem ein Werk zu sehen ist, schafft für die Leser Möglichkeiten der Orientierung. So ist Brechts „Leben des Galilei“ z. B. in den Kontext „Möglichkeiten und Grenzen der Wissenschaften“ zu stellen, während Stamms „Agnes“ dem Kontext des „Scheiterns von Beziehungen“ zugeordnet werden kann.

In einer Buchbesprechung entscheiden Sie, welche Figuren des Werkes Sie erwähnen und welche Sie weglassen wollen. Sie reduzieren die inhaltliche Zusammenfassung auf die zentralen Konflikte und die Beziehungen, in denen die von Ihnen ausgesuchten Figuren dargestellt werden. Sie können sich auch vom Handlungsverlauf der Textvorlage lösen: Es ist durchaus erlaubt, den Schluss des Textes bereits zu Beginn der Buchbesprechung zu offenbaren.

Kriterien der Beurteilung

Da die Buchbesprechung einen sehr viel stärkeren Adressatenbezug als die Textinterpretation hat – sie richtet sich an eine mehr oder weniger breite Öffentlichkeit, z. B. Ihre Mitschüler bei der Vorstellung eines Romans –, ist es von Bedeutung, sich die Kriterien für die eigene Beurteilung vor Augen zu führen.

Von Liebe und Kälte (...) – Fortsetzung

Dieser kleine Roman ist flüssig und kühl erzählt, voller Frische und Schärfe in den Beobachtungen des Alltags und der Beziehungen. Und obschon es die Geschichte einer Liebe ist, kommt sie in ihrer Schilderung ohne große Emotion aus und scheint in ihrer Distanziertheit zum Geschehen manchmal eher die kalte und erschreckende Atmosphäre eines Autopsiesaals auszustrahlen. Gerade aus diesem Kontrast ergibt sich die Faszination der Geschichte: lesenswert!

(http://blog.datenstrand.de)

1 ***Untersuchen Sie die Beurteilung des Romans durch den Verfasser der Buchbesprechung.***

a) Schreiben Sie die bewertenden Wörter heraus.

b) Ordnen Sie die Wörter nach negativen und positiven Konnotationen (➪Kapitel 18, S. 354).

c) Erläutern Sie die Formulierung am Schluss des Textes: „Gerade aus diesem Kontrast ...“

Sprache und Stil

Ihre Kritik an einem Werk sollten Sie behutsam formulieren. Dies gilt sowohl für positive als auch für negative Beurteilungen. Deshalb ist es wichtig, sprachlich und stilistisch treffend, aber auch angemessen zu formulieren. Denken Sie bei allen Buchbesprechungen daran, dass es nicht um Sie geht, sondern um den vorzustellenden literarischen Text.

2 ***Formulieren Sie die folgenden Sätze so um, dass sie den stilistischen Anforderungen einer Buchbesprechung gerecht werden. Begründen Sie Ihre Korrekturen.***

- *Der Roman ist der genialste, den ich gelesen habe, und gehört zu den ganz wenigen Werken der Gegenwartsliteratur, denen ich das Prädikat „besonders wertvoll“ erteile.*
- *Wenn Sie nach Literatur suchen, die Ihnen die Einnahme von Schlaftabletten erspart, dann kann ich Ihnen diesen Roman nur wärmstens empfehlen.*
- *Seit Goethe und Schiller endlich wieder mal ein Dramatiker, der uns mit seiner Leidenschaft und seinem Mut in den völligen Bann zu ziehen vermag.*

Auch wenn Beurteilungen ihrem Wesen nach subjektiv sind, gibt es doch Möglichkeiten, sich an einigen Kriterien zu orientieren und diese in der Beurteilung transparent zu machen. Sie zeigen damit, dass Sie bemüht sind, Ihre Beurteilung zu begründen.

3 ***Recherchieren Sie Buchbesprechungen zu Peter Stamms Roman Agnes. Untersuchen Sie anhand von drei Besprechungen, welche Kriterien die Verfasser heranziehen und wie sie ihre Urteile begründen.***

Kriterien der Beurteilung

4 *Notieren Sie sich Formulierungen, die Sie für besonders gelungen halten, bzw. solche, die Sie nicht verstehen. Tauschen Sie sich darüber in der Klasse aus.*

Basiswissen – Kriterien zur Beurteilung literarischer Texte

Die Aktualität des Themas

Es gibt in der Literatur Themen, die zeitlos sind und sich über Jahrhunderte hinweg in den Werken wiederfinden lassen. Dazu gehören Themen wie Liebe, Eifersucht und Hass, Jugend, Generationskonflikte, Vereinsamung und Isolation oder auch Gewalt in den unterschiedlichsten Erscheinungsformen. Diese zeitlosen Themen können interessant, modern und überraschend gestaltet sein oder eben bieder, konventionell und für den Leser vorhersehbar. Andere Themen, wie z. B. „Leben in der DDR", können an Interesse verlieren, sobald sie in historische Ferne rücken, und sie büßen deshalb ihre Aktualität ein. Entscheidend dafür ist die Art der Gestaltung, also ob und wie es gelingt, Themen aus historischer und/oder geografischer Nähe oder Ferne für die Leser persönlich bedeutsam werden zu lassen.

Sprache und Stil des Erzählers

Da es sich bei literarischen Texten um Sprachkunstwerke handeln sollte, sind Sprache und Stil ein wichtiges Kriterium der Beurteilung. So haben beispielsweise die Kritiker von Stamms Roman immer wieder die stilistische Gestaltung gelobt, die sich dadurch auszeichnet, dass in einer sehr zurückhaltenden, schonungslos nüchternen Sprache der Zerfall der Liebesbeziehung zwischen dem Ich-Erzähler und Agnes präsentiert wird. Gerade der Bericht schaffe ein Gegengewicht zu der eigentlich tragischen Liebesgeschichte und verhindere, dass der Erzählstoff ins Kitschige abgleitet. Der Stil und die Sprache einer Erzählerin oder eines Erzählers können aber auch schwülstig, übertrieben intellektuell oder einfach bzw. banal sein.

Die Gestaltung des Stoffes

Sowohl für das Drama wie auch die epischen Großformen gilt, dass die Art und Weise, wie eine Autorin oder ein Autor ihren/seinen Stoff präsentiert, kritisch beurteilt werden kann. Dabei geht es nicht um den Umfang, sondern um die Frage, ob es gelungen ist, den Stoff zu „verdichten", ob die Bearbeitung frei von Redundanzen, also unnötigen Wiederholungen, ist und ob der Erzählstoff übersichtlich oder verwirrend strukturiert ist, unnachvollziehbar verkürzt oder ausufernd breit angelegt wurde. Aber auch hier ist Vorsicht geboten, denn epische Breite kann durchaus ein wertvolles Kunstprinzip sein.

5 *Stellen Sie in Ihrer Gruppe eine Ganzschrift der Epik oder Dramatik vor. Orientieren Sie sich am Basiswissen auf S. 238. Beurteilen Sie anschließend den Text und erläutern Sie dabei Ihre Kriterien.*

Fazit

13.4 Von der Interpretation zur Buchbesprechung

- Bewertung/Buchbesprechung: Kurzinformation zu Thema, Handlung, Figuren
- Beurteilungskriterien: Gestaltung des Erzählstoffes, Aktualität, Sprache und Stil

14 Die Besonderheiten lyrischer Texte untersuchen

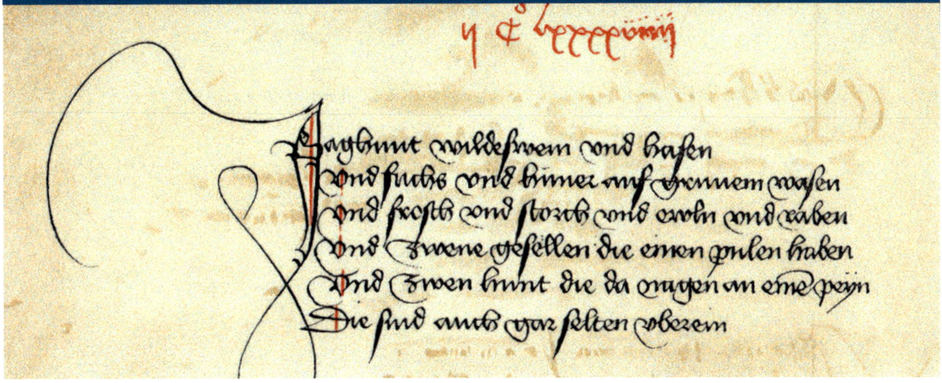

Gedichte sind besondere Texte – Sie sind besonders verdichtet, faszinierend und rätselhaft, manche erscheinen zunächst auch unzugänglich. Gedichte laden dazu ein, entschlüsselt zu werden, sie fordern die Leser auf, ihre ganz eigene Formsprache zu enträtseln. In diesem Kapitel erarbeiten Sie an unterschiedlichen Gedichten systematisch Möglichkeiten, wie man solche Texte für sich erschließen kann.

Inhalt	Arbeitsschritte	Arbeitstechniken und Methoden	Kompetenzen
Gedichte in ihrer Besonderheit erkennen	formale Möglichkeiten lyrischer Texte		Inhalt, Aufbau, gattungsspezifische Strukturmerkmale und sprachliche Gestaltung lyrischer Texte analysieren
lyrische Texte analysieren	Thema und erster Leseeindruck	Interpretationshypothese formulieren	
	Zusammenspiel formaler und inhaltlicher Kriterien	Formanalyse eines Gedichts Sprachanalyse und kritische Würdigung	
	Reimschema, Metrum, weibliche/männliche Kadenzen	Gedichtinterpretation mit Karteikarten	

14.1 Die Besonderheiten lyrischer Texte

Die folgenden Texte entstammen dem „Sturm und Drang“, einer Epoche, die von überschwänglichen Gefühlen, tiefer Verbundenheit zur Natur und dem Streben nach Verwirklichung des eigenen Ichs geprägt war.

Johann Wolfgang Goethe: Maifest

Wie herrlich leuchtet
Mir die Natur!
Wie glänzt die Sonne!
Wie lacht die Flur!

Es dringen Blüten
Aus jedem Zweig
Und tausend Stimmen
Aus dem Gesträuch

Und Freud und Wonne
Aus jeder Brust.
O Erd', o Sonne,
O Glück, o Lust,

O Lieb', o Liebe,
So golden schön
Wie Morgenwolken
Auf jenen Höhn,

Du segnest herrlich
Das frische Feld,
Im Blütendampfe
Die volle Welt!

O Mädchen, Mädchen,
Wie lieb' ich dich!
Wie blinkt dein Auge,
Wie liebst du mich!

So liebt die Lerche
Gesang und Luft,
Und Morgenblumen
Den Himmelsduft,

Wie ich dich liebe
Mit warmen Blut,
Die du mir Jugend
Und Freud' und Mut!

Zu neuen Liedern
Und Tänzen gibst.
Sei ewig glücklich,
Wie du mich liebst.

Johann Wolfgang Goethe: Die Leiden des jungen Werthers (Auszug)

Am 10. Mai

Eine wunderbare Heiterkeit hat meine ganze Seele eingenommen, gleich den süßen Frühlingsmorgen, die ich mit ganzem Herzen genieße. Ich bin allein und freue mich meines Lebens in dieser Gegend, die für solche Seelen geschaffen ist wie die meine. Ich bin so glücklich, mein Bester, so ganz in dem Gefühle von ruhigem Dasein versunken, dass meine Kunst darunter leidet. [...] Wenn das liebe Tal um mich dampft und die hohe Sonne an der Oberfläche der undurchdringlichen Finsternis meines Waldes ruht und nur einzelne Strahlen sich in das innere Heiligtum stehlen, ich dann im hohen Grase am fallenden Bache liege und näher an der Erde tausend mannigfaltige Gräschen mir merkwürdig werden; wenn ich das Wimmeln der kleinen Welt zwischen Halmen, die unzähligen, unergründlichen Gestalten der Würmchen, der Mückchen näher an meinem Herzen fühle und fühle die Gegenwart des Allmächtigen, der uns nach seinem Bilde schuf, das Wehen des Allliebenden, der uns in ewiger Wonne schwebend trägt und erhält; mein Freund, wenn's dann um meine Augen dämmert und die Welt um mich her und der Himmel ganz in meiner Seele ruhn wie die Gestalt einer Geliebten, dann sehne ich mich oft und denke: Ach, könntest du das wieder ausdrücken, könntest du dem Papiere das einhauchen, was so voll, so warm in dir lebt, dass es würde der Spiegel deiner Seele, wie deine Seele ist der Spiegel des unendlichen Gottes!

1 *Vergleichen Sie die beiden Texte hinsichtlich des übermittelten Lebensgefühls (**→ Kapitel 16.4**).*

2 *Vergleichen Sie die formalen Möglichkeiten des lyrischen Textes mit denen des epischen Textes, diesem Lebensgefühl Ausdruck zu verleihen.*

Basiswissen | Lyrik

Analog zum Erzähler in epischen Texten wird in der Lyrik das **lyrische Ich** eingesetzt. Sehr häufig übermittelt das lyrische Ich innere Vorgänge und Zustände. Dabei wird mit bildlichen Ausdrücken in formell gebundener Sprache gearbeitet: Der Dichter verwendet häufig eine nicht alltägliche Anordnung von Wörtern und Sätzen. Die lyrische Form ist meist kurz, eine Gliederung erfolgt in Versen und Strophen.

Bis ins 20. Jahrhundert galt das Vorhandensein eines **Reimschemas** und eines **Metrums** als verbindlich für lyrische Texte. Seit dem 20. Jahrhundert wurde diese Vorgabe immer mehr gelockert. So wird in der modernen Lyrik auch mit freien Versen und freien Rhythmen gearbeitet.

Als **Reimschema** ist häufig zu finden:

Wechselreim bzw. Kreuzreim: *abab*
Als sie einander acht Jahre kannten
(Und man darf sagen, sie kannten sich gut),
Kam ihre Liebe plötzlich abhanden,
Wie anderen Leuten ein Stock oder Hut.
(Erich Kästner)

Paarreim: *aabb*
Mitternacht schlägt eine Uhr im Tal,
Mond am Himmel wandert kalt und kahl.
Unterwegs im Schnee und Mondenschein
Geh mit meinem Schatten ich allein.
(Hermann Hesse)

Verschränkter bzw. umarmender Reim: *abba*
Dem Bürger fliegt vom spitzen Kopf der Hut,
In allen Lüften hallt es wie Geschrei,
Dachdecker stürzen ab und gehen entzwei
Und an den Küsten – liest man – steigt die Flut.
(Jakob van Hoddis)

Das **Metrum** – der Takt – regelt die Abfolge von betonten und unbetonten Silben. Ein **Versfuß** besteht aus einer betonten Silbe (Hebung x́) und einer oder mehreren unbetonten Silben (Senkung x).

Jambus (unbetont, betont: xx́)
Der Mond ist aufgegangen … (xx́xx́xx́)

Anapäst (unbetont, unbetont, betont: xxx́)
Und es wallet und siedet und brauset … (xxx́xxx́xxx́xxx́)

Trochäus (betont, unbetont: x́x)
Wie viel Wege ging ich frühlingsgrün … (x́xx́xx́xx́)

Daktylus (betont, unbetont, unbetont: x́xx)
Springende Reiter und flatternde Blüten … (x́xxx́xxx́xxx́x)

Beim männlichen Reim spricht man von einer **männlichen Kadenz (= Versschluss)**, d. h., der Vers endet betont, beim weiblichen Reim von einer **weiblichen Kadenz**, d. h., der Vers endet unbetont:

weibliche Kadenz (x́x)
Wie ich dich líebe

männliche Kadenz (xx́)
Mit warmem Blút

14.2 Lyrische Texte analysieren

Thema und erster Leseeindruck

Die Interpretation von Gedichten unterscheidet sich nur unwesentlich von der Interpretation anderer literarischer Texte. Zunächst beschreiben Sie, wie ein Gedicht nach dem ersten Lesen auf Sie wirkt, welche Grundstimmung es vermittelt und um welches Thema es geht. Neben der Sprachanalyse spielt allerdings die Untersuchung der formalen Gestaltungsmittel eine wichtige Rolle.

Ulla Hahn: Bildlich gesprochen

Wär ich ein Baum ich wüchse
dir in die hohle Hand
und wärst du das Meer ich baute
dir weiße Burgen aus Sand.

Wärst du eine Blume ich grübe
dich mit allen Wurzeln aus
wär ich ein Feuer ich legte
in sanfte Asche dein Haus.

Wär ich eine Nixe ich saugte
dich auf den Grund hinab
und wärst du ein Stern ich knallte
dich vom Himmel ab.

Andreas Gryphius: An Eugenien

Ich finde mich allein und leb in Einsamkeit,
Ob ich schon nicht versteckt in ungeheure Wüsten,
In welchen Tigertier und wilde Vögel nisten.
Ich finde mich allein, vertieft in herbes Leid;
Auch mitten unter Volk, das ob der neuen Zeit
Des Friedens sich ergetzt in jauchzenvollen Lüsten,
Find ich mich doch allein. Wir, die einander küssten
In unverfälschter Gunst, sind leider nur zu weit.
Ich finde mich allein und einsam und betrübet,
Weil sie so fern von mir, mein Alles und mein Ich,
Ohn die mir auf dem Kreis der Erden nichts beliebet.
Doch tritt ihr wertes Bild mir stündlich vor Gesichte.
Sollt ich denn einsam sein? Ihr Bild begleitet mich.
Was kann sie, wenn ihr Bild mein Trauern macht zunichte!

Adelbert von Chamisso: Seit ich ihn gesehen

Seit ich ihn gesehen,
Glaub ich blind zu sein;
Wo ich hin nur blicke,
Seh ich ihn allein;
Wie im wachen Traume
Schwebt sein Bild mir vor,
Taucht aus tiefstem Dunkel
Heller nur empor.

Sonst ist licht- und farblos
Alles um mich her,
Nach der Schwestern Spiele
Nicht begehr ich mehr,
Möchte lieber weinen
Still im Kämmerlein;
Seit ich ihn gesehen,
Glaub ich blind zu sein.

1 *Notieren Sie Ihren ersten Leseeindruck. Wie wirkt jedes der Gedichte auf Sie? Welche Grundstimmung wird vermittelt?*

Thema und erster Leseeindruck

2 *Stellen Sie Interpretationshypothesen zu einem der Gedichte auf S. 244 auf, indem Sie ein Assoziogramm anfertigen (➪ S. 403).*

Muster 1

Bildlich gesprochen

bildliche Vergleiche

Klimax: - liebevolle Zuneigung
- Besitz ergreifen
- Gewalt anwenden

lyrisches Ich spricht mit lyrischem Du

Muster 2

An Eugenien

geliebte Frau ist weit weg

Ende des Gedichts ist optimistisch

lyrisches Ich fühlt sich einsam, allein, betrübt

3 *Formulieren Sie eine Interpretationshypothese aus. So können Sie Ihren Satz beginnen:*

- Das Gedicht erweckt den Eindruck ...
- Die Überschrift des Gedichts lässt vermuten ...
- Thematisch behandelt das Gedicht die Frage ...

Basiswissen **Interpretationshypothese**

Da in lyrischen Texten Sprache sehr verdichtet übermittelt wird, ist die Vorstellungskraft des Lesers in besonderem Maße gefordert. Er tritt mit dem Text in einen Kommunikationsprozess ein. Auf dieser Basis erstellt der Leser zunächst eine Interpretationshypothese, einen ersten Deutungsansatz. Diese Interpretationshypothese wird dann durch die Analyse des Zusammenspiels von Inhalt und Form näher beleuchtet.

Fazit

Die Besonderheiten lyrischer Texte

- Vergleich eines lyrischen Textes mit einem epischen
- formale Möglichkeiten lyrischer Texte (Reimschema, Metrum, weibliche/männliche Kadenzen)

Die Form und die Sprache analysieren

Muster

Das von Ulla Hahn verfasste Gedicht „Bildlich gesprochen“ stellt die Beziehung eines lyrischen Ich zu einer geliebten Person in den Mittelpunkt. In ganz unterschiedlichen Bildern aus den Bereichen der Natur, der Elemente und der Fabelwesen wird diese Beziehung beschrieben; dabei wird der Grundton jedoch im Verlauf immer aggressiver und gipfelt in den letzten beiden Versen im Bild vom „Stern“, der mit Gewalt vom Himmel geholt wird.

Das Gedicht ist in drei Strophen mit je vier Verszeilen gegliedert; die zweite und vierte Verszeile jeder Strophe reimen sich. Die metrische Gestaltung, in der Jamben und Trochäen dominieren, ist uneinheitlich und wirkt deshalb eher unruhig. Formal auffallend ist außerdem, dass die Strophen fast analog aufgebaut sind: Der Irrealis (1) „Wär ich/Wärst du“ leitet jeweils die erste und dritte Verszeile jeder Strophe ein. Die formale Strenge des Gedichts wird zudem durch den regelmäßigen Wechsel von weiblichen und männlichen Kadenzen unterstrichen und bildet vielleicht ganz bewusst die spannungsreiche Beziehung zwischen dem lyrischen Ich und seinem Partner bzw. seiner Partnerin ab.

(1 = Konjunktiv II)

1 ***Überprüfen Sie anhand der Arbeitstechnik „Formanalyse“, welche Aspekte in dem Mustertext berücksichtigt werden und auf welche weiteren Besonderheiten eines lyrischen Textes eingegangen wurde.***

2 ***Erläutern Sie, an welchen Stellen im Muster über die Textbeschreibung hinaus schon Deutungen formuliert werden.***

Arbeitstechnik – Formanalyse eines Gedichts

Die Formanalyse eines Gedichtes sollte die Anzahl der Strophen und Verse benennen, das Gedicht nach Reimschemata (Paarreim, Kreuzreim oder umarmender Reim) untersuchen und das Metrum (Jambus, Trochäus, Anapäst oder Daktylus) ermitteln. Auch die Kadenzen, also die letzten Silben jeder Verszeile, sollten Erwähnung finden. Natürlich gibt es auch Gedichte, die auf formale Gestaltungsmittel teilweise oder ganz verzichten. In diesem Fall reduziert sich die Formanalyse auf die vorhandenen Auffälligkeiten (➪ S. 243).

Von großer Bedeutung für eine Gedichtinterpretation ist die Sprachanalyse, da in der Lyrik dem sprachlichen Ausdruck – in Form von Sprachbildern und rhetorischen Figuren – eine besonders hohe Aufmerksamkeit zukommt (➪ Kapitel 13, S. 228–229).

3 ***Führen Sie eine Sprachanalyse zum Gedicht Ihrer Wahl durch und deuten Sie die Ergebnisse.***

a) Untersuchen Sie den Text im Hinblick auf Sprachbilder (Metaphern, Vergleiche) und suchen Sie nach weiteren rhetorischen Stilfiguren. Achten Sie dabei z. B. auf Wortwiederholungen, auf Steigerungen in Wortbedeutungen, auf die gewählten Sprachebenen.

b) Interpretieren Sie die Ergebnisse der Sprachanalyse im Zusammenhang mit der Formanalyse.

Die Form und die Sprache analysieren

Die Interpretation des Gedichts „Bildlich gesprochen“ (S. 246) wurde so fortgesetzt.

Muster

Bereits der Titel „Bildlich gesprochen“ verweist auf das zentrale Thema des Gedichts – es geht darum, die Bedeutung einer Beziehung in sprachliche Bilder zu fassen, sie also durch Metaphern näher zu beschreiben. Das lyrische Ich spricht in der ersten Strophe noch in eher konventionellen Bildern, wenn es von „Baum“ und „Meer“ spricht. Die scheinbare Harmonie zwischen den Liebenden wird schon in der zweiten Strophe fragwürdig, weil das Ausgraben der Blume mit allen Wurzeln bereits auf eine zu große Inbesitznahme des Partners hindeutet. Auch im Bild vom Feuer, das das Haus in Asche legt, kommt diese zerstörerische Dimension der Liebe noch einmal zum Ausdruck. In der dritten Strophe werden die Erwartungen des Lesers dann gänzlich durchkreuzt, wenn vom Abgrund, in den der Geliebte gezogen wird, gesprochen wird. Der umgangssprachliche Ausdruck „ich knallte dich vom Himmel ab“ (V. 11 f.) verschärft noch einmal den Grundton der Aggressivität und vermittelt den Willen des lyrischen Ich, den Geliebten nicht zu idealisieren, sondern ihn zu „erden“.

Ulla Hahn bricht mit ihrem Gedicht „Bildlich gesprochen“ mit einer Tradition der Liebeslyrik, die dazu neigt, die Geliebte oder den Geliebten zu idealisieren und in ihrem/seinem Wesen überzubewerten. Sie spielt aber mit dieser Leserenwartung, da man beim Lesen der ersten Strophe noch glaubt, das Gedicht bewege sich in den bekannten Bahnen überschwänglicher Liebesgedichte.

Dabei mag die Skepsis gegenüber einer Darstellung von Liebe, die nur alles in übertrieben positiver Sicht wahrnimmt, ein tragendes Motiv gewesen sein. Denn Liebe kann auch besitzergreifend, zerstörerisch und destruktiv wirken, was in der oben analysierten Bildlichkeit auch deutlich wird.

Die Gegensätzlichkeit der Geschlechter spiegelt sich nicht nur in den wechselnden Kadenzen, sondern auch in der antithetischen Grundstruktur der Strophen wider; dabei ist das lyrische Ich die Aktive, die mehr und mehr destruktiv wirkt, während der Geliebte den passiven Part zu spielen hat.

Das Gedicht spricht den modernen Leser gerade deshalb an, weil es mit einer naiven Sicht auf die Liebesbeziehung bricht und stattdessen unausgesprochen deutlich macht, dass eine Liebesbeziehung nicht von selbst gelingt, sondern der Beziehungsarbeit bedarf. Tendenzen, den Partner zu vereinnahmen, ihn zu entwurzeln und seiner Identität zu berauben, zerstören die Beziehung letzten Endes genauso wie die Neigung, im Partner ein übermenschliches Wesen zu sehen. Vielleicht ist auch die sehr strenge äußere Form ein Hinweis darauf, dass die Gestaltung einer Liebesbeziehung die Arbeit an Formen braucht – an Umgangsformen, Formen des Umgangs miteinander, Formen der Streitkultur –, damit es zu einer harmonischen Beziehung kommen kann, in der sich die Lebensentwürfe reimen.

4 ***Untersuchen und bewerten Sie die Musterinterpretation.***

a) In welche Teile wurde der Interpretationsaufsatz gegliedert? Worauf wurde jeweils eingegangen?

b) Mit welchen Aussagen stimmen Sie überein, mit welchen nicht?

5 ***Ergänzen Sie die Interpretation durch eine kritische Bewertung des Gedichts.***

Arbeitstechnik – Sprachanalyse und kritische Würdigung

In der Gedichtinterpretation untersuchen Sie die Verwendung der sprachlichen Mittel und beschreiben deren Wirkung. Sie greifen auch die Ergebnisse der Formanalyse wieder auf, wenn diese für Ihre Interpretation aufschlussreich sind. Den Schluss bildet eine kritische Würdigung des Gedichts. Hier können Sie an Ihre Leseerfahrungen anknüpfen. Sie äußern sich zum Thema, zu Inhalt und Form, zur Sprache oder auch zur Aktualität.

14.2 Die Form und die Sprache analysieren

Der expressionistische Autor Jakob van Hoddis entwirft in seinem Gedicht „Weltende“ ein Untergangsszenario.

Jakob van Hoddis: Weltende (1911)

Dem Bürger fliegt vom spitzen Kopf der Hut,
In allen Lüften hallt es wie Geschrei.
Dachdecker stürzen ab und gehen entzwei
Und an den Küsten – liest man – steigt die Flut.

Der Sturm ist da, die wilden Meere hupfen
An Land, um dicke Dämme zu zerdrücken.
Die meisten Menschen haben einen Schnupfen.
Die Eisenbahnen fallen von den Brücken.

6 *Sammeln Sie Ihre ersten Leseeindrücke mithilfe eines Assoziogramms (➪ S. 402).*

Arbeitstechnik – Gedichtinterpretation mit Karteikarten

Fragen, die ich an ein Gedicht stelle:

Titel/Thema
- Was bedeutet der Titel?
- Welchen Bezug hat der Titel zur Thematik?

Äußeres Geschehen und innere Vorgänge
- Was wird beschrieben: ein Ereignis, Eindrücke oder Empfindungen?

Sprachliche Bilder
- Was bedeuten die Bilder?
- Welchen Bereichen/Wortfeldern entstammen sie?

Klangeffekte
- Herrschen helle oder dunkle Vokale vor?
- Gibt es weiblich oder männlich klingende Kadenzen?

Lyrisches Ich
- Wer spricht?
- Was erfahren wir über das lyrische Ich?
- An wen wendet es sich?

Strophe und Verse
- Wie ist die äußere Form gestaltet?
- Wie viele Strophen und Verse gibt es?
- Welches Reimschema liegt vor?
- Gibt es ein Enjambement (= Zeilensprung)?

Metrum
- Welches Versmaß liegt vor?

Stilmittel
- Werden Stilmittel wie Alliteration oder Anapher eingesetzt?

Satzbau
- Welcher Satzbautyp herrscht vor?
- Sind die Sätze vollständig?
- Wie sind sie aufgebaut?

Inhalt und Form
- Inwiefern wird die Aussage durch die Form unterstützt?

Zur praktischen Umsetzung ein Tipp:
Schreiben Sie die Fragen zur Gedichtinterpretation auf Karteikarten und setzen Sie diese als Prüfungsvorbereitung immer wieder ein. Notieren Sie bei jedem Gedicht, das Sie untersuchen, auf der Rückseite der Karteikarten Ihre Beobachtungen. Diese lassen sich am Ende leicht zu einem strukturierten Gesamttext zusammenfügen.

Im folgenden Muster hat ein Schüler einen ersten Interpretationsversuch des Gedichts „Weltende“ vorgenommen. Zentrale Fragen hat er auf Karteikarten notiert.

Die Form und die Sprache analysieren

Muster

Titel/Thema …	*Strophe und Verse* *Reimschema: abba* *cdcd* …
Äußeres Geschehen und innere Vorgänge *Lyrisches Ich baut Distanz auf („liest man“).* …	*Metrum* *- Jambus (fünfhebig)* …
Sprachliche Bilder *Wortfelder:* *a) Mensch (Bürger, Hut, Kopf, Dachdecker, Schnupfen)* *b) Natur (Meer, Küste, Flut, Lüfte)* …	*Stilmittel* *Ironie* *Enjambement (Z. 5–6)* …
Klangeffekte *männlich klingende Kadenzen (1. Strophe)* *weiblich klingende Kadenzen (2. Strophe)* …	*Satzbau* …
Lyrisches Ich/Rezipient …	*Inhalt und Form* *- 1. Strophe: umarmender Reim* *- 2. Strophe: Kreuzreim* *- Unterschiede in Form und Inhalt werden ebenso in den Kadenzen verdeutlicht.* …

7 ***Übertragen Sie die Angaben auf zehn Karteikarten und vervollständigen Sie diese.***

Muster

Der Titel des Gedichtes „Weltende“, das Jakob van Hoddis 1911 verfasste, weckt beim Leser Erwartungen von Chaos und Untergang. Diese Erwartungen werden zunächst auch erfüllt: „Geschrei“, abstürzende Dachdecker, steigende Flut, von Brücken stürzende Eisenbahnen erinnern an das Szenario eines Katastrophenfilms. Dann folgt aber unvermittelt eine lapidare Feststellung: „Die meisten Menschen haben einen Schnupfen.“ Angesichts des bevorstehenden Weltendes erscheint diese Mitteilung von geringer Bedeutung. Daher drängt sich die Frage auf, ob man dem Weltende so gelassen entgegensieht. Das zweistrophige Gedicht mit je vier Versen weist einen umarmenden Reim (abba) und einen Kreuzreim (cdcd) auf. Das Reimschema ist also in Analogie zu den unterschiedlichen Einstellungen gegenüber dem Weltende zweigeteilt; diesem entspricht die männliche Kadenz in der ersten Strophe und die weibliche in der zweiten Strohpe. Das Metrum ist ein fünfhebiger Jambus, ein steigender Versfuß. Hier findet das Bild vom Steigen der Flut und dem Zunehmen der Windböen auch auf formaler Ebene eine Entsprechung. Betrachtet man die sprachlichen Bilder und Stilmittel des Textes nun genauer, so fällt auf …

8 ***Führen Sie die begonnene Interpretation des Gedichts unter Verwendung Ihrer eigenen Notizen fort (vgl. Karteikarten).***

Die Form und die Sprache analysieren

9 *Verfassen Sie ein Parallelgedicht zu R. Kunze „die Liebe“ oder E. Fried „Was es ist“. Achten Sie dabei darauf, dass Sie die sprachlichen Mittel, Reimform sowie das Thema des Ausgangsgedichts auch in Ihrem Gedicht verwenden.*

Reiner Kunze: Die Liebe

Die liebe
ist eine wilde rose in uns
Sie schlägt ihre wurzeln
in den augen,
wenn sie dem blick des geliebten begegnen
Sie schlägt ihre wurzeln
in den wangen,
wenn sie den hauch des geliebten spüren
Sie schlägt ihre wurzeln
in der haut des armes,
wenn ihn die hand des geliebten berührt

Sie schlägt ihre wurzeln,
wächst wuchert
und eines abends
oder eines morgens
fühlen wir nur:
sie verlangt
raum in uns

Die liebe
ist eine wilde rose in uns,
unerforschbar vom verstand
und ihm nicht untertan
Aber der verstand
ist ein messer in uns

Der verstand
ist ein messer in uns,
zu schneiden der rose
durch hundert zweige
einen himmel

Erich Fried: Was es ist

Es ist Unsinn
sagt die Vernunft
Es ist was es ist
sagt die Liebe

Es ist Unglück
sagt die Berechnung
Es ist nichts als Schmerz
sagt die Angst
Es ist aussichtslos
sagt die Einsicht
Es ist was es ist
sagt die Liebe

Es ist lächerlich
sagt der Stolz
Es ist leichtsinnig
sagt die Vorsicht
Es ist unmöglich
sagt die Erfahrung
Es ist was es ist
sagt die Liebe

Fazit

14.2 Lyrische Texte analysieren

- Thema und erster Leseeindruck
- Form und Sprache analysieren
- kritische Würdigung

15 Die Besonderheiten dramatischer Texte untersuchen

Lutz Salzmann (v.l.) als Macduff, Tim Grobe als Macbeth, Phillipp Otto als Lennox und Irene Kugler als Lady Macbeth spielen am 20.10.2005 im Schauspielhaus in Hamburg in einer Fotoprobe Shakespeares Drama in der Regie von Marc von Henning.

Neben der eigentlichen inhaltlichen Interpretation des dramatischen Textes soll der Fokus auch auf andere, werkübergreifende Aspekte gerichtet werden: Sowohl die Untersuchung der Wechselwirkung zwischen historisch-politischen Faktoren und der Entstehung eines literarischen Textes als auch dessen Einfluss auf die jeweiligen gesellschaftlichen Gegebenheiten tritt mehr in den Vordergrund. Zu diesem Zweck bieten sich Interpretationen von Dramenauszügen an, da in ihnen zeitgeschichtliche Einflüsse in besonderem Maße ihren Widerhall fanden und sie wiederum als Mittel zur Belehrung und Agitation eingesetzt wurden.

Inhalt	Arbeitsschritte	Arbeitstechniken und Methoden	Kompetenzen
vom klassischen Drama zum absurden Theater	das klassische Drama		Inhalt, Aufbau, gattungsspezifische Strukturmerkmale und sprachliche Gestaltung dramatischer Texte analysieren
	das epische Theater		
	Dürrenmatt'sche Tragikomödie		
einen Dramentext interpretieren	Einordnung einer Textstelle	Einordnung einer Textstelle in den Gesamtzusammenhang	soziale, politische, kulturelle und historische Bezüge zum Text herstellen
	Analyse und Interpretation sprachlicher und dramentechnischer Mittel		Werthaltungen in den Texten herausarbeiten und auf die eigene Lebenswirklichkeit beziehen
	die historische Interpretationsmethode		

15.1 Vom „klassischen Drama“ zum „absurden Theater“

Bei allen Interpretationsprozessen steht die Kommunikation zwischen dem Autor und dem Leser oder Zuschauer im Vordergrund. Dieser nimmt beim Lesen oder Zuschauen eine besondere Rolle ein, die der Autor ihm zugedacht hat.

Bertolt Brecht: Kann die heutige Welt durch Theater wiedergegeben werden? (Auszug)

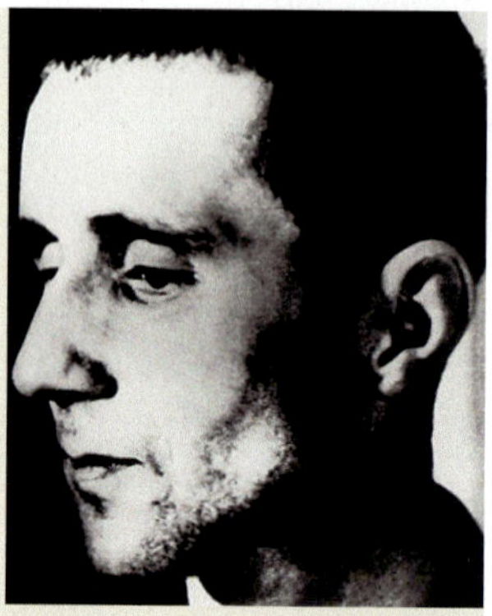

Bertolt Brecht, 1931 (1898–1956)

(...) ich kann nicht sagen, daß die Dramaturgien, die ich aus bestimmten Gründen nichtaristotelische nenne, und die dazu gehörende epische Spielweise *die* Lösung darstellen. Jedoch ist eines klargeworden: Die heutige Welt ist den heutigen Menschen nur beschreibbar, wenn sie als eine veränderbare Welt beschrieben wird.

Für heutige Menschen sind Fragen wertvoll der Antworten wegen. Heutige Menschen interessieren sich für Zustände und Vorkommnisse, denen gegenüber sie etwas tun können.

Es wird Sie nicht verwundern, von mir zu hören, daß die Frage der Beschreibbarkeit der Welt eine gesellschaftliche Frage ist. Ich habe dies viele Jahre lang aufrechterhalten und lebe jetzt in einem Staat, wo eine ungeheure Anstrengung gemacht wird, die Gesellschaft zu verändern. Sie mögen die Mittel und Wege verurteilen – ich hoffe übrigens, Sie kennen sie wirklich, nicht aus den Zeitungen –, Sie mögen dieses besondere Ideal einer neuen Welt nicht akzeptieren – ich hoffe, Sie kennen auch dieses –, aber Sie werden kaum bezweifeln, daß an der Änderung der Welt, des Zusammenlebens der Menschen in dem Staat, in dem ich lebe, gearbeitet wird. Und Sie werden mir vielleicht darin zustimmen, daß die heutige Welt eine Änderung braucht. R

1 *Geben Sie in eigenen Worten die Überlegungen Bertolt Brechts zur Aufgabe des Theaters und insbesondere zur Rolle des Zuschauers wieder.*

2 *Erläutern Sie, welche Funktion Theater für Sie hat.*

Basiswissen – Die Rolle des Zuschauers

Die Rolle des Zuschauers hat sich im Verlauf der Jahrhunderte grundlegend gewandelt. Im 18. und 19. Jahrhundert konnte sich der Zuschauer noch ins schützende Halbdunkel des Parketts zurückziehen, um dort, von den Akteuren auf der Bühne unerkannt, seiner Lust am Zuschauen nachzugehen. Seit Beginn des 20. Jahrhunderts hat das „Zuschauen“ eine neue Bedeutung erhalten: Es wird zu einer aktiven Handlung. Oft genug bleibt heute während der Vorstellung das Saallicht an, sodass die Zuschauer sich nicht nur beim Wahrnehmen beobachten können, sondern oft auch als Zeugen, Ansprechpartner, „SpectActors“ oder gar Teilnehmer in das Bühnengeschehen einbezogen werden.

3 *Erklären Sie den Begriff „SpectActors“ im Hinblick auf die veränderte Rolle der Zuschauer im modernen Theater.*

Das klassische Drama

Der folgende Textauszug ist dem Drama „Die Jungfrau von Orleans“ von Friedrich Schiller entnommen. Englische Truppen sind in Frankreich eingefallen und drohen, die Armee des französischen Königs zu besiegen. Johanna, ein junges Mädchen, fühlt sich von Gott dazu auserkoren, diese Niederlage zu verhindern. Sie zieht mit der französischen Armee gegen die Engländer zu Felde und besiegt die feindlichen Truppen. Doch ihr eigener Vater beschuldigt sie, mit dem Teufel im Bunde zu sein. Von den Engländern verfolgt und von den eigenen Landsleuten als Hexe verstoßen, geht sie in die Verbannung. Begleitet wird sie von Raimond, einem von ihrem Vater ausgesuchten Heiratskandidaten.

5. Aufzug, 4. Auftritt (Auszug)

(...)
Raimond *(fasst sie bei der Hand)*: Wollt Ihr nicht in Euch gehen?
Euch nicht mit Gott versöhnen – in den Schoß
Der heiligen Kirche reuend wiederkehren?
Johanna Auch du hältst mich der schweren Sünde schuldig?
Raimond Muss ich nicht? Euer schweigendes Geständnis –
Johanna Du, der mir in das Elend nachgefolgt,
Das einzge Wesen, das mir treu geblieben,
Sich an mich kettet, da mich alle Welt
Ausstieß, du hältst mich auch für die Verworfne,
Die ihrem Gott entsagt –
(Raimond schweigt) O das ist hart!
Raimond *(erstaunt)*: Ihr wäret wirklich keine Zauberin?
Johanna Ich eine Zauberin!
Raimond Und diese Wunder,
Ihr hattet sie vollbracht mit Gottes Kraft
Und seiner Heiligen?
Johanna Mit welcher sonst?
Raimond Und Ihr verstummtet auf die grässliche
Beschuldigung? – Ihr redet jetzt, und vor dem König,
Wo es zu reden galt, verstummtet Ihr!
Johanna Ich unterwarf mich schweigend dem Geschick,
Das Gott, mein Meister, über mich verhängte.
Raimond Ihr konntet eurem Vater nichts erwidern!
Johanna Weil es vom Vater kam, so kams von Gott,
Und väterlich wird auch die Prüfung sein.
Raimond Der Himmel selbst bezeugte Eure Schuld!
Johanna Der Himmel sprach, drum schwieg ich.
Raimond Wie? Ihr konntet
Mit einem Wort Euch reinigen, und ließt
Die Welt in diesem unglückselgen Irrtum?
Johanna Es war kein Irrtum, eine Schickung wars.
Raimond (...)
O gerne nehm ich Euer Wort für Wahrheit,

Das klassische Drama

Denn schwer ward mirs, an Eure Schuld zu glauben.
Doch konnt ich träumen, dass ein menschlich Herz
Das Ungeheure schweigend würde tragen!
JOHANNA Verdient ichs, die Gesendete zu sein,
Wenn ich nicht blind des Meisters Willen ehrte!
Und ich bin nicht so elend, als du glaubst.
Ich leide Mangel, doch das ist kein Unglück
Für meinen Stand, ich bin verbannt und flüchtig,
Doch in der Öde lernt ich mich erkennen.
(...)
Jetzt bin ich
Geheilt, und dieser Sturm in der Natur,
Der ihr das Ende drohte, war mein Freund,
Er hat die Welt gereinigt und auch mich.
In mir ist Friede – Komme, was da will,
Ich bin mir keiner Schwachheit mehr bewusst!
RAIMOND O kommt, kommt, lasst uns eilen, Eure Unschuld
Laut, laut vor aller Welt zu offenbaren!
JOHANNA Der die Verwirrung sandte, wird sie lösen!
Nur wenn sie reif ist, fällt des Schicksals Frucht!
Ein Tag wird kommen, der mich reiniget.
Und die mich jetzt verworfen und verdammt,
Sie werden ihres Wahnes inne werden,
Und Tränen werden meinem Schicksal fließen.
RAIMOND Ich sollte schweigend dulden, bis der Zufall –
JOHANNA *(ihn sanft bei der Hand fassend)*:
Du siehst nur das Natürliche der Dinge,
Denn deinen Blick umhüllt das irdische Band.
Ich habe das Unsterbliche mit Augen
Gesehen – ohne Götter fällt kein Haar
Vom Haupt des Menschen –
Siehst du dort die Sonne
Am Himmel niedergehen – so gewiss
Sie morgen wiederkehrt in ihrer Klarheit,
So unausbleiblich kommt der Tag der Wahrheit!

1 ***Analysieren Sie den Dramenauszug mithilfe des Textes „Die deutsche Tragödie von Lessing bis Hebbel" (→S. 255) unter folgenden Gesichtspunkten.***

a) Worin besteht der Konflikt Johannas?

b) Welche Idee vertritt sie als Heldin des Dramas?

c) Worin besteht die Tragik der Heldin?

2 ***Erläutern Sie die Bedeutung der Begriffe „Schuld", „Schicksal" und „reinigen" in diesem Zusammenhang.***

Das klassische Drama

Benno von Wiese: Die deutsche Tragödie von Lessing bis Hebbel

Durch Leid, Gehorsam und Buße gelangt Johanna zur letzten Vereinigung mit Gott, die nur von der erhabenen Seele erreicht werden kann. Der Ausgang des Dramas ist Läuterung und Verklärung. Der schwere Bruch in ihr selbst wird von den kämpfenden und fordernden Seelenkräften überwunden und damit erst der Sieg der Idee in der Anarchie der Geschichte zu einem endgültigen gemacht. Mit der „Jungfrau von Orleans" ist die Tragödie des von Gott gesandten Menschen in der Welt gedichtet und der tiefe Zwiespalt, der ihm von außen und innen erwachsen muss, wenn er seinen Auftrag zu Ende führen will. Gottes Werk muss von dem „schwachen" Menschen vollbracht werden, aber der Mensch, der es aus innerem Müssen ergreift, überschreitet damit die Grenze, die ihm als Menschen gesetzt ist. Er gerät in Schuld und kann den Sinn seiner Sendung nur noch als tragisches Opfer erfüllen. Wer aber einmal den jenseitigen Auftrag erfüllt hat und mit dem Schwerte seines Gottes kämpft, kann auf seiner Bahn nicht mehr umkehren, selbst wenn ihm die Hölle begegnen oder der Himmel ihn zurückhalten würde. (...) Durch Schuld und Erniedrigung hindurch gelangt Johanna zur „Reinigung", die sie wieder Gefäß und Kronzeuge des Göttlichen werden lässt.

Basiswissen – Das klassische Drama

Das Drama stellt ein Geschehen dar, in dessen Verlauf durch **Dialog** und **Monolog** der agierenden Personen ein Konflikt entfaltet wird. Zur Gattung „Drama" zählen u. a. die **Tragödie** und die **Komödie**. Da im Drama die Entwicklung eines Konfliktes dargestellt wird, bei dem die Spannung bis zu einem Höhepunkt steigt und danach abfällt, entscheidet die Art des Konfliktes, ob es sich um ein **tragisches, komisches** oder auch **absurdes Stück** handelt. Die **klassische** bzw. **aristotelische Dramenform**, zu der auch die Tragödie „Die Jungfrau von Orleans" von Friedrich Schiller zählt, weist folgende Merkmale in Anlehnung an die Poetik des griechischen Philosophen Aristoteles auf:

- Die **Einheit** von **Ort, Zeit** und **Handlung** stellt eine maßgebliche Voraussetzung dar.
- Das Bühnengeschehen ist auf **eine einzige lineare Haupthandlung** ohne Nebenhandlungen konzentriert.
- Die **Szenen** sind in fünf, manchmal in drei **Akte** angeordnet.

Der erste Akt stellt die **Exposition** dar, in welcher über Ort, Zeit, Personen und Atmosphäre informiert wird. Durch ein **erregendes Moment** wird die Handlung entfaltet und mit der **steigenden Handlung** verschärft sich der Konflikt, bis der dramatische Höhepunkt, zugleich Wendepunkt, erreicht ist **(Peripetie)**. Durch eine Verzögerung, das sogenannte **retardierende Moment**, kann die Spannung noch gehalten werden, beispielsweise wird plötzlich doch eine Lösung in Aussicht gestellt. Aber dann setzt die Phase der **fallenden Handlung** ein, die in der **Katastrophe** (in der Tragödie im Untergang des Helden, der unverdient erscheint und somit moralisch aufgewertet wird) oder in der Konfliktlösung (in der Komödie bietet ein erheiterndes Ende eine oft nur scheinbare Lösung) endet.

Beim aristotelischen Drama wird das Mitempfinden des Zuschauers mit dem Helden angestrebt. Ziel ist dabei die **Katharsis**, die seelische Reinigung des Zuschauers durch das Nachempfinden von furcht- und mitleiderregenden Handlungen auf der Bühne.

3 *Überprüfen Sie den Textauszug aus Schillers Tragödie „Die Jungfrau von Orleans" im Hinblick auf die im Basiswissen dargestellte Rolle des Zuschauers.*

Das epische Theater

Im klassischen Drama tritt der Held oder die Heldin als Träger einer Idee auf. Ziel ist die Katharsis, die Reinigung des Zuschauers von Furcht und Mitleid durch das Mitempfinden. Brecht hingegen möchte dem Zuschauer gesellschaftliche Missstände vor Augen führen und das Bewusstsein stärken, an der Schwelle zu einer neuen, besseren Zeit zu stehen.

Bertolt Brecht: Leben des Galilei (Auszug)

1. Bild

Berliner Ensemble. Bertolt Brechts Stück „Das Leben des Galilei": Die Rolle des Galilei – hier eine Szene von der Fotoprobe am 09.12.97 – spielt Josef Bierbichler (l), hier mit Rasiner Sellien als Andrea

Galileo Galilei, Lehrer der Mathematik zu Padua, will das neue kopernikanische Weltsystem beweisen.

In dem Jahr sechzehnhundertundneun
Schien das Licht des Wissens hell
Zu Padua aus einem kleinen Haus.
Galileo Galilei rechnete aus:
Die Sonn steht still, die Erde kommt von der Stell.

Das ärmliche Studierzimmer des Galilei in Padua

Es ist morgens. Ein Knabe, Andrea, der Sohn der Haushälterin, bringt ein Glas Milch und einen Wecken.

GALILEI *sich den Oberkörper waschend, prustend und fröhlich*: Stell die Milch auf den Tisch, aber klapp kein Buch zu.

ANDREA Mutter sagt, wir müssen den Milchmann bezahlen. Sonst macht er bald einen Kreis um unser Haus, Herr Galilei.

GALILEI Es heißt: Er beschreibt einen Kreis, Andrea.

ANDREA Wie Sie wollen. Wenn wir nicht bezahlen, dann beschreibt er einen Kreis um uns, Herr Galilei.

GALILEI Während der Gerichtsvollzieher, Herr Cambione, schnurgerade auf uns zukommt, indem er was für eine Strecke zwischen zwei Punkten wählt?

ANDREA Die kürzeste.

GALILEI Gut. Ich habe was für dich. Sieh hinter den Sterntafeln nach.

Andrea fischt hinter den Sterntafeln ein großes hölzernes Modell des Ptolemäischen Systems hervor.

ANDREA Was ist das?

GALILEI Das ist ein Astrolab: das Ding zeigt, wie sich die Gestirne um die Erde bewegen, nach Ansicht der Alten.

ANDREA Wie?

GALILEI Untersuchen wir es. Zuerst das erste: Beschreibung.

ANDREA In der Mitte ist ein kleiner Stein.

GALILEI Das ist die Erde.

ANDREA Drum herum sind, immer übereinander, Schalen.

GALILEI Wie viele?

ANDREA Acht.

GALILEI Das sind die kristallnen Sphären.

ANDREA Auf den Schalen sind Kugeln angebracht …

GALILEI Die Gestirne.

ANDREA Da sind Bänder, auf die sind Wörter gemalt.

Das epische Theater

GALILEI Was für Wörter?

ANDREA Sternnamen.

GALILEI Als wie?

ANDREA Die unterste Kugel ist der Mond, steht drauf. Und darüber ist die Sonne.

GALILEI Und jetzt lass die Sonne laufen.

ANDREA *bewegt die Schalen:* Das ist schön. Aber wir sind so eingekapselt.

GALILEI *sich abtrocknend:* Ja, das fühlte ich auch, als ich das Ding zum ersten Mal sah. Einige fühlen das. *Er wirft Andrea das Handtuch zu, dass er ihm den Rücken abreibe.* Mauern und Schalen und Unbeweglichkeit! Durch zweitausend Jahre glaubte die Menschheit, daß die Sonne und alle Gestirne des Himmels sich um sich drehten. Der Papst, die Kardinäle, die Fürsten, die Gelehrten, Kapitäne, Kaufleute, Fischweiber und Schulkinder glaubten, unbeweglich in dieser kristallenen Kugel zu sitzen. Aber jetzt fahren wir heraus, Andrea, in großer Fahrt. Denn die alte Zeit ist herum, und es ist eine neue Zeit. Seit hundert Jahren ist es, als erwartete die Menschheit etwas.

Die Städte sind eng, und so sind die Köpfe. Aberglauben und Pest. Aber jetzt heißt es: da es so ist, bleibt es nicht so. Denn alles bewegt sich, mein Freund. Ich denke gerne, daß es mit den Schiffen anfing. Seit Menschengedenken waren sie nur an den Küsten entlang gekrochen, aber plötzlich verließen sie die Küsten und liefen aus über alle Meere.

Auf unserm alten Kontinent ist ein Gerücht entstanden: es gibt neue Kontinente. Und seit unsere Schiffe zu ihnen fahren, spricht es sich auf den lachenden Kontinenten herum: das große gefürchtete Meer ist ein kleines Wasser. Und es ist eine große Lust aufgekommen, die Ursachen aller Dinge zu erforschen: warum der Stein fällt, den man losläßt, und wie er steigt, wenn man ihn hochwirft. Jeden Tag wird etwas gefunden. Selbst die Hundertjährigen lassen sich noch von den Jungen ins Ohr schreien, was Neues entdeckt wurde.

Da ist schon viel gefunden, aber da ist mehr, was noch gefunden werden kann. Und so gibt es wieder zu tun für neue Geschlechter. R

1 ***Analysieren Sie die Eröffnungsszene des Dramas „Leben des Galilei" von Bertolt Brecht.***

a) Wie wird Galilei dargestellt?

b) Welche Erwartungen stellen Sie an die weiterführende Handlung?

2 ***Beschreiben Sie die Wirkung der in der Eröffnungsszene eingesetzten Darstellungselemente (Szenentitel, vorangestellter Prolog und hinleitende Regieanweisungen).***

Basiswissen – Episches Theater

Unter **epischem Theater** versteht man die von Bertolt Brecht vorgestellte Alternative zum klassischen (aristotelischen) Drama. Epische Elemente werden in den dramatischen Ablauf eingeflochten. Das Geschehen läuft nicht automatisch auf den Höhepunkt mit anschließender Katastrophe oder Lösung zu, sondern wird immer wieder durch **Mittel der Verfremdung**, sogenannte **V-Effekte** (z. B. illusionsstörende Mittel wie Zusammenfassungen, Vorausblicke, Kommentare oder Aus-der-Rolle-Treten der Schauspieler und Hinwendung zum Publikum), unterbrochen. Ziel ist es, den Zuschauer zur kritischen Distanz zu bewegen. Er soll sich nicht mit der Handlung identifizieren und sich kritiklos mitreißen lassen, sondern einen analytischen Blick auf das Bühnengeschehen werfen.

Dürrenmatt'sche Tragikomödie

In dem Drama „Die Physiker" von Friedrich Dürrenmatt stehen drei in einem Irrenhaus lebende Physiker im Mittelpunkt. Einer von ihnen, Johann Wilhelm Möbius, hat die Weltformel entdeckt, die zur Vernichtung der ganzen Welt führen könnte. Möbius gibt vor, geisteskrank zu sein, um sich selbst unglaubwürdig zu machen und damit den Missbrauch seiner Formel zu verhindern. Die anderen Physiker, Newton und Einstein, sind Spione, die Möbius' Entdeckung für ihre Zwecke missbrauchen wollen. Jeder der drei Physiker ermordet eine Krankenschwester, um sein jeweiliges Geheimnis zu bewahren.

Friedrich Dürrenmatt: Die Physiker (Auszug)

Erster Akt

(...)

NEWTON Nicht wahr, Sie ärgern sich, mich nicht verhaften zu dürfen?

INSPEKTOR Aber Albert.

NEWTON Möchten Sie mich verhaften, weil ich die Krankenschwester erdrosselt oder weil ich die Atombombe ermöglicht habe?

INSPEKTOR Aber Albert.

NEWTON Wenn Sie da neben der Türe den Schalter drehen, was geschieht, Richard?

INSPEKTOR Das Licht geht an.

NEWTON Sie stellen einen elektrischen Kontakt her. Verstehen Sie etwas von Elektrizität, Richard?

INSPEKTOR Ich bin kein Physiker.

NEWTON Ich verstehe auch wenig davon. Ich stelle nur aufgrund von Naturbeobachtungen eine Theorie darüber auf. Diese Theorie schreibe ich in der Sprache der Mathematik nieder und erhalte mehrere Formeln. Dann kommen die Techniker. Sie kümmern sich nur noch um die Formeln. Sie gehen mit der Elektrizität um wie der Zuhälter mit der Dirne. Sie nützen sie aus. Sie stellen Maschinen her, und brauchbar ist eine Maschine erst dann, wenn sie von der Erkenntnis unabhängig geworden ist, die zu ihrer Erfindung führte. So vermag heute jeder Esel eine Glühbirne zum Leuchten zu bringen – oder eine Atombombe zur Explosion. *Er klopft dem Inspektor auf die Schulter.* Und nun wollen Sie mich dafür verhaften, Richard. Das ist nicht fair.

INSPEKTOR Ich will Sie doch gar nicht verhaften, Albert.

NEWTON Nur weil Sie mich für verrückt halten. Aber warum weigern Sie sich nicht, Licht anzudrehen, wenn Sie von Elektrizität nichts verstehen? Sie sind hier der Kriminelle, Richard. Doch nun muss ich meinen Kognak versorgen, sonst tobt die Oberschwester Marta Boll. *Newton versteckt die Kognakflasche wieder hinter dem Kaminschirm, lässt jedoch das Glas stehen.* Leben Sie wohl.

INSPEKTOR Leben Sie wohl, Albert.

NEWTON Sie sollten sich selber verhaften, Richard!

1 *Erläutern Sie, welches Problem Dürrenmatt hinsichtlich der Frage nach der Verantwortung des Wissenschaftlers gegenüber der Gesellschaft darstellt.*

2 *Interpretieren Sie die Äußerung Newtons „Möchten Sie mich verhaften, weil ich die Krankenschwester erdrosselt oder weil ich die Atombombe ermöglicht habe?" (Z. 4–5).*

Dürrenmatt'sche Tragikomödie

Basiswissen | **Dürrenmatt'sche Tragikomödie**

Dürrenmatts Figuren haben keine Chance mehr, Helden zu sein, weder im positiven (z. B. als handelnde Weltveränderer) noch im negativen Sinne (z. B. als Mitplaner einer Katastrophe).

Die Situation ist **grotesk** und somit befremdlich. Nach dem Höhepunkt erfolgt im Spannungsverlauf des Stückes keine Lösung des Problems.

Dürrenmatt zieht den Zuschauer in den Bann, indem er ihm eine Komödie vorgaukelt. Ganz unvermittelt sieht sich der Betrachter jedoch plötzlich mit einer ernst zu nehmenden Situation konfrontiert. Dürrenmatt spricht von einer „Mausefalle“, in die er den Zuschauer locken möchte.

In Samuel Becketts Drama „Warten auf Godot“ verbringen die Landstreicher Estragon und Wladimir an einem nicht näher bestimmten Ort ihre Zeit damit, auf eine Person namens „Godot“ zu warten. Dabei kennen sie diese Person nicht, wissen nichts Genaues über sie und können nicht einmal mit Bestimmtheit sagen, ob dieser „Godot“ überhaupt existiert.

Samuel Beckett: Warten auf Godot (Auszug)

Erster Akt

Landstraße. Ein Baum. Abend.
Estragon sitzt auf der Erde und versucht, seinen Schuh auszuziehen. Er braucht beide Hände dazu und stöhnt dabei. Erschöpft gibt er den Versuch auf, erholt sich schnaubend und versucht es von neuem. Das Spiel wiederholt sich. Wladimir tritt auf.
(...)

ESTRAGON Ich frage mich, ob wir nicht besser allein geblieben wären, jeder für sich. *Pause.* Wir waren nicht für denselben Weg gemacht.

WLADIMIR *ohne böse zu werden:* Das ist nicht sicher.

ESTRAGON Nein, nichts ist sicher.

WLADIMIR Wir können noch auseinandergehen, wenn du meinst, dass es besser wäre.

ESTRAGON Jetzt lohnt es sich nicht mehr.
Schweigen.

WLADIMIR Nein, jetzt lohnt es sich nicht mehr.

ESTRAGON Also, wir gehen?

WLADIMIR Gehen wir!
Sie gehen nicht von der Stelle.

Die Schauspieler Gerhard Garbers (l) und Johannes Silberschneider spielen am Freitag (12.01.2007) in Hamburg in den Kammerspielen während der Fotoprobe zu dem Stück „Warten auf Godot“ die Rolle des Pozzo und des Wladimirs. Premiere des Theaterstücks von Samuel Beckett war am 14. Januar 2007. Foto: Wolfgang Langenstrassen dpa/lno (c) dpa

3 ***Untersuchen Sie den Dramenauszug unter folgenden Gesichtspunkten.***

a) Beschreiben Sie, wie die Figuren miteinander kommunizieren.

b) Wie wirkt das Bühnengeschehen auf Sie?

Vergleich: klassisches und modernes Drama

1 *Verfassen Sie selbst einen kurzen dramatischen Text, der Merkmale des absurden Theaters aufweist.*

- Verwenden Sie das Gedicht „Weltende“ von Jakob van Hoddis (S. 248) als Vorlage.
- Denken Sie dabei auch an das Bühnenbild, die Kommunikationsform der Figuren und die Perspektivlosigkeit der Situation.
- Zur Verdeutlichung können Sie über die dargebotene Textstelle hinaus den Verlauf Ihres Dramas skizzieren.

Basiswissen – Vergleich: klassisches und modernes Drama

	aristotelisches/ klassisches Drama	episches Theater	Dürrenmatt'sche Tragikomödie	absurdes Theater
Aufgabe/ Rolle des Zuschauers	Identifikation mit dem Bühnengeschehen; passive Konsumhaltung	Veränderung durch Einsicht; aktive Rolle	Einsicht in das Groteske der Welt; Ein Einzelner kann nichts erreichen, alle zusammen müssen das angehen, was alle betrifft.	keine Aussicht auf Verbesserung der Situation
Mittel zur Umsetzung	psychischer Akt der Einfühlung mit dem Helden (der Held ist Träger einer Idee) – Katharsis geschlossene Form des Dramas (kausale Verknüpfung der Szenen); Spannungsbogen mit Katastrophe oder Lösung; fünf bzw. drei Akte	V-Effekte schaffen Distanz zum Geschehen und ermöglichen freies, kritisches Denken: • offene Form des Dramas; kleinere Handlungseinheiten (Bilder) • Montage von nicht dramatischen Elementen (Erzähler, Inhaltsangaben, Songs etc.) • Darsteller treten aus ihren Rollen heraus und wenden sich an das Publikum (Desillusionierung) • Verwendung von Umgangssprache und Dialekt • Widersprüche im Aufbau der Handlung und im Verhalten der Figuren (dialektisches Prinzip)	V-Effekte; Prinzip der „Mausefalle“ (Überlisten des Zuschauers); offene Form des Dramas endet nach zwei Akten (gibt Raum zum eigenen Handeln für die Zuschauer)	Darstellung einer Endzeitstimmung; gestörte Kommunikation; kein Spannungsverlauf; offene Form; Zerrissenheit der Handlungsabfolge

Vergleich: klassisches und modernes Drama

In den Überlegungen zu seinem Drama „Die Wiedertäufer" entwirft Dürrenmatt am Beispiel des Polarforschers Robert Falcon Scott verschiedene Modelle dramaturgischer Bearbeitungen desselben Stoffes und stellt in diesem Zusammenhang die Unterschiede zwischen der eigenen Umsetzung und den Bearbeitungen von Shakespeare, Brecht und Beckett heraus.

Friedrich Dürrenmatt: Modell Scott

Shakespeare hätte das Schicksal des unglücklichen Robert Falcon Scott doch wohl in der Weise dramatisiert, daß der tragische Untergang des großen Forschers durchaus dessen Charakter entsprungen wäre; Ehrgeiz hätte Scott blind gegen die Gefahren der unwirtlichen Regionen gemacht, in die er sich wagte, Eifersucht und Verrat unter den anderen Expeditionsteilnehmern hätten das Übrige hinzugetan, die Katastrophe in Eis und Nacht herbeizuführen; bei Brecht wäre die Expedition aus wirtschaftlichen Gründen und Klassendenken gescheitert, die englische Erzieherin hätte Scott gehindert, sich Polarhunden anzuvertrauen, er hätte zwangsläufig standesgemäße Ponys gewählt, der höhere Preis wiederum dieser Tiere hätte ihn genötigt, an der Ausrüstung zu sparen; bei Beckett wäre der Vorgang auf das Ende reduziert, Endspiel, letzte Konfrontation, schon in einen Eisblock verwandelt säße Scott anderen Eisblöcken gegenüber, vor sich hinredend, ohne Antwort von seinen Kameraden zu erhalten, ohne Gewißheit, von ihnen noch gehört zu werden: Doch wäre auch eine Dramatik denkbar, die Scott beim Einkaufen der für die Expedition benötigten Lebensmittel aus Versehen in einen Kühlraum einschlösse und in ihm erfrieren ließe. Scott, gefangen in den endlosen Gletschern der Antarktis, entfernt durch unüberwindliche Distanzen von jeder Hilfe, Scott, wie gestrandet auf einem anderen Planeten, stirbt tragisch, Scott, eingeschlossen in den Kühlraum durch ein läppisches Mißgeschick, mitten in einer Großstadt, nur wenige Meter von einer belebten Straße entfernt, zuerst beinahe höflich an die Kühlraumtüre klopfend, rufend, wartend, sich eine Zigarette anzündend, es kann ja nur wenige Minuten dauern, dann an die Türe polternd, darauf schreiend und hämmernd, immer wieder, während sich die Kälte eisiger um ihn legt, Scott, herumgehend, um sich Wärme zu verschaffen, hupfend, stampfend, turnend, radschlagend, endlich verzweifelt Tiefgefrorenes gegen die Türe schmetternd, Scott wieder innehaltend, im Kreise herumzirkulierend auf kleinstem Raum, schlotternd, zähneklappernd, zornig und ohnmächtig, dieser Scott nimmt ein noch schrecklicheres Ende und dennoch ist Robert Falcon Scott im Kühlraum erfrierend ein anderer als Robert Falcon Scott erfrierend in der Antarktis, wir spüren es, dialektisch gesehen ein anderer, aus einer tragischen Gestalt ist eine komische Gestalt geworden, komisch nicht wie einer, der stottert, oder wie einer, der vom Geiz oder von der Eifersucht überwältigt worden ist, eine Gestalt komisch allein durch ihr Geschick: Die schlimmstmögliche Wendung, die eine Geschichte nehmen kann, ist die Wendung in die Komödie. R

Vergleich: klassisches und modernes Drama

2 *Stellen Sie die von Dürrenmatt dargestellten dramaturgischen Bearbeitungen der Expedition Scotts in eigenen Worten dar.*

3 *Erläutern Sie mithilfe des Basiswissens (➪ S. 260) und des Musters unten, inwiefern die von Dürrenmatt vorgeschlagenen Bearbeitungen mit den verschiedenen Dramenkonzepten übereinstimmen.*

Muster

Shakespeare geht von der geschichtsgestaltenden Kraft des einzelnen Menschen aus. Es gibt einen Helden, der auf das Geschehen einwirken kann.

Diese Ansicht ist für Dürrenmatt überholt. Der Einzelne kann nicht mehr in den Ablauf politischer, wirtschaftlicher oder religiöser Auseinandersetzungen eingreifen, da die Welt zu komplex geworden ist. Nichts ist wirklich planbar, denn durch einen unvorhersehbaren Zufall kann jegliches Vorhaben zunichtegemacht werden und die „schlimmstmögliche Wendung" nehmen, die es doch gerade zu vermeiden galt. Dürrenmatts Figuren tragen nicht das Potenzial in sich, Helden zu sein.

Brecht vertraut in die Fähigkeit des Menschen, historisch handeln zu können, obgleich er den Einzelnen als Produkt seiner gesellschaftlichen Situation betrachtet.

Im absurden Theater Becketts muten die Figuren wie Marionetten an, die handlungsunfähig sind. Sie sind darüber hinaus nicht einmal in der Lage, miteinander zu kommunizieren. Es herrscht eine pessimistische Endzeitstimmung vor.

Shakespeare (1564–1616)

Brecht (1898–1956)

Dürrenmatt (1921–1990)

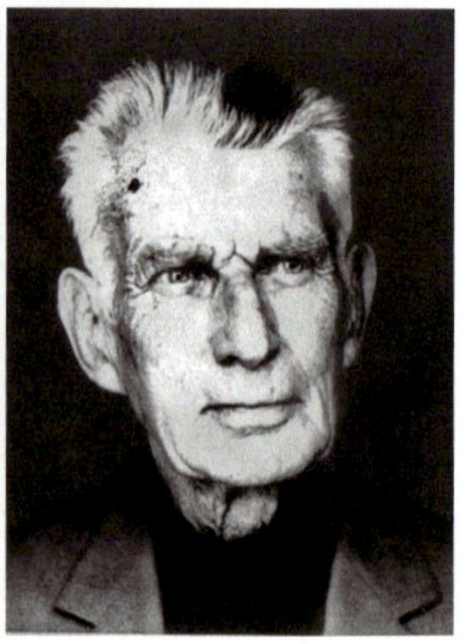
Beckett (1906–1989)

Fazit

15.1 Vom „klassischen Drama" zum „absurden Theater"
- das klassische Drama
- das epische Theater
- die Dürrenmatt'sche Tragikomödie
- absurdes Theater

Einen Dramentext interpretieren

Einordnung einer Textstelle

Die Interpretation eines Dramentextes folgt in den wesentlichen Bereichen dem gleichen Muster wie die Interpretation eines Romanauszugs. Die Analyse der erzähltechnischen Gestaltung wird durch die Analyse der dramentechnischen Gestaltung ersetzt.

Inhaltliche Zusammenfassung des Dramas „Leben des Galilei“ von Bertolt Brecht

Im Mittelpunkt des Dramas steht der Wissenschaftler Galileo Galilei, der von 1564–1642 als Mathematiker, Physiker und Astronom in Italien gelebt und geforscht hat. Mit seinen wissenschaftlichen Untersuchungen versucht er die Richtigkeit des kopernikanischen Weltbildes – das die Sonne und nicht die Erde als Mittelpunkt hat – zu beweisen. Galilei gerät damit in einen scharfen Gegensatz zur herrschenden kirchlichen Lehre. Es wird dargestellt, wie daraus Galileis Konflikt zwischen seiner Verantwortung als Wissenschaftler zur Aufklärung einerseits und seiner Person, die weiterleben und forschen will, andererseits entsteht.

In fünfzehn Bildern zeichnet Brecht die Stationen des Lebensweges Galileis nach. Zunächst lehrt und forscht Galilei in Padua, und es gelingt ihm mithilfe eines nach holländischem Vorbild gebauten Fernrohres nachzuweisen, dass der Jupiter Monde hat, die ihn als Trabanten umkreisen.

Obwohl Galilei vor den kirchlichen Wissenschaftlern in Florenz gewarnt wird, entschließt er sich, seine Forschungen von Padua nach Florenz zu verlegen, weil er sich dort aufgrund der höheren Besoldung bessere Rahmenbedingungen für seine Arbeit erhofft. Er spürt aber sehr schnell die Widerstände der kirchlichen Wissenschaftler, die vor allem religiös argumentieren und sich auf die Bibel berufen, in der ihrer Meinung nach eindeutig bewiesen sei, dass Gott die Erde in den Mittelpunkt gestellt habe. Außerdem befürchtet man, dass Galileis Erkenntnisse beim einfachen Volk zu Unruhen und Rebellion führen könnten. Und obwohl der Astronom des Vatikans Clavius die Ergebnisse Galileis bestätigt, wird Galileis Lehre auf den Index gesetzt, das heißt, es werden Verbreitung und Studium verboten.

Zwar unterwirft sich Galilei dem Forschungsverbot, doch als acht Jahre später ein Wissenschaftler zum Papst gewählt wird, setzt Galilei seine Arbeit fort. Dies hat zur Folge, dass er von der Inquisition, dem Gericht der Kirche, verhört wird. Obwohl die Richtigkeit der Lehre Galileis auch für das Kirchengericht außer Zweifel steht, zwingt man ihn zum Widerruf und inhaftiert ihn die letzten Jahre seines Lebens in einem Haus außerhalb von Florenz.

Dort forscht er trotz ständiger Bewachung weiter, und es gelingt ihm, eine Abschrift seines Hauptwerkes, der „Discorsi“, seinem ehemaligen Lieblingsschüler Andrea zukommen zu lassen, der sie nach Holland schmuggelt.

Leben des Galilei, Berliner Ensemble 1957

1 ***Untersuchen Sie die inhaltliche Zusammenfassung.***

a) Formulieren Sie den im Drama dargestellten Konflikt mit eigenen Worten.

b) Beschreiben Sie die gesellschaftspolitische Dimension des Konflikts.

Einordnung einer Textstelle

4. Bild (Auszug)

Cosmo bückt sich rasch und übergibt Andrea höflich das Modell. Inzwischen räumt Galilei verstohlen das andere Modell beiseite.

GALILEI *am Fernrohr:* Wie Eure Hoheit zweifellos wissen, sind wir Astronomen seit einiger Zeit mit unseren Berechnungen in große Schwierigkeiten gekommen. Wir benützen dafür ein sehr altes System, das sich in Übereinstimmung mit der Philosophie, aber leider nicht mit den Fakten zu befinden scheint. Nach diesem alten System, dem Ptolemäischen, werden die Bewegungen der Gestirne als äußerst verwickelt angenommen. Der Planet Venus zum Beispiel soll eine Bewegung von dieser Art vollführen. *Er zeichnet auf eine Tafel die epizyklische Bahn der Venus nach der ptolemäischen Annahme.* Aber selbst solche schwierigen Bewegungen annehmend, sind wir nicht in der Lage, die Stellung der Gestirne richtig vorauszuberechnen. Wir finden sie nicht an den Orten, wo sie eigentlich sein müßten. Dazu kommen solche Gestirnbewegungen, für welche das Ptolemäische System überhaupt keine Erklärung hat. Bewegungen dieser Art scheinen mir einige von mir neu entdeckte kleine Sterne um den Planeten Jupiter zu vollführen. Ist es den Herren angenehm, mit einer Besichtigung der Jupitertrabanten zu beginnen, der Mediceischen Gestirne?

ANDREA *auf den Hocker vor dem Fernrohr zeigend:* Bitte, sich hier zu setzen.

DER PHILOSOPH Danke, mein Kind. Ich fürchte, das alles ist nicht ganz so einfach. Herr Galilei, bevor wir Ihr berühmtes Rohr applizieren, möchten wir um das Vergnügen eines Disputs bitten. Thema: Können solche Planeten existieren?

DER MATHEMATIKER Eines formalen Disputs.

GALILEI Ich dachte mir, Sie schauen einfach durch das Fernrohr und überzeugen sich?

ANDREA Hier, bitte.

DER MATHEMATIKER Gewiß, gewiß. – Es ist Ihnen natürlich bekannt, daß nach der Ansicht der Alten Sterne nicht möglich sind, die um einen anderen Mittelpunkt als die Erde kreisen, noch solche Sterne, die im Himmel keine Stütze haben?

GALILEI Ja.

DER PHILOSOPH Und, ganz absehend von der Möglichkeit solcher Sterne, die der Mathematiker – *er verbeugt sich gegen den Mathematiker* – zu bezweifeln scheint, möchte ich in aller Bescheidenheit als Philosoph die Frage aufwerfen: Sind solche Sterne nötig? Aristotelis divini universum ...

GALILEI Sollten wir nicht in der Umgangssprache fortfahren? Mein Kollege, Herr Federzoni, versteht Latein nicht.

DER PHILOSOPH Ist es von Wichtigkeit, daß er uns versteht?

GALILEI Ja.

DER PHILOSOPH Entschuldigen Sie mich. Ich dachte, er ist Ihr Linsenschleifer. R

2 ***Ordnen Sie den Textausschnitt in den Gesamtzusammenhang des Dramas ein.***

a) Fassen Sie den Inhalt des Ausschnittes kurz zusammen.

b) Notieren Sie in Stichpunkten, was in den Bildern 1–4 (Beginn) geschehen ist und wie die Handlung nach dem Ausschnitt fortgeführt wird. Orientieren Sie sich auch an der inhaltlichen Zusammenfassung des Dramas (➪ S. 263).

Einordnung einer Textstelle

Muster

Die Begegnung zwischen Galilei und den Wissenschaftlern aus Florenz steht im Mittelpunkt des 4. Bildes. Es geht um die Frage, ob sich die Wissenschaftler von Galilei überzeugen lassen werden oder nicht. Da Galilei an die Vernunft glaubt, hat er die Hoffnung, dass die Wissenschaftler durch das Fernrohr sehen und die Existenz der Jupitermonde anerkennen werden; damit wäre auch das ptolemäische Weltbild, in dem die Erde im Mittelpunkt steht, widerlegt. Zu seiner Enttäuschung muss er allerdings erfahren, dass sich die Wissenschaftler weigern, durch das Fernrohr zu schauen, weil sie der Überzeugung sind, dass solche Sterne nicht existieren können und darüber hinaus mehr schaden als nutzen würden.
Bereits im Vorfeld ist Galilei von Sagredo gewarnt worden, nach Florenz zu gehen, weil der Einfluss der Kirche auf Wissenschaft und Lehre dort weitaus größer sei als in der von Rom relativ unabhängigen Universitätsstadt Padua, die zur freien Republik Venedig gehört. Allerdings lässt sich Galilei durch die Warnungen nicht beeindrucken, weil er an die Überzeugungskraft seiner Argumente glaubt. Vor allem locken ihn die finanziellen Möglichkeiten, die sich ihm in Florenz bieten.
Im weiteren Verlauf der Handlung muss Galilei erkennen, dass Macht und Einfluss der Kirche so groß sind, dass sie seine Lehre auf den Index setzen können. Außerdem wird er inhaftiert und man droht ihm die Folter an. Unter diesem Druck wird der Wissenschaftler schließlich seine Lehre widerrufen.

Leben des Galilei, Berliner Ensemble 1957

3 ***Beschreiben Sie den Aufbau des Mustertextes.***

4 ***Erstellen Sie eine Gliederung für die Einordnung des Textausschnittes in den Gesamtzusammenhang.***

Arbeitstechnik – Einordnung einer Textstelle in den Gesamtzusammenhang

Die Einordnung einer Textstelle in den Gesamtzusammenhang einer Ganzschrift dient dem Nachweis der Textkenntnis – in diesem Teil des Aufsatzes beschreiben Sie Inhalte und ordnen diese ein, Sie interpretieren sie noch nicht. So gehen Sie vor:

- Sie formulieren eine inhaltliche Zusammenfassung der vorgegebenen Textstelle.
- Daran schließen Sie einen Rückblick an, der kurz deutlich macht, weshalb es zu der im Textauszug beschriebenen Handlung kommt.
- In einem Ausblick fassen Sie dann zusammen, wie sich die Handlung weiter entfaltet.
- Sie schreiben in eigenen Worten. Die Zeitform ist das Präsens. Wichtige Figurenäußerungen geben Sie in indirekter Rede wieder. Zitate sind in diesem ersten Teil des Aufsatzes noch nicht erlaubt.

Achtung: Rückblick und Vorausblick müssen zeigen, dass Sie sich auf die vorgegebene Textstelle beziehen. Es geht also nicht darum, das ganze Drama inhaltlich wiederzugeben. Die Einordnung einer Textstelle sollte nicht mehr als ein Drittel des Gesamtumfangs Ihres Aufsatzes ausmachen.

Analyse und Interpretation sprachlicher und dramentechnischer Mittel

Im nächsten Schritt analysieren und interpretieren Sie einen Dramenauszug.

6. Bild (Auszug)

Eintritt ein sehr alter Kardinal, von einem Mönch gestützt. Man macht ihm ehrerbietig Platz.

DER SEHR ALTE KARDINAL Sind sie immer noch drinnen? Können sie mit dieser Kleinigkeit wirklich nicht schneller fertig werden? Dieser Clavius sollte doch seine Astronomie verstehen! Ich höre, dieser Herr Galilei versetzt den Menschen aus dem Mittelpunkt des Weltalls irgendwohin an den Rand. Er ist folglich deutlich ein Feind des Menschengeschlechts! Als solcher muß er behandelt werden. Der Mensch ist die Krone der Schöpfung, das weiß jedes Kind, Gottes höchstes und geliebtestes Geschöpf. Wie könnte er es, ein solches Wunderwerk, eine solche Anstrengung, auf ein kleines, abseitiges und immerfort weglaufendes Gestirnlein setzen? Würde er so wohin seinen Sohn schicken? Wie kann es Leute geben, so pervers, daß sie diesen Sklaven ihrer Rechentafeln Glauben schenken! Welches Geschöpf Gottes wird sich so etwas gefallen lassen?

DER DICKE PRÄLAT *halblaut:* Der Herr ist anwesend.

DER SEHR ALTE KARDINAL *zu Galilei:* So, sind Sie das? Wissen Sie, ich sehe nicht mehr allzu gut, aber das sehe ich doch, daß Sie diesem Menschen, den wir seinerzeit verbrannt haben – wie hieß er doch? –, auffallend gleichen.

DER MÖNCH Eure Eminenz sollten sich nicht aufregen. Der Arzt …

DER SEHR ALTE KARDINAL *schüttelt ihn ab, zu Galilei:* Sie wollen die Erde erniedrigen, obwohl Sie auf ihr leben und alles von ihr empfangen. Sie beschmutzen Ihr eigenes Nest! Aber ich jedenfalls lasse es mir nicht gefallen. *Er stößt den Mönch zurück und beginnt stolz auf und ab zu schreiten.* Ich bin nicht irgendein Wesen auf irgendeinem Gestirnchen, das für kurze Zeit irgendwo kreist. Ich gehe auf einer festen Erde, in sicherem Schritt, sie ruht, sie ist der Mittelpunkt des Alls, ich bin im Mittelpunkt, und das Auge des Schöpfers ruht auf mir und auf mir allein. Um mich kreisen, fixiert an acht kristallene Schalen, die Fixsterne und die gewaltige Sonne, die geschaffen ist, meine Umgebung zu beleuchten. Und auch mich, damit Gott mich sieht. So kommt sichtbar und unwiderleglich alles an auf mich, den Menschen, die Anstrengung Gottes, das Geschöpf in der Mitte, das Ebenbild Gottes, unvergänglich und … *Er sinkt zusammen.*

DER MÖNCH Eure Eminenz haben sich zuviel zugemutet!

In diesem Augenblick öffnet sich die Tür hinten, und an der Spitze seiner Astronomen kommt der große Clavius herein. Er durchschreitet schweigend und schnell, ohne zur Seite zu blicken, den Saal und spricht, schon am Ausgang, zu einem Mönch hin.

CLAVIUS Es stimmt. *Er geht ab, gefolgt von den Astronomen. Die Tür hinten bleibt offenstehen. Totenstille. Der sehr alte Kardinal kommt zu sich.*

DER SEHR ALTE KARDINAL Was ist? Die Entscheidung gefallen?

Niemand wagt, es ihm zu sagen.

DER MÖNCH Eure Eminenz müssen nach Hause gebracht werden.

Man hilft dem alten Mann hinaus. Alle verlassen verstört den Saal. Ein kleiner Mönch aus der Untersuchungskommission des Clavius bleibt bei Galilei stehen.

DER KLEINE MÖNCH *verstohlen:* Herr Galilei, Pater Clavius sagte, bevor er wegging: Jetzt können die Theologen sehen, wie sie die Himmelskreise wieder einrenken! Sie haben gesiegt. *Ab*

Analyse und Interpretation sprachlicher und dramentechnischer Mittel

GALILEI *sucht ihn zurückzuhalten:* Sie hat gesiegt! Nicht ich, die Vernunft hat gesiegt!

Der kleine Mönch ist schon weg. Auch Galilei geht. Unter der Tür begegnet er einem hochgewachsenen Geistlichen, dem Kardinal Inquisitor. Ein Astronom begleitet ihn. Galilei verbeugt sich. Bevor er hinausgeht, stellt er einem Türhüter flüsternd eine Frage.

TÜRHÜTER *zurückflüsternd:* Seine Eminenz, der Kardinal Inquisitor. R

1 ***Ordnen Sie die Textstelle in den Gesamtzusammenhang ein.***

2 ***Formulieren Sie eine Interpretationshypothese zu dem Textauszug. Gehen Sie so vor.***

a) Formulieren Sie, wie Sie den Auftritt des „sehr alten Kardinals“ im Hinblick auf seine inhaltlichen Aussagen, seine Sprache und seinen Zusammenbruch deuten.

b) Gehen Sie auf die Funktion ein, die dieses 6. Bild für den Handlungsverlauf des Dramas haben könnte.

3 ***Analysieren Sie den Auszug.***

a) Welche Auffassung von der Bedeutung der Wissenschaft äußert „der sehr alte Kardinal“? Vergleichen Sie seine Auffassung mit der Galileis.

b) Untersuchen Sie, welche sprachlichen Mittel verwendet werden, um die Position des „sehr alten Kardinals“ zu untermauern. (➪ Kapitel 13, S. 228–229)

Sprache und Stil

4 ***Deuten Sie die Ergebnisse Ihrer Sprachanalyse. Formulieren Sie Sätze nach dem Muster unten.***

Sprachliches Mittel	Deutung
Drohungen, z. B.: „Aber ich jedenfalls lasse es mir nicht gefallen“ (Z. 18–19)	Aggressivität des Kardinals
Ironie: „… auf irgendeinem Gestirnchen“ (Z. 20)	würdigt Galileis Arbeit herab
Anapher: „Ich bin nicht (…) Ich gehe (…), ich bin (…)“ (Z. 20–22)	egozentrischer Machtmensch – sieht nur sich im Mittelpunkt
Metapher: „Sie beschmutzen Ihr eigenes Nest!“ (Z. 18)	beleidigend, verachtend

Muster

Trotz seiner Gebrechlichkeit ist der Kardinal sehr erregt und aggressiv gegenüber Galilei und vermittelt das Bild eines Machtmenschen, der keinen Widerspruch duldet. Dies wird z. B. daran deutlich, dass seine Aussagen in Form von Ausrufen formuliert werden, dass er ironisch über Galileis Forschung spricht und sich als Mittelpunkt von allem darstellt, wozu das Stilmittel Anapher benutzt wird: „Ich bin nicht irgendein Wesen (…) Ich gehe (…), ich bin (…)“ (Z. 20–22). Mit der ironischen Verkleinerung „Gestirnchen“ würdigt er Galileis Forschungsleistungen herab. Darüber hinaus droht er Galilei, dass man ihn töten werde: „(…) das sehe ich doch, daß Sie diesem Menschen, den wir seinerzeit verbrannt haben (…) auffallend gleichen.“ (Z. 14–15)

Analyse und Interpretation sprachlicher und dramentechnischer Mittel

Für die Interpretation dramatischer Texte spielen die Regieanweisungen eine große Rolle, weil hier der Autor Hinweise gibt, wie eine Textpassage gespielt werden soll.

Muster

Deutung der dramentechnischen Gestaltung (6. Bild)

Die Regieanweisungen zeigen, auf welche Art der Kardinal seine Erregung, seinen Ärger und die Aggression Galilei betreffend durch die Körpersprache verdeutlichen soll, wenn er sich beispielsweise von dem ihn stützenden Mönch befreit: „schüttelt ihn ab“ (Z. 17). Mit dieser emotionalen Geste soll auch ein Gegensatz zur Gebrechlichkeit des alten Mannes hervorgehoben werden: „Eintritt ein sehr alter Kardinal, von einem Mönch gestützt. (...)“ und „Er sinkt zusammen.“ (Z. 1, 27)
Dennoch lässt sich bereits an dieser Stelle vermuten, dass die Bestätigung der Lehren Galileis durch Clavius nicht den endgültigen Sieg für Galilei bringen wird, denn Brecht gibt mit dem Auftritt des Großinquisitors bereits einen wichtigen Hinweis, wie sich die Ereignisse weiterentwickeln werden: „Unter der Tür begegnet er einem hochgewachsenen Geistlichen, dem Kardinal Inquisitor. Ein Astronom begleitet ihn. Galilei verbeugt sich.“ (Z. 43–44) Die Verbeugung Galileis könnte als Vorwegnahme der späteren Unterwerfung gedeutet werden.

5 ***Untersuchen Sie die Musterlösung.***

a) Schreiben Sie die für diesen Textauszug aufgestellten Interpretationshypothesen heraus.

b) Fassen Sie die Begründungen der Interpretationshypothesen kurz schriftlich zusammen.

6 ***Ergänzen Sie die Deutung der dramentechnischen Gestaltung (Muster) durch weitere Beispiele.***

Basiswissen **Dramentechnische Mittel: die Regieanweisung**

Regieanweisungen sind wichtige dramentechnische Mittel. Sie geben Hinweise zum körpersprachlichen Verhalten (analoge Kommunikation), also Mimik und Gestik einer Figur, und verdeutlichen so mit der Art der Gesprächsführung, der Äußerung von Emotionen, das Verhältnis der Figuren zueinander. Häufig nutzt der Autor (Dramatiker) die Regieanweisungen auch, um Hinweise zu geben, wie er sich die Kulisse, die Beleuchtung oder die Architektur eines Raumes wünscht und was die gerade nicht sprechenden Figuren tun sollen.

Die Analyse der Regieanweisungen gibt neben der Beschreibung des Dramenaufbaus und anderer dramentechnischer Mittel (➪ S. 252–265) wichtige Aufschlüsse für die Interpretation des Dramas.

7 ***Formulieren Sie Regieanweisungen, mit denen folgende digitale (verbale) Äußerungen durch analoges (nonverbales) Verhalten verdeutlicht und verstärkt werden können.***

Beispiel: digitale Ebene	auszudrückendes Gefühl	analoge Ebene
Ich habe versagt.	*Resignation*	*schlägt die Hände vor das Gesicht*
So kannst du mit mir nicht umgehen! Ich könnte alle umarmen! Was soll ich jetzt bloß tun? Hoffentlich kommt er bald!	Wut, Aggression Euphorie Ratlosigkeit Ungeduld	... ...

Die historische Interpretationsmethode

Für eine Interpretation kann es sinnvoll sein, die textimmanente Betrachtungsweise zu ergänzen und den historischen Hintergrund eines Werkes zu untersuchen. Die Werke Bertolt Brechts eignen sich besonders für die historische Interpretationsmethode, weil Brecht auf gesellschaftspolitische Ereignisse seiner Zeit in seinen literarischen Werken unmittelbar reagierte.

Informationen zu Brechts Biografie und Zeitgeschichte

Bertolt Brecht wurde 1898 in Augsburg geboren. Er wuchs in gesicherten bürgerlichen Verhältnissen auf. Schon während seiner Schulzeit setzte er sich sehr kritisch mit dem gerade tobenden Ersten Weltkrieg auseinander. Dies verstärkte sich noch, als er 1918 als Sanitätssoldat in einem Augsburger Reservelazarett arbeitete. Seine Gedichte, Lieder und Theaterstücke aus dieser Zeit sowie aus den 20er Jahren des 20. Jahrhunderts wurden nach dem Machtantritt der Nationalsozialisten im Januar 1933 zu „undeutschen Schriften" erklärt und verbrannt. Brecht wurde die deutsche Staatsbürgerschaft aberkannt und er musste das Land verlassen.

Von seinen Stücken gibt es oft mehrere Fassungen, die an verschiedenen Orten entstanden sind. So hat Brecht die erste Fassung von „Leben des Galilei" 1938/39 in Dänemark verfasst, die zweite im amerikanischen Exil zwischen 1945 und 1947 und die dritte Bearbeitung in Berlin vorgenommen, die 1955 im Suhrkamp Verlag ihre Druckfassung erhielt. Vor allem der Atombombenabwurf 1945 über Hiroshima und Nagasaki, der in wenigen Minuten über 180 000 Menschen das Leben kostete, veranlasste Brecht zu einer Überarbeitung des berühmten Schlussmonologes Galileis.

Erste (dänische) Fassung (1938/39) – 14. Bild (Schlussmonolog)

Galilei (...) Die Wissenschaft befindet sich nämlich mit der gesamten Menschheit in einem Boot. So kann sie nicht etwa sagen: Was geht es mich an, wenn am andern Ende des Bootes ein Leck ist! Sie steht so für die Vernunft, welche eine zu große Sache ist, als daß sie je in einem Kopf Platz hätte. Die Vernunft ist eine Sache, in welche die Menschen sich teilen. Sie kann als die Selbstsucht der gesamten Menschheit bezeichnet werden. Die Wissenschaft kann Menschen, die es versäumen, für die Vernunft einzutreten, nicht brauchen. Sie muß sie mit Schande davonjagen, denn sie mag so viele Wahrheiten wie immer wissen, in einer Welt der Lüge hätte sie keinen Bestand. Wenn die Hand, die sie füttert, ihr gelegentlich und ohne Warnung an die Gurgel greift, wird die Menschheit sie abhauen müssen. Das ist der Grund, warum die Wissenschaft einen Menschen wie mich nicht in ihren Reihen dulden kann.

Dritte (Berliner) Fassung (1953–55) – 14. Bild (Schlussmonolog)

Galilei (...) Eine Menschheit, stolpernd in einem Perlmutterdunst von Aberglauben und alten Wörtern, zu unwissend, ihre eigenen Kräfte voll zu entfalten, wird nicht fähig sein, die Kräfte der Natur zu entfalten, die ihr enthüllt. Wofür arbeitet ihr? Ich halte dafür, daß das einzige Ziel der Wissenschaft darin besteht, die Mühseligkeit der menschlichen Existenz zu erleichtern. Wenn Wissenschaftler, eingeschüchtert durch selbstsüchtige Machthaber, sich damit begnügen, Wissen um des Wissens willen aufzuhäufen, kann die Wissenschaft zum Krüppel gemacht werden, und eure neuen Maschinen mögen nur neue Drangsale bedeuten.

Die historische Interpretationsmethode

Ihr mögt mit der Zeit alles entdecken, was es zu entdecken gibt, und euer Fortschritt wird doch nur ein Fortschreiten von der Menschheit weg sein. Die Kluft zwischen euch und ihr kann eines Tages so groß werden, daß euer Jubelschrei über irgendeine neue Errungenschaft von einem universalen Entsetzensschrei beantwortet werden könnte. – Ich hatte als Wissenschaftler eine einzigartige Möglichkeit. In meiner Zeit erreichte die Astronomie die Marktplätze. Unter diesen ganz besonderen Umständen hätte die Standhaftigkeit eines Mannes große Erschütterungen hervorrufen können. Hätte ich widerstanden, hätten die Naturwissenschaftler etwas wie den hippokratischen Eid der Ärzte entwickeln können, das Gelöbnis, ihr Wissen einzig zum Wohle der Menschheit anzuwenden! Wie es nun steht, ist das Höchste, was man erhoffen kann, ein Geschlecht erfinderischer Zwerge, die für alles gemietet werden können. Ich habe zudem die Überzeugung gewonnen, Sarti, daß ich niemals in wirklicher Gefahr schwebte. Einige Jahre lang war ich ebenso stark wie die Obrigkeit. Und ich überlieferte mein Wissen den Machthabern, es zu gebrauchen, es nicht zu gebrauchen, es zu mißbrauchen, ganz wie es ihren Zwecken diente. *Virginia ist mit einer Schüssel hereingekommen und bleibt stehen.*

GALILEI Ich habe meinen Beruf verraten. Ein Mensch, der das tut, was ich getan habe, kann in den Reihen der Wissenschaftler nicht geduldet werden. R

1 *Untersuchen Sie die Veränderungen, die Brecht vorgenommen hat, und versuchen Sie, diese zu begründen. Nutzen Sie dazu die Informationen zu Biografie und Zeitgeschichte.*

2 *Erörtern Sie die Relevanz des Themas „Grenzen des wissenschaftlichen Forschens" für Leser des 21. Jahrhunderts.*

Basiswissen – Historische Interpretationsmethode

Eine Interpretationsmethode, bei der Faktoren, die außerhalb des Textes liegen, zur Deutung herangezogen werden. Das können z. B. geschichtliche Ereignisse sein oder gesellschaftspolitische Vorgänge, die das Leben und Wirken einer Autorin oder eines Autors stark beeinflussen. Mit dieser Methode prüfen Sie, ob und wie solche Ereignisse und Vorgänge sich auf die Themenwahl, die inhaltliche und sprachliche Darstellungsweise eines literarischen Textes (hier eines Dramas) ausgewirkt haben, und Sie beziehen diese Aspekte in Ihre Deutung ein.

Muster

Aufgabe mit Lösungsvorschlag:
Ordnen Sie das vollständige 6. Bild in den Gesamtzusammenhang des Dramas ein und interpretieren Sie es. Berücksichtigen Sie dabei die sprachliche und dramentechnische Gestaltung und gehen Sie auf historische Hintergründe ein.

Das 1938 im dänischen Exil entstandene Drama „Leben des Galilei" wurde von Bertolt Brecht verfasst und in den folgenden zwei Jahrzehnten mehrfach überarbeitet, bis es im Jahr 1955 in Berlin seine endgültige Fassung erhielt. Im Mittelpunkt steht das Leben des berühmten Physikers und Astronomen Galileo Galilei, sein Kampf mit der Kirche um freie Forschung und die Folgen eines sich wandelnden Weltbildes.

allgemeine Einleitung

Die Textinterpretation

Inhalt der Textstelle

Im 6. Bild, dessen Handlung im Forschungsinstitut des Vatikans spielt, warten Galilei und eine Reihe von Theologen, Priestern, Wissenschaftlern auf die Untersuchungsergebnisse des Astronomen Clavius. Eingangs der Szene macht man sich über das neue Weltbild und die Lehren Galileis lustig. Es werden Einwände gegen das kopernikanische Weltbild erhoben. So kritisieren die beiden Astronomen, dass es bereits früher Erscheinungen am Himmel gegeben habe, die mit dem alten Weltbild nicht zu erklären gewesen seien. Dennoch habe niemand die Vermessenheit besessen, den Himmel in seinem Wesen anzuzweifeln. Ein sehr dünner Mönch versucht, die Lehre Galileis mit dem Wortlaut der Schrift zu widerlegen und behauptet, Galileis Theorien seien destruktiv. Unterstützung erhält er von dem sehr alten Kardinal, der ebenfalls darüber reflektiert, was mit der Welt und dem Menschen geschähe, wenn Galileis Weltbild stimmen würde. Vor allem beklagt er den Verlust der Gottesebenbildlichkeit, die im Weltbild der Bibel die innere Mitte bildet. Mit eindeutigen Drohungen versucht er Galilei einzuschüchtern. Das Bild endet damit, dass Clavius in aller Knappheit die Himmelsbeobachtungen bestätigt.

Rückblick

Bereits im Vorfeld dieses Bildes ist die Skepsis der Vertreter der katholischen Kirche gegenüber dem kopernikanischen Weltbild thematisiert worden. Vor allem im 4. Bild wird das Dogma der herrschenden kirchlichen Lehre deutlich: Die Gelehrten weigern sich, durch das Fernrohr zu schauen, weil sie nicht an die Möglichkeit der Existenz der Jupitermonde glauben.

weitere Entwicklung

Auch im weiteren Verlauf des Dramas kommt es zu erheblichen Konflikten Galileis mit der Kirche. Man setzt seine Schriften auf den Index; als er weiterforscht und berühmt wird, zwingt ihn die Inquisition schließlich zum Widerruf und erteilt ihm lebenslänglich Hausarrest.

Interpretationshypothesen mit Textbelegen

Im 6. Bild wird gezeigt, aus welch unterschiedlichen Motiven heraus Erkenntnisse der Wissenschaften abgelehnt werden. Zum einen fällt die Gruppe um den dicken Prälaten auf, die offensichtlich nicht gewillt ist, sich mit den neuen Theorien auseinanderzusetzen. Diese Gruppe repräsentiert einen Menschentypus, der nur auf seine beschränkte Sinneswahrnehmung vertraut. Auf das, was sie nicht versteht, reagiert sie mit einem fast albernen kleinen Theaterspiel, das ihre Ignoranz unter Beweis stellt: „Es bildet sich ein Klumpen von Mönchen, die unter Gelächter tun, als wehrten sie sich, von einem Schiff im Sturm abgeschüttelt zu werden.“ (S. 59*)

Analyse der Regieanweisung

Brecht wählt in der Regieanweisung erneut das Bild vom Schiff als Metapher für die neue Zeit, die anbricht; eine Zeit, in der man sich getraut, die Ufer zu verlassen (vgl. S. 9 f.) und über das Meer zu fahren. Dabei werden, so Galileis Hoffnung, in der Tat nicht nur die alten Lehren, sondern auch deren Vertreter „abgeschüttelt“. Ihre Sprache ist zynisch, weil sie sich immer wieder über Galileis Lehren lustig machen: „Ein Mönch spielt Komödie: Mir schwindelt. Die Erde dreht sich zu schnell.“ (S. 58)

Konflikt

Hingegen machen sich die beiden Astronomen wesentlich mehr Gedanken, sie stehen für diejenigen Wissenschaftler, die sich neuen Erkenntnissen zwar nicht völlig verschließen, aber denen die alte Ordnung so schützenswert erscheint, dass sie das Neue lieber verwerfen. Sie sehen, aber sie haben nicht den Mut, daraus die richtigen Schlüsse zu ziehen. Der zweite Astronom äußert: „Es gibt Erscheinungen, die uns Astronomen Schwierigkeiten bereiten, aber muß der Mensch alles verstehen?“ (S. 60) Die rhetorische Frage zeigt deutlich, wo sich der Astronom seine Grenzen setzt: dort, wo die göttliche und die weltliche Ordnung selbst zum Gegenstand der Forschung werden.

Sprachanalyse und Zitate

Einen letzten Typus von Gegnern der Lehre Galileis stellt uns Brecht mit dem sehr dünnen Mönch und dem sehr alten Kardinal vor. Sie sind fanatische Fundamentalisten, die sich aus unterschiedlichen Gründen der Unfehlbarkeit der Bibel verpflichtet fühlen: „Wie kann die Sonne stillstehen, wenn sie sich überhaupt nicht dreht, wie diese Ketzer behaupten? Lügt die Schrift?“ (S. 60) Auch diese Fragen sind Scheinfragen, die verknüpft sind mit einer eindeutigen Drohung in die Richtung Galileis. Mit Aufzählungen, Metaphern und Vergleichen will der sehr dünne Mönch die Verwerflichkeit der Hypothesen Galileis vor Augen führen: „Die Heimat des Menschen setzen sie einem

* Die Seitenangaben beziehen sich auf B. B., Leben des Galilei. edition Suhrkamp, 2007.

Die Textinterpretation

Wandelstern gleich. Mensch, Tier, Pflanze und Erdreich verpacken sie auf einen Karren und treiben ihn im Kreis durch den leeren Himmel." (S. 60)

Die antithetische Grundstruktur seiner Ausführungen unterstreicht nochmals die Schärfe des Konflikts zwischen der alten und neuen Lehre: „Da ist kein Unterschied mehr zwischen Oben und Unten, zwischen dem Ewigen und Vergänglichen.(…) Es gibt auch nicht Mensch und Tier, der Mensch selber ist ein Tier, es gibt nur Tiere!" (S. 60 f.)

Wie sich der Mönch in seinen Ausführungen ereifert, wird an den Ausrufezeichen deutlich; sie sollen zeigen, dass er keinen Widerspruch duldet, dass ein wissenschaftlicher Disput mit ihm unmöglich ist. Dies verdeutlichen auch Brechts Regieanweisungen: „(…) kommt mit einer aufgeschlagenen Bibel nach vorn, den Finger auf eine Stelle stoßend: (…)" (S. 60)

Ganz ähnlich verhält es sich mit dem sehr alten Kardinal, der ebenfalls ein Dogmatiker ist und in der Auseinandersetzung mit der eigenen Hinfälligkeit aus dem geozentrischen ein egozentrisches Weltbild gemacht hat. Die Vielzahl der Sätze, die mit dem Personalpronomen und Reflexivpronomen in der 1. Person Singular beginnen, zeigt die Ich-Fixierung des Kardinals. Auch er bedient sich der Metaphorik, um die Bedeutung des Menschen als „Krone der Schöpfung", als „Wunderwerk" hervorzuheben oder Galilei und seine Anhänger als „Sklaven der Rechentafeln" (S. 61) zu beschimpfen. Höhepunkt seiner Hetzrede gegen die Lehren Galileis ist sicher die Klimax am Ende, als er kurz vor seinem Zusammenbruch konstatiert: „So kommt sichtbar und unwiderleglich alles an auf mich, den Menschen, das Ebenbild Gottes, unvergänglich und …" (S. 62)

Wie brüchig und morbide die alte Lehre geworden ist, wird in der lakonisch knappen Regieanweisung „Er sinkt zusammen." (S. 62) nochmals dramentechnisch unterstrichen.

So ist nach der Analyse und Interpretation dieses Bildes festzuhalten, dass es unterschiedliche Gründe gibt, sich dem Neuen zu verweigern. Dabei könnten Angst (der sehr alte Kardinal), Kadavergehorsam (der sehr dünne Mönch) und schlichte Dummheit (der Prälat) eine Rolle spielen. Dennoch geht es Brecht nicht allein um die Wissenschaft, sondern um die Forschung zum Wohl der Menschheit. Wer im „Galilei" nur ein Plädoyer für ungehinderte freie Forschung sieht, übersieht, dass Brecht die Frage nach der Verantwortung des Wissenschaftlers stellt, nachdem die Atombombenabwürfe auf Japan geschehen sind. Es geht ihm um Humanisierung der gesellschaftlichen Verhältnisse und darum, die Unfreiheit der Menschen zu bekämpfen. Die Kapitulation Galileis am Schluss des Dramas muss in diesem Zusammenhang als Kapitulation vor den gesellschaftlichen Zuständen, die eine freie Entfaltung unmöglich machen, gesehen werden und weniger als persönliches Defizit.

Sprachanalyse und Zitate

Zusammenfassung der Interpretationshypothesen

Brechts Intention unter Einbeziehung historischer Hintergründe

1 ***Untersuchen Sie die Musterlösung.***

a) Arbeiten Sie die Interpretationshypothesen sowie deren Begründungen heraus.

b) Beurteilen Sie die Bedeutung des Schlussteils in Hinsicht auf die Interpretation des Dramas.

Fazit

15.2 Einen Dramentext interpretieren

- Einordnung einer Textstelle in den Gesamtzusammenhang
- Deutung der sprachlichen und dramentechnischen Mittel
- geschichtliche Hintergründe einbeziehen

Den Arbeitsauftrag umsetzen

Für den Literaturwettbewerb sind Sie inzwischen bestens gerüstet. Sie sind in der Lage, fiktionale Texte nach festgelegten Kriterien einer Gattung zuzuordnen und ihre besonderen Merkmale sowie deren Wirkung auf den Leser zu benennen und anzuwenden.

1 ***Jury: Beurteilen Sie die eingereichten Texte.***

a) Erarbeiten Sie Checklisten für die Beurteilung dramatischer, epischer und lyrischer Texte.

b) Vergleichen Sie Ihre Listen und einigen Sie sich im Klassenverband auf eine verbindliche Version.

c) Würdigen Sie jeden eingereichten Text, indem Sie eine kurze Beurteilung verfassen und seine positiven Aspekte herausstellen.

2 ***Autorin/Autor: Reichen Sie Ihren Text bei der Jury ein.***

a) Achten Sie beim Erstellen Ihres Textes auf die Einhaltung der erarbeiteten Kriterien.

b) Überarbeiten Sie Ihren Text inhaltlich, stilistisch und orthografisch.

Die Checkliste hilft Ihnen, Ihre erworbenen Fähigkeiten zu überprüfen.

Checkliste: Epik – Lyrik – Dramatik

Epik

- ☑ Können Sie fiktionale von pragmatischen Texten unterscheiden?
- ☑ Können Sie die Funktion des Erzählers erklären?
- ☑ Können Sie die unterschiedlichen Erzählformen nennen und ihre jeweilige Funktion erläutern?
- ☑ Wissen Sie, inwiefern sich die auktoriale von der personalen Erzählperspektive unterscheidet?
- ☑ Kennen Sie unterschiedliche Möglichkeiten zur Wiedergabe von Gesprächen in epischen Texten?
- ☑ Kennen Sie unterschiedliche Möglichkeiten zur Wiedergabe von Gedanken und Gefühlen in epischen Texten?
- ☑ Können Sie das Verhältnis von erzählter Zeit und Erzählzeit beschreiben?
- ☑ Wissen Sie, wie sich einzelne Interpretationsmethoden voneinander unterscheiden?

Lyrik

- ☑ Wissen Sie, welche Aufgabe das „lyrische Ich" hat?
- ☑ Können Sie Reimschemata benennen?
- ☑ Können Sie erklären, was ein Jambus, ein Anapäst, ein Trochäus, ein Daktylus ist?
- ☑ Können Sie erklären, was eine männliche bzw. weibliche Kadenz ist?

Dramatik

- ☑ Kennen Sie die Merkmale der klassischen Tragödie?
- ☑ Kennen Sie die Merkmale des epischen Theaters?
- ☑ Können Sie erklären, warum Brecht die Form des epischen Theaters entwickelte?
- ☑ Können Sie erklären, warum Dürrenmatt die Form der Tragikomödie wählte?
- ☑ Kennen Sie die Merkmale des absurden Theaters?

16 Zusatzmaterial

Literarische Gattungen – ein Überblick

Literarische Texte sind erdachte, fiktionale Texte. Es ist wichtig, dass Sie die unterschiedlichen Textsorten unterscheiden können, damit Sie Texte z. B. bei einer Interpretation besser beurteilen und sich fachsprachlich korrekt ausdrücken können. Die folgende Darstellung soll Ihnen helfen, sich über die wichtigsten Arten literarischen Schreibens zu informieren. Grundsätzlich unterscheidet man zwischen den literarischen Gattungen Epik, Dramatik, Lyrik.

Epik

Alle erzählenden Texte in der Literatur fasst man unter dem Begriff Epik zusammen (vom Griechischen „epikos", d. h. erzählerisch). Der Erzähler teilt einem Leser äußere und innere Geschehnisse einer Handlung mit. Epik wird in ungebundener Sprache (Prosa) geschrieben.

Märchen: Das Märchen ist eine ursprünglich mündlich überlieferte Erzählform, die in allen Völkern verbreitet ist. Merkmale sind: Ort und Zeit der Handlung sind nicht genau bestimmt, die Figuren werden auf Gegensätze beschränkt dargestellt (*gut/böse*, *arm/reich*, *klug/dumm*). Häufig müssen Aufgaben bestanden werden; Gegenstände haben Zauberkraft, Menschen und Tiere werden verwandelt.
*Beipiel: Rafik Schami (*1946): Der einäugige Esel oder Wie einer auf dem Richter reiten wollte*

Novelle: Es wird in kurzer Form eine besondere („unerhörte") Begebenheit erzählt, die ab einem bestimmten Zeitpunkt eine Wende nimmt (Wendepunkt). Häufig werden erzählerische Vorausdeutungen und/oder die Leitmotivtechnik (z. B. Dingsymbole) angewendet.
Beispiel: *Ernst Theodor Amadeus Hoffmann: Der Sandmann (1816)*

Kurzgeschichte: Der Begriff entstand in Anlehnung an die amerikanische „Short Story". Es handelt sich um eine kurze erzählende Form mit einem unvermittelten Anfang und einem offen gehaltenen Schluss (Ein- und Ausblendetechnik). Häufig steht eine entscheidende Situation im Leben eines Menschen im Mittelpunkt des Geschehens. Dem Leser werden existenzielle Probleme des Lebens offenbart, ohne dass Lösungsvorschläge entfaltet werden. Die Sprache ist oft klar und konkret, nahe an der Alltagssprache.
Beispiel: *Gabriele Wohmann: Ein netter Kerl (1978)*

Fabel: Tiere, Pflanzen oder Gegenstände stehen im Mittelpunkt der Fabel. Sie stellen menschliche Eigenschaften und Verhaltensweisen dar. Durch die Kritik an Verhaltensweisen und gesellschaftlichen Zuständen sollen Fabeln meist eine Lehre vermitteln und den Leser zu Reflexion und Einsicht bewegen. Die Lehre kann am Schluss der Fabel als nachgestellter Lehrsatz formuliert sein (Epimythion). Fabeln werden in Prosa, aber auch in Versen (Gedicht) geschrieben.
Beispiel: *Äsop (um 550 v. Chr.): Der Fuchs und der Storch*

Parabel: Die Parabel ist eine kurze, gleichnishafte Erzählung, die den Leser durch sprachliche Verschlüsselungen zwingt, den Text von der Inhaltsebene (das Gesagte) auf die Ebene der Deutung (das Gemeinte) zu übertragen. Erst dadurch gewinnt der Text seinen Sinn. Ursprünglich gehörte die Parabel zu den Textsorten, die eine Lehre vermitteln wollen. Die Schriftsteller des 20. Jahrhunderts haben ihre Skepsis gegenüber der Belehrung des Lesers darin zum Ausdruck gebracht, dass sie in Form einer Parabel erzählen, den Leser aber dann mit paradoxen Inhalten konfrontieren, um ihn zu verwirren.
Beispiel: *Franz Kafka: Vor dem Gesetz (1914)*

Roman: Die Gattungsunterschiede innerhalb der Gattung Roman sind sehr groß. Eine Definition muss sich daher auf Folgendes beschränken: Der Roman gestaltet erzählerisch einen Ausschnitt aus dem Leben und dem gesellschaftlichen Umfeld einer oder mehrerer

Protagonisten. Das Geschehen wird in Haupt- und Nebenhandlungen, an mehreren Orten, zu verschiedenen Zeiten, aus unterschiedlichen Perspektiven dargestellt.
Beispiel: *Günter Grass: Die Blechtrommel (1959)*

Dramatik

Das Wort Dramatik stammt vom griechischen Wort „drama" ab und bedeutet Handlung. Die Handlung vollzieht sich in Dialogen und Monologen und wird auf einem Konflikt aufgebaut, der mit Spannung einem Höhepunkt zugeführt und anschließend im Guten oder in einer Katastrophe aufgelöst wird. Die Tragödie und die Komödie sind die Grundformen des Dramas. Der Begriff Schauspiel wird oft als Oberbegriff für Drama, Tragödie und Komödie verwendet.

Tragödie/Trauerspiel: Im Mittelpunkt steht eine Figur, die aufgrund schicksalhafter Zusammenhänge, gesellschaftlicher Missstände oder individueller Verfehlung scheitert.
Beispiel: *Friedrich Schiller: Kabale und Liebe (1784)*

Komödie/Lustspiel: Die im Mittelpunkt stehende Figur veranschaulicht häufig menschliche Schwächen und Laster. Das Stilmittel der Übertreibung verhindert die Identifikation des Zuschauers mit dem Protagonisten und ermöglicht eine heiter-distanzierte – auch kritische – Betrachtung.
Beispiel: *Gotthold Ephraim Lessing: Minna von Barnhelm oder Das Soldatenglück (1763)*

Lyrik

Das Wort Lyrik stammt von dem griechischen Wort „lyra" ab und bedeutet Leier (Musikinstrument, mit dem dichterische Vorträge begleitet wurden). Traditionelle Lyrik ist in gebundener Sprache (Poesie) geschrieben und durch Reim, Vers und Strophe gekennzeichnet. Modernere Formen halten sich oft nicht an formale Zwänge.

Gedicht: Im Mittelpunkt von Gedichten stehen oft die subjektiven Erfahrungen eines lyrischen Ichs. Häufig werden Grenzerfahrungen thematisiert, z. B. Liebe, Exil, Krankheit und Tod. Der Leser begegnet in Gedichten einer großen Vielfalt sprachlicher und formaler Gestaltungsmittel.
Beispiel: *Georg Trakl: Verfall (1913)*

Gedichtformen

Ballade: Balladen weisen eine klare Handlungsstruktur auf, die in Reimform und rhythmisiert präsentiert wird.
Beispiel: *Gottfried August Bürger: Lenore (1773)*

Sonett: Sonette sind typisch für die Barockdichtung. Sie bestehen aus 14 Versen, unterteilt in zwei Quartette und zwei Terzette. Die gedankliche Anlage ist oft dialektisch, z. B. Glück – Unglück, Vergänglichkeit – Ewigkeit, Krieg – Frieden, und spiegelt damit im Barock die Ambivalenz des Lebensgefühls wider.

Mischformen

In der Dichtung wurden die strengen Regeln der Gattungen durchbrochen, Mischformen entstanden. So gibt es z. B. dramatische Gedichte und das epische Theater. Auch lyrische Elemente (Lieder, Gedichte) finden Eingang in die Gattungen Epik und Drama.

16.2

Erzähltechnik

Auf den folgenden Seiten finden Sie noch einmal in gebündelter Form die Informationen, die Sie benötigen, wenn Sie innerhalb der Textinterpretation Erzähltechnik und Sprache in einem literarischen Text untersuchen und ihre Ergebnisse mithilfe von Zitaten belegen wollen.

Basiswissen – Wesentliche Merkmale des Erzählens

Das wesentliche Merkmal eines epischen (erzählenden) Textes ist der Erzähler, der die Geschichte erzählt. Er ist streng von der Autorin oder dem Autor zu trennen. Mit der Entscheidung für einen bestimmten Erzähler/eine Erzählperspektive sind auch weitere Merkmale des Erzählens (Erzähltechnik) verbunden. Bei der Interpretation eines epischen Textes sollten Sie die folgenden Merkmale des Erzählens berücksichtigen:

Erzählperspektive	Erläuterung	Beispiele
auktorial	Dieser Erzähler steht über dem Handlungsverlauf, weil er ihn rückblickend erzählt und über alle Ereignisse informiert zu sein scheint. Es ist möglich, dass er sich dem Leser zu erkennen gibt und die Motive für den Erzählvorgang darlegt. Er vermag das Innenleben seiner Figuren transparent zu machen. Er lenkt den Leser z. B. mit Kommentaren zum Geschehen, mit Urteilen über Figuren und Vorausdeutungen von Ereignissen.	Patrick Süskind: Das Parfüm *(...) Da wir Madame Gaillard an dieser Stelle der Geschichte verlassen und ihr auch später nicht mehr begegnen werden, wollen wir in ein paar Sätzen das Ende ihrer Tage schildern (...) Gottseidank ahnte Madame Gaillard nichts von diesem ihr bevorstehenden Schicksal, als sie (...)* Thomas Mann: Mario und der Zauberer *(...) Die Hitze war unmäßig, soll ich das anführen? Sie war afrikanisch; die Schreckensherrschaft der Sonne (...) Mögen Sie das? (...)*
personal	Der Erzähler bildet mit einer oder abwechselnd mit verschiedenen Figuren jeweils eine Einheit, d. h., er betrachtet das Geschehen aus deren Sicht und nicht aus einer allwissenden Perspektive. Da diese Erzählperspektive die Unmittelbarkeit des Erlebens und Fühlens von Figuren besonders intensiv zum Ausdruck bringen kann, wird dieses Erzählverhalten dort bevorzugt, wo die Identifikation von Figur und Leser angestrebt wird.	Peter Grosz: Unerlaubter Weitschuss *(...) Sie sind da. Pille kann das sehen. Was draußen ist, sieht er sowieso besser als das, was hier drin geschieht. Auch wenn die Rollläden fast heruntergelassen sind. Alles nur wegen dieser öden Dias. Wen juckt's, was vor mehr als fünfzig Jahren in einem Hinterhaus in der Prinsengracht in Amsterdam abgegangen ist, wenn draußen ein Auto vorfährt. Lass ihn die Dias zeigen; lass ihn reden, den Grönaz (...)* Thomas Hürlimann: Der letzte Auftritt *Sie schleppte ihren Schminkkoffer vom Bahnhof durch die Stadt in den Biergarten. Sie wusste, das war das Ende. Die Existenz gescheitert, die Träume zerbrochen. Außer diesem Schminkkoffer hatte sie nichts mehr, und sie hatte Hunger, (...)*

Erzählperspektive	Erläuterung	Beispiele
Ich-Erzählperspektive	Der Erzähler tritt als Teil der erzählten Welt auf und ist die Figur, die das Erzählte zugleich unmittelbar erlebt und erzählt oder rückblickend präsentiert. Der zeitliche Abstand zwischen Erleben und Erzählen kann dabei sehr groß sein. Das eigene Fühlen und Denken wird in Form von Monologen oder inneren Monologen transparent gemacht, während das Innenleben der anderen Figuren weitgehend verschlossen bleibt.	Thomas Hürlimann: „Der Liebhaber der Mutter“ *(...) Die Jahre vergingen. Ich trieb mich herum. Mein Studium scheiterte. Eines Abends kehrte ich in meine Heimatstadt zurück, müde und kaputt, ohne Geld. Ich setzte mich in eine Bar. Neben mir saß ein Herr, wir kamen ins Gespräch (...) Eine Sekunde stutzte ich. Dann war mir alles klar. Unsere Mutter hatte gewusst, dass sie ihre Verliebtheit vor der Familie nicht verbergen konnte (...)*

Formen der Darbietung	Erläuterung	Beispiel
Erzählbericht	Der Erzähler vermittelt den Handlungsverlauf, d. h. das miterlebte, beobachtete oder in Erfahrung gebrachte Geschehen. Dieser Bericht kann Beschreibungen z. B. von Figuren, Orten, Ereignissen enthalten. Je nach Erzählperspektive präsentiert er das Geschehen als objektiver Betrachter (personal) oder er streut Kommentare und Beurteilungen ein (auktorial, Ich-Erzähler).	(siehe Beispiele zu den Erzählperspektiven)
Figurenrede	Der Erzähler lässt die Figuren zu Wort kommen. Dazu hat er verschiedene Möglichkeiten:	
• **szenisches Erzählen**	Der Erzähler tritt weitgehend in den Hintergrund. In der Textinterpretation spielen szenische Passagen häufig eine zentrale Rolle, weil durch die Art und Weise der Kommunikation die Figuren ihr Inneres sowie ihr Verhältnis zueinander transparent werden lassen.	Markus Orths: „Kruft und Schill“ *(...) „Was wollen Sie hier?“, rief er.* *„Entschuldigen Sie, mein Name ist Sebastian Schill.“* *„Ja und?“* *„Ich läute schon seit fünf Minuten!“, sagte Schill. (...)*
• **erlebte Rede**	Wiedergabe von Gedanken und Gefühlen in der 3. Person	*Als Florian Kruft (...) aus dem Fenster sah, erschrak er, da nicht sein eigenes Spiegelbild erschien, (...)*
• **innerer Monolog**	Hier gibt die Figur in der Ich-Form wieder, was sie denkt und fühlt.	Gabriele Wohmann: „Flitterwochen, dritter Tag“ *(...) ich fühlte nun doch ziemlich genau, dass es mir zusagte, das Ganze, (...)*

16.3

Zitiertechnik

Basiswissen **Zitate als Textbelege**

Um Ihre Interpretationsergebnisse abzusichern, sind Zitate als Textbelege von besonderer Bedeutung. Sie zeigen damit, dass Sie mit dem Text arbeiten und inhaltliche wie sprachliche Besonderheiten erkennen und deuten können. Folgende Regeln sind zu beachten:

- Ein Zitat muss bezüglich Ihrer Interpretationsaussage aussagekräftig sein.
- Ein Zitat darf von Ihnen niemals inhaltlich verändert werden.
- Zitate werden durch Anführungszeichen („ “) gekennzeichnet.
- Zitate oder direkte Rede innerhalb von Zitaten werden mit einfachen (halben) Anführungszeichen (‚ ’) gekennzeichnet.
- Auslassungen werden durch Klammern mit drei Punkten (...) dokumentiert.
- Nach Abschluss des Zitats steht in runder Klammer die Seiten- und Zeilenangabe (S. 2, Z. 1). Bei Texten, die nur auf einer Seite stehen, genügt die Zeilenangabe.
- Erstreckt sich das Zitat über zwei Zeilen, wird die zweite Zeile mit f. angegeben (Z. 2 f.).
- Bei längeren Zitaten über mehrere Zeilen hinweg steht nach der Zahl der ersten Zeile ff. (Z. 2 ff.).

Franz Kafka: Kleine Fabel

„Ach“, sagte die Maus, „die Welt wird enger mit jedem Tag. Zuerst war sie so breit, dass ich Angst hatte, ich lief weiter und war glücklich, dass ich endlich rechts und links in der Ferne Mauern sah, aber diese langen Mauern eilen so schnell aufeinander zu, dass ich schon im letzten Zimmer bin, und dort im Winkel steht die Falle, in die ich laufe.“ – „Du musst nur die Laufrichtung ändern“, sagte die Katze und fraß sie.

In einer Textinterpretation werden folgende Zitate eingebaut. Entscheiden Sie, ob richtig oder falsch zitiert worden ist. Begründen Sie Ihre Entscheidung und beschreiben Sie den Regelverstoß.

Der Rat der Katze „Du musst nur die Laufrichtung ändern“ (Z. 4 f.) veranschaulicht die Ausweglosigkeit des menschlichen Lebens. Der Angst, in einer richtungslosen Weite unterzugehen, z. B. im Hinblick auf den beruflichen Weg, auf Partnerbeziehungen, folgt die Angst, dann aus der vorgeschriebenen Bahn nicht mehr ausbrechen zu können. Dies veranschaulicht die Klage der Maus: (...) aber die langen Mauern eilen so schnell aufeinander zu, dass ich schon im letzten Zimmer bin (...). (Z. 3) Die Katze rät ihr, die Richtung zu ändern: „’Du musst nur die Laufrichtung ändern’, sagte die Katze und fraß sie.“ In Analogie zum Scheitern oder sogar zum Tod: „(...) steht dort im Winkel die Falle, in die ich laufe.“ (Z. 4)

1 *Korrigieren Sie die Fehler, indem Sie*

a) die direkte Rede innerhalb eines Zitats mit einfachen (halben) Anführungszeichen kennzeichnen,
b) das Auslassungszeichen ergänzen,
c) das falsche Zitat korrigieren,
d) die Inhaltsaussage durch eine Interpretationsaussage ersetzen,
e) den Satzbau innerhalb des Zitats korrigieren.

Weitere Regeln und Tipps

- **Anstelle eines Zitats reicht mitunter auch die Paraphrase mit Textverweis.**
  Beispiel: *Die Maus kann nur wählen zwischen zwei Todesarten (vgl. Z. 4 f.), was ja nicht unbedingt als echte Alternative zu bezeichnen ist.*
- **Achten Sie darauf, dass das Verhältnis zwischen Interpretationstext und Zitaten stimmt. Zu viele Zitate stören den Lesefluss.**
- **Wenn Sie Zitate in Ihren Fließtext einbauen, müssen Sie notwendige grammatikalische Veränderungen im Text, den Sie zitieren, kenntlich machen.**
  Beispiel: *„Du bist ein Idiot." – Seine Geringschätzung wird deutlich, wenn er ihn als „ein[en] Idiot[en]" bezeichnet.*
- **Achten Sie darauf, dass bei Satzkürzungen der Sinn des zitierten Satzes erhalten bleibt.**
  Beispiel: *„Ich bin es nicht, der dich verabscheut."*
  Falsch: *Dass die Beziehung gestört ist, wird auch daran deutlich, dass er sie „verabscheut".*
  Richtig: *Dass die Beziehung aus seiner Sicht noch Chancen hat, sieht man in seiner Beteuerung: „Ich bin es nicht, der dich verabscheut."*

Bertolt Brecht: Wer kennt wen?

Herr Keuner befragte zwei Frauen über ihren Mann. Die eine gab folgende Auskunft: „Ich habe zwanzig Jahre mit ihm gelebt. Wir schliefen in einem Zimmer und auf einem Bett. Wir aßen die Mahlzeiten zusammen. Er erzählte mir alle seine Geschäfte. Ich lernte seine Eltern kennen und verkehrte mit allen seinen Freunden. Ich wußte alle seine Krankheiten, die er selber wußte, und einige mehr. Von allen, die ihn kennen, kenne ich ihn am besten."
„Kennst du ihn also?" fragte Herr Keuner.
„Ich kenne ihn."
Herr Keuner fragte noch eine andere Frau nach ihrem Mann. Die gab folgende Auskunft: „Er kam oft längere Zeit nicht, und ich wußte nie, ob er wiederkommen würde. Seit einem Jahr ist er nicht mehr gekommen. Ich weiß nicht, ob er wiederkommen wird. Ich weiß nicht, ob er aus den guten Häusern kommt oder aus den Hafengassen. Es ist ein gutes Haus, in dem ich wohne. Ob er zu mir auch in ein schlechtes käme, wer weiß es? Er erzählt nichts, er spricht mit mir nur von meinen Angelegenheiten. Diese kennt er genau. Ich weiß, was er sagt, weiß ich es? Wenn er kommt, hat er manchmal Hunger, manchmal aber ist er satt. Aber er ißt nicht immer, wenn er Hunger hat, und wenn er satt ist, lehnt er eine Mahlzeit nicht ab. Einmal kam er mit einer Wunde. Ich verband sie ihm. Einmal wurde er hereingetragen. Einmal jagte er alle Leute aus meinem Haus. Wenn ich ihn ‚dunkler Herr' nenne, lacht er und sagt: Was weg ist, ist dunkel, was aber da ist, ist hell. Manchmal aber wird er finster über dieser Anrede. Ich weiß nicht, ob ich ihn liebe. Ich …"
„Sprich nicht weiter", sagte Herr Keuner hastig. „Ich sehe, du kennst ihn. Mehr kennt kein Mensch einen andern als du ihn." R

2 *Interpretieren Sie Brechts Geschichte, die in seinem Band „Geschichten vom Herrn Keuner" erschienen ist. Belegen Sie Ihre Aussagen mit Zitaten. Achten Sie auf die Einhaltung der Zitierregeln.*

16.4

Epochen der Literaturgeschichte

von 750 bis 1835

In diesem Kapitel erhalten Sie einen Überblick über literarische Strömungen und Epochen der deutschen Literatur seit dem 17. Jahrhundert. Dabei begegnen Ihnen einige der größten Dichter Deutschlands, die Weltruhm erlangt haben und deren Werke teilweise in viele Sprachen übersetzt worden sind. Diese „Klassiker" der deutschen Literatur haben sich mit Themen auseinandergesetzt, die für uns auch heute noch von zentraler Bedeutung sind: Liebe, Eifersucht, Hass, Angst, Tod ...

Diese Grund- und Grenzerfahrungen sind zwar über die Jahrhunderte hinweg für die gesamte Literatur prägend, werden allerdings von den Dichtern und Schriftstellern in den verschiedenen literarischen Epochen auf ganz unterschiedliche Weise verarbeitet.

E. T. A. Hoffmann (1776–1822)

F. Schiller (1759–1805)

1795 – 1835 | Romantik

1786 – 1805 | Weimarer Klassik

1770 – 1780 | Sturm und Drang

1685 – 1781 | Aufklärung

J. W. von Goethe (1749–1832)

1600 – 1700 | Barock

G. E. Lessing (1729–1781)

1520 – 1600 | Reformationszeit

um 750 – 1520 | Mittelalterliche Literatur

A. Gryphius (1616–1664)

von 1815 bis heute

H. Heine (1797–1856)

1815 – 1848
Junges Deutschland/ Vormärz

1848 – 1890
Bürgerlicher Realismus

T. Fontane (1819–1898)

ca. 1880 – 1900
Naturalismus

G. Hauptmann (1862–1946)

1890 – 1918
Literatur der Jahrhundertwende

ca. 1910 – 1925
Expressionismus

A. Döblin (1878–1957)

1918 – 1945
Weimarer Republik bis zum Ende des „Dritten Reiches"

1933 – 1945
Exilliteratur

R. Ausländer (1901–1988)

seit 1945
Gegenwartsliteratur

L. Seiler
Preisträger des
dt. Buchpreises 2014

Barock (1600–1700)

Basiswissen Barock

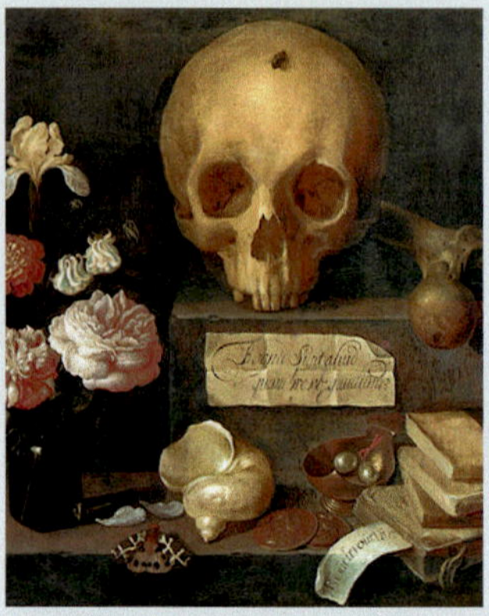

A. van Nienlandt: Vanitasstillleben, um 1636

Der Begriff „Barock“ (*der* oder *das*) lässt sich zurückführen auf den portugiesischen Begriff „barroco“, was „unregelmäßige, schiefe Perle“ bedeutet. Zunächst wurde die Bezeichnung „Barock“ abwertend im Sinne von „absonderlich“, „schwülstig“ verwendet, im 20. Jahrhundert etablierte sich die Bezeichnung als Epochenbegriff.

Der Barock war die Kunst der Gegenreformation (Reaktion der katholischen Kirche auf die Reformation durch Luther) und des Absolutismus (Regierung eines Alleinherrschers), denn die wichtigsten Kunstförderer waren in dieser Zeit Kirche und Aristokratie. Sie strebten nach Selbstdarstellung, was sich in Größe und Pathos des Kunstwerks sowohl in der Malerei, der Musik, der Architektur als auch in der Literatur verwirklichte. Typisch für diese Zeit sind beispielsweise Prachtbauten (z. B. in Versailles), eine üppige Mode (z. B. Perücken) oder aufwändige Theaterinszenierungen. Dieser Lebensgier stand ein pessimistisches Weltbild gegenüber, das besonders zurückzuführen ist auf die Gräuel während des Dreißigjährigen Krieges (1618–1648). Die Barockliteratur stand daher im Spannungsfeld von Lebensfreude und Todesbangen ebenso wie von Weltgenuss und Jenseitssehnsucht. So verwundert es nicht, dass die konträren, aus der römischen Philosophie stammenden Motive „Carpe diem“ („Nutze den Tag!“) und „Memento mori“ („Gedenke des Todes!“), aber auch der „Vanitas-Gedanke“ (alles Irdische ist eitel im Sinne von nichtig, vergeblich und vergänglich) vielfach in der barocken Literatur verarbeitet wurden.

Zu den wichtigsten Zielen der Dichter im 17. Jahrhundert gehörte die Entwicklung einer deutschen Literatursprache. Da Dichtung zur Zeit des Barock als erlernbare Kunst und nicht als kreativer Schaffensprozess galt, entstanden zahlreiche Poetiken (Poetik = Lehre von der Dichtkunst), in denen die literarischen Formen und ihre Themen und Stoffe normativ festgelegt wurden (normative Poetik). Das wichtigste theoretische Werk zur Poetik verfasste der Dichter und Literaturtheoretiker **Martin Opitz** mit seinem Werk „Buch von der Deutschen Poeterey“ (1624), in dem er Regeln für die neue deutsche Kunstdichtung und Verssprache festlegte. Folglich wurde die deutsche Sprache als Kommunikationsmittel, neben Latein, immer bedeutender. Neben Opitz zählen u. a. Andreas Gryphius und Hans Jakob Christoffel von Grimmelshausen zu den wichtigsten Vertretern des Barock.

Andreas Gryphius (* 1616 Glogau, Schlesien, † 1664 ebenda)

Andreas Gryphius' Kindheit war geprägt von dem frühen Tod seiner Eltern und dem Dreißigjährigen Krieg. 1631 besuchte er das Gymnasium in Görlitz, zog 1632 nach Fraustadt und zwei Jahre später nach Danzig. 1638 begann er sein Sprachenstudium im niederländischen Leiden (Gryphius beherrschte ca. 10 Sprachen).
Gryphius war ein bedeutender Lyriker und wurde besonders für seine Sonette bekannt. Sein literarisches Werk ist geprägt von tiefem Pessimismus, was vor allem in seinen geistlichen Liedern zum Ausdruck kommt.

Hans Jakob Christoffel von Grimmelshausen (* 1621 Gelnhausen, Hessen, † 1676 Renchen, Schwarzwald)

Hans Jakob Christoffel von Grimmelshausen wurde im Alter von 13 Jahren in den Wirren des Dreißigjährigen Krieges entführt und gelangte auf Umwegen in den Schwarzwald, wo er bis zu seinem Tod blieb. Er brachte sich sein Wissen selbst bei und schrieb den ersten deutschen Prosaroman von Weltgeltung: „Der abenteuerliche Simplicissimus Teutsch“, einen abenteuerlichen, derb-drastischen und von hintergründigem Humor zeugenden Zeitroman, in den eigene Erlebnisse Einzug fanden. Grimmelshausen bediente sich einer direkten, urwüchsigen Sprache und vermittelte mit dieser Zeit- und Menschenschilderung eine auch kulturhistorisch wertvolle Darstellung.

Barock (1600–1700)

Andreas Gryphius: Es ist alles eitel

Du siehst, wohin du siehst, nur Eitelkeit auf Erden.
Was dieser heute baut, reißt jener morgen ein,
Wo itzund Städte stehn, wird eine Wiese sein,
Auf der ein Schäferskind wird spielen mit den Herden.

Was itzund prächtig blüht, soll bald zutreten werden.
Was itzt so pocht und trotzt, ist morgen Asch und Bein;
Nichts ist, das ewig sei, kein Erz, kein Marmorstein.
Itzt lacht das Glück uns an, bald donnern die Beschwerden.

Der hohen Taten Ruhm muss wie ein Traum vergehn.
Soll denn das Spiel der Zeit, der leichte Mensch, bestehn?
Ach, was ist alles dies, was wir vor köstlich achten,

Als schlechte Nichtigkeit, als Schatten, Staub und Wind,
Als eine Wiesenblum, die man nicht wiederfind't.
Noch will, was ewig ist, kein einig[1] Mensch betrachten.

1 einziger

1 *Geben Sie kurz den Inhalt des Gedichts wieder und analysieren Sie den formalen Aufbau.*

2 *Erklären Sie mithilfe des Basiswissens, was an diesem Gedicht typisch für den Barock ist.*

3 *Erläutern Sie, was Gryphius in dem Gedicht unter „eitel" versteht und was wir heute unter diesem Begriff verstehen.*

Hans Jakob Christoffel von Grimmelshausen: Der abenteuerliche Simplicissimus Teutsch (Auszug)

Im Zentrum der Geschichte steht das Leben eines Jungen, des Ich-Erzählers, während des Dreißigjährigen Krieges. Als der Hof seiner Eltern von plündernden Soldaten überfallen wird, muss er mit ansehen, wie seine Angehörigen gefoltert werden. Er flüchtet und begegnet im Wald einem Eremiten, bei dem er zwei Jahre lebt. Dieser nennt ihn Simplicius, den „Einfältigen", und bringt ihm Lesen und Schreiben bei. Nach dem Tod des Eremiten möchte Simplicius bei einem Dorfpfarrer einen Rat einholen und wird erneut Zeuge von Plünderung und Mord.

(...) Zu solchem End machte ich mich seinem Dorf zu; und als ich hinkam, fande ich's in voller Flamm stehen, dann es eben eine Partei Reuter[1] ausgeplündert, angezündet, teils Bauren niedergemacht, viel verjagt und etliche gefangen hatten, darunter auch der Pfarrer selbst war. Ach Gott! wie ist das menschliche Leben so viel Mühe und Widerwärtigkeit! Kaum hat ein Unglück aufgehört, so stecken wir schon in einem andern. Mich verwundert nicht, dass der heidnische Philosophus Timon[2] zu Athen viel Galgen aufrichtete, daran sich die Menschen selber aufknüpfen und so ihrem elenden Leben (...) ein Ende machen sollten. Die Reuter waren eben wegfertig und führten den Pfarrer an einem Strick daher. Unterschiedliche schrieen: „Schieße den Schelmen nieder!" Andere aber wollten Geld von ihm haben. Er aber hub die Händ auf und bat um des Jüngsten Gerichts willen um Verschonung und christliche Barmherzigkeit; aber umsonst; denn einer ritte ihn über den Haufen (...).

1 Reiter

2 ein Athener aus dem 5. Jh. v. Chr., der durch seine Menschenverachtung berühmt geworden ist

4 *Beschreiben Sie die Wirkung des Auszugs. Erläutern Sie, mit welchen sprachlichen Mitteln diese erreicht wird.*

Aufklärung (1685–1781)

Basiswissen | **Aufklärung**

Der Begriff „Aufklärung“ ist die Bezeichnung für eine geistesgeschichtliche Epoche, die sich Ende des 17. Jahrhunderts in ganz Europa und Nordamerika ausbreitete und bis weit ins 18. Jahrhundert reichte.

Es war eine Zeit des Umbruchs, in der sich das mittelalterliche Weltbild aufzulösen begann. Die bürgerlichen Gelehrten vertrauten dem Gedanken der „Vernunft“ des Menschen, dem nicht das „Handeln“ – der blinde Gehorsam –, sondern das „Nachdenken“ vorausgehen sollte. Der Mensch sollte sein Leben selbst bestimmen. Dieses Gedankengut bewirkte, dass sich immer mehr gegen die gesellschaftlichen Abhängigkeiten von Adel und Kirche wehrten und in politischen Fragestellungen mehr Freiheiten und Mitbestimmung forderten.

Es entstanden literarische Werke, die Adel und Kirche kritisierten. Weil Kritik an der Obrigkeit zu dieser Zeit unter Strafe stand, versuchten die Autoren, sie zu verstecken. Die Fabel erwies sich dazu als sehr geeignet, denn menschliches Verhalten konnte mithilfe der Tiergeschichten maskiert und entlarvt werden. Die Fabel war auch wegen ihres lehrhaften Charakters beliebt, denn die „Aufklärer“ wollten mit ihren Texten belehren. Um eine möglichst breite Leserschaft anzusprechen, verwendeten viele Autoren eine verständliche, natürliche Sprache.

Die wichtigste Gattung der Aufklärung war das Drama. Die bedeutendste literarische Neuerung dieser Zeit stellte das von Lessing begründete bürgerliche Trauerspiel dar, das die Ständeklausel (Tragödie = Personen höheren Standes; Komödie = Personen niederen Standes) aufhob. Das Bürgertum rückte ins Zentrum der Handlung und es wurden Konflikte zwischen Adel und Bürgertum thematisiert. Wichtige Vertreter der Aufklärung sind z. B. Gotthold Ephraim Lessing, Immanuel Kant, Christian Fürchtegott Gellert und Johann Christoph Gottsched.

Immanuel Kant (* 1724 Königsberg, † 1804 ebenda)

Nach diversen Hauslehrertätigkeiten und zahlreichen Veröffentlichungen zu naturwissenschaftlichen und philosophischen Themen berief die Universität Königsberg Kant im Alter von 46 Jahren zum ordentlichen Professor.
Kant, der unverheiratet blieb, stets einen streng geregelten Tagesablauf einhielt, schloss sich früh den Ideen der Aufklärung an und wurde einer ihrer wichtigsten Wortführer, was sich in seinen Werken widerspiegelte.

Gotthold Ephraim Lessing (* 1729 Kamenz in Sachsen, † 1781 in Braunschweig)

Lessing versuchte sich als freischaffender Journalist, Kritiker und Dramatiker, konnte davon aber kaum leben. Seine Hochzeit mit Eva König musste warten, bis er, bereits 47 Jahre alt, eine Anstellung als Bibliothekar erhalten hatte. Ein Jahr nach der Hochzeit starb sein Kind kurz nach der Geburt und einige Tage darauf auch seine Frau. Er verstarb drei Jahre später. Sein Werk war geprägt von dem Glauben an Freiheit, Toleranz und Humanität.

Immanuel Kant: Beantwortung der Frage: Was ist Aufklärung? (1784; Auszug)

Der folgende Auszug stammt aus Kants Aufsatz „Beantwortung der Frage: Was ist Aufklärung?“.

Aufklärung ist der Ausgang des Menschen aus seiner selbst verschuldeten Unmündigkeit. Unmündigkeit ist das Unvermögen, sich seines Verstandes ohne Leitung eines anderen zu bedienen. *Selbst verschuldet* ist diese Unmündigkeit, wenn die Ursache derselben nicht am Mangel des Verstandes, sondern der Entschließung und des Mutes liegt, sich seiner ohne Leitung eines anderen zu bedienen. Sapere aude! Habe Mut, dich deines *eigenen* Verstandes zu bedienen!, ist also der Wahlspruch der Aufklärung.

Faulheit und Feigheit sind die Ursachen, warum ein so großer Teil der Menschen, nachdem sie die Natur längst von fremder Leitung freigesprochen (naturaliter maiorennes), dennoch gerne zeitlebens

Aufklärung (1685–1781)

unmündig bleiben; und warum es anderen so leicht wird, sich zu deren Vormündern aufzuwerfen. Es ist so bequem, unmündig zu sein. (...) Ich habe nicht nötig zu denken, wenn ich nur bezahlen kann; andere werden das verdrießliche Geschäft schon für mich übernehmen. (...).

1 *Geben Sie Kants Gedankengang mit eigenen Worten wieder.*

Gotthold Ephraim Lessing: Emilia Galotti (1772; Auszug)

Der Prinz von Guastalla begehrt das bürgerliche Mädchen Emilia Galotti und will sie zu seiner Mätresse machen. Er lässt ihren Bräutigam ermorden und lockt sie in sein Lustschloss. Dort trifft sie auf ihren Vater Odoardo. Sie erfährt, dass ihr Bräutigam tot ist und sie, angeblich zum Schutz, zur Familie Grimaldi gebracht werden soll, wo sie dem Prinzen ausgeliefert wäre.

5. Aufzug, 7. Auftritt

ODOARDO (...) Denke nur: Unter dem Vorwande einer gerichtlichen Untersuchung, – o des höllischen Gaukelspieles! – reißt er dich aus unsern Armen und bringt dich zu Grimaldi.

EMILIA Reißt mich? bringt mich? – Will mich reißen; will mich bringen: will! will! – Als ob wir, wir keinen Willen hätten, mein Vater!

ODOARDO Ich ward auch so wütend, dass ich schon nach diesem Dolche griff (...).

EMILIA Um Himmels willen nicht, mein Vater! Dieses Leben ist alles, was die Lasterhaften haben. – Mir, mein Vater, mir geben Sie diesen Dolch. (...)

ODOARDO Was? Dahin wäre es gekommen? Nicht doch; nicht doch! Besinne dich. – Auch du hast nur *ein* Leben zu verlieren.

EMILIA Und nur *eine* Unschuld!

ODOARDO Die über alle Gewalt erhaben ist. –

EMILIA Aber nicht über alle Verführung. – Gewalt! Gewalt! wer kann der Gewalt nicht trotzen? Was Gewalt heißt, ist nichts: Verführung ist die wahre Gewalt. – Ich habe Blut, mein Vater; so jugendliches, so warmes Blut als eine. Auch meine Sinne sind Sinne. Ich stehe für nichts. Ich bin für nichts gut. Ich kenne das Haus der Grimaldi. Es ist das Haus der Freude. (...). Geben Sie mir, mein Vater, geben Sie mir diesen Dolch. (...)

ODOARDO Wenn ich dir ihn nun gebe – da! *(Gibt ihr ihn)*

EMILIA Und da! *(Im Begriffe, sich damit zu durchstoßen, reißt der Vater ihr ihn wieder aus der Hand)* (...) Ehedem wohl gab es einen Vater, der seine Tochter von der Schande zu retten, ihr den ersten, den besten Stahl in das Herz senkte – ihr zum zweiten das Leben gab. Aber alle solche Taten sind von ehedem! Solcher Väter gibt es keinen mehr!

ODOARDO Doch, meine Tochter, doch! *(Indem er sie durchsticht)* Gott, was hab' ich getan! (...)

EMILIA Eine Rose gebrochen, ehe der Sturm sie entblättert. – Lassen Sie mich sie küssen, diese väterliche Hand.

2 *Fassen Sie die Szene kurz zusammen. Erklären Sie, warum Emilia sterben will, und erläutern Sie die Motive Odoardos, Emilia zu töten.*

3 *Erläutern Sie, welche Rückschlüsse sich auf die Gesellschaft des 18. Jahrhunderts ziehen lassen.*

16.4

Sturm und Drang (1770–1780)

Basiswissen | **Sturm und Drang**

Die Bezeichnung „Sturm und Drang“ ist auf das gleichnamige Drama (1776) von Friedrich Maximilian von Klinger zurückzuführen. Die literarische Jugend, von der diese Bewegung ausging, wehrte sich gegen ein Leben, das von der Vernunft bestimmt war. Anstelle des Verstandes (Aufklärung) zählte nun das Gefühl. Einen besonderen Einfluss auf die Vertreter des „Sturm und Drang“ übte der französische Philosoph Jean-Jacques Rousseau (1712–1778) aus, der in seinen Schriften die Hinwendung zur und Verbundenheit des Menschen mit der Natur forderte, ein Gedanke, der nicht nur das Vernunftdenken der Aufklärung infrage stellte, sondern auch Raum für gesellschaftliche Veränderungen schuf (z. B. Ausbruch der Französischen Revolution im Jahre 1789).

Die jungen Autoren des „Sturm und Drang“ verband der Wunsch, sich von der Tradition, dem Kleinbürgertum und der Bevormundung durch absolutistische Herrscher und den Adel zu lösen und die Literatur zu revolutionieren. Ihre Leitbegriffe waren Leidenschaft, Natur, Gefühl; ihr Ziel: eine sittliche, politische und künstlerische Freiheit. Sie verehrten Shakespeare und die antike Gestalt Prometheus als ideale Vertreter des Genies – das „Genie“ begriffen sie als einen selbstständigen, individuellen, leidenschaftlichen Menschen, in dem sich die kreative Kraft der Natur äußert. Die Autoren plädierten für schöpferische Eigenständigkeit, auf Regeln und Konventionen basierende Dichtung lehnten sie ab. Sie provozierten, warfen Altbekanntes über Bord und probierten in der Literatur Neues aus.

Die jungen Dichter ließen dem Gefühl in ihren Werken freien Lauf. Sie experimentierten mit Sprache; so fand beispielsweise die Umgangssprache Einzug in die Literatur. Wo in der Lyrik zuvor strenge Versmaße und Reimschemata Pflicht waren, verwendeten die Dichter freie Rhythmen ohne feste Reime. Es entstanden vollkommen neue literarische Gattungen, z. B. die Erlebnislyrik, die es ermöglichte, eigene, erlebte Gefühle unmittelbar aussprechen zu können. Auch die Kunstballade, die genutzt wurde, um zeitkritische Themen zu behandeln, und der Briefroman, der in der deutschen Sprache mit Goethes „Leiden des jungen Werthers“ einen vorläufigen Höhepunkt erlebte, waren Neuerungen der künstlerischen Schaffenskraft dieser Zeit. Die bevorzugte Gattung jedoch war das Drama; thematisiert wurden die Standesunterschiede zwischen Adel und Bürgertum, soziale Missstände, aber auch Familien- und Generationenprobleme. Wichtige Vertreter des „Sturm und Drang“ sind neben Johann Wolfgang Goethe und Friedrich Schiller z. B. Jakob Michael Reinhold Lenz und Christian Friedrich Daniel Schubart.

Johann Wolfgang Goethe (* 1749 Frankfurt am Main, † 1832 Weimar)

Johann Wolfgang Goethe begann im Alter von 16 Jahren ein Jurastudium in Leipzig, wo er gleichzeitig poetische Vorlesungen besuchte. Mit 21 Jahren setzte Goethe nach einer kurzen Unterbrechung sein Jurastudium in Straßburg fort. Im Jahr 1775 holte ihn der junge Erbprinz Karl August von Sachsen nach Weimar. Hier nahm Goethe am kulturellen Leben teil und übte in seiner Funktion als Jurist eine Vielzahl von Ämtern aus. In diesen Funktionen war er bis zu seinem Tod im Jahr 1832 in Weimar tätig. Die bekanntesten Werke Johann Wolfgang Goethes fielen zweifellos in die Zeit, die man mit „Weimarer Klassik“ bezeichnet. Der junge Goethe jedoch war auch ein herausragender Vertreter des „Sturm und Drang“. Goethe gilt als der bedeutendste deutsche Schriftsteller.

Johann Wolfgang Goethe: Die Leiden des jungen Werthers (1774; Auszug)

Werther verliebt sich in die bereits verlobte Lotte. Als er erkennt, dass es zu keiner Verbindung mit ihr kommen kann, nimmt er an einem anderen Ort eine Stelle an. Doch Standesdünkel zwingen ihn, diese Stelle aufzugeben. Er kehrt zu der nun verheirateten Lotte zurück. Doch schon bald erschießt er sich aus Verzweiflung. Der Roman setzt sich aus Briefen Werthers an seinen Freund Wilhelm zusammen. Den Brief vom 4. Mai schreibt Werther kurz nach seinem Umzug aufs Land. Den Brief vom 30. August schreibt er, kurz bevor er von Lotte wegzieht.

Sturm und Drang (1770–1780)

Am 4. Mai 1771

Wie froh bin ich, dass ich weg bin! Bester Freund, was ist das Herz des Menschen! Dich zu verlassen, den ich so liebe, von dem ich unzertrennlich war, und froh zu sein! Ich weiß, du verzeihst mir's. Waren nicht meine übrigen Verbindungen recht ausgesucht vom Schicksal, um ein Herz wie das meine zu ängstigen? (…) Gewiss, du hast recht, Bester, der Schmerzen wären minder unter den Menschen, wenn sie nicht – Gott weiß, warum sie so gemacht sind! – mit so viel Emsigkeit der Einbildungskraft sich beschäftigten, die Erinnerungen des vergangenen Übels zurückzurufen, eher als eine gleichgültige Gegenwart zu ertragen. (…)

Übrigens befinde ich mich hier gar wohl. Die Einsamkeit ist meinem Herzen köstlicher Balsam in dieser paradiesischen Gegend, und diese Jahreszeit der Jugend wärmt mit aller Fülle mein oft schauderndes Herz. Jeder Baum, jede Hecke ist ein Strauß von Blüten, und man möchte zum Maienkäfer werden, um in dem Meer von Wohlgerüchen herumschweben und alle seine Nahrung darin finden zu können.

Die Stadt selbst ist unangenehm, dagegen rings umher eine unaussprechliche Schönheit der Natur. Das bewog den verstorbenen Grafen von M., einen Garten auf einem der Hügel anzulegen, die mit der schönsten Mannigfaltigkeit sich kreuzen und die lieblichsten Täler bilden. Der Garten ist einfach, und man fühlt gleich bei dem Eintritte, dass nicht ein wissenschaftlicher Gärtner, sondern ein fühlendes Herz den Plan gezeichnet, das seiner selbst hier genießen wollte. (…)

Am 30. Aug.

Unglücklicher! Bist du nicht ein Tor? Betriegst du dich nicht selbst? Was soll diese tobende, endlose Leidenschaft? Ich habe kein Gebet mehr als an sie; meiner Einbildungskraft erscheint keine andere Gestalt als die ihrige, und alles in der Welt um mich her sehe ich nur im Verhältnisse mit ihr. Und das macht mir denn so manche glückliche Stunde bis ich mich wieder von ihr losreißen muss. Ach Wilhelm! wozu mich mein Herz oft drängt! – Wenn ich so bei ihr gesessen bin, zwei, drei Stunden, und mich an ihrer Gestalt, an ihrem Betragen, an dem himmlischen Ausdruck ihrer Worte geweidet habe, und nun nach und nach alle meine Sinne aufgespannt werden, mir es düster vor den Augen wird, ich kaum noch höre, und es mich an die Gurgel fasst wie ein Meuchelmörder, dann mein Herz in wilden Schlägen den bedrängten Sinnen Luft zu machen sucht und ihre Verwirrung nur vermehrt – Wilhelm, ich weiß oft nicht, ob ich auf der Welt bin! Und – wenn nicht manchmal die Wehmut das Übergewicht nimmt und Lotte mir den elenden Trost erlaubt, auf ihrer Hand meine Beklemmung auszuweinen, – so muss ich fort, muss hinaus und schweife dann weit im Felde umher; einen jähen[1] Berg zu klettern ist dann meine Freude, (…) durch die Hecken, die mich verletzen, durch die Dornen, die mich zerreißen! Da wird mir's etwas besser! Etwas! (…) O Wilhelm! die einsame Wohnung einer Zelle, das härene[2] Gewand und der Stachelgürtel wären Labsale, nach denen meine Seele schmachtet. Adieu! Ich sehe dieses Elendes kein Ende als das Grab.

1 steil

2 aus Haaren gemacht

1 *Beschreiben Sie, welchem Gefühl in den beiden Briefen jeweils Ausdruck verliehen wird.*

2 *Erläutern Sie mithilfe des Basiswissens, warum die Figur „Werther“ exemplarisch für die Epoche des „Sturm und Drang“ steht.*

16.4

Weimarer Klassik (1786–1805)

Basiswissen | **Weimarer Klassik**

Als „klassisch" bezeichnet man im Allgemeinen Werke, die als vorbildlich und mustergültig gelten. Die „Weimarer Klassik", die ihr Zentrum in Weimar hatte und deren bedeutendste Vertreter Johann Wolfgang Goethe und Friedrich Schiller waren, gilt als „vorbildliche" Epoche. Zeitlich begrenzt wurde die „Weimarer Klassik" durch Goethes Italienreise (1786–1788) und Schillers Tod (1805).

Die Weimarer Klassik fiel in die Zeit gesellschaftlichen Umbruchs und politischer Instabilität. Der gewaltsame Ausgang der Französischen Revolution und der europaweite Kampf des Bürgertums gegen die Ständegesellschaft veranlasste die Dichter, sich in ihren Werken in eine Idealwelt zurückzuziehen. Die gereiften Schriftsteller wandten sich von dem gefühlsbetonten „Sturm und Drang" ab, überbordende Gefühle erfuhren Mäßigung. An ihre Stelle trat eine Erhöhung von Menschheitsidealen. Die neuen Leitgedanken waren Humanität und Harmonie: Die Dichter strebten nach der Anerkennung des Einzelnen in seiner Individualität und Andersartigkeit sowie nach Achtung fremder Nationen und Kulturen; ein harmonisches Miteinander konnte ihrer Ansicht nach nur durch die „ästhetische" Erziehung mittels der Kunst und der Literatur erreicht werden, welche die religiös-moralische Erziehung ablösen sollte.

Die griechische Antike diente den Dichtern als ideales Vorbild und so verarbeiteten sie – besonders Goethe – klassische antike Stoffe; aber auch andere europäische Stoffe erregten ihr Interesse und fanden Eingang in ihre Werke. Als „klassisch" wird diese Epoche aber nicht nur wegen ihrer Inhalte, sondern auch wegen ihrer vorbildhaften Sprachgestaltung bezeichnet. Die Dichter vermieden Umgangssprache und Dialekt und verwendeten z. B. in den Dramen eine gebundene Sprache. Ihnen gelang es, die deutsche Sprache auf hohem Niveau zu vereinheitlichen und damit maßgeblich den Sprachgebrauch breiter Bevölkerungsschichten im Laufe des 19. Jahrhunderts zu beeinflussen.

Friedrich Schiller (* 1759 Marbach am Neckar, † 1805 Weimar)

Friedrich Schiller musste auf Befehl des württembergischen Herzogs bereits mit 14 Jahren eine Militärschule besuchen. Mit 16 Jahren begann er ein Jurastudium, studierte dann Medizin und erwarb im Alter von 21 Jahren seinen Doktortitel. Nebenbei studierte Schiller die Werke Shakespeares und die Dramen des „Sturm und Drang". 1781 beendete er die Arbeit an seinem Theaterstück „Die Räuber", das ihm großes Ansehen, aber auch den Unmut seines Landesherrn einbrachte. 1782 floh Schiller und lebte zeitweise u. a. in Mannheim, Leipzig und Dresden. Ab 1794 standen Schiller und Goethe in einem regen Briefwechsel. Ihr Dialog begründete die deutsche Klassik. Ende des Jahres 1799 zog Schiller mit seiner Familie nach Weimar. Der schwer kranke Schiller starb 1805 in Weimar.

Johann Wolfgang Goethe: Iphigenie auf Tauris (1787; Auszug)

In Taurien ist Iphigenie eine angesehene Priesterin und wird von König Thoas umworben. Sie hat die brutalen Menschenopfer abgeschafft, soll aber nun den gefangen genommenen Orest und dessen Freund Pylades opfern. Schließlich entdecken Iphigenie und Orest ihre Verwandtschaft und Orest weiht sie in seinen Fluchtplan ein, den Iphigenie Thoas gesteht. Dieser, ergriffen von Iphigenies Vertrauen in ihn als humanen Herrscher, lässt sie, Orest und Pylades gehen. Zu Beginn des Dramas klagt Iphigenie in einem Monolog über den Heimatverlust, ihr Leben in der Fremde und bittet die Göttin Diana, sie mit ihrer Familie zu vereinen.

1. Aufzug, 1. Auftritt

IPHIGENIE Heraus in eure Schatten, rege Wipfel
Des alten heil'gen, dichtbelaubten Haines,
Wie in der Göttin stilles Heiligtum,
Tret' ich noch jetzt mit schauderndem Gefühl,

Weimarer Klassik (1786–1805)

Als wenn ich sie zum ersten Mal beträte,
Und es gewöhnt sich nicht mein Geist hierher.
So manches Jahr bewahrt mich hier verborgen
Ein hoher Wille, dem ich mich ergebe;
Doch immer bin ich, wie im ersten, fremd.
Denn ach, mich trennt das Meer von den
Geliebten,
Und an dem Ufer steh' ich lange Tage,
Das Land der Griechen mit der Seele suchend;
Und gegen meine Seufzer bringt die Welle
Nur dumpfe Töne brausend mir herüber.
Weh dem, der fern von Eltern und Geschwistern
Ein einsam Leben führt! Ihm zehrt der Gram
Das nächste Glück vor seinen Lippen weg.
Ihm schwärmen abwärts immer die Gedanken
Nach seines Vaters Hallen, wo die Sonne
Zuerst den Himmel vor ihm aufschloss, wo
Sich Mitgeborne spielend fest und fester
Mit sanften Banden aneinanderknüpften.
Ich rechte mit den Göttern nicht; allein
Der Frauen Zustand ist beklagenswert.
Zu Haus' und in dem Kriege herrscht der Mann
Und in der Fremde weiß er sich zu helfen.
Ihn freuet der Besitz; ihn krönt der Sieg;
Ein ehrenvoller Tod ist ihm bereitet.
Wie eng-gebunden ist des Weibes Glück!
Schon einem rauhen Gatten zu gehorchen
Ist Pflicht und Trost; wie elend, wenn sie gar
Ein feindlich Schicksal in die Ferne treibt!
So hält mich Thoas hier, ein edler Mann,
In ernsten, heil'gen Sklavenbanden fest.
O wie beschämt gesteh' ich, dass ich dir
Mit stillem Widerwillen diene, Göttin,
Dir meiner Retterin! Mein Leben sollte
Zu freiem Dienste dir gewidmet sein.
Auch hab' ich stets auf dich gehofft und hoffe
Noch jetzt auf dich, Diana, die du mich,
Des größten Königes verstoßne Tochter,
In deinen heil'gen, sanften Arm genommen.
Ja, Tochter Zeus, wenn du den hohen Mann,
Den du, die Tochter fordernd, ängstigtest;
Wenn du den göttergleichen Agamemnon,
Der dir sein Liebstes zum Altare brachte,
Von Trojas umgewandten Mauern rühmlich
Nach seinem Vaterland zurückbegleitet,
Die Gattin ihm, Elektren und den Sohn,
Die schönen Schätze, wohl erhalten hast;
So gib auch mich den Meinen endlich wieder,
Und rette mich, die du vom Tod errettet,
Auch von dem Leben hier, dem zweiten Tode.

1 *Untersuchen Sie mithilfe des Basiswissens, welche Merkmale der „Weimarer Klassik" sich in diesem Auszug finden lassen.*

Friedrich Schiller: Das Glück und die Weisheit

Entzweit mit einem Favoriten,
Flog einst *Fortun'* der Weisheit zu:
„Und will dir meine Schätze bieten,
Sei meine Freundin du!

Mit meinen reichsten, schönsten Gaben
Beschenkt ich ihn so mütterlich,
Und sieh, er will noch immer haben,
Und nennt noch geizig mich.

Komm, Schwester, lass uns Freundschaft schließen,
Du marterst dich an deinem Pflug,
In deinen Schoß will ich sie gießen,
Hier ist für dich und mich genug."

Sophia lächelt diesen Worten,
Und wischt den Schweiß vom Angesicht;
„Dort eilt dein Freund, sich zu ermorden,
Versöhnet euch, ich brauch dich nicht."

2 *Fassen Sie das Gedicht zusammen. Untersuchen Sie den formalen Aufbau (⇨ Kapitel 14).*

Romantik (1795–1835)

Basiswissen | Romantik

Der Begriff „Romantik" ist zurückzuführen auf das Wort „Roman" (romanhaft, fantastisch, abenteuerlich). Die Romantik ist zu verstehen als Abkehr vom Vernunftdenken der Spätaufklärung, aber auch von der in sich vollendeten Formenwelt und dem Weltverständnis der Klassik.

Die Zeit der Romantik ist geprägt von den Revolutions- und den napoleonischen Kriegen, ab 1815 (Wiener Kongress) vom Wiederaufbau des Absolutismus und von der aufkommenden Industrialisierung. Die Romantiker sahen dieser Veränderung der Welt zwiespältig entgegen. Sie flohen in die „heile" Welt der Literatur, die es ihnen ermöglichte, ihre Idealwelt darzustellen. Bei der Gestaltung literarischer Werke vertraten die Romantiker die Einstellung, der Dichter habe absolute Freiheit. Mystische, fantastische und märchenhafte Themen fanden Einzug in die Literatur; es entstand die Gattung des Kunstmärchens, in dem Fantasie und Realität vereint wurden. Der Begeisterung für überliefertes Volksgut ist es zu verdanken, dass viele Sammlungen volkstümlicher Märchen, Lieder etc. entstanden (z. B. Brüder Grimm).

Caspar David Friedrich: Der Wanderer über dem Nebelmeer, 1818

Die Literatur der Romantik zeichnet sich aus durch die Entdeckung der Subjektivität und durch die Vereinigung von als bislang unvereinbar geltenden Gegensätzen (Geist und Natur, Endlichkeit und Unendlichkeit, Vergangenheit und Gegenwart). Ziel des Dichters war es, im Einklang mit dem Universum zu existieren. Die Romantiker bevorzugten neben dem Roman die Lyrik, denn sie erlaubte ihnen, Gefühle auszudrücken. Zur Zeit der Romantik entstanden in einigen Städten Freundes- oder Gesprächskreise, so genannte Salons. Diese wurden oft von Frauen geführt, wie z. B. der Salon der Rahel Varnhagen in Berlin. Wichtige Vertreter der Romantik sind neben Ernst Theodor Amadeus Hoffmann und Joseph von Eichendorff z. B. Ludwig Tieck, Novalis (eigentlich Georg Philipp Friedrich von Hardenberg), Clemens Brentano, Karoline von Günderode und Bettina von Arnim.

Ernst Theodor Amadeus Hoffmann (* 1776 Königsberg, † 1822 Berlin)

Der vielseitig begabte E. T. A. Hoffmann studierte Jura und arbeitete einige Jahre als Jurist. Als er seine Stelle verloren hatte, musste er sich mit verschiedenen Tätigkeiten durchschlagen. Er war u. a. als Komponist und Musikdirektor tätig. In dieser Zeit entstanden seine ersten bedeutenden literarischen Werke. 1816 wurde er erneut in den Staatsdienst berufen und war finanziell abgesichert; bis zu seinem Tod war dies seine literarisch produktivste Phase.

Joseph von Eichendorff (* 1788 Schloss Lubowitz bei Ratibor, † 1857 Neiße, beides Polen)

Joseph von Eichendorff entstammte einer katholischen Adelsfamilie. Er studierte Jura und veröffentlichte mit 20 Jahren seine ersten Gedichte. 1813 bis 1815 nahm er als preußischer Soldat an den Befreiungskriegen gegen Napoleon teil. Da seine Familie verschuldet war, trat er 1817 in den von ihm ungeliebten Beamtendienst ein. Er schrieb neben seinem Beruf. Viele seiner Gedichte wurden von bekannten Komponisten vertont.

Ernst Theodor Amadeus Hoffmann: Der Sandmann (1816; Auszug)

Diese Erzählung ist die Geschichte des Studenten Nathanael, der davon überzeugt ist, von einer dunklen Macht beeinflusst zu werden. Er verfällt der Liebe zu Olimpia, einem Automaten, und dann dem Wahnsinn. Schließlich begeht er Selbstmord. Die Erzählung beginnt mit einem Brief, in dem Nathanael seinem Bruder Lothar von einer unheimlichen Begegnung berichtet.

Romantik (1795–1835)

Gewiss seid Ihr alle voll Unruhe, dass ich so lange – lange nicht geschrieben. Mutter zürnt wohl, und Clara mag glauben, ich lebe hier in Saus und Braus und vergesse mein holdes Engelsbild, so tief mir in Herz und Sinn eingeprägt, ganz und gar. – Dem ist aber nicht so; täglich und stündlich gedenke ich Eurer aller (...). – Ach wie vermochte ich denn Euch zu schreiben, in der zerrissenen Stimmung des Geistes, die mir bisher alle Gedanken verstörte! – Etwas Entsetzliches ist in mein Leben getreten! – Dunkle Ahnungen eines grässlichen mir drohenden Geschicks breiten sich wie schwarze Wolkenschatten über mich aus, undurchdringlich jedem freundlichen Sonnenstrahl. – Nun soll ich Dir sagen, was mir widerfuhr. Ich muss es, das sehe ich ein, aber nur es denkend, lacht es wie toll aus mir heraus. – Ach mein herzlieber Lothar, wie fange ich es denn an, Dich nur einigermaßen empfinden zu lassen, dass das, was mir vor einigen Tagen geschah, denn wirklich mein Leben so feindlich zerstören konnte! Wärst Du nur hier, so könntest Du selbst schauen; aber jetzt hältst Du mich gewiss für einen aberwitzigen Geisterseher. – Kurz und gut, das Entsetzliche, was mir geschah, dessen tödlichen Eindruck zu vermeiden ich mich vergebens bemühe, besteht in nichts anderm, als dass vor einigen Tagen, nämlich am 30. Oktober mittags um 12 Uhr, ein Wetterglashändler[1] in meine Stube trat und mir seine Ware anbot. Ich kaufte nichts und drohte, ihn die Treppe herabzuwerfen, worauf er aber von selbst fortging. –
Du ahnest, dass nur ganz eigne, tief in mein Leben eingreifende Beziehungen diesem Vorfall Bedeutung geben können, ja, dass wohl die Person jenes unglückseligen Krämers gar feindlich auf mich wirken muss. So ist es in der Tat. Mit aller Kraft fasse ich mich zusammen, um ruhig und geduldig Dir aus meiner frühern Jugendzeit so viel zu erzählen, dass Deinem regen Sinn alles klar und deutlich in leuchtenden Bildern aufgehen wird. Indem ich anfangen will, höre ich Dich lachen und Clara sagen: „Das sind ja rechte Kindereien!“ – Lacht, ich bitte Euch, lacht mich recht herzlich aus! – ich bitt Euch sehr! – Aber Gott im Himmel! die Haare sträuben sich mir und es ist, als flehe ich Euch an, mich auszulachen, in wahnsinniger Verzweiflung, wie Franz Moor den Daniel[2]. – (...)

1 Person, die mit Thermometern und Barometern handelt

2 Bezug zu Schillers Drama „Die Räuber“

1 *Beschreiben Sie mit eigenen Worten die psychische Befindlichkeit Nathaniels.*

Joseph von Eichendorff: Der wandernde Student (1841)

Bei dem angenehmsten Wetter
Singen alle Vögelein,
Klatscht der Regen auf die Blätter,
Sing ich so für mich allein.

Denn mein Aug kann nichts entdecken,
Wenn der Blitz auch grausam glüht,
Was im Wandern könnt erschrecken
Ein zufriedenes Gemüt.

Frei von Mammon will ich schreiten
Auf dem Feld der Wissenschaft,
Sinne ernst und nehm zuzeiten
Einen Mund voll Rebensaft.

Bin ich müde vom Studieren,
Wann der Mond tritt sanft herfür,
Pfleg ich dann zu musizieren
Vor der Allerschönsten Tür.

2 *Stellen Sie mithilfe des Basiswissens dar, warum es sich bei Eichendorffs Gedicht und bei dem Auszug aus Hoffmanns Erzählung um „romantische“ Texte handelt.*

Junges Deutschland – Vormärz (1815–1848)

Basiswissen | **Junges Deutschland – Vormärz**

Nach dem politischen Niedergang Napoleons wurde auf dem Wiener Kongress (1815) eine Neuordnung Europas beschlossen, mit dem Ziel, flächendeckend die Monarchie wieder einzuführen. Anstatt den Bürgern mehr Rechte einzuräumen, wie von den Fürsten im Krieg gegen Napoleon zugesichert, verschärfte man die Pressezensur, entließ liberal eingestellte Lehrkräfte an Universitäten, verhaftete Studenten national gesinnter Studentenvereinigungen und erließ ein Schreibverbot gegen antimonarchische Schriftsteller.

Aus dieser Unterdrückung heraus entstand zwischen 1815 und der Märzrevolution 1848 eine Bewegung von oppositionellen Schriftstellern. Sie setzten sich für ein einheitliches Deutschland, die Aufhebung der Pressezensur, das Respektieren der Grundrechte aller Menschen, eine gerechte Verteilung der materiellen Güter, aber auch für die Rechte der Frauen ein. Neben essayistischen und journalistischen Texten bevorzugten die jungen Schriftsteller des „Vormärz" die Gattung Lyrik. Viele dieser Autoren mussten aus Deutschland fliehen und ins Exil gehen. Einer dieser Autoren ist Heinrich Heine (1797–1856), der 1831 ins Exil nach Paris ging. Andere wichtige Schriftsteller in dieser Zeit sind Georg Büchner, Georg Herwegh und Hermann Ferdinand Freiligrath.

Heinrich Heine: Nachtgedanken

Denk ich an Deutschland in der Nacht,
Dann bin ich um den Schlaf gebracht,
Ich kann nicht mehr die Augen schließen,
Und meine heißen Tränen fließen.

Die Jahre kommen und vergehn!
Seit ich die Mutter nicht gesehn,
Zwölf Jahre sind schon hingegangen;
Es wächst mein Sehnen und Verlangen.

Mein Sehnen und Verlangen wächst.
Die alte Frau hat mich behext,
Ich denke immer an die alte,
Die alte Frau, die Gott erhalte!

Die alte Frau hat mich so lieb,
Und in den Briefen, die sie schrieb,
Seh ich, wie ihre Hand gezittert,
Wie tief das Mutterherz erschüttert.

Die Mutter liegt mir stets im Sinn.
Zwölf lange Jahre flossen hin,
Zwölf lange Jahre sind verflossen,
Seit ich sie nicht ans Herz geschlossen.

Deutschland hat ewigen Bestand,
Es ist ein kerngesundes Land,
Mit seinen Eichen, seinen Linden,
Werd ich es immer wiederfinden.

Nach Deutschland lechzt ich nicht so sehr,
Wenn nicht die Mutter dorten wär;
Das Vaterland wird nie verderben,
Jedoch die alte Frau kann sterben.

Seit ich das Land verlassen hab,
So viele sanken dort ins Grab,
Die ich geliebt – wenn ich sie zähle,
So will verbluten meine Seele.

Und zählen muss ich – Mit der Zahl
Schwillt immer höher meine Qual,
Mir ist, als wälzten sich die Leichen
Auf meine Brust – Gottlob! sie weichen!

Gottlob! durch meine Fenster bricht
Französisch heitres Tageslicht;
Es kommt mein Weib, schön wie der Morgen,
Und lächelt fort die deutschen Sorgen.

1 *Fassen Sie die Hauptgedanken des Gedichts von Heine zusammen.*

2 *Erläutern Sie, was man anhand des Gedichts über das Deutschlandbild Heines erfährt.*

Bürgerlicher Realismus (1848–1890)

Basiswissen | Bürgerlicher Realismus

Mitte des 19. Jahrhunderts strebten zahlreiche Dichter aus dem Bürgertum danach, in ihren Werken die reale Welt darzustellen, und gaben der Epoche ihren Namen. Zeitlich begrenzt wurde der Realismus von der Märzrevolution 1848 und dem Naturalismus (ab 1880), wobei beide Strömungen eine Zeit lang nebeneinander existierten.

Die Dichter des Realismus wendeten sich von den politischen Zielen des Vormärz ab. Zu enttäuschend war für sie die politische Realität nach der niedergeschlagenen Revolution 1848. Auch die Ideale der Romantik lehnten sie ab. In die Zeit des Realismus fielen tief greifende gesellschaftliche und wirtschaftliche Veränderungen. Die zunehmende Industrialisierung führte zur Verelendung der stetig wachsenden Stadtbevölkerung, aber auch zu einem Aufstieg des wirtschaftlich erfolgreichen Bürgertums. In der Mitte des 19. Jahrhunderts wuchs der Glaube an die Allmacht der Naturwissenschaften. Wichtige wissenschaftliche Entdeckungen und Theorien fielen in diese Zeit.

Im Mittelpunkt der Literatur des Realismus stand die reale Welt: das Einzelschicksal, der Mensch im Alltag, in der Arbeit und in seinen natürlichen gesellschaftlichen Bindungen und Verhältnissen. Die Aufmerksamkeit der Realisten richtete sich auf die seelischen Konflikte der meist bürgerlichen Hauptpersonen. Kennzeichnend für die Literatur des Realismus waren außerdem das Versagen der Religion beim Lösen zwischenmenschlicher Konflikte und die Bestimmung des individuellen Schicksals durch seine Lebenswelt. Die Realisten wollten jedoch nicht die Wirklichkeit naturgetreu abbilden, sie strebten vielmehr nach einer Verklärung der Wirklichkeit und stellten eine idealisierte Welt dar. Humor diente ihnen als zentrales Mittel der Verklärung. Wichtige Vertreter des Realismus sind neben Theodor Fontane z. B. Gottfried Keller, Wilhelm Raabe und Theodor Storm.

Theodor Fontane (* 1819 Neuruppin bei Berlin, † 1898 Berlin)

Im Alter von dreißig Jahren gab Theodor Fontane seinen Apothekerberuf auf und schlug eine journalistische Laufbahn ein. Zwölf Jahre später wechselte er erneut seinen Beruf und wurde Theaterkritiker für die „Vossische Zeitung". Mit fast 60 Jahren entschloss er sich, Schriftsteller zu werden. Besonders seine realistischen Gesellschaftsromane zogen viel Aufmerksamkeit auf sich, denn Fontane behandelte tabuisierte Themen, z. B. in „Irrungen, Wirrungen" (unstandesgemäße Liebe) oder „Effi Briest" (Ehebruch), und stieß damit bei vielen Zeitgenossen auf Ablehnung. Meistens standen Frauen im Mittelpunkt seiner Romane. Fontane starb 1898 als angesehener Mann.

Theodor Fontane: Effi Briest (1895; Auszug)

Die junge und lebenslustige Effi Briest wird mit dem 20 Jahre älteren Baron von Instetten verheiratet. Die Heirat mit dem gefühlskalten Landrat ermöglicht ihr den gesellschaftlichen Aufstieg, doch Effi ängstigt sich in dem neuen Zuhause, fühlt sich vernachlässigt und einsam. Sie beginnt eine Affäre mit Crampas. Einige Jahre später findet Instetten dessen Liebesbriefe und erschießt ihn im Duell. Effi, geschieden und gesellschaftlich isoliert, lebt getrennt von ihrem Kind in Berlin. Erst todkrank kehrt sie auf das Gut ihrer Eltern zurück und stirbt. Im folgenden Auszug informiert Instetten seinen Freund Wüllersdorf, dass er sich mit Crampas duellieren will.

27. Kapitel (Auszug)

„Es ist", begann er [Instetten], „um zweier Dinge willen, dass ich Sie habe bitten lassen: erst, um eine Forderung zu überbringen, und zweitens, um hinterher, in der Sache selbst, mein Sekundant zu sein; das eine ist nicht angenehm und das andere noch weniger. Und nun Ihre Antwort."

Bürgerlicher Realismus (1848–1890)

„Sie wissen, Instetten, Sie haben über mich zu verfügen. Aber eh ich die Sache kenne, verzeihen Sie mir die naive Vorfrage: Muss es sein? Wir sind doch über die Jahre weg, *Sie*, um die Pistole in die Hand zu nehmen, und *ich*, um dabei mitzumachen. Indessen missverstehen Sie mich nicht, alles dies soll kein ‚Nein' sein. (…) Aber nun sagen Sie, was ist es?"

„Es handelt sich um den Galan meiner Frau, der (…) mein Freund war oder doch beinah." (…)

Nach einer Weile sagte Instetten: „Es sieht fast so aus, Wüllersdorf, als ob die sechs oder sieben Jahre einen Eindruck auf Sie machten. Es gibt eine Verjährungstheorie, natürlich, aber ich weiß doch nicht, ob wir hier einen Fall haben, diese Theorie gelten zu lassen."

„Ich weiß es auch nicht", sagte Wüllersdorf. „Und ich bekenne Ihnen offen, um diese Frage scheint sich hier alles zu drehen." (…)

„Es steht so, dass ich unendlich unglücklich bin; ich bin gekränkt, schändlich hintergangen, aber trotzdem, ich bin ohne jedes Gefühl von Hass oder gar Durst nach Rache. Und wenn ich mich frage ‚Warum nicht?', so kann ich zunächst nichts anderes finden als die Jahre. Man spricht immer von unsühnbarer Schuld; vor Gott ist es gewiss falsch, aber vor den Menschen auch. Ich hätte nie geglaubt, dass die Zeit, rein als Zeit, so wirken könne. Und dann als Zweites: Ich liebe meine Frau, ja, seltsam zu sagen, ich liebe sie noch, und so furchtbar ich alles finde, was geschehen, ich bin so sehr im Bann ihrer Liebenswürdigkeit, eines ihr eignen heiteren Charmes, dass ich mich, mir selbst zum Trotz, in meinem letzten Herzenswinkel zum Verzeihen geneigt fühle."

Wüllersdorf nickte. „Ich kann ganz folgen, Instetten, würde mir vielleicht ebenso gehen. Aber wenn Sie so zu der Sache stehen und mir sagen: ‚Ich liebe diese Frau so sehr, dass ich ihr alles verzeihen kann', und wenn wir dann das andere hinzunehmen, dass alles weit, weit zurückliegt, wie ein Geschehnis auf einem andern Stern, (…) wozu die ganze Geschichte?"

„Weil es trotzdem sein muss. Ich habe mir's hin und her überlegt. Man ist nicht bloß ein einzelner Mensch, man gehört einem Ganzen an, und auf das Ganze haben wir beständig Rücksicht zu nehmen, wir sind durchaus abhängig von ihm. Ging' es, in Einsamkeit zu leben, so könnt ich es gehen lassen; ich trüge dann die mir aufgepackte Last, das rechte Glück wäre hin, aber es müssen so viele leben ohne dies ‚rechte Glück' und ich würde es auch müssen und – auch können. Man braucht nicht glücklich zu sein, am allerwenigsten hat man einen Anspruch darauf, und den, der einem das Glück genommen hat, den braucht man nicht notwendig aus der Welt zu schaffen. Man kann ihn, wenn man weltabgewandt weiterexistieren will, auch laufen lassen. Aber im Zusammenleben mit den Menschen hat sich ein Etwas ausgebildet, das nun mal da ist und nach dessen Paragrafen wir uns gewöhnt haben, alles zu beurteilen, die andern und uns selbst. Und dagegen zu verstoßen geht nicht; die Gesellschaft verachtet uns, und zuletzt tun wir es selbst und können es nicht aushalten und jagen uns die Kugel durch den Kopf. (…) Also noch einmal, nichts von Hass oder dergleichen, und um eines Glückes willen, das mir genommen wurde, mag ich nicht Blut an meinen Händen haben; aber jenes, wenn Sie wollen, uns tyrannisierende Gesellschafts-Etwas, das fragt nicht nach Charme und nicht nach Liebe und nicht nach Verjährung. Ich habe keine Wahl. Ich muss."

1 *Beschreiben Sie die Konflikte Instettens und dessen Begründung für seine Entscheidung.*

2 *Nennen Sie Kriterien, die die Epoche des Realismus in diesem Text widerspiegeln. Nehmen Sie das Basiswissen zu Hilfe.*

Naturalismus (ca. 1880–1900)

Basiswissen **Naturalismus**

Die sich dem Naturalismus verbunden fühlenden Schriftsteller wollten die Wirklichkeit ungeschönt in ihre literarischen Werke übertragen. Die Grundlage dafür bildete die genaue Beobachtung der Natur. Damit standen die Naturalisten im Gegensatz zu der verklärenden Wirklichkeitsdarstellung der Realisten.

Das Leben des ausgehenden 19. Jahrhunderts war geprägt vom Wachstum der Großstädte, der Beschleunigung des Lebens und den immer mehr an Bedeutung gewinnenden Naturwissenschaften. Dem Fortschrittsoptimismus stand die Kritik am Verlust überlieferter Werte entgegen. Mittelpunkt naturalistischer Darstellungen waren die einfachen Leute: die leidenden Armen, die Geknechteten – sie repräsentierten die Schattenseiten der Industrialisierung und Technologisierung. Durch die gezielte Fokussierung auf gesellschaftliche Missstände und das soziale Elend (Mietskasernen, Elendsviertel, Ausbeutung der Fabrikarbeiter) ergriffen die Naturalisten für die armen Leute Partei. Sie bildeten schonungslos das Hässliche und Schockierende, das moralische wie materielle Elend ab.

Die Naturalisten revolutionierten nicht nur die Themen ihrer literarischen Werke, sondern auch deren Sprache. Sie verwendeten in ihren Dramen beispielsweise Jargon und Dialekt. Wichtige Vertreter des Naturalismus sind neben Gerhart Hauptmann z. B. Arno Holz, Johannes Schlaf, Wilhelm Bölsche und Hermann Sudermann.

Gerhart Hauptmann (* 1862 Obersalzbrunn, † 1946 Agnetendorf, beides Niederschlesien)

Der vielseitig interessierte Gerhart Hauptmann hatte zunächst in der Schule und beruflich (er versuchte sich z. B. als Landwirt und Bildhauer) wenig Erfolg und litt unter Geldsorgen. Die Hochzeit mit seiner ersten Frau 1885 machte ihn finanziell unabhängig und er konnte sich dem Schreiben widmen. In den folgenden Jahren schuf er jene Werke, mit denen er internationalen Ruhm erlangte, die ihn jedoch auch immer wieder in Konflikt mit der Obrigkeit brachten. Als 1933 die Nationalsozialisten an die Macht kamen, blieb Hauptmann in Deutschland. 1944 war er Zeuge des Bombenangriffs auf Dresden; von dem Schock sollte er sich nicht mehr erholen. Er starb 1946 in Agnetendorf.

Gerhart Hauptmann: Der Biberpelz (1893; Auszug)

Ende der 1880er Jahre in der Nähe von Berlin: Frau Wolff, eine tüchtige Waschfrau, begeht kleinere Diebstähle, um den sozialen Aufstieg ihrer Familie zu beschleunigen. Eines Tages stiehlt sie den Biberpelz von Herrn Krüger. Dieser erstattet Anzeige, die jedoch kaum Beachtung findet. Nach einer erneuten Anzeige Krügers muss sich Frau Wolff rechtfertigen, entgeht jedoch aufgrund ihrer Schlauheit dem Verdacht des Diebstahls. Zu Beginn des Stücks trifft Frau Wolff auf ihre siebzehnjährige Tochter Leontine, die als Dienstmädchen bei den Krügers arbeitet.

1. Akt (Auszug)

FRAU WOLFF *unsichtbar von außen:* Adelheid! Adelheid! *Stille; dann wird von der andern Seite ans Fenster gepocht.* Wirschte gleich uffmachen!
LEONTINE *im Schlaf:* Nein, nein, ick lass mir nich schinden!
FRAU WOLFF Mach uff, Mädel, sonste komm' ich durchs Fenster. *Sie trommelt (...) ans Fenster.*
LEONTINE *aufwachend:* Ach, du bist's, Mama! Ick komme ja schon! *Sie schließt auf.*
FRAU WOLFF *ohne einen Sack, welchen sie auf der Schulter trägt, abzulegen:* Was willst'n du hier?
LEONTINE *verschlafen:* 'n Abend, Mama! (...)
FRAU WOLFF Was willste denn nu zu Hause, Mädel?
LEONTINE *läppisch maulend:* Ich soll woll man jar nich mehr bei euch komm?

Naturalismus (ca. 1880–1900)

Frau Wolff Na, sei bloß so gutt und tu dich a bissel. Das hab ich zu gerne. *Sie lässt den Sack von der Schulter fallen.* Du weeßt woll noch gar nich, wie spät dass's schonn is? Mach bloß, dasste fortkommst zu deiner Herrschaft. (…)

Leontine *weinerlich, trotzig:* Ick jeh nich mehr bei die Leute, Mama!

Frau Wolff *erstaunt:* Du gehst nich … *Ironisch:* Ach wo, das ist ja was ganz Neues.

Leontine Na brauch ick mir immer lassen schinden?

Frau Wolff *war bemüht, ein Stück Rehwild aus dem Sack hervorzuziehen:* I, schinden tun se dich also bei Kriegers? Nee, so a armes Kind aber ooch! Mit so was komm mer ock uffgezogen! A Frauenzimmer wie a Dragoner …! Nanu fass an, dort unten a Sack! Du kannst dich woll gar nich tälscher anstellen? Bei mir haste damit kee Glicke nich! 's Faulenzen lernste bei mir erscht recht nich! *Beide hängen den Rehbock am Türpfosten auf.* Nu sag' ich dersch aber zum letzten Male …

Leontine Ick jeh nich mehr bei die Leute hin. Denn jeh ick lieber in't Wasser, Mama!

Frau Wolff Na, dasste ock bloß keen'n Schnuppen krigst. (…) Da ruff mich ock, heerschte! Ich wer der an Schupps geben, dasste ooch ja und fliegst nich daneben.

Leontine *schreit heftig:* Na, brauch ick mir das woll jefallen zu lassen, det ick abens muss Holz rinräumen zwee Meter?

Frau Wolff *tut erstaunt:* Nee, 's is woll nich meeglich! Holz sollste reinschleppen! Nee, ieber die Leute aber ooch!

Leontine … un zwanzich Daler uffs ganze Jahr? (…) Un nich ma satt Kartoffel und Häring?!

Frau Wolff Da red erscht nich lange, tummes Mädel. Da hast a Schlissel, geh, schneid d'r Brot ab. Un wenn de satt bist, scheer dich, verstanden?! 's Flaummus steht in der oberschten Reihe.

Leontine (…) Die Juste von Schulzens kriejt vierzig Daler un …

Frau Wolff Renn du bloß mit'n Kopp durch de Wand! Du wirscht bei da Leuten nich ewig bleiben. Du bist ni vermit't fir ewige Zeiten. Meinswegen zieh du zum erschten April. So lange bleibste an Ort und Stelle! 's Weihnachtsgeschenk in der Tasche, gelt, nu mechste fortloofen? (…) Ich geh' bei da Leuten aus und ein. Das wer ich woll uff mir sitzen lassen!

Leontine Det bissken Lumpe, det ick da anhabe?

Frau Wolff 's baare Geld vergisste woll ganz?

Leontine Jawoll doch! Janze Märker sechse!

Frau Wolff I, Geld is Geld! Das lass du gutt sein!

Leontine Na, wenn ick aber kann mehr verdien'n!? (…) Ick jeh nach Berlin und nähe Mäntel. Stechowns Emilie jeht ooch seit'n Neujahr!

Frau Wolff Komm du m'r bloß mit der Schlumpe gezogen! Die soll m'r ock unter de Finger loofen! Dem Balge will ich a Talglicht uffstecken! Das wär so a Awasemang fer dich, gelt? Mit a Kerl'n de Nächte verschwiemeln. Nee, Mädel, wenn ich bloß da dran denke: Ich hau dich, dasste schonn gar nich mehr uffstehst. – Nu kommt Papa, jetzt nimm dich in Obacht! (…)

1 *Fassen Sie den Textauszug zusammen und beschreiben Sie die Lebensumstände der Familie.*

2 *Übersetzen Sie die Zeilen 1 bis 21 ins Hochdeutsche und vergleichen Sie Ihre Fassung mit dem Original. Erläutern Sie, welche Funktion der Dialekt in diesem Stück hat.*

3 *Vergleichen Sie den Naturalismus und den Realismus mithilfe der Basiswissen.*

Expressionismus (ca. 1910–1925)

Basiswissen Expressionismus

Der Begriff „Expressionismus" (lat. „ex" = aus; „premere" = drücken) bedeutet „Ausdruckskunst" und bezeichnet eine literarische Strömung in der Zeit von ca. 1910 bis 1925.

Die Expressionisten wollten neue, revolutionäre Ausdrucksformen schaffen und wandten sich gegen Normen und Konventionen. Das Leben in der Großstadt und die Verkümmerung des Menschen (körperlicher und psychischer Verfall, Verelendung) inspirierte die Expressionisten. Sie lehnten die Nachahmung der Natur, wie es noch die Naturalisten anstrebten, ab: Ihre Werke drückten innerlich gesehene Wahrheiten und Erlebnisse aus. Der Erste Weltkrieg (1914–1918), eine bis dahin noch nie erlebte Welle der Vernichtung von Menschen, wurde ebenfalls Gegenstand der expressionistischen Kunst. Neben schockierenden Inhalten zeichneten auch die freien Sprachexperimente die expressionistischen Werke aus. In rauschhaften, explosiven Sprachfantasien durchbrachen sie das Realistische, sie lösten grammatische Strukturen auf und zerstörten damit die „normale" Raum-Zeit-Vorstellung, auch Wortneuschöpfungen und eine auffällige Farbsymbolik kennzeichnen ihre Werke.

Es entstanden Werke, die heute noch Geltung haben und deren Einfluss seither spürbar ist. So sind z. B. in Werken bekannter Autoren späterer Zeit die Einwirkungen des Expressionismus deutlich erkennbar; auch heute noch entstehen expressionistische Werke. Wichtige Vertreter des literarischen Expressionismus sind neben Alfred Döblin und Gottfried Benn z. B. Franz Kafka, Georg Trakl, Jakob van Hoddis und Georg Heym.

Alfred Döblin (* 1878 in Stettin, † 1957 in Emmendingen bei Freiburg)

Alfred Döblin, promovierter Mediziner, praktizierte von 1911 an als Nervenarzt in Berlin. Er war außerdem als Schriftsteller tätig und Mitbegründer der Zeitschrift „Der Sturm". Nach der Machtergreifung Hitlers emigrierte er 1933 nach Paris und 1940 in die USA. 1945 kehrte Döblin nach Deutschland zurück und wurde Mitbegründer der Mainzer Akademie und Herausgeber einer Literaturzeitschrift. 1953 ging er, enttäuscht vom Nachkriegsdeutschland, nach Paris. 1956 kehrte er schwer krank nach Deutschland zurück und starb 1957 in der Psychiatrie in Emmendingen.

Gottfried Benn (* 1886 Mansfeld, Westprignitz, † 1956 Berlin)

Gottfried Benn studierte zunächst Theologie und Philosophie, wechselte dann zur Medizin und wurde Militärarzt, später war er als Facharzt für Haut- und Geschlechtskrankheiten tätig. Die Erfahrungen, die er als Arzt und ganz besonders als Militärarzt in beiden Weltkriegen sammelte, fanden Eingang in sein literarisches Schaffen. Benn wurde vor allem für seine frühe expressionistische Lyrik bekannt, in der er die Banalität menschlichen Daseins und den körperlichen Verfall drastisch schilderte und damit seine Leser schockierte. Er starb 1956 an Krebs.

Alfred Döblin: Berlin Alexanderplatz (1929; Auszug)

Franz Biberkopf, der wegen Totschlags im Gefängnis Berlin-Tegel eine Haftstrafe verbüßt hat, versucht nach seiner Entlassung, ein anständiges Leben zu führen. Er zieht durch Berlin, gerät jedoch immer wieder in den Strudel von Verbrechen, Gewalt und Mord, bis er schließlich nach dem Besuch einer Heilanstalt den rechten Weg findet. Der folgende Auszug schildert, wie Franz nach seiner Entlassung mit der Straßenbahn in die Stadt fährt.

Mit der 41 in die Stadt

Er stand vor dem Tor des Tegeler Gefängnisses und war frei. Gestern hatte er noch hinten auf den Ackern Kartoffeln geharkt mit den andern, in Sträflingskleidung (...). Der Aufseher am

Expressionismus (ca. 1910–1925)

Tor spazierte einige Male an ihm vorbei, zeigte ihm seine Bahn, er ging nicht. Der schreckliche Augenblick war gekommen (schrecklich, Franze, warum schrecklich?), die vier Jahre waren um. (…) Man setzte ihn wieder aus. Drin saßen die andern, tischlerten, lackierten, sortierten, klebten, hatten noch zwei Jahre, fünf Jahre. Er stand an der Haltestelle. Die Strafe beginnt. Er schüttelte sich, schluckte. Er trat sich auf den Fuß. Dann nahm er einen Anlauf und saß in der Elektrischen. Mitten unter den Leuten. Los. Das war zuerst, als wenn man beim Zahnarzt sitzt, der eine Wurzel mit der Zange gepackt hat (…). Lebhafte Straßen tauchten auf, die Seestraße, Leute stiegen ein und aus. In ihm schrie es entsetzt: Achtung, Achtung, es geht los. Seine Nasenspitze vereiste, über seine Backe schwirrte es. „Zwölf-Uhr-Mittagszeitung", „BZ", „Die neuste Illustrierte", „Die Funkstunde neu", „Noch jemand zugestiegen?" Die Schupos haben jetzt blaue Uniformen. Er stieg unbeachtet wieder aus dem Wagen, war unter Menschen. Was war denn? Nichts. Haltung, ausgehungertes Schwein, reiß dich zusammen, kriegst meine Faust zu riechen. Gewimmel, welch Gewimmel. Wie sich das bewegte. Mein Brägen hat wohl kein Schmalz mehr, der ist wohl ganz ausgetrocknet. Was war das alles. Schuhgeschäfte, Hutgeschäfte, Glühlampen, Destillen. (…) Man mischt sich unter die andern, da vergeht alles, dann merkst du nichts, Kerl. Figuren standen in den Schaufenstern in Anzügen, Mänteln, mit Röcken, mit Strümpfen und Schuhen. Draußen bewegte sich alles, aber – dahinter – war nichts! Es – lebte – nicht! Es hatte fröhliche Gesichter, es lachte, wartete auf der Schutzinsel gegenüber Aschinger zu zweit oder zu dritt, rauchte Zigaretten, blätterte in Zeitungen. So stand das da wie die Laternen – und – wurde immer starrer.

1 *Beschreiben Sie die Wirkung, die dieser Romanauszug auf Sie hat. Welche erzähltechnischen Mittel fallen Ihnen besonders auf (**➪ Kapitel 13**)?*

Gottfried Benn: Karyatide[1]

Entrücke dich dem Stein! Zerbirst
die Höhle, die dich knechtet! Rausche
doch in die Flur! Verhöhne die Gesimse –
sieh: durch den Bart des trunkenen Silen[2]
aus einem ewig überrauschten
lauten einmaligen durchdröhnten Blut
träuft Wein in seine Scham!

Bespei die Säulensucht: toderschlagene
greisige Hände bebten sie
verhangenen Himmeln zu. Stürze
die Tempel vor die Sehnsucht deines Knies,
in dem der Tanz begehrt!

Breite dich hin, zerblühe dich, oh, blute
dein weiches Beet aus großen Wunden hin:
sieh, Venus mit den Tauben gürtet
sich Rosen um der Hüften Liebestor –
sieh dieses Sommers letzten blauen Hauch
auf Astermeeren an die fernen
baumbraunen Ufer treiben; tagen
sieh diese letzte Glück-Lügenstunde
unserer Südlichkeit
hochgewölbt. [R]

1 weibliche Skulptur, die als tragende Säule dient

2 rohe, wilde halb tierische, halb menschl. Gestalt

2 *Fassen Sie den Inhalt zusammen und interpretieren Sie das Gedicht.*

3 *Weisen Sie mithilfe des Basiswissens nach, dass der Romanauszug und das Gedicht expressionistische Werke sind. Beachten Sie besonders inhaltliche und sprachliche Aspekte.*

Exilliteratur (1933–1945)

Basiswissen | **Exilliteratur**

Mit der Machtergreifung Adolf Hitlers am 30. Januar 1933 veränderte sich nicht nur das politische Leben, sondern auch das Leben der Künstler und Schriftsteller in Deutschland. Am 10. Mai 1933 wurden die Bücher vieler Schriftsteller verbrannt. Betroffen hiervon waren vor allem Autoren jüdischer Herkunft, Autoren mit anderen politischen Überzeugungen, aber auch Autoren, die mit Literatur experimentierten und in den Augen der Nationalsozialisten als „entartet" galten. Da während der Zeit der Weimarer Republik (1918–1933) zahlreiche unterschiedliche schriftstellerische Richtungen entstanden waren, die durch die kreativsten und unbequemsten Köpfe der Zeit repräsentiert wurden, wurde sehr schnell deutlich, dass diese im „Dritten Reich" in Deutschland keinen Platz mehr hatten. Die neuen Machthaber verfolgten die Künstler gnadenlos. So blieben ihnen nur zwei Möglichkeiten: Einige Autoren blieben in Deutschland, zogen sich zurück und gingen in die sogenannte „innere Emigration", d. h., sie arrangierten sich mit dem System, wählten unpolitische Themen für ihre literarischen Werke oder schrieben gar nicht mehr. Für die meisten Autoren jedoch wurde die Situation von 1933 an so unerträglich, dass sie das Land verließen und somit ihre Heimat verloren. Ganz besonders intensiv wurden diese Lebensbedingungen in Form von Gedichten aufgearbeitet.

Viele Autoren litten im Exil unter Armut, Ausgrenzung und ständiger Furcht vor Abschiebung. Einige Autoren, z. B. Kurt Tucholsky oder Stefan Zweig, nahmen sich aus Verzweiflung das Leben. Ein Großteil der überlieferten Gedichte erzählt von dieser Verzweiflung der Autoren in ihrer neuen Lebenssituation. Andere Autoren betrachteten das Exil aber auch als eine Chance der inneren Weiterentwicklung und sie konnten sogar Erfolge feiern.

Die Autoren der Exilliteratur verfolgten kein einheitliches Programm, ihre politischen Ansichten waren sehr unterschiedlich. Allen gemeinsam war die Ablehnung des Nationalsozialismus. Wichtigste Vertreter der „Exilliteratur" sind neben Rose Ausländer und Hilde Domin z. B. die Brüder Thomas und Heinrich Mann, Bertolt Brecht, Anna Seghers, Erich Fried, Kurt Tucholsky und Nelly Sachs.

Rose Ausländer (* 1901 Czernowitz, Österreich-Ungarn, † 1988 Düsseldorf)

Die in Czernowitz geborene Jüdin Rose Ausländer (eigentlicher Name: Rosalie Scherzer-Ausländer) studierte Literatur und Philosophie und wanderte auf Anraten ihrer Mutter 1921 in die USA aus. Dort heiratete sie ihren Studienfreund Ignaz Ausländer und begann mit dem Schreiben. Zwei Mal kehrte sie aus familiären Gründen nach Czernowitz zurück. Bei ihrem zweiten Aufenthalt in der Heimatstadt 1941 besetzten deutsche Soldaten Czernowitz und Rose Ausländer wurde in das Ghetto der Stadt deportiert. Aus Angst vor Zwangsarbeit und vor der Deportation in ein KZ musste sie sich in Kellerverliesen verstecken. Nach dem Krieg ging sie in die USA zurück. Erst ab 1956 schrieb sie wieder Gedichte in deutscher Sprache. 1965 kehrte sie in den Westteil des damals geteilten Deutschlands zurück. Bis zu ihrem Tod 1988 veröffentlichte sie viele erfolgreiche Gedichtbände.

Hilde Domin (* 1909 Köln, † 2006 Heidelberg)

Hilde Domin war die Tochter eines jüdischen Juristen. Sie verließ Deutschland 1932. Sie hatte als politisch interessierte Frau die Machtergreifung durch die Nationalsozialisten vorausgesehen. Zunächst lebte sie in Rom, dann in Florenz und emigrierte 1939 über England in die Dominikanische Republik, wo sie sich zusammen mit ihrem Mann in Santo Domingo niederließ. Hier begann sie, schriftstellerisch tätig zu sein. Aus Dankbarkeit für die von der Dominikanischen Republik gewährte Gastfreundschaft nannte sie sich von nun an „Domin". Sie kehrte erst 1954 nach Westdeutschland zurück. Sie starb 2006, hochbetagt und viel verehrt.

Exilliteratur (1933–1945)

Ein auffälliger Gegensatz im Umgang mit dem Leben im Exil lässt sich bei den Gedichten der Lyrikerinnen Rose Ausländer und Hilde Domin feststellen.

Rose Ausländer: Ein Tag im Exil

Ein Tag im Exil
Haus ohne Türen und Fenster

Auf weißer Tafel
mit Kohle verzeichnet
die Zeit

Im Kasten
die sterblichen Masken
Adam
Abraham
Ahasver
Wer kennt alle Namen

Ein Tag im Exil
wo die Stunden sich bücken
um aus dem Keller
ins Zimmer zu kommen

Schatten versammelt
ums Öllicht im ewigen Lämpchen
erzählen ihre Geschichten
mit zehn finstern Fingern
die Wände entlang

Hilde Domin: Ziehende Landschaft

Man muss weggehen können
und doch sein wie ein Baum:
als bliebe die Wurzel im Boden,
als zöge die Landschaft und wir ständen fest.

Man muss den Atem anhalten,
bis der Wind nachlässt
und die fremde Luft um uns zu kreisen beginnt,
bis das Spiel von Licht und Schatten,
von Grün und Blau,
die alten Muster zeigt
und wir zu Hause sind,
wo es auch sei,
und niedersitzen können und uns anlehnen,
als sei es an das Grab
unserer Mutter.

Hilde Domin

1 *Vergleichen Sie die beiden Exilgedichte von Rose Ausländer und Hilde Domin.*

a) Wie wirken die Gedichte auf Sie? Begründen Sie Ihre Aussagen.

b) Fassen Sie die Gedichte inhaltlich zusammen.

c) Analysieren Sie Sprache und Form der Gedichte.

d) Erläutern Sie anhand der Gedichte, welche Haltung zum Leben im Exil die beiden Lyrikerinnen einnahmen.

2 *Erläutern Sie von diesen Gedichten ausgehend den Begriff „Exil". Nehmen Sie das Basiswissen auf S. 299, wenn nötig, zu Hilfe.*

Literatur nach 1945

Basiswissen | **Literatur nach 1945**

In dem zerstörten und in Besatzungszonen aufgeteilten Deutschland gab es nach dem Ende des Zweiten Weltkrieges in allen Bereichen des Lebens einen Neuanfang. Die Teilung Deutschlands führte dazu, dass sich in beiden Teilen Deutschlands eigenständige literarische Strömungen entwickelten.

Die westdeutsche Literatur zwischen 1945 und 1975 war eng mit der Gründung der **Gruppe 47** verknüpft. Aus der Gruppe 47 gingen Autoren wie Günter Grass, Heinrich Böll und Siegfried Lenz, aber auch die wichtigsten Vertreter der Schweiz, Max Frisch und Friedrich Dürrenmatt, sowie aus Österreich Ingeborg Bachmann und Thomas Bernhard hervor. Zentrales Thema der Literatur war es, das Nazi-Regime und seine Folgen in diesen drei deutschsprachigen Staaten kritisch aufzuarbeiten.

Die DDR-Literatur zwischen 1949 und 1989 thematisierte neben der Auseinandersetzung mit dem Faschismus den Aufbau des Sozialismus als Staatsform und die Teilung Deutschlands insbesondere nach dem Mauerbau im Jahr 1961. Ihre herausragenden Vertreter sind u. a. Johannes R. Becher, Christa Wolf und Anna Seghers. Viele der renommierten Autoren der DDR, z. B. Günter Kunert, Reiner Kunze und Sarah Kirsch, verließen die DDR, um in der Bundesrepublik ohne Zensur ihrem Beruf nachgehen zu können. Der Liedermacher Wolf Biermann wurde aufgrund politischer Kontroversen aus der DDR ausgebürgert.

Zwischen 1975 und der Wiedervereinigung kamen zwei literarische Strömungen auf. Zum einen setzten sich sowohl west- wie ostdeutsche Autoren zunehmend kritisch mit dem geteilten Deutschland auseinander. Zu nennen sind hier u. a. Martin Walser und Volker Braun.

Zum anderen erschien in den 80er Jahren der Begriff „Postmoderne“. Kennzeichnend für die postmoderne Literatur ist das Spiel mit traditionellen Erzählmustern und Motiven, z. B. in dem Roman „Das Parfum“ von Patrick Süskind.

Zu den aktuellen Strömungen gehören u. a. interkulturelle Literatur (u. a. Feridun Zaimoglu, Imran Ayata, Wladimir Kaminer), die Auseinandersetzung mit der Zeit der Wende und Rückblick auf die Zeit der Teilung aus ostdeutscher (Thomas Brussig „Helden wie wir“, Uwe Tellkamp „Der Turm“) und westdeutscher Sicht (Sven Regener „Herr Lehmann“), Popliteratur (Christian Kracht „Faserland“, Benjamin von Stuckrad-Barre) sowie postmoderne Identitäts- und Sinnsuche (Daniel Kehlmann „Ruhm“, Helene Hegemann „Axolotl Roadkill“, Christoph Ransmayr).

Günter Grass: Die Blechtrommel (1959; Auszug)

Mit seinem Erstlingswerk „Die Blechtrommel“ gelangte Günter Grass (geb. 1927 in Danzig) zu Weltruhm. 1999 erhielt er für sein Werk den Nobelpreis für Literatur. Grass selbst versteht sich als ein Mittler zwischen Ost und West: In Westdeutschland lebt und über seine polnische Heimatstadt Danzig schreibt er. Sein unverwechselbarer Stil, der in der „Blechtrommel“ seinen Ursprung findet, zeichnet sich vor allem durch drastische Detailbeschreibungen und grotesk-fantastische Handlungsabläufe aus. Oskar Matzerath, die Hauptfigur des Romans, beschließt an seinem dritten Geburtstag, das Wachstum einzustellen. Da er, bei seiner Geburt geistig bereits hoch entwickelt, seine kleinbürgerlich-frivole Welt von Anfang an durchschaut und ablehnt, begibt er sich trommelnd auf seinen eigenen Weg. Gleichzeitig wird er zum Beobachter seiner Umgebung, der manchmal boshaft detailliert die Wirklichkeit erfasst. Es folgt ein Auszug aus dem ersten Kapitel des Romans.

16.4 Literatur nach 1945

Der weite Rock

Zugegeben: ich bin Insasse einer Heil- und Pflegeanstalt, mein Pfleger beobachtet mich, läßt mich kaum aus dem Auge; denn in der Tür ist ein Guckloch, und meines Pflegers Auge ist von jenem Braun, welches mich, den Blauäugigen, nicht durchschauen kann.

Mein Pfleger kann also gar nicht mein Feind sein. Liebgewonnen habe ich ihn, erzähle dem Gucker hinter der Tür, sobald er mein Zimmer betritt, Begebenheiten aus meinem Leben, damit er mich trotz des ihn hindernden Guckloches kennenlernt. Der Gute scheint meine Erzählungen zu schätzen, denn sobald ich ihm etwas vorgelogen habe, zeigt er mir, um sich erkenntlich zu geben, sein neuestes Knotengebilde. Ob er ein Künstler ist, bleibe dahingestellt. Eine Ausstellung seiner Kreationen würde jedoch von der Presse gut aufgenommen werden, auch einige Käufer herbeilocken. Er knotet ordinäre Bindfäden, die er nach den Besuchsstunden in den Zimmern seiner Patienten sammelt und entwirrt, zu vielschichtig verknorpelten Gespenstern, taucht diese dann in Gips, läßt sie erstarren und spießt sie mit Stricknadeln, die auf Holzsöckelchen befestigt sind.

Oft spielt er mit dem Gedanken, seine Werke farbig zu gestalten. Ich rate davon ab, weise auf mein weißlackiertes Metallbett hin und bitte ihn, sich dieses vollkommenste Bett bunt bemalt vorzustellen. Entsetzt schlägt er dann seine Pflegerhände über dem Kopf zusammen, versucht in etwas zu starrem Gesicht allen Schrecken gleichzeitig Ausdruck zu geben und nimmt Abstand von seinen farbigen Plänen.

Mein weißlackiertes metallenes Anstaltsbett ist also ein Maßstab. Mir ist es sogar mehr: mein Bett ist das endlich erreichte Ziel, mein Trost ist es und könnte mein Glaube werden, wenn mir die Anstaltsleitung erlaubte, einige Änderungen vorzunehmen: das Bettgitter möchte ich erhöhen lassen, damit mir niemand mehr zu nahe tritt.

Einmal in der Woche unterbricht ein Besuchstag meine zwischen weißen Metallstäben geflochtene Stille. Dann kommen sie, die mich retten wollen, denen es Spaß macht, mich zu lieben, die sich in mir schätzen, achten und kennenlernen möchten. Wie blind, nervös, wie unerzogen sie sind. (...) Mein Anwalt stülpt jedesmal, sobald er mit seinem Hallo das Zimmer sprengt, den Nylonhut über den linken Pfosten am Fußende meines Bettes. Solange sein Besuch währt – und Anwälte wissen viel zu erzählen –, raubt er mir durch diesen Gewaltakt das Gleichgewicht und die Heiterkeit.

Nachdem meine Besucher ihre Geschenke auf dem weißen, mit Wachstuch bezogenen Tischchen unter dem Anemonenaquarell deponiert haben, nachdem es ihnen gelungen ist, mir ihre gerade laufenden oder geplanten Rettungsversuche zu unterbreiten und mich, den sie unermüdlich retten wollen, vom hohen Standard ihrer Nächstenliebe zu überzeugen, finden sie wieder Spaß an der eigenen Existenz und verlassen mich. Dann kommt mein Pfleger, um zu lüften und die Bindfäden der Geschenkpackungen einzusammeln. (...)

Bruno Münsterberg – ich meine jetzt meinen Pfleger, lasse das Wortspiel hinter mir – kaufte auf meine Rechnung fünfhundert Blatt Schreibpapier. Bruno, der unverheiratet, kinderlos ist und aus dem Sauerland stammt, wird, sollte der Vorrat nicht reichen, die kleine Schreibwarenhandlung, in der auch Kinderspielzeug verkauft wird, noch einmal aufsuchen und mir den notwendigen unlinierten Platz für mein hoffentlich genaues Erinnerungsvermögen beschaffen. Niemals hätte ich meine Besucher; etwa den Anwalt oder Klepp, um diesen Dienst bitten können. Besorgte, mir verordnete Liebe hätte den Freunden sicher verboten, etwas so Gefähr-

Literatur nach 1945

liches wie unbeschriebenes Papier mitzubringen und meinem unablässig Silben ausscheidenden Geist zum Gebrauch freizugeben.
Als ich zu Bruno sagte: „Ach Bruno, würdest du mir fünfhundert Blatt unschuldiges Papier kaufen?“, antwortete Bruno, zur Zimmerdecke blickend und seinen Zeigefinger, einen Vergleich herausfordernd, in die gleiche Richtung schickend: „Sie meinen weißes Papier (...)“ R

1 *Fassen Sie den Romanbeginn zusammen. Wie sieht Oskar seine Umwelt?*

2 *Untersuchen Sie die erzähltechnische und die sprachliche Gestaltung des Auszugs (→ Kapitel 13).*

Christa Wolf: Der geteilte Himmel (Auszug)

Christa Wolf (geb. 1929 in Landsberg, Warthe, DDR, gestorben am 01. Dezember 2011) erlebte ihren Durchbruch als freie Schriftstellerin mit ihrer Erzählung „Der geteilte Himmel“ (1963). Die Liebesgeschichte zwischen der Studentin Rita Seidel und dem Chemiker Manfred Herrfurth ist in den DDR-Alltag angesiedelt.
Manfred kann sich in seiner Arbeit nicht verwirklichen und geht in den Westen. Rita entscheidet sich dazu, ihm nicht zu folgen. Kurz darauf wird die Mauer gebaut. Der Text liefert einen Einblick in den DDR-Alltag der frühen 1960er Jahre und zeigt auf, welche Folgen die deutsch-deutsche Teilung für die Menschen hatte. Erzählt wird die Geschichte auf zwei Zeitebenen: Rita befindet sich nach einem Betriebsunfall in einem Krankenhaus. Ihr Leben mit Manfred wird rückblickend geschildert.

Erstes Kapitel

In jenen letzten Augusttagen des Jahres 1961 erwacht in einem kleinen Krankenhauszimmer das Mädchen Rita Seidel. Sie hat nicht geschlafen, sie war ohnmächtig. Wie sie die Augen aufschlägt, ist es Abend, und die saubere weiße Wand, auf die sie zuerst sieht, ist nur noch wenig hell. Hier ist sie zum erstenmal, aber sie weiß gleich wieder, was mit ihr, heute und vorher, geschehen ist. Sie kommt von weit her. Sie hat undeutlich ein Gefühl von großer Weite, auch Tiefe. Aber man steigt rasend schnell aus der unendlichen Finsternis in die sehr begrenzte Helligkeit. Ach ja, die Stadt. Enger noch: das Werk, die Montagehalle. Jener Punkt auf den Schienen, wo ich umkippte. Also hat irgendeiner die beiden Waggons noch angehalten, die da von rechts und links auf mich zukamen. Die zielten genau auf mich. Das war das Letzte. (...)
Aber der Arzt braucht nicht zu fragen, er weiß ja alles, es steht auf dem Unfallblatt. Diese Rita Seidel, eine Studentin, arbeitet nur während der Ferien im Betrieb. Sie ist manches nicht gewohnt, zum Beispiel die Hitze in den Waggons nicht (...).
„Der Schock“, sagt der Arzt und verschreibt Beruhigungsspritzen. Nach Tagen allerdings, als Rita immer noch nicht erträgt, daß man sie anspricht, wird er unsicher. Er denkt, wie gerne er den Kerl unter die Finger kriegen möchte, der dieses hübsche und empfindsame Mädchen so weit gebracht hat. Für ihn steht fest, daß nur Liebe ein junges Ding so krank machen kann.
Ritas Mutter, von ihrem Dorf herbeigerufen und hilflos vor dem fremden Zustand der Tochter, kann keine Auskunft geben. „Das Lernen“, sagt sie. „Ich hab mir gleich gedacht, sie hält es

nicht aus." Ein Mann? Nicht daß sie wüßte. Der frühere, ein Chemiedoktor, ist doch schon ein halbes Jahr weg. Weg? fragt der Arzt. Nun ja: Abgehauen, Sie verstehen.
Das Mädchen Rita bekommt Blumen: Astern, Dahlien, Gladiolen – bunte Tupfer im bleichen Krankenhaustag. Niemand darf zu ihr, bis sich eines Abends ein Mann mit einem Rosenstrauß nicht abweisen läßt. (...) Der Arzt erfährt, daß dies der junge Betriebsleiter vom Waggonwerk war, und nennt sich selber einen Trottel. Er aber wird das Gefühl nicht los, daß dieser junge Mann mehr von der Patientin Rita Seidel weiß als die Mutter, als er selbst, der Arzt, und als jeder einzelne Besucher, die nun zahlreich kommen: (...). Es kann für ausgeschlossen gelten, daß die Patientin einsam gewesen ist.
Die da zur ihr kommen, haben sie alle gern. Sie sprechen behutsam mit ihr und tasten mit Blicken ihr Gesicht ab, das blaß und müde, aber nicht mehr trostlos ist. Sie weint jetzt seltener, meistens abends. Sie wird der Tränen Herr werden und, weil es ihr fernliegt, ihr Leid zu hätscheln, auch der Verzweiflung.
Sie sagt niemandem, daß sie Angst hat, die Augen zuzumachen. Sie sieht immer noch die beiden Waggons, grün und schwarz und sehr groß. Wenn die angeschoben sind, laufen sie auf den Schienen weiter, das ist ein Gesetz, dazu sind sie gemacht. Sie funktionieren. Und wo sie sich treffen werden, da liegt sie. Da liege ich.
Dann weint sie wieder.
Sanatorium, sagt der Arzt. Sie will nichts erzählen. Soll sie sich ausweinen, soll sie zur Ruhe kommen, soll Gras über alles wachsen. Sie könnte mit der Bahn fahren, so weit ist sie schon wieder, aber der Betrieb schickt ein Auto.
Ehe sie abfährt, bedankt sie sich beim Arzt und bei den Schwestern. Alle sind ihr wohlgesinnt, und wenn sie nichts erzählen will, ist das ihre Sache. Alles Gute.
Ihre Geschichte ist banal, denkt sie, in manchem auch beschämend. Übrigens liegt sie hinter ihr. Was noch zu bewältigen wäre, ist dieses aufdringliche Gefühl: Die zielen genau auf mich.

R

3 *Fassen Sie das erste Kapitel der Erzählung zusammen. Was erfahren Sie über Rita Seidel?*

4 *Sammeln Sie in Gruppen Informationen über den Monat August im Jahre 1961 und werten Sie Ihre Ergebnisse in der Klasse aus.*

5 *Begründen Sie, warum Christa Wolf diesen Titel gewählt haben könnte.*

Martin Walser: Ein fliehendes Pferd (Auszug)

Martin Walser (geb. 1927 in Wasserburg am Bodensee) beschäftigen immer wieder aktuelle und grundlegende gesellschaftliche Verhaltensweisen. Die von ihm in Szene gesetzten literarischen Figuren gehören der Mittelschicht an und werden in ihrem Streben nach sozialem Aufstieg und privatem Glück beschrieben, wobei sie sich bemühen, den gesellschaftlichen Rollen und Konventionen zu genügen. So auch in der Novelle „Ein fliehendes Pferd" (1978), Walsers größtem literarischen Erfolg. Das Wiedersehen der ehemaligen Schulfreunde und Studienkollegen Helmut und Klaus, die mit ihren Frauen am Bodensee Urlaub machen, reißt beide für einen Moment aus ihrem verbissen eingeübten Tarnverhalten und bringt sie aus ihrem mühsam erarbeiteten Gleichgewicht. Die Novelle wurde zwei Mal verfilmt (1986 und 2007).

Literatur nach 1945

Erstes Kapitel (Auszug)

Plötzlich drängte Sabine aus dem Strom der Promenierenden hinaus und ging auf ein Tischchen zu, an dem noch niemand saß. Helmut hatte das Gefühl, die Stühle dieses Cafés seien für ihn zu klein, aber Sabine saß schon. Er hätte auch nie einen Platz in der ersten Reihe genommen. So dicht an den in beiden Richtungen Vorbeiströmenden sah man doch nichts. Er hätte sich möglichst nah an die Hauswand gesetzt. (...) Sabine bestellte schon den Kaffee, legte ein Bein über das andere und schaute dem trägen Durcheinander auf der Uferpromenade mit einem Ausdruck des Vergnügens zu, der ausschließlich für Helmut bestimmt war. Er verlegte seinen Blick auch wieder auf die Leute, die zu dicht an ihm vorbeipromenierten. Man sah wenig. Von dem wenigen aber zu viel. Er verspürte eine Art hoffnungslosen Hungers nach diesen hell- und leichtbekleideten Braungebrannten. Die sahen hier schöner aus als daheim in Stuttgart. Von sich selbst hatte er dieses Gefühl nicht. Er kam sich in hellen Hosen komisch vor. Wenn er keine Jacke anhatte, sah man von ihm wahrscheinlich nichts als seinen Bauch. Nach acht Tagen würde ihm das egal sein. Am dritten Tag noch nicht. So wenig wie die grässlich gerötete Haut. Nach acht Tagen würden Sabine und er auch braun sein. Bei Sabine hatte die Sonne bis jetzt noch nichts bewirkt als eine Aufdünsung jedes Fältchens, jeder nicht ganz makellosen Hautstelle. Sabine sah grotesk aus. Besonders jetzt, wenn sie voller Vergnügen auf die Promenierenden blickte. Er legte eine Hand auf ihren Unterarm. Warum mussten sie überhaupt dieses hin- und herdrängende Dickicht aus Armen und Beinen und Brüsten anschauen? In der Ferienwohnung wäre es auch nicht mehr so heiß wie auf dieser steinigen, baumlosen Promenade. Und jede zweite Erscheinung hier führte ein Ausmaß an Abenteuer an einem vorbei, dass das Zuschauen zu einem rasch anwachsenden Unglück wurde. Alle, die hier vorbeiströmten, waren jünger. (...) Drei Tage waren sie hier, und drei Abende hatte er Sabine in die Stadt folgen müssen. Jedes Mal auf diese Promenade. Leute beobachten fand sie interessant. War es auch. Aber nicht auszuhalten. Er hatte sich vorgenommen, Kierkegaards Tagebücher zu lesen. (...) Er sehnte sich danach, Kierkegaard näherzukommen. Vielleicht sehnte er sich nur, um enttäuscht werden zu können. Er stellte sich diese tägliche, stundenlange Enttäuschung beim Lesen der Tagebücher Kierkegaards als etwas Genießbares vor. (...) Wenn diese Tagebücher keine Nähe gestatteten, wie er fürchtete (und noch mehr hoffte), würde seine Sehnsucht, diesem Menschen näherzukommen, noch größer werden. Ein Tagebuch ohne alles Private, etwas Anziehenderes konnte es nicht geben. Er musste Sabine sagen, dass er ab morgen die Abende nur noch in der Ferienwohnung verbringen werde. Er hätte zittern können vor Empörung! Er hier auf dem zu kleinen Stuhl, Leute anstierend, während er in der Ferienwohnung ... (...) Sabines Vergnügen an den Vorbeiströmenden hatte inzwischen ein Lächeln erzeugt, das sich nicht mehr änderte. Er genierte sich für Sabines Lächeln. Er berührte sie am Oberarm. Wahrscheinlich sollte man reden miteinander. Ein alt werdendes Paar, das stumm auf Caféstühlen sitzt und der lebendigsten Promenade zuschaut, sieht komisch aus. Oder trostlos. Besonders, wenn die Frau noch dieses schon seit längerem verstorbene Lächeln trägt. Helmut mochte es nicht, wenn die Umwelt sich über Sabine und ihn Gedanken machen konnte, die zutrafen. Egal, was die Umwelt über ihn und Sabine dachte, es sollte falsch sein.

6 *Fassen Sie den Inhalt des Auszuges zusammen.*

7 *Charakterisieren Sie beide Figuren (→ Kapitel 13, S. 219).*

16.5 Textpool

Arno Geiger: Es geht uns gut

Bei dem Roman handelt es sich um eine Familiengeschichte, die in Österreich zwischen 1938 und 2001 spielt. In dem vorliegenden Auszug geht es um eine Auseinandersetzung zwischen Richard, dem Vater (er ist ein hoher Regierungsbeamter, der am Staatsvertrag[1] *mitarbeitet), und seiner noch nicht volljährigen Tochter Ingrid.*

Dienstag, 12. Mai 1955

– Ich muss mich sehr über dich wundern. Einer Fünfzehnjährigen würde dein Verhalten besser anstehen als einer Neunzehnjährigen. Dass du dich nicht schämst.

Ingrid nimmt auch dies kommentarlos zur Kenntnis. Sie verkündet Unwohlsein, das fühlt sich wie vorgeschützt an, obwohl ihr wirklich und wahrhaftig (sind das die Nerven?) im Magen flau ist.

– Mir ist nicht gut, sagt sie.

Daraufhin zieht sie sich zurück in ihr Zimmer. Während sie sich dort ankleidet, setzt sie sich mit der Tatsache auseinander, dass sie von niemandem außer Peter für voll genommen wird. Allein beim Gedanken an den vergangenen Fasching steigt eine solche Bitterkeit in ihr auf, dass sie sich am liebsten wieder ins Bett legen würde. Nicht, dass sie ihrem Vater einen Vorwurf macht, weil er von Peter wenig begeistert ist oder weil die Woche am Arlberg an seinem Njet gescheitert ist. Das ist Geschmackssache. Aber dass er sie in ihrer Liebe, die bestimmt nicht nur Oberfläche ist, in keiner Weise ernst nimmt und ihre Gefühle als Getue bezeichnet, dagegen lehnt sie sich auf. Ihr Vater behandelt sie wie ein Kind, dem man sein Spielzeug wegnehmen will, und jetzt, wo die Nachricht von der Verlobung durchgesickert ist, legt er eine Schaufel drauf, weil ihm diese *Dummheit* als ausreichender Beweis erscheint, zu welchen Unüberlegtheiten seine Tochter fähig ist. Präziser: dass sie in ihrer *Vernarrtheit* so weit *überschnappt*, dass sie mit Peter ins Bett geht. Etwas, was natürlich längst geschehen ist, für ihren Vater bislang aber nicht im Bereich des Vorstellbaren lag. Für ihn ist das sechste Gebot das erste Gebot. Es gibt nichts anderes, was eine ähnlich starke Bedrohung seiner Wertvorstellungen darstellt und eine ähnliche Beleidigung seines sozialen Ordnungssinns. (…)

Sie sitzen zu dritt beim Frühstück, Richard in einem seiner offiziellen Anzüge, er trinkt den Kaffee, indem er jeden Schluck mit einer ruckartigen Kopfbewegung nach hinten wirft. Als ihm Alma eine Semmel anbietet, lehnt er mit Rücksicht auf seinen Zahn ab. Reden hingegen scheint seine Schmerzen zu lindern; kann auch sein, es ist das Gesagte, was die Linderung herbeiführt, während die Schmerztabletten, die er im Bad eingeworfen hat, noch eine Viertelstunde brauchen, bis sie wirken.

– Denn eins will ich nicht unerwähnt lassen: Ich verhandle nicht jahrelang mit den Sowjets, damit meine Tochter in der Zwischenzeit den Verstand verliert. Siebzehn Jahre lang haben jetzt andere über uns bestimmt. (…) Und jetzt, wo sich die Verhältnisse ein wenig klären und man endlich wieder Herr im eigenen Haus wird, lasse ich mir den Unfrieden nicht von der eigenen Tochter hereintragen.

Er führt die Kaffeetasse zum Mund und nimmt mit bitterer Grimasse einen weiteren Schluck.

– Haben wir uns verstanden?

Nein. (…)

Sie greift sich an den Bauch, eine fast schon reflexartige Bewegung. Das sind jetzt mehr als fünf Wochen. Dann streicht sie Honig auf ihre Semmel, und während ihr Vater weiterredet, über *Flegel* und *Rotzlöffel* (gemeint ist Peter) und über *Strafe muss sein* (das gilt ihr), stellt sie sich die Gewissensfrage, ob sie ihren Vater liebt. Und wenn ja, wie sehr? Gute Frage. Aber wie soll sie jemanden lieben, der sich ihrem Glück in den Weg stellt? Jemanden, der kein Argument gelten lässt, das mit Empfindungen zu tun hat? Weil Empfindungen unzuverlässig sind. Weil die Liebe eine Landplage ist. Einen Analphabeten des Gefühls? (Das hat sie in einem Roman gelesen.) Nichts als Vernunftgründe. Grauenhaft. Grauenhaft. Also Antwort: Nein. Respektieren: Ja. Aber lieben: Nein. Und weiter: Ob dann wenigstens ihre Mutter ihn liebt? Nicht weniger gute Frage. Antwort: Vielleicht. (Es ist also nicht unbedingt auszuschließen.) (…)

Richard lässt sich gerade über die *Ungeklärtheit von Peters wirtschaftlichen Verhältnissen* aus und dass es viele junge Männer gebe, die durch die Kriegs- und Nachkriegsverhältnisse in ihrer Berufsentwicklung zurückgeworfen wurden. Für umso unverantwortlicher halte er es, einem Mädchen, das sechs Jahre jünger ist, mit Heiratsgedanken das Herz schwer zu machen, wenn man sein Studium seit Jahren nicht weiterbringe und auch sonst nichts vorzuweisen habe außer Schulden.

Ingrid würde gerne dahinterkommen, woher ihrem Vater diese Informationen zufliegen, und weil ihr Vater nicht aufhört, auf Peters geschäftlicher Malaise herumzuhacken, stellt sie sich schützend vor ihren Liebsten (der und kein anderer, sie wird ihn immer):

– Papa, ich weiß wie niemand, dass Peter rackert und sich plagt, um vorwärtszukommen. Es ist ehrliche Arbeit.

– Aber dass ehrliche Arbeit erst dort anfängt, wo sie auch etwas einbringt und nicht nur das Geld anderer kostet, hat sich nicht bis zu euch durchgesprochen, was? Da geht auch dir deine rasche Auffassungsgabe plötzlich ab. Solange diese Spiele nichts einbringen, sind sie windige Unternehmungen, nichts weiter.

– Ja, weil für dich einer geerbt haben muss, damit er etwas anfangen darf. Alle anderen sind Gauner und Nullen.

Alma sagt erinnernd:

– Ingrid –.

– Mama, es ist so ungerecht, dass er sich zwischen zwei Menschen stellt, die sich lieben. (…) Papas Abneigung ist total mutwillig. Und dann erwartet er auch noch meinen Beifall.

– Ich bin mit Sicherheit nicht mutwilliger als du, nur dass bei dir hinzukommt, dass du in keiner Sekunde dein Gehirn einschaltest. (…)

– So kannst du Mama in die Tasche stecken. Bei mir funktioniert der Trick nicht.

Richards Hals hinauf schwillt eine Ader und pumpt Blut in seinen schmerzenden Zahn. Er blickt vom Tisch auf, während Ingrids Augen den umgekehrten Weg nehmen, hinunter zu der bestrichenen Honigsemmel; als würde sie sich unter den donnernden Worten ihres Vaters ducken.

– Das ist der Gipfel! So lasse ich nicht mit mir reden! Ich erwarte von dir, dass du dich ins familiäre Regelwerk einfügst, sonst setzt es Konsequenzen! Ist das klar? Dann erst einmal Schweigen. Es sieht so aus, als legten sich alle ihre Meinung zurecht. Auch Alma sucht nun sichtlich nach etwas, was sie sagen könnte. Offenbar ohne Erfolg. Nach einigen Sekunden, als habe er das Ausmaß der Unverschämtheit von Ingrids letzter Bemerkung erst mit Verzögerung begriffen, als seien ihre Worte mit einem besonders trägen Gewicht in seinen Verstand hineingefallen, haut Richard mit der Hand auf den Tisch, dass die Tassen springen.

– Und jetzt ist Schluss!

Ich stelle mich nicht länger zur Verfügung, damit du deine Launen befriedigen kannst. Solange du die Beine unter meinem Tisch hast, tust du gefälligst, was ich sage. Haben wir uns verstanden?

Ingrid starrt ihn an, die Zähne fest aufeinandergebissen. Viel fehlt nicht, und sie würde die Blumenvase an die Wand werfen oder vom Tisch aufstehen und einfach weggehen. Fliehkräfte, vergleichbar mit denen am Kettenkarussell im Prater, wirken auf sie ein. Aber noch für mindestens zwei Jahre wird Ingrid von ihrem Vater abhängig sein, den Trumpf kann ihm keiner nehmen, sie weiß, sie sollte es nicht auf die Spitze treiben. (...)

– Ob wir uns verstanden haben?

– Ja, sagt sie kleinlaut, nicht, weil sie eingeschüchtert ist, sondern in der Erkenntnis, dass ihr Vater alles andere nicht hören würde und dass sie es erst recht nicht zuwege bringt, ihn zu einer anderen Meinung zu bekehren. Somit sieht sie auch keine Möglichkeit, ehrlich und glücklich zugleich zu sein.

– Dann kann ich mich darauf verlassen, dass du mir keine weiteren Dummheiten machst?

Sie findet, dass es Ansichtssache ist, was man unter Dummheiten versteht, und so nickt sie, betrachtet dabei das Fensterglas und die dahinter aufragenden Obstbäume, in denen sie in ihrer Kindheit geklettert ist. (...) *Dummheiten, Dummheiten.*

– Nun, das ist ja beruhigend. (...)

Richard steht auf, murmelt etwas von Verhandlungen bis zur Verblödung und Kompromisse erzielen. (...) Richard holt sich seinen Hut, vergewissert sich vor dem Spiegel, dass der Hut gerade sitzt. Er schreitet zügig, ein wenig ächzend, erschöpft bereits in der Früh, aus dem Haus. Die Wagentür schlägt zu. Als der Wagen abfährt, sagt Alma ohne Zorn und Vorwurf:

– Ingrid. Ingrid. (...)

Ingrid stellt das Geschirr in die Abwasch, dabei verspricht sie dem lieben Gott, dass sie sich bessern wird, wenn sie nur bald ihre Tage bekommt (...).

1 Der österreichische Staatsvertrag vom 15. Mai 1955 stellte die Unabhängigkeit des Landes wieder her. Er regelte u. a. die Reparationszahlungen und den Abzug der Besatzungsmächte nach dem Zweiten Weltkrieg.

Aufgaben zu diesem Text finden Sie in der Prüfungsvorbereitung auf der S. 387.

Robert Walser: Der Beruf (1904)

Um in der Welt ein rechtschaffenes Leben führen zu können, muss man einen Beruf haben. Man kann nicht nur so in den Tag hineinarbeiten. Die Arbeit muss ihren bestimmten Charakter und einen Zweck haben, zu dem sie führen soll. Um das zu erreichen, wählt man einen Beruf. Dies geschieht, wenn man aus der Schule tritt, und mit diesem Ereignisse ist man ein erwachsener Mensch, das heißt, nun hat man eine andere Schule vor sich: das Leben. Das Leben sei ein strenger Schulmeister, sagen sie einem, und das muss wahr sein, weil es eine allgemeine Ansicht ist. Wir dürfen nach unserer Lust den Beruf wählen, und wo wir das nicht dürfen, tut man uns unrecht. Ich habe zu allen möglichen Berufen Lust. Da ist das Wählen eine schwere Sache. Ich glaube, ich tue am besten, wenn ich irgendeinen, vielleicht den erstbesten ergreife, ihn erprobe, und, wenn ich ihn satt habe, fortwerfe. Kann man denn überhaupt wissen, wie es innerhalb eines Berufes aussieht? Ich denke, das muss man doch zuerst erfahren. Unerfahrene Geister, wie wir sind, können vor kein Urteil gestellt werden, ohne sich glänzend zu blamieren. Das ist durchaus Geschmack und Sache unserer Eltern, uns einen Beruf auszusuchen. Sie wissen am besten, wozu wir taugen. Taugen wir zu Besserem, als wozu sie uns fürs Leben bestimmt haben, so ist später immer Zeit umzusatteln. Man sinkt deshalb noch nicht zum Sattler hinunter. Nein, Unrecht geschieht uns in diesem Falle selten. – Nun, mein Geschmack wäre ein Schiffskapitän. Aber ich frage mich, ob meine Eltern mit diesem Wunsch einverstanden sind. Sie lieben mich sehr, und sie würden besorgt sein um mich, wenn sie mich den Stürmen des Meeres ausgesetzt wüssten.

Das Beste wäre freilich, heimlich durchzubrennen. So zur Nachtzeit, durchs Fenster, an einem Seil herabgelassen und – ade. Aber nein! Meine Eltern habe ich nicht den Mut zu hintergehen, und wer weiß, ob ich überhaupt das Zeug zu einem Schiffskapitän habe. Schlosser, Schreiner oder Drechsler will ich nicht werden. Für einen Aufsatzschreiber von meiner Qualität ziemt sich kein solches Handwerk. Buchbinder wäre hübsch, aber meine Eltern werden es nicht zugeben wollen, weil ich ihnen, das weiß ich, viel zu gut dafür bin. Sie sollen mich nur nicht studieren lassen, ich würde verkommen. Zum Arzt habe ich keine Lust, zum Pfarrer kein Talent, zum Juristen kein Sitzleder und Lehrer werden... ich möchte lieber sterben. Unsere Lehrer zum mindesten sind alle nicht glücklich, man sieht es ihnen an. Förster mochte ich werden. Ich würde mir ein kleines efeuumranktes Haus am Waldrand bauen und den Tag lang bis in die Nacht im Wald umherschweifen. Vielleicht käme es mir mit der Zeit auch langweilig vor und ich sehnte mich nach großen eleganten Städten. Als Dichter möchte ich in Paris, als Musiker in Berlin, als Kaufmann nirgends leben. Man tue mich nur in ein Büro und erfahre dann das Weitere. Nun habe ich noch eines auf der Seele: Gaukler sein wäre schön. Ein berühmter Seiltänzer, Feuerwerk hinten auf dem Rücken, Sterne über mir, einen Abgrund neben, und so eine feine schmale Bahn vor mir zum Schreiten. – Clown? Ja, ich fühle, ich habe zum Spaßmachen Talent. Aber den Eltern würde es Kummer bereiten, mich auf der Bühne zu wissen mit einer rotbemalten langen Nase und mehlbestreuten Wangen und im weiten lächerlichen Anzug. – Was nun denn? Daheim bleiben und greinen? Das niemals. Eins ist sicher, mir ist nicht bang vor Berufen. Es gibt so viele.

1 *Interpretieren Sie diesen Text, und führen Sie in einem zweiten Teil eigene Gedanken zum Thema „Beruf" aus.*

17 Sich mit unterschiedlichen Medien auseinandersetzen

Die Entwicklung im Multimediasektor ist rasant, die technischen Möglichkeiten eröffnen ständig neue Perspektiven. So gehören beispielsweise soziale Netzwerke, die als Trend an Universitäten begannen, inzwischen für immer mehr Menschen ganz selbstverständlich zum Alltag.
Aufgrund der Angebotsfülle und des Einflusses, den Medien ausüben, wird der Erwerb von Medienkompetenz, d. h. das Erfassen der Möglichkeiten, die Massenmedien eröffnen, und ein kritischer Umgang mit ihnen immer wichtiger.
Die Chancen der Mediennutzung liegen unter anderem in einer sinnvollen Verwendung aller medialen Möglichkeiten für Information und Lernen, für Spiel und Vergnügen, für Unterhaltung und Entspannung, für Problemlösung und Kommunikation sowie für einen erweiterten Zugang zu Kunst und Literatur. Darüber hinaus können die Medien zur Dokumentation interessanter Ereignisse und zur Herstellung von Öffentlichkeit für individuelle und gesellschaftlich wichtige Themen verwendet werden.

ANWENDUNGSSITUATION

Die Schülervertretung Ihrer Schule möchte im Internet präsent sein, damit die Schülerinnen und Schüler zeitgemäß, schnell und problemlos mit ihren Repräsentanten, ihren Lehrern und auch untereinander kommunizieren können. Dies soll über ein SV-Profil mit dem Namen *SV ONLINE* in einem sozialen Netzwerk geschehen. Ziel dieses Vorhabens ist es, Veranstaltungen koordinieren und die schulinterne Kommunikation fördern zu können.
Sie werden von Ihren Mitschülern gebeten, in einem Medienteam die Internetpräsenz der SV zu organisieren.

Inhalte

- die Mediennutzung
- Nachrichten aus unterschiedlichen Quellen untersuchen
- Scripted-Reality-Formate untersuchen
- sich mit sozialen Netzwerken auseinandersetzen
- soziale Netzwerke als politisches Instrument begreifen

Das ist Ihr vom Schülersprecher formulierter Arbeitsauftrag:

Liebes Medienteam,

bitte erledigt bis zum nächsten Meeting folgende Aufgaben:

- Informiert euch, welche Möglichkeiten es gibt, eine Internetpräsenz zu gestalten, die unseren Zielen (Koordination von Veranstaltungen und bessere schulinterne Kommunikation) gerecht wird.
- Was müssen wir beachten, wenn wir Daten zur Schule oder zu einzelnen Schülerinnen und Schülern ins Netz stellen?
- Erstellt einen Benutzerleitfaden mit „Spielregeln" für die Schülerinnen und Schüler.

Wenn Sie die folgenden Seiten des Kapitels erarbeitet haben, werden Sie in der Lage sein, den Arbeitsauftrag erfolgreich durchzuführen.

Arbeitsschritte	Arbeitstechniken und Methoden	Kompetenzen
Mediennutzung		Funktionen und Wirkungsmöglichkeiten unterschiedlicher Medienprodukte kennenlernen die Rahmenbedingungen der sich wandelnden Medienlandschaft analysieren Konzepte für Medienprodukte entwerfen und bewerten unterschiedliche Medienprodukte aus beruflichen, öffentlichen und persönlichen Handlungszusammenhängen situationsgerecht bewerten
Zeitungsartikel vergleichen	Brainstorming	
TV-Nachrichtensendungen vergleichen		
technisch-dramaturgische Mittel untersuchen		
Scripted-Reality-Formate untersuchen		
soziale Netzwerke kennenlernen		
soziale Netzwerke im Alltag nutzen	Think-Pair-Share Blitzlicht	
die rechtliche Grundlage		
das eigene Nutzerverhalten hinterfragen	Blitzlicht	
die Rolle der sozialen Medien im arabischen Frühling		
Einfluss sozialer Netzwerke auf die Demokratie in Deutschland		

17.1 Die Mediennutzung

Für Jugendliche spielen Medien eine bedeutende Rolle in ihrem Alltag. Mediengeräte sind allgegenwärtig und werden für Information, Unterhaltung und Kommunikation genutzt.

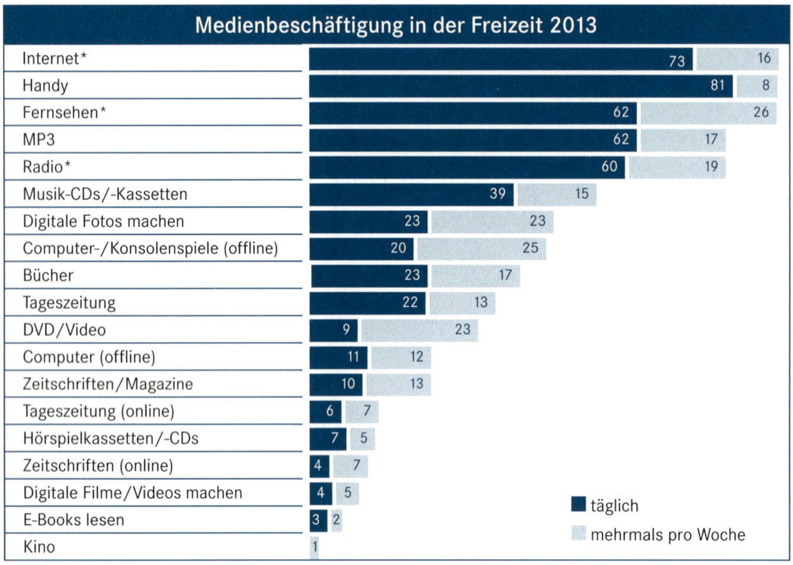

Untersucht wurde das Nutzerverhalten der 12 bis 19-Jährigen

*Quelle: JIM 2013, Angaben in Prozent; * egal über welchen Weg*

Basis: alle Befragten, n = 1.201

1 *Untersuchen Sie das Schaubild und fassen Sie die wichtigsten Informationen zusammen. Vergleichen Sie Ihre Ergebnisse in einer Kleingruppe.*

Internet auf der Kriechspur?

von Claudia Obmann

(...) Nach Einschätzung von Horst W. Opaschowski, Professor an der Uni Hamburg und Leiter des B.A.T. Freizeitforschungsinstituts, erweisen sich die Boom-Vorhersagen zur privaten Nutzung des internationalen Computernetzes Internet als Flop.

Lediglich zwei Prozent der deutschen Bevölkerung surfen gelegentlich durch das Datenmeer. 94 Prozent dagegen „zappen" lieber bequem durch die TV-Programme. (...) Etwa 20 Prozent der Deutschen besitzt einen Computer, 12 Prozent nutzen ihn auch zu Hause. Aber nur zwei Prozent begeben sich einmal pro Woche auf die globale Datenautobahn, weit weniger PC-Besitzer als bisher angenommen. Der „Freizeitpapst" sieht mehrere Gründe für die mangelnde Online-Begeisterung im Wohnzimmer. Zunächst gelte frei nach Schiller: „Der Mensch ist ein Gewohnheitstier. Videospiele sind einfacher und die Berieselung vor dem Pantoffelkino bequemer." Bis die neuen digitalen Möglichkeiten von der Masse genutzt werden, kann es noch zwei Generationen dauern, meint der Freizeitwissenschaftler. Schuld daran seien nicht zuletzt die hohen technischen, finanziellen und zeitlichen Hürden, die ein Interessent auf dem Weg in die Online-Welt zu nehmen habe.

Die Reise ins „digitale 21. Jahrhundert" gleiche eher einem Geisterzug einiger „Nintendo-Kids". Zumal sich nur knapp jeder vierte deutsche Jugendliche in seiner Freizeit mit dem Computer beschäftigt, während mehr als doppelt so viel zu einem Buch greifen. (...) Opaschowskis Fazit: „Die Medienrevolution steht nur angeblich vor der Tür. In Wirklichkeit können die meisten noch nicht einmal einen Videorecorder programmieren."

(Aachener Nachrichten, 30.04.1997)

2 *Vergleichen Sie die Prognose zur Internetnutzung aus dem Jahr 1997 mit dem Schaubild aus dem Jahr 2013.*

a) Stellen Sie Vermutungen darüber an, was zu dieser Fehleinschätzung geführt haben könnte.

b) Ziehen Sie Rückschlüsse auf die zukünftige Entwicklung der Medienlandschaft und auf ihre Nutzung.

Nachrichten aus unterschiedlichen Quellen untersuchen

Zeitungsartikel vergleichen

Die Wirkung von Fotos in der Berichterstattung unserer Zeitungen darf nicht unterschätzt werden. Denn wir nehmen Informationen mit allen Sinnen auf, wobei bildhafte Darstellungen oft besser im Gedächtnis bleiben als z. B. Schriftzeichen.

1 *Bilden Sie sich eine Meinung zum Thema: Bilder bleiben im Gedächtnis.*

Fußball WM 2006 in Deutschland – Erdbeben in Japan, Fukushima im März 2011

a) Tauschen Sie sich darüber aus, welche Bilder Sie mit den Ereignissen verbinden. (➪ Brainstorming)

b) Beschreiben Sie Gefühle und Stimmungen, die diese Bilder erzeugen.

c) Überlegen Sie, welche Schlagzeilen Sie damit in Verbindung bringen.

Welche Informationen eine Zeitung auswählt und wie diese Informationen präsentiert werden, kann ganz unterschiedlichen Prinzipien folgen.

2 *Vergleichen Sie die erste Seite einer tagesaktuellen Ausgabe der Bild-Zeitung mit einer Regionalzeitung und der „Frankfurter Allgemeinen Zeitung“ unter folgenden Aspekten:*

Sie können wahlweise die Online- oder die Printausgaben der Zeitungen untersuchen.

Themenauswahl

a) Notieren Sie jeweils in Stichpunkten, welche Themen präsentiert werden.

b) Finden Sie passende Oberbegriffe und ordnen Sie die einzelnen Themen zu.

Komposition von Bild und Text

c) Untersuchen Sie den Anteil von Bild und Text.

d) Notieren Sie mögliche Auswahlkriterien für die einzelnen Bilder.

Text und Überschriften

e) Bewerten Sie den Informationsgehalt der jeweils ersten Seite.

f) Untersuchen Sie die Seiten auf Hervorhebungen durch Farben, Schriftarten und -größen, Fettdruck etc. und erklären Sie jeweils die Funktion.

3 *Setzen Sie sich damit auseinander, welche Wirkung die unterschiedliche Gestaltung dieser Seiten hat.*

a) Beschreiben Sie, welche Seite Ihnen mehr zusagt, und begründen Sie Ihre Position.

b) Überlegen Sie, welche Zielgruppe jeweils angesprochen sein könnte.

4 *Vergleichen Sie die Aufbereitung einer Meldung, die in allen drei Zeitungen enthalten ist – egal ob im Innenteil oder auf der ersten Seite.*

a) Wie ist der Artikel gestaltet: Wirkung von Bildern, Größenverhältnis zwischen Überschrift und Gesamttext, Hervorhebungen durch Farben, Schriftarten etc.?

b) Notieren Sie inhaltliche Unterschiede.

c) Ziehen Sie Rückschlüsse auf die beabsichtigte Wirkung.

d) Werten Sie Ihre Ergebnisse aus.

5 *Erläutern Sie, welche Merkmale einer Berichterstattung seriös sind.*

6 *Nennen Sie Quellen, aus denen Sie tagesaktuelle Informationen beziehen. Begründen Sie, welche Vorteile die jeweilige Quelle für Sie hat.*

TV-Nachrichtensendungen vergleichen

Viele Menschen beziehen ihre Informationen auch in Zeiten des Internets überwiegend aus dem Fernsehen – TV-Nachrichten besitzen einen hohen Stellenwert. In der Satzung der öffentlich-rechtlichen Rundfunkanstalten heißt es unter anderem: „Das Niveau des Programms muss dem Grundversorgungsauftrag der Information, Bildung, Beratung und Unterhaltung dienen."

Quotendesaster: „Tagesschau" und „heute" verlieren Zuschauer

Für die Sender ist es ein Schlag ins Gesicht: Die Nachrichtenformate auf den Fernsehkanälen ARD, ZDF, RTL und Sat.1 verlieren hunderttausende Zuschauer. Vor allem „Tagesschau" und „heute" sind von dem Zuschauerschwund betroffen, wie das Medienunternehmen Media Control am Montag mitteilte. „Nie wurden in den letzten 20 Jahren niedrigere Werte erzielt", hieß es. Media Control hatte die ersten drei Quartale dieses Jahres mit dem gleichen Zeitraum aus dem vergangenen Jahr verglichen. Die „Tagesschau" sahen in diesem Jahr in der ARD 4,92 Millionen Menschen. Im Vorjahreszeitraum waren es noch 5,37 Millionen Zuschauer. Der Marktanteil sank demnach von 19,2 auf 18 Prozent. Das ZDF-Format „heute" wollen rund 3,23 Millionen Menschen sehen, im vergangenen Jahr hatte die Sendung noch 3,51 Millionen Zuschauer. Vor 20 Jahren sahen die Quoten noch ganz anders aus. Damals gab es noch Traumergebnisse für die Nachrichtensendungen: Rund 8,33 Millionen Zuschauer wollten 1992 die „Tagesschau" sehen und 6,99 Millionen Zuschauer verfolgten „heute".

Doch auch die Nachrichtenformate der privaten Fernsehkanäle verlieren mehr und mehr Zuschauer. „RTL aktuell" sahen 2011 noch 3,87 Millionen Zuschauer, in diesem Jahr sind es im Durchschnitt 3,48 Millionen Zuschauer. Die Sendung fiel damit laut Media Control auf den Stand von 2006 zurück. Die Sat.1-Nachrichten wollen 1,79 Millionen Menschen sehen, 2011 waren es noch 1,92 Millionen Zuschauer. (…)

(Spiegel online, kha/dpa/dapd, 22.10.2012)

1 *Visualisieren Sie die wesentlichen Aussagen des Textes in einer Übersicht (➪ Basiswissen, S. 184).*

2 *Geben Sie mögliche Gründe an, warum weniger Zuschauer die Nachrichten im Fernseher sehen.*

Themen der Nachrichtensendungen am 05.04.2013 im Vergleich

heute (ZDF), 19.00 Uhr	RTL aktuell, 18.45 Uhr
1. Nord-Korea: Drohgebärden von Kim Jong-un	1. Nord-Korea: Drohgebärden von Kim Jong-un
2. Steuerbetrug: Vorwürfe gegen Regierung	2. Steuerbetrug: Vorwurf gegen deutsche Banken
3. Geiselnahme in Kita	3. Geiselnehmer in Kita
4. NSU-Prozess: Presseplätze für Türkei	4. Meldungen: Angst vor Vogelgrippe, Morddrohung auf Zypern, Urteil gegen Jobcenter-Mörder, Drama durch Bau-Pfusch in Indien
5. Neuer Tarifvertrag Baubranche	5. Live zurück zur Geiselnahme in Kölner Kita
6. Mitarbeiter von Amazon wollen streiken für neue Lohnuntergrenze	6. Cyber-Mobbing: Nacktfotos von Ex-Freundinnen
7. Tötung Jobcenter-Mitarbeiterin	7. Spargel: Ernterückstand wegen Wetter
8. Wetter	8. Int. Frauenkonferenz: Angelina Jolie ehrt Mädchen, das von den Taliban angeschossen wurde
	9. Zurück zur Geiselnahme in Köln: Live-Bilder
	10. Wetter

3 *Ordnen Sie die in den Nachrichtensendungen behandelten Themen den Bereichen Innenpolitik, Wirtschaft, Lifestyle und Wetter zu.*

4 *Entscheiden Sie mithilfe des Basiswissens, ob es sich um „Soft- oder Hardnews" handelt.*

TV-Nachrichtensendungen vergleichen

5 *Nennen Sie Gründe, warum RTL aktuell mehr Zuschauer hat als heute (ZDF).*

Basiswissen **Soft- und Hardnews**

Unter **Hardnews** versteht man Nachrichten, die unmittelbare Auswirkungen auf Qualität und Quantität des Lebens eines Großteils der Leser, Zuschauer oder Hörer haben (können). Diese News sind meist den Ressorts Politik und Wirtschaft zuzuordnen. **Softnews** sind im Gegensatz dazu Nachrichten, die keine unmittelbare Auswirkung auf das Leben der Leser, Zuschauer oder Hörer haben und eher unterhaltenden Charakter aufweisen. Insbesondere Meldungen über Prominente gehören in diese Kategorie.

Immer wieder rücken die privaten Sendeanstalten in den Fokus der Medienkritiker. Aber auch die öffentlich-rechtlichen Anstalten bleiben davon nicht verschont. Ein Insider, der ehemalige „Tagesthemen"-Moderator Ulrich Wickert, kritisiert die medienpolitische Ausrichtung der Nachrichtenredaktionen dieser Sender heftig.

(…) Den Machern scheint das Bewusstsein für ihren öffentlich-rechtlichen Auftrag, für eine Grundversorgung politischer Information zu sorgen, abhanden gekommen zu sein. Ganz bewusst spreche ich von Information, denn dieser Begriff umfasst mehr als die Nachrichten. (…) Am Freitag, 23. Oktober, steht die Zusammensetzung der neuen Regierung fest, aber das vollständige Kabinett wird am Abend in keiner Nachrichtensendung von ARD oder ZDF gemeldet. Die „heute"-Sendung um neunzehn Uhr berichtet dafür ausführlich über Schnäppchenjäger nach dem Aus von Quelle. Die „Tagesschau" um zwanzig Uhr erklärt uns, wer einige der wichtigen Ministerien übernimmt, und verweist für mehr Information auf das Internet. (…)

Am Sonntag segnet die FDP auf einem Parteitag den Koalitionsvertrag (…) ab, doch ARD-aktuell entdeckt einen wichtigeren Aufmacher: ein mörderisches Attentat im Irak. Solche Attentate im Irak ereignen sich alle paar Tage. Und sie haben, anders als der Koalitionsvertrag, einen beschränkten Einfluss auf das tägliche Leben der Nachrichten sehenden Bürger in Deutschland. Also muss es einen besonderen Grund geben, weshalb die Bombe im Irak der Aufmacher in „Tagesschau" und „Tagesthemen" ist. Sollen wir es Voyeurismus, Sensationsgier, Bombenjournalismus nennen? (…) Hier wird aus einer völlig falsch verstandenen Chronistenpflicht gesendet. Niemand quält sich, den Automatismus, mit dem Bomben in die Nachrichten gelangen, zu hinterfragen. (…)

Während das französische Fernsehen France 2 die Gedenkfeiern am 9. November in Berlin so bedeutend fand, dass es schon am Nachmittag eine Stunde lang in einer Sendung mit dem ehemaligen Außenminister Roland Dumas den Auftritt Angela Merkels an der Bornholmer Straße live sendete, zeigte die ARD „Sturm der Liebe". (…) France 2 strahlte vom Brandenburger Tor weitere zwei Stunden Informationsprogramm mit dem ehemaligen Außenminister Hubert Védrine aus. Währenddessen liefen in der ARD so bedeutsame Sendungen wie „Verbotene Liebe" und „Marienhof". Weil auch in den hohen ARD-Etagen der Sinn für eine politische Grundversorgung fehlt, zögerte man dort lange, überhaupt von den Festlichkeiten zu senden (…). Der Sendeplan musste eingehalten werden, damit nach der „Tagesschau", in der die Rede von Angela Merkel live gesendet werden konnte, die Schnulze „Geld, Macht, Liebe" pünktlich die Zuschauer anlockte.

(Ulrich Wickert, www.faz.net, 24.11.2010)

★ **6** *Setzen Sie sich mit der Kritik Wickerts auseinander.*

Technisch-dramaturgische Mittel untersuchen

Bewegte Bilder üben einen direkteren, intuitiveren Einfluss auf unsere Wahrnehmung aus als Texte. Dabei spielen die technisch-dramaturgischen Mittel, die das Fernsehen einsetzt, eine entscheidende Rolle für die Wirkung der Berichterstattung und die Vermittlung von Inhalten.

Basiswissen | Kameraeinstellungen und -perspektiven

Kameraeinstellungen am Beispiel der Berichterstattung über die Rettung chilenischer Bergarbeiter im Jahr 2010 (außer der Nahaufnahme)

Die **Supertotale** wird eingesetzt, um ein Geschehen in seine Umgebung eingebettet zu zeigen. Sie kann Gefühle wie Isolierung und/oder Gefahr vermitteln.

Bei der **Totalen** liegt die Bedeutung in der Regel auf der Vermittlung eines Überblicks über den Ort der Handlung und das Handlungsgeschehen.

Die **Halbtotale** zeigt die agierenden Personen in voller Größe und legt damit den Bedeutungsakzent auf die Aktion, also die ganze Figur.

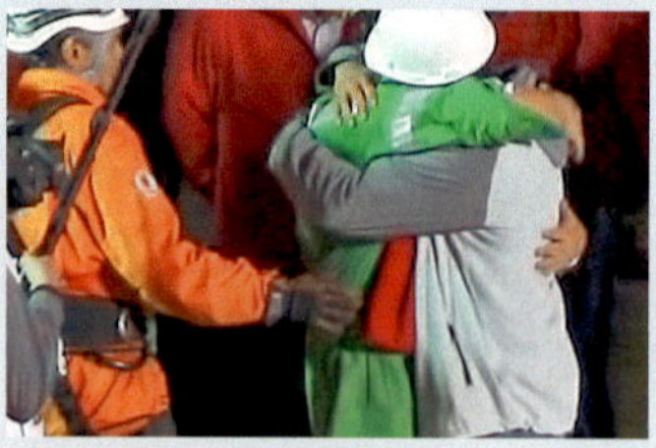

Ist die Aktion reduziert auf den gestischen (und mimischen) Ausdruck, so eignet sich hierfür die Größe **Halbnah** (oder Amerikanisch), bei der die Figur etwa bis zum Knie abgeschnitten wird.

Zur Verdeutlichung seelischer Regungen und des am Gesicht ablesbaren Ausdrucks innerer Regungen eignen sich **Nah- und Großeinstellung**.

Detaileinstellungen greifen Einzelheiten groß heraus. Für sich allein schneidet das **Detail** den Betrachter ab von der Aktion des dargestellten Subjekts.

Bei der **Kameraperspektive** unterscheidet man je nach dem Blickwinkel der Kamera zwischen **Vogelperspektive** (Aufsicht): Die Kamera blickt von einem hohen Standpunkt aus auf das Objekt hinab.
Augenhöhe (Normalsicht): Die Kamera befindet sich auf der gleichen Höhe des abgebildeten Objekts, bei einem Akteur meist auf der Augenhöhe.
Froschperspektive (Untersicht): Die Kamera fängt von einem niedrigen Standpunkt aus ein Objekt vertikal ein.

1 *Untersuchen Sie die Kameraeinstellungen und -perspektiven anhand einer aufgezeichneten Nachrichtensendung im Fernsehen.*

2 *Analysieren Sie auf die gleiche Weise eine Soap. Welche Unterschiede zu Nachrichtensendungen stellen Sie fest?*

Scripted-Reality-Formate untersuchen

Fernsehen dient natürlich nicht nur der Nachrichtenübermittlung, sondern auch der Unterhaltung. Der Nachmittagsmarkt wird inzwischen dominiert von Scripted-Reality-Sendungen. Sie waren 2012 das am häufigsten konsumierte Sendungsformat in der Gruppe der 12- bis 19-Jährigen. Die dabei erzielten guten Quoten sind nicht nur für die Programmgestaltung wichtig, sondern haben auch eine enorme ökonomische Bedeutung. Sie sind ein entscheidender Faktor für die Höhe der Werbeeinnahmen eines jeden Senders.

1 *Führen Sie eine Internetrecherche durch.*

a) Stellen Sie die Marktanteile deutscher Fernsehsender für einen Tag fest.

b) Wählen Sie einen Sender aus und ermitteln Sie, welche Sendungen zu den zehn beliebtesten des Tages zählen.

c) Überlegen Sie, welche Zielgruppe die jeweiligen Sendungen ansprechen sollen. Beachten Sie dabei auch die Sendezeiten.

Fernsehformate:
ein medienwissenschaftlicher Begriff für Fernsehproduktionen, deren Konzept und Umsetzung durch einen Vertrag strikt festgelegt und nicht veränderbar ist

Entwicklung des Reality-Formats

(…) Mit den Talkshows der 1990er-Jahre hat eine Entwicklung begonnen, die Zuschauer immer mehr als Protagonisten in Unterhaltungsformaten einzusetzen. (…) Politiker, Fernsehkritiker, die Feuilletons der Tageszeitungen und nicht zuletzt die Landesmedienanstalten als Aufsicht über das private Fernsehen kritisierten, Talkshows wirkten realitätsverzerrend, da sie die Grenzüberschreitung als Normalität darstellen würden. In der Masse der Talkshows werde die Wirklichkeit auf Tabubrüche reduziert. Neben den Themen wurde der Kommunikationsstil der Talkshows kritisiert (…). Die Wortwahl war grob bis vulgär, überzeugt wurde weniger durch Argumente als durch Lautstärke.

(…) Gary Bente und Bettina Fromm prägten 1997 den Begriff „Affektfernsehen". Er bezeichnet unterschiedliche Fernsehformate (Talk-, Spiel- oder Beziehungsshows), die sich auf Einzelschicksale fokussieren, sich sehr mit der emotionalen Befindlichkeit der dargestellten Personen beschäftigen und dabei die Grenze zwischen Privatheit und Öffentlichkeit verschieben. Typische Eigenschaften des Affektfernsehens sind Personalisierung, Authentizität, Intimisierung und Emotionalisierung. Es geht in den Geschichten um private, in der Öffentlichkeit unbekannte Personen. Im Unterschied zu Scripted Reality gibt es in den Talkshows Moderatoren, die als Verbindung zu den Zuschauern fungieren, und es treten „echte" Personen auf. Vieles spricht aber dafür, dass die Wirkung des Affektfernsehens mit der von Scripted Reality vergleichbar ist. (…)

1999 kam mit Richterin Barbara Salesch bei Sat.1 die erste Gerichtsshow ins deutsche Fernsehen. Zunächst wurden nach dem amerikanischen Vorbild Judge Judy echte zivilrechtliche Fälle behandelt. Da Prozesse in Deutschland nicht abgefilmt werden dürfen, mussten die Streitpartner schriftlich erklären, dass sie das Urteil der Richterin akzeptieren würden. Die Realität des Zivilprozesses war jedoch für die Zuschauer nicht interessant genug. So kam die Produktionsfirma filmpool auf die Idee, die verhandelten Fälle in einem Skript vorzugeben, Kläger, Angeklagte und Zeugen durch Laiendarsteller spielen zu lassen und nur die Rolle der Richterin, des Staatsanwalts und der Verteidigung mit Fachleuten zu besetzen. (…)

Das Format fand bald seine Zuschauer und zahlreiche Nachahmer. Schnell lösten die Gerichtsshows die allmählich in die Jahre gekommenen Talkshows ab. Mit der Zeit ging es bei den angeblichen Gerichtsverfahren erheblich lauter und bunter zu als in realen Strafprozessen. Die Fälle wirkten immer konstruierter, die Aufklärung brachte oft überraschende Zeugen in letzter Sekunde. Die Zeugen sprachen und stritten in einem Stil, der bereits aus den Talkshows bekannt war. (…) Gegenüber den Vorläuferformaten, also den Talkshows oder Big Brother, in denen die Protagonisten sich in der Regel selbst darstellten, haben Scripted-Reality-

Formate für die Sender den Vorteil, dass sie besser planbar sind. In den Talkshows wusste man nie genau, ob es den Protagonisten gelingen würde, sich in ihren Schilderungen und Ausdrucksweisen an Vorgaben – zum Beispiel vonseiten des Jugendschutzes – zu halten. Oft waren wegen Verstößen gegen Jugendschutzvorschriften aufwändige Nachbearbeitungen notwendig, oder es mussten gelegentlich sogar Sendungen aus dem Programm genommen werden. (...)

Als im August 2009 bei RTL Familien im Brennpunkt, Verdachtsfälle und Die Schulermittler erfolgreich starteten, dauerte es nicht lange, bis sich die Kritiker massiv zu Wort meldeten. Nach Meinung der Gegner dieser Produktionen war nun ein Damm gebrochen. Familienkonflikte, Ehe- und Beziehungsprobleme, Probleme an Schulen, ein gerechtfertigter oder falscher Verdacht, der zu Konflikten führte: nichts sei vor dieser als Realität getarnten Fiktion mehr sicher. (...)

Die folgenden Kritikpunkte werden in der Presse und in einer bekannten Untersuchung genannt:

1. Die Sendung kommt als Realität daher, ist aber in Wirklichkeit Fiktion.
2. In den Sendungen herrscht ein rüder Kommunikationsstil. Es wird nur geschrien, gepöbelt und geschimpft, und das in hoher Lautstärke.
3. Die Geschichten und Konflikte sind grotesk und extrem, ihre Lösungen überraschend und oft nicht nachzuvollziehen.
4. Die Protagonisten der Sendungen stammen überwiegend aus unteren sozialen Milieus.
5. Aufgrund der komplexen Handlung, die auf eine relativ kurze Zeit verdichtet wird, werden einigen Charakteren negative Eigenschaften (zum Beispiel extreme grundlose Gemeinheit) zugeschrieben, für die es keine sozialen oder biografischen Erklärungen gibt.
6. Die Konflikte werden zwar in der Regel gelöst, allerdings greifen dabei meist Instanzen von außen (Jugendamt, Gericht usw.) ein. So entsteht der Eindruck, die dargestellten Personen bzw. die soziale Gruppe seien grundsätzlich nicht in der Lage, ihre Probleme selbst zu lösen.

(Freiwillige Selbstkontrolle Fernsehen e.V., Berlin 2012)

2 *Fassen Sie den Inhalt des Textes knapp zusammen.*

3 *Untersuchen Sie mithilfe einer Internetrecherche oder Programmzeitschrift, wie viele Scripted-Reality-Sendungen und Doku-Soaps aktuell im Privatfernsehen laufen. Fassen Sie Ihre Untersuchungsergebnisse schriftlich zusammen.*

4 *Untersuchen Sie in Kleingruppen eine Scripted-Reality-Sendung, z. B. „Die Schulermittler".*

a) Überprüfen Sie, ob die oben genannten Kritikpunkte zutreffen.
b) Achten Sie insbesondere darauf, mit welchen filmischen Mitteln der Realitätscharakter erzielt wird.
c) Vergleichen Sie Ihre Ergebnisse.
d) Nehmen Sie kritisch Stellung zu Ihrer untersuchten Sendung.

Fazit

17.1 Die Mediennutzung
- ständigen Wandel berücksichtigen

17.3 Scripted-Reality-Formate
- Wirkung des Affektfernsehens

17.2 Nachrichten aus unterschiedlichen Quellen untersuchen
- Auswahl und Präsentation der Inhalte
- Wirkung von Bild und Text bzw. von Kameraeinstellungen und -perspektiven

Sich mit sozialen Netzwerken auseinandersetzen

Soziale Netzwerke kennenlernen

Soziale Netzwerke werden von immer mehr Menschen genutzt, sie entwickeln sich zum festen Bestandteil unseres Alltags. Die Nutzer sollten bedenken, welche Vorteile, aber auch welche Gefahren diese neuen Medien im privaten, schulischen und beruflichen Umfeld mit sich bringen.

Soziale Netzwerke (social networks), ursprünglich ein Begriff aus der Sozialwissenschaft, der das Beziehungsgefüge zwischen Individuen bzw. zwischen Individuen und Gruppen (auch Institutionen) beschreibt; im Internet bezeichnen soziale Netzwerke spezielle Plattformen, auf denen Personengruppen (Communities) für berufliche oder private Zwecke bestimmte Interessen und Kontakte pflegen, indem sie u. a. über personalisierte Webseiten ein eigenes Nutzerprofil anlegen und sich darüber mit Freunden, Bekannten oder auch Geschäftspartnern vernetzen; andere Webseiten dienen u. a. dem Austausch von Videoclips oder digitalen Bildern.

(wissen.de)

1 *Erarbeiten Sie mithilfe des Lexikonartikels die wesentlichen Merkmale und Funktionen sozialer Netzwerke.*

2 *Erarbeiten Sie Unterschiede verschiedener sozialer Netzwerke.* *(➪ Think-Pair-Share S. 401)*

3 *Für die Nutzung dieser Netzwerke muss man in der Regel kein Geld bezahlen.*

a) Erarbeiten Sie, welche Möglichkeiten der Refinanzierung soziale Netzwerke haben.

b) Erklären Sie, welche Auswirkungen diese Möglichkeiten auf die Nutzer des Netzwerkes haben.

c) Erörtern Sie, ob die Nutzung sozialer Netzwerke wirklich kostenlos ist.

Eine Internet-Minute im Social Web

Insgesamt werden 639.800 GB Daten übermittelt, u. a.:

- es erscheinen 6 neue Artikel in Wikipedia
- es gibt 100 neue LinkedIn-Accounts
- 1.300 neue mobile Nutzer (z.B. nach Aktivierung eines Smartphones) kommen hinzu
- Artikel im Wert von US-$ 83.000, – gehen bei Amazon über die Theke
- 204 Mio. E-Mails werden versendet
- 47.000 Apps-Downloads (Android wie iOS)
- 3.000 hochgeladene flickr-Fotos bei 20 Mio. Views
- 320 neue Twitter-Accounts bei 100.000 neuen Updates
- 6 Mio. Views bei Facebook und 277.000 Log-ins
- 2 Mio. Suchanfragen bei Google
- 1,3 Mio. Views auf YouTube, während 30 Stunden Videomaterial hochgeladen werden

(Quelle: Intel vom März 2013)

4 *Bearbeiten Sie die folgenden Frage- und Aufgabenstellungen auf der Basis des Intel-Textes.*

a) Was ist mit einer „Internet-Minute“ gemeint?

b) Welche Nutzungsabsichten werden durch das Internet hauptsächlich verfolgt?

c) Vergleichen Sie die Ergebnisse aus Aufgabe b) mit Ihrem eigenen Nutzungsverhalten.

d) Stellen Sie Gemeinsamkeiten und Unterschiede dar und erörtern Sie diese im Klassenverband.

Soziale Netzwerke im Alltag nutzen

In sozialen Netzwerken können Sie sich über Neuigkeiten informieren, erhalten Nachrichten von Freunden – und geben auch Informationen von sich selbst preis. Die folgenden Artikel zeigen, dass dieses Nutzungsverhalten auch einige Gefahren birgt.

Facebook macht vielen schlechte Laune

Facebook-Nutzung kann zu Frust und Unzufriedenheit führen. So lautet das Ergebnis einer Studie, für die Wissenschaftler Hunderte Mitglieder des Netzwerks befragten. Als Grund für die miese Stimmung werden ausgerechnet positive Nachrichten angegeben.

Frust, Unzufriedenheit, Neid: Soziale Netzwerke lösen einer Studie zufolge bei einem Teil ihrer Nutzer negative Gefühle aus. Über ein Drittel der von ihnen befragten Facebook-User fühle sich während und nach der Nutzung des sozialen Netzwerks schlecht, haben Forscher der Technischen Universität Darmstadt und der Humboldt-Universität zu Berlin herausgefunden. Sie seien einsam, müde, traurig oder frustriert, gaben die Probanden an. Als wesentlichen Grund für diese Wertungen sehen die Forscher den Neid auf die positiven Nachrichten der Facebook-Freunde. Besonders häufig seien Anwender betroffen, die in erster Linie passiv konsumieren, was ihre Facebook-Freunde an Nachrichten und Fotos veröffentlichen. Insgesamt habe ein Fünftel aller Ereignisse (online und offline), die in jüngster Zeit bei den Befragten Neid hervorriefen, im Facebook-Kontext stattgefunden, was „den immensen Stellenwert, den diese Plattform im Leben vieler Nutzer hat“, verdeutliche. Den Wissenschaftlern zufolge ist es daher möglich, einen direkten „Zusammenhang zwischen Neid auf Facebook und der allgemeinen Lebens(un)zufriedenheit der Nutzer nachzuweisen“. „Normalerweise beneidet man Leute, die einem ähnlich sind“, sagte Projektleiterin Hanna Krasnova am Montag. Auf Facebook erfahren Nutzer mehr über andere, ihnen ähnliche Menschen, mit denen sie sich vergleichen können. „Die Bedingungen für einen sozialen Vergleich sind besser. Man kann besser sehen, wie man abschneidet.“ Um diese negativen Gefühle zu kompensieren, komme es zu einer ausgeprägteren Selbstpräsentation auf Facebook – die wiederum Neidgefühle bei anderen hervorrufe. Die Forscher sprechen von einer „Neidspirale“. Laut Krasnova führe dies auch dazu, dass die Nutzer ihr Leben positiver darstellten, als es tatsächlich sei.

Die Forscher hatten knapp 600 Facebook-User in Deutschland befragt. Die Ergebnisse veröffentlichten sie jetzt in der Studie: „Envy on Facebook: A Hidden Threat to Users' Life Satisfaction?“.

(spiegel-online, 21.01.2013, mak/dpa)

1 *Notieren Sie, welche Personengruppe vor allem „schlechte Laune“ durch Facebook bekommt und aus welchen Gründen dies geschieht.*

2 *Erklären Sie anhand Ihrer Ergebnisse aus Aufgabe 1, was mit dem Begriff „Neidspirale“ gemeint ist.*

3 *Nennen Sie Beispiele für Situationen, in denen Sie ähnliche Erfahrungen bezüglich einer Selbstpräsentation oder Neidspirale in sozialen Netzwerken gemacht haben. (➪ Methode Blitzlicht, S. 397)*

Soziale Netzwerke im Alltag nutzen

Wenn man soziale Netzwerke im schulischen Umfeld nutzt, stellt sich die Frage, auf welcher Ebene Schülerinnen und Schüler mit Lehrern kommunizieren.

Die Regeln der Freundschaft

von Markus Böhm

Peinliche Partyfotos, Lästereien, Liebesschwüre: Sollten Schüler und Lehrer das voneinander sehen? Dürfen sie sich bei Facebook befreunden? Regeln dafür hat kaum eine Schule. Jetzt verraten Pädagogen und Jugendliche, was sie online preisgeben – und wer neugieriger ist.

Die Antwort kommt schnell, als ein Schüler bei Facebook fragt: „Jemand Schubert in der 10. in Chemie gehabt? Bräuchte die 1. KA vom letzten Jahr!“ Es dauert nur fünf Minuten, bis eine Schülerin schreibt: „Ja, ich.“ Sie hat die Klausur bei Lehrer Schubert schon einmal geschrieben und lästert: „Der ist echt dämlich, der macht immer die gleichen Klausuren …“

Was die Schüler nicht bedachten: Ihr angeblich so dämlicher Lehrer ist auch bei Facebook. Am Abend kommentiert er: „Da habe ich heute Nacht wohl noch was zu tun. Ihr aber auch.“

Das wirft neue Fragen auf: Wie sollen Schüler und Lehrer im Netz miteinander umgehen? Dürfen sie sich virtuell befreunden? Geht es Lehrer etwas an, was ihre Schüler in ihrer Freizeit in dem sozialen Netzwerk veröffentlichen? Und wie ist es umgekehrt?

Kaum Empfehlungen gibt es bisher dazu. Josef Kraus, Präsident des Deutschen Lehrerverbands, sagt zum Thema Facebook-Freunde: „Wir haben keine Leitlinien. Generell raten wir Lehrern zur Zurückhaltung, vor allem bei Freundschaftsanfragen. Es wird eine Kommunikationsebene vorgegaukelt, die sich in der Schule nicht widerspiegeln kann.“ Kraus selbst hat bislang keinen Facebook-Zugang, erkennt aber an: „Für junge Leute sind die Netzwerke Teil ihrer Lebensrealität.“ Sollten Pädagogen nicht Teil dieser Realität sein?

(Spiegel online, 21.01.2013, mak/dpa)

Der SchulSPIEGEL hat Lehrer und Schüler gefragt, wie sie Facebook handhaben.

Jan-Martin Klinge, 30, unterrichtet an einer Realschule in Siegen:

„Klar kann man als Lehrer bei Facebook mit Schülern befreundet sein. Man braucht nur die Kompetenz, mit dem Netzwerk umgehen zu können – auch technisch. Ich selbst habe rund 50 Schüler als Facebook-Freunde, eingeordnet in eine Liste mit dem Titel ‚Öffentlich‘. Das heißt: Alle, die auf dieser Liste stehen, bekommen nur das mit, was auch für jeden anderen Facebook-Nutzer sichtbar ist. Das sind Dinge, die ich so auch öffentlich auf einem Marktplatz herausschreien würde.

Gestern habe ich zum Beispiel ein Foto meines Unterrichtsmaterials hochgeladen, mit dem Kommentar: ‚Das muss alles noch laminiert werden.‘ Stelle ich dagegen ein Foto von der Einschulung meiner Tochter ins Netz, dann sehen das ausschließlich meine Familie und meine engen Freunde. Obwohl die Schüler nicht alles von mir erfahren, ist es für sie von Vorteil, virtuell mit mir befreundet zu sein. Über Facebook können sie mir unkompliziert Fragen stellen oder Unterrichtsmaterial anfordern. Mittlerweile nutzen sogar Eltern die Plattform, um mich zu kontaktieren.

Und auch unter dem erzieherischen Aspekt ist es nicht verkehrt, einen Lehrer unter seinen Freunden zu haben. Peinliche Schülerfotos kommentiere ich manchmal mit: ‚Bist du sicher,

Soziale Netzwerke im Alltag nutzen

dass du willst, dass dein Lehrer das sieht?' Danach verschwinden die Bilder meistens ziemlich schnell aus dem Internet.
Schüler lernen auf diese Weise, sich richtig nach außen darzustellen – oder sich zumindest mit den Privatsphäreeinstellungen von Facebook auseinanderzusetzen. Das machen in letzter Zeit immer mehr Schüler – ein gutes Zeichen.
Tabu sollte es für einen Lehrer sein, Freundschaftseinladungen an seine Schüler zu schicken. Sie wären praktisch gezwungen, die Einladung anzunehmen. Anderenfalls müssten sie befürchten, dass ihnen Nachteile entstehen. Allgemein sollte eine Internetfreundschaft nie überschätzt werden. Nur, weil ein Schüler mit mir bei Facebook befreundet ist, ist er im Unterricht nicht plötzlich der beste Freund des Lehrers."

Annkathrin, 17, geht in Mettmann, NRW, aufs Gymnasium:

Ich bin bei Facebook nur mit zwei Lehrern befreundet, die ich sympathisch finde. Beide sind vergleichsweise jung, und ich habe sie nicht im Unterricht. Mit Lehrern, die mich unterrichten, will ich virtuell lieber nicht befreundet sein. Sie sollen mich auf der Basis dessen bewerten, was sie von mir in der Schule erleben. Was ihre Schüler in ihrer Freizeit oder eben auf Facebook machen, geht Lehrer meiner Meinung nach nichts an. Sie sollten Privates vom Schulischen trennen, so wie ich es als Schülerin auch mache. Bei einigen Lehrern fällt mir das leichter als bei anderen: Zu ihnen reicht mir der Kontakt, den ich zwangsweise im Klassenzimmer habe. Ich bin generell sehr vorsichtig im Umgang mit dem Internet und würde zum Beispiel nie Partyfotos ins Netz stellen. Meinen Facebook-Account habe ich so eingestellt, dass nur Freunde alles sehen können, was ich auf meine Pinnwand schreibe. Und wenn ich Freundschaftseinladungen annehme, dann nur von Leuten, die ich persönlich kenne. Gut vorstellen kann ich mir, dass ich meine jetzigen Lehrer nach dem Abitur bei Facebook als Freunde hinzufüge. Zum Kontakthalten mit Leuten, die man nicht jeden Tag in der Schule sieht, ist die Plattform nämlich praktisch.

4 *Beschreiben Sie die Positionen des Lehrers Jan-Martin Klinge und der Schülerin Annkathrin.*

5 *Die meisten sozialen Netzwerke geben ihren Nutzern die Möglichkeit, die Beziehungen untereinander zu kategorisieren. So kann man beispielweise bei Facebook angeben, dass man mit einer bestimmten Person befreundet ist.*

a) Beschreiben Sie weitere Kategorisierungen von Beziehungen in sozialen Netzwerken. (➪ Methode Blitzlicht, S. 397)

b) Erklären Sie, was „Freundschaft" in sozialen Netzwerken bedeutet.

c) Diskutieren Sie, inwiefern sich „Freundschaft" im Netz von einer Freundschaft in der Realität unterscheidet.

6 *Nehmen Sie Stellung zur im Artikel auf S. 321 angesprochenen Problematik, indem Sie Argumente aus den Kommentaren aufgreifen und durch eigene Erfahrungen und Ideen ergänzen.*

7 *Erörtern Sie Ihre Positionen in der Gruppe.*

Die rechtliche Grundlage

Bundesdatenschutzgesetz (Auszüge)

§ 1 Zweck und Anwendungsbereich des Gesetzes

(1) Zweck dieses Gesetzes ist es, den Einzelnen davor zu schützen, dass er durch den Umgang mit seinen personenbezogenen Daten in seinem Persönlichkeitsrecht beeinträchtigt wird.

(2) Dieses Gesetz gilt für die Erhebung, Verarbeitung und Nutzung personenbezogener Daten durch

1. öffentliche Stellen des Bundes
2. öffentliche Stellen der Länder (...)
3. nicht-öffentliche Stellen, soweit sie die Daten unter Einsatz von Datenverarbeitungsanlagen verarbeiten, nutzen oder dafür erheben oder die Daten in oder aus nicht automatisierten Dateien verarbeiten, nutzen oder dafür erheben, es sei denn, die Erhebung, Verarbeitung oder Nutzung der Daten erfolgt ausschließlich für persönliche oder familiäre Tätigkeiten.

§ 3 Weitere Begriffsbestimmungen

(1) Personenbezogene Daten sind Einzelangaben über persönliche oder sachliche Verhältnisse einer bestimmten oder bestimmbaren natürlichen Person (Betroffener).

§ 35 Berichtigung, Löschung und Sperrung von Daten

(1) Personenbezogene Daten sind zu berichtigen, wenn sie unrichtig sind. Geschätzte Daten sind als solche deutlich zu kennzeichnen.

(2) Personenbezogene Daten sind zu löschen, wenn

1. ihre Speicherung unzulässig ist,
2. es sich um Daten über die rassische oder ethnische Herkunft, politische Meinungen, religiöse oder philosophische Überzeugungen, Gewerkschaftszugehörigkeit, Gesundheit, Sexualleben, strafbare Handlungen oder Ordnungswidrigkeiten handelt und ihre Richtigkeit von der verantwortlichen Stelle nicht bewiesen werden kann,
3. sie für eigene Zwecke verarbeitet werden, sobald ihre Kenntnis für die Erfüllung des Zwecks der Speicherung nicht mehr erforderlich ist, oder
4. sie geschäftsmäßig zum Zweck der Übermittlung verarbeitet werden und eine Prüfung jeweils am Ende des vierten, soweit es sich um Daten über erledigte Sachverhalte handelt und der Betroffene der Löschung nicht widerspricht, am Ende des dritten Kalenderjahres beginnend mit dem Kalenderjahr, das der erstmaligen Speicherung folgt, ergibt, dass eine längerwährende Speicherung nicht erforderlich ist.

Personenbezogene Daten sind nach Beendigung des Vertrages zu löschen, wenn der Betroffene dies verlangt.

(www.gesetze-im-internet.de)

1 *Fassen Sie in eigenen Worten knapp zusammen, welche Daten nicht oder nur kurzfristig gespeichert werden dürfen.*

2 *Erörtern Sie, welche Tragweite der § 35 des Datenschutzgesetzes für die sozialen Netzwerke hat. Beziehen Sie in Ihre Überlegungen auch die Tatsache mit ein, dass die Mehrheit der Plattformen ihren Sitz im Ausland hat.*

17.4

Das eigene Nutzerverhalten hinterfragen

Menschen behandeln sich im Umgang miteinander nicht immer fair – auch bei der Nutzung des Internets gibt es diesbezüglich keine Ausnahmen. Welche neuen Dimensionen das Thema Mobbing durch die sozialen Netzwerke erreicht, wird in folgendem Interview erklärt.

Die Schmähungen sind wie ein Tattoo

Warum machen sich Schüler gegenseitig im Netz nieder? Der Internetforscher Urs Gasser kennt Mobbing aus eigener Erfahrung – und erklärt, was heute anders ist als früher.

von Khue Pham

Schüler beleidigen andere auf Lästerseiten im Internet, alles anonym, manchmal bis zur Eskalation. Ein Junge, der offline schlichten wollte, wurde zusammengeschlagen, in Berlin verabredeten sich 20 Jugendliche zu einer Schlägerei nach gegenseitigen Beleidigungen im Netz. In Frankfurt ermittelt die Staatsanwaltschaft, die Politik wird tätig – und lässt die Pöbelwebsites indizieren. Hilft das?

DIE ZEIT: Herr Gasser, Sie haben den Begriff der ‚Digital Natives' geprägt, der jungen Generation, die mit dem Internet aufwächst. Wie waren Sie denn als Junge?

Urs Gasser: Ich war strebsam und zerbrechlich, beim Fußball nicht der Robusteste. An meiner Grundschule wurde ich deswegen von einer Bande von Jugendlichen gehänselt und sogar angegriffen. Einmal haben sie mein Fahrrad demoliert und in den Fluss geworfen.

ZEIT: Sie wurden gemobbt?

Gasser: Ja, und das war sehr schlimm. Ich wurde oft krank und bin zu Hause geblieben. Es war schwierig, meinen Eltern zu erklären, was auf dem Schulweg geschah, da es quasi unsichtbar war.

ZEIT: Stellen Sie sich vor, es hätte damals schon Websites gegeben, auf denen Schüler anonym über andere Schüler herziehen können.

Gasser: Nun, einerseits hätte es die strafrechtliche Verfolgung der Bande an meiner Schule einfacher gemacht, weil es dadurch mehr Indizien gegeben hätte. Andererseits hätte es mir den Wechsel von meiner alten Schule an die neue erschwert: Dieser Schulwechsel war wie ein Neuanfang, aber heutzutage wäre das nicht so möglich. Wenn man auf Websites mit Kommentaren bloßgestellt wird, begleitet es einen die gesamte Schulzeit. Es ist wie ein Tattoo.

ZEIT: Wie wichtig ist die Identität im Netz für junge Schüler?

Gasser: Sie trennen nicht zwischen Online und Offline, Schulhof und Internet verschränken sich. Untersuchungen zeigen, dass die Opfer von Cybermobbing auch Opfer von Mobbing im echten Leben sind. Und dass 80 Prozent der Cybermobbing-Opfer die Täter persönlich kennen.

ZEIT: Das Hauptproblem bei den Lästerseiten ist also gar nicht die Anonymität?

Gasser: Genau. Die Anonymität im Netz reduziert zwar die Hemmschwelle, aber Cybermobbing basiert darauf, dass die Opfer identifiziert werden können. Das sind gezielte Äußerungen, die ein gezieltes Publikum erreichen sollen, und das lebt nicht 5.000 Kilometer entfernt, sondern im direkten Umfeld des Opfers. Sonst wäre das Ganze ja witzlos.

ZEIT: Die Kommentare auf Hetzseiten sind zum Teil sehr aggressiv und beleidigend. Beleidigender als Pöbeleien auf dem Pausenhof, oder?

Gasser: Vielleicht kompensieren die Jugendlichen beim Posten im Internet rhetorisch, dass der körperliche Kontakt wegfällt, das Herumbalgen.

ZEIT: Und wann schlägt Cybermobbing in echte Gewalt um?

Gasser: Aggressive Inhalte – Videos, Rap-Songs, Kommentare – können zu einer Art Aufladung führen, die sich bei entsprechender Disposition in echter Gewalt entladen kann. Aber die Aggressionsforschung geht auch davon aus, dass es keine direkte Kausalität gibt.

ZEIT: Können Jugendliche denn einschätzen, was sie mit Hetzkommentaren bei anderen anrichten?

Gasser: Jugendliche denken nicht immer sorgfältig darüber nach, was sie tun und was gefährlich ist. Ihr

Das eigene Nutzerverhalten hinterfragen

Frontalkortex ist noch nicht voll ausgeprägt, deshalb ist ihre Risikoanalyse und -bewertung nicht so wie bei Erwachsenen. Daher sind wahrscheinlich viele Hetzkommentare spontan und unüberlegt dahingeschrieben.

ZEIT: Und die Opfer wehren sich, indem sie zurückschreiben.

Gasser: Ja, das ist ein interessanter Befund: Opfer von Cybermobbing werden überdurchschnittlich häufig zu Tätern, die dann andere mobben. Sie haben gelernt, wie solche Attacken funktionieren, und schlagen in einer Art Blitzableiter-Handlung zurück. Sie spiegeln die Aggression und geben sie an andere weiter, um sich nicht länger schwach zu fühlen. Ich kann die Motivation aus eigener Erfahrung nachvollziehen.

ZEIT: Welche Folgen hat Cybermobbing für die Opfer?

Gasser: Sie bleiben der Schule öfter fern und haben schlechtere Schulnoten. Sie weisen häufig depressive Symptome auf und leiden unter Einsamkeit, Angst oder Scham. Neue Studien behaupten auch, dass sie häufiger Suizidgedanken haben, das ist schon sehr ernst zu nehmen.

ZEIT: Die Symptome von Cybermobbing klingen ähnlich wie die, unter denen Sie als Kind zu leiden hatten.

Gasser: Ich glaube, dass Cybermobbing keine quantitative Steigerung von Mobbing ist, sondern es nur sichtbarer macht im Vergleich zu früher. Aber natürlich gibt es nun internetspezifische Faktoren, die es verstärken: Es vergrößert die Angriffsfläche auf das Opfer, weil im Netz ja persönliche Daten und Fotos vorhanden sind. Es ist mehr Material da, mit dem man angegriffen werden kann.

ZEIT: Was bringt es denn, Lästerseiten auf den Index zu setzen, wie es in Deutschland kürzlich geschehen ist?

Gasser: Für die betroffenen Täter und Opfer hat es einen geringen Effekt. Es kann sein, dass potenzielle Täter die Seite schwieriger finden, weil sie nicht mehr über eine Suchmaschine abrufbar ist und Websites normalerweise darüber aufgerufen werden. Die Indizierung ist vor allem ein gesellschaftliches Signal. Politik, Lehrer, Eltern und Schüler müssen sich jetzt mit diesem Thema beschäftigen, was wichtig ist. Aber die Seite an sich besteht weiter.

(Die Zeit, 07.04.2011)

1 ***Nennen Sie Beispiele für Fälle von Cybermobbing (➪ Methode Blitzlicht, S. 398).***

2 ***Erklären Sie den Begriff „Digital Natives".***

a) Was versteht man unter „Digital Natives"?

b) Beschreiben Sie, was „Digital Natives" von anderen Personen unterscheidet.

★ *c)* Recherchieren Sie, seit wann es soziale Netzwerke gibt.

3 ***Erläutern Sie, wie sich nach Gasser Mobbing in der digitalen Welt von Mobbing in der realen Welt unterscheidet. Vergleichen Sie Gassers Position mit Ihren eigenen Erfahrungen.***

4 ***Erarbeiten Sie Verhaltensregeln zum Thema Cybermobbing.***

a) Beschreiben Sie Möglichkeiten, wie man in sozialen Netzwerken der Gefahr des Cybermobbings entgegenwirken kann. Unterscheiden Sie dabei Möglichkeiten, sich vor Mobbing zu schützen, und Möglichkeiten, auf Mobbing zu reagieren.

b) Erörtern Sie Ihre Positionen in der Gruppe und fassen Sie die Ergebnisse zusammen.

17.5

Soziale Netzwerke als politisches Instrument begreifen

Die Rolle im arabischen Frühling

Die sozialen Netzwerke verändern unser Kommunikationsverhalten nicht nur auf privater und beruflicher Ebene, auch politische Entwicklungen erhalten eine neue Dynamik. Dies soll am Beispiel des arabischen Frühlings gezeigt werden.

Der arabische Frühling

Demonstration im Jahr 2012 zum ersten Jahrestag des „Friday of Rage“ in Ägypten im Jahr 2011

Was im Dezember 2010 in Tunesien begann, breitete sich bald wie ein Flächenbrand über viele Länder Nordafrikas und des Nahen Ostens aus. Proteste, Aufstände und Rebellionen erschütterten die autokratischen Systeme der Region. In Ägypten und Tunesien jagten die Aufständischen die Herrscher aus dem Amt. Libyen verfiel in einen Bürgerkrieg, dessen Verlauf das Eingreifen der NATO entscheidend beeinflusste. Syrien befindet sich in einer Patt-Situation, die verlustreichen Auseinandersetzungen zwischen Regierung und Opposition gehen weiter. In anderen Ländern wie Marokko und Jordanien haben die Regime auf die sozialen Proteste reagiert und so ihren Status quo zumindest kurzfristig stabilisiert. Der arabische Frühling ist eine historische Zäsur in der Region – mit weitreichenden Folgen in politischer, wirtschaftlicher und geostrategischer Hinsicht.

(Bundeszentrale für politische Bildung online, 05.10.2012)

Unruhen und Umbrüche in der arabischen Welt

ÄGYPTEN
Präsident **Mubarak** gestürzt, Militärregierung, bei Wahlen siegen islamistische Parteien

TUNESIEN
Sturz von **Präsident Ben Ali**, Neuwahlen, angespannte wirtschaftliche und soziale Lage

LIBYEN
Übergangsregierung nach Sturz des **Gaddafi-Regimes,** wieder Kämpfe mit Gaddafi-Treuen

- anhaltende Proteste
- relative Ruhe nach Protesten
- autoritäre Herrscher gestürzt

SYRIEN
Präsident **Assad** geht gewaltsam gegen Proteste vor, mehrere tausend Tote, Waffenembargo der EU, USA und Türkei, Beobachtermission der Arabischen Liga

JEMEN
Staatschef **Salih** kündigt nach Protesten Rücktritt an, Neuwahlen am 21. Februar 2012

Stand: 24.1.2012

dpa•16052

Die Rolle im arabischen Frühling

1 *Erarbeiten Sie mithilfe des Artikels, der Grafik und des Bildes die wesentlichen Merkmale des arabischen Frühlings und beschreiben Sie in eigenen Worten, was man unter dem Begriff „arabischer Frühling“ versteht.*

2 *Zum Zeitpunkt der Veröffentlichung dieses Schulbuches war der Bürgerkrieg in Syrien noch im Gange. Recherchieren Sie, ob sich die Lage bis zum jetzigen Zeitpunkt geändert hat.*

★ **3** *Beschreiben Sie die aktuelle politische Situation in anderen arabischen Ländern.*

Um die Proteste zu organisieren, wurden oft soziale Medien eingesetzt. Dieser Artikel beschäftigt sich mit der Frage, wie wichtig diese Medien für den Erfolg der Aufständischen waren

Die Bedeutung sozialer Netzwerke in der arabischen Welt

von Katharina Milz

(…) Neben der Verbreitung von unterhaltenden Inhalten werden Netzwerke wie Facebook, Twitter und YouTube vermehrt auch für politische und ökonomische Zwecke genutzt.

Die Meinungen über den Einfluss der Social Media auf die arabische Welt gehen weit auseinander. Jillian C. York, die als Journalistin für *Al Jazeera English* und *Global Voices Online* arbeitet, ist der Meinung, dass die Revolutionen in Nordafrika nicht alleine durch virtuelle Netzwerk-Dienste in Gang gesetzt wurden, und unterstreicht dies mit dem Verweis auf den Tunesier Mohamed Bouazizi, der sich am 17. Dezember 2010 in Brand gesteckt hatte, nachdem er von einer Polizistin geohrfeigt worden war. Der Wille der Menschen, die auf dem Kasbahr Platz in Tunis oder auf dem Tahrir Platz in Kairo für ein demokratisches System in ihrem Land demonstrieren, sei derart stark, dass sie keine Social Media bräuchten, so York. Professor Philip Howard von der Washington University und Autor des Buches *The Digital Origins of Dictatorship and Democracy: Information Technology and Political Islam* ist da anderer Meinung: „Virtuelle Plattformen ermöglichen nicht nur eine freie Meinungsäußerung, sondern können zudem eine große Masse von Menschen mobilisieren. Du musst wissen, dass du auf dem Platz nicht der Einzige bist, der gegen das System demonstriert.“

Egal aus welcher Perspektive der Einfluss sozialer Netzwerke auf die arabische Revolution betrachtet wird, sie ermöglichen den Aktivisten ihr Anliegen voranzutreiben und die Geschehnisse nicht nur zu dokumentieren, sondern einer breiten Öffentlichkeit zeitnah zugänglich zu machen. Angesprochen auf die Bedeutung von Facebook in der arabischen Welt, reagiert Mark Zuckerberg, Gründer und Vorstandsvorsitzender der virtuellen Plattform, bescheiden: „Es wäre von jeder Art von Technologie äußerst arrogant zu glauben, die Revolution sei ihr Produkt. Facebook spielt keine bedeutende Rolle im arabischen Frühling.“ Die Bloggerin Elisabeth Hunter ist der Ansicht, dass die sozialen Netzwerke zwar als Katalysator für die Protestwellen dienen, traditionelle Medien aber weitaus mehr Einfluss haben. Arabische Fernsehsender, insbesondere *Al Jazeera*, geben Fotos, Videos und Informationen gebündelt an ein Weltpublikum weiter und liefern dazu eine Einordnung der Ereignisse. *Al Jazeera* erreicht allein im arabischen Raum über 40 Millionen Menschen und damit auch jene, die keinen Internetzugang haben und dennoch informiert sein möchten. Das *Abu Dhabi Gallup Center*, ein Meinungsforschungsinstitut, fand heraus, dass beispielsweise lediglich 17 Prozent der Ägypter einen Internetzugang haben. 81 Prozent der ägyptischen Bevölkerung beziehen ihre Informationen aus dem *Egyptian State TV*; 63 Prozent schauen *Al Jazeera*. Mit der Frage nach dem Einfluss der virtuellen Netzwerke hat sich die *Dubai School of Government* in ihrem im Januar 2011 veröffentlichten *Arab Social Media Report (ASMR)* beschäftigt. Dieser zeigt nicht nur die Veränderungen und aktuelle Trends in der Nutzung sozialer Netzwerke (schwerpunktmäßig

Die Rolle im arabischen Frühling

Facebook) auf, sondern gibt insbesondere Aufschluss über verschiedene Einflussfaktoren. In der arabischen Welt benutzen immer mehr Menschen die virtuellen Plattformen, um sich zu vernetzen. Innerhalb eines Jahres hat sich die Zahl der arabischen Facebook-Nutzer beinahe verdoppelt, von 14,8 Millionen (Stand April 2010) auf 27,7 Millionen (Stand April 2011). „Der arabische Frühling führte zu einem Wachstum der Facebook-Gemeinde und veränderte auch die Art und Weise wie Facebook von den Nutzern verwendet wird", so Fadi Salem von der *Dubai School of Government*.

Auch der Kurznachrichten-Dienst Twitter erfreut sich vermehrter Beliebtheit. Allein in den Vereinigten Arabischen Emiraten nutzen an die 200.000 Menschen Twitter. Ein Großteil der Kurznachrichten ist auf Englisch, um sie so weltweit zugänglich zu machen. (…)

Generell wird Facebook in der arabischen Welt nicht nur zur Aufrechterhaltung bestehender Kontakte genutzt, sondern zudem um Menschen zu mobilisieren, sei es für politische, wirtschaftliche oder kulturelle Themen. Facebook wird ebenso zur Stärkung des Bürger-Journalismus sowie zur Verbesserung der Interaktion zwischen Regierung und Bevölkerung genutzt. Das Staatsoberhaupt der VAE, Scheich Khalifa bin Zayed Al Nahyan, hat beispielsweise eine eigene Facebook-Seite, auf welcher in regelmäßigen Abständen über das Herrscherhaus berichtet wird. (…)

Die Bürgerbewegungen in Tunesien und Ägypten sind Beispiele für die veränderte Nutzung neuer Medien im arabischen Raum. Innerhalb von zwei Wochen wuchs die tunesische Facebook-Gemeinde um 8 Prozent. Es ist nicht zu beantworten, ob die arabische Revolution auch ohne die Nutzung sozialer Netzwerke möglich gewesen wäre.

Allerdings lässt sich sagen, dass die Geschehnisse im arabischen Raum durch die Kombination von Social Media und klassischen Medien, die darüber berichten, schneller an die Weltöffentlichkeit gelangten, als es vielleicht ohne die virtuellen Plattformen der Fall gewesen wäre. Soziale Netzwerke ermöglichen eine flexible Koordination von Protestbewegungen und können daher als Beschleuniger dieser Prozesse gesehen werden.

Zwar werden die virtuellen Netzwerke in der arabischen Welt von immer mehr Menschen verwendet, jedoch darf die Rolle traditioneller Medien in der Gesellschaft nicht unterschätzt werden. So wurden in Kairo beispielsweise ausgedruckte Facebook-Seiten, mit den neuesten Mitteilungen, unter den Protestierenden verteilt, sodass auch jene ohne Facebook-Account und Internet von den aktuellen Entwicklungen erfuhren. Es werden ohne Zweifel viele Informationen über soziale Medien mitgeteilt, doch an eine breite Öffentlichkeit gelangen sie meist über klassische Medien, wie Fernsehen, Radio und Print. Die Politik der einzelnen arabischen Länder und die Unzufriedenheit der Menschen ist letztlich entscheidend, ob ein Umsturz der Regierung stattfindet oder nicht. Ob dies mit oder ohne Hilfe von Social Media geschieht, ist dabei nebensächlich.

(Länderbericht der Konrad-Adenauer-Stiftung, Juli 2011, leicht gekürzt)

4 *Lesen Sie den Text mit der Fünf-Schritt-Lesemethode (**➪ S. 396**).*

5 *Nennen Sie die wichtigsten Vorteile, die soziale Netzwerke beim politischen Engagement bieten, und belegen Sie sie am Text.*

6 *Erläutern Sie anhand des Textes, was dagegen spricht, den sozialen Netzwerken eine zu bedeutende Rolle im arabischen Frühling zuzuweisen.*

7 *Erörtern Sie, ob soziale Netzwerke eher demokratische Entwicklungen fördern oder ob sie auch als Instrument gegen demokratische Werte eingesetzt werden.*

Einfluss sozialer Netzwerke auf die Demokratie in Deutschland

Die politische Rolle sozialer Netzwerke ist nicht auf Protest und Revolution in der arabischen Welt beschränkt. Auch im öffentlichen Alltag Deutschlands bieten soziale Netzwerke neue Möglichkeiten.

Politiker und soziale Netzwerke: Wie das Internet die repräsentative Demokratie retten kann

von Dominik Hofferer

„Die da oben machen eh, was sie wollen!" Dieser Satz ist wohl der Inbegriff der Skepsis gegenüber der repräsentativen Demokratie unserer Zeit. Er ist der Slogan einer gesellschaftlichen Haltung, die als „Politikverdrossenheit" verallgemeinert wird. Er ist Ausdruck der Unzufriedenheit mit der Kommunikation mit unseren Repräsentanten. Der Vorwurf ist berechtigt, denn viele Politiker haben die Chancen des Internets noch nicht erkannt oder gründlich missverstanden.

Es gibt sie mittlerweile immer häufiger: Twitter-Profile, Facebook-Seiten und Google+ Accounts unserer Repräsentanten. Doch ist das die Rettung unserer Demokratie? Um diese Frage zu beantworten, müssen wir erst einen Blick darauf werfen, wie Politiker und Bürger heute das Internet nutzen.

Die große Mehrheit (74,7 Prozent) der Bürger in Deutschland ist online. Fast drei Viertel der Deutschen sind per direktem Wege auf der Datenautobahn erreichbar. Mehr als die Hälfte der Bürger rufen politische Informationen im Internet ab und bei den unter 30-Jährigen ist das Internet heute das wichtigste politische Informationsmedium. Die Politik ist Bestandteil des Internets geworden und findet dort statt. Bisher allerdings oftmals ohne unsere politischen Vertreter.

Von den Abgeordneten des Bundestages hat nur ein Viertel überhaupt ein offizielles Profil bei Facebook und lediglich ein Fünftel von Ihnen kommuniziert aktiv mit ihren Lesern. Zwar nimmt die Zahl der Profile von Politikern bei Facebook, Twitter und Google zu, jedoch werden diese oft nicht persönlich gepflegt, sondern von Mitarbeitern betreut. Die Begründung: Der Zeitaufwand für eine persönliche Präsenz in sozialen Netzwerken sei mit dem Terminkalender eines Abgeordneten einfach nicht vereinbar. Daher gleichen die Profile von Politikern in sozialen Netzwerken oftmals Newslettern oder Nachrichtentickern. Eine denkbar einseitige Art der Kommunikation.

In der Tat: Die Arbeitszeiten und terminlichen Verpflichtungen eines Politikers sind beachtlich. Er muss sich entscheiden, wie er seine Zeit verbringt oder was ihm wichtig oder weniger wichtig erscheint. Doch bei der Prioritätensetzung scheinen viele Politiker die Wichtigkeit des Internets noch deutlich zu unterschätzen.

Es gibt einen Ausweg aus der Politikverdrossenheit. Die repräsentative Demokratie kann gestärkt werden, wenn die Politik die Wichtigkeit des Internets begreift, es richtig nutzt und sich unsere Repräsentanten zum Dialog öffnen.

Menschen nutzen das Internet zur Kommunikation. Sie tauschen sich aus, stellen Fragen und erwarten Antworten. Sie suchen den persönlichen Kontakt statt automatisierter Meldungen und trockener Pressemitteilungen. Kommt dieser Kontakt nicht zustande, sind sie ebenso frustriert wie bei einem Anruf bei einer Hotline, bei der sich am anderen Ende nur ein Sprachcomputer meldet.

Die Politik muss diese Gefahr der Frustration erkennen und ihre Internet-Aktivität entsprechend gestalten. Ein Abgeordneter, Minister oder Oppositionspolitiker wird in Zukunft mehr Zeit für seine persönliche Online-Kommunikation aufwenden müssen. Es muss selbstverständlich werden, persönlich auf Beiträge und Kommentare in sozialen Netzwerken zu reagieren. Genauso selbstverständlich, wie ein Abgeordneter keinen Praktikanten zur Durchführung seiner Bürgersprechstunde schicken würde, wo der Bürger ein persönliches Treffen erwartet.

Der Einsatz an Mitarbeitern zur Pflege der Profile in sozialen Netzwerken muss sich folglich auf ein Minimum beschränken. Nicht die Masse an

17.5

Einfluss sozialer Netzwerke auf die Demokratie in Deutschland

Meldungen und Links auf der Pinnwand eines Abgeordneten ist ein Zeichen für Qualität, sondern deren persönliche Kommentierung und die entstehende Diskussion. Mitarbeiter sollten sich auf Moderation beschränken (immer im Bewusstsein, dass hinter jedem gelöschten Kommentar ein frustrierter Bürger steckt) und ihren Abgeordneten auf Kommentare und Fragen hinweisen, zu denen er persönlich Stellung beziehen sollte. Es wird daher nötig sein, die Anzahl der Meldungen und Postings in sozialen Netzwerken so weit zu beschränken, dass der zugehörige Politiker diese noch persönlich bewältigen kann. Es gilt: Weniger ist mehr!

Das Internet kann den Menschen hinter der Tätigkeit als Politiker, hinter der Funktion als Repräsentant zum Vorschein bringen. Es offenbart Nebentätigkeiten, wie Vorträge oder Beraterfunktionen und enttarnt Plagiate. Es demontiert Fassaden. Es zeigt die Fehlbarkeit von Politikern und deren Menschlichkeit. Von vielen Berufspolitikern wird dies als Gefahr gesehen. In Wirklichkeit handelt es sich dabei jedoch um eine große Chance!

Menschlichkeit und Fehlbarkeit machen sympathisch. Sie erzeugen Nähe und geben Einblick in die Persönlichkeit und den Charakter. Der persönliche Kontakt im distanzlosen Internet ist der vielversprechendste und effizienteste Weg zur Verringerung des Abstandes zwischen dem Bürger und seinen Vertretern „da oben".

Sollte sich die Politik jedoch nicht zum Dialog im Netz öffnen, droht Frustration und die Vergrößerung der Politikverdrossenheit. Repräsentanten haben folglich keine Wahl: Sie werden sich im Internet öffnen müssen oder auf Dauer ihre Legitimation verlieren.

(www.hofferer.org, 20.07.2011)

1 ***Geben Sie die wesentlichen Aussagen des Textes wieder.***

a) Nennen Sie Unterschiede im Nutzungsverhalten der sozialen Netzwerke von Politikern einerseits und von Bürgern andererseits.

b) Erläutern Sie mögliche Gründe für diese Unterschiede.

c) Erläutern und bewerten Sie die Gefahr, die der Verfasser für unsere Demokratie sieht.

2 ***Begründen Sie mithilfe des Textes, inwiefern die sozialen Netzwerke auch eine Chance für die politische Entwicklung in Deutschland darstellen.***

3 ***Informieren Sie sich, ob Ihre politische Vertretung in sozialen Netzwerken aktiv ist.***

a) Recherchieren Sie aktuelle politische Vertreter Ihrer Kommune.

b) Recherchieren Sie in gängigen sozialen Netzwerken die Online-Präsenz eines dieser Kandidaten.

c) Stellen Sie Ihre Ergebnisse vor und bewerten Sie diese.

Fazit

17.4 Sich mit sozialen Netzwerken auseinandersetzen

- Funktionen und Merkmale, Finanzierung
- Umgang mit anderen Nutzern
- Hinterfragen des eigenen Nutzerverhaltens
- Cybermobbing
- Die rechtliche Grundlage

17.5 Soziale Netzwerke als politisches Instrument begreifen

- Die Rolle im arabischen Frühling
- Die Bedeutung für die Politik in Deutschland

Den Arbeitsauftrag umsetzen

Projekt SV ONLINE: Mithilfe der vorausgehenden Seiten haben Sie sich eine Grundlage erarbeitet, um einen umfangreichen Benutzerleitfaden für die Internetpräsenz an Ihrer Schule zu gestalten.

1 *Projekt: Erstellen eines Benutzerleitfadens.*

- Der Benutzerleitfaden soll in einem Textverarbeitungsprogramm vorbereitet werden und schließlich digital und als Druckversion vorliegen.
- **Zum Inhalt:** Vergleichen und ergänzen Sie – soweit noch nicht geschehen – Ihre Ergebnisse zum Benutzerleitfaden.
- **Zum Layout:** Einigen Sie sich auf eine einheitliche Darstellungsform für den Druck (Schriftarten und -größen, Farben, Spiegelstriche etc.).
- **Zur Arbeitsteilung:** Verteilen Sie die Digitalisierung Ihrer Ergebnisse arbeitsteilig auf Gruppen.
  → Jede Aufgabe sollte doppelt besetzt sein.
  → Eine Gruppe sollte ein passendes Cover entwerfen.

Gruppe 1: Schulinterne Kommunikation: Entwerfen Sie „Tipps zur Selbstdarstellung in sozialen Netzwerken" für den Benutzerleitfaden (➪ vgl. Aufgaben 5 bis 7, S. 322).

Gruppe 2: Rechtliche Grundlagen: Erörtern Sie, welche Tragweite der § 35 des Datenschutzgesetzes für das Projekt SV ONLINE hat (➪ vgl. Aufgabe 2, S. 323).

- Halten Sie Ihre Ergebnisse stichpunktartig fest.

Gruppe 3: Verhaltensregeln zum Thema Cybermobbing: Erarbeiten Sie verbindliche Regeln.

- Vergleichen Sie Ihre Gruppen-Ergebnisse (➪ Aufgabe 4, S. 325).
- Werten Sie die Ergebnisse in der Klasse aus.

Beispiel

Benutzerleitfaden schulinternes Intranet

Rechtliche Voraussetzungen (intern zu verwenden):

...

Tipps zur Selbstdarstellung in sozialen Netzwerken (Tipps für alle):

...

Verhaltensregeln mit Fokus „Cybermobbing" (Regeln für alle):

- *Maßnahmen zur Prävention:*

  ...
- *Maßnahmen bei Mobbing-Verdacht:*

  ...

18

18 Sprechen als kommunikatives Handeln

Durch die Sprache tauschen wir uns mit anderen aus, übermitteln Informationen, eignen uns Kenntnisse und Wissen an und stellen soziale Beziehungen her.
Eine Sprachgemeinschaft verfügt allerdings nicht über die eine Sprache, die in allen Situationen und von allen ihren Mitgliedern angewandt wird. So sprechen Menschen auf der Straße anders miteinander als im Büro und Jugendliche kommunizieren anders mit Gleichaltrigen als mit Erwachsenen. Deshalb wird von den Mitgliedern einer Sprachgemeinschaft erwartet, dass sie sich den jeweiligen Situationen sprachlich anpassen können. Diese Fähigkeit entscheidet letztendlich auch über die Chancen im Beruf. Menschen, die sprachlich gewandt sind und sich auf unterschiedliche Situationen entsprechend einstellen können, haben auf jeden Fall Vorteile.
In diesem Kapitel lernen Sie, was es bedeutet, in unterschiedlichen Kommunikationssituationen angemessen zu reagieren.

Inhalt

verschiedene Sprachvarietäten erkennen

kommunikative Kompetenzen erwerben

Sprache als System von Symbolen betrachten

ANWENDUNGSSITUATION

L.: „Ich fasse die Ergebnisse zusammen: Die drei Leitmotive barocker Lyrik lauten *Vanitas*, *memento mori* und …"

S.: „… Und Yolo!"

L.: „Yolo? Was soll das? Diese unproduktiven Beiträge gehören nicht hierher, sondern in die Pause."

S.: „Das ist nicht unproduktiv! Yolo ist das Jugendwort des Jahres und bedeutet: You only live once! Das meint doch in etwa das Gleiche, was Sie sagen wollten, nämlich ‚carpe diem!'.

L.: „Ja, diese Akronyme sind typisch für die Jugendsprache. Wie dem auch sei, Jugendsprache, Kiezdeutsch, Szenesprache und und und … Ich mag das nicht, jedenfalls nicht hier in der Schule. Diese Soziolekte usw. sind doch ein entscheidender Grund für die vielen Ausdrucksfehler in den Aufsätzen und für die Schwierigkeiten, sich z. B. in Bewerbungssituationen oder bei offiziellen Anlässen sprachlich angemessen, also situationsgerecht, zu präsentieren."

S.: „Nein, das klingt doch nur cool. Wir wissen, wann wir mit wem wie sprechen müssen."

L.: „Diese Meinung teile ich überhaupt nicht. Ich glaube, dass die Beherrschung des Standarddeutschs dadurch erschwert wird."

S.: „Nein, ganz sicher: Wir können switchen."

L.: „Sie können was?"

Sie erhalten folgenden Arbeitsauftrag:

1 *Bereiten Sie die Durchführung einer Diskussion (Dauer ca. 45 Minuten) zum Thema „Sprache und Sprachgebrauch reflektieren – Jugendsprache, Umgangssprache, Ethnolekt als Zeichen des Sprachverfalls und sprachlicher Anpassungsschwierigkeiten oder als Ausdruck von Kreativität ohne negative Konsequenzen z. B. für die schulisch-berufliche Entwicklung" in Arbeitsgruppen vor.*
Die Diskussionsrunde besteht aus Teilnehmern verschiedener Auffassungen zu diesem Thema: dem Moderator, einer Jugendlichen, einem Rapper, einer Deutschlehrerin, einer Wissenschaftlerin und einem Personalchef.

Wenn Sie die folgenden Seiten dieses Kapitels erarbeitet haben, werden Sie in der Lage sein, den Arbeitsauftrag erfolgreich auszuführen.

Arbeitsschritte	Arbeitstechniken und Methoden	Kompetenzen
Sprachvarietäten unterscheiden	Umfrage	Entwicklungstendenzen der deutschen Gegenwartssprache benennen
Jugendsprache hinterfragen		
Alltagssprache – Standardsprache		
Fachsprache	Umfrage Nachschlagen	Bedeutung von Sprachvarietäten erkennen und erläutern
Schlüsselqualifikationen im Berufsalltag	Rollenspiel	Sprachvarietäten als Gestaltungsmittel sozialer Beziehungen verwenden
Sprachverhalten reflektieren	Recherche	
Sprache als Selbstdarstellung		verbal situationsgerecht und rollenadäquat kommunizieren
den Einfluss der Sprache auf das Denken erkennen	Nachschlagen	Sprache als Instrument der Beeinflussung und der Einflussnahme verstehen
Wortbedeutungen reflektieren		
Sprachwandel erkennen	Präsentation	Bedeutung sprachlicher Defizite für den individuellen Entwicklungsprozess erkennen und bewerten
Wechselwirkungen zwischen Gesellschaft, Kultur und Sprache erkennen	Fish-Bowl Meinungslinie	sprachliche Defizite korrigieren

18.1 Verschiedene Sprachvarietäten erkennen

Sprachvarietäten unterscheiden

Inwiefern sprechen Jugendliche anders als Erwachsene? Der folgende Textauszug aus dem Roman „Am kürzeren Ende der Sonnenallee“ von Thomas Brussig zeigt, dass Sprecher in unterschiedlichen Kommunikationssituationen verschiedene Sprachvarietäten verwenden.

Thomas Brussig: Am kürzeren Ende der Sonnenallee (Auszug)

Außer der Musik und den eigenen Bewegungen gab es nichts, und so bemerkten die vom Platz erst viel zu spät, dass der ABV[1] plötzlich neben ihnen stand, und zwar in dem Moment, als Michas Freund Mario inbrünstig ausrief „O Mann, ist das verboten! Total verboten!“ und der ABV den Recorder ausschaltete, um triumphierend zu fragen: „Was ist verboten?“
Mario tat ganz unschuldig. „Verboten? Wieso verboten? Hat hier jemand verboten gesagt?“ Er merkte schnell, dass er damit nicht durchkommen würde.
„Ach, *verboten* meinen Sie“, sagte Micha erleichtert. „Das ist doch Jugendsprache.“
„Der Ausdruck *verboten* findet in der Jugendsprache Anwendung, wenn die noch nicht volljährigen Sprecher ihrer Begeisterung Ausdruck verleihen wollen“, sagte Brille, der schon so viel gelesen hatte, dass er sich nicht nur die Augen verdorben hatte, sondern auch mühelos arrogant lange Sätze sprechen konnte. „*Verboten* ist demnach ein Wort, das Zustimmung ausdrückt.“

1 Abschnittsbevollmächtigter: Polizist in der DDR, der für ein bestimmtes Stadtviertel zuständig war

1 ***Untersuchen Sie die Äußerungen von Mario und „Brille“ im Hinblick auf die jeweilige Kommunikationssituation.***

a) Bestimmen Sie mithilfe des Basiswissens (➪ S. 335), welcher Sprachvarietät die Äußerung von Mario (Z. 3–4) zuzuordnen ist.

b) Beschreiben Sie die Kommunikationssituation, in der diese Äußerung fällt, und die sprachlichen Mittel, die Mario wählt.

c) Bestimmen Sie mithilfe des Basiswissens, welcher Sprachvarietät die Äußerung von „Brille“ zuzuordnen ist.

d) Wie wird der Polizist auf die Antwort reagieren? Diskutieren Sie.

Volkspolizist ABV Horkefeld (Detlev Buck, rechts) muss sich in „Sonnenallee" mit dem aufmüpfigen Jugendlichen Michael Ehrenreich, kurz „Micha" (Alexander Scheer, links), auseinandersetzen. Szenenfoto aus dem Film von Leander Haußmann, 1999.

2 ***Sammeln Sie Ausdrücke, die Sie verwenden, wenn Sie begeistert sind. Ordnen Sie diese Ausdrücke den folgenden Situationen zu.***

a) Sie erhalten eine Jobzusage von Ihrem zukünftigen Arbeitgeber.

b) Sie schauen sich ein Fußballspiel mit Freunden an. Ihre Lieblingsmannschaft gewinnt.

c) Sie besichtigen eine Wohnung mit dem Vermieter. Sie sind von der Wohnung begeistert.

Sprachvarietäten unterscheiden

Der jeweilige Gebrauch der Sprachvarietät unterliegt Normen, wird also von größeren oder kleineren Gruppen vorgegeben. Die Arbeitgeberverbände und das Schulministerium in NRW formulieren ihre Ansprüche an Kompetenzen des Sprechens folgendermaßen.

Die Beherrschung der deutschen Sprache in Wort und Schrift gehört zu den Basisqualifikationen, die für den Erfolg in unserer Gesellschaft von grundlegender Bedeutung sind.

(www.schulministerium.nrw.de)

In Deutschland gibt es rund 350 Ausbildungsberufe und mit ihnen eine breite Variation von Inhalten und Anforderungen. Bei aller Verschiedenheit und fachlicher Differenzierung setzen sie jedoch dieselben Basiskenntnisse voraus: Grundlegende Beherrschung der deutschen Sprache (…) Verschiedene Sprachebenen und -stile unterscheiden und korrekt anwenden (Fachsprache und gehobene Sprache; Alltags- und Umgangssprache; Jargon) (...)

(www.ihk-nordwestfalen.de)

3 *Erläutern Sie die Anforderungen der IHK-Nordwestfalen und des Schulministeriums NRW mit Ihren Worten.*

a) Nennen Sie Beispiele für Kommunikationssituationen, in denen die genannten Sprachvarietäten sinnvoll eingesetzt werden können.

b) Begründen Sie, warum es der IHK-Nordwestfalen und dem Schulministerium NRW nötig erscheint, von den Schulabgängern und Berufsanfängern Basiskenntnisse der dargestellten Art zu fordern.

Basiswissen – Sprachvarietäten

Mithilfe der Sprache kann zum Ausdruck gebracht werden, ob eine Person einer bestimmten Altersgruppe, Bildungsschicht, Berufsgruppe oder Szene angehört. Diese verschiedenen Sprachformen werden auch als **Sprachvarietäten** bezeichnet.

Standardsprache (Hochdeutsch, gehobene Sprache)
Um sich über Dialektgrenzen hinweg verständigen zu können, braucht man eine Sprachvarietät, die in ganz Deutschland gesprochen und verstanden wird. Es ist die Sprachvarietät, die in der Schule gelehrt und in der offiziellen Kommunikation verwendet wird.

Alltagssprache (Umgangssprache)
Die Umgangssprache ist die Sprachvarietät, die im Alltag angewendet wird. Sie wird besonders von sozialen (Bildungsstandard, soziale Umwelt des Sprechers) und regionalen Gegebenheiten (Dialekt) geprägt.

Jugendsprache (Jugendszenesprache)
Jugendliche sprechen mit Gleichaltrigen anders als mit Erwachsenen, um sich abzugrenzen. Die Sprache spiegelt eine bestimmte Lebenseinstellung wider.

Soziolekte
Soziolekte gelten als Gruppensprache. Sie können beispielsweise von Altersgruppen oder auch von bestimmten gesellschaftlichen Gruppen (regionale Mundarten) praktiziert werden. Ihre besondere Bedeutung liegt darin, dass die sprachlichen Zeichen zwar eindeutig sind, aber nur innerhalb der jeweiligen Gruppe verstanden werden.

Sprachvarietäten unterscheiden

Wenn wir uns sprachlich mitteilen, achten wir bei der Wahl unserer Worte auf unsere Zuhörer oder Leser. Die folgenden Leserbriefe sind unterschiedlichen Zeitungen entnommen und befassen sich mit dem Thema Nachhilfe.

„Meine Tochter gibt selbst als Schülerin hin und wieder Schülern aus unteren Klassen Nachhilfe. Professionelle gewerbliche Nachhilfe würde ich selbst nie finanzieren, da es hinreichend sehr gute Schüler an den Schulen gibt, die auch den Unterrichtsstil der jeweiligen Lehrer gut kennen."

„Ich denke, dass Nachhilfe wirklich nur was bringt, wenn man selber will und wenn der Nachhilfelehrer auch wirklich was auf dem Kasten hat. Denn ich kann mir denken, dass viele das nur machen, weil sie Kohle brauchen."

„Nachhilfe wird nicht erst bei schlechten Noten in Anspruch genommen, sondern viel früher. Eltern mit Schülern in höheren Klassen können Inhalte nicht mehr erklären und greifen auf die Nachhilfe zurück, weil sie sich nicht anders zu helfen wissen."

4 *Untersuchen Sie den Zusammenhang zwischen Zielgruppe und Sprache.*

a) Ordnen Sie die Texte den folgenden Pressemedien zu: *Spießer* (Jugendmagazin), *Die Welt* (überregionale Tageszeitung) und *Stadtanzeiger* (regionale Tagszeitung).

b) Begründen Sie Ihre Entscheidung, indem Sie Beispiele aus den Kategorien Sprache, Wortwahl und Satzbau anführen. Achten Sie bezüglich des Satzbaus vor allem auf parataktische und hypotaktische Satzstrukturen. Vervollständigen Sie dafür folgende Tabelle.

Sprache/Wortwahl	Satzbau	Pressemedien
...	...	...

c) Suchen Sie in den genannten Pressemedien nach Artikeln zum Thema Sprachvarietäten. Ergänzen Sie die Tabelle (b) um weitere Beispiele aus diesen Artikeln.

d) Verfassen Sie zwei Leserbriefe zum Thema „Privatuniversitäten" für die folgenden Medien: *FAZ* (überregionale Tageszeitung) und *Unicum* (Studentenmagazin, das kostenlos an Leser verteilt wird).

Basiswissen – Parataxen und Hypotaxen

Eine **Hypotaxe** ist gekennzeichnet durch eine Verbindung von Hauptsätzen und untergeordneten Nebensätzen, auch Satzgefüge genannt. Auf diese Weise werden komplexe Gedankengänge dargestellt. Wissenschaftliche Texte sind in der Regel hypotaktisch geprägt. Diese Form der Satzbildung setzt eine fundierte Sprachbeherrschung voraus und gilt als Stilmittel der Hochsprache.

Parataxen stellen Satzreihen dar, gekennzeichnet durch die Aneinanderreihung von Hauptsätzen, die durch Punkt, Komma, Semikolon oder durch die Konjunktionen „und", „oder", „bzw." getrennt werden.

Im Vergleich zu hypotaktischen Satzverbindungen gelten parataktische Satzreihen eher als Ausdruck eines einfachen Sprachgebrauchs.

Jugendsprache hinterfragen

Die Jugendsprache weist viele Neubildungen und Wörter aus dem Englischen auf. So beschreibt der Satz „Völlig zugetextet machte sich die Posse auf in die Aula, um zehn Minuten zu chillen" nichts anderes als den Pausenbeginn nach dem Unterricht.

Die Pausenbrücke

von Arnfrid Schenk

Es ist ja nicht wirklich obama. Wenn das Jahr zu Ende geht, werden gern Bäume, Vögel oder Sportler des Jahres gewählt. Bei Langenscheidt wird demnächst ein Jugendwort gekürt. Auf der Shortlist stehen unter anderem: Don Promillo (Betrunkener), hartzen (sinnlos rumhängen), Schnecken-TÜV (diese Übersetzung bitte im Internet nachlesen) oder eben obama (neu). Krass abgespaced, die Ausdrücke, um kurz ein paar Vokabeln zu verwenden, die laut dem Wörterbuch der Jugendsprache von Pons besonders „uncool" sind.

Darf man uncool überhaupt noch sagen, wenn cool ein No-go ist? Gott, ist das alles kompliziert geworden. Erst Pons, dann Langenscheidt. Der Duden fing schon 2000 an, sich mit einem verwandten Thema, der Szenesprache, zu beschäftigen, und aktualisiert gerade. Neu dabei: Blogorrhoe (durchfallartige Geschwätzigkeit im Internet) oder overchicked (hässlicher Mann, hübsche Freundin). In den Buchhandlungen liegen die Jugendwörterbücher Seite an Seite.

Das Interessante dabei: Es gibt wenig Gemeinsamkeiten, sieht man ab von Schöpfungen wie Feinkostgewölbe (dicker Bauch) oder Ähnlichkeiten wie Achseldackel (stark behaarte Achseln) bei Pons und Achselkatze bei Langenscheidt. So finden sich die Pausenbrücke (Schulstunde), die Einschlafhilfe (Lehrer) und der Heuchlerbesen (Blumenstrauß) nur in dem einen, (…) das Grundschulabitur (Hauptschulabschluss) nur in dem anderen. Was hat das zu bedeuten? Sollte die Jugend keine gemeinsame Sprache mehr haben? (…)

(Die Zeit, 12.11.2009)

1 *Untersuchen Sie den Text hinsichtlich der sprachlichen Merkmale der Jugendsprache.*

a) Legen sie eine Tabelle an. Ordnen Sie den Bildungskriterien in der linken Spalte Beispiele aus dem Text zu.

Wortneubildungen (Durch Zusammensetzungen wird ein neues Wort gebildet.)	*Pausenbrücke*
Anglizismen (Lehnwörter aus dem Englischen)	*overchicked*
Bedeutungsverschiebungen (Übertragung eines Wortes von einem Bedeutungsbereich in einen anderen)	*hartzen*

b) Stellen Sie Vermutungen darüber an, wie es zur Bildung der folgenden Begriffe gekommen sein könnte: *obama, hartzen, Heuchlerbesen, Pausenbrücke.*

2 *Finden Sie eigene Begriffe, die in der Jugendsprache für folgende Ausdrücke verwendet werden könnten: Kenner, Spießer, Chef (Boss). Berücksichtigen Sie dabei auch die Bildungskriterien aus Aufgabe 1 a.*

3 *Sammeln Sie Ihre Arbeitsergebnisse aus Aufgabe 2 an der Tafel. Stellen Sie Vermutungen darüber an, welcher Begriff am ehesten von einer größeren Gruppe akzeptiert werden könnte.*

Jugendsprache hinterfragen

In der Erfindung neuer Begriffe sind Jugendliche äußerst kreativ. Selbst innerhalb kleiner regionaler Bezirke kommt es häufig zu einer unterschiedlichen Kultur der Jugendsprache.

Weissu – is krasse Sprache – Jugendliche Migranten mischen das Hochdeutsch auf

von Hadija Haruna

In der Clique, auf dem Schulhof, im Viertel: Überall kann eine eigene Sprache entstehen. Gerade Jugendliche verändern das Hochdeutsch kreativ, um sich abzugrenzen, oder einfach aus Spaß an der Sprache. Ein Lauschangriff.

„Es war ma krass frustierte Tuss, dem hatte Stiefkind. Das hat immer in sein Spiegel geguckt un den angelabert: Spiegel, Spiegel an Wand, wer is dem geilste Tuss in Land?" Die 17-jährige Güldem zitiert das Märchen von Schneewittchen, das es längst in einer Ethnolekt-Version gibt. So nennen Sprachforscher den verkürzten und abgehackten Sprachstil, der bundesweit auf Schulhöfen und Straßen zu hören ist. Was für viele Wissenschaftler eine kreative Entwicklung der deutschen Sprache ist, bezeichnen Kritiker abwertend als „Dönerdeutsch" oder „Ghettoslang". Güldem und ihren Freundinnen Samira und Simone ist das egal. Auch, dass sie von vielen als „Assis" abgestempelt werden. Die drei Gymnasiastinnen aus Frankfurt sind in Deutschland geborene Kinder türkischer, ghanaischer und deutscher Eltern. Sie sprechen fließend Deutsch – wenn sie wollen.

Jede Zeit hat ihre Sprache, und Jugendliche haben schon immer versucht, sich durch ihre eigene abzugrenzen. In multikulturellen Großstädten wie Frankfurt oder Berlin kreieren sie ihren eigenen Jargon, der für Nichtsprecher grammatisch falsch klingt. Es gibt Studien, die belegen, dass viele der Sprecher mehrsprachig sind und – anders als vielleicht erwartet – auch gut in der Schule. (...)

Ethnolekt ist nicht nur ein stilistisches Mittel, sondern steht charakteristisch auch für die Beziehung der Jugendlichen untereinander und ihren Versuch, ihre eigene, besondere Identität zu bestimmen. (...) „Jede Zeit hat ihre Wörter. Manche kommen und gehen, andere halten sich", sagt die 19-jährige Renata. Sie besucht ein Gymnasium in Berlin-Kreuzberg. Ob sich eine Floskel halte, entscheide die Mehrheit der Sprecher. Zudem käme es darauf an, in welchem Kiez man sich aufhalte. „In Wilmersdorf sagen sie andere Sachen als hier bei uns", sagt Renata, „das Wort ‚gebügelt' bedeutet da ‚übertrieben'." In Kreuzberg würde das niemand benutzen. In Berlin, Frankfurt und anderen Großstädten zeigt sich, dass der Ethnolekt nicht von der Herkunft oder der Muttersprache abhängig ist, sondern vom Wohnort der Sprecher – und dem, was gerade angesagt ist. Das sagt auch Renatas Freundin Betül: „‚Mies' ist gerade angesagt in Kreuzberg." Es bedeutet so viel wie „abgefahren" oder „der Hammer". Begriffe wie „cüs" (türkisch für pfui) oder „Bombe" hätten ausgedient.

(fluter bpb, Heft 9536, 30.08.2012)

4 ***Fassen Sie die Entwicklung der Ethnolekte kurz zusammen.***

5 ***Untersuchen Sie den Sprachwandel anhand der Begriffe sehr gut/fantastisch, Feier, Geld.***

a) Welche Ausdrücke wurden in den vergangenen fünf Jahren für diese Wörter verwendet?

b) Vergleichen Sie Ihre Ergebnisse mit anderen Gruppen.

c) Fragen Sie ältere Personen, welche Ausdrücke sie verwendet haben. Welche der genannten Begriffe sind in einem Wörterbuch zu finden?

Jugendsprache hinterfragen

Heute ich geh Diktat

von Jürgen Kaube

In den Massenmedien wird gerade die Potsdamer Linguistin Heike Wiese herumgereicht. Sie hat ein Buch über das geschrieben, was sie „Kiez-Deutsch“ und eine „Jugendsprache des Deutschen“ nennt. Manchmal bezeichnet sie diesen Slang, in dem Sätze wie „Ich weiß, wo die gibs“ oder „Wir sind jetzt anderes Thema“ oder „Ich kenn ihn von Fitness“ geläufig sind, auch als einen „urbanen Dialekt“.

Gängiger wäre es, von Vereinfachungen zu sprechen und für die Jugendlichen zu hoffen, dass sie sich nicht allzu sehr daran gewöhnen. Doch die Linguistin möchte das normative Urteil gerne umkehren. Es handele sich bei „Ich mach dich Messa“ und dergleichen nicht um ein Zurückbleiben hinter dem richtigen Deutsch, sondern um eine legitime grammatische Innovation. Selbstverständlich lässt sie sich mittels Fachsprache liebevoll beschreiben: „Funktionsverbgefüge durch semantische Bleichung der Verben.“

(...) Dass das Kiez-Deutsch in vielen Fällen so klingt wie früher die gönnerhaften Ansprachen an Migranten durch Deutsche – „Du sprechen Deutsch?“ „Musst du erst gehen auf Personalabteilung“ –, bleibt dabei unberücksichtigt. So, wie eine Kultur der Armut entdeckt wurde, wo zuvor nur Mühsal war, wird jetzt auch in Sachen Bildung umgewertet. Unterstellt werden muss dabei, die Jugendlichen können auch anders, sie wollen nur nicht, weil es so für sie praktischer sei. Die Hoch- und Schriftsprache erscheint dann ihrerseits als bloßer Dialekt, mittels dessen die „Mittel- und Oberschicht“, die hier ein handlungsfähiges Subjekt mit eigenen Interessen ist, sich von den unteren Klassen abzuheben suchte.

Das ist sprachgeschichtlich und soziologisch so irrig wie bildungspolitisch dumm. Ob die Jugendlichen über beide „Sprachen“ gebieten und nur je nach Anlass zwischen ihnen wechseln, bleibt eine empirische Frage. Man könnte sie an ihrem Schriftgebrauch überprüfen oder daran, wie sie sich in Situationen zurechtfinden, in denen ihnen Hochsprache abverlangt wird. Wenn gleichzeitig beklagt wird, die Mittelschichten zögerten, Bewerber mit Kiez-Deutsch einzustellen, scheint es mit der souveränen Verfügung über das ganze Repertoire nicht so weit her zu sein. Wiese selbst fordert, Kiez-Deutsch zum Teil des Grammatikunterrichts zu machen, weil Jugendliche dann eher bereit wären, sich mit dem Standarddeutschen zu beschäftigen. Wie denn nun?

(Frankfurter Allgemeine Zeitung, 28.02.2012)

6 *Geben Sie die unterschiedlichen Ansichten über den Gebrauch der „Kiez-Sprache“ wieder.*

7 *Übertragen Sie die Sätze „Heute ich geh Diktat“, „Wir sind jetzt anderes Thema“ „Ich weiß, wo die gibs“ in die Standardsprache. Welche Wörter und Satzteile werden verändert?*

8 *Nehmen Sie Stellung zu der Behauptung, man könne hoffen, die Jugendlichen gewöhnten sich nicht allzu sehr an die Verwendung der Kiez-Sprache.*

Basiswissen – Sprachvarietät Ethnolekt

In den vergangenen Jahren sind Sprachvarietäten bzw. Sprechstile entstanden, die vor allem von mehrsprachigen Jugendlichen praktiziert werden. Der Ursprung dieser Form der Umgangssprache resultiert aus der von Migranten zunächst nur teilweise beherrschten Grammatik und Ausdrucksform der Zielsprache („Ich nix verstehn.“ statt „Ich verstehe nichts.“). Daraus entwickelte sich eine eigenständige Sprachkultur vor allem jugendlicher Migranten, die aufgrund des „Code-Switching“ durchaus befähigt sein können, ein ausgezeichnetes Standarddeutsch zu sprechen.

18.1

Alltagssprache – Standardsprache

In der alltäglichen Kommunikation weichen die meisten Sprecher von den Regeln und dem Vokabular der Standardsprache ab, wie der folgende Dialog zwischen den Chat-Teilnehmern „Kaos“ und „Ulli“ zeigt.

Dialog im Chat

Kaos: Hey, hab da mal so 'ne Frage. Jetzt lesen wir halt dieses Buch *„Die Leiden des jungen Werthers“*. Hab auch schon mit dem Lesen angefangen. Aber ich wollt mal so fragen, ob jemand 'ne gute Website kennt, wo so etwas wie 'ne Inhaltsangabe zu dem Text steht.

Ulli: Hätte ich eine solche Inhaltsangabe zur Hand, so würde ich sie dir sehr gerne zukommen lassen. Nun gehört aber das Frühwerk Goethes nicht zu meinen bevorzugten Lektüren, weshalb ich mich auch nicht weiter damit beschäftigen möchte. Deinem Wunsch kann ich hier also nicht entsprechen.

Kaos: Ich glaub's ja wohl nicht. Jetzt hat sich 'n Lehrer hier eingeschlichen. Kontrolliert den Chat. Hey, Admin, kann man da mal was machen?

1 *Analysieren Sie den Dialog hinsichtlich der verwendeten sprachlichen Mittel.*

a) Warum vermutet „Kaos“, der Chat-Teilnehmer „Ulli“ könnte ein Lehrer sein? Begründen Sie.

b) Welche Sprachvarietät verwendet „Kaos“? Suchen Sie mithilfe des Basiswissens (s. unten) typische sprachliche Mittel und schreiben Sie diese mit den Beispielen aus dem Text in eine Tabelle.

Sprachliche Mittel	Beispiel
Ausruf …	*Hey (Z. 1, 9)* …

c) Vergleichen Sie die Chat-Beiträge. Welche Unterschiede bestehen bezüglich der Wortwahl und der Grammatik?

2 *Sammeln Sie Beispiele für* Ellipsen, Anakoluthe, Parataxen *und* Hypotaxen *anhand von Beispielen aus der Alltagssprache und aus der aktuellen Tagespresse. Beschreiben Sie deren Funktion in der Alltagssprache und als Stilmittel.*

Basiswissen — Alltagssprache – sprachliche Mittel

Hier sind einige wichtige sprachliche Mittel aufgelistet, die in der Alltagssprache verwendet werden.

Wortebene

Ausrufe → *Mann!, Mensch!*

Füllwörter → *mal, so*

Satzebene

Ellipsen: Auslassungen eines Satzteils → *Kenn ich.*

Anakoluth: falsche oder veränderte Fortführung eines begonnenen Satzgefüges → *„Korf erfindet eine Mittagszeitung, welche, wenn man sie gelesen hat, ist man satt.“ (Christian Morgenstern)*

Parataxe: Aneinanderreihung von Hauptsätzen → *Sven hat angerufen. Er kommt später.*

Alltagssprache – Standardsprache

In der offiziellen Kommunikation – wie hier bei einem Bewerbungsverfahren – ist die Verwendung der Standardsprache ein Muss.

Dialog im Chat

Kati: Ich brüte gerade über einer Initiativbewerbung. Kann ich so formulieren? „Meine Ausbildung zur Bürokauffrau schloss ich im Jahre 2006 erfolgreich ab. Nach meiner Ausbildung bekam ich zusätzliche Qualifikationen im ..." Das klingt doch so gequält! Warum kann ich nicht einfach schreiben, dass bislang alles ganz gut lief und ich einfach voll Lust habe, mich noch in meinem Beruf zu verbessern?

Haselnussratte: Du hast übrigens auch keine zusätzlichen Qualifikationen „bekommen", sondern „erworben".

Kati: Das ist doch nun wirklich egal. Bekommen – erwerben! Das macht doch keinen Unterschied.

Haselnussratte: Doch, das ist so! Auch die Aussagen, alles sei bislang beruflich gut gelaufen und du habest voll Lust und richtigen Bock, dich zu verbessern, finde ich nicht angemessen. Diese Formulierungen darfst du im offiziellen Sprachgebrauch nicht verwenden.

3 ***Erläutern Sie, warum auf die Formulierungen „gut gelaufen" und „voll Lust haben" in der geschilderten Situation verzichtet werden sollte.***

4 ***Üben Sie den korrekten Gebrauch der Standardsprache.***

a) Verfassen Sie ein eigenes Anschreiben für eine Initiativbewerbung.

b) Tauschen Sie Ihr Anschreiben mit einem Partner/einer Partnerin aus. Korrigieren Sie dessen/deren Anschreiben und berücksichtigen Sie dabei besonders umgangssprachliche Wendungen.

c) Sammeln Sie diese umgangssprachlichen Wendungen an der Tafel. Suchen Sie nach Entsprechungen aus der Standardsprache.

5 ***Vervollständigen Sie die folgende Liste mit Ausdrücken aus der Alltagssprache und der Standardsprache.***

Alltagssprache	Standardsprache
schlecht laufen	
	sehr motiviert sein
	benötigen
gucken	
	weinen
ausrasten	
	erhalten
auf etwas abfahren	
	weglaufen

Alltagssprache – Standardsprache

Sprache und Stil

Klassenarbeiten sind Bestandteil des Unterrichts, einer sozialen Situation, in der Standardsprache verwendet wird. Umgangssprachliche Wendungen entsprechen in der schriftlichen Kommunikation im Unterricht nicht der Regel. Sollten sie trotzdem benutzt werden, handelt es sich in den meisten Fällen um sprachliche Mängel, die als Fehler gekennzeichnet werden. Die folgenden Beispiele sind Klassenarbeiten zum Thema „Sprache und Kommunikation" entnommen.

Originalversion

1. „Die digitale und somit auch die verbale Kommunikation **läuft** auf der Inhaltsebene **ab**."
2. „Am Schluss, nachdem der Mann in dem viel zu langen Kostüm die Treppe heruntergestürzt war und sie ihm deutlich machte, dass er nichts **auf die Reihe bekomme, rastet er aus**."
3. „Es wird also nach einer Erklärung des Begriffs gesucht, um diesen zuordnen zu können. Wird dazu keine Vorstellung gefunden, bleibt dieser im **Schrank hängen**."

Korrigierte Version

1. „Die digitale und somit die verbale Kommunikation **vollzieht** sich auf der Inhaltsebene."
2. „Am Schluss, nachdem der Mann in dem viel zu langen Kostüm die Treppe heruntergestürzt war und sie ihm deutlich machte, **dass ihm nie etwas gelinge, verliert er die Fassung**."
3. „Es wird also nach einer Erklärung des Begriffs gesucht, um diesen zuordnen zu können. Wird dazu keine Vorstellung gefunden, entsteht keine **Entsprechung von Begriff und Bild, also kein Verstehen**."

6 ***Formulieren Sie die folgenden Aussagen so um, dass diese den Anforderungen der Standardsprache in einer schriftlichen Arbeit entsprechen.***

Volkswirtschaft / Thema: Finanzpolitik

a) *Durch einen anhaltenden Euro-Höhenflug kann die deutsche Exportwirtschaft einen gewaltigen Knacks bekommen.*

Projektbeschreibung / Thema: Marketing

b) *Wer Kapital hat und es anlegen will, macht es dort, wo er die höchsten Zinsen kriegt.*

Deutsch / Thema: B. Schlink – „Der Vorleser"

c) *Als Michael erzählt, dass er auf die Schule keinen Bock habe, schmeißt Hanna ihn raus.*

7 ***Korrigieren Sie die folgende Antwort einer Klausuraufgabe in Volkswirtschaft so, dass sie den Anforderungen der Standardsprache einer Klausur der Klasse 11 genügt:*** Adam Smith war der Meinung das jedes Individuum für sich allein verantwortlich war, das heißt, dass es für jeden einen Markt gab, wo er verdienen konnte. Somit kam er zum Entschluss, dass das Volkseinkommen der Tauschwert des Jahres ist. Denn wenn jeder verdient, kauft er auch wieder was und somit wird das Geld mit der Wahre getauscht. Wurde jemand arbeitslos oder pleite, gab es für den jenigen auch wieder einen Markt, wo er verdienen konnte, auch wenn es weniger war.

Fachsprache

Der verbale Austausch zwischen Menschen verläuft prinzipiell nicht reibungslos, weil die Kommunikationspartner z. B. nicht über die identische Menge an sprachlichen Zeichen verfügen und somit bestimmte Begriffe inhaltlich nicht verstanden werden können. Die Verwendung von Fachsprache – vor allem in dafür nicht geeigneten Situationen – kann deshalb die kommunikative Verständigung zusätzlich erschweren.

Nichts kapiert: Infos über Finanzprodukte überfordern Kunden

Transparenz ist wichtig. Schließlich wollen Anleger wissen, wohin ihr Geld fließt. Das Problem: Viele Informationen über Finanzprodukte sind kaum verständlich. Kunden sind nach der Lektüre oft genauso schlau wie vorher. Doch das soll sich ändern.

Private Placement, Outperformance, Cashflow, Bottom Up – alles klar? Oder haben Sie ewa nichts verstanden? Wenn nicht, keine Sorge. Denn dann dürfte es Ihnen wie den meisten Kunden gehen. „Informationen über Finanzprodukte sind oft unverständlich", erklärt Oliver Haug vom H&H Communicaton Lab in Ulm. „Kunden müssen viele Barrieren überwinden, um die Texte wirklich zu verstehen." Im Zweifel hilft daher nur eines: nachfragen.

Zusammen mit der Universität Hohenheim in Stuttgart untersuchte Haug 2011 unter anderem Jahresberichte von Fondsgesellschaften und Produktinformationsblätter von Banken. Das Ergebnis: Verbraucher mit einem durchschnittlichen Bildungsgrad konnten viele der untersuchten Dokumente nicht verstehen. (...) Ihr Ziel, den durchschnittlichen Kunden zu informieren, verfehlten sie damit.

Generell stellten die Forscher fest, dass Verbrauchern beim Lesen viel abverlangt wird. Ein häufiges Problem seien lange Sätze, erzählt Haug. „In einem Fondsbericht fand sich ein Satz mit 120 Wörtern", erklärt der Sprachexperte. „Die Lesbarkeit eines Satzes lässt aber schon ab 20 Wörtern deutlich nach." Ideal für die Verständlichkeit ist aus seiner Sicht ein Satz mit 15 Wörtern.

Aber nicht nur die Länge der Sätze ist für Kunden eine Hürde. „Viele Sätze sind sehr komplex", erzählt Haug. „Das heißt: Sie bestehen aus vielen Satzteilen." Doch je mehr Teile ein Satz enthält, umso schwerer wird es für den Leser, der Struktur des Satzes zu folgen.

Eine weitere Hürden für Kunden: Fachbegriffe, Anglizismen oder Abkürzungen werden in Deutschland häufig verwendet, aber nicht erklärt. Kunden können mit dieser Fachsprache oft nichts anfangen. Dabei lässt sich gerade dieses Problem in der Praxis einfach lösen: „Statt ‚Emittentin' könnte man doch auch ‚Bank' oder statt ‚p.a.' einfach ‚jährlich' schreiben", gibt Haug zwei Beispiele. „Das versteht jeder." Ein Grund, warum die Dokumente häufig so schwer lesbar sind: „Die Texte werden von Fachleuten verfasst." Eckhard Benner von der Verbraucherzentrale Baden-Württemberg sieht noch andere Ursachen: „Wer viele Fachbegriffe verwendet, suggeriert Expertenwissen", erklärt er. Außerdem könne die Sprache eingesetzt werden, um ein Produkt an bestimmten Stellen positiver erscheinen zu lassen.

(Frankfurter Rundschau, 06.09.2012)

1 *Schlagen Sie die Begriffe „Private Placement", „Outperformance", „Cashflow", „Bottom Up" in einem Lexikon nach. Handelt es sich um Begriffe einer Fachsprache? Begründen Sie Ihre Aussage.*

2 *Begründen Sie auf Basis der Seite 354 (Wortbedeutungen), warum diese Begriffe für Kunden sehr schwer verständlich sind.*

3 *Bestimmen Sie die in der deutschen Grammatik vorhandenen Satzglieder (im Text Satzteile) und deren Funktion. Grenzen Sie diese von den Wortarten ab.*

Fachsprache

4 ***Bilden Sie Sätze mit wenigen und vielen Satzgliedern und beschreiben Sie die unterschiedlichen Auswirkungen auf die Satzbildung und auf das Satzverständnis.***

5 ***Arbeiten Sie in Gruppen.***

a) Sammeln Sie unterschiedliche aktuelle Broschüren zu Finanzprodukten der Banken und Versicherungen (z. B. Geldanlagemöglichkeiten).

b) Einigen Sie sich in der Gruppe auf ein Produkt und analysieren Sie dessen Inhalt auf der Grundlage der im Text genannten Kriterien und Kritikpunkte. Bewerten Sie anschließend das Produkt.

c) Gestalten Sie den Text in der angemessenen Sprachvarietät um, sodass er allgemein verständlich wird.

d) Präsentieren Sie Ihre Gruppenergebnisse im Plenum. Beziehen Sie sich auch auf die Bewertungen des Produkts.

Basiswissen **Fachsprache**

Die Weitergabe von Wissen vollzieht sich zu einem großen Teil auf der Basis von Fachtexten. In diesen sind, neben Begriffen aus der Allgemeinsprache, häufig Terminologien aus dem Bereich der Fachsprache zu finden, die nur von Fachleuten dekodiert werden können.

Sprachwissenschaftler definieren in ihrer Fachterminologie beispielsweise das Wort ***Fachsprache*** folgendermaßen: **„Fachsprache" ist ein Determinativkompositum (zusammengesetztes Substantiv), wobei die Bedeutung der Glieder in einem subordinativen (untergeordneten) Verhältnis zueinander stehen.**

Fachsprachen sind ein Teil der Sprachvarietäten, deren besondere Eigenschaft darin besteht, sprachliche Wendungen zu prägen, die von einer bestimmten Gruppe, nicht aber von der Sprachgemeinschaft verstanden wird. Gemäß dieser Definition ist die Fachsprache eine Gruppensprache, die das Ziel verfolgt, innerhalb dieser Gruppe durch die Verwendung der Fachbegriffe eine schnelle und effektive Kommunikation zu gewährleisten.

Die Jugend- und Alltagssprache werden durch zahlreiche Anglizismen beeinflusst. Das liegt zum Teil daran, dass die Bedeutung der englischen Sprache durch die Globalisierung erheblich zugenommen hat. Das Englische ist mittlerweile auch die Sprache der Wissenschaft.

Soll Deutsch als Wissenschaftssprache überleben?

Deutsche Forschungseinrichtungen setzten sich dafür ein, Deutsch neben Englisch als Sprache in der Wissenschaft zu erhalten. Ist das sinnvoll?

von Arnd Zickgraf, Ralph Mocikat und Alexander Kekulé

Pro: Ja, sagt Ralph Mocikat, Vorsitzender des Arbeitskreises Deutsch als Wissenschaftssprache

„Wissenschaftliche Theorien arbeiten immer mit Wörtern, Bildern, Metaphern, die der Alltagssprache entlehnt sind. Die ganze Tragweite von Anspielungen und Bildern kann man nur in der jeweiligen Muttersprache voll erfassen und für die Forschung fruchtbar machen. Wenn die Quelle für die Fachsprachen nicht mehr die Alltagssprache ist, werden die Sprachbilder fehlen, die nötig sind, um Neues anschaulich begreiflich zu machen. Da jede Sprache einen anderen Blickwinkel auf die Wirklichkeit zulässt und individuelle Argumentationsmuster bietet, läuft es auf eine geistige Verarmung hinaus, wenn Lehre und Forschung auf das Englische eingeengt werden. (...) Durch den ausschließlichen Gebrauch des Englischen koppelt sich die Fachsprache verwendende Wissenschaft auch immer weiter von der

Fachsprache

Gesellschaft ab, gegenüber der sie rechenschaftspflichtig ist. Natürlich kommen wir ohne Englisch als internationale Kongress- und Publikationssprache nicht aus. Doch unbestritten ist, dass wir im Inland auch das Deutsche als Wissenschaftssprache benutzen und pflegen müssen. Dazu wäre es beispielsweise notwendig, mehr in Übersetzungen zu investieren."

Kontra: Nein, sagt Alexander Kekulé, Direktor am Institut für Medizinische Mikrobiologie an der Universität Halle-Wittenberg

„(...) Dass sich Forscher aus allen Erdteilen schnell, präzise und mit einheitlichen Definitionen austauschen können, hat die Wissenschaft erheblich beschleunigt. Für Wissenschaftler aus Entwicklungs- und Schwellenländern eröffnete erst die gemeinsame Sprache – zusammen mit dem Internet – die Chance, am globalen Diskurs teilzunehmen.
Zudem werden viele Arbeiten von internationalen Autorenteams verfasst, die nur Englisch als gemeinsame Sprache haben. Auch für Forschungsaufenthalte im Ausland – und für ausländische Gäste bei uns – ist die gemeinsame Arbeitssprache von unschätzbarem Wert.
Hinzu kommt, dass es viele neue Fachbegriffe nur auf Englisch gibt. Um sie einzudeutschen, müsste

man zwanghaft Entsprechungen finden, die nicht einmal für Muttersprachler eindeutig wären. (...) Der beste Schutz vor englischen Kontaminationen der Alltagssprache wäre im Gegenteil, wenn möglichst viele Deutsche sehr gut Englisch sprechen. Wer zwei Sprachen gut beherrscht, hält sie sauber auseinander und findet es ganz und gar nicht ‚smashing', wenn in jede gesprochene ‚line' massenweise englische ‚expressions eingemerged' werden."

(Die Zeit online, 25.01.2011)

6 *Erstellen Sie eine Gegenüberstellung der unterschiedlichen Positionen. Notieren Sie die im Text genannten Pro- und Kontra-Argumente zum Thema „Deutsch als Wissenschaftssprache".*

7 *Informieren Sie sich an einer Hochschule in Ihrer Nähe über die Bedeutung von Englischkenntnissen für das Studium.*

8 *Ergänzen Sie auf der Grundlage Ihrer Nachforschungen die Gegenüberstellung aus Aufgabe 6.*

9 *Erörtern Sie das Thema schriftlich und kommen Sie zu einer eigenen Bewertung (→ Kapitel 11).*

Fazit

18.1 Verschiedene Sprachvarietäten erkennen

- Sprachvarietäten unterscheiden
- Jugendsprache hinterfragen
- Alltagssprache – Standardsprache
- Fachsprache

18.2

Kommunikative Kompetenzen erwerben

Schlüsselqualifikationen im Berufsalltag

Neben den fachlichen sind in der modernen Arbeitswelt auch andere Kompetenzen sehr wichtig. Sie entscheiden oft – ebenso wie das Fachwissen – über Erfolg oder Misserfolg. Zu diesen Schlüsselqualifikationen gehören die Kommunikationsfähigkeit und die Fähigkeit des situationsgerechten Sprechens.

Erfolg mit Kommunikationsfähigkeit, Teamfähigkeit und Flexibilität

von Andreas Thieme

Flexibel, kommunikativ, teamfähig und stressresistent – so wünschen sich Arbeitgeber den idealen Hochschul-Absolventen. Studenten sollten daher ihre Soft-Skills schon an der Universität trainieren. Möglich ist das in speziellen Kursen, aber auch in Seminaren und Gruppenarbeiten.

„Im Fachstudium gibt es viele Möglichkeiten, seine Soft-Skills zu trainieren“, sagt Anne Pajarinen vom Zentrum für Studien- und Karrierebetreuung der Uni Konstanz. Die Fähigkeit zu kommunizieren üben Studenten in jedem Seminar.

Teamfähigkeit lässt sich einüben, etwa bei gemeinsamen Referaten oder der Projektarbeit. Planung, Recherche und Präsentation müssen gemeinsam bewältigt werden – so wie später im Job. „Studenten sollten sich dabei in verschiedenen Rollen ausprobieren und ruhig auch mal die ungewohnte Leitung übernehmen“, rät René Gabriel, Ausbildungs- und Karriereberater in Lübeck. Von einem Chef werde das später auch erwartet.

Klappt die Zusammenarbeit nicht auf Anhieb gut, werden Kompromiss- und Konfliktfähigkeit trainiert. Am Ende sollte jedoch immer ein gemeinsames Ergebnis stehen. „Die Auseinandersetzung mit den Kollegen spielt später eine zentrale Rolle“, erklärt Gabriel. Dazu gehöre, sich selbst zurückzunehmen und anderen zu helfen.

(Die Welt, 03.09.2011)

1 *Definieren Sie die Begriffe „Kommunikationsfähigkeit“, „Teamfähigkeit“ und „Flexibilität“.*

2 *Erschließen Sie mithilfe der Textvorlage und des Basiswissens die Bedeutung der Kommunikationsfähigkeit für die Beherrschung der Schlüsselqualifikationen Teamfähigkeit und Kompromiss- bzw. Konfliktfähigkeit.*

3 *Nennen und beschreiben Sie Situationen, in denen diese Fähigkeiten von Bedeutung sind.*

Basiswissen — Schlüsselqualifikationen im Berufsalltag

Ein Teil der Schlüsselqualifikationen ist die **Fachkompetenz**, die auf Wissen und Können innerhalb eines bestimmten Fachgebietes zielt.

Die **Humankompetenz** umfasst persönliche Qualitäten wie Verantwortungs- und Pflichtbewusstsein, Selbstständigkeit, Zuverlässigkeit usw.

Soziale Beziehungen leben und gestalten zu können, Spannungen einordnen und lösen zu können, das sind Bestandteile der **Sozialkompetenz**.

Wer sich der ständig verändernden Arbeitswelt und der damit verbundenen Entwicklung neuer Medien und Arbeitstechniken gegenüber offen zeigt, der verfügt über **Methodenkompetenz**.

Die **Kommunikationsfähigkeit (kommunikative Kompetenz)** ist der Schlüsselbaustein zur Beherrschung dieser Kompetenzen. Wer den Umgang mit Worten beherrscht und sich der Wirkung von Sprache bewusst ist, der kann Beziehungsstrukturen analysieren, beziehungsstabilisierend und beziehungsprägend wirken.

Schlüsselqualifikationen im Berufsalltag

Jedem sollte bewusst sein, wie wichtig ein angemessener, der Situation angepasster Umgang mit der Sprache im Berufs- und Privatleben ist. Manchem fällt es allerdings schwer, die der Situation angemessene Sprachvarietät zu wählen.

Hallöchen, Herr Professor

von Inge Kutter

Über die Korrespondenz mit ihren Studenten hört man Professoren oft klagen. Beim Öffnen ihrer Mailbox sähen sich Hochschuldozenten mit einem schockierenden Dschungel aus „Pseudo-Anbiederei, Jugendslang und Hybris" konfrontiert, schrieb der Münsteraner Juraprofessor Thomas Hoeren vor einigen Jahren auf Spiegel Online. Studenten übertrügen den ungezwungenen Ton aus Chatrooms eins zu eins in ihre Mails, schimpfte sein Gießener Kollege Martin Gutzeit vergangenes Jahr in der FAS. Jan Seifert, Dozent für Germanistische Linguistik an der Universität Bonn, geht mit den studentischen Corpora Delicti[1] etwas gelassener um: Er hat sie soeben für seine sprachwissenschaftlichen Zwecke analysiert.

„Anhand studentischer E-Mails lässt sich hervorragend der Erwerb einer neuen Kommunikationsstufe studieren", erklärt Seifert, der sich vor allem mit Sprachkritik und -reflexion beschäftigt und den unsere sprachlichen Umgangsformen generell stark interessieren. Die E-Mail an den Dozenten sei für Studenten oft eine der ersten Stationen, in der sie offiziell und asymmetrisch – mit einem Höhergestellten – kommunizieren müssten. Dieser Herausforderung seien die wenigsten gewachsen.

„Guten Abend", schrieb einer von Seiferts Studenten. „Haben Sie von meiner Freundin die nachricht bekommen dass mein zug ausgefallen ist. Ich stand grade im wald mit dem ollen ding. Ich hoffe Sie haben mich heute nicht zu sehr vermisst ;) wenn sie brauchen kann ich ihnen einen attest besorgen ... aber eigentlich war ich nicht krank."

Was Seiferts Kollegen als grobe Verletzung jeglicher Höflichkeitsregeln empfinden, wertet der Sprachwissenschaftler als schlichte Unkenntnis sprachlicher Normen. Aus Unwissenheit habe der Student auf den umgangssprachlichen Duktus zurückgegriffen. (...)

Dass Studenten Probleme haben, den richtigen Ton zu treffen, liegt allerdings auch daran, dass dieser bislang noch unzureichend definiert ist und bei verschiedenen Adressaten oft ganz unterschiedlich ankommt. So gilt etwa die Anrede „Hallo" dem Duden zufolge als in E-Mails „weit verbreitet" und „weitgehend akzeptiert" – eine Onlinebefragung der Greifswalder Sprachwissenschaftlerin Jana Kiesendahl 2009 ergab aber, dass nur etwas mehr als die Hälfte der Lehrenden diese angemessen fand. (...) Der Jurist Martin Gutzeit ist da rigoroser. Auf seiner Institutshomepage ist zu lesen: „Wir weisen höflich darauf hin, dass E-Mails, bei denen die Form nicht gewahrt ist (unsäglich: ‚Hi', ‚Hallo', ‚Servus') nicht beantwortet werden."

(Die Zeit, 24.11.2012)

1 Gegenstand des Verstoßes

4 ***Untersuchen Sie den Text unter folgenden Gesichtspunkten.***

a) Erörtern Sie die Bedeutung der kommunikativen Kompetenz bei offiziellen Sprechanlässen.

b) Beurteilen Sie Ihr sprachliches Potenzial, dieser Bedeutung gerecht werden zu können.

5 ***Spielen Sie mit folgenden Sprecherpaaren eine typische Kommunikationssituation, in der Sie versuchen, den „richtigen Ton zu treffen".***

- Personalchef – Bewerber (Vorstellungsgespräch)
- Kunde – Verkäufer (Verkaufsgespräch)
- Lehrer – Schüler (Schüler fühlt sich ungerecht bewertet)

Sprachverhalten reflektieren

Zu den Sprachvarietäten zählen auch die Dialekte. In manchen Situationen kann die Beherrschung von Dialekten durchaus von Vorteil und Teil der kommunikativen Kompetenz sein.

Manchmal hilft die Spätzle-Connection

von Chris Löwer

(...) Dialekt kann eine Karrierebremse sein. Aber auch ein taktisches Instrument, das einen nach vorne bringt. „Ich mache oft die Erfahrung, dass ein stark ausgeprägter Dialekt von Personalentscheidern teilweise mit mangelnder Kompetenz und Intellektualität in Zusammenhang gebracht wird", sagt die Karriereberaterin Kirstin Schönfeld.

Werner Kallmeyer, Soziolinguist aus Mannheim, sieht die Sache ähnlich: „Gerade wenn es um Spitzenpositionen geht, kann die Sprache zum Selektionskriterium werden." Wer tiefstes Sächsisch oder Pfälzisch spreche, könne sich keine großen Chancen ausrechnen, wenn es um überregionale Stellen mit Publikumsverkehr oder Prestige gehe. (...)

Es sei denn, es treffen zwei vom selben Schlag aufeinander: Bei einem Auswahlverfahren kann der Dialekt von Vorteil sein, wenn er Vertrautheit schafft, die sich sonst nicht so schnell eingestellt hätte", sagt Constanze Wachsmann, Senior Consultant bei der Managementberatung Kienbaum in Dresden. Wenn es um Stellen im Außendienst oder die Position des Vertriebsleiters geht, wird zuweilen eine regionale Sprachtönung ausdrücklich gewünscht. Grundsätzlich entscheide aber die Qualifikation, sagt Wachsmann. Etwaige Abneigungen gegen einen Dialekt haben nichts mit der Sprache zu tun, sagt Werner Kallmeyer vom IDS: „Auslöser dafür sind alte Städte-Rivalitäten oder die politische Geschichte der Regionen." Er konstatiert ein Nord-Süd-Gefälle. „Im Süden ist der einheimische Dialekt akzeptiert und auf allen beruflichen Ebenen präsent. Im Norden ist das nicht unbedingt der Fall." Ein Hamburger Aspirant auf eine Stelle in Passau wird es schwer haben. Kallmeyer: „Standardsprache wirkt in diesem Kontext arrogant und distanzierend."

Sein Rat: Sich nicht verstellen, statt dessen saloppe sprachliche Elemente und Redensarten einstreuen. Denn Versuche, anpassungshalber einen Dialekt zu lernen, sind selten von Erfolg gekrönt.

Derartige Verrenkungen sind auch nicht nötig – vor allem für Menschen in gehobenen Positionen und in menschelnden Berufen wie der Bürgerberatung oder in Behörden. Kallmeyer: „Gut ist, wenn diese Kräfte die Standardsprache beherrschen, bei Bedarf aber auch in ihrer dialektalen Tönung sprechen können. Das gibt Pluspunkte, das schafft Volksnähe."

Auch Chefs von inhabergeführten Unternehmen sprechen gern, wie ihnen der Schnabel gewachsen ist, um der Belegschaft die Botschaft zu vermitteln: „Er ist einer von uns." Das motiviert.

(Süddeutsche Zeitung online, 11.05.2010)

1 ***Erschließen Sie den Text anhand folgender Aufgabenstellungen.***

a) *„Mithilfe der Sprachvarietät kann zum Ausdruck gebracht werden, ob eine Person einer bestimmten Altersgruppe, Bildungsschicht, Berufsgruppe oder Szene angehört."* Erläutern Sie diese These anhand der Textaussagen.

b) Beurteilen Sie anhand der Textvorlage die Bedeutung der Beherrschung von Standardsprache und Dialekt für die kommunikative Kompetenz.

c) Erörtern Sie die Aussage, dass Sprache zu einem Selektionskriterium werden könne.

2 ***Prüfen Sie die Präsenz von dialektalen Tönungen an Ihrer Schule. Bewerten Sie diese.***

Sprachverhalten reflektieren

Worthülsen erkennen

Phrasen und Worthülsen suggerieren häufig Optimierungsprozesse im beruflichen Alltag.

„Wer authentisch ist, produziert keine Worthülsen"

Die Sprache im Job ist unklar und künstlich, sagt der Rhetorikexperte Thilo Baum. Im Interview erklärt er, wie man sich einfach und deutlich ausdrücken kann.

von Tina Groll

Zeit online: Herr Baum, was zeichnet gute Kommunikation aus?

Thilo Baum: Gute Sprache richtet sich an den Empfänger. Sie ist ziel- und ergebnisorientiert. (…)

Zeit online: Welche Fehler werden am häufigsten gemacht?

Baum: Die meisten Menschen denken nicht nach, bevor sie sprechen. Wer klar und präzise formulieren möchte, muss vorher strukturiert denken. Die meisten Leute reden einfach drauflos, sprechen über das Warum, nicht aber über das Wozu.

Zeit online: Was doch beinahe das Gleiche ist.

Baum: Es gibt einen entscheidenden Unterschied. Das Warum fragt nach der Vergangenheit, dem Grund, es ist kausal. Das Wozu hingegen ist final, es fragt nach dem Zweck, dem Ergebnis. Wenn ich möchte, dass meine Botschaft ankommt, ist es sinnvoll, vom Zweck zu sprechen. Klar und präzise. Die wichtigen Botschaften gehören in Hauptsätze, nicht in verschachtelte Nebensatzkonstruktionen. Wenn es klare deutsche Wörter gibt, sollte man keine Fachbegriffe verwenden. Auch ein Arzt versteht das Wort Magenschleimhautentzündung. Warum dann also von Gastritis sprechen? So erhöht man die Chancen, besser verstanden zu werden. Viele reden von finanziellen Mitteln statt vom Geld. Ich habe aber noch nie jemanden sagen hören: „Hast du mal finanzielle Mittel für Zigaretten?"

Zeit online: Sie kritisieren, dass die Sprache weichgespült ist?

Baum: Absolut! Die Sprache, die wir im Beruf verwenden, hat wenig mit unserem normalen Leben zu tun. Politik, Wirtschaft und Medien haben eine Sprachkultur entwickelt, die geprägt ist von Verschleierung. Es ist eine Sprache, die einseift und einfängt, selten konkret wird, meistens indirekt bleibt. (…)

Zeit online: Können Sie ein Beispiel nennen?

Baum: Ständig wird von Synergieeffekten gesprochen. Ich weiß überhaupt nicht, was das heißen soll. Der Effekt besteht doch gerade in der Synergie, also sagen wir doch einfach Synergie. Konkurrenten sind plötzlich Mitbewerber. Mitarbeiter werden nicht mehr gefeuert, sondern freigesetzt. Projekte mutieren zu Projektvorhaben, obwohl das „Vorhaben" im „Projekt" enthalten ist. Für viele bedeutet Rhetorik, unentwegt auf Sendung zu sein und sich selbst zu inszenieren. (…)

(Die Zeit online, 02.06.2011)

3 ***Erarbeiten Sie die folgenden Aufgaben anhand der Textvorlage.***

a) Erläutern Sie, in welchen beruflichen Situationen von *Synergieeffekten*, *Mitbewerber*, *Mitarbeiter freisetzen*, *Vorhaben* gesprochen wird.

b) Stellen Sie dar, welche Begriffe dadurch ersetzt werden, und erörtern Sie anhand Ihres Wissens über Euphemismen, aus welchen Gründen das geschieht.

c) Recherchieren Sie ähnliche Begriffe (z. B. *Kompetenzzentrum für …*). Sammeln Sie diese und entlarven Sie die Termini als Worthülsen und Verschleierungen.

Sprache als Selbstdarstellung

Der Zusammenhang zwischen der situationsgerechten Sprachbeherrschung und den privaten und beruflichen Möglichkeiten ist unbestritten. Rollengerechtes Sprechen fördert die beruflichen Einstiegs- und Aufstiegschancen. Sprache bietet also gute Möglichkeiten zur positiven Selbstdarstellung.

Sprache als Visitenkarte

Kleidung, Körper, Gesicht, Frisur, Auto, Wohnung, Büro – an allem arbeiten und feilen wir, weil es als Ausdruck der eigenen Persönlichkeit gesehen wird. Wir glauben, anderen dadurch ein positives Bild von uns vermitteln zu können, weil wir auch selbst andere nach diesen Kriterien beurteilen.

Die Sprache fehlt in dieser Reihe. Sie wird offenkundig nicht oder kaum als Chance zur positiven Selbstdarstellung betrachtet, außer vielleicht in der Jugendsprache, wenn die Verwendung eines gewissen Vokabulars Zugehörigkeit zu einer bestimmten Gruppe und Ich-Stärke signalisieren soll.

Das ist eine Fehleinschätzung. In wenigen Minuten kann sich jemand durch ein Sprechverhalten, das nicht der Rolle und der Situation entspricht, disqualifizieren.

Sprache ist also durchaus eine Visitenkarte der Persönlichkeit. Zuverlässigkeit, Zielstrebigkeit und sicheres Auftreten lassen sich eben nicht demonstrieren, wenn schlechte und phrasenhafte Formulierungen das Gespräch prägen.

Situationsgerechtes Sprechen erfordert Disziplin, weil Grundregeln eingehalten werden müssen. Die Sprache muss für die Kommunikationspartner verständlich sein. Leere, blasse und formelhafte Wendungen, wie sie Politiker gerne verwenden, sind zu meiden. Die Zielgruppe muss unbedingt berücksichtigt werden. Verwenden Sie bekannte und aussagekräftige Wörter! Bevorzugen Sie Verben – und zwar im Aktiv. Wählen Sie bejahende Aussagen statt verneinender. Seien Sie anschaulich in Ihren Vergleichen! Vermeiden Sie Floskeln und Phrasen.

1 ***Erarbeiten Sie mithilfe dieses Textes folgende Fragestellungen.***

a) Warum sollte auch die Sprache als Teil der „Visitenkarte“ gesehen werden?

b) Welche Konsequenzen für die Sprachverwendung ergeben sich aus dieser Betrachtung?

c) Welche Ratschläge für regelkonformes Sprechen enthält der Text?

2 ***Formulieren Sie die folgenden Aussagen gemäß der Ratschläge im Text um.***

- Verkäufer zum Kunden:
  „Ein Umtausch kann aufgrund der fehlenden Quittung nicht bewilligt werden.“
- Im Vorstellungsgespräch:
  „Ich hatte halt so die Idee, dass es schon ziemlich interessant sein könnte, hier zu arbeiten.“

Fazit

18.2 Kommunikative Kompetenzen erwerben
- Schlüsselqualifikationen im Berufsalltag
- Sprachverhalten reflektieren
- Sprache als Selbstdarstellung

Sprache als System von Symbolen betrachten

Der folgende Textauszug aus dem satirischen Roman „Gullivers Reisen“ von Jonathan Swift belegt auf humorvolle Weise die Notwendigkeit einer Sprache als Mittel der Verständigung. Auf einer seiner Reisen kommt Gulliver zur Akademie von Legado, an der ausschließlich undurchführbare Projekte in Angriff genommen werden, in diesem Fall die Abschaffung der Sprache.

Jonathan Swift: Gullivers Reisen (Auszug)

Darauf gingen wir in die Fakultät für Sprachen, wo drei Professoren darüber berieten, die Sprache ihres eigenen Landes zu verbessern. Das erste Projekt bestand darin, die Rede dadurch abzukürzen, dass man vielsilbige Wörter zu einsilbigen beschneidet und Verben und Partizipien auslässt, da alle vorstellbaren Dinge in Wirklichkeit ja doch nur Hauptwörter seien. Das zweite Projekt war ein Plan zur völligen Abschaffung aller Wörter überhaupt, und man machte geltend, dass das außerordentlich gesundheitsfördernd und zeitsparend wäre. Denn es ist klar, dass jedes Wort, das wir sprechen, in gewissem Maße eine Verkleinerung unserer Lungen durch Abnutzung bedeutet und folglich zur Verkürzung unseres Lebens beiträgt. Es wurde deshalb folgender Ausweg vorgeschlagen: Da Wörter nur Bezeichnungen für Dinge sind, sei es zweckmäßiger, wenn alle Menschen die Dinge bei sich führten, die zur Beschreibung der besonderen Angelegenheit, über die sie sich unterhalten wollen, notwendig seien. (...) Viele der Gelehrtesten und Weisesten sind jedoch Anhänger des neuen Projekts, sich mittels Dingen zu äußern; das bringt nur die eine Unbequemlichkeit mit sich, dass jemand, dessen Angelegenheiten sehr umfangreich und von verschiedener Art sind, ein entsprechendes größeres Bündel von Dingen auf dem Rücken tragen muss, falls er es sich nicht leisten kann, dass ein oder zwei starke Diener ihn begleiten. Ich habe oft gesehen, wie zwei dieser Weisen unter der Last ihrer Bündel fast zusammenbrachen wie bei uns die Hausierer. Wenn sie sich auf der Straße begegneten, legten sie ihre Lasten nieder, öffneten ihre Säcke und unterhielten sich eine Stunde lang; dann packten sie ihre Utensilien wieder ein, halfen einander, ihre Bürden wieder auf den Rücken zu nehmen, und verabschiedeten sich.

1 *Erarbeiten Sie folgende Fragestellungen mithilfe des Textes.*

a) Nennen Sie Begriffe, die nicht durch den Verweis auf Gegenstände zum Ausdruck gebracht werden können.

b) Versuchen Sie, wie die Gelehrten der Akademie von Legado, folgende Aussagen nonverbal mitzuteilen.
- Gib mir bitte Papier und Stift.
- Ich bin traurig, weil meine Mutter krank ist.
- Obwohl ich bisher noch keine Bestätigung von ihr bekommen habe, rechne ich fest mit ihrem Kommen.

c) Versuchen Sie, folgende Formulierungen aus der Jugendsprache nonverbal mitzuteilen.
- Ich habe keinen Bock auf ...
- Den Song finde ich voll geil.
- Heute ich geh Diktat.

2 *Nonverbale Kommunikation gilt als analoge Kommunikation, die Verwendung sprachlicher Zeichen als digitale. Erarbeiten Sie mithilfe des Textes grundsätzliche Unterschiede zwischen der analogen und der digitalen Kommunikation.*

18.3

Den Einfluss der Sprache auf das Denken erkennen

Unser sprachliches Verhalten prägt unsere Wirklichkeit.

Samuel J. Hayakawa: Niagarafall der Wörter

Von dem Augenblick an, in dem er am frühen Morgen die Nachrichten anstellt, bis er am Abend bei einem Roman oder einer Illustrierten einschläft, schwimmt er (...) in Wörtern. Zeitungsverleger, Politiker, Verkäufer, Radioansager, (...) Bücher und Reklameschilder – alle überfallen ihn den ganzen Tag mit Wörtern. Und Mister Mits trägt jedesmal zu diesem Niagarafall von Wörtern bei (...).

(...) Wörter in Zeitungen lassen ihn mit der Faust auf den Frühstückstisch schlagen. Worte seiner Vorgesetzten erfüllen ihn mit Stolz und fördern seinen Arbeitseifer. Worte, die hinter seinem Rücken über ihn gesprochen werden und ihm zu Ohren kommen, machen ihn krank vor Ärger.

1 ***Erläutern Sie, welchen Stellenwert Sprache in unserer Gesellschaft einnimmt.***

Inwieweit die Sprache das Denken beeinflusst, ist wissenschaftlich noch umstritten.

Die Macht der Worte

von Stefanie Schramm und Claudia Wüstenhagen

(...) Die einen sind überzeugt, dass unsere Sprache unser Denken bestimmt – und dass Menschen deshalb sogar in unterschiedlichen Sprachen unterschiedlich denken. Die anderen glauben, dass das Denken von der Sprache weitgehend unabhängig ist. Die Diskussion ist weit über die Grenzen der Linguistik hinaus von Bedeutung. Denn sie rührt an grundlegende Fragen nach dem Wesen des Menschen und seiner Wahrnehmung. Mittlerweile suchen auch Psychologen und Hirnforscher nach Antworten. Sie finden immer mehr Hinweise darauf, dass Worte unser Denken und Handeln prägen, und dass wir uns tatsächlich schon mit unserer Muttersprache bestimmte Denkmuster aneignen, die unser Leben auf überraschende Weise beeinflussen. Es gibt die offensichtliche Wirkung der Worte: Wer einen Roman aufschlägt, eine Liebeserklärung bekommt oder in einen heftigen Streit gerät, der spürt, wie Sprache berührt. Worte können trösten oder tief verletzen, manche hängen einem tage- oder gar jahrelang nach. Auch unsere eigenen Worte wirken auf uns. Wenn wir etwa ein Tabuwort aussprechen, kann das bei uns selbst körperlich messbare Stresssymptome hervorrufen. Oft jedoch bekommen wir den Einfluss gar nicht mit. Deshalb kann man uns so gut manipulieren, mit Marketing zum Beispiel. Studien ergaben, dass allein die Beschreibung von Lebensmitteln das Geschmackserlebnis beeinflussen kann: Gebäck schmeckt besser, wenn es nach einem „Rezept der Großmutter" gebacken oder „traditionell" erzeugt wurde. (...)

(Die Zeit, 30.11.2012)

2 ***Erarbeiten Sie auf der Grundlage des Textes folgende Aufgabenstellungen.***

a) Stellen Sie Ihre Assoziationen zu folgenden Werbeformulierungen dar:
„Urlaub von Anfang an", *„Geiz ist geil"*, *„Leben Sie. Wir kümmern uns um die Details!"*, *„Vorsprung durch Technik"*, *„Hier läuft die Ware nicht vom Band"*.

b) Ordnen Sie den Werbesprüchen begründet Produkte Ihrer Wahl zu. Erläutern Sie, welche Attribute den Produkten durch die Formulierungen zugesprochen werden und wie sie damit das Denken beeinflussen sollen.

Den Einfluss der Sprache auf das Denken erkennen

Sprache dient in der Regel dazu, Sachverhalte zu klären. Sie kann aber auch dazu verwendet werden, das Denken zu manipulieren und Sachverhalte zu verschleiern.

Lexikalische Kriegsführung

Wörter können Waffen sein. Deshalb wollen manche Wörter wie „Neger" aus den Büchern löschen – um Verletzungen zu vermeiden. Doch wer Wörter tilgt, kann nicht mehr über sie reden.

von Anna Sauerbrey

Man könnte sich Buchstaben vorstellen wie Fliegenfänger. Man rollt das klebrige Band aus, hängt das Wort in Raum und Zeit, Bedeutungen verirren sich durch das Fenster und bleiben daran hängen. Der Thienemann-Verlag möchte in Otfried Preußlers „Die kleine Hexe" das Wort „Neger" streichen, weil es nicht mehr „politisch korrekt" ist. Als das Buch 1957 erschien, empfand Preußler das Wort offenbar nicht als anstößig. Heute nehmen wir es von der Decke ab, betrachten angewidert die angesammelten Bedeutungskadaver und möchten das Ganze am liebsten in den Müll werfen. Wir möchten mit den Buchstaben die Bedeutungen und mit den Bedeutungen die Phänomene entsorgen: den Rassismus, die Diskriminierung, die Gewalt.
Die Wirkungskraft von Wörtern ist gewaltig und vielfältig, und sie wird oft unterschätzt. Wörter können Schaden anrichten, schrieb die Theaterregisseurin Simone Dede Ayivi am Samstag in dieser Zeitung, und das ist richtig. Selten werden Wörter passiv Raum und Zeit ausgesetzt, meist ist gewollt, dass sie bestimmte Bedeutungen anziehen und dass diese Bedeutungen auch an dem haften, den sie bezeichnen. Einer, der „Neger" genannt wird, an dem haftet Minderwertigkeit.
Wörter können aber, umgekehrt, Bedeutungen auch verstecken. Unternehmen sprechen davon, Mitarbeiter „freizusetzen" statt sie zu entlassen. Militärs sprechen vom „Kollateralschaden" statt von toten Zivilisten. Die düsteren Meister des Euphemismus bleiben die Nationalsozialisten. Millionenfachen Mord verbargen sie hinter der „Bearbeitung der Judenfrage". (...) Oft funktioniert die Reinigung der Sprache von negativen Bedeutungen nur kurze Zeit, dann haften sich Stereotype und Diskriminierung an den Nachfolgebegriff. So wurden aus Negern Schwarze und aus Schwarzen Afro-Deutsche. (...) Der Rassismus hat die Tilgung des „Negers" überlebt, der Sexismus das Löschen des „Fräuleins" (...) Gerade weil die Sache so vertrackt ist, ist das Tilgen von Wörtern aus der Sprache, gerade aus Kinderbüchern, falsch. Nur wer über Wörter redet, kann historisches Bewusstsein schaffen. Ein Wort – Neger – genügt im besten Fall, und aus den Tiefen der Semantik erscheinen ganze Bilderbögen: dicht gedrängte Körper auf Sklavenschiffen, Baumwollfelder (...) Wer Wörter aber auslöscht, kann nicht mehr über sie reden.

(Der Tagesspiegel, 21.01.2013)

3 *Klären Sie mithilfe von Nachschlagewerken die Bedeutung der Begriffe* Semantik *und* Euphemismus.

4 *Nennen Sie euphemistische Alternativen zu den Begriffen* Putzfrau, Müllplatz, Kriegsminister, Krankenkasse, Krankenraum, Müllbeseitigung.

5 *Stellen Sie dar, inwiefern sich die jeweilige Bedeutung eines Wortes durch die Wahl der euphemistischen Alternative verändert.*

6 *Suchen Sie weitere Euphemismen. Sammeln Sie diese an der Tafel.*

7 *Erörtern Sie die in der Textvorlage aufgestellte Behauptung,* Wörter könnten Bedeutungen auch verstecken. *Beurteilen Sie in diesem Zusammenhang die besondere Funktion von Euphemismen.*

Wortbedeutungen reflektieren

Ein Wort kann seine Bedeutung in verschiedenen Kontexten verändern.

Konnotation und Denotation

„Du bist ein Esel!" Diese Beleidigung findet sehr häufig Verwendung. Dass diese Beschimpfung auch in der gewünschten Form verstanden wird, ist aber keinesfalls selbstverständlich.

Die Sprachgemeinschaft definierte den Begriff und einigte sich auf eine feste Bedeutung. Deshalb liegt diesem Begriff eine bestimmte lexikalische Zuordnung zugrunde, die auch heute noch gilt. Das Wort „ESEL" bedeutet in diesem Sinne: „Art der Pferde, mit langen Ohren und Schwanzquaste: Hausesel, meist grau; Trag- und Zugtier".

Diese Grundbedeutung wird als Denotation bezeichnet. Die Sprachgemeinschaft hat diese Bedeutung durch eine Übereinkunft (Konvention) festgelegt.

Die Grundbedeutung kann in bestimmten Zusammenhängen von Nebenbedeutungen überlagert werden. Diese werden Konnotationen genannt. Sie zielen auf zusätzliche Bedeutungseinheiten des

Begriffes, die sich aber immer erst aus dem kommunikativen Zusammenhang ergeben und zumeist emotionale, wertende und individuelle Bedeutungskomponenten zum Ausdruck bringen.

„Du bist ein Esel!" bezeichnet dann eine Person, die sich töricht, ungeschickt oder widerborstig verhält, und nicht das Haustier.

1 ***Erarbeiten Sie folgende Fragestellungen mithilfe des Textes.***

a) Was ist unter den Begriffen Denotation und Konnotation zu verstehen? Wodurch unterscheiden sie sich?

b) Notieren Sie zu jedem Wort in der Tabelle unten die jeweils denotative Bedeutung und alle konnotativen Bedeutungen, die Ihnen einfallen.

	Denotation	Konnotationen
Esel	Art der Pferde, mit langen Ohren und Schwanzquaste: Hausesel, meist grau; Trag- und Zugtier	Person, die sich störrisch oder ungeschickt verhält
Pfau		
Spatz		
Zicke		

c) Erstellen Sie eine weitere Tabelle und listen Sie Begriffe auf, deren konnotative Bedeutung sich durch die Verwendung als Jugend- oder Szenesprache (z. B. Rap) verändert haben.

d) Was muss hinsichtlich der zentralen Aufgabe von Sprache, nämlich Verständigungsmittel zu sein, in Bezug auf die häufig wechselnden Wortbedeutungen in Kommunikationssituationen bedacht werden?

Sprachwandel erkennen

Die Sprache verändert sich ständig. Viele neue Wörter werden aus anderen Sprachen übernommen. Deutsche benutzen in diesem Zusammenhang vorzugsweise englische Ausdrücke, wobei Begriffe direkt übernommen werden oder in Mischformen Verwendung finden.

No problem mit Neu-Speak

Weshalb Anglizismen unsere Sprache weniger beeinflussen, als viele befürchten

von Johanna Romberg

Das innovative Tool der Abteilung Media Sales bildet die gesamte crossmediale Customer Journey ab. Ich muss die Software neu downloaden, weil der Computer gecrashed ist. In der Partie Madrid – Leverkusen sind noch fünf Minuten zu gehen. (…)

Drei original deutsche Sätze aus dem Jahr 2012. Und, aus Sicht von Sprachschützern, drei Belege für einen bedrohlichen Trend: dass das Deutsche zunehmend zum „Denglischen“ mutiere. Weil unser Wortschatz von Anglizismen überschwemmt und unsere Grammatik von Lehnwendungen unterwandert werde – wie Sinn machen, eine gute Zeit haben oder die Eins-zu-eins-Übersetzung von five minutes to go.

Übertriebene Sorgen, sagen Sprachexperten wie der Potsdamer Germanist Peter Eisenberg. Denn viele Wortimporte werden rasch wieder aussortiert: Gut möglich, dass media sales und service points in einigen Jahren ebenso vergessen sind wie Luncheon, Knickerbocker, Paraplü und Portepee. Die verbleibenden Fremdwörter werden oft bis zur Unkenntlichkeit assimiliert: Keks, Streik und Gully sieht man ihre Herkunft ebenso wenig an wie Engel, Esel, Fenster und Kreuz – Wörter, die vor 1600 bis 2000 Jahren aus dem Latein importiert wurden. Latein, Griechisch und auch Französisch haben das Deutsche weitaus stärker geprägt als Englisch, das nur etwa ein Prozent aller Fremdanteile in unserer Sprache ausmacht. Deren grammatische Struktur ist übrigens so flexibel, dass sie auf Dauer selbst stylishe Joghurts und downgeloadete Factsheets zu integrieren vermag.

Insgesamt liegt der Fremdwortanteil im Deutschen heute nicht höher als vor Jahrzehnten – bei schätzungsweise 20 Prozent.

(GEO, 11.11.2012)

1 ***Erarbeiten Sie mithilfe des Textes folgende Aufgabenstellungen.***

a) Stellen Sie dar, welche Position zum „Denglischen“ in der Textvorlage vertreten wird.

b) Sammeln Sie Texte, in denen eine gegensätzliche Position vertreten wird. Stellen Sie anhand einer Übersicht die beide Positionen und ihre Argumente dar.

2 ***Arbeiten Sie in Gruppen. Sammeln Sie Anglizismen, die Ihnen im Alltag begegnen.***

a) Fertigen Sie eine Übersicht nach folgendem Muster an.

englisches Original sinnvoll	deutscher Begriff sinnvoller
…	…

- Nennen Sie Vorgänge oder Gegenstände, die durch die englische Originalbezeichnung sinnvoll zu beschreiben sind.
- Nennen Sie Vorgänge und Gegenstände, die durch eine deutsche Bezeichnung sinnvoller als durch eine englische zu bezeichnen sind.
- Ordnen Sie diese der Übersicht zu.

b) Stellen Sie Ihre Gruppenergebnisse vor und begründen Sie die jeweiligen Zuordnungen. Erörtern Sie die Ergebnisse im Klassenverband.

18.3

Wechselwirkungen zwischen Gesellschaft, Kultur und Sprache erkennen

Das Web, Hip-Hop und die Straße: Mit diesen Einflüssen verändert sich der Jugendslang heute schnell, radikal und vor allem ziemlich europäisch.

Neue Farben in der Sprache

von Stefan Zehentmeier

(…) Woher kommen diese Wörter, die beinahe über Nacht in Jugendzimmer Einzug gehalten haben? Die Antwort findet man auf mehreren Ebenen. Zu einem guten Teil beeinflusst heute das Web 2.0 die Jugendsprache und natürlich haben Lehnwörter verschiedener Sprachen immer auch von selbst ihren Weg in die deutsche Sprache gemacht, doch gerade das aktuelle Feiern eines multikulturellen Sprachmischmaschs im deutschen Hip-Hop, genauer gesagt im Subgenre Gangsterrap, dürfte jene sprachliche Integration den entscheidenden Schritt vorangebracht haben. Auch und gerade weil die Popularität so groß wie nie zuvor ist: An der Spitze der deutschen Charts finden sich immer mehr Hip-Hop-Produktionen, die Jahre zuvor noch als tiefster Underground gehandelt wurden.

Im Zentrum dieser Entwicklung steht dabei unter anderem der Offenbacher Rapper Haftbefehl. (…) Früh entstand zu ihm ein Wikipedia-Eintrag, der auch das Sprachphänomen bereits vorzeitig absteckte. Dort sprach man von Haftbefehls Aussprache samt dem Konsonanten H als „stimmloser, velarer Frikativ“[1], einer Klangfärbung, die an den „Duktus der arabischen Sprache erinnert“ und nicht zuletzt dem Türkischen, Kurdischen und Arabischen entnommene Vokabeln (…) und Satzstrukturen. „Ich sage immer, ich habe eine eigene Sprache erfunden“, lacht Haftbefehl ins Telefon, nicht umsonst habe er sein zweites Album „Kanacki?“ (gesprochen Kanackisch) genannt. (…) Welchen Einfluss Songs haben, lässt sich quantitativ schon an den Klickzahlen seiner Videos ablesen: Kaum ein Song unter drei Millionen Aufrufe, auf Facebook fiebern 450.000 Haftbefehl-Fans dem Release seines dritten Albums „Blockplatin“ entgegen. (…) Heute befinden wir uns quasi in der dritten Generation der Slang-Rapper: Künstler wie Schwesta Ewa, Olexesh oder SSIO bringen nun polnische, ukrainische und afghanische Vokabeln an den Tisch und kommen damit auf ähnlich schwindelerregende Klickzahlen wie schon die Pioniere des Sprachphänomens. Kein Wunder, dass sich der mittlerweile kaum überschaubare Slang mit immer neuen Vokabeln weiter verbreitet. Wer cool sein will, wer dabei sein will, muss sich zunächst mit den entsprechenden Referenzwerken auseinandersetzen, um dann im wahrsten Sinne mitreden zu können.

(jetzt.sueddeutsche.de, 23.12.2012)

1 ein stimmloser, am hinteren Zungenrücken gebildeter Reibelaut

Kleine Vokabelliste (Wortherkunft soweit bekannt)
Chaya: Mädchen, Frau; Habibi: Schatz, Freund (Kosename, arabisch); Brate: Bruder, freundschaftliche Ansprache (serbokroatisch); Babo/Baba: Boss, Anführer (türkisch) …

1 *Erarbeiten Sie mithilfe der Textvorlage folgende Aufgabenstellungen.*

a) Definieren Sie auf der Grundlage der Textaussagen und weiterer Informationen, was unter einem „stimmlosen, velaren Friktativ“ zu verstehen ist.

b) Sammeln Sie Beispiele für dieses Sprachphänomen an der Tafel und üben Sie die Aussprache.

c) Stellen Sie dar, ob Ihnen diese Aussprache Probleme bereitet oder nicht bereitet. Erörtern Sie dieses Thema im Klassenverband.

d) Erläutern Sie die Bedingungen, die erforderlich sind, damit die Aussage „*Chabos wissen, wer Babo ist.*“ inhaltlich verstanden werden kann. Überprüfen Sie in diesem Zusammenhang die Wechselwirkung von *Denotation* und *Konnotation* (➪ S. 354).

e) „*Chabos wissen, wer Babo ist!* **Diesen Satz kennt heute jeder.**“ Beurteilen Sie diese Aussage eines Schülers im Unterricht zum Thema Sprachvarietäten.

Wechselwirkungen zwischen Gesellschaft, Kultur und Sprache erkennen

Vorbilder beeinflussen das Verhalten insbesondere junger Menschen. Das gilt auch für den Gebrauch von Sprachvarietäten, der vor allem durch Musik verbreitet wird.

Aus Liebe zum Wort

von Andreas Bernard und Tobias Haberl

„Wir feilen stundenlang": der Dichter Michael Lentz und der Rapper Jan Delay über den ständigen Wandel unserer Sprache und die gesellschaftlichen Bedeutungen klarer Sätze.

(...)

SZ-Magazin: Ihre Zielgruppe, Jan Delay, ist eindeutig definiert: junge Menschen. Spüren Sie beim Schreiben Ihrer Liedtexte eine bestimmte Verantwortung?

Delay: Beim Schreiben nicht. Aber so lehrmäßig das jetzt auch klingen mag, ich spüre schon eine Verantwortung, wenn ich zwei Zwölfjährige auf der Straße miteinander sprechen höre, die in einer komplett artikelfreien Sprache miteinander reden, nur damit sie klingen wie die coolen Türken in ihrer Straße.

SZ-Magazin: „Gehen wir McDonald's ..."

Delay: Genau. Wenn ich selbst Kinder hätte, würde ich sagen: Zuerst lernt ihr bitte, wie man grammatikalisch richtig schreibt, und wenn ihr das draufhabt, dann könnt ihr reden, wie ihr wollt.

SZ-Magazin: Ganz schön konservativ.

Delay: Die Grundvoraussetzungen müssen eben stimmen. Ich will ja nicht, dass mein Sohn eines Tages zum Vorstellungsgespräch geht und sagt: „Digger, weißte, ich dachte, ich komm hier mal wegen Kohle vorbei und so."

Lentz: Das Problematische daran ist, dass viele dieser Ausdrücke vollkommen automatisiert gebraucht werden. Da wird schnell jemand als „schwul" bezeichnet, ohne dass der Sprecher weiß, was das eigentlich heißt. Aber Sie sind noch auf ganz andere Art und Weise konservativ: Alliterationen zum Beispiel, Anaphern, Assonanzen.

Delay: Mit diesen Fremdwörtern kenne ich mich nicht aus, aber ich ahne, was Sie meinen. Wir Rapper sind auf Sprach- und Wortspiele aus. An guten Zeilen und interessanten Reimen feilen wir stundenlang.

(Süddeutsche Zeitung Magazin, Heft 30/2009)

2 ***Untersuchen Sie den Dialog zwischen dem SZ-Magazin, dem Dichter Lentz und dem Rapper Delay unter folgenden Gesichtspunkten.***

a) Definieren Sie die Begriffe *Alliteration*, *Anapher*, *Assonanz* anhand von Beispielen.

b) Sammeln Sie Beispiele für die genannten Begriffe aus den Songtexten von Jan Delay.

c) Erläutern Sie, aus welchen Gründen die Verwendung dieser Begriffe von Lentz als konservativ bezeichnet wird.

3 ***Arbeiten Sie in Gruppen an folgenden Aufgabenstellungen.***

a) Belegen Sie die Häufung jugendsprachlicher Wendungen in der Rapmusik exemplarisch an Songtexten von Jan Delay oder anderen Rappern. Einigen Sie sich in der Gruppe auf einen Song.

b) Übersetzen Sie den Inhalt des Songs in die Standardsprache. Vergleichen Sie die Wirkung der Songs.

c) Präsentieren Sie Ihre Gruppenergebnisse.

Fazit

18.3 Sprache als System von Symbolen betrachten

- Den Einfluss der Sprache auf das Denken erkennen
- Wortbedeutungen reflektieren
- Sprachwandel erkennen
- Wechselwirkungen zwischen Gesellschaft, Kultur und Sprache erkennen

Den Arbeitsauftrag umsetzen

1 ***Führen Sie die Diskussion durch.***

a) Gehen Sie nach der *Fish-Bowl-Methode* (➪ S. 47) vor.

b) Halten Sie sich an die Regeln, die für Diskussionen und Debatten gelten (➪ Kapitel 3, S. 38).

c) Nutzen Sie Ihre im vorliegenden Kapitel erworbenen Kenntnisse, um als **Teilnehmer** der Diskussionsrunde Ihre Position argumentativ zu vertreten.

Moderator Sie bereiten gezielte Fragestellungen vor, mit deren Hilfe Sie das Thema der Diskussionsrunde strukturieren. Sie sorgen dafür, dass die Teilnehmer der Diskussionsrunde gleichberechtigt am Gespräch beteiligt werden und dass diese auch tatsächlich auf die Fragen eingehen.
Die Jugendliche Sie haben sich sehr intensiv mit dem Thema „Sprache und Sprachgebrauch" beschäftigt, weil Sie in dieser Runde argumentativ belegen wollen, dass Jugendliche bedenkenlos eigenständige Sprachvarietäten verwenden können. Sie sind ohnehin überzeugt, dass diese wegen der praktizierten Sprachvarietäten weder in der Schule noch im Beruf Nachteile erleiden, weil sie sich durch das „Code-Switching" der geforderten Sprachnorm anpassen können.
Der Rapper Sie wissen, in welchen Situationen eine normgerechte Sprachverwendung erforderlich ist. Als Künstler distanzieren Sie sich jedoch von der Hochsprache. Nach Ihrer Auffassung haben die umgangssprachlichen Varietäten, Ethnolekte usw. eine besondere künstlerische Bedeutung für die Hip-Hop und Rapmusik. Natürlich wissen Sie um den Einfluss auf die Jugendlichen. Sie finden diese Tatsache jedoch unproblematisch. Man müsse doch davon ausgehen, dass den Fans die Beschaffenheit der Musik als Kunstprodukt bekannt sei.
Die Deutschlehrerin Sie haben das Thema „Sprache und Sprachgebrauch" ausführlich im Unterricht thematisiert, um Ihre Schülerinnen und Schüler für den **„korrekten**" Sprachgebrauch zu sensibilisieren. Aufgrund langjähriger Erfahrungen, z. B. durch die Korrekturen, glauben Sie, einen zunehmenden Verfall der Sprachkultur zu beobachten. Die Ursachen vermuten Sie vor allem in der Verwendung der unterschiedlichen Formen der Umgangssprache. Dafür können Sie Gründe anführen.
Die Wissenschaftlerin Als Wissenschaftlerin haben Sie sich ausführlich mit unterschiedlichen Informationen und Positionen zum Thema Sprachvarietäten befasst. Aufgrund Ihrer Kenntnisse glauben Sie nicht an negative Auswirkungen und Sprachverfall. Sie sehen in den ständigen Wortneuschöpfungen und Wortveränderungen eher Zeichen von Fantasie und Kreativität.
Der Personalchef Für Sie ist nicht nur das äußerliche Erscheinungsbild eines Menschen von Bedeutung, sondern auch der Sprachgebrauch eine Visitenkarte. Als Personalchef eines Unternehmens in der Tourismusbranche sind Sie der Überzeugung, dass alle Ihre Mitarbeiter befähigt sein müssen, jederzeit situationsgerecht kommunizieren zu können. Dazu zählt für Sie ein möglichst flexibler Umgang mit den Sprechanforderungen, um sich auf unterschiedliche Kunden einstellen zu können. Dazu gehört auch die Anwendung bestimmter Dialekte, die noch von einigen Kunden gesprochen werden.

d) **Das Publikum** befindet sich in der **äußeren** Fish-Bowl-Runde. Es gibt seine Meinung zum Thema nach der Diskussion bekannt. Jeder Zuschauer stellt seine Position auf einer **Meinungslinie** dar und **begründet** diese auf der Grundlage der im vorliegenden Kapitel erworbenen Kenntnisse sowie der Ergebnisse der Diskussionsrunde. Stellen Sie auch dar, aus welchen Gründen die Diskussion ggf. Ihre Meinung verändert haben könnte.

Meinungslinie:

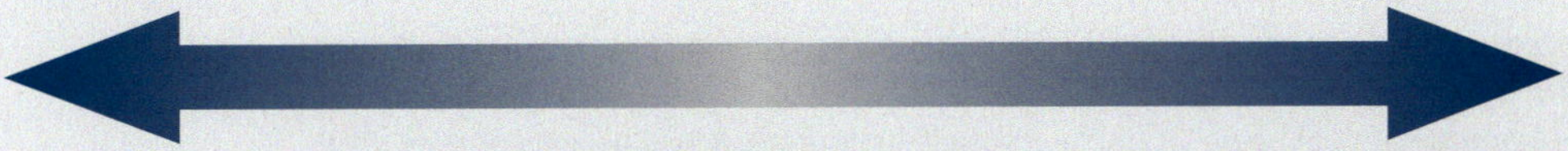

Der Sprachgebrauch wird durch die Verwendung von Jugendsprache, Umgangssprache, Ethnolekt usw. **negativ beeinflusst**.

unentschlossen

Der Sprachgebrauch wird durch die Verwendung von Jugendsprache, Umgangssprache, Ethnolekt usw. **positiv beeinflusst**.

Habe ich alle Inhalte verstanden und an alles gedacht?

- ☑ Sprachliche Zeichen sind als Symbole zu verstehen.
- ☑ Die deutsche Sprache verfügt über verschiedene Varietäten, z. B. Standardsprache, Umgangssprache, Jugendsprache, Fachsprache.
- ☑ Besonders in Großstädten hat sich das Kiez-Deutsch als eine besondere Form der Jugendsprache entwickelt.
- ☑ Die Jugendsprache weist viele Wortneubildungen auf, meistens bestehend aus einem Sprachmix unterschiedlicher kultureller Einflüsse.
- ☑ In der alltäglichen Praxis unterscheidet sich die Alltagssprache deutlich von der Standardsprache.
- ☑ In „offiziellen" Kommunikationssituationen ist die Verwendung der Standardsprache nach wie vor Pflicht.
- ☑ Die Beherrschung der korrekten Sprache zählt zur kommunikativen Kompetenz und damit zu den Schlüsselqualifikationen.
- ☑ In der beruflichen Entwicklung kann der Sprachgebrauch als Visitenkarte bezeichnet werden.
- ☑ Kritiker behaupten, der Gebrauch umgangssprachlicher Wendungen behindere auf Dauer die situationsgerechte sprachliche Anpassung bei offiziellen Anlässen. Befürworter meinen hingegen, es handele sich um einen kreativen Sprachgebrauch und die Anwender seien in der Lage, sich sprachlich rollen- und situationsgerecht anzupassen.
- ☑ Im Studium gewinnen gute Englisch-Kenntnisse zunehmend an Bedeutung.
- ☑ Sprache beeinflusst die Wahrnehmung und das Bewusstsein.
- ☑ Sprache unterliegt einem ständigen Wandel.

19 Eine Rede analysieren

Bundespräsident J. Gauck spricht am 16.10.2014 in Berlin auf einer Konferenz

Es gibt sogenannte „Jahrhundertreden", die lange über ihr Rededatum hinaus vielen Menschen bekannt geblieben sind. Dazu gehören z. B. John F. Kennedys „Berlin-Rede" mit dem legendären Ausspruch „Ich bin ein Berliner" oder Martin Luther Kings Rede „I have a dream" – beide Reden wurden bereits vor mehr als 45 Jahren gehalten und werden noch heute in den Medien zitiert.
Aber nur wenige der täglich gehaltenen Reden werden von der Allgemeinheit bewusst wahrgenommen. Dennoch haben diese Reden ein Ziel und sollen eine Zielgruppe erreichen: Sie wollen das Publikum für eine bestimmte Position gewinnen und mitunter eine konkrete Verhaltensweise auslösen. Aber wie genau gelingt das?
Dieses Kapitel soll Ihnen helfen, Reden zu analysieren. Sie werden erkennen, welche Mittel Redner nutzen können, um ihre Ziele zu erreichen. Außerdem lernen Sie die Elemente einer Redeanalyse kennen, Sie erfahren, was die Qualität einer Redeanalyse ausmacht und wie man eine Redeanalyse schreibt.

Inhalt

eine Rede analysieren

eine Redeanalyse schreiben

ANWENDUNGSSITUATION

Der demografische Wandel in Deutschland macht auch vor Ihrem Wohnort nicht halt. Deshalb wird seit einiger Zeit hitzig darüber diskutiert, ob dort anstelle eines modernen Seniorenheims sogenannte Mehrgenerationenhäuser gebaut werden sollen. In Mehrgenerationenhäusern leben junge und alte Menschen, also mehrere Generationen, zusammen. Ausgelöst durch den Besuch des Mehrgenerationenhauses durch die Bundeskanzlerin Angela Merkel in der Ortschaft Langenfeld widmete Ihre Lokalzeitung der Thematik eine Sonderbeilage. In dieser wurde auch das Statement der Bundeskanzlerin abgedruckt.

Montag, 25. März 2013

Mitschrift Pressekonferenz

Statement von Bundeskanzlerin Merkel beim Besuch des Mehrgenerationenhauses Dorflinde in Langenfeld:
Ich freue mich, dass ich heute die Dorflinde in Langenfeld besuchen kann und auch, dass der Bundestagsabgeordnete, der Parlamentarische Staatssekretär Christian Schmidt, die Sozialministerin aus Bayern und selbstverständlich der Bürgermeister dabei sind. Dies ist ein Projekt, das …"
(vollständige Rede ➪ Seite 375)

Das ist Ihr Arbeitsauftrag:

1 *Schreiben Sie einen Leserbrief an die Lokalzeitung, in dem Sie Ihre eigene Position begründet darstellen und zur Position der Bundeskanzlerin kritisch Stellung nehmen.*

Wenn Sie die folgenden Seiten dieses Kapitels erarbeitet haben, werden Sie in der Lage sein, den Arbeitsauftrag erfolgreich auszuführen.

Arbeitsschritte	Arbeitstechniken und Methoden	Kompetenzen
sich mit einer Rede auseinandersetzen		grundlegende Funktionen sowie Merkmale gesprochener Sprache benennen und erläutern können
sprachliche Mittel untersuchen	sprachliche Mittel und ihre Wirkung untersuchen	
rhetorische Strategien untersuchen		kommunikative Strategien der Beeinflussung im beruflichen und öffentlichen Bereich analysieren können
den Einfluss der Zielgruppe auf die Sprache untersuchen		
eine Redeanalyse beurteilen		Befähigung zur Reflexion manipulativer Techniken im politischen Diskurs
eine Rede analysieren, Ergebnisse gliedern, die Rede beurteilen	eine Redeanalyse schreiben	Verbesserung der Selbstdarstellung
eine vollständige Redeanalyse verfassen		

19.1

Eine Rede analysieren

Sich mit einer Rede auseinandersetzen

Aufgrund der Thematik sind Sie hochmotiviert, einen Leserbrief zu schreiben. Aber Sie wollen auch zeigen, dass Sie in der Lage sind, eine Rede angemessen zu analysieren. Deshalb setzen Sie sich zuvor damit auseinander, welche Aspekte bei einer Redeanalyse zu beachten sind. Am 8. Mai 1985 hielt der damalige Bundespräsident Richard von Weizsäcker während der Gedenkveranstaltung des Deutschen Bundestages eine viel beachtete Rede.

Richard von Weizsäcker: Rede zum 40. Jahrestag des Endes des Zweiten Weltkrieges*

IX. (...) Bei uns ist eine neue Generation in die politische Verantwortung hereingewachsen. Die Jungen sind nicht verantwortlich für das, was damals geschah. Aber sie sind verantwortlich für das, was in der Geschichte daraus wird.

Wir Älteren schulden der Jugend nicht die Erfüllung von Träumen, sondern Aufrichtigkeit. Wir müssen den Jüngeren helfen zu verstehen, warum es lebenswichtig ist, die Erinnerung wachzuhalten. Wir wollen ihnen helfen, sich auf die geschichtliche Wahrheit nüchtern und ohne Einseitigkeit einzulassen, ohne Flucht in utopische Heilslehren, aber auch ohne moralische Überheblichkeit.

Wir lernen aus unserer eigenen Geschichte, wozu der Mensch fähig ist. Deshalb dürfen wir uns nicht einbilden, wir seien nun als Menschen anders und besser geworden.

Es gibt keine endgültig errungene moralische Vollkommenheit – für niemanden und kein Land! Wir haben als Menschen gelernt, wir bleiben als Menschen gefährdet. Aber wir haben die Kraft, Gefährdungen immer von neuem zu überwinden.

Hitler hat stets damit gearbeitet, Vorurteile, Feindschaften und Haß zu schüren.

Die Bitte an die jungen Menschen lautet:

Lassen Sie sich nicht hineintreiben in Feindschaft und Haß
gegen andere Menschen,
gegen Russen oder Amerikaner,
gegen Juden oder Türken,
gegen Alternative oder Konservative,
gegen Schwarz oder Weiß.

Lernen Sie, miteinander zu leben, nicht gegeneinander.

Lassen Sie auch uns als demokratisch gewählte Politiker dies immer wieder beherzigen und ein Beispiel geben.

Ehren wir die Freiheit.
Arbeiten wir für den Frieden.
Halten wir uns an das Recht.
Dienen wir unseren inneren Maßstäben der Gerechtigkeit.
Schauen wir am heutigen 8. Mai, so gut wir es können, der Wahrheit ins Auge.

* Hierbei handelt es sich um das Ende der Rede. R

1 ***Fassen Sie kurz zusammen, worum es in dem Redeauszug geht.***

2 ***Begründen Sie, warum sich Richard von Weizsäcker an die Jugend wendet.***

3 ***Bestimmen Sie die kommunikativen Funktionen des Redeauszugs (➪ Kapitel 9, S. 153).***

a) Nennen Sie Beispiele für die Textfunktionen „informativ“, „expressiv“ und „appellativ“ anhand des Redeauszugs.

b) Welche Textfunktion dominiert? Begründen Sie Ihre Feststellung. Erläutern Sie, welche Wirkung damit erzielt werden soll.

4 ***Erörtern Sie, inwiefern die Aufforderungen von Richard von Weizsäcker noch heute gültig sind.***

Sprachliche Mittel untersuchen

Der Effekt einer Rede steht und fällt mit der Wahl und dem Einsatz sprachlicher Mittel und rhetorischer Strategien.

Basiswissen — Die Rede

Die Rede ist eine besondere Form der Kommunikation. Der Sender (Redner) dominiert den verbalen Teil der Kommunikation, der Empfänger (Adressat der Rede) kann lediglich - sofern er anwesend ist - nonverbal oder mit Zwischenrufen reagieren. Die Rede hat demnach einen monologischen Charakter, Sender und Empfänger sind nicht gleichberechtigt.

Die Rede ist ein expositorischer (zweckgerichteter) Text und verfolgt häufig eine Beeinflussung der Einstellung oder des Verhaltens, ist also appellativ ausgerichtet. Sie hat aber auch informative und expressive Funktionen.

Der Redner muss die Adressaten seiner Rede mit Argumenten überzeugen. Das gelingt durch die Anwendung von rhetorischen Strategien und den Einsatz rhetorischer Figuren.

Ob der Redner sein Ziel erreicht und seine Adressaten überzeugt, hängt folglich besonders von der sprachlichen Gestaltung einer Rede ab.

1 ***Untersuchen Sie die sprachlichen Mittel, die Richard von Weizsäcker in seiner Rede verwendet.***

a) Notieren Sie sich sprachliche Auffälligkeiten, von denen eine besondere Wirkung ausgeht. Beschreiben Sie diese.

b) Weizsäcker verwendet die rhetorischen Figuren Anapher, Klimax, Parallelismus und Parenthese. Weisen Sie diese im Text nach. Welche Wirkung wird erzielt? (Orientieren Sie sich an der Übersicht auf S. 228 f.)

2 ***Notieren Sie zentrale Begriffe der Rede und bilden Sie Wortfelder. Erläutern Sie die Wirkung, die mit diesen Begriffen erzielt werden soll.***

3 ***Untersuchen Sie den Satzbau des Redeauszugs und bestimmen Sie die beabsichtigte Wirkung.***

4 ***Untersuchen Sie, ob von Weizsäcker Standard-, Umgangs- oder Fachsprache verwendet, und belegen Sie Ihr Ergebnis am Text. Beschreiben Sie die Wirkung, die damit erzielt wird.***

Arbeitstechnik — Sprachliche Mittel und ihre Wirkung untersuchen

Achten Sie bei der Analyse der sprachlichen Mittel besonders auf folgende sprachliche Möglichkeiten:

- **Sprachvarietäten:** Wird Standardsprache, Umgangssprache, Fachsprache, Dialekt etc. verwendet?
- **Satzbau:** Sind die Sätze überwiegend lang oder kurz? Gibt es unvollständige Sätze?
- **Wortwahl:** Gibt es Wortfelder aus Bereichen wie Handwerk, Krieg, Politik, Wirtschaft, Moral etc.? Treten auffällig viele Nomen (Nominalstil), Verben (auch in Form von Konjunktiven und Imperativen), Adjektive (Superlative) auf? Gibt es Fremdwörter, Wortneuschöpfungen, ...?
- Werden **rhetorische Figuren**, wie z. B. Metapher, Vergleich, Anapher u. a. (➪ S. 228 f.), verwendet?

Bei der Analyse einer politischen Rede ist es wichtig, die Funktion bzw. die beabsichtigte Wirkung der eingesetzten sprachlichen Mittel in Zusammenhang mit den inhaltlichen Aussagen zu erarbeiten.

Rhetorische Strategien untersuchen

Mit dem gezielten Einsatz der sprachlichen Mittel kann ein Redner verschiedene Strategien der Beeinflussung seiner Adressaten verfolgen. Den ersten Absatz des Redeauszugs (➪ S. 362) haben drei Schüler wie folgt analysiert.

(A) Richard von Weizsäcker erschafft zu Beginn des Redeauszugs eine Wir-Gruppe, indem er mehrfach von „uns“ (Z. 1) und „wir“ (Z. 5, 7) redet. Mithilfe dieser Wir-Gruppe fasst Richard von Weizsäcker seine eigene Generation, die ältere Generation, zu einer Gemeinschaft zusammen und bezieht sich selbst mit ein. Seine Generation soll sich mit ihm als Teil dieser Gruppe identifizieren. Weizsäcker bildet die Wir-Gruppe folglich mit dem Ziel, die ältere Generation auf seine Seite zu ziehen und sie zum Nachdenken und Handeln zu bewegen.

(B) Zu Beginn des Redeauszugs spricht Richard von Weizsäcker die ältere Generation, d. h. seine eigene Generation, an, indem er eine Wir-Gruppe durch den Einsatz der Pronomen „uns“ (Z. 1) und „wir“ (Z. 5, 7) bildet. Damit möchte er erreichen, dass sich die Angesprochenen auch wirklich angesprochen fühlen und sich als eine zusammengehörige Gruppe, als Einheit sehen. Außerdem macht Richard von Weizsäcker deutlich, dass er sich selbst mit in die Verantwortung nimmt, und wertet damit gleichermaßen seine eigene Position auf.

(C) Mithilfe der Wir-Gruppe, die Richard von Weizsäcker zu Beginn des Redeauszugs durch den mehrfachen Einsatz der Pronomen „uns“ (Z. 1) und „wir“ (Z. 5, 7) bildet, möchte er seiner eigenen Generation verdeutlichen, dass alle zusammen als Gruppe handeln und der jüngeren Generation helfen sollen, die Vergangenheit zu verstehen. Von Weizsäcker bildet die Wir-Gruppe, um zu verdeutlichen, dass nur alle zusammen etwas bewegen können.

Richard von Weizsäcker am 08.05.1985 während einer Rede zum 40. Jahrestag des Ende des Zweiten Weltkriegs

1 ***Untersuchen Sie die drei Auszüge aus Redeanalysen.***

a) Welches Mittel der Beeinflussung wird in allen drei Analysen beschrieben? Benennen Sie es.

b) Wie wird diese Strategie der Beeinflussung jeweils gedeutet?

2 ***Begründen Sie, welcher Analyse Sie am ehesten zustimmen würden.***

3 ***Benennen Sie eine weitere Stelle, an der von Weizsäcker eine Wir-Gruppe bildet. Was möchte von Weizsäcker damit bewirken? Informieren Sie sich über die Möglichkeiten der Beeinflussung im Basiswissen auf S. 365.***

4 ***Analysieren Sie die folgenden Sätze, indem Sie die Wirkung der rhetorischen Mittel bestimmen und die verwendete rhetorische Strategie benennen (➪ Basiswissen S. 365).***

a) Wenn jetzt nicht sofort etwas unternommen wird, wird alles hoffnungslos verloren sein!

b) Die Politik der Partei XYZ ist pures Gift für den Staat!

c) Der unerwünschte Nebenschaden des Krieges ist bedauernswert.

Rhetorische Strategien untersuchen

Basiswissen | **Rhetorische Strategien**

Der Redner nutzt bestimmte Strategien, um die Adressaten von seiner Position zu überzeugen und sie ggf. zu einem bestimmten Handeln zu veranlassen. Solche Strategien der Beeinflussung nennt man rhetorische Strategien. Wichtige Strategien sind:

Aufwertung der eigenen Position, z. B.:

- eine Wir-Gruppe bilden, um ein Zusammengehörigkeitsgefühl zu erzeugen (z. B. *Wir schaffen das gemeinsam.*)
- der Wir-Gruppe positive Werte zuschreiben, um sie aufzuwerten (z. B. *Wir halten unser Versprechen.*)
- eigennützige Interessen als Interessen aller darstellen, um Zustimmung zu erlangen (z. B. *Wir alle wollen ...*)
- Angebote machen und Verantwortung übernehmen, um guten Willen zu zeigen (z. B. *Ich schlage vor, ...*)
- rationale Begründungen/Faktenargumente anführen, um zu überzeugen (z. B. *Die Arbeitslosenquote sinkt ...*)
- Autoritätsargumente einsetzen, um einen „neutralen“ Befürworter zu nennen (z. B. *Schon ... hat gesagt, ...*)
- Ziele offenlegen, um zu motivieren (z. B. *Das Ziel ist doch, dass alle ...*)
- aufwertende Begriffe oder bildhafte Ausdrücke aus positiv besetzten Bereichen verwenden, um positive Assoziationen zu erzeugen (z. B. *Frieden, Mut, Menschlichkeit, ...*)
- nur günstige Aspekte der Thematik darstellen, um Positives hervorzuheben (z. B. *Die Vorteile sind ...*)

Abwertung anderer/gegnerischer Positionen, z. B.:

- dem Gegner die Schuld zuweisen, um selbst besser dazustehen (z. B. *Ihnen haben wir es zu verdanken, ...*)
- abwertende Begriffe oder bildhafte Ausdrücke aus negativ besetzten Bereichen verwenden, um negative Assoziationen zu erzeugen (z. B. *Kampf, Terror, Unmenschlichkeit, Gewalt, Skandal, Irrweg, Verbrechen ...*)
- Streit in der gegnerischen Gruppe und fehlende Ziele unterstellen, um den Gegner als handlungs- und entscheidungsunfähig darzustellen (z. B. *Sie sind sich doch selbst nicht einig ...*)
- gegnerische Aussagen verzerren/verkürzen, um sie in ein schlechtes Licht rücken zu können

Dramatisierung, z. B.:

- Angst verbreiten, um sich Aufmerksamkeit zu sichern (z. B. *Niemand wird mehr verhindern können, dass ...*)
- Übertreibungen einsetzen, um sich Aufmerksamkeit zu sichern (z. B. *Das wird unser Untergang sein ...*)

Beschwichtigung und Ablenkung vom Thema, z. B.:

- vom Thema ablenken, um heiklen Fragen zu entgehen (z. B. *Konzentrieren wir uns auf einen anderen Punkt ...*)
- kritische Themen nicht ansprechen/als unabwendbar kaschieren, um heiklen Fragen zu entgehen (z. B. *An diesem Problem können wir nun mal nichts ändern ...*)
- abwägende, einschränkende Formulierungen nutzen, um zu relativieren (z. B. *zwar – aber, sowohl – als auch*)
- kritische Sachverhalte beschönigen, um sie zu verharmlosen (z. B. *Diese Maßnahme ist kostenintensiv, ...*)

Je nach rhetorischer Strategie wählt der Redner seine rhetorischen Figuren. So werden z. B. Euphemismen eingesetzt, um kritische Sachverhalte zu beschönigen, Hyperbeln, um zu dramatisieren, oder abwertende Metaphern, um Gegner zu kennzeichnen.

Den Einfluss der Zielgruppe auf die Sprache untersuchen

Sie wollen die Stellungnahme auch dahingehend untersuchen, ob die Sprache angemessen ist. Je nach Zielgruppe kann eine Rede unterschiedlich sprachlich gestaltet werden. In den folgenden Redeauszügen benennt Bundespräsident Köhler den Zusammenhang von Arbeit, Bildung und Integration. Dennoch unterscheiden sich seine Reden in sprachlicher Form.

Horst Köhler: Für einen fruchtbaren Dialog von Wirtschaft und Politik[1]

(...)

II. Patentrezepte gibt es nicht. Die hat niemand. Aber ich denke, eine Debatte darüber, wie eine Agenda 2020 für Arbeit, Bildung und Integration aussehen sollte, würde unserem Land Richtung und Fokus geben. Und ich denke, diese Debatte sollten wir führen.

Eine solche Agenda 2020 ist eine Aufgabe für die ganze Gesellschaft. Niemand kann sie einfach verordnen, sie muss von möglichst vielen zusammengetragen und von möglichst allen unterstützt werden.

Es geht um ein Gemeinschaftsprojekt.

Arbeit, Bildung, Integration. Die drei bedingen sich gegenseitig: Arbeit schafft Wohlstand und gesellschaftliche Teilhabe. Bildung ist die beste Versicherung gegen Arbeitslosigkeit und für geistige Unabhängigkeit. Integration ist die zentrale Voraussetzung dafür, das Gemeinschaftsprojekt einer Agenda für Deutschland umzusetzen. (...)

1 Rede am 23.06.2008 anlässlich der Jahrestagung des Bundesverbandes der Deutschen Industrie

Horst Köhler: Arbeit, Bildung, Integration[2]

I. Das Schuljahr geht zu Ende. Es kommen noch ein paar Klassenarbeiten (viel Glück dabei!); aber dann sind Sommerferien. Die Zeit der Abi-Feten hat begonnen, und auf manchem Auto heißt es stolz und fröhlich: „ABI 2008".

Meine Damen und Herren, von heute an, wann immer Sie das Wort „ABI" hören oder lesen, denken Sie bitte nicht allein an Schulabschlüsse, denken Sie auch an drei Ziele für Deutschland: Arbeit, Bildung, Integration.

Arbeit, Bildung, Integration – warum sind gerade die Ziele so wichtig? Weil sie schöpferisch sind und Freiheit sichern. Arbeit schafft Einkommen und sichert materielle Freiheit. Bildung schafft Selbstbewusstsein und sichert innere Freiheit. Integration schafft Zusammenhalt und sichert politische Freiheit. Wenn eins der drei fehlt, leiden auch die andern. Umgekehrt: Je mehr wir für Arbeit, für Bildung, für Integration erreichen, desto näher kommen wir allen dreien und desto mehr kann unser Land die ganze Kraft entfalten, die in ihm steckt. Das lohnt die Anstrengung. (...)

(...)

V. Arbeit, Bildung, Integration – lassen Sie uns gemeinsam bestimmen, was dafür zu tun ist. Wenn wir darüber Klarheit erzielen und dann alle zum Gelingen beitragen, dann können wir wohlgemut sein.

Ich glaube, wir bekommen das alles hin.

Ach, und eins noch – bitte denken Sie von nun an immer daran: „ABI" ist mehr als nur ein Schulabschluss.

2 Berliner Rede vom 17.06.2008, es handelt sich um den Beginn und das Ende der Rede.

1 ***Bearbeiten Sie die Redeauszüge mithilfe folgender Fragestellungen.***

a) Untersuchen Sie, worin sich die beiden Redeauszüge in Bezug auf die sprachlichen Mittel unterscheiden.

b) Benennen Sie sprachliche Mittel, die sich an die Zielgruppe richten.

c) Verfassen Sie eine Analyse zu beiden Redeauszügen. Gehen Sie dabei besonders auf die Frage ein, wie es Köhler gelingt, unterschiedliche Zielgruppen anzusprechen.

Den Einfluss der Zielgruppe auf die Sprache untersuchen

2 *Bestimmen Sie auf der Grundlage Ihrer bisherigen Analyseergebnisse die Zielgruppe der Rede Richard von Weizsäckers (➪ S. 362) und begründen Sie Ihre Annahme.*

Basiswissen – Zusammenhang zwischen Zielgruppe und Sprache einer Rede

Der Erfolg einer Rede hängt im Wesentlichen auch davon ab, ob es dem Redner gelingt, die Zielgruppe (Adressaten) anzusprechen. Eine Rede kann sprachlich und strategisch brillant sein. Wenn sich die Zielgruppe von den gewählten sprachlichen Mitteln nicht angesprochen fühlt oder sie nicht versteht, ist die Rede erfolglos.

Folgende Aspekte in der Rede können Aufschluss geben über die Zielgruppe:

- **Anrede**, z. B.
  Sehr geehrte Mitarbeiterinnen und Mitarbeiter = Zielgruppe ist die Belegschaft z. B. einer Firma.
- **Thema/Anlass**, z. B.
  Wahlen eines Schülersprechers = Zielgruppe sind die Schüler und Lehrer einer Schule.
  Jahresumsatz der Firma XY = Zielgruppe ist die Belegschaft der Firma XY.
- **Ort**, z. B.
  Cafeteria einer Firma = Zielgruppe ist die Belegschaft einer Firma.
  Aula einer Schule = Zielgruppe sind die Schüler und Lehrer einer Schule.
- **Sprache**:

Sprachvarietäten, z. B.	Verwendung eines Dialekts = Zielgruppe sind Bewohner eines best. Gebietes.
	Verwendung von Umgangssprache = Zielgruppe sind z. B. Jugendliche.
Satzbau, z. B.	Einsatz von verschachtelten Sätzen = Zielgruppe sind z. B. Experten/Fachleute.
	Einsatz von einfachen Sätzen = Zielgruppe sind evtl. Kinder.
Wortwahl, z. B.	Gebrauch vieler Begriffe aus dem Bereich Politik = Zielgruppe sind Politiker/Wähler.

Wichtig ist auch, ob die Rede im Fernsehen auf den populären Sendern gezeigt oder in den Nachrichten thematisiert wurde. Denn in diesen Fällen sind nicht nur die unmittelbaren Zuhörer die Zielgruppe der Rede, sondern auch diejenigen, die später Informationen über die Rede erhalten.

Die Bestimmung der Zielgruppe und des zielgruppenspezifischen Einsatzes von Sprache und Stil der Rede gehören folglich auch in eine qualitativ gute Redeanalyse.

3 *Erläutern Sie den Unterschied zwischen Zuhörern und Zielgruppe einer Rede.*

4 *Setzen Sie sich damit auseinander, welche Bedeutung die Bestimmung der Zielgruppe für die Analyse einer Rede hat.*

Basiswissen – Die Redeanalyse

Bei der Analyse einer politischen Rede beschäftigen Sie sich mit folgenden Fragen: **Was** steht in (einem Auszug) der Rede (Inhalt), **an wen** richtet sich der Redner mit seiner Rede (Zielgruppe), **wie** hat der Redner wichtige Teile der Rede sprachlich gestaltet (Form) und **welche Wirkung** will er mit der inhaltlichen und formalen Gestaltung (vermutlich) erzielen?

Eine Redeanalyse beurteilen

Bevor Sie sich nun selbst an eine vollständige Analyse wagen, möchten Sie sehen, wie andere dies gemacht haben. Dazu setzen Sie sich mit der Redeanalyse eines Schülers zum Redeauszug Weizsäckers (siehe S. 362) auseinander.

Muster

Aufgabe: Fassen Sie die Hauptgedanken des Redeauszugs von Richard von Weizsäcker vom 8. Mai 1985 zusammen. Analysieren Sie die sprachliche Gestaltung und deren Funktion.

Am 8. Mai 1985 hält der damalige Bundespräsident Richard von Weizsäcker anlässlich des 40. Jahrestages der Beendigung des Zweiten Weltkrieges und der nationalsozialistischen Gewaltherrschaft im Bundestag eine Rede. Sein Publikum ist breit gefächert, da seine Rede auch durch die Medien in die Öffentlichkeit gelangt. Mit dem Schlussteil seiner Rede, der im Folgenden analysiert wird, wendet sich von Weizsäcker besonders an die Jugend. Er thematisiert in dem Redeauszug, wie wichtig die Erinnerung an die Vergangenheit ist (gemeint ist hier die nationalsozialistische Zeit), damit sich Krieg und Völkermord nicht wiederholen.

Richard von Weizsäcker geht zunächst von der unterschiedlichen Verantwortung der Älteren und der Jüngeren im Umgang mit der Vergangenheit aus. Dann bezieht sich von Weizsäcker kurz auf die manipulativen Methoden Hitlers und appelliert an die Jugend, für ein friedliches und tolerantes Zusammenleben aller Menschen einzustehen. Dem folgt ein Appell an Politiker, als Vorbilder für Freiheit, Frieden und Recht zu kämpfen. Im Schlusssatz fordert von Weizsäcker, sich der Wahrheit zu stellen.

Zu Beginn des Redeauszugs bildet von Weizsäcker eine Wir-Gruppe, indem er vermehrt von „uns" (Z. 1) und „wir" (Z. 5 ff.) spricht. Gemeint ist die ältere Generation, deren Pflicht es sei, der jungen Generation die Vergangenheit nahezubringen. Konkret führt er aus, dass die ältere Generation der Jugend „Aufrichtigkeit" (Z. 7) und neutrale Wissensvermittlung schulde. Durch die Bildung der Wir-Gruppe erreicht er, dass sich die Älteren als Einheit sehen und sich angesprochen fühlen. Dass er sich selbst als Zugehöriger der älteren Generation mit in die Verantwortung nimmt, wertet seine Position auf. Die Aussagen wirken besonders eindringlich, da der Redner eine Anapher verwendet (drei Sätze beginnen mit „Wir", Z. 5–9).

Zunächst grenzt er die Verantwortung der älteren von der Verantwortung der jungen Generation ab. Mit einem Parallelismus betont von Weizsäcker die Rolle der Jugend im Umgang mit der Vergangenheit: „Die Jungen sind nicht verantwortlich für das, was damals geschah. Aber sie sind verantwortlich für das, was in der Geschichte daraus wird" (Z. 2–5).

Von Weizsäcker führt weiter aus, dass die Fehler der Vergangenheit die Menschen nicht vor Fehlern in der Zukunft bewahren, ihre Kraft aber helfe ihnen, zu bestehen. Seine Ausführungen drückt von Weizsäcker wiederum in Form eines Parallelismus aus und betont damit die immer währende Gefahr vor Fehlern: „Wir haben als Menschen gelernt, wir bleiben als Menschen gefährdet" (Z. 20–21). Die Wir-Gruppe, die der Redner bildet, umfasst an dieser Stelle alle Menschen, nicht nur die ältere Generation. Jeder, der diese Rede hört oder liest, soll sich angesprochen fühlen.

Dem Anlass entsprechend zählt von Weizsäcker dann Hitlers Methode, Menschen zu manipulieren, in Form einer Klimax auf: „Vorurteile, Feindschaften und Haß zu schüren" (Z. 23–24). Er verdeutlicht damit die sich steigernde Dynamik dieser Methode. Die Begriffe rufen außerdem negative Assoziationen hervor.

In seinem anschließenden Appell bittet der Redner die jungen Menschen, Feindschaft und Hass zu vermeiden. Es folgt eine exemplarische Aufzählung von Menschengruppen, die sich in religiöser, politischer oder ethnischer Hinsicht unterscheiden. Dadurch fasst von Weizsäcker innerhalb eines Satzes die Vielfalt der Menschheit zusammen. Die Aufzählungen innerhalb dieses Satzes beginnen mit „gegen"

Eine Redeanalyse beurteilen

(Z. 28–32) und bilden so eine wirkungsvolle Anapher. So gelingt es von Weizsäcker, seinen Appell eindringlicher und einprägsamer wirken zu lassen.

Am Ende seiner Rede nimmt von Weizsäcker sich und andere Politiker mit in die Verantwortung, denn er fordert beispielhaftes Vorgehen der „demokratisch gewählte[n] Politiker“ (Z. 35–36). Er bildet erneut eine Wir-Gruppe, um ein Zusammengehörigkeitsgefühl zu erzeugen. Es folgt ein Parallelismus, der aus vier Sätzen besteht, in denen Weizsäcker alle Menschen auffordert, die „Freiheit“ (Z. 38) zu ehren, für den „Frieden“ (Z. 39) zu arbeiten und sich an das „Recht“ (Z. 40) zu halten und „der Gerechtigkeit“ zu dienen (Z. 41–42). Die zentralen demokratischen Begriffe stehen am Ende des jeweiligen Satzes und werden durch die Inversion besonders eindrücklich hervorgehoben. Die Sätze stehen im Imperativ und sind kurz und knapp, der Appell wird dadurch verstärkt und gleichzeitig einprägsamer. Auch durch den parallelen Aufbau gewinnen die Sätze an Eindringlichkeit und Deutlichkeit.

Der letzte Satz ist ein Appell an die Zuhörer: „Schauen wir am heutigen 8. Mai, so gut wir es können, der Wahrheit ins Auge.“ (Z. 43–44) Die Parenthese „so gut wir es können“ bewirkt, dass seine Aufforderung realisierbar erscheint, denn von Weizsäcker verlangt nur, dass jeder sein Bestes gibt.

Der Redeauszug hat expressiven Charakter, vor allem im ersten Teil, in dem von Weizsäcker mehrere Behauptungen aufstellt. Jedoch überwiegt die appellative Textfunktion, denn die Appelle an die Jugend (vgl. Z. 26–34) und die weiteren Zuhörer (vgl. Z. 38–42) stehen im Mittelpunkt des Auszugs.

Von Weizsäcker verwendet bei seiner Rede die Standardsprache und gebraucht keine Fachausdrücke oder unbekannte und schwierige Wörter. Es gibt viele Nomen, vor allem aus den Bereichen „Mensch“, „Demokratie“ und „Geschichte“. Die Verben beschreiben hauptsächlich positive Tätigkeiten wie lernen (Z. 14, 20, 33), helfen (Z. 7–8, 9–10), ehren (Z. 38). Diese auffällige Häufung anschaulicher Nomen und Verben macht die Rede interessant und einprägsam. Außerdem sind die Sätze in dem Redeauszug überwiegend kurz und dadurch eindeutig.

Von Weizsäcker hat seine Rede dem Anlass und der Zielgruppe entsprechend inhaltlich und sprachlich sehr ansprechend gestaltet. Die Argumente sind einleuchtend und stichhaltig, die Sprache ist leicht verständlich. Damit gelingt es von Weizsäcker, sein Publikum generationenübergreifend anzusprechen und sich ihm verständlich zu machen.

1 ***Bearbeiten Sie den Musteraufsatz mithilfe folgender Fragestellungen.***

a) Analysieren Sie, ob alle Aspekte einer Redeanalyse enthalten sind (➪ Arbeitstechnik S. 363).

b) Beschreiben Sie, wie Inhalt, Form und Wirkung in der Analyse miteinander verknüpft werden.

c) Untersuchen Sie, wie der Aufsatz gegliedert wurde.

d) Gibt es Unterschiede zwischen Ihren bisherigen Teilergebnissen und denen im Muster? Erläutern Sie die Unterschiede, die sich daraus für die Beurteilung der Rede ergeben könnten.

Fazit

19.1 Eine Rede analysieren

- sprachliche Mittel: Sprachvarietäten, Satzbau, Wortwahl, rhetorische Figuren
- rhetorische Strategien: Aufwertung, Abwertung, Dramatisierung, Beschwichtigung
- Zielgruppenorientierung herausfinden: Anrede, Thema/Anlass, Ort und Sprache; Verbreitung der Rede durch Medien

19.2

Eine Redeanalyse schreiben

Eine Rede analysieren, Ergebnisse gliedern, die Rede beurteilen

Am 15. November 2012 hielt Bundespräsident Joachim Gauck auf dem „Führungstreffen Wirtschaft 2012" der Süddeutschen Zeitung die Eröffnungsrede. Der folgende Text ist ein Auszug daraus.

(...)

Dass nicht nur Geld und Ressourcen, sondern auch unsere sozialen Werte auf dem globalen Marktplatz zur Disposition stehen, haben noch nicht alle verstanden. Dabei geht es aber um Menschenwürde, um Menschenrechte, um Respekt und das Miteinander der Verschiedenen. Es geht um Demokratie, um ihre Bürger und alle denkbaren Formen von Verantwortung. Es geht um die Fundamente unserer Freiheit! Diese Werte dürfen wir nirgendwo abgeben – an keinem Fabriktor der Welt.

Mit diesem „Wir" meine ich nicht nur Führungspersönlichkeiten aller Couleur, sondern ein echtes „Wir alle". Bangladesch, Budapest und Berlin gehören zu einer Weltwirtschaft. Den Spielraum verantwortlich handelnder Unternehmer prägt auch das Verantwortungsbewusstsein der Kunden. Mit dem Kassenbon kann man ja auch schlimme Zustände zementieren. Oder anders ausgedrückt: Konsumenten haben eine enorme Marktmacht. Wo Handys zum Lifestyle werden, sind Produktionsbedingungen immer öfter nicht egal. Man kann morgens um 5:00 Uhr für das neueste Gerät auf dem Markt anstehen. Man kann aber auch einen ganzen Tag vor dem Laden protestieren gegen unmenschliche Arbeitsplatzverträge, dort, wo diese Produkte hergestellt worden sind. Wie lange greifen Europäer noch zu Jeans für zehn Euro, obwohl sie wissen, dass die Allerärmsten in Asien oder Lateinamerika einen hohen Preis für die Herstellung solcher Produkte zahlen, also mit ihrer Gesundheit und ihrer Menschenwürde dafür zahlen, dass wir so schön billig einkaufen können. Wir sollten die Bilder von brennenden Fabriken und geschundenen Körpern hinter verschlossenen Gittern nicht vergessen, sie gehen uns, die Kunden, an. Wir kennen die Fälle von heute und die Prognosen für morgen, falls sich nicht öfter jemand findet, der sagt: Ich habe einen Fehler gemacht und ich mache es jetzt anders. Ich bin so frei! Wenn wir das nicht erkennen, werden diese Fehler, die wir heute sehen, auch die von morgen sein.

Haltung darf sich nicht in Appellen erschöpfen. Haltung erfordert Handeln. Und zwar aller: Nicht nur der Führungskräfte in Wirtschaft und Politik, sondern auch der Kunden und Bürger. Wenn Sie so wollen: Wirtschaft und Gesellschaft, das sind nicht immer nur die anderen. Wo dies verinnerlicht wird, erfahren wir: Verantwortlicher Kapitalismus ist möglich.

Lassen Sie uns nicht in überholten Antagonismen verharren. Anstand im Wirtschaftsleben ist wichtig, zugleich ist Gewinnstreben nicht unanständig. Gefährlich wird ja erst die blanke Gier, das Mehrenwollen um jeden Preis. Zivilisierung der Gier aber schafft diesen aufgeklärten Kapitalismus, der unseren Gesellschaften Zukunft gibt. Zu oft werden jene, die Verantwortung anmahnen, wenn sie nötig ist, kurzerhand in die Ecke der Träumer gestellt – so als gäbe es nur die Wahl zwischen egoistischem Unternehmertum und weltfremdem Altruismus. Hier das Soziale, dort die Wirtschaft. Hier das warmherzige Gute, dort der kalte Wettbewerb. Dieses Denken in falschen Alternativen müssen wir überwinden. Wir können auf Wettbewerb und Wachstum nicht verzichten. Diese Anreize machen unsere Gesellschaft besonders lernfähig und besonders innovativ. Entscheidend ist, dass wir die Regeln finden, die falsche Praktiken verhindern und fairen Wettbewerb ermöglichen. Dafür braucht es auch Bereitschaft zur Kooperation, das ist für mich die dritte Dimension der Verantwortung. Sie öffnet den Raum für Ausgleich, für Kompromisse.

(...)

(www.bundespraesident.de, 15.11.2012)

Eine Rede analysieren, Ergebnisse gliedern, die Rede beurteilen

1 *Analysieren Sie die Rede von Joachim Gauck (in Stichpunkten).*

a) Bestimmen Sie die Redesituation (Redner, Ort und Zeit, Anlass, Zielgruppe) und das Thema der Rede.

b) Ermitteln Sie nach unten stehendem Muster:
- den Argumentationsgang,
- die eingesetzten Strategien der Beeinflussung,
- die sprachlichen Mittel vor dem Hintergrund der Zielgruppe und konzentrieren Sie sich besonders auf die rhetorischen Figuren.

c) Bestimmen Sie Gaucks Intention. Beachten Sie dabei auch die anwesenden Gäste.

Ein Schüler hat sich zu dem Beginn der Rede von Joachim Gauck folgende Randnotizen gemacht, die Sie für Ihre Analyse verwenden können.

These	Dass nicht nur Geld und Ressourcen, sondern auch unsere sozialen Werte auf dem globalen Marktplatz zur Disposition stehen, haben noch nicht alle verstanden.	*Stilmittelhäufung: Aufzählung, Nominalstil, Anapher, Parallelismus*
normatives Argument (moralische Argumentation), Beispiele	Dabei geht es aber um Menschenwürde, um Menschenrechte, um Respekt und das Miteinander der Verschiedenen. Es geht um Demokratie, um ihre Bürger und alle denkbaren Formen von Verantwortung. Es geht um die Fundamente unserer Freiheit!	*positive Begriffe Aufwertung der eigenen Position (aufwertende Begriffe), Hervorhebung der wichtigsten demokratischen Begriffe*
Forderung	Diese Werte dürfen wir nirgendwo abgeben – an keinem Fabriktor der Welt.	*Wir-Gruppe, Metapher, Epexegese (hinzugefügte Erklärung)*

2 *Setzen Sie die Analyse der Rede von Joachim Gauck nach dem Muster fort.*

3 *Ordnen Sie Ihre Notizen für den Hauptteil Ihrer Redeanalyse.*

4 *Schreiben Sie eine Bewertung zu der Rede von Joachim Gauck. Orientieren Sie sich dabei an folgendem Basiswissen. Versuchen Sie sowohl ein Sachurteil als auch ein Werturteil abzugeben. Beachten Sie dabei die Zielgruppe.*

Basiswissen – Sachurteile – Werturteile

Abschließend wird die Qualität der Rede beurteilt. Berücksichtigen Sie bei der Bewertung der Redegestaltung die Zielgruppe. Ihre Bewertung kann sich auf zwei Ebenen bewegen.

Zum einen können Sie **Sachurteile** abgeben. Hierbei fällen Sie auf Basis objektiver Kriterien ein sachliches Urteil über den Text. Sie bewerten, ob das Thema zum Anlass passt, der Redner gute Argumente vorbringt, der Redner seine Meinung überzeugend vertreten kann, die Rede verständlich gestaltet ist, rhetorische Figuren und Strategien der Beeinflussung passen und für die Zielgruppe angemessen ausgewählt sind.

Zum anderen können Sie **Werturteile** abgeben. Hierbei fließen in Ihre Bewertung Ihre persönlichen Überzeugungen ein.

Eine Rede analysieren, Ergebnisse gliedern, die Rede beurteilen

★ **5** *Wenn Sie sich bei der Analyse bestimmter Aspekte noch unsicher fühlen, nutzen Sie die folgende Rede, um einzelne Elemente nach Ihren individuellen Bedürfnissen einzuüben und zu vertiefen. Lassen Sie Ihre Ergebnisse von Mitschülerinnen und Mitschülern beurteilen, die sich in diesen Aspekten sicher fühlen.*

Bundesministerin Ilse Aigner: Zu gut für die Tonne

27.03.12, Berlin

Rede von Bundesministerin Ilse Aigner beim Kongress zur Vermeidung von Lebensmittelabfällen

(...)

Ich freue mich sehr, dass Sie alle, meine Damen und Herren, meiner Einladung gefolgt sind. Und ich danke Ihnen bereits zu Beginn. Denn tatsächlich sind alle mit im Boot: Gemeinsam treten wir gegen die Lebensmittelverschwendung an!

Wir alle sind heute in der Auferstehungskirche zusammengekommen. Die Kirchen wissen ganz besonders um den Wert unserer Lebensmittel. Das Erntedankfest im Herbst ist Ausdruck dieser Wertschätzung. Es lehrt uns Dankbarkeit, es lehrt uns Demut gegenüber der Schöpfung und den Ressourcen, mit denen wir sorgsam umzugehen haben.

In unseren Lebensmitteln stecken wertvolle Ressourcen: Die Kraft der Böden, viel Wasser und Energie und nicht zuletzt die harte Arbeit vieler Menschen.

Lebensmittel sind etwas Besonderes. Krieg und Hunger sind für uns heute weit weg – zu unserem Glück. Und doch bleiben Lebensmittel etwas Besonderes. Denn die Welt rückt näher zusammen. Märkte haben nationale Grenzen längst überwunden. Wir müssen deshalb über unseren eigenen Tellerrand hinausschauen. Und da sind uns fast eine Milliarde Hungernde weltweit eine eindringliche Mahnung.

Unsere Antwort kann nur lauten, die Lebensmittelverschwendung einzudämmen:

- Weil es Menschen in Not hilft.
- Weil es uns die Achtung vor der Arbeit anderer Menschen gebietet.

- Weil es der Umwelt gut tut.
- Und weil es unseren Geldbeutel schont.

Dass wir in Deutschland in einer Überfluss- und Wegwerfgesellschaft leben, wussten wir. Wie viele Lebensmittel in die Tonne wandern, wussten wir nicht.

Deshalb haben wir als Bundesernährungsministerium eine Studie gefördert, welche die Mengen an weggeworfenen Lebensmitteln ermitteln sollte. Herr Prof. Kranert wird die Ergebnisse der Studie nachher im Detail vorstellen. Ich will deshalb nicht allzu sehr vorgreifen. Nur die Schlüsselzahlen möchte ich nennen. Und die sind in der Summe alarmierend hoch.

Elf Millionen Tonnen an Lebensmitteln landen bei Industrie, Handel, Großverbrauchern und Verbrauchern in Deutschland im Müll: Jahr für Jahr. Das ist unvorstellbar – obwohl die Landwirtschaft mit ihren Verlusten noch gar nicht eingerechnet ist – denn hier läuft die Untersuchung noch! Bisherige Schätzungen gehen von ein bis zwei Millionen Tonnen aus.

Elf Millionen Tonnen sind 275.000 Lastwagen, Das ergibt einen Tross von 4.500 Kilometern Länge. Das Ausmaß der Verschwendung ist riesig groß!

Meine Damen und Herren, in den vergangenen Tagen war in den Zeitungen vieles zu lesen über die Gründe für die wachsende Verschwendung von Lebensmitteln. Vieles war richtig und wichtig, aber manches war auch falsch. Falsch vor allem ist es,

Eine Rede analysieren, Ergebnisse gliedern, die Rede beurteilen

einseitige Schuldzuweisungen vorzunehmen: Die Verbraucher, die Wirtschaft oder der Handel – das führt nicht weiter. Schuldzuweisungen wird es von meiner Seite nicht geben. Denn jeder ist gefragt, jeder ist gefordert.

Es geht darum, Verantwortung zu übernehmen und Ressourcen zu schonen: Deshalb ist es richtig, sich auf die gesamte Kette von der Landwirtschaft über die Industrie und den Handel bis hin zum Verbraucher oder Großverbraucher zu konzentrieren. Auf allen Stationen fallen Lebensmittelabfälle an. Auf allen Stationen werden Entscheidungen getroffen mit Auswirkungen auf die vorhergehenden und nachfolgenden Stationen. Auf allen Stationen können wir besser werden.

(...)

Meine Damen und Herren, wir Verbraucher sind es, die eine entscheidende Rolle spielen. Denn der Großteil der Lebensmittelabfälle, so die Studie, entsteht bei uns Verbrauchern. Bundesweit werden pro Jahr 6,7 Millionen Tonnen Lebensmittel über Restmüll, Biotonne, Ausguss oder Kompost entsorgt. Jeder Bundesbürger wirft demnach in seinem Haushalt im Schnitt rund 82 Kilogramm Lebensmittel im Jahr weg. Das entspricht einem vollem Einkaufskorb im Monat. Die Verschwendung von Lebensmitteln kostet Geld, sehr viel Geld – und zwar jeden von uns.

Das muss nicht zwingend sein. Auch das hat die Studie offengelegt: Zwei Drittel der Lebensmittelabfälle in Privathaushalten wären vermeidbar. Das heißt: Wir haben Punkte, und da werden auch Sie, lieber Herr Billen zustimmen, wo wir als Verbraucher den Hebel ansetzen können.

Wir sollten planvoll einkaufen: Also stelle ich mir als Verbraucher vor dem Einkaufen Fragen: Was brauche ich? Welche Menge brauche ich? Was habe ich noch an Vorräten? Das ist Punkt eins.

Wir sollten Lebensmittel richtig lagern, damit sie nicht so schnell verderben. Das ist ganz wichtig, insbesondere bei Obst und Gemüse. Denn sie stellen den Hauptanteil an weggeworfenen Lebensmitteln. Das ist Punkt zwei.

Wir sollten das Mindesthaltbarkeitsdatum als Orientierung verstehen und Lebensmittel auch entsprechend behandeln. Immerhin 84 Prozent werfen Lebensmittel weg, weil sie verdorben sind oder weil das Mindesthaltbarkeitsdatum abgelaufen ist. Punkt drei.

Und Punkt vier: Wir sollten Reste zu verwerten lernen. Auch sie können schmecken. Ideen kommen dazu auch aus Zuschriften an mein Haus.

Ich zitiere: „Abhilfe könnte ein ‚Online-Resteverwerter' schaffen. Hier kann man dann eingeben, welche Zutaten noch über sind und der Rezepte-Generator gibt dann ein Rezept aus – mit der Option auf vegetarisch."

Wir sehen: Die Diskussion läuft, Kreativität ist auch gefragt. Ich bin gespannt auf Ihre Beiträge.

(...)

Meine Damen und Herren, ich habe mich gefreut, dass wir alle in einem Boot sitzen. Jetzt ist es an der Zeit, dass wir uns mächtig in die Riemen legen.

Die ersten kräftigen Schläge haben wir hinter uns. Wir nehmen Fahrt auf.

Wir erarbeiten jetzt ein umfangreiches Arbeits- und Themenprogramm. Für eine deutliche Reduzierung der Lebensmittelabfälle.

Ich freue mich, dass Sie, meine Damen und Herren, mitmachen. Dass jeder Einzelne bereit ist, seinen Beitrag zu leisten. Und dass wir gemeinsam damit beste Chancen haben. Was wir brauchen, ist eine starke Mannschaftsleistung: Mit der Landwirtschaft, mit Industrie und Handwerk, mit dem Handel, mit den Verbrauchern und den Großverbrauchern – aber auch mit vielen Vereinen, Verbänden und Hilfsorganisationen.

Wie wir vorankommen, werde ich genau festhalten. In einem Jahr werde ich einen Fortschrittsbericht vorlegen. Unsere gemeinsame Überzeugung stimmt jedenfalls schon heute: Unsere Lebensmittel – sie sind zu gut für die Tonne!

Wir starten den Dialog. Ich wünsche uns viele interessante und wertvolle Beiträge: Jetzt kann es losgehen!

(www.bmelv.de, 27.03.2012)

19.2

Eine vollständige Redeanalyse verfassen

1 ***Schreiben Sie eine vollständige Redeanalyse zu der Rede von Joachim Gauck (S. 370). Orientieren Sie sich an der folgenden Arbeitstechnik „Eine Redeanalyse schreiben“.***

a) Formulieren Sie eine Einleitung.

b) Formulieren Sie im Hauptteil die Ergebnisse Ihrer Analysen.

c) Überarbeiten Sie Ihren Schlussteil (➪Aufgabe 4, S. 371) und bewerten Sie die Qualität der Rede.

Arbeitstechnik – **Eine Redeanalyse schreiben**

Folgende Elemente sollten Sie bei der Analyse einer Rede berücksichtigen:

Einleitung:
- die Rede hinsichtlich Redesituation (Redner, Ort und Zeit, Anlass, Zielgruppe) und Thema einordnen
- die Hauptgedanken (kurze Inhaltsangabe) und grob die Argumentationsstruktur des Textes darlegen

Hauptteil:
- sprachliche Mittel und Strategien der Beeinflussung benennen und in ihrer Funktion bestimmen
- die vom Redner verfolgte Aussageabsicht erkennen und seine Ziele erläutern
- die Textfunktionen bestimmen und nachweisen
- Inhalt, Form und Wirkung abschnittsweise erläutern

Schluss:
- eine begründete Beurteilung und Wertung der Rede vornehmen hinsichtlich der Position des Redners und der Gestaltung sowie Wirkung der Rede unter Berücksichtigung der Zielgruppe

Fazit

19.1 Eine Rede analysieren
- sprachliche Mittel: Sprachvarietäten, Satzbau, Wortwahl, rhetorische Figuren
- rhetorische Strategien: Aufwertung, Abwertung, Dramatisierung, Beschwichtigung
- Zielgruppenorientierung herausfinden

19.2 Eine Redeanalyse schreiben
- die Rede analysieren
- die Analyseergebnisse in Einleitung, Hauptteil und Schluss gliedern
- die Rede beurteilen

Den Arbeitsauftrag umsetzen

Montag, 25. März 2013

Mitschrift Pressekonferenz

Ich freue mich, dass ich heute die Dorflinde in Langenfeld besuchen kann und auch, dass der Bundestagsabgeordnete, der Parlamentarische Staatssekretär Christian Schmidt, die Sozialministerin aus Bayern und selbstverständlich der Bürgermeister dabei sind.

Dies ist ein Projekt, das zum Teil vom Bund gefördert wird. Aber es ist vor allem ein Projekt, das zeigt, wie in einer Gemeinde von 1.000 Einwohnern Zusammenhalt organisiert werden kann. Ich bin begeistert, ich bin beeindruckt, vor allen Dingen von dem hohen Maß an ehrenamtlicher Arbeit mit Kindern, mit Älteren, mit Menschen, die Behinderungen haben, und zwar in einer Gemeinde, in der dafür Sorge getragen wird, dass betreutes Wohnen in Zukunft möglich ist und dass Vereine hier zusammenarbeiten. Man hat das Gefühl, hier in dieser Gemeinde ist das Leben dadurch lebenswert, dass Menschen anderen Menschen helfen und sie unterstützen.

Für mich ist das Thema „soziales Schuljahr" ganz neu. Das heißt, dass junge Menschen aus den Schulen hier schon mitlernen. Was mich auch sehr beeindruckt hat, war, dass ehrenamtlich von Älteren gearbeitet wird, die früher Krankenpflegerinnen waren, die Altenpflegerinnen und Krankenschwestern waren und nicht gesagt haben „Ich bin froh, dass mein Beruf vorbei ist", sondern die sich hier weiter ehrenamtlich engagieren.

Diese Reise ist auch ein Dankeschön an diejenigen, die diese Arbeit machen. Sie ist für mich eine Reise des Kennenlernens solcher Projekte. Sie ist auch ein Dankeschön an die Kommunen, die so etwas organisieren, an diejenigen, die so etwas möglich machen. Sie ist für uns auf der Bundesebene in Berlin auch eine Möglichkeit zu lernen, wie wir in Zukunft besser Gesetze machen. Wir haben gerade eben darüber gesprochen, wie schwer es zum Beispiel für Menschen ist, die Demenzkranke pflegen, einmal eine Auszeit zu bekommen. Wir haben ein neues Pflegegesetz, in dem wir zum ersten Mal die Demenz stärker beachten. Es ist nur aufgrund der vielen Erfahrungen, die uns auch von den Ländern mitgeteilt werden, möglich gewesen, dass wir gesagt haben: Wir müssen jetzt im Demenzbereich etwas tun.

So müssen wir weiter lernen, denn die Veränderung unserer Bevölkerung wird sich fortsetzen. Wir werden mehr Ältere haben. Wir werden weniger Kinder haben. Wir wollen trotzdem, dass unser Leben gemeinsam gut gestaltet werden kann. So arbeiten Bund, Land und Kommunen vernünftig zusammen. Dieses Projekt hat mich in meinem Wissen und auch in meiner Erfahrung in dem bereichert, was hier alles Gutes geschieht. – Dankeschön!

(www.bundesregierung.de, 25.03.2013)

Basteln mit der Bundeskanzlerin
Quelle: Bundesregierung / Guido Bergmann (März 2013)

1 ***Schreiben Sie einen Leserbrief an die Lokalzeitung, in dem Sie Ihre eigene Position begründet darstellen und zur Position der Bundeskanzlerin kritisch Stellung nehmen.***

a) Analysieren Sie die Rede von Frau Merkel (➪ Checkliste Redeanalyse S. 383).

b) Stellen Sie Ihre Position begründet dar. Beachten Sie dabei, dass Ihre Thesen und Forderungen argumentativ abgesichert sind. Verwenden Sie eine adressatenbezogene Sprache und setzen Sie gezielt rhetorische Mittel ein.

c) Setzen Sie die Thematik des Textes in Beziehung zur öffentlichen Diskussion in Ihrem Ort bzw. in den Medien.

d) Halten Sie die Vorgaben eines Leserbriefes ein (➪ S. 159).

Sich auf die Prüfung vorbereiten

Analyse fiktionaler Texte

Epik

Der folgende Text mit den Aufgaben könnte Ihnen so in einer Prüfung vorliegen.

Peter Stamm: Agnes (Auszug)

(...) „Was fehlt ihr?“, fragte ich, aber die Kollegin wollte nichts weiter sagen.

„Gehen Sie doch bitte zu ihr“, sagte sie nur, „es geht ihr nicht gut.“

Ich bedankte mich und versprach, Agnes zu besuchen. Den Brief, den ich ihr geschrieben hatte, zerriss ich. Ich holte mir ein Bier aus dem Kühlschrank und setzte mich ans Fenster. Wenn ich jetzt zu Agnes gehe, dachte ich, dann ist es für immer. Es ist schwer zu erklären, obwohl ich sie liebte, mit ihr glücklich war, hatte ich nur ohne sie das Gefühl, frei zu sein. Und Freiheit war mir immer wichtiger gewesen als Glück. Vielleicht war es das, was meine Freundinnen Egoismus genannt hatten.

Ich ging nicht an diesem Tag zu Agnes und auch am nächsten nicht. Am dritten Tag endlich entschloss ich mich, sie zu besuchen.

(...)

Agnes kam im Morgenmantel an die Tür. Sie war sehr bleich. Sie bat mich herein, und ich folgte ihr ins Zimmer. Sie legte sich wieder hin. Ich saß eine Weile stumm bei ihr, dann fragte ich: „Du bist krank?“

„Ich habe das Kind verloren“, sagte sie leise.

Ich hatte nie daran gedacht, dass sie das Kind verlieren könnte. Ich war erleichtert und schämte mich dafür.

Agnes lächelte und sagte: „Du solltest eigentlich froh sein.“ Aber der Zynismus gelang ihr nicht.

„Du bist nicht schuld“, sagte sie, „der Arzt sagt, auf jede Geburt kommt eine Fehlgeburt.“

„Kannst du keine Kinder kriegen?“, fragte ich. „Doch“, sagte sie, „aber ich muss Hormone nehmen, wenn ich wieder schwanger werde.“

„Es tut mir leid“, sagte ich.

Sie setzte sich auf und umarmte mich.

„Ich habe dich vermisst“, sagte sie. Dann begann sie zu weinen. „Sechs Zentimeter groß war es, hat der Doktor gesagt.“

„Wann ist es geschehen?“

„Ich war drei Tage in der Klinik“, sagte Agnes. „Sie mussten eine Ausschabung machen. Das Kindsmaterial, hat der Doktor gesagt. Damit es keine Infektion gibt. Es war nicht lebensfähig. Das Kindsmaterial.“

Ich blieb die Nacht über bei Agnes, lag angezogen neben ihr auf der Matratze und konnte nicht schlafen. Gegen Morgen stand ich auf. Ich wollte lesen, aber ich fand nur die Norton Anthology of Poetry und einige Prospekte.

(...)

Am Morgen ging es Agnes etwas besser, und sie stand auf, um zu frühstücken.

„Ich habe es nicht so gemeint damals“, sagte ich. „Ich habe lange nachgedacht. Ich habe versucht, dich zu erreichen.“

„Es war nicht das, was du gesagt hast. Aber dass du mich allein gelassen hast. Dass du einfach weggelaufen bist.“

Analyse fiktionaler Texte

„Wenn du ein Kind möchtest ...“
„Du willst es nicht wirklich. Aber das spielt ja jetzt keine Rolle mehr.“
„Vielleicht später“, sagte ich.
„Ja“, sagte Agnes, „vielleicht später.“

1 *Geben Sie den Inhalt der Textstelle in eigenen Worten wieder. Beschreiben Sie ausgehend von dieser Textstelle das Verhältnis des Ich-Erzählers zu Agnes.*

2 *Weisen Sie die Berechtigung der folgenden These an dieser oder an anderen geeigneten Textstellen des Romans nach.*
„Es gelingt Stamm, die Defizite seiner Romanfiguren dem Leser auch durch Sprache und Erzähltechnik nahezubringen.“

Checkliste: Eine Interpretation zu einem epischen Textauszug schreiben

Vorbereitung des Aufsatzes

- ☑ Enthält die Aufgabenstellung neben der allgemeinen Aufforderung zur Textinterpretation noch besonders zu beachtende Aspekte?
- ☑ Haben Sie sich beim Lesen des Textes wichtige inhaltliche Aussagen sowie Auffälligkeiten in Sprache und Erzähltechnik notiert?

Einleitung

- ☑ Haben Sie Autor, Titel und Erscheinungsjahr (evtl. den Erscheinungsort) sowie die Textsorte genannt?
- ☑ Wurde das Thema der Ganzschrift (z. B. des Romans) in einem Satz zusammengefasst?

Hauptteil

- ☑ Haben Sie den Textauszug in den Gesamtzusammenhang des Romans eingeordnet? (inhaltliche Zusammenfassung des Textauszuges, Rückblick auf Vorangegangenes, Figuren und deren Beziehungen zueinander, Entwicklungsstand der Handlung und Ausblick)
- ☑ Haben Sie Interpretationshypothesen formuliert und Belege für deren Begründung angeführt?
- ☑ Wurden die Ergebnisse Ihrer Sprachanalyse sowie der Analyse der erzähltechnischen Mittel gedeutet (Aufbau, Figurencharakteristik, Erzählhaltung, Erzählbericht, Figurenrede) und treffende Zitate angeführt?

Schlussteil

- ☑ Sind Sie zusammenfassend auf Ihre im Hauptteil formulierten Interpretationshypothesen eingegangen?
- ☑ Haben Sie eine Beurteilung des Romans vorgenommen nach solchen Kriterien wie: Aktualität, Sprache und Stil, Gestaltung des Erzählstoffes z. B. im Kontext ähnlicher Themen in der Literatur oder aktueller gesellschaftlicher Diskussionen?

Textüberarbeitung

- ☑ Haben Sie Ihren Aufsatz im Hinblick auf seine Gliederung, auf sprachlichen Ausdruck, auf Rechtschreibung, Grammatik und Zeichensetzung sowie auf die Regeln der Zitiertechnik kontrolliert und korrigiert?

Analyse fiktionaler Texte

Lyrik

In der Prüfung können Sie die Aufgabe erhalten, entweder ein Gedicht zu analysieren oder zwei Gedichte miteinander zu vergleichen.

Die Aufgabe, Gedichte zu vergleichen, macht es erforderlich, die Gedichte zunächst jeweils im Einzelnen nach Inhalt, Form und Sprache zu untersuchen und danach deren Gemeinsamkeiten und Unterschiede herauszuarbeiten.

Theodor Storm: Die Stadt

Am grauen Strand, am grauen Meer
Und seitab liegt die Stadt;
Der Nebel drückt die Dächer schwer,
Und durch die Stille braust das Meer
Eintönig um die Stadt.

Es rauscht kein Wald, es schlägt im Mai
Kein Vogel ohn Unterlass;
Die Wandergans mit hartem Schrei
Nur fliegt in Herbstesnacht vorbei,
Am Strande weht das Gras.

Doch hängt mein Herz an dir,
Du graue Stadt am Meer;
Der Jugend Zauber für und für
Ruht lächelnd doch auf dir, auf dir,
Du graue Stadt am Meer.

Georg Trakl: Die schöne Stadt

Alte Plätze sonnig schweigen.
Tief in Blau und Gold versponnen
Traumhaft hasten sanfte Nonnen
Unter schwüler Buchen Schweigen.

Aus den braun erhellten Kirchen
Schaun des Todes reine Bilder,
Großer Fürsten schöne Schilder.
Kronen schimmern in den Kirchen.

Rösser tauchen aus dem Brunnen.
Blütenkrallen drohn aus Bäumen.
Knaben spielen wirr von Träumen
Abends leise dort am Brunnen.

Mädchen stehen an den Toren,
Schauen scheu ins farbige Leben.
Ihre feuchten Lippen beben
Und sie warten an den Toren.

Zitternd flattern Glockenklänge,
Marschtakt hallt und Wacherufen.
Fremde lauschen auf den Stufen.
Hoch im Blau sind Orgelklänge.

Helle Instrumente singen.
Durch der Gärten Blätterrahmen
Schwirrt das Lachen schöner Damen.
Leise junge Mütter singen.

Heimlich haucht an blumigen Fenstern
Duft von Weihrauch, Teer und Flieder.
Silbern flimmern müde Lider
Durch die Blumen an den Fenstern.

Analyse fiktionaler Texte

1 *Analysieren Sie die beiden Gedichte jeweils einzeln nach Inhalt, Form und Sprache.*

2 *Untersuchen Sie Gemeinsamkeiten und Unterschiede (Thematik, formale und sprachliche Mittel, Epochenbezug). Notieren Sie diese beispielsweise in Tabellenform.*

Vergleichsaspekt	Storm: Die Stadt	Trakl: Die schöne Stadt
Strophengliederung und Verse	...	...
Reimschema, Metrum	...	...
Thema	...	...
Sprachliche Besonderheiten	...	...
Epochenbezug		
...		

Folgende Formulierungen können Ihnen beim Gedichtvergleich helfen:
- Die Texte weisen einige Gemeinsamkeiten auf. In beiden steht das Thema ... im Mittelpunkt ...
- Es gibt jedoch deutliche Unterschiede im Hinblick auf ... Während in dem Gedicht ..., wird in dem Gedicht ... besonders mit den Mitteln ... gearbeitet. Daraus erklären sich die deutlich unterschiedlich wirkenden ..., die möglicherweise zurückzuführen sind auf ...
- Im Ergebnis des Textvergleichs lässt sich sagen ... Ich persönlich finde das Gedicht ...

Checkliste: Eine Gedichtinterpretation schreiben

Vorbereitung des Aufsatzes

☑ Haben Sie die Aufgabenstellung auf besondere Aspekte der Interpretation hin geprüft?

Einleitung

☑ Wurden Autor, Titel und Erscheinungsjahr (evtl. Erscheinungsort) genannt, das Thema formuliert, eine Interpretationshypothese aufgestellt?

Hauptteil

☑ Haben Sie knapp den Inhalt, das lyrische Ich sowie weitere Figuren und deren Beziehung beschrieben?

☑ Haben Sie die Ergebnisse Ihrer Sprachanalyse (Sprachbilder, rhetorische Figuren, Sprachvarietäten, andere Auffälligkeiten) sowie der Formanalyse (Anordnung der Verse und Strophen, Reim, Metrum, Kadenzen) gedeutet, Ihre Interpretationshypothese überprüft und begründet und treffende Zitate angeführt?

☑ Wurden im Falle eines Gedichtvergleichs Gemeinsamkeiten und Unterschiede herausgearbeitet?

Schlussteil

☑ Wurde eine Beurteilung vorgenommen?

Textüberarbeitung

☑ Haben Sie die Gliederung, Ausdruck, Rechtschreibung und Grammatik korrigiert?

Analyse fiktionaler Texte

Dramen

1 *Interpretieren Sie den folgenden Textauszug aus Brechts „Leben des Galilei" im Hinblick auf seine Bedeutung für die Aussage des Dramas (➪ Kapitel 15.1, 15.2).*

a) Ordnen Sie den Auszug in den Gesamtzusammenhang des Dramas ein.

b) Beziehen Sie die Analyse der sprachlichen Mittel und der Regieanweisungen in Ihre Deutung mit ein.

c) Erörtern Sie im Schlussteil vor dem Hintergrund der historischen Ereignisse zu Brechts Lebenszeit die Aussage Andreas: „Unglücklich das Land, das keine Helden hat" sowie Galileis Erwiderung darauf: „Nein. Unglücklich das Land, das Helden nötig hat."

13. Bild (Auszug)

Federzoni *heiser:* Nichts. Es ist drei Minuten über fünf.

Andrea Er widersteht.

Der Kleine Mönch Er widerruft nicht!

Federzoni Nein. Oh, wir Glücklichen!

Sie umarmen sich. Sie sind überglücklich.

Andrea Also: es geht nicht mit Gewalt! Sie kann nicht alles! Also: die Torheit wird besiegt, sie ist nicht unverletzlich! Also: der Mensch fürchtet den Tod nicht!

Federzoni Jetzt beginnt wirklich die Zeit des Wissens. Das ist ihre Geburtsstunde. Bedenke, wenn er widerrufen hätte!

Der Kleine Mönch Ich sagte es nicht, aber ich war voller Sorge. Ich Kleingläubiger!

Andrea Ich aber wußte es.

Federzoni Als ob es am Morgen wieder Nacht würde, wäre es gewesen.

Andrea Als ob der Berg gesagt hätte: ich bin ein Wasser.

Der Kleine Mönch *kniet nieder, weinend:* Herr, ich danke dir.

Andrea Aber es ist alles verändert heute! Der Mensch hebt den Kopf, der Gepeinigte, und sagt: ich kann leben. So viel ist gewonnen, wenn nur e i n e r aufsteht und N e i n sagt!

In diesem Augenblick beginnt die Glocke von Sankt Markus zu dröhnen. Alles steht erstarrt.

Virginia *steht auf:* Die Glocke von Sankt Markus! Er ist nicht verdammt!

Von der Straße herauf hört man den Ansager den Widerruf Galileis verlesen.

Stimme des Ansagers „Ich, Galileo Galilei, Lehrer der Mathematik und der Physik in Florenz, schwöre ab, was ich gelehrt habe, daß die Sonne das Zentrum der Welt ist und an ihrem Ort unbeweglich, und die Erde ist nicht Zentrum und nicht unbeweglich. Ich schwöre ab, verwünsche und verfluche mit redlichem Herzen und nicht erheucheltem Glauben alle diese Irrtümer und Ketzereien sowie überhaupt jeden anderen Irrtum und jede andere Meinung, welche der Heiligen Kirche entgegen ist."

Es wird dunkel.

Wenn es wieder hell wird, dröhnt die Glocke noch, hört dann aber auf. Virginia ist hinausgegangen. Galileis Schüler sind noch da.

Federzoni Er hat dich nie für deine Arbeit richtig bezahlt. Du hast weder eine Hose kaufen noch selber publizieren können. Das hast du gelitten, weil „für die Wissenschaft gearbeitet wurde"!

Analyse fiktionaler Texte

ANDREA *laut:* Unglücklich das Land, das keine Helden hat!

Eingetreten ist Galilei, völlig, beinahe bis zur Unkenntlichkeit verändert durch den Prozeß. Er hat den Satz Andreas gehört. Einige Augenblicke wartet er an der Tür auf eine Begrüßung. Da keine erfolgt, denn die Schüler weichen vor ihm zurück, geht er, langsam und seines schlechten Augenlichts wegen unsicher, nach vorn, wo er einen Schemel findet und sich niedersetzt.

ANDREA Ich kann ihn nicht ansehen. Er soll weg.

FEDERZONI Beruhige dich.

ANDREA *schreit Galilei an:* Weinschlauch! Schneckenfresser! Hast du deine geliebte Haut gerettet? *Setzt sich.* Mir ist schlecht.

GALILEI *ruhig:* Gebt ihm ein Glas Wasser!

Der kleine Mönch holt Andrea von draußen ein Glas Wasser. Die andern beschäftigen sich nicht mit Galilei, der horchend auf seinem Schemel sitzt. Von weitem hört man wieder die Stimme des Ansagers.

ANDREA Ich kann schon wieder gehen, wenn ihr mir ein wenig helft.

Sie führen ihn zur Tür. In diesem Augenblick beginnt Galilei zu sprechen.

GALILEI Nein. Unglücklich das Land, das Helden nötig hat. R

Checkliste: Eine Interpretation zu einem Dramenauszug schreiben

Vorbereitung des Aufsatzes

- ☑ Enthält die Aufgabenstellung neben der allgemeinen Aufforderung zur Textinterpretation noch besonders zu beachtende Aspekte?
- ☑ Haben Sie sich beim Lesen des Textes die zentralen Aussagen in Stichpunkten notiert und Auffälligkeiten in Sprache und dramentechnischen Mitteln festgehalten?

Einleitung

- ☑ Haben Sie Autor, Titel und Erscheinungsjahr (evtl. den Erscheinungsort) genannt?
- ☑ Wurde der Inhalt des Dramas (worum es geht) in einem Satz zusammengefasst?

Hauptteil

- ☑ Haben Sie den Textauszug in den Gesamtzusammenhang des Dramas eingeordnet? (inhaltliche Zusammenfassung des Textauszuges, Rückblick auf Vorangegangenes, Figuren und deren Beziehungen zueinander, Entwicklungsstand der Handlung und Ausblick)
- ☑ Wurden Interpretationshypothesen formuliert und Belege zur Begründung angeführt?
- ☑ Haben Sie Ihre Analyseergebnisse der sprachlichen und dramentechnischen Mittel gedeutet (Aufbau, Konfliktgestaltung, Regieanweisungen, Dialoge, Monologe) und Zitate angeführt?

Schlussteil

- ☑ Sind Sie zusammenfassend auf Ihre Interpretationshypothesen eingegangen?
- ☑ Haben Sie außer der werkimmanenten (Sprache, dramentechnische Mittel) auch die historische Interpretationsmethode angewandt (historische Ereignisse, biografische Besonderheiten)?
- ☑ Haben Sie eine Bewertung des Auszugs im Hinblick auf die Gesamtaussage vorgenommen?

Textüberarbeitung

- ☑ Haben Sie Ihren Aufsatz im Hinblick auf seine Gliederung, auf sprachlichen Ausdruck, auf Rechtschreibung, Grammatik und Zeichensetzung kontrolliert und korrigiert?

Analyse von Sachtexten

Der folgende Text mit den Aufgaben könnte Ihnen so in einer Prüfung vorliegen.

Am 14.01.2012 hielt die Ministerin für Schule und Weiterbildung des Landes Nordrhein-Westfalen Sylvia Löhrmann eine Rede anlässlich der Integrationskonferenz der Kommunalen Arbeitsgemeinschaft Bergisch Land e.V.

Sylvia Löhrmann: Integration durch Bildung

(...) Der zweite Grund, warum ich Ihre Einladung gerne angenommen habe, ist dieser:

Das Thema dieser Integrationskonferenz „Integration durch Ausbildung" entspricht genau einer meiner zentralen schulpolitischen Leitlinien: Nur durch Bildung ist Teilhabe möglich, meine Damen und Herren, davon bin ich zutiefst überzeugt!

Bildung ermöglicht Teilhabe im Alltag, im Beruf und letztlich auch Teilhabe am Wohlstand und Teilhabe am Gemeinwesen!

Im Schulgesetz des Landes Nordrhein-Westfalen wird der Bildungs- und Erziehungsauftrag der Schule wie folgt formuliert – ich zitiere:

„Schülerinnen und Schüler werden befähigt, verantwortlich am sozialen, gesellschaftlichen, wirtschaftlichen, beruflichen, kulturellen und politischen Leben teilzunehmen und ihr eigenes Leben zu gestalten."

Soweit das Schulgesetz.

Hier steht an erster Stelle die Übernahme von Verantwortung für die Gesellschaft und die Mitgestaltung der Gesellschaft.

Und genau das muss eine gelingende und nachhaltige Integrationspolitik leisten: Echte Teilhabe und Mitgestaltungsmöglichkeiten für Menschen mit Zuwanderungsgeschichte.

(...)

Meine Damen und Herren,

(...)

Ich möchte noch auf einen wichtigen Punkt eingehen: Wir wollen kein Kind zurücklassen.

(...)

Und wir lassen Kinder und Jugendliche auch nicht alleine bei dem oft schwierigen Übergang von der Schule in die berufliche Ausbildung oder ins Studium.

Kaum eine Entscheidung ist so fundamental und weitreichend wie die Berufswahl, meine Damen und Herren. Wir Erwachsenen mit unseren – zumindest im Rückblick – mehr oder weniger stringenten Lebensläufen vergessen häufig, was junge Menschen an diesem Punkt ihrer Bildungsbiografie leisten müssen.

Goethe schrieb dazu schon 1795: „Man kann einem jungen Menschen keine größere Wohltat erweisen, als wenn man ihn zeitig in die Bestimmung seines Lebens einweiht."

Und genau darum geht es uns: Junge Menschen brauchen in dieser wichtigen Phase kompetente Begleitung und eine umfassende Beratung.

Schülerinnen und Schüler mit Zuwanderungsgeschichte stehen dabei vor einer besonderen Herausforderung: Zum einen müssen sie bei ihren Entscheidungen immer auch ihren biografischen und familiengeschichtlichen Hintergrund und ihre kulturellen Prägungen berücksichtigen.

Zum anderen sind Jugendliche mit Migrationshintergrund bei der Suche nach einem Ausbildungsplatz oder einer Festanstellung immer noch mit Vorbehalten konfrontiert.

Deshalb geht an dieser Stelle mein nachdrücklicher Appell an die Ausbildungsbetriebe und Arbeitgebervertretungen: Geben Sie jungen Menschen mit Zuwanderungsgeschichte die gleichen Chancen wie allen anderen Bewerberinnen und Bewerbern! Hoffnungslose Fälle können wir uns nicht leisten!

Und: Betrachten Sie die Kompetenzen dieser jungen Menschen als Mehrwert und einen Gewinn für Ihr Unternehmen! Mehrsprachigkeit und interkulturelle Kompetenz gepaart mit einer soliden schulischen Ausbildung: Das ist eine äußerst attraktive Kombination.

Analyse von Sachtexten

In unseren Schulen gibt es bereits sehr viele Aktivitäten im Bereich dieses Übergangsmanagements. Das sind zum Beispiel Maßnahmen zur Berufsorientierung, es gibt Praktika, Kooperationen mit Betrieben oder auch Bewerbungstrainings.

Diese Maßnahmen sind wichtig – aber sie müssen zu einem wirksamen und nachhaltigen Gesamtkonzept verbunden werden.

Deshalb gehen wir noch einen Schritt weiter: Nordrhein-Westfalen wird als erstes Flächenland einen systematischen Übergang von der Schule in Ausbildung und Beruf einführen, und auch eine flächendeckende Berufs- und Studienorientierung an allen Schulen.

Das ist vereinbart im Ausbildungskonsens: Die Landesregierung wird mit Partnern aus der Wirtschaft, mit Gewerkschaften, der Arbeitsverwaltung und den Kommunen damit beginnen, für alle Schülerinnen und Schüler der allgemeinbildenden Schulen ein verbindliches, standardisiertes, flächendeckendes und geschlechtersensibles Angebot der Studien- und Berufsorientierung umzusetzen, und das Übergangssystem wirksam optimieren.

Ich lade Sie, meine Damen und Herren, sehr herzlich ein, an diesem richtungweisenden Vorhaben mitzuwirken. An dieser Stelle danke ich Ihnen auch im Namen der jungen Menschen mit Zuwanderungsgeschichte ganz herzlich für Ihr Engagement. (...)

Ich wünsche Ihnen einen interessanten Tag mit vielen guten Beispielen und Anregungen für Ihre weitere Arbeit.

Der Markt der Möglichkeiten zeigt ganz viele gute Beispiele. Ja, ich als Optimistin sage: Klar, das Glas ist halb voll – aber darauf dürfen und wollen wir uns nicht ausruhen, wir wollen es auch wirklich vollmachen.

Das ist gut für die Kinder und Jugendlichen, das ist aber auch gut für unsere Gesellschaft. Schließlich sind die Kinder und Jugendlichen unsere Zukunft.

Lassen Sie sich inspirieren!

1 ***Fassen Sie die Hauptgedanken der Rede zusammen. Analysieren Sie die sprachliche Gestaltung und deren Funktion. Beurteilen Sie, ob die Aussagen der Rede noch heute Gültigkeit besitzen.***

Checkliste: Eine Redeanalyse schreiben

Einleitung

- ☑ Haben Sie die Rede hinsichtlich Redesituation und Thema eingeordnet?
- ☑ Haben Sie den Redner/die Rednerin bzw. den Autor/die Autorin genannt?
- ☑ Haben Sie eine Inhaltsangabe, die Hauptgedanken und Argumentationsstruktur wiedergibt, verfasst?

Hauptteil

- ☑ Haben Sie sprachliche Mittel und rhetorische Figuren analysiert und ihre Funktion bestimmt?
- ☑ Haben Sie rhetorische Strategien benannt und in ihrer Funktion bestimmt?
- ☑ Haben Sie appellative, informierende und expressive Elemente nachgewiesen?
- ☑ Haben Sie die Aussageabsicht erkannt und die Ziele des Redners erläutert?
- ☑ Haben Sie Inhalt, Form und Wirkung abschnittsweise erläutert?

Schluss

- ☑ Haben Sie die Rede in Form eines Sachurteils oder eines Werturteils bewertet?

Erörterung im Anschluss an eine Textvorlage

Der folgende Text könnte Ihnen so in einer Prüfung vorliegen.

Und die Moral von dem Gericht ...

von Tom Wolf

Sag mir, was du noch isst, und ich sage dir, wie alt du bist. Ältere Menschen lassen sich angeblich von Lebensmittelskandalen weniger beeinflussen als jüngere. Am halsstarrigsten sollen ältere Männer sein. Wer so wie immer isst: Eier, Hühnerbeine, Schweinenackensteaks, ist männlich und geht munter auf die 100 zu. Irgendwas kann an dieser Theorie nicht stimmen – denn, wie ist so einer in der Industriegesellschaft überhaupt so alt geworden?

Nur die Harten kommen in' Garten, glaubt ja der Volksmund zu wissen. Wohl dem, der einen Garten hat, möchte ich hinzufügen. Aber es stimmt: Man muss organisch unverwüstlich sein und eine gehörige Portion Glück haben, um in der zivilisierten Welt alt zu werden. Ein Jahrhundert lang wurde kein Fehler ausgelassen, der uns das Leben verkürzen kann.

Milch, Käse, Quark, Joghurt ... saure Sahne. Schweinelende? Beim Einkaufen im Supermarkt komme ich mir ziemlich alt vor, und bin darüber doch nicht glücklich. Das waren noch Zeiten, als man sich gar keine Gedanken darüber machte, was man zu sich nimmt. Oder gar mit Genuss aus dem Vollen schöpfte und aß! Heute zu essen, was man immer aß, fühlt sich an wie ein demonstratives Bad im radioaktiv verseuchten Fluss. Seht her, Bürger – es geht doch! Man stirbt nicht davon.

Insektenvernichtungsmittel, Pflanzenschutzmittel, Antibiotika, Düngemittel und Weichmacher, artungerechte Tierhaltung: Nahrungsmittelproduktion wirkt heute wie ein großangelegter Menschenversuch, ein Lernen beim Falschmachen mit einer Dunkelziffer menschlicher Kollateralschäden[1]. Mensch und Tier waren sich noch nie so ähnlich und so nahe: denkende und gedankenlose Opfer des Lebensmittel-Produktionsprozesses.

Mit Gottfried Benn[2] zu reden: Die Krone der Schöpfung, das Schwein, der Mensch. Das also ist Utopia, das ist die Moderne: Ein Leben als menschliches Versuchsschwein. Wir ebnen das Feld für die kommenden Generationen, indem wir – geistige Tagelöhner und mental leicht zu steuernde Almosenempfänger – die zu vergötternde Technik an uns selbst testen lassen. Die stärkste Leber überlebt. Das ist gelebter Sozialdarwinismus zwischen Fastfood und Discounter.

Man will sich den Lebensmittelproduzenten als einen Gratwanderer zwischen Ökonomie und Verantwortungsbewusstsein vorstellen. Er wird überwacht, er hält sich an Vorschriften. Denn wenn er plötzlich dem Gewinnstreben den Vorzug gäbe? Wenn er anfinge, Klauseln zu ignorieren, Proben zu fälschen, alle fünfe gerade sein zu lassen, gar Amtsträger zu bestechen, um billiger produzieren zu können? Wo kämen wir denn da hin? An eben den Punkt, an dem wir heute sind. Wo das Pfund Joghurt 39 Cent kostet und auch noch billiger werden kann.

Heiligt der Zweck die Mittel? Kommt wirklich erst das Essen und dann die Moral? Wäre es nicht besser, die Gans selbst zu füttern und zu schlachten, das Huhn, die Ziege oder das Schwein? Man hätte sicher ein reineres Gewissen. Auch beim Obst, das man selbst ernten würde, von Bäumen, mit Pferdemist gedüngt, mit natürlichen Mitteln vor Schädlingen geschützt, ungespritzt, ungewachst ... Der eigene Apfel im Kellerregal hebt die Moral – mehr als die Pestizidtraube in der Supermarktkiste.

Wo aber wären wir, wenn statt Effizienz allein die Moral noch zählte? Wenn es beim Füttern, Düngen und Pflanzenschützen mit rechten Dingen zuginge? Wenn lange Transportwegeverboten würden? Statt

Erörterung im Anschluss an eine Textvorlage

39 Cent kostete das Pfund Joghurt dann 3,90 Euro. Und Otto Klein-, Normal- und Endverbraucher, stürbe aus.

Es sei denn, der Staat würde sich noch viel entschiedener zu seiner Pflicht bekennen, die artgerechte Ernährung seiner Bürger zu überwachen – strengere Gesetze mit weniger Schlupflöchern für Industrie und Handel zu verabschieden, bessere Kontrollen vorzuschreiben, die Förderung von technischem Know-how zu forcieren und für konsequente Aufklärung in puncto Lebensmittelproduktion und Ernährung von der Kita bis zum Studium zu sorgen. So ließe sich vielleicht doch einmal besser leben? Mit der gehobenen Moral käme das bessere Essen? Schön wär das ja ...

1 Begleitschaden (militärischer Fachbegriff)
2 Gottfried Benn (1886–1956) war ein deutscher Arzt und Dichter.

(MDR Figaro, 14.01.2011)

1 ***Erörtern Sie die Position des Autors und nehmen Sie dazu Stellung.***

Checkliste: Textgebundene Erörterung

Text analysieren und Erörterung vorbereiten

- ☑ Worum geht es und was ist strittig?
- ☑ Haben Sie notiert, welche Reaktion der Text in Ihnen auslöst?
- ☑ Ist die Argumentation stimmig und überzeugend?
- ☑ Spricht der Text Ihren Erfahrungshorizont an?
- ☑ Was ist die Position des Autors (Hauptthese)?
- ☑ Wie werden Behauptungen begründet und belegt?
- ☑ Sind die Argumente beweiskräftig und überzeugend?
- ☑ Haben Sie die rhetorischen Mittel markiert?
- ☑ Haben Sie die rhetorischen Mittel ausgewertet?

Inhalt des Textes wiedergeben

- ☑ Haben Sie den Gedankengang des Textes durch eine Übersicht in Stichworten oder durch eine Grafik veranschaulicht?
- ☑ Welche Argumentationsstruktur enthält der Text?
- ☑ Haben Sie die Textargumentation vollständig wiedergegeben?
- ☑ Haben Sie Kommentare vermieden?

Text erörtern

- ☑ Wo steht etwas Neues, das eine Antwort auf die strittige Frage bringt?
- ☑ Sind die Belege der Argumentation haltbar, sind sie wahr?
- ☑ Ist die Begründung zwischen Beleg und Behauptung so zwingend, dass sie überzeugt?
- ☑ Ist die Argumentation insgesamt stimmig?

Prüfen Sie Ihre eigene Argumentation

- ☑ Welche weiteren stützenden Argumente nennen Sie?
- ☑ Werden bei Ihrer Bewertung auch entsprechende Gegenargumente genannt?

20.4

Textgestaltung auf Grundlage situativer und struktureller Vorgaben

Gestaltendes Interpretieren kann auf vielfältige Weise erfolgen. Es umfasst den spielerischen Umgang mit Sprache ebenso wie gebundene und kreative Textproduktion. Es gibt einige Anforderungen an das gestaltende Interpretieren, die für jede Textsorte gültig sind.

Einen Text aktualisieren

Man kann Texte auf verschiedene Art umgestalten. Man kann sie z. B. stilistisch verändern oder Texte aus vergangenen Zeiten in die Sprache unserer Zeit „übersetzen“.

Arbeitstechnik | Einen Text „aktualisieren“

Beim „Aktualisieren“ eines Textes müssen Sie darauf achten, dass Sie sich an die Textvorgaben halten, sie werden aufgegriffen und möglichst kreativ umgesetzt. Der Ursprungstext ist der „Ideengeber“. Bei der Umsetzung kommt es auf Einfallsreichtum, Fantasie und Originalität an. Die Fantasie darf aber nicht zu üppig wuchern, vermeiden Sie ausufernde Erfindungen ohne Bezug zum Text.

An den folgenden **Arbeitsschritten** können Sie sich orientieren:

- Fühlen Sie sich in die Figur, Situation, Stimmung, Absicht ein.
- Erfassen Sie alle wichtigen inhaltlichen Aussagen.
- Übertragen Sie den Text in die Sprache unserer Zeit, behalten Sie die einmal gewählte Stilebene bei und vermeiden Sie übertriebene und unpassende Ausdrücke.
- Achten Sie auf innere Stimmigkeit.
- Überarbeiten Sie abschließend Ihren Text.

1 *Zum Gedicht „An Eugenien“ auf S. 244: Übertragen Sie das Gedicht in die Sprache unserer Zeit.*

Einen Brief oder Tagebucheintrag schreiben

Hier geht es um persönliche Briefe bzw. Tagebucheinträge, die Sie in der Rolle einer Roman-, Erzähl- oder Dramenfigur schreiben sollen.

Basiswissen | Tagebucheintrag

Tagebucheinträge sind sehr subjektiv, hier wird über Erlebtes (Getanes und Zugefügtes) reflektiert, es wird gedeutet und verarbeitet. Gefühle und Gedanken spielen eine große Rolle, die ganze Bandbreite menschlicher Emotionen von Freude und Begeisterung bis zu Resignation, Trauer, Reue und Verzweiflung tritt zutage.

Absicht eines Tagebuchschreibers ist oft auch, Lösungen zu finden, die Überlegungen und Zweifel führen manchmal zu Entschlüssen und Entscheidungen.

Die Zeitstufe ist in der Regel das Präsens, möglich sind aber auch Präteritum und Futur.

Textgestaltung auf Grundlage situativer und struktureller Vorgaben

Arbeitstechnik | **Einen Brief aus der Perspektive einer literarischen Figur schreiben**

Um einen Brief aus der Sicht einer literarischen Figur schreiben zu können, müssen Sie sich in deren Situation hineinversetzen, sich über deren Beziehungen, Verhalten und Empfindungen klar werden. Wünschenswert wäre es, sich auch der Sprache der Figur anzunähern.

Folgende **Arbeitsschritte** können Ihnen helfen:

- Werten Sie die Informationen aus dem Text aus.
- Beachten Sie wichtige formale Vorschriften (Anrede, Datum, Absätze, Schlussformel mit Unterschrift).
- Halten Sie eine sinnvolle gedankliche Struktur ein (z. B. Schreibanlass, klare Argumentation, Zugriff auf wichtige Aspekte, Einschätzungen und Deutungen).
- Orientieren Sie sich am Stil/Ton der Vorlage (z. B. Vermeidung von Anachronismen, Stilbrüchen), kopieren Sie ihn aber nicht.

2 *Zu Arno Geigers Roman „Es geht uns gut“, (➪ S. 303 f.): Ingrid schreibt einer Freundin einen Brief, in dem sie sich über den Vater beklagt. Was geht ihr durch den Kopf? Schreiben Sie den Brief.*

Einen inneren Monolog verfassen

Der innere Monolog wird zur Darstellung der Gedanken und Gefühle einer Figur verwendet. Der Leser erfährt ohne einen dazwischengeschalteten Erzähler direkt die oft ungeordnet und unvollständig formulierten Gedanken einer Figur.

Arbeitstechnik | **Einen inneren Monolog schreiben**

Beim Verfassen eines inneren Monologs sollten Sie auf folgende **Punkte** achten:

- Nutzen Sie die Informationen aus dem Text.
- Geben Sie (nicht ausgesprochene) Gedanken, Gefühle und Wahrnehmungen wieder.
- Vermeiden Sie unglaubwürdige Übertreibungen.
- Verwenden Sie die 1. Person Indikativ Präsens (auch die Du-Form bei einem Selbstgespräch).
- Verzichten Sie auf Anführungszeichen.
- Sie können vollständige oder unvollständige Sätze bilden, auch der Einsatz von Gedankenstrichen und Auslassungspunkten ist erlaubt. Dabei müssen Sie jedoch immer auf die Verständlichkeit Ihres Textes achten.

3 *Zu Arno Geigers Roman „Es geht uns gut“, (➪ S. 303 f.): Der Vater hat das Haus verlassen und fährt im Dienstwagen zu seinem Büro. Er denkt über das Gespräch mit seiner Tochter nach. Schreiben Sie einen inneren Monolog.*

Einen Aufsatz überarbeiten

Im Unterricht wurde die Kalendergeschichte „Der Augsburger Kreidekreis“ von Bertolt Brecht besprochen. Zur Information folgt eine kurze Zusammenfassung der Geschichte:

Zusammenfassung der Kalendergeschichte „Der Augsburger Kreidekreis“ von Bertolt Brecht

„Der Augsburger Kreidekreis“ ist eine Kalendergeschichte, die 1940 von Bertolt Brecht verfasst wurde. Im Mittelpunkt steht die Auseinandersetzung um ein Kind und die Frage, wer dessen rechtmäßige Mutter ist.

Die Handlung spielt zur Zeit des Dreißigjährigen Krieges in und um die Stadt Augsburg. Katholische Soldaten fallen in die Stadt ein, morden und plündern. Sie erschlagen auch den Protestanten und Gerbereibesitzer Zingli. Seine Frau, die mit dem einzigen Kind fliehen sollte, hält sich zu lange mit dem Packen ihrer Kleider und ihres Schmucks auf und lässt das Kind zurück. Anna, die Magd, versteckt sich zunächst und versucht, Frau Zingli zu finden, um ihr die Nachricht vom Überleben ihres Kindes mitzuteilen. Ihre Suche bleibt erfolglos.

Anna flüchtet mit dem Kind zu ihrem Bruder auf einen großen Bauernhof. Ihrer Schwägerin gegenüber gibt sie das Kind als ihr eigenes aus. Als diese immer misstrauischer wird, erfindet Anna eine Ehe. Als sich die Situation zuspitzt, geht Anna fern vom Hof eine Ehe mit einem scheinbar todkranken Kleinbauern (Häusler) ein.

Doch ihr Mann wird gesund. Er holt sie und das Kind zu sich. Nach einem Fluchtversuch fügt sich Anna in ihr Schicksal. Für das Kind ist so gesorgt.

Nach Kriegsende kehrt Frau Zingli zurück und nimmt in Annas Abwesenheit das Kind zu sich. Anna wendet sich an das Gericht. Der Richter will die Mutterschaft durch eine Prüfung beweisen. Er lässt das Kind in einen Kreidekreis stellen, die beiden Frauen sollen gleichzeitig versuchen, es zu sich zu ziehen. Diejenige, deren Liebe am stärksten ist, werde die nötige Kraft haben, das Kind auf ihre Seite zu ziehen, so der Richter. Frau Zingli schafft es, mit einem einzigen heftigen Ruck das Kind aus dem Kreis zu sich zu ziehen. Anna hat das Kind aus Angst, es könne ihm etwas geschehen, wenn es in zwei Richtungen gezogen wird, losgelassen.

Dennoch verlässt Anna, die vermeintliche Verliererin, den Prozess als Siegerin. Sie hat durch ihr Loslassen bewiesen, dass sie dem Kind nicht wehtun kann und damit die wahre Mutter ist.

Folgende Aufgaben waren zu bearbeiten: **Geben Sie kurz die wesentlichen Aussagen der Geschichte wieder. Charakterisieren Sie die beiden weiblichen Hauptfiguren.** Eine dazu angefertigte Schülerarbeit wurde zwei Mal überarbeitet. In der 1. Überarbeitung wurden Fehler in den Bereichen Inhalt und Aufbau markiert. Bei einer 2. Überarbeitung wurde auf Fehler in Rechtschreibung, Zeichensetzung, Grammatik und Ausdruck/Stil hingewiesen.

Muster	1. Überarbeitung	2. Überarbeitung
In der Kalendergeschichte „Der Augsburger Kreidekreis“ von Bertolt Brecht geht es um Protestanten und Soldaten in der freien Reichsstadt Augsburg zur Zeit des Dreißigjährigen Krieges.	Inhalt: Einleitungssatz	
Herr Zingli, Besitzer einer großen Gerberei versteckt sich vor den Soldaten,		Zeichensetzung
die ihn jedoch finden und töten. Seine Frau, die noch mit dem packen ihres Schmucks, Kleider und sonstiger Dinge beschäftigt ist, kann gerade noch die Flucht ergreifen. Ihr kleines Kind lässt sie zurück.		Rechtschreibung/ Grammatik
Die Magd versteckt sich zunächst vor den Soldaten. Sie bleibt unentdeckt. Sie ist sich der Gefahr bewusst. Sie nimmt dennoch das Kind der Protestanten-		Ausdruck

Einen Aufsatz überarbeiten

Aufsatz	1. Überarbeitung	2. Überarbeitung
familie an sich, das ebenfalls wie durch ein Wunder nicht entdeckt worden ist.	Inhalt: Versuch,	
Die Magd ist damit die einzigste, die sich um das Kind kümmert, und bringt	die Mutter zu	G
es in das Dorf Großsaitingen zu ihrem Bruder.	finden, fehlt	
Anna nimmt alles auf sich, um für das Baby zu sorgen, heiratet sogar einen	Inhalt: Wer ist	
totkranken Mann, das ja nicht jemand auf die Idee kommt, ihr zu sagen, sie	Anna?	R/R/A
sei eine Mutter ohne Vater.	Logik	
Wider Erwarten erscheint der Häusler gesund auf dem Bauernhof und holt	Inhalt: Wer ist der	
seine Frau Anna und das Kind zu sich. Diese hält das Leben mit ihm nicht	Häusler?	
aus und flüchtet mit dem Kind. Als sie sich den Fuß in einem Straßengraben	Inhalt: unnötig	
verstaucht und nicht mehr weiterkann, wird sie von ihrem „Mann" geholt und		A
zurückgebracht. Sie fügt sich, da dem Kind so am besten geholfen ist.		
Als eines Tages Frau Zingli kommt und das Kind zurückholt, ist Anna verzwei-		
felt und wendet sich an das Gericht in Augsburg. Der Richter will mit einer		
Kreisprobe die rechte Mutter ausfindig machen. Dies bedeutet, dass sich das		
Kind in die Mitte eines Kreidekreises stellt und beide Frauen daran ziehen		
soll. Die rechte Mutter, so meint der Richter, wird es schaffen, das Kind auf	Inhalt: Warum	G/G
ihre Seite zu ziehen. Anna gewinnt, obwohl sie die Probe nicht besteht.	gewinnt Anna?	
Frau Zingli ist keine fürsorgliche Mutter, da sie lieber packt, anstatt mit ihrem	Bruch/Über-	
Baby zu verschwinden. Sie denkt nur an ihren Besitz.	leitung	A (umgangs-
Die Magd hingegen ist nicht so wohlhabend wie Frau Zingli. Aber im Gegen-	Zusammenhang	sprachlich)
satz zu Frau Zingli ist sie mutig. Zwar zögert sie erst, das Kind mitzunehmen,		A (Wortwieder-
aber dann nimmt sie es mit und rettet es so schließlich vor den Soldaten. Anna		holung)
läuft Gefahr, erwischt zu werden, dennoch ging sie durch das Getümmel der		G
feiernden Soldaten, um der Mutter des Kindes von der Rettung des Babys zu		
berichten. Aber vergebens, diese bleibt unauffindbar und so ist Anna mit dem		
Kind allein. Im Gegensatz zu Frau Zingli ist Anna eine warmherzige Frau, die		
viel Zuneigung zu dem Kind zeigt und bereit ist, sich für dieses zu opfern. Sie		
gibt sich als die eigene Mutter des Kindes aus. Das verdeutlicht auch, wie sehr	Logik	
Anna das Kind liebt und es eben behalten will. Sie ist wirklich die Mutter des	Inhalt: zu wenig	A (Füllwort)
Kindes, da Frau Zingli von Anfang an nur an ihren Besitz gedacht hat. Dem	Inhalt: Wdh.	
Richter war dies auch klar. Er ahnte zwar, das Frau Zingli die biologische		G/G/R
Mutter ist, aber es dieser Frau eh nur um sich selbst und ihren Ruf geht. Ihm		A (Füllwort)
war auch klar, dass das Kind bei der Magd mit viel Liebe aufwachsen wird.		G
Vielleicht wird es ein Umfeld haben, das nicht so wohlhabend ist, aber eine		
Mutter, die ihm alles geben wird, was sie hat.		
Es war gut, das der Richter Frau Z. und der Magd solch eine Aufgabe gegeben		R/A
hat. So sieht man, wer das Beste für das Kind will. (S. 336, Z. 17–19)		Z / Zitat am Ende

1 ***Setzen Sie sich mit dem Aufsatz und den Überarbeitungshinweisen (➪ S. 390) auseinander.***

a) Betrachten Sie die Hinweise der 1. Überarbeitung. Verbessern Sie die fehlerhaften Textstellen.

b) Bearbeiten Sie die Hinweise der 2. Überarbeitung. Korrigieren Sie die Fehler des Schülers.

c) Welchen Tipp würden Sie dem Autor des Aufsatzes im Bereich der Rechtschreibung geben?

2 ***Schreiben Sie den Aufsatz neu. Überprüfen Sie ganz besonders die inhaltlich geänderten Stellen auf Rechtschreibung, Grammatik, Zeichensetzung und Ausdruck.***

Tipp
Es ist sinnvoll, am Computer zu arbeiten.

Einen Aufsatz überarbeiten

Arbeitstechnik | **Einen Aufsatz überarbeiten**

Während des Schreibens nehmen Sie an Ihrem Text Verbesserungen vor. Nach dem Schreiben sollten Sie ihn gezielt überarbeiten. Planen Sie Zeit ein. Überarbeiten Sie Ihren Text möglichst in einem zeitlichen Abstand, z. B. wie folgt:

1. Überarbeitung: Beachten Sie zunächst vor allem den Inhalt und den Aufbau des Aufsatzes. Folgende Fragen sollten Sie beantworten:

- ☑ Haben Sie die Anforderungen der Schreibaufgabe richtig erkannt?
- ☑ Haben Sie das Thema treffend und umfassend bearbeitet?
- ☑ Haben Sie Ihren Aufsatz gut gegliedert (Einleitung, Hauptteil, Schluss)?

Je nach Aufgabenstellung des Aufsatzes kann es sinnvoll sein, eine Checkliste zum Inhalt zu erarbeiten (siehe Checklisten in den Prüfungskapiteln).

2. Überarbeitung: Setzen Sie sich nun mit den Bereichen Rechtschreibung, Zeichensetzung und Grammatik auseinander und überprüfen Sie den Text hinsichtlich sprachlicher Richtigkeit und angemessener Wortwahl.

Bei der Überarbeitung eines Aufsatzes sind **Checklisten** hilfreich. Für die Bereiche Rechtschreibung, Grammatik, Zeichensetzung, Ausdruck/Stil und äußere Form ist die nachfolgende Checkliste geeignet:

- ☑ Haben Sie auf Umgangssprache, nicht standardisierte Abkürzungen und Füllwörter verzichtet?
- ☑ Haben Sie abwechslungsreich und präzise formuliert und Wiederholungen vermieden?
- ☑ Haben Sie Ihre Sätze sinnvoll und grammatikalisch richtig verknüpft?
- ☑ Haben Sie Ihre Arbeit auf Rechtschreibfehler überprüft, die Sie häufig machen?
- ☑ Haben Sie die Wörter nachgeschlagen, bei deren Rechtschreibung Sie unsicher waren?
- ☑ Haben Sie die Regeln der Zeichensetzung beachtet?
- ☑ Haben Sie Ihre Arbeit auf Flüchtigkeitsfehler überprüft?
- ☑ Ist die äußere Form Ihres Aufsatzes ansprechend und Ihre Schrift gut lesbar?

Je nach Aufsatzart müssen die Checklisten entsprechend erweitert werden.

3 *Erstellen Sie eine Checkliste, anhand derer Sie den Inhalt eines Aufsatzes überprüfen können, wenn Sie eine Inhaltsangabe und eine Figurencharakteristik schreiben sollen.*

Tipp
Orientieren Sie sich auch an den Checklisten in den Prüfungskapiteln.

Operatoren kennen – Arbeitsanweisungen verstehen

Anforderungsbereich I

Dieser Bereich umfasst das Wiedergeben, Beschreiben und Darstellen von Sachverhalten. Die von Ihnen erwarteten Tätigkeiten beziehen sich auf ein gegebenes Material (z. B. Text, Situation, Grafik) oder auf Sachverhalte in einem abgegrenzten Lernzusammenhang.

Verb	Anforderung (erwartete Tätigkeit)
benennen aufschreiben/ herausschreiben notieren	Sie tragen die wesentlichen Informationen (Kernaussagen) eines Textes oder eines Sachverhaltes zusammen (Sie zählen sie auf), ohne dass Sie diese kommentieren.
beschreiben	Sie stellen vorgegebene Situationen, Texte, grafische Darstellungen, Personen, Vorgänge, Sachverhalte sachlich genau dar, ohne sie schon zu bewerten.
wiedergeben (meist gekoppelt mit) zusammenfassen	Sie formulieren den Inhalt eines Textes mit eigenen Worten. Sie verknappen Inhalte, Aussagen, Zusammenhänge auf das Wesentliche und geben dies strukturiert in wenigen Sätzen wieder.

Anforderungsbereich II

Dieser Bereich umfasst das selbständige Anwenden und Übertragen von Kenntnissen und Fertigkeiten auf neue Materialien und Situationen. Von Ihnen werden Tätigkeiten wie das Auswählen, Bearbeiten, Ordnen, Vergleichen, Analysieren, Erklären von Sachverhalten und Zusammenhängen erwartet. Besonders kommt es darauf an, diese Kenntnisse und Fertigkeiten selbständig auf neue Fragestellungen, unbekannte Texte oder Situationen zu übertragen.

Verb	Anforderung (erwartete Tätigkeit)
erschließen	Unter Berücksichtigung der vorgegebenen Gesichtspunkte erarbeiten Sie sich den Sinngehalt oder die Problemstellung eines Textes oder Textteils.
deuten	Sie entschlüsseln sprachliche Bilder (z. B. Metapher, Vergleich, Personifikation), Textteile, Texte in ihrer übertragenen Bedeutung und beschreiben diese.
charakterisieren	Sie erfassen die wesentlichen Merkmale, Eigenschaften, Erscheinungsformen von Personen, Sachverhalten, Vorgängen, Zuständen und beschreiben diese.
darstellen/ vorstellen	Sie formulieren Ergebnisse, z. B. einer Informationsrecherche, einer Befragung, einer Diskussion, einer Gruppenarbeit, zusammenfassend oder unter einer bestimmten Fragestellung.
auswerten	Sie führen die wichtigsten Ergebnisse aus einzelnen Berichten, Recherchen etc. zu einer Gesamtaussage zusammen.
erklären	Sie stellen Sachverhalte, Aussagen, Hintergründe, Einsichten auf der Grundlage bereits vorhandener Kenntnisse dar.
erläutern	Eine Erläuterung gleicht der Erklärung. Sie formulieren jedoch anschaulicher durch das Hinzufügen von Beispielen und zusätzlichen Informationen.

Verb	Anforderung (erwartete Tätigkeit)
vergleichen/ gegenüberstellen	Sie stellen Texte, Textaussagen, Problemstellungen, sprachliche Mittel usw. nach vorgegebenen Gesichtspunkten gegenüber und beschreiben Unterschiede oder Übereinstimmungen.
(ein)ordnen/ zuordnen	Sie fügen Formulierungen, Aussagen, Texte aufgrund übereinstimmender Merkmale und gegebenenfalls nach einer Rangfolge zusammen.
untersuchen/ analysieren	Sie erfassen den Inhalt und die Form von Texten oder anderen Materialien (z. B. Schaubild) nach vorgegebenen oder selbst gewählten Gesichtspunkten, z. B. Kernaussagen, Aufbau, sprachliche Besonderheiten, Figurenkonstellationen, Erzählperspektive, Reimschemata usw., beschreiben und deuten diese. Sie arbeiten den Wechselbezug von Inhalt und Form (besonders bei literarischen Texten) heraus.
herausarbeiten	Sie ermitteln und stellen den Sachverhalt oder die Position aus den Aussagen eines Textes dar.
entwerfen	Sie legen auf der Grundlage einer Arbeitsvorgabe wesentliche Punkte und Arbeitsschritte fest, z. B. für das Schreiben eines Textes.

Anforderungsbereich III

Dieser Bereich umfasst das Beurteilen und Bewerten sowie selbständige Problemlösungen auf der Grundlage des angeeigneten Wissens. Von Ihnen wird erwartet, dass Sie sich selbständig mit einem Thema, einer Problemstellung, einem literarischen Text auseinandersetzen, verschiedene Positionen diskutieren, bewerten, dazu begründet Stellung nehmen, selbständig Lösungswege vorschlagen und Ihr Vorgehen sowie das anderer kritisch reflektieren.

Verb	Anforderung (erwartete Tätigkeit)
beurteilen	Sie formulieren selbständig auf der Grundlage vorhandener Kenntnisse eine sachliche, vorurteilfreie Position zu einem Sachverhalt, einer Aussage, einer Problemstellung, einem Text.
bewerten	Die Bewertung erfordert zunächst die Beurteilung von Sachverhalten, Problemstellungen usw. Diese Beurteilung ergänzen Sie allerdings durch Ihre persönliche Sichtweise auf der Grundlage Ihrer Wertmaßstäbe, die Sie dabei offenlegen.
begründen	Sie stellen einen Zusammenhang zwischen Ursachen und Folgen oder Wirkungen her. Sie untermauern eine Aussage, Meinung, Position, These durch Sach- und Fachkenntnisse, d. h. mit nachvollziehbaren Argumenten (z. B. mit Beispielen, Belegen).
sich auseinandersetzen mit / diskutieren	Sie befassen sich ausführlich mit einer Behauptung bzw. einer Problemstellung, bedenken unterschiedliche Aspekte des Problems, Ursachen, Folgen. Sie bauen auf dieser Grundlage eine schlüssige Argumentation auf.

Verb	Anforderung (erwartete Tätigkeit)
erörtern	Sie betrachten oder diskutieren eine Aussage, These (Behauptung) oder eine Problemstellung von verschiedenen Seiten. Dabei wird durch eine Abfolge von *Für-und-wider-* bzw. *Sowohl-als-auch-Argumenten* die Stichhaltigkeit der Argumentation beurteilt, bewertet und zu einer eigenen Stellungnahme bzw. zu Lösungsvorschlägen geführt. Grundlage für das Erörtern sind Tätigkeiten wie: *sich auseinandersetzen, begründen, beurteilen, bewerten*.
Stellung nehmen	Sie beurteilen und bewerten eine Problemstellung oder Behauptung und positionieren sich dazu mit überzeugenden Argumenten. Anders als bei der Erörterung müssen Sie nicht auf alle gegnerischen Positionen eingehen, wenngleich das Entschärfen dieser Ihre eigene Position aber stärken kann.
interpretieren	Auf der Basis einer umfassenden Analyse und Bewertung eines Textes oder anderer Materialien deuten Sie Sinnzusammenhänge und erläutern die Gesamtaussage eines Textes in einer begründeten Stellungnahme. Je nach Aufgabenstellung können Sie sich dabei auf den Text beschränken oder Informationen zum Autor und/oder zum geschichtlichen Hintergrund einbeziehen. Grundlage für das Interpretieren sind bzw. können Tätigkeiten sein wie: *erschließen, untersuchen/analysieren, charakterisieren, vergleichen, bewerten, begründen*.
erstellen/gestalten/ verfassen	Sie fertigen unter Beachtung von Vorgaben einen Text (z. B. Leserbrief, Dialog, Bewerbungsschreiben, Interpretation) oder eine Arbeitsvorlage an.
gestaltend interpretieren	Grundlage und Orientierung kann auch eine Textvorlage sein, dann wird erwartet, dass Sie die Besonderheiten der Vorlage erfassen und in Ihrer Textproduktion berücksichtigen.
in Beziehung setzen/ Bezüge herstellen	Sie stellen Zusammenhänge unter vorgegebenen oder selbst gewählten Gesichtspunkten begründet her.
prüfen/überprüfen	Sie untersuchen die Angemessenheit einer Textaussage, einer Argumentation, eines Analyseergebnisses, eines Sachverhalts auf der Grundlage eigener Erkenntnise und Einsichten.
reflektieren	Sie prüfen Behauptungen im Zusammenhang und entwickeln anhand eigenständig gewählter Kriterien eine Aussage in einem schlüssigen Argumentationsgang.

Arbeitstechniken und Methoden

Assoziogramm ➪ Visualisieren

Blitzlicht ➪ Moderationstechniken

Brainstorming ➪ Moderationstechniken

Diagonales Lesen ➪ Lesetechniken

Dossier anlegen: Ein Dossier (frz.: Aktendeckel) ist eine Sammlung von Dokumenten zu einem Thema oder Vorgang. Dossiers finden in der Politik Verwendung, um aus Akten Sachthemen aufzubereiten und einem festgelegten Personenkreis zugänglich zu machen. Der Begriff spielt auch in der Publizistik eine Rolle. So veröffentlichen Tageszeitungen und Wochenzeitschriften – häufig in Zusammenhang mit ihrem Online-Auftritt – Dossiers zu aktuellen Themen. Diese beinhalten Artikel, Hintergrundberichte, Interviews, Fotos und vieles mehr. Im Unterricht bietet ein Dossier eine gute Möglichkeit, viele Facetten eines Themas aufzugreifen.
Wichtig ist, dass alle gesammelten Materialien bearbeitet und verarbeitet werden, sodass etwas Eigenes daraus entsteht. Entscheidend ist also nicht die Menge des Materials, sondern inwiefern aus dem Material ein neues Produkt entsteht.
Materialrecherche: Neben allen Arten von informativen Texten, wie beispielsweise Berichten/Hintergrundberichten, Interviews, Kommentaren, chronologischen Aufstellungen oder literarischen Texten, kommen bei der Materialrecherche auch Bildmaterial (Grafiken, Diagramme, Statistiken) sowie Audio- und Videosequenzen in Betracht.
Auswahl/Relevanz des Materials: Durch die Möglichkeiten des Internets kann man heute zu jedem beliebigen Thema unendlich viele Informationen finden. War vor einigen Jahren das Auffinden von Informationen der Schwerpunkt einer solchen Recherche, so besteht heute die eigentliche Leistung eher darin, aus der Informationsfülle nach Relevanz (z. B. für ein Thema) auszuwählen und zu überprüfen. Die folgenden Leitfragen helfen bei der Beurteilung von Internetquellen:

- Was ist wichtig?
- Was ist exemplarisch?
- Wie ist die Qualität der Quellen zu beurteilen?

Blickwinkel/Facetten: In der Politik, wo unterschiedliche Interessengruppen eine Rolle spielen, ist ein Dossier inhaltlich gelungen, wenn in ihm möglichst viele Blickwinkel auf ein Thema enthalten sind. Das Prinzip gilt aber auch im Deutschunterricht, wo in einem Dossier zum Beispiel zum Thema „Schiller" unterschiedliche Sichtweisen auf den Dichter vereinigt sein sollten. Neben Texten des Dichters können hier auch Aussagen von Zeitgenossen und Bewertungen aus heutiger Sicht eine Rolle spielen.

Ergebnisprotokoll ➪ Protokolle erstellen

Exzerpieren: Wenn man einen Text auf eine bestimmte Fragestellung hin untersucht, kann man die relevanten Textstellen exzerpieren, d. h., man gibt den Text auszugsweise in kurzen Sätzen und/oder Stichpunkten wieder. Dabei kann es sich um wörtliche oder paraphrasierende (sinngemäße) Textauszüge handeln.
Ein Exzerpt hat den Vorteil, dass nur die Textpassagen notiert werden, die für das eigene Thema von Bedeutung sind. So kann man später auf wichtige Informationen zurückgreifen, ohne den Text nochmals zu lesen. Außerdem haftet ein „abgespeckter" und selbst verfasster Text besser im Gedächtnis.
Ein Exzerpt kann in Teilen in andere Texte übernommen werden, z. B. in eine Facharbeit (➪ Facharbeit schreiben).
Man kann zwei Methoden anwenden:

1. *Texte kürzen:* Textstellen, die für das eigene Thema nicht wichtig sind, werden weggelassen.
2. *Texte verdichten:* Ausführlich dargelegte Informationen werden so zusammengefasst, dass der Text übersichtlicher wird.

Vorgehen: Man unterteilt den zu bearbeitenden Text in Sinnabschnitte und formuliert die Kernaussage des jeweiligen Abschnitts. Definitionen, Schlüsselwörter und wichtige Thesen zitiert man wörtlich (Zitate müssen als solche kenntlich gemacht werden). Beispiele und ausführliche Argumentationen werden stichwortartig zusammengefasst. ➪ Zitieren (sinngemäßes Zitieren)
Tipp: Man teilt den oberen Teil einer DIN-A5-Karteikarte in zwei Hälften. Auf der linken Seite werden alle Angaben zu Autor und Werk, auf der rechten Seite wird die

dem Exzerpt zugrunde liegende Fragestellung notiert. Darunter wird das Exzerpt aufgeschrieben.

Fortlaufendes Lesen ➪ Lesetechniken

5-Schritt-Lesetechnik ➪ Lesetechniken

Intensives Lesen ➪ Lesetechniken

Interpretationsaufsatz schreiben: Die Interpretation eines literarischen Textes setzt eine intensive Auseinandersetzung mit dessen Inhalt und Form voraus. Je nach Gattung des Textes geht man folgendermaßen vor:

A Interpretation eines dramatischen Textes:

Einleitung: Man nennt Titel, Autor, Erscheinungsjahr und ggf. Erscheinungsort und fasst den Inhalt des Dramas in einem Satz zusammen.

Hauptteil: Meistens soll ein Dramenauszug in den Gesamtzusammenhang eines Werkes eingeordnet werden; dazu fasst man den Inhalt des Auszugs zusammen und schildert das vorangegangene sowie das folgende Geschehen. In einem nächsten Schritt formuliert man Interpretationshypothesen und analysiert und deutet sprachliche und dramentechnische Mittel (Regieanweisungen, Dialoge, Monologe, Aufbau, Konfliktgestaltung) unter Verwendung von Zitaten. Die aufgestellten Interpretationshypothesen werden anhand der Analyseergebnisse begründet.

Schlussteil: Hier geht man noch einmal zusammenfassend auf die Interpretationshypothesen ein und bewertet den Auszug im Hinblick auf die Gesamtaussage. Eine Betrachtung der Faktoren, die außerhalb des Textes liegen (z. B. geschichtliche Ereignisse), kann sinnvoll bzw. gefordert sein.

B Interpretation eines epischen Textes (am Beispiel Roman):

Einleitung: Man nennt Titel, Autor, Erscheinungsjahr und ggf. Erscheinungsort und fasst den Inhalt des Romans in einem Satz zusammen.

Hauptteil: Meistens soll ein Romanauszug in den Gesamtzusammenhang des Werkes eingeordnet werden (man fasst den Inhalt des Auszugs zusammen und schildert das vorangegangene sowie das folgende Geschehen). Dann formuliert man Interpretationshypothesen und schließt die Analyse und Interpretation des Auszugs (z. B. Figuren, Spannungsbogen, sprachliche und erzähltechnische Mittel) unter Verwendung treffender Zitate an. Wichtig ist dabei, dass man auf das Zusammenwirken von Inhalt, sprachlichen und erzähltechnischen Mitteln eingeht. Die aufgestellten Interpretationshypothesen werden anhand der Analyseergebnisse begründet.

Schlussteil: Man geht noch einmal zusammenfassend auf die Interpretationshypothesen ein und nimmt eine Beurteilung des Romans nach Kriterien vor wie Aktualität, Sprache und Stil, Gestaltung des Erzählstoffs.

C Interpretation eines lyrischen Textes:

Einleitung: Man nennt Titel, Autor, Erscheinungsjahr und ggf. Erscheinungsort, formuliert das Thema und stellt eine Interpretationshypothese auf.

Hauptteil: Zunächst fasst man den Inhalt des Gedichtes zusammen, beschreibt die Grundstimmung, das lyrische Ich und ggf. weitere Figuren und deren Beziehungen zueinander. Anschließend analysiert man die Form (Anzahl der Strophen und Verse, Reimschema, Metrum, Kadenzen) und die Sprache (Sprachbilder, rhetorische Figuren), beschreibt deren Wirkung und deutet die Ergebnisse der Analysen unter Verwendung von Zitaten. Dann muss die Interpretationshypothese anhand der Analyseergebnisse belegt werden. Fordert die Aufgabenstellung einen Gedichtvergleich, stellt man die Gemeinsamkeiten und Unterschiede der Gedichte heraus und deutet diese.

Schlussteil: Abschließend nimmt man eine Beurteilung des Gedichts vor. Dabei kann man sich zum Thema, zur Gestaltung von Inhalt und Form, zur Sprache oder auch zur Aktualität äußern.

Kartenabfrage ➪ Moderationstechniken

Kugellager (Karussellgespräch)

Die Methode Kugellager ermöglicht einen umfangreichen Informationsaustausch in begrenzter Zeit.

Ablauf

1. Die Teilnehmer sitzen oder stehen sich in einem Innen- und Außenkreis gegenüber.

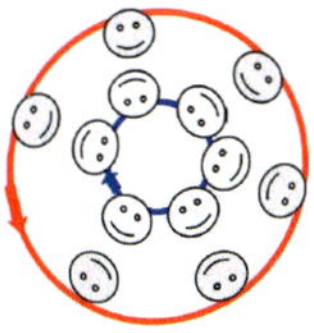

2. Die Teilnehmer bekommen eine Fragestellung, die sie mit dem Gegenüber austauschen. Zuerst berichtet die Person im Innenkreis und der Außenkreis hört zu.
3. Nach einer vorab festgelegten Zeit berichtet der Außenkreis und der Gegenüber hört zu.

Lesetechniken: In Beruf und Alltag muss man oft den Inhalt umfangreicher und schwieriger Texte verstehen und wiedergeben können. Es gibt verschiedene Techniken, die das Lesen erleichtern, z. B.:

1.) **5-Schritt-Lesetechnik:**
Wenn man sich Informationen aus einem Text für eine Klassenarbeit oder Prüfung merken oder diese in ein Referat einbauen möchte, kann man die Informationen mithilfe der 5-Schritt-Lesetechnik in eigene Worte fassen:

1. **Überfliegen:** Man überfliegt den Text zuerst grob und achtet dabei auf Titel, Untertitel, Hervorhebungen, Inhaltsverzeichnis, Autor oder Autorin. So erhält man einen Eindruck von Aufbau und Inhalt des Textes und findet heraus, welche Abschnitte für den eigenen Zweck relevant sind.

2. **Fragen:** Beim ersten Lesen entstandene Fragen werden formuliert. Dies können reine Verständnisfragen sein, sie können sich aber auch auf alle Unklarheiten des Textes beziehen. Gut geeignet sind die W-Fragen.

3. **Lesen:** Der Text wird gründlich gelesen und dabei wird versucht, auf die zuvor formulierten Fragen Antworten zu finden. Wichtige Textstellen können markiert, unbekannte Wörter können in einem Wörterbuch nachgeschlagen werden (➪Wörterbuch benutzen). Schwierige Passagen sollten mehrmals gelesen werden.

4. **Schreiben:** Schlüsselbegriffe und die wichtigsten Gedanken des Textes werden notiert. Komplizierte Sätze, die wichtig für das Verständnis des Textes sind, können in eigene Worte gefasst werden (➪Exzerpieren). S 412

5. **Wiederholen:** Der Inhalt des Textes wird anhand der Notizen wiedergegeben, Fehlendes wird ergänzt.

2.) **Vier Arten, einen Text zu lesen:**
Wenn man liest, hat man unterschiedliche Ziele, z. B. sucht man in einem Text nach Details oder man möchte sich einen Gesamtüberblick verschaffen.

Je nach Leseabsicht kann man wählen zwischen folgenden Lesetechniken:

Lesetechnik	Vorgehen	Ziele
Punktuelles Lesen	Der Text wird nach speziellen Begriffen „durchsucht“, dabei orientiert man sich an Überschriften und liest nur relevante Abschnitte gründlich.	Es sollen Detailinformationen gefunden werden.
Diagonales Lesen	Der Text wird überflogen, dabei werden einzelne Passagen, hervorgehobene Textstellen und Überschriften gelesen, Sprünge beim Lesen sind dabei sinnvoll.	Man möchte sich einen Überblick über einen Text verschaffen und eine Entscheidung über die weitere Beschäftigung mit dem Text treffen.
Fortlaufendes Lesen	Der Text wird gründlich gelesen, wichtige Stellen werden markiert, Notizen werden gemacht.	Man möchte sich umfassend informieren.
Intensives Lesen	Der Text wird gründlich gelesen, es wird sich auf die Lösung einer vorgegebenen Aufgabe konzentriert. Dazu werden Notizen gemacht, es wird markiert und unterstrichen.	Man möchte den gesamten Text vollständig erfassen und sich ein Urteil über Autor und Absicht bilden können.

Markt der Möglichkeiten: Der Markt der Möglichkeiten ist eine Form der Gruppenarbeit. Dabei erhalten Kleingruppen als Ausgangsvoraussetzung den Teil eines Gesamtthemas. Dieses Teilthema erarbeiten die Gruppen selbständig. Die Gruppenarbeitsergebnisse werden in verschiedenen Formen auf einem Marktplatz vorgestellt, auf dem die einzelnen Gruppenmitglieder abwechselnd ihren Marktstand mit den Informationen in

Gesprächen mit den Marktbesuchern vorstellen und Fragen beantworten.

Möglicher Ablauf eines Markts der Möglichkeiten:

Vorbereitung

Gruppen bilden und den Gruppen einzelne Themen aus dem Gesamtthema übertragen.

Phase 1 (Erarbeitung des Expertenwissens)

Es geht darum, ein möglichst umfangreiches Wissen zu einem eingegrenzten Themengebiet zu erwerben: Informationen sammeln, Informationen auswerten

Phase 2 (Aufbereitung des Expertenwissens)

Im zweiten Schritt (Präsentationsphase) lösen sich die Gruppen auf und bilden neue Gruppen. Somit sitzt in jeder neu gebildeten Gruppe jeweils ein Experte zu einem Thema aus den jeweiligen Expertengruppen und kann über sein Thema referieren.

Phase 3 (Präsentation des Expertenwissens)

Jetzt verfügen die Experten zu ihrem Thema über Expertenwissen, in den anderen Themen sind sie noch „Anfänger". Um das zu lösen, gibt es verschiedene Möglichkeiten: Zum einen können die einzelnen Gruppen ihr neues Wissen an gestellten Aufgaben messen. Eine andere Möglichkeit: die Gruppe erstellt eine Art Lernposter, auf dem das neue Wissen präsentiert wird.

Metaplantechnik: Die Metaplantechnik eignet sich besonders, wenn es darum geht, Ideen zu sammeln und zu strukturieren oder Gruppenprozesse zu visualisieren. Ein oder zwei Moderatoren leiten und begleiten den Arbeitsprozess und wenden ➪Moderationstechniken an.

Erforderliche Hilfsmittel:

- Stellwände mit Nadeln oder Heftzwecken, Packpapier/Tapeten zum Bespannen der Stellwände (➪Präsentationsmedien – Metaplanwand)
- Karten in unterschiedlichen Farben und Formen
- Filzschreiber in unterschiedlichen Stärken und Farben
- Klebepunkte zur Bewertung durch die Teilnehmer
- Fotoapparat, mit dem die gestalteten Stellwände abgelichtet werden, z. B. für ein Protokoll

Ablauf:

- Der Moderator schreibt ein Thema, ein Problem oder eine Frage auf eine mit Packpapier bespannte Stellwand.
- Die Teilnehmer notieren ihre Ideen stichwortartig auf vorbereitete Karten, pro Karte eine Idee. Es sollte groß und gut lesbar geschrieben werden.
- Die Karten werden eingesammelt, vorgelesen und unsortiert an die Stellwand gehängt.
- Anschließend werden die Karten geclustert, d. h. zu Gruppen zusammengefasst. Karten, die nicht zugeordnet werden können, kommen an die Seite.
- Bei Bedarf wird für jede Gruppe ein Oberbegriff auf andersfarbige Karten notiert.
- Der Moderator notiert die Punkte auf weitere Karten, die die Teilnehmer gerne ergänzen würden.
- Falls erforderlich bewerten die Teilnehmer die einzelnen Lösungen/Vorschläge mithilfe von Klebepunkten (➪Themengewichtung).

Mindmap ➪ Visualisieren

Moderationstechniken: Diese Techniken helfen, in einer Gruppe Probleme zu sammeln, zu strukturieren oder zu visualisieren. Eine Schülerin oder ein Schüler übernimmt die Rolle der Moderatorin/des Moderators, die/der die Arbeit einer Gruppe begleitet, strukturiert, organisiert und zusammenfasst. Zu den Aufgaben des Moderators gehören:

- die Organisation des Einstiegs in ein Thema oder ein Projekt,
- die Kontrolle der Einhaltung von Zeiten und Regeln,
- die Förderung der Bereitschaft der Teilnehmer zur Mitarbeit durch geeignete Anregungen,
- die Bewahrung des Überblicks über den Arbeitsfortschritt,
- das Zusammenfassen und Visualisieren der Ergebnisse durch geeignete Methoden.

Visualisierungstechniken: Auf Flipcharts können Aussagen der Teilnehmer festgehalten und Ergebnisse notiert werden. Nichts geht verloren. Auch Moderationswände bzw. Metaplanwände eignen sich. Auf ihnen arbeitet man mit unterschiedlichen Formen von Karten und mit Linien, die Zusammenhänge verdeutlichen (➪Präsentationsmedien).

Es gibt verschiedene Moderationstechniken, z. B.:

Blitzlicht: In einem Blitzlicht äußert sich jeder Teilnehmer zu seiner aktuellen Stimmungslage. Es gibt keine

Diskussionen während des Blitzlichts. Die Moderatorin/Der Moderator kann ein Blitzlicht nutzen, um beispielsweise latent vorhandenen Unmut, der die Arbeit beeinträchtigt, ins Bewusstsein aller zu rücken.

Brainstorming: Beim Brainstorming geht es darum, in kurzer Zeit möglichst viele Ideen/Lösungsvorschläge zu einem Thema zu sammeln.

Ablauf: Die Gruppe äußert nacheinander Ideen zu einem Stichwort, ohne dass diese bewertet werden. Die Äußerungen werden von zuvor ausgewählten Mitschülern an der Tafel, auf Folien etc. notiert. Erst nach Abschluss des Brainstormings wird die Sammlung strukturiert und bewertet.

Kartenabfrage: Diese Methode eignet sich, um zu Beginn einer Diskussion, Unterrichtsreihe oder Projektplanung Vorkenntnisse, Erwartungen oder Lösungsansätze von den Teilnehmern abzufragen.

Ablauf: Die Teilnehmer notieren ihre Ideen auf vorbereitete Karten. Es genügen Stichworte. Erste Strukturierungsmöglichkeiten ergeben sich durch unterschiedlich farbige Karten (doppelte Kartenabfrage).

Beispiel: *Bei der Planung des Tagesablaufs stehen rote Karten für die Frage: „Was sollten wir heute auf jeden Fall schaffen?", gelbe Karten für Aussagen zu: „Das hat Zeit bis morgen."*

Themengewichtung: Gibt es unterschiedliche Auffassungen zur Auswahl und Bewertung gesammelter Ideen, können die Teilnehmer mithilfe von Klebepunkten eine Gewichtung der Lösungen/Vorschläge vornehmen.

Placemat: Placemat ist eine Methode, um gemeinschaftliche Arbeitsabläufe zu strukturieren und die Arbeitsresultate aller aus der Gruppe zusammenzuführen. Die Methode eignet sich sehr gut zum Einstieg in ein Thema, aber auch zur Erfassung von Arbeitszwischenergebnissen sowie zur abschließenden Diskussion.

Der Ablauf der Placemat-Methode:

Vorbereitung

Vorzugsweise Vierergruppen bilden, jede Gruppe erhält einen großen Bogen Papier (A3 oder größer) und zeichnet sich eine „Placemat":

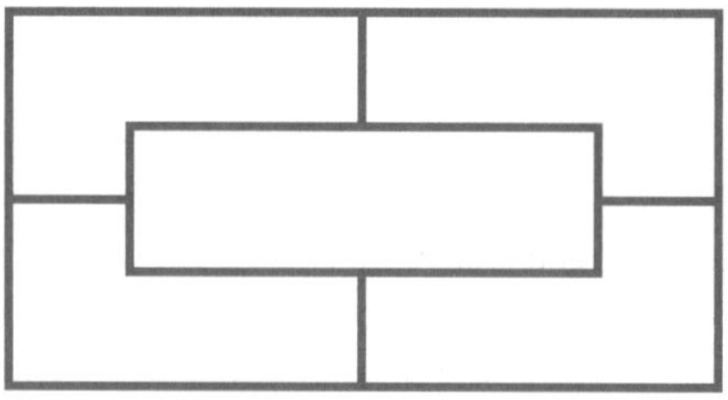

- Jede(r) hat im Außenbereich des Blattes ein eigenes Feld.

Phase 1

- In diesem Feld notiert jedes Gruppenmitglied seine eigenen Gedanken zum Thema bzw. zur Aufgabenstellung. Jedes Gruppenmitglied unterschreibt seine eigenen Notizen.

Phase 2

- Danach tauschen alle in der Gruppe ihre Antworten und Ideen aus, indem das Blatt gedreht wird, sodass alle Gruppenmitglieder alle Notizen zur Kenntnis nehmen können.

Phase 3

- Alle Gruppenmitglieder diskutieren die Notizen und einigen sich auf Antworten und Ergebnisse, die sie als gemeinsames Ergebnis in das mittlere Feld eintragen.
- Alle Gruppenmitglieder unterzeichnen das Gruppenergebnis im Zentralfeld.

Zum Schluss präsentiert jede der Arbeitsgruppen ihre Ergebnisse im Plenum.

Portfolioarbeit: Als Portfolio bezeichnet man ursprünglich eine Brieftasche oder Dokumentenmappe. Heute wird der Begriff in der Börsenwelt verwendet, wo er eine Zusammenstellung von Wertpapieren bezeichnet. In der Kunst und in anderen kreativen Bereichen beinhaltet ein Portfolio die Auswahl besonderer Arbeiten und Leistungen eines Menschen (Arbeitsmappe). An diese Verwendung des Begriffs knüpft auch der schulische Einsatz von Portfolios an. Im Deutschunterricht ist ein Portfolio eine Sammlung von Texten einer Schülerin oder eines Schülers, die über einen längeren Zeitraum entstanden ist, an Unterrichtsinhalte anknüpft und neben den Schreibprodukten auch eine Reflexion über deren Entstehung enthält.

Unterscheidung:
Grundsätzlich unterscheidet man zwischen einem Kursportfolio oder einem Portfolio im Einzelunterricht. Bei beiden werden anhand ausgewählter Arbeiten die Entwicklung und Ergebnisse eines Unterrichtsvorhabens dargestellt, reflektiert und bewertet. Dagegen ist das Portfolio als Bildungsmappe oder Bildungsdokumentation längerfristig angelegt und fachübergreifend.
Im Deutschunterricht kann man ein Portfolio beispielsweise anlegen, um ein erweitertes Textsortenspektrum einzuüben oder um die verschiedenen Stufen der Entstehung und Überarbeitung von selbstständig verfassten Texten zu dokumentieren. Auch ein Praktikumsportfolio oder ein Portfolio in Form einer Epochenmappe, Autoren- oder Werkporträtmappe ist möglich.
Vorbedingungen:
Portfolioarbeit braucht gemeinsam erarbeitete Vorgaben. Dabei müssen die Anforderungen für alle Beteiligten transparent sein. Dies gilt vor allem für Vorgaben bezüglich Umfang, Zeit und Bewertungsmaßstäben.
Reflexion:
Portfolioarbeit wird immer durch die Schülerinnen und Schüler reflektiert. Dabei können folgende Fragestellungen im Vordergrund stehen:

- Warum habe ich diesen Leistungsnachweis für das Portfolio ausgewählt?
- Was ist an dieser Arbeit gelungen?
- Was zeigt es von mir und meiner Arbeit?
- Was habe ich anhand dieses Leistungsnachweises gelernt?

Präsentation eines Portfolios:
Portfolioarbeiten sollen wahrgenommen werden. Deshalb ist es sinnvoll, sich über mögliche Präsentationsformen und -gelegenheiten vor Beginn des Vorhabens Gedanken zu machen.

Präsentation, digital: Computerprogramme, mit denen man eine auf Seiten (auch „Folien" genannt) basierende Präsentation erstellen kann. Die Gestaltungsmöglichkeiten reichen von der einfachen Textfolie über Folien mit Grafiken, Tabellen und Diagrammen bis hin zu Folien mit Multimediainhalten.
Bei der Gestaltung der Folien ist Folgendes zu beachten:

- möglichst eigene, schlichte Vorlagen gestalten
- die Anzahl der Aussagen auf einer Folie sollte man auf einem Blick erfassen können (nicht mehr als sieben)
- ausreichenden Rand und Zeilenabstand lassen
- auf Textfolien sollten maximal zehn Zeilen, in der Zeile höchstens zehn Wörter stehen
- möglichst nicht mehr als zehn Folien verwenden
- eine gut lesbare Schriftart verwenden
- Schriftgröße nicht zu häufig wechseln und Hervorhebungen sparsam einsetzen
- Schriftgröße: für Bildunterschriften 20 Punkt, 24 für den Fließtext, 28 Punkt fett für Zwischenüberschriften und 32 Punkt fett für die Hauptüberschrift
- Farben bewusst zur Hervorhebung, Unterscheidung und Gliederung einsetzen
- Visualisierungen auf zentrale Aussagen beschränken

Man sollte bei der Gestaltung der Folien beachten, dass sie den Vortrag unterstützen, aber nicht ersetzen sollen. Die vollständige Präsentation wird dann auf einem mobilen Datenträger gespeichert und mithilfe eines Computers und eines Beamers vorgeführt.

Präsentationsmedien: Präsentieren kann man mit vielen Medien, u. a. mit:
1 Flipchart:
Vorteile: einfach zu handhaben und zu transportieren
Nachteile: Flipchartblock ist teuer/nicht geeignet für große Räume (auf hinteren Plätzen nicht zu sehen)
Tipps: dicken Filzer verwenden/Druckbuchstaben
2 Digitale Präsentationen
3 Laptop mit Beamer:
Vorteile: transportierbar, Abspielen von DVDs und MP3-Musikformat, eigene Aufnahmen können gezeigt werden, professionelle und schnelle Gestaltung von Grafiken, Abbildungen, Bildern usw.
Nachteile: gute Software- und Hardwarekenntnisse sind erforderlich, häufig gerät der Präsentierende in den Hintergrund, Reizüberflutung durch zu große Bilderflut, Medienmonotonie

Tipps: andere Medien einbauen, z. B. Flipchart, maximal 15 Minuten, ausreichende Redepausen einbauen, weitere Tipps ⇨ Overheadprojektor

4 Metaplanwand und Karten:

Vorteile: flexibler Einsatz der Metaplankarten (verschieben und neu anordnen), Übersicht wird gewährleistet durch unterschiedliche Formate/Formen/Farben der Karten, Clustern (Haufenbildung nach Sinnzusammenhängen) und die Bildung von Oberbegriffen, Teilnehmer füllen die Karten aus und werden dadurch aktiv beteiligt

Nachteile: Moderationsregeln (⇨ Moderationstechniken) müssen beherrscht werden, der Umgang mit Karten und Wand erfordert Routine

Tipps: nur ein Aspekt auf eine Karte/nur Stichworte, höchstens drei Zeilen pro Karte/Druckbuchstaben, gut formulierte Kartenfragen führen zum Ziel

5 Overheadprojektor und Folien:

Vorteile: transportierbar und verschiebbar, Folien können vorbereitet werden

Nachteile: weiße Projektionsfläche muss vorhanden sein, Sonnenlicht kann blenden, Schrift auf Folie ist zu klein oder zu dünn, zu viele Folien/zu schneller Folienwechsel, Folien häufig überladen

Tipps: nicht mit der Wand sprechen oder im Licht stehen, nicht hinter dem OHP verschanzen, bei längeren Pausen abschalten, Folien durchnummerieren, Zeigehilfen verwenden, Blickkontakt zum Publikum suchen

6 Wandtafel:

Vorteile: einfach zu handhaben/große Schreibfläche, durch Abwischen Veränderung jederzeit möglich

Nachteile: Sprechen und Schreiben gleichzeitig schwierig, Gefahr, mit der Tafel zu sprechen, Tafelbilder können nicht gesichert werden

Tipps: auf gut lesbare Schrift und auf Raumaufteilung achten, kontrastreiche Kreidefarben benutzen

Protokolle erstellen: Viele Kommunikationssituationen erfordern eine Dokumentation, um alle Beteiligten gleichermaßen sachrichtig und umfassend zu informieren. Dazu werden in zahlreichen beruflichen und außerberuflichen Veranstaltungen Protokolle angefertigt, z. B. bei Parlamentsdebatten, bei Mitgliederversammlungen oder bei Besprechungen in Betrieben. Auch im schulischen Bereich kann die Anfertigung eines Protokolls zur Dokumentation der Ergebnisse von SV-Sitzungen, von Unterrichtsstunden oder des Verlaufs einer Schülerdiskussion sinnvoll sein.

Je nach Verwendungszweck unterscheidet man zwischen Verlaufsprotokoll und Ergebnisprotokoll.

Verlaufsprotokoll: In einem Verlaufsprotokoll wird der Verlauf eines Treffens chronologisch und vollständig protokolliert und objektiv dargestellt. Dabei werden die wesentlichen Schritte des Treffens festgehalten, es wird dargestellt, wie es zu den Ergebnissen gekommen ist, und die Kernaussagen der Argumente, Einwände, Anträge und Forderungen der Teilnehmerinnen und Teilnehmer werden wiedergegeben. Redebeiträge werden dabei in indirekter Rede wiedergegeben, oft verwendet man daneben die Form des Redeberichts („Frau Schmitz zeigte sich erfreut über ...“). Anträge werden wörtlich formuliert.

Ergebnisprotokoll: Ergebnisprotokolle sind oft knapper als Verlaufsprotokolle und beschränken sich auf die Information über Ergebnisse und Beschlüsse eines Treffens. Der zeitliche Verlauf spielt dabei keine Rolle. Anträge, Abstimmungs- und Wahlergebnisse werden in gekürzter Form genannt. Wenn ein Beteiligter Aufgaben übernommen hat, wird dies vermerkt. Auf das Aufzeichnen einzelner Wortbeiträge wird verzichtet.

Sprache und Stil:

Sprache und Stil des Protokolls sind sachlich, nüchtern und nicht wertend. Umgangssprache gehört nicht in ein Protokoll. Protokolle werden im Präsens formuliert.

Aufbau:

- *Protokollkopf:* Im Kopf des Protokolls werden Angaben gemacht über die Art der Veranstaltung, den Anlass, den Ort, das Datum und die Zeit, die Teilnehmerinnen und Teilnehmer und ggf. über eine vorliegende Tagesordnung. Ebenfalls muss genannt sein, wer das Protokoll angefertigt hat.
- *Hauptteil:* Dann erfolgt die eigentliche Wiedergabe des Verlaufs bzw. der Ergebnisse einer Veranstaltung. Gab es zu dieser eine Einladung mit Tagesordnung, so kann die Gliederung dieser Tagesordnung gleichzeitig die des Protokolls sein.

- *Schluss:* Die/Der Protokollführende gibt am Schluss Ort und Datum der Ausfertigung des Protokolls an und garantiert mit ihrer/seiner Unterschrift für die Richtigkeit.

Punktuelles Lesen ➪ Lesetechniken

Schreibkonferenz: Eine Schreibkonferenz ist ein Beratungsgespräch, das sich mit einem Textentwurf beschäftigt. Der Verfasser/die Verfasserin eines Textes benötigt ein bis max. drei Personen, die den Text lesen und ihn prüfen.

Möglicher Ablauf einer Schreibkonferenz:
1. Der Text wird vorgelesen.
2. Alle äußern sich spontan zum Inhalt, ggf. werden im Anschluss Fragen dazu gestellt.
3. Gemeinsam gehen alle den Text durch und besprechen sprachliche wie inhaltliche Aspekte. Der Verfasser markiert Stellen, die er ändern will, und notiert Vorschläge.
4. Der Text wird auf Rechtschreibung durchgelesen.
5. Anschließend überarbeitet der Verfasser den Text inhaltlich, sprachlich und orthografisch.

Strukturbild ➪ Visualisieren

Themengewichtung ➪ Moderationstechniken

Thesenpapier: Ein Thesenpapier (auch „Handout“ oder „Paper“ genannt) dient als Orientierungshilfe für die Zuhörer während eines Vortrags. Es fasst die wichtigsten Aussagen des Vortragenden zusammen und ist häufig die Grundlage für eine sich anschließende Diskussion. Da es parallel zum Vortrag gelesen wird, sollte es besonders übersichtlich gestaltet sein.

Aufbau:
- in der Regel eine DIN-A4-Seite
- Schriftgrad mindestens 11 Punkt
- Kopfzeile mit Angaben zum Vortragenden, zum Fach, Fachlehrer, Thema der Unterrichtsreihe, Thema des Vortrags, Datum
- kurze inhaltliche Erläuterung des Themas und Einordnung in einen Gesamtzusammenhang
- Thesen
- evtl. persönliches Fazit
- Literaturhinweise bzw. -angaben

Inhalt:
Die Thesen verdeutlichen den Argumentationsstrang des Vortragenden oder z. B. des Autors, über dessen Werk berichtet wird. Jede These ist Teil einer Argumentationskette. Sie übernimmt die Funktion einer Ausgangsbehauptung, die mündlich begründet und erläutert wird.

Reihenfolge der Thesen:
- Es empfiehlt sich, die Thesen in der Reihenfolge des Vortrags aufzulisten, sodass der Zuhörer sich daran orientieren kann.
- Unter dramaturgischen Gesichtpunkten kann man die wichtigste These an den Anfang stellen (Durchbruchstrategie) und durch weitere Thesen und Argumente untermauern oder man platziert sie als Höhepunkt an das Ende des Vortrags (dramatisierende Reihe).

Sprache:
- Kurze, verständliche Sätze erleichtern das Zuhören.

Think-Pair-Share (denken-teilen-austauschen): Think-Pair-Share ermöglicht auf einfache Weise kooperatives Lernen.

Phase 1: Think
Jeder arbeitet für sich alleine: setzt sich mit der Aufgabenstellung auseinander, entwickelt Lösungswege etc.

Phase 2: Pair
Die Ergebnisse werden in Partner- oder Gruppenarbeit besprochen und vertieft.

Phase 3: Share
Die Ergebnisse aus Phase 2 werden im Plenum vorgestellt und im Austausch mit anderen Gruppen weiter vertieft.

Umfrage: Die Umfrage ist eine Methode, Informationen über Menschen zu sammeln.

Zielgruppe bestimmen:
Bevor eine Umfrage zu einem Thema durchgeführt werden kann, muss zunächst der Personenkreis bestimmt werden, der befragt werden soll. Man kann entweder einen „repräsentativen“ Personenkreis

befragen oder nach dem Zufallsprinzip auswählen, wen man befragt.

1. ***Repräsentativumfrage:*** Hier wird eine überschaubare Anzahl von Personen befragt, die in ihrer Zusammensetzung (Alter, Berufsstand, Geschlecht, Interessen etc.) ein möglichst genaues Abbild der Zielgruppe darstellen. Die Ergebnisse der Befragung werden auf die Gesamtgruppe hochgerechnet.
2. ***Auswahl nach dem Zufallsprinzip:*** Eine Befragung nach dem Zufallsprinzip ist wesentlich einfacher durchzuführen, die Fehlerquote ist aber auch erheblich höher als bei einer Repräsentativumfrage.

Die Erhebungsmethode bestimmen:
Die geeignete Erhebungsmethode hängt von den eigenen organisatorischen und zeitlichen Möglichkeiten ab. Man kann:

- Fragebögen verteilen oder verschicken,
- eine Telefonumfrage starten,
- geeignete Personen in einem Interview befragen,
- einen Fragebogen ins Internet stellen.

Fragen formulieren:
Grundsätzlich sollten alle Fragen standardisiert sein, d. h. in der Reihenfolge und Wortwahl immer gleich sein. Es empfiehlt sich, Fragen möglichst eindeutig, präzise und leicht verständlich zu formulieren und mit einfachen Fragen („Eisbrecher“) zu starten. Je nach Zielstellung kann zwischen offenen und geschlossenen Fragen gewählt werden.

1. ***Geschlossene Fragen:*** Bei geschlossenen Fragen muss der Befragte zwischen zwei Alternativantworten auswählen (*Ja/Nein, Richtig/Falsch* oder *A/B*). Es können auch mehrere Antworten zur Auswahl gestellt werden wie bei einer Multiple-Choice-Frage. Als Sonderform kann man die Skalenfrage verwenden, bei der die Umfrageteilnehmer durch Ankreuzen auf einer Skala eine These bewerten.
2. ***Offene Fragen:*** Bei offenen Fragen können die Teilnehmer die Antworten frei formulieren. Vermeiden sollte man Suggestivfragen (dabei werden dem Befragten die Antworten in den Mund gelegt, z. B. „Sind Sie auch der Meinung, dass ...“).

Geschlossenen Fragen lassen sich leichter auswerten als offene Fragen, da bei offenen Fragen ein Vergleich der Antworten oft schwierig ist.

Validität und Reliabilität einer Umfrage:
Die Ergebnisse einer Umfrage sollten dem Anspruch an Validität und Reliabilität genügen. Valide oder gültig sind die Ergebnisse dann, wenn die Fragen so präzise gestellt wurden, dass Fehldeutungen unmöglich sind. Reliabel oder zuverlässig sind Forschungsergebnisse dann, wenn die Meinungen der Befragten möglichst genau die Ansichten der Zielgruppe wiedergeben, d. h., wenn die Fehlerquote sehr gering ist.

Präsentation der Umfrage:
Für die Präsentation oder Visualisierung von Ergebnissen eignen sich vielfach Schaubilder und Diagramme.

Verlaufsprotokoll ➪ Protokolle erstellen

Vier Arten, einen Text zu lesen ➪ Lesetechniken

Visualisieren: Textinhalte können mithilfe grafischer Elemente dargestellt und zusammengefasst werden. Neben Diagrammen eignen sich dafür die folgenden Methoden:

a) Bei einem ***Assoziogramm*** ordnet man einem vorgegebenem Oberbegriff verschiedene Ideen, Begriffe etc. (Assoziationen) zu, ohne diese zu strukturieren. Diese Methode hilft, um Vorwissen zu einem Thema zu aktivieren. Ein Assoziogramm eignet sich z. B. bei der Vorbereitung einer Interpretation.

b) Mithilfe einer ***Mindmap*** können Schlüssel- bzw. Oberbegriffen Detailinformationen in Form von Unterbegriffen zugeordnet werden. Das zentrale Thema wird in die Mitte eines Blattes geschrieben und eingekreist. Um das Thema herum werden Hauptäste angeordnet, auf denen die Hauptgedanken (Schlüsselbegriffe) stichwortartig festgehalten werden. Für jeden neuen Aspekt wird ein weiterer Ast eingerichtet. Zur weiteren Differenzierung werden Nebenäste angelegt, auf denen weitere Teilaspekte (Unterbegriffe) notiert werden. Mit Symbolen oder Bildern kann man die Begriffe ergänzen.

c) Mit einem ***Strukturbild*** kann man die in einem Text thematisierten Sachverhalte, Ereignisse etc. darstellen, Bildelemente können eingefügt werden.

Aussprache
Hoch|re|li|ef [-ljɛf] *n. 9* Relief mit stark erhaben herausgearbeiteter Darstellung, Hautrelief, *Ggs.:* Flachrelief
hoch|rot
hoch|rüs|ten *tr. 1* **1.** militärisch aufrüsten **2.** technisch verbessern, modernisieren; einen PC, ein Auto h.
hoch|schal|ten *intr. 1, ugs., Kfz:* in einen höheren Gang schalten
hoch|schät|zen *auch:* **hoch schätzen** *tr. 1*
Hoch|schät|zung *f. 10 nur Sg.*

Geschlecht (hier: n. = Neutrum)
Bedeutungserklärung
Gegensatz
betonte Silbe (langer Vokal)
Silbentrennung
Anwendungsbeispiel
Stilebene (ugs. = umgangssprachlich)
Fachbereich, in dem das Wort verwendet wird
orthografische Variante
gram. Angabe – hier: Nomen existiert nur im Singular

Wörterbuch benutzen: Beim Erstellen eines eigenen Textes oder beim Lesen eines fremden Textes können Fragen auftauchen, die sich mithilfe eines Wörterbuchs schnell klären lassen. Voraussetzung ist, dass man mit diesem Hilfsmittel umgehen und die verwendeten Zeichen entschlüsseln kann (➪ Beispiel).
Weitere Informationen zur Benutzung und zu den Abkürzungen finden sich auf den ersten Seiten eines Wörterbuchs.

Zitieren: Mit Zitaten belegt man z. B. in einem Aufsatz die Richtigkeit der eigenen Gedanken. Zitate müssen als solche kenntlich gemacht werden:

1 Direktes (wörtliches) Zitieren:
- Anfang und Ende des Zitats werden durch Anführungsstriche deutlich gemacht.
- Wird eine Textpassage nicht vollständig zitiert, werden die Auslassungen mit Klammern und drei Punkten gekennzeichnet: (...).
- Übernimmt man ein Zitat z. B. in den eigenen Aufsatz, können die Fallendungen (z. B. *-es, -en, -er, -em*) verändert werden, Beispiel:

Original: *„Im Laufe dieses **Jahres** wird sich nichts an der Einstellung der Experten ändern."*
Als Zitat: *Der Autor meint, in diesem „**Jahr** wird sich nichts an der Einstellung der Experten ändern."*
- Ein Zitat in einem Zitat wird durch einfache Anführungsstriche hervorgehoben.

2 Sinngemäßes Zitieren (indirekte Rede):
- Längere Textpassagen werden oft in indirekter Rede wiedergegeben.
- Der Sinn darf nicht entstellt werden.
- Sinngemäße Zitate müssen ebenfalls kenntlich gemacht werden, z. B. durch eine Einleitung des Zitats (*Der Autor meint, dass ...*).
- Verben der wörtlichen Rede werden in der indirekten Rede nach Möglichkeit in den Konjunktiv I umgewandelt. Sind Indikativ und Konjunktiv I identisch, ist der Konjunktiv II zu wählen.

3 Quellenangaben:
- Sie erscheinen im Text oder als Fuß- oder Endnoten.
- Sie enthalten den Nachnamen und den Vornamen des Autors/Herausgebers, Titel, Auflage, Verlagsort: Verlag, Erscheinungsjahr, Seitenangabe.
Beispiel: *Berthold, Siegwart: Reden lernen, 1. Aufl., Frankfurt am Main: Cornelsen Scriptor Verlag, 1993, Seite 15.*
- Beim sinngemäßen Zitieren erscheint vor der Literaturangabe die Abkürzung „vgl." für die Aufforderung „Vergleiche!".

Textquellenverzeichnis

Aigner, Ilse: *Zu gut für die Tonne (leicht gekürzt), S. 372. Aus: http://www.bmelv.de/SharedDocs/Reden/2012/03-27-AI-ZuGutFuerDieTonne.html, 27.03.2012.*

Andersch, Alfred: *Der Vater eines Mörders (Auszüge), S. 26, 222. Copyright © 1980, 2006 Diogenes Verlag AG Zürich.*

Ausländer, Rose: *Ein Tag im Exil, S. 300. Aus: Gesammelte Gedichte. Köln: Literarischer Verlag Braun 1977, S. 114.*

Beckett, Samuel: *Warten auf Godot (Auszug), S. 259. Aus: S. M., Warten auf Godot. Deutsch v. Elmar Tophoven. Frankfurt a. M.: Suhrkamp 1963, S. 7.*

Benn, Gottfried: *Karyatide, S. 298. Aus: G. B., Sämtliche Werke. Bd. 1. Gedichte. Stuttgarter Ausgabe in Verbindung mit Ilse Benn. Hg. v. Gerhard Schuster. Stuttgart: Klett Cotta 1986, S. 38.*

Berg, Sybille: *RUTH langweilt sich (Auszug), S. 220. Aus: S. B., Ein paar Leute suchen das Glück und lachen sich tot. Leipzig: Reclam 1997, S. 13.*

Bergmann, Anke u. a.: *Entwicklung des Reality-Formats (gekürzt), S. 317. Aus: Anke Bergmann/Joachim von Gottberg/Jenny Schneider: Scripted Reality auf dem Prüfstand. Eine Studie. Teil 1. Freiwillige Selbstkontrolle Fernsehen e. V., Berlin 2012.*

Berkel, Karl: *S. 32. Aus: Konflikttraining: Konflikte verstehen, analysieren, bewältigen, Windmühle 1999.*

Bernard, Andreas/Haberl, Tobias: *Aus Liebe zum Wort (gekürzt), S. 357. Aus: http://sz-magazin.sueddeutsche.de/texte/anzeigen/29981, Süddeutsche Zeitung Magazin, 30/2009.*

Berner, Winfried: *Wahrnehmung: Das unsichere Fundament unseres Handelns, S. 16. Aus: http://www.umsetzungsberatung.de, Abruf 10.10.2011.*

Böhm, Markus: *Die Regeln der Freundschaft, S. 321. Aus: http://www.spiegel.de/schulspiegel/schueler-und-lehrer-bei-facebook-die-regeln-der-freundschaft-a-796846.html, 29.11.2011; Jan-Martin, S. 321. Aus: http://www.spiegel.de/schulspiegel/schueler-und-lehrer-bei-facebook-die-regeln-der-freundschaft-a-796846-2.html, 29.11.2011; Annkathrin aus Mettmann, S. 322. Aus: http://www.spiegel.de/schulspiegel/schueler-und-lehrer-bei-facebook-die-regeln-der-freundschaft-a-796846-7.html, 29.11.2011.*

Borchardt, Alexandra: *Weil Frauen es wert sind (leicht gekürzt), S. 208. Aus: http://www.sueddeutsche.de/karriere/gehaltsunterschiede-zwischen-den-geschlechtern-weil-frauen-es-wert-sind-1.1316176 <http://www.sueddeutsche.de/karriere/gehaltsunterschiede-zwischen-den-geschlechtern-weil-frauen-es-wert-sind-1.1316176>, 23.03.2012.*

Brecht, Bertolt: *Kann die heutige Welt durch Theater wiedergegeben werden? (Auszug), S. 252. Aus: B. B., Werke. Große kommentierte Berliner u. Frankfurter Ausgabe. Hg. v. W. Hecht u. a., Bd. 23. Frankfurt a. M.: Suhrkamp 1993, Seite 340 f; Leben des Galilei (Auszug aus dem ersten Bild), S. 256. Aus: Bertolt Brecht. Gesammelte Werke 3. Stücke 3. Werkausgabe. Frankfurt a. M.: Edition Suhrkamp 1967; Leben des Galilei (Auszug aus dem vierten Bild), S. 264. Aus: ebd., S. 1265-1266; Leben des Galilei (Auszug aus dem 6. Bild), S. 266. Aus: ebd. S. 1281-1283; Leben des Galilei. Erste (dänische) Fassung (Schlussmonolog). (Auszug aus dem 14. Bild), S. 269. Aus: Leben des Galilei. Edition Suhrkamp. 44. Aufl. Berlin: Suhrkamp 1990; Leben des Galilei (Schlussmonolog). Dritte (Berliner) Fassung (1953-55). Auszug aus dem 14. Bild, S. 269. Aus: Bertolt Brecht. Gesammelte Werke 3. Stücke 3. Werkausgabe. Frankfurt a. M.: Edition Suhrkamp 1967, S. 1340-1341; Wer kennt wen?, S. 279. Aus: B. B., Gesammelte Werke in 20 Bänden. Prosa 2. In Zusammenarbeit mit Elisabeth Hauptmann. Werkausgabe Edition Suhrkamp. Frankfurt a. M.: Suhrkamp 1967, S. 407-408; Das Leben des Galilei, Auszug aus dem 13. Bild, S. 380. Aus: B. B., Gesammelte Werke 3. Stücke 3. Werkausgabe Edition Suhrkamp. Frankfurt a. M.: Suhrkamp 1967, S. 1325.*

Brussig, Thomas: *Am kürzeren Ende der Sonnenallee (Auszug), S. 334. Frankfurt a. M.: Fischer TB Verlag 2002, S. 12.*

Bucher, Hans-Jürgen: *PowerPoint macht nicht dumm- aber auch nicht klug. Aus: http//trier.wissenschaftskommunikation.info, 07.12.2009.*

Busse, Tanja: *Fair-machen statt fair-sagen, S. 194. Aus: http://www.utopia.de/magazin/die-einkaufsrevolutionaerin-6-fair-machen-statt-fair-sagen, 25.09.2008.*

Chamisso, Adelbert von: *Seit ich ihn gesehen, S. 244. Aus: Deutsche Liebesgedichte von Walther von der Vogelweide bis zur Gegenwart. Ausgewählt v. Walter Lewerenz u. Helmut Preißler. Berlin: Verlag Neues Leben 1964, S. 124.*

Döblin, Alfred: *Berlin, Alexanderplatz (Auszug), S. 297. Berlin: Rütten & Loening 1978, S. 9.*

Domin, Hilde: *Ziehende Landschaft, S. 300. Aus: Gesammelte Gedichte. Frankfurt a. M.: Fischer 1987, S. 13.*

Dörrie, Doris: *Es gibt da eine kleine Ente ..., S. 216. Aus: Kurz und bündig. Die schnellsten Geschichten der Welt. Hg. v. Daniel Kampa u. a. Zürich: Diogenes 2007, S. 57-59.*

Dorst, Tankred: *Die Schattenlinie (Auszug), S. 25. Frankfurt a. M.: Suhrkamp 1994, S. 31 f.*

Dürrenmatt, Friedrich: *Der Richter und sein Henker (Auszug), S. 224. Copyright © 1986, Diogenes Verlag AG Zürich. Die Physiker (Auszug), S. 258. Aus: Werkausgabe in 37 Bänden. Bd. 7. Diogenes Verlag AG Zürich 1998; Modell Scott, S. 261. Aus: Friedrich Dürrenmatt. Die Wiedertäufer. Copyright © 1986, Diogenes Verlag AG Zürich.*

Eichendorff, Joseph von: *Der wandernde Student, S. 291. Aus: Frühling mit Nachtigallen und anderem Zubehör. Eichendorff zum Vergnügen. Hg. v. Martin u. Ulrike Hollender. Stuttgart: Philipp Reclam jun. GmbH & Co. 1998, S. 26 ff.*

Eisenberg, Peter: *S. 134, verändert nach: Eisenberg, Peter: Grundriss der deutschen Grammatik I: Das Wort. Stuttgart 2006, S. 332). Eine Zeitschrift von August Wilhelm Schlegel und Friedrich Schlegel, Berlin 1798-1800.*

Fendt, Tobias: *Lebensmittel für mehr Muskeln (geändert), S. 90. Nach: http://www.muskel-guide.de/ernahrung/10-lebensmittel-fur-muskelaufbau-diese-nahrungsmittel-helfen-beim-muskelaufbau/, 10.12.2012.*

Fontane, Theodor: *Effi Briest (Auszug), S. 293. Aus: Fontanes Werke in fünf Bänden. 4. Bd. Ausgew. u. eingeleitet v. Hans Heinrich Reuter. Hg. v. d. Nationalen Forschungs und Gedenkstätten der klassischen deutschen Literatur in Weimar. Berlin/Weimar: Aufbau Verlag 1964, S. 249-252.*

Fried, Erich: *Was es ist, S. 250. Aus: Gedichte. Ausgew. u. hg. v. Klaus Wagenbach. München: Deutscher TaschenbuchVerlag 1995.*

Galtung, Johann: *S. 32. Aus: Modelle zum Frieden: Methoden und Ziele der Friedensforschung. Wuppertal: Jugenddienst-Verlag, 1972.*

Gauck, Joachim: *Rede auf dem „Führungstreffen Wirtschaft 2012" der Süddeutschen Zeitung, S. 370. Aus: http://www.bundespraesident.de/SharedDocs/Reden/DE/Joachim-Gauck/Reden/2012/11/121115-Fuehrungstreffen-Wirtschaft.html, 15.11.2012.*

Geiger, Arno: *Es geht uns gut (Auszug), S. 306. Hanser, München 2005, S. 142-152.*

Glasl, Friedrich: *Die neun Stufen der Konflikteskalation (Auszug), S. 33. Aus: Konfliktmanagement. Ein Handbuch für Führungskräfte und Berater. Bern/Stuttgart/Wien: Haupt Verlag und Verlag Freies Geistesleben, 1990, 11. Auflage 2013.*

Textquellenverzeichnis

Goethe, Johann Wolfgang: *Maifest, S. 242. Aus: Sämtliche Werke. Bd. 2. Die Gedichte 1800–1832. Hg. v. Karl Eibl. Frankfurt a. M.: Deutscher Klassiker Verlag, S. 47 f.; Die Leiden des jungen Werthers (Auszüge), S. 242. Aus: Goethes Werke. Hamburger Ausgabe in 14 Bänden. Bd. 6, Romane und Novellen 1. Hg. v. Erich Trunz. München: Verlag: C. H. Beck 1993.; Die Leiden des jungen Werthers (Auszug), S. 286. Aus: Goethes Werke. Hamburger Ausgabe in 14 Bänden. Bd. 6, Romane und Novellen 1. Hg. v. Erich Trunz. München: Verlag: C. H. Beck 1993; Iphigenie auf Tauris (Auszug), S. 288. Aus: Sämtliche Werke. Briefe, Tagebücher und Gespräche. Bd. 5: Dramen 1776–1790. Unter Mitarbeit von Peter Huber hg. v. Dieter Borchmeyer. Frankfurt a. M.: Deutscher Klassiker Verlag 1988, S. 555 f., S. 43.*

Grass, Günter: *Der Butt (Auszug), S. 215. Darmstadt u. a.: Luchterhand 1977; Die Blechtrommel (Auszug), S. 301. Hamburg/Zürich: Luchterhand Literaturverlag 1974, S. 6–8.*

Grimmelshausen, Hans Jakob Christoffel von: *Der abenteuerliche Simplicissimus Teutsch (Auszug), S. 283. Nachw. v. Günther Deicke. 5. Aufl. Berlin/Weimar: Aufbau 1988, S. 37 f.*

Groll, Tina: *Wer authentisch ist, produziert keine Worthülsen (gekürzt), S. 349. Aus: http://www.zeit.de/karriere/beruf/2011-05/interview-thilo-baum-rhetorik, ZEIT online, 02.06.2011.*

Gryphius, Andreas: *An Eugenien, S. 244. Aus: Deutsche Liebesgedichte von Walther von der Vogelweide bis zur Gegenwart. Ausgewählt v. Walter Lewerenz und Helmut Preißler. Berlin: Verlag Neues Leben 1964, S. 42; Es ist alles eitel, S. 283. Aus: Werke in einem Band. Berlin/Weimar: Aufbau 1980, S. 5.*

Hahn, Ulla: *Bildlich gesprochen, S. 244. Aus: U. H., Liebesgedichte. Stuttgart: DVA 1993, S. 22.*

Haruna, Hadija: *Weissu – is krasse Sprache – Jugendliche Migranten mischen das Hochdeutsch auf, S. 338. Aus: fluter Heft 9536, Bundeszentrale für politische Bildung, Bonn, 30.08.2012.*

Hauptmann, Gerhart: *Der Biberpelz (Auszug), S. 295. Aus: Ausgewählte Werke. Berlin: Aufbau 1962, S. 7–9.*

Hayakawa, Samuel Ichiye: *Sprache im Denken und Handeln (Auszug, Niagarafall der Wörter). Darmstädter Blätter Schwarz & Co. (1976) S. 27 ff.*

Heeper, Astrid / Schmidt, Michael: *Formulierungen des Alltags, S. 34. Aus: Verhandlungstechniken, Vorbereitung, Strategie und erfolgreicher Abschluss. Berlin: Cornelsen Scriptor 2004, S. 44.*

Heine, Heinrich: *Nachtgedanken, S. 292. Aus: Werke, Bd. 1: Gedichte. Hg. v. C. Siegrist. Frankfurt a. M.: Insel 1968.*

Hentrich, Steffen: *Zu schön um fair zu sein, S. 204. Aus: Blog des Liberalen Instituts der Friedrich-Naumann-Stiftung für die Freiheit, http://liberalesinstitut.wordpress.com/2010/01/02/fair-trade-zu-schon-um-fair-zu-sein/, 02.01.2010.*

Hesse, Jürgen / Schrader, Hans Christian: *Beispiele für Testaufgaben Eignungstest, S. 117. Aus: Jürgen Hesse, Hans-Christian Schrader: Testaufgaben. Das Übungsprogramm Banken, Versicherungen, Büro, Verwaltung, öffentlicher Dienst, Pilotentest. Eichborn: Frankfurt, 2005, S. 41, S. 110, S. 139.*

Hilbig, Wolfgang: *Grünes grünes Grab (Auszug), S. 230. Aus: W. H., Erzählungen. Frankfurt a. Fischer TB Verlag 2002, 307 ff.*

Hinney, Gabriele/Menzel, Wolfgang: *Didaktik des Rechtschreibens, S. 123. Aus: Lange, Günter & Neumann, Karl & Ziesenis, Werner (Hrsg.)Taschenbuch des Deutschunterrichts. Band 1 Grundlagen – Sprachdidaktik – Mediendidaktik.*

Hoddis, Jakob van: *Weltende, S. 248. Aus: Dichtungen und Briefe. Hg. v. Regina Nörtemann. Zürich: Arche-Verlag 1987, S. 15.*

Hofferer, Dominik: *Politiker und soziale Netzwerke: Wie das Internet die repräsentative Demokratie retten kann, S. 329. Aus: http://hofferer.org/politik/politiker-soziale-netzwerke-internet-demokratie-retten/, 20.07.2011*

Hoffmann, Ernst Theodor Amadeus: *Der Sandmann (Auszug), S. 290. Aus: Märchen und Erzählungen. Nachwort v. Gerhard Seidel. Berlin/Weimar: Aufbau 1980, S. 131 f.*

Hoffmeyer, Miriam: *Streit unter Kollegen – Kampfzone Büro, S. 36. Aus: Süddeutsche Zeitung Online, http://www.sueddeutsche.de/karriere, 13.08.2011.*

Joyce, James: *Ulysses (Auszug), S. 225. Aus: J. J., Ulysses. Bd. 2. Übersetzt von Hans Wollschläger. Berlin: Verlag Volk und Welt 1980, S. 498.*

Kafka, Franz: *Kleine Fabel, S. 278. Aus: Gesammelte Werke. Hg. v. Max Brod. Frankfurt a. M.: Fischer TB Verlag 1983, S. 91. S. 55.*

Kals, Ursula: *Bitte recht freundlich!, (leicht gekürzt), S. 209. Aus: http://www.faz.net/aktuell/beruf-chance/arbeitswelt/hoeflichkeit-im-beruf-bitte-recht-freundlich-12080535.html, 22.01.2013.*

Kant, Immanuel: *Beantwortung der Frage: Was ist Aufklärung? (Auszug), S. 360. Aus: Was ist Aufklärung? Thesen und Definitionen. Hg. v. Erhard Bahr. Stuttgart: Reclam 1974, S. 9 f.*

Kaube, Jürgen: *Heute ich geh Diktat, S. 339. Aus: http://www.faz.net/aktuell/feuilleton/debatte-um-jugendsprache-heute-ich-geh-diktat-11664452.html, 28.02.2012.*

Kessler, Wolfgang: *Nur ein Tropfen auf den heißen Stein, S. 200. Aus: Badische Zeitung, BZ-Gastbeitrag, 21.01.2012.*

Kockmann, Stephan: *Von Liebe und Kälte – Buchbesprechung zu Peter Stamms Roman "Agnes", S. 238, 239. Aus: http://blog.datenstrand.de/2013/07/von-liebe-und-kaelte-peter-stamm-agnes.html, 10.07.2013.*

Klepsch, Rüdiger: *Was tun, wenn aus Kollegen Feinde werden? S. 31. Aus: Spiegel Online, http://www.spiegel.de/wirtschaft/unternehmen/hilfe-fuer-buero-alltag-was-tun-wenn-aus-kollegen-feinde-werden-a-708767.html, 04.08.2010.*

Köhler, Horst: *Für einen fruchtbaren Dialog von Wirtschaft und Politik. – Rede von Bundespräsident Horst Köhler anlässlich der Jahrestagung des BDI (Auszüge), S. 366. Aus: http://bundespraesident.de/Reden- und-Interviews-,11057.646241/Fuer-einen-fruchtbaren-Dialog-.htm?global.back=/-%2c11057%2c0/Reden-und-Interviews.htm%3flink%3dbpr_liste%26link.sDateV%3d21.06.2008%26link.sDateB%3d27.06.2008 [24.09.2008]; Arbeit, Bildung, Integration (Auszug). Aus: http://bundespraesident.de/Reden- und-Interviews-,11057. 646080/Arbeit_-Bildung_-Integration-B.htm?global.back=/-%2c11057%2c1/Reden-und-Interviews.htm%3flink%3dbpr_liste, 24.09.2008.*

Kopfermann, Thomas: *S. 123, Rhetorik – ein Spiel? Praktische Rhetorik in der Lehrerausbildung und -fortbildung, in: Rhetorik. Ein internationales Jahrbuch, Bd. 17. Tübingen 1998, Max Niemeyer Verlag Gefunden unter: www.mediaculture-online.de (S. 10).*

Küng, Michael: *PowerPoint auf schöne Art: prezi.com, S. 72. Aus: Welt Online, http://www.welt.de/print/welt_kompakt/webwelt, 28.03.2013.*

Kutter, Inge: *Hallöchen, Herr Professor, S. 347. Aus: DIE ZEIT, Nr. 47, http://www.zeit.de/2012/47/Professoren-Studenten-Korrespondenz, 24.11.2012.*

Textquellenverzeichnis

Lenzen-Schulze, Martina: *Übergewicht – Die falsche Botschaft des Body-Mass-Index (gekürzt), S. 84. Aus: Frankfurter Allgemeine Zeitung, http://www.faz.net/aktuell/wissen/medizin/uebergewicht-die-falsche-botschaft-des-body-mass-index-11871226.html; 01.09.2012; Die Leberverfettung ist der Schurke, S. 86. Aus: Übergewicht – Die falsche Botschaft des Body-Mass-Index. Frankfurter Allgemeine Zeitung, http://www.faz.net/aktuell/wissen/medizin/uebergewicht-die-falsche-botschaft-des-body-mass-index-11871226.html; 01.09.2012.*

Lessing, Gotthold Ephraim: *Emilia Galotti (Auszug), S. 285. Aus: Werke und Briefe in zwölf Bänden. Bd. 7, Werke 1770–1773. Hg. von Klaus Bohnen. Frankfurt a. M.: Deutscher Klassiker Verlag 2000, S. 368–370.*

Löhrmann, Sylvia: *Integration durch Bildung, S. 382. Aus: Rede anlässlich der Integrationskonferenz der Kommunalen Arbeitsgemeinschaft Bergisch Land EV, http://sylvia-loehrmann.de/1161/integration-durch-bildung/, 24.05.2013.*

Loriot: *Rede des Vampyrs, S. 59. Aus: Das große Loriot Buch. Copyright © 1998, 2011 Diogenes Verlag AG Zürich.*

Löwer, Chris: *Manchmal hilft die Spätzle-Connection, S. 348. Aus: http://www.sueddeutsche.de/karriere/hochdeutsch-oder-mundart-manchmal-hilft-die-spaetzle-connection-1.494297, SZ online, 11.05.2010.*

Lucka, Tom: *„Affiges Gehabe" kann ein Fußballspiel entscheiden, S. 14. Aus: WELT Online, http://www.welt.de/wissenschaft, 18.06.2012.*

Malerba, Luigi: *Seelenfrieden (Auszug), S. 220. Aus: L. M., Taschenabenteuer: 53 Geschichten. Aus dem Italienischen von Iris Schnebel-Kaschnitz. Berlin: Wagenbach 1986.*

Mann, Thomas: *Buddenbrooks (Auszüge), S. 12, 231. 1985 Frankfurt a. M.: Fischer TB Verlag; Bekenntnisse des Hochstaplers Felix Krull (Auszug), S. 223. Aus: Bekenntnisse des Hochstaplers Felix Krull. Der Memoiren erster Teil. Frankfurt a. M.: S. Fischer 1985; Der Zauberberg (Auszug), S. 225. Frankfurt a. M.: Fischer TB Verlag 1991.*

Martenstein, Harald: *Es ist, als ob man den Stecker herausgezogen hätte, S. 156. Aus: ZEITmagazin, 27.09.2012 Nr. 40, http://www.zeit.de/2012/40/Martenstein.*

Merkel, Angela: *Mitschrift der Pressekonferenz beim Besuch des Mehrgenerationenhauses Dorflinde in Langenfeld, S. 375. Aus: http://www.bundesregierung.de/Content/DE/Mitschrift/Pressekonferenzen/2013/03/2013-03-25-merkel-dorflinde-mgh.html, 25.05.2013.*

Meyer, Petra: *Wenn die Fetzen fliegen, S. 21. Aus: Süddeutsche Online, http://www.sueddeutsche.de/karriere, 06.09.2009.*

Michler, Inga: *Warum Deutschland soziale Aufsteiger braucht, S. 172. Aus: http://www.welt.de/114655553, 18.06.2013.*

Milz, Katharina: *Die Bedeutung sozialer Netzwerke in der arabischen Welt (gekürzt), S. 327. Aus: Länderbericht der Konrad-Adenauer-Stiftung e. V., http://www.kas.de/wf/doc/kas_23306-1522-1-30.pdf, Juli 2011.*

Müller-Lissner: Adelheid: *Diät-Mythen – Sport allein lässt keine Kilos purzeln, S. 88. Aus: Die Zeit online, http://www.zeit.de/wissen/gesundheit/2012-05/abnehmen-sport; 03.06.2012.*

Obmann, Claudia: *Internet auf der Kriechspur?, S. 312. Aus: Aachener Nachrichten, 30.04.1997.*

Pfohlmann, Oliver: *„Ich sehe was, was du nicht siehst" (gekürzt), S. 214. Aus: Frankfurter Rundschau Literatur 10/2007, S. 5.*

Pham, Khue: *Die Schmähungen sind wie ein Tattoo. Aus: http://www.zeit.de/2011/15/Cybermobbing-Schueler, 07.04.2011.*

Regener, Sven: *Herr Lehmann (Auszug), S. 223. Frankfurt a. M.: Eichborn-Berlin 2001, S. 124.*

Romberg, Johanna: *No problem mit Neu-Speak, Weshalb Anglizismen unsere Sprache weniger beeinflussen als viele befürchten, S. 355. Aus: GEO, Gruner + Jahr AG & Co KG, Hamburg, 11.11.2012.*

Sauer, Stefan: *Keine faulen Lehrlinge, S. 160. Aus: http://www.fr-online.de/wirtschaft/kommentar-zum-lehrstellenmarkt-keine-faulen-lehrlinge,1472780,21553526.html, 25.01.2013.*

Sauerbrey, Anna: *Lexikalische Kriegsführung, S. 353. Aus: http://www.tagesspiegel.de/kultur/politisch-korrekte-sprache-lexikalische-kriegfuehrung/7660218.html, DER TAGESSPIEGEL, 21.01.2013.*

Schenk, Arnfrid: *Die Pausenbrücke, S. 337. Aus: DIE ZEIT, Nr. 47, http://www.zeit.de/2009/47/C-Seitenhieb, 12.11.2009.*

Schiller, Friedrich: *Die Jungfrau von Orleans (Auzug) , S. 253. Aus: Friedrich Schiller. Die Jungfrau von Orleans. Hg. v. Wolfgang Freese und Ulrich Karthaus unter Mitarbeit von Renate Fischetti. Stuttgart: Reclam 1984; Das Glück und die Weisheit, S. 289. Aus: F. S., Sämtliche Werke. Gedichte. Bearbeiter: Jochen Golz. Berlin: Aufbau 2005, S. 89.*

Schneider, Robert: *Schlafes Bruder (Auszug), S. 223. Leipzig: Reclam 1998, S. 9.*

Schramm, Stefanie/Wüstenhagen, Claudia: *Die Macht der Worte (gekürzt), S. 352. Aus: http://www.zeit.de/zeit-wissen/2012/06/Sprache-Worte-Wahrnehmung, ZEIT online, 30.11.2012.*

Schulz von Thun, Friedemann: *Die vier Seiten einer Nachricht (gekürzt), S. 18. Aus: Miteinander reden. Band.1. Reinbek: Rowohlt Verlag 1981, S. 26-29.*

Sowka, David: *Legasdänie, Aus: http://www.stupidedia.org/stupi/Legasd%C3%A4nie, David Sowka, Atzgersdorfer Straße 213/117, A-1230 Wien, david@sowka.at.*

Splechna, Nicole: *Wie Konflikte am Arbeitsplatz entstehen, S. 35. Aus: Konflikte am Arbeitsplatz erkennen und lösen, http://karriere-journal.monster.de/beruf-recht/chef-kollegen/konflikte-am-arbeitsplatz-erkennen-und-losen/article.aspx, Abruf: 12.06.2013.*

Stamm, Peter: *Agnes (Auszüge), S. 235, 376. München: btb-Verlag 2001.*

Storm, Theodor: *Die Stadt, S. 378. Aus: Sämtliche Werke. Band 1. Aufbau Verlag, Berlin und Weimar 1982, S. 112.*

Suter, Martin: *Männer unter Stress: Perrig (gekürzt), S. 218. Aus: Business Class von Martin Suter, Copyright © 2000, 2002 Diogenes Verlag AG Zürich.*

Swift, Jonathan: *Gullivers Reisen (Auszug), S. 349. 7. Übers. v. Franz Kottenkamp. Vervollständigt und bearb. v. Roland Arnold. Frankfurt a. M./Leipzig: Insel Verlag 2008, S. 262 f.*

Tellkamp, Uwe: *Der Turm (Auszug), S. 30. Aus: Der Turm. Frankfurt a. M.: Suhrkamp 2008, S. 325-327.*

Thieme, Andreas: *Soft Skills an der Uni trainieren, Erfolg mit Kommunikationsfähigkeit, Teamfähigkeit und Flexibilität, S. 346. Aus: http://www.welt.de/print/die_welt/finanzen/article13581759/Soft-Skills-an-der-Uni-trainieren.html, DIE WELT, 03.09.2011.*

Trakl, Georg: *Die schöne Stadt, S. 378. Aus: ders. Gedichte. Suhrkamp, Frankfurt a. M. 1994*

Trier, Jost: *S. 11. Aus: Patzig, Günther, Peter Hartmann und Hans Sternberger Dolf Mayer: Die deutsche Sprache im 20. Jahrhundert. Göttingen: Vandenhoeck & Ruprecht, 1966.*

Uken, Marlies: *Fressen mit Moral (leicht gekürzt), S. 210. Aus: greenpeace magazin 1.03 http://www.greenpeace-magazin.de/index.php?id=3485, 21.10.2012.*

Textquellenverzeichnis

Walser, Martin: *Ein fliehendes Pferd (Auszug), S. 304. Aus: M. W., Ein fliehendes Pferd. Kommentar v. Helmuth Kiesel. Suhrkamp BasisBibliothek 35. Frankfurt a. M.: Suhrkamp 2002, S. 11–13.*

Walser, Robert: *Der Beruf, S. 309. Aus: Robert Walser, Fritz Kochers Aufsätze (1904), Verlag Helmut Kossodo, Genf/Hamburg 1972.*

Watzlawick, Paul / Beavin, Janet H. / Jackson, Don: *Menschliche Kommunikation, S. 13. Aus: Menschliche Kommunikation. Formen, Störungen, Paradoxien. Hg. v. Paul Watzlawick, Janet H. Beavin, Don D. Jackson. Bern/Stuttgart: Huber 1969.*

Weizsäcker, Richard von: *Rede bei der Gedenkveranstaltung im Plenarsaal des Deutschen Bundestages zum 40. Jahrestag des Endes des Zweiten Weltkrieges in Europa (Auszug), S. 362. Aus: www.bundespraesident.de/SharedDocs/Reden/DE/Richard-von-Weizsaecker/Reden/1985/05/19850508_Rede.html, 25.09.2008.*

Wickert, Ulrich: *Warum sind die Kritiker so müde?, S. 315. Aus: http://www.faz.net/aktuell/feuilleton/medien/2.1756/wickert-bemaengelt-nachrichten-warum-sind-die-kritiker-so-milde-1885767.html, 24.11.2010.*

Wiese, Benno von: *Die deutsche Tragödie von Lessing bis Hebbel (Auszug), S. 255. Hamburg: Hoffmann & Campe 1967, S. 254.*

Wohmann, Gabriele: *Flitterwochen, dritter Tag, S. 226. Aus: G. W., Ausgewählte Erzählungen aus zwanzig Jahren. Bd. 2. Darmstadt: Luchterhand 1979, S. 50 f.*

Wolf, Christa: *Der geteilte Himmel (Auszug), S. 303. Berlin/Weimar: Aufbau 1975, S. 8–10.*

Wolf, Tom: *Und die Moral von dem Gericht ..., S. 384. Aus: MDR Figaro vom 14.01.2011.*

Wondratschek, Wolf: *Als das Einfamilienhaus fertig war... (Auszug), S. 217. Aus: W. W., Früher begann der Tag mit einer Schusswunde. Zürich: Diogenes 1989.*

Zehentmeier, Stefan: *Neue Farben in der Sprache (gekürzt), S. 356. Aus: http://jetzt.sueddeutsche.de/texte/anzeigen/562990/Neue-Farben-in-der-Sprache, jetzt.sueddeutsche.de, 23.12.2012.*

Zickgraf, Arnd / Mocikat, Ralph / Kekulé, Alexander: *Soll Deutsch als Wissenschaftssprache überleben?, S. 344. Aus: http://www.zeit.de/wissen/2010-04/deutsch-forschungssprache, ZEIT online, 25.01.2011.*

Zielke, Falk: *Nichts kapiert: Infos über Finanzprodukte überfordern Kunden. Aus: http://www.fr-online.de/geldanlage/nichts-kapiert--infos-ueber-finanzprodukte-ueberfordern-kunden,1473054,17185638.html, dpa, 06.09.2012.*

Zippert, Hans: *Würden Sie an einer Tortengrafik teilnehmen?, S. 180. Quelle: Bäckerei Ding- werth, 04.04.2002. Aus: H. Z.: So funktioniert Deutschland. München/Wien: Sanssouci im Carl Hanser Verlag 2004, S. 123.*

Unbekannte und ungenannte Verfasser

Jeder Fünfte nicht ausbildungsreif, S. 48. Nach: Süddeutsche Zeitung online, http://www.sueddeutsche.de, 08.04.2010, Berlin dpa.

So überzeugt man im Job mit der Körpersprache, S. 15. Aus: Focus Online, http://www.focus.de/finanzen/karriere/perspektiven/beruf, 06.02.2012.

Kritische Situationen im Büroalltag meistern, S. 23. Aus: Focus Online, http://www.focus.de/finanzen/karriere/arbeit-kritische-situationen-im-bueroalltag-meistern_aid_754953.html,18.05.2012.

Macht PowerPoint blöd? (gekürzt) S. 70. Aus: http://www.heise.de/newsticker/Macht-PowerPoint-bloed–/meldung/42928, 03.09.2008.

Achtung! Der folgende Artikel ist sehr verwirrend, S. 122. Aus: http://www.stupidedia.org/stupi/Legasd%C3%A4nie, 12.06.2013, Impressum: David Sowka, Atzgersdorfer Straße 213/117, A-1230 Wien david@sowka.at.

Vom Concierge bis zum Eventmanager – Karriere im Hotel, S. 152. Aus: http://www.focus.de/finanzen/karriere/perspektiven/ausbildung-vom-concierge-bis-zum-event-manager-karriere-im-hotel_aid_1012517.html, 12.06.2013, dpa.

Ausbildung bei Maritim Hotels, S. 154. Aus: http://www.maritim.de/de/ausbildung-bei-maritim, 12.06.2013.

Kommentare zu „Es ist, als ob jemand den Stecker herausgezogen hätte“, S. 158, 159. Aus: http://www.zeit.de/2012/40/Martenstein.

Die Hochschulen vergessen ihr Kerngeschäft, S. 164. Aus: http://www.tagesschau.de/inland/bologna-prozess100.html, das Interview führte Ute Welty, Stand: 14.08.2012, 15:41 Uhr.

Altenheim Europas, S. 178. Aus: http://www.faz.net/aktuell/gesellschaft/gesundheit/altenheim-europas-lebenserwartung-in-deutschland-steigt-weiter-11911451.html, 02.10.2012.

Sonn- und Feiertagsarbeit, S. 181. Daten aus: © 2012, IW Medien, iwd 49, Originalverlag: Institut der deutschen Wirtschaft Köln Medien GmbH, 06.12.2012.

Die Lammkeule waschen und ..., S. 215. Aus: http://www.kochmeister.com/r/33749-Lammkeule_mit_Ofenkartoffel.html, 18.09.2008.

Von Liebe und Kälte, eine Rezension zu Peter Stamms Roman „Agnes“, S. 238, 239. Aus: http://www.datenstrand.de/leuchtturm/rezension/rezens013.htm, 17.09.2008.

Quotendesaster: „Tagesschau“ und „heute“ verlieren Zuschauer, S. 314. Aus: http://www.spiegel.de/kultur/tv/nachrichten-sendungen-wie-tagesschau-und-heute-verlieren-zuschauer-a-862783.html, kha/dpa/dapd, 22.10.2012.

Eine Internet-Minute im Social Web, S. 319. Daten aus: http://www.intel.com/content/www/us/en/communications/internet-minute-infographic.html.

Facebook macht vielen schlechte Laune, S. 320. Aus: http://www.spiegel.de/netzwelt/web/studie-facebook-macht-nutzer-unzufrieden-und-neidisch-a-878803.html, von mak/dpa, 21.01.2013, 16:25 Uhr.

Der Arabische Frühling, S. 326. Aus: Bundeszentrale für politische Bildung, http://www.bpb.de/internationales/afrika/arabischer-fruehling/, 10.12.2012.

In Deutschland gibt es ..., S. 335. Aus Broschüre: *Was erwartet die Wirtschaft von den Schulabgaengerinnen und Schulabgaengern? Ausgabe 1, 07/2011, S. 2; hrsg. von IHK NRW.*

Bildquellenverzeichnis

Cover: Masterfile RF

S. 8: Fotolia/Milan Markovic; S. 10: Fotolia/thingamajinggs; S. 13: F1online; S. 15: Fotolia/Jeanette Dietl; S. 16: Shutterstock/agsandrew; S. 17/1: Joscha Belling, Berlin; S. 17/2: Shutterstock/Marina Hernandez; S. 17/3: Fotolia/indomercy; S. 19: Schultz von Thun - Institut für Kommunikation; S. 20/1: Shutterstock/picturepartners; S. 20/2: Shutterstock/Multiart; S. 23: Shutterstock/auremar; S. 24/1: Fotolia/Style Media & Design; S. 24/2: Fotolia/Style Media & Design; S. 28: Shutterstock/bikeriderlondon; S. 32: Fotolia/JackF; S. 38: Picture-Alliance/eventpress mueller stauffenberg; S. 40: Shutterstock/PathDoc; S. 45: Fotolia/bluedesign/Oliver Boehmer; S. 48: Shutterstock/Monkey Business Images; S. 54: Fotolia/Syda Productions; S. 62: Shutterstock/racorn; S. 68/1: Fotolia/sonne07; S. 68/2: Fotolia/Michael Tieck; S. 68/3: Fotolia/Kumbabali; S. 68/4: Fotolia/Aania; S. 68/5: Fotolia/Brigitte Bonaposta; S. 69: Shutterstock/Goodluz; S. 73: laif/REA/Michel GAILLARD; S. 74: Projekt Gutenberg-DE (www.projekt.gutenberg.de); S. 78: Shutterstock/Ermolaev Alexander; S. 80/1: Shutterstock/Kotomiti Okuma; S. 80/2: Shutterstock/Antonio Guillem; S. 82: Shutterstock/Africa Studio; S. 84: Picture-Alliance/landov; S. 86/1: Picture-Alliance/dieKLEINERT.de/Jan Rieckhoff; S. 86/2: Picture-Alliance/dieKLEINERT.de/Jan Rieckhoff; S. 87/1: Shutterstock/Ryan R Fox; S. 87/2: Shutterstock/kaarsten; S. 88: Shutterstock/GTS Productions; S. 89: Picture-Alliance/dieKLEINERT.de/Martin Guhl; S. 91: Shutterstock/Paul Michael Hughes; S. 96: Shutterstock/Pressmaster; S. 101: Anke Schäfer; S. 108/1: Fotolia/Stefan Thiermayer; S. 108/2: Shutterstock/Sinisa Bobic; S. 111: Shutterstock/Imillian; S. 113: Shutterstock/Ermolaev Alexander; S. 120: Colourbox.com/Monkey Business Images; S. 125: Joscha Belling, Berlin; S. 127: Fotolia/ferkelraggae; S. 135: Roland Bühs, Bremen; S. 138: Shutterstock/Pixsooz; S. 150: vario images/imageBROKER; S. 151: Picture-Alliance/dpa; S. 154/1-2: Shutterstock/Kzenon; S. 156: Shutterstock/Zmiter; S. 157: Shutterstock/Azuzl; S. 158: Shutterstock/Ilike; S. 160: Picture-Alliance/ZB; S. 168: Shutterstock/sam_ding; S. 169: Mit freundlicher Genehmigung der Daimler AG; S. 176: Fotolia/Dreaming Andy; S. 178: Picture-Alliance/dpa-infografik; S. 180: Picture-Alliance/dpa-infografik; S. 181/1: Picture-Alliance/dpa-infografik; S. 182/1: Picture-Alliance/dpa-infografik; S. 182/1-2: Picture-Alliance/dpa-infografik; S. 185: Picture-Alliance/dpa-infografik; S. 188: Picture-Alliance/dpa-infografik; S. 192: Shutterstock/Artpose Adam Borkowski; S. 194/1: Shutterstock/Darrin Henry; S. 194/2: F1online digitale Bildagentur; S. 194/3: Picture-Alliance/Uwe S. Meschede; S. 194/4: imago sportfotodienst; S. 200: Picture-Alliance/dpa; S. 207: Shutterstock/CROX; S. 212: Fotolia/Nejron Photo; S. 216: Fotolia/Melinda Nagy; S. 218: Picture-Alliance/dpa; S. 225: Picture-Alliance/KEYSTONE; S. 230: Shutterstock/Amy Johansson; S. 234: Picture-Alliance/Erwin Elsner; S. 241: F1online digitale Bildagentur; S. 251: Picture-Alliance/dpa/Maurizio Gambarini; S. 252: Photoshot/UPPA; S. 253/1: akg-images/bildwissdition; S. 253/2: Dorothee Falke, München; S. 254/1: akg-images/François Guénet; S. 254/2: Dorothee Falke, München; S. 256: Picture-Alliance/ZB; S. 259: Picture-Alliance/dpa/Wolfgang Langenstrassen; S. 261: akg-images/Purkiss Archive; S. 262/1: Fotolia/Erica Guilane-Nachez; S. 262/2: Interfoto/IMAGNO/Votava; S. 262/3: Interfoto/Friedrich Rauch; S. 262/4: Picture-Alliance/United Archiv; S. 263: akg-images/Bildarchiv Pisarek; S. 265: akg-images/Bildarchiv Pisarek; S. 280/1: mauritius images/imageBROKER/Dr. Wilfried Bahnmüller; S. 280/2: Fotolia/Georgios Kollidas; S. 280/3: mauritius images/JT Vintage; S. 280/4: akg-images/Erich Lessing; S. 280/5: F1online digitale Bildagentur/Imagebroker RM; S. 281/1: Picture-Alliance/Sven Simon; S. 281/2: Picture-Alliance/dpa; S. 281/3: Picture-Alliance/dpa; S. 281/4: Picture-Alliance/Fred Stein; S. 281/5: Picture-Alliance/dpa; S. 281/6: akg-images; S. 282: akg-images; S. 290: Shutterstock/AISA - Everett; S. 300: Picture-Alliance/dpa; S. 306: Interfoto/Miller; S. 310: Fotolia/bannosuke; S. 310: Shutterstock/iko; S. 310: Fotolia/Orlando Bellini; S. 313: Shutterstock/Rawpixel; S. 316/1: Picture-Alliance/Marcelo Hernandez; S. 316/2: Picture-Alliance/dpa; S. 316/3: Picture-Alliance/Marcelo Hernandez; S. 316/4: Picture-Alliance/dpa; S. 316/5: Shutterstock/Artem Furman; S. 316/6: Picture-Alliance/dpa; S. 320: Fotolia/Sandra Knopp; S. 325: mauritius images/imageBROKER/Christian Ohde; S. 326/1: Picture-Alliance/dpa; S. 326/2: Picture-Alliance/dpa-infografik; S. 332: Corbis/Tetra Images; S. 334: Picture-Alliance/dpa; S. 339: imago sportfotodienst; S. 342: Fotolia/Photographee.eu; S. 345: Fotolia/WavebreakMediaMicro; S. 348: Shutterstock/Goodluz; S. 349: Picture-Alliance/dieKLEINERT.de/Rudolf; S. 354: Shutterstock/Eric Isselee; S. 360: Picture-Alliance/dpa/Gregor Fischer; S. 364: Picture-Alliance/dpa; S. 372: Reuters/Tobias Schwarz; S. 375: Picture-Alliance/dpa.

Textsortenverzeichnis

Textsortenverzeichnis

Textsortenverzeichnis

Sachwortverzeichnis

Sachwortverzeichnis

Sachwortverzeichnis

Herausgegeben von
Christoph Scheele und Helmut van Züren

Erarbeitet von
Cajetan Bittkau, Ralf Dettinger, Gabriele Harff-König, Sonja Hensel, Dr. Manfred Hilke, Petra Pascher, Carolin Werner, Christoph Scheele, Martina Schulz-Hamann und Helmut van Züren in Zusammenarbeit mit der Verlagsredaktion

Die Grundlage für dieses Werk wurde erarbeitet von Martina Biermann, Ralf Dettinger, Sigrun English, Gabriele Harff-König, Elisabeth Hennemann, Dr. Manfred Hilke, Julia Kirchen, Petra Pascher, Thomas Rahner, Marianne Rock, Christoph Scheele, Martina Schulz-Hamann, Helmut van Züren.

Redaktion	Corinna Hilger
Redaktionelle Mitarbeit	Franziska Wittwer
Bildrecherche	Gertha Maly
Gesamtgestaltung und technische Umsetzung	EYES-OPEN, Berlin

www.cornelsen.de

Die Webseiten Dritter, deren Internetadressen in diesem Lehrwerk angegeben sind, wurden vor Drucklegung sorgfältig geprüft. Der Verlag übernimmt keine Gewähr für die Aktualität und den Inhalt dieser Seiten oder solcher, die mit ihnen verlinkt sind.

Dieses Werk berücksichtigt die Regeln der reformierten Rechtschreibung und Zeichensetzung. Bei den mit [R] gekennzeichneten Texten haben die Rechteinhaber einer Anpassung widersprochen.

1. Auflage, 3. Druck 2019

Alle Drucke dieser Auflage sind inhaltlich unverändert und können im Unterricht nebeneinander verwendet werden.

© 2019 Cornelsen Verlag GmbH, Berlin

Das Werk und seine Teile sind urheberrechtlich geschützt.
Jede Nutzung in anderen als den gesetzlich zugelassenen Fällen bedarf der vorherigen schriftlichen Einwilligung des Verlages.
Hinweis zu §§ 60 a, 60 b UrhG: Weder das Werk noch seine Teile dürfen ohne eine solche Einwilligung an Schulen oder in Unterrichts- und Lehrmedien (§ 60 b Abs. 3 UrhG) vervielfältigt, insbesondere kopiert oder eingescannt, verbreitet oder in ein Netzwerk eingestellt oder sonst öffentlich zugänglich gemacht oder wiedergegeben werden.
Dies gilt auch für Intranets von Schulen.

Druck und Bindung: Livonia Print, Riga

ISBN 978-3-06-451163-7

PEFC
PEFC/12-31-006

PEFC zertifiziert
Dieses Produkt stammt aus nachhaltig bewirtschafteten Wäldern und kontrollierten Quellen.

www.pefc.de